U0672770

教育部哲学社会科学重大项目
"马克思主义学科体系建设研究"（04JZD0001）资助

中国化马克思主义通论

田克勤 李彩华 孙堂厚 著

人民出版社

目　录

马克思主义的中国化与中国化的马克思主义

（代序言）

中国共产党是一个十分重视理论指导而又勇于进行理论创新的马克思主义政党。九十多年来，党在把马克思主义基本原理同中国具体实践相结合的过程中，不断作出新的理论贡献，产生新的理论成果。这些成果虽然形成于不同的历史时期，面对着不同的历史任务，但都贯穿了马克思主义的基本精神，都代表着最广大人民的根本利益，体现了马克思主义中国化的正确方向，是一脉相承的科学体系。新世纪新阶段，在新的历史起点上回顾马克思主义中国化的艰辛历程，探讨中国化马克思主义的理论发展轨迹，是中国共产党人保持先进性的必然要求，也是当代中国马克思主义者的历史使命。

一、马克思主义中国化是一个不断认识、掌握和运用马克思主义基本原理的过程

当十月革命的炮响给中国人民送来马克思列宁主义的时候，苦难的中国已在半殖民地半封建的深渊中度过了屈辱和抗争交织的近八十个春秋，经历了旧式的农民战争、资产阶级改良和资产阶级革命的风风雨雨。帝国主义的侵略打破了中国人学习西方的迷梦，十月革命帮助了全世界的也帮助了中国的先进分子。马克思主义作为全世界无产阶级和被压迫民族争取解放斗争的指导思想，以其无可争辩的真理性迅速成为中国先进分子所选择的理想信念。马克思主义与中国工人运动相结合，产生了中国共产党，使中国革命的面貌从此焕然一新。

毛泽东曾指出："马克思列宁主义来到中国之所以发生这样大的作用，是因为中国的社会条件有了这种需要，是因为同中国人民革命的实践发生了联系，是因为被中国人民所掌握了。"① 中国共产党自成立之日起，就把马克思列宁主义作为自己的指导思想。但是，党在这时和此后一个较长的时期对于马克思列宁主义的认识尚未完全树立科学的态度，处于一种盲目的状态，还不善于将马克思列宁主义的理论和中国革命的实践相结合。而在党内一度占统治地位的教条主义者，更是把马克思列宁主义书本上的某些个别的词句看作现成的灵丹妙药，他们想问题、办事情从马克思主义的"本本"出发，把马克思主义教条化，把苏联经验和共产国际的指示绝对化，给中国革命造成了严重的损失。毛泽东一再强调必须对马克思列宁主义采取科学的态度，反对静止地孤立地研究马克思列宁主义的方法，主张"要有目的地去研究马克思列宁主义的理论，要使马克思列宁主义的理论和中国革命的实际运动结合起来"②。正是在科学对待马克思列宁主义的基础上，以毛泽东为代表的中国共产党人致力于推进马克思主义的中国化，从而实现了马克思主义与中国实际相结合的第一次历史性飞跃，创立了作为马克思主义中国化第一个伟大成果的毛泽东思想。在毛泽东思想的指导下，中国共产党领导全国各族人民，取得了新民主主义革命的胜利，建立了中华人民共和国，确立了社会主义基本制度，促进了社会主义的经济、政治、文化和社会建设。

"文化大革命"结束以后，针对林彪、"四人帮"歪曲、割裂甚至篡改马克思列宁主义、毛泽东思想所造成的严重思想混乱，邓小平明确提出要用准确的完整的毛泽东思想来指导我们党的观点。他强调"我说要用准确的完整的毛泽东思想作指导的意思是，要对毛泽东思想有一个完整的准确的认识，要善于学习、掌握和运用毛泽东思想的体系来指导我们各项工作。只有这样，才不至于割裂、歪曲毛泽东思想，损害毛泽东思想。"③在十一届三中全会前召开的中央工作会议上的讲话中，邓小平更尖锐地指出："一个党，一个国家，一个民族，如果一切从本本出发，思想僵化，

① 《毛泽东选集》第四卷，人民出版社1991年版，第1515页。
② 《毛泽东选集》第三卷，人民出版社1991年版，第801页。
③ 《邓小平文选》第二卷，人民出版社1994年版，第42页。

2

迷信盛行，那它就不能前进，它的生机就停止了，就要亡党亡国。"① 以邓小平为代表的中国共产党人，正是在科学对待马克思列宁主义特别是毛泽东思想的基础上，继续推进马克思主义中国化，实现了马克思主义与中国实际相结合的第二次历史性飞跃，创立了作为马克思主义中国化第二个伟大成果的邓小平理论。在邓小平理论的指导下，我国社会主义现代化事业在改革开放中不断前进，取得了举世瞩目的伟大成就。

世纪之交，以江泽民为代表的中国共产党人，立足于新世纪新阶段的实际，强调马克思主义具有与时俱进的理论品质，必须继续坚持解放思想，实事求是，开拓创新，"自觉地把思想认识从那些不合时宜的观念、做法和体制的束缚中解放出来，从对马克思主义的错误的和教条式的理解中解放出来，从主观主义和形而上学的桎梏中解放出来"②。在坚持马克思列宁主义、毛泽东思想、邓小平理论的基础上，科学总结党成立以来的历史经验，特别是在建设中国特色社会主义实践中积累的新经验，创立了"三个代表"重要思想，反映了当代世界和中国发展变化对党和国家工作的新要求，为党在新世纪进一步实现马克思主义中国化指明了前进的方向。

历史经验一再表明，马克思主义中国化的历史进程，实际上就是一个不断深入认识掌握马克思主义基本原理，并使之在实践中不断得到发展的过程。正确对待马克思主义是推进马克思主义中国化的理论前提。推进马克思主义中国化的历史进程，必须坚持以马克思主义为指导，正确对待马克思主义。对待马克思主义一要坚持，二要发展，做到坚持和发展的辩证统一。为此，首先必须"坚持马克思主义的立场、观点、方法，坚持马克思主义的基本原理。这一点，要坚定不移，不能含糊。"③坚持一切从发展变化着的实际出发，把马克思主义看作是不断随着实践的发展而发展的科学。同时，又必须同教条主义作斗争。教条主义在不同的历史时期有着不同的表现形式。民主革命时期主要表现为从书本出发，靠照抄马列著作和共产国际决议、照搬外国经验解决问题；在社会主义时期则表现为以教条

① 《邓小平文选》第二卷，人民出版社 1994 年版，第 143 页。
② 《江泽民文选》第三卷，人民出版社 2006 年版，第 284 页。
③ 《江泽民文选》第三卷，人民出版社 2006 年版，第 335 页。

主义的态度对待毛泽东思想。当前教条主义的主要表现，一种是继续把马克思主义的本本当作教条，对已被实践证明是错误的、过时的或者附加于马克思主义的观点和主张采取盲目崇信的态度；另一种是迷信西方国家反映资产阶级主流意识形态的思想理论，把西方某些资产阶级学派的理论甚至某些资本主义国家的政策主张奉作教条，进而贬低马克思主义的理论价值，否定马克思主义的指导地位。

二、马克思主义中国化是一个不断深入认识中国国情，揭示和掌握中国革命、建设和改革规律的过程

坚持把马克思主义基本原理与中国实际相结合，推进马克思主义中国化，走适合中国国情的革命、建设和改革的道路，最重要的还在于正确认识中国的国情，运用马克思主义的基本立场、观点、方法揭示中国革命、建设和改革的规律。国情是指一个国家在一定历史阶段的自然地理环境、历史、政治、经济、文化等状况的综合，其核心内容是社会性质。毛泽东曾指出："认清中国社会的性质，就是说，认清中国的国情，乃是认清一切革命问题的基本的根据。"[①]一定历史发展阶段的中国国情，是马克思主义与中国实际相结合的结合点。正确认识中国国情是实现马克思主义中国化的客观基础。

中国共产党对国情的认识经历了一个不断深化的过程。党的幼年时期，大批党员、干部还没有足够的革命经验，他们对于中国的历史状况和社会状况、中国革命的特点、中国革命的规律还不懂得或懂得不多。因此，在这一阶段中，党的组织是发展了，但是没有能够领导全党巩固革命的胜利。历史的灾难，是以历史的进步为补偿的。经过民主革命时期两次胜利和两次失败的比较，以毛泽东为代表的中国共产党人，逐渐认识了中国的国情和中国革命的规律。早在1930年，毛泽东就针对当时党内教条主义的错误倾向，提出"没有调查，没有发言权"的著名论断，强调马克思主义的本本是要学习的，但是必须同我国的实际情况相结合，并鲜明地

---

① 《毛泽东选集》第二卷，人民出版社1991年版，第633页。

提出"中国革命斗争的胜利要靠中国同志了解中国情况"[①]的观点。遵义会议后，随着"左"倾错误在政治、军事、组织和思想上逐渐被克服，毛泽东所倡导的马克思主义与中国革命实际相结合的正确方向也逐渐被全党所认同。毛泽东等在总结中国革命经验、揭示中国国情特点和革命发展规律的基础上，写出了一系列重要论著，深入阐述了中国半殖民地半封建社会的特点，进一步分析了新民主主义革命的基本问题，从而确立了党的新民主主义总路线和基本纲领，引导中国人民取得了新民主主义革命的胜利。新中国建立后，毛泽东又根据过渡时期中国社会的基本国情，适时地提出了过渡时期的总路线，领导人民创造性地完成了由新民主主义社会到社会主义社会的过渡，实现了中国历史上最伟大最深刻的社会变革，踏上了中华民族伟大复兴的征程。社会主义制度确立后，毛泽东在对中国特色社会主义道路的探索中，又提出社会主义阶段可能分为"不发达的社会主义"和"比较发达的社会主义"两个阶段，并指出后一阶段可能比前一阶段需要更长的时间。[②]这些成果，为后来党对社会主义阶段中国基本国情、建设和改革发展规律的深入认识，提供了十分有益的启示。

　　通过对"文化大革命"所造成的社会主义事业的曲折发展的深刻反思，重新认识中国基本国情的任务提到全党面前。十一届三中全会后不久，邓小平就提出，底子薄、人口多、生产力落后，这是中国的现实国情，强调中国的现代化建设必然是长期的。叶剑英在庆祝建国 30 周年大会的讲话中也指出，我国社会主义制度还处在幼年时期，还不成熟、不完善，在我国实现现代化，必然要有一个初级到高级的过程。改革开放以来第一次提出我国社会主义制度还处于初级的阶段，是 1981 年十一届六中全会通过的《关于建国以来党的若干历史问题的决议》。之后，1982 年党的十二大报告和 1986 年十二届六中全会通过的《关于社会主义精神文明建设指导方针的决议》，分别对这一阶段的内容作了一定的分析。但总的说来，这三次尽管有了社会主义社会初级阶段或初级发展阶段的提法，但都还没有作为建设中国特色社会主义的首要问题加以把握，因而也还没有从理论上

---

① 《毛泽东选集》第一卷，人民出版社 1991 年版，第 115 页。

② 参见《毛泽东文集》第八卷，人民出版社 1999 年版，第 116 页。

将其作为制定党的路线和政策的根本依据加以展开和发挥。党的十三大召开前夕，邓小平强调指出："党的十三大要阐述中国社会主义是处在一个什么阶段，就是处在初级阶段，是初级阶段的社会主义。社会主义本身是共产主义的初级阶段，而我们中国又处在社会主义的初级阶段，就是不发达的阶段。一切都要从这个实际出发，根据这个实际来制订规划。"① 这个论述，第一次把社会主义初级阶段作为事关全局的基本国情加以把握，明确了这一问题是制定路线、政策的出发点和根本依据。党的十五大再次强调社会主义初级阶段问题，指出，面对世纪之交改革攻坚和开创中国特色社会主义事业新局面的艰巨任务，我们解决种种矛盾，澄清种种疑惑，认识为什么必须实行现在这样的路线和政策，关键还在于对所处社会主义初级阶段的基本国情要有统一认识和准确把握。正是基于我国现在处于并将长期处于社会主义初级阶段这一基本认识，十五大制定了充分反映我国社会主义建设和改革规律、集中体现党在社会主义初级阶段基本路线的基本纲领，标志着党对现阶段我国基本国情的认识进一步系统化、理论化。

马克思主义中国化的历史进程表明，不断深入认识中国国情、努力揭示和掌握中国革命、建设和改革的规律，是实现马克思主义中国化的客观基础。推进马克思主义中国化的历史进程，必须不断深入认识中国的基本国情。国情是不断变化发展的，对国情的认识不能一劳永逸。要认真记取历史上我们认识和掌握国情、揭示革命、建设和改革规律所积累的宝贵经验，坚持党的马克思主义的思想路线，努力把握国情特点和时代特征，把对国情的认识与开辟中国特色革命、建设和改革的道路紧密联系起来，始终坚持马克思主义基本原理与中国实际相结合的正确方向，坚定不移地走中国特色社会主义建设的道路。

三、马克思主义中国化是一个在实践基础上不断总结经验和推进理论创新的过程

党的历史经验是宝贵的财富，重视并善于成功地总结经验，是马克思

---

① 《邓小平文选》第三卷，人民出版社 1993 年版，第 252 页。

主义中国化历史进程中的一大特点，也是中国共产党人的一大优势。毛泽东曾说过，我们共产党人就是靠总结经验吃饭的。中国共产党人在领导中国革命、建设和改革的实践中，把总结经验与理论创新相结合，产生了中国化的马克思主义。

毛泽东非常重视历史经验的价值，不断结合形势发展的需要总结历史经验，并在此基础上进行理论思考和创新。以毛泽东为代表的中国共产党人回答了在中国无产阶级政党要不要领导和怎样领导资产阶级民主革命，并把这个革命引向胜利，实现由新民主主义向社会主义转变等一系列问题，从而创立了作为马克思主义中国化的第一大理论成果的毛泽东思想。毛泽东思想是马克思列宁主义在中国的运用和发展，是被实践证明了的关于中国革命和建设的正确的理论原则和经验总结，是中国共产党集体智慧的结晶，奠定了马克思主义中国化的理论基础。

邓小平也非常重视对历史经验的总结，并善于从新的实践中总结新经验、提出新观点、拓展新视野、开辟新道路。以邓小平为代表的中国共产党人，抓住"什么是社会主义、怎样建设社会主义"这个根本问题，深刻揭示了社会主义的本质，第一次比较系统地初步回答了在中国这样经济文化比较落后的国家如何建设社会主义、如何巩固和发展社会主义的一系列基本问题，实现了马克思主义与中国实际相结合的又一次历史性飞跃，创立了邓小平理论。邓小平理论是马克思列宁主义基本原理与当代中国实际和时代特征相结合的产物，是毛泽东思想的继承和发展，是当代中国的马克思主义，是马克思主义在中国发展的新阶段，是全党全国人民集体智慧的结晶。

以江泽民为核心的党的第三代中央领导集体，继承毛泽东、邓小平重视总结经验的优良传统，在建设中国特色社会主义的伟大实践中，积累了治党治国治军新的宝贵经验，进一步回答了"什么是社会主义、怎样建设社会主义"的问题，创造性地回答了在长期执政的历史条件下"建设什么样的党、怎样建设党"的问题，创立了"三个代表"重要思想，在新的历史条件下，继续推进了马克思主义中国化的事业。十六大以来，以胡锦涛为代表的中国共产党人，从新世纪新阶段全面建设小康社会、开创中国特色社会主义新局面的要求出发，提出树立和落实科学发展观等重大战略思想，进一步回答了什么是发展、为什么发展、怎样发展的重大问题，赋予马克思主义关于发展的理论以新的时代内涵和实践要求，进一步丰富了中国特色社会主义理论，是与时俱进的马克思主义发展观。

理论产生于实践，实践的发展必然要求理论也随之发展。从马克思主义中国化的角度讲，毛泽东思想具有奠基性的地位，邓小平理论具有再创性的地位，"三个代表"重要思想、科学发展观则是对毛泽东思想和邓小平理论的重要发展。把马克思主义基本原理同中国具体实际结合起来，总结历史经验，推进实践基础上的理论创新，是马克思主义中国化的关键所在。

四、马克思主义中国化与中国化马克思主义的关系

马克思主义中国化与中国化的马克思主义，是既相区别又相联系的两个概念。

首先，两个概念提出的时间不同。"马克思主义中国化"的概念，是毛泽东在 1938 年六届六中全会上明确提出的。他当时指出："离开中国特点来谈马克思主义，只是抽象的空洞的马克思主义。因此，马克思主义的中国化，使之在其每一表现中带着中国的特性，即是说，按照中国的特点去应用它，成为全党亟待了解并亟须解决的问题。"[1] 毛泽东的上述论断是针对教条主义者脱离中国的实际谈论马克思主义的态度而提出的，是从理论和实践的结合上学习和运用马克思主义的经验总结，揭示了马克思主义中国化的实质。而"中国化的马克思主义"概念的提出是同民主革命时期中国共产党人对毛泽东思想的认识和评价密切相关的。1945 年刘少奇在中国共产党第七次全国代表大会上所作的修改党章的报告中指出："我们党之所以获得伟大的成就，在于我们的党从最初建立时起，就是一个完全新式的无产阶级政党，是全心全意为中国人民服务而在最坚固的中国化的马克思列宁主义理论基础上建立起来的党。"[2] 接着他又强调指出，毛泽东

---

[1] 《中共中央文件选集》第 11 册，中共中央党校出版社 1991 年版，第 658—659 页。
[2] 《刘少奇选集》上卷，人民出版社 1981 年版，第 315 页。

思想是马克思主义民族化的优秀典范，是"发展与完善着的中国化的马克思主义"①。这表明，中国共产党在致力于马克思主义中国化的伟大事业中，既科学地对待了马克思主义，又产生了自己的理论成果，标志着党在理论上的成熟。

其次，两个概念的内涵和外延不同。概念的内涵是指概念所反映的事物的本质属性，概念的外延则是指该概念适用的范围。厘清马克思主义中国化和中国化的马克思主义二者的内涵和外延，是我们进行科学研究的前提和基础。关于马克思主义中国化的内涵，目前学术界的看法尽管还不尽一致，但大多数学者都认为马克思主义中国化，就是要使马克思主义同中国实际相结合，使马克思主义具有中国的民族特点和民族形式，成为指导中国人民革命、建设和改革的理论。从这个认识出发，马克思主义中国化的外延包括了马克思主义传播的中国化、运用的中国化和创新的中国化。或者说，既包括理论，又包括实践。而中国化的马克思主义则主要是指在马克思主义中国化过程中产生的理论成果，即毛泽东思想、邓小平理论、"三个代表"重要思想以及科学发展观等。这些成果是马克思主义中国化的理论形态，是被实践证明了的关于中国革命、建设和改革的正确的理论原则和经验总结，是中国共产党人集体智慧的结晶，既体现了马克思列宁主义的基本原理，又包含了中华民族的优秀思想和中国共产党人的实践经验。

马克思主义中国化和中国化的马克思主义，两个概念虽然有所不同但又具有密切的联系。马克思主义中国化的进程是中国化的马克思主义产生的基础，离开这一进程就不能说明中国化的马克思主义产生的理论渊源、历史条件和实践基础；中国化的马克思主义则是马克思主义中国化的必然结果，反过来又会促进和继续推动马克思主义中国化的历史进程。马克思主义中国化与中国化的马克思主义是一个统一过程的两个相互联系的方面，在这一过程中贯穿了马克思主义的基本立场、观点和方法，体现了马克思主义的思想路线。

（本文原发表于《思想理论教育导刊》2007 年第 1 期）

---

① 《刘少奇选集》上卷，人民出版社 1981 年版，第 335 页。

总　论

马克思主义中国化，就是把马克思主义和中国具体实际结合起来，使马克思主义具有中国的民族特点和民族形式，成为指导中国人民革命、建设和改革的理论。它强调要运用马克思主义的立场、观点和方法，分析和解决中国的实际问题，揭示中国社会发展的客观规律，并把中国人民在长期革命、建设和改革中所积累起来的丰富经验加以科学总结和概括，使之上升为理论，成为中国化的马克思主义。

一、马克思主义中国化的历史进程及其必然性

中国共产党的历史，就是把马克思主义基本原理与中国实际相结合、不断推进马克思主义中国化的历史。中国共产党成立九十多年来，马克思主义中国化事业历经艰难曲折，不断开拓前进。其中既有继续推进之成功经验，也有遭受挫折的惨痛教训。回顾马克思主义中国化的历史进程并对其历史必然性进行深入思考，对于新世纪新阶段继续推进马克思主义中国化具有十分重要的意义。

（一）马克思主义中国化的历史进程

从宏观上加以考察，马克思主义中国化经历了两个历史时期。第一个历史时期，是把马克思主义基本原理同中国革命和建设实际相结合的时期，或称"第一次结合"时期，产生了被实践证明了的作为中国革命和建设正确理论原则和经验总结的毛泽东思想。这一时期马克思主义中国化的

历史进程又可进一步分为三个发展阶段：

第一阶段，早期探索：从党的创建到遵义会议以前。中国共产党自1921 年成立起就明确了要以马克思列宁主义作为自己的指导思想，但真正懂得马克思主义并使之中国化，却经历了一个很长的历史过程。农村包围城市道路理论的初步形成，特别是 1930 年毛泽东在《反对本本主义》一文中明确提出马克思主义的本本是要学习的、但一定要与中国的实际相结合的思想，是这一阶段的重要标志。

第二阶段，实现突破：从遵义会议到党的七大。这一段由于坚持了以毛泽东为代表的把马克思主义与中国实际相结合的正确方向，中国共产党不仅逐步纠正了以教条主义为主要特征的"左"倾冒险主义在军事、政治、组织和思想理论上的错误，而且形成了系统的新民主主义理论。以此为标志，马克思主义中国化实现了第一次历史性飞跃，毛泽东思想也由此走向成熟并被写入党章，与马克思列宁主义一道成为中国共产党的行动指南。

第三阶段，成功推进：从党的七大到党的八大。在马克思主义中国化第一次历史性飞跃的伟大成果——毛泽东思想的指引下，中国的革命和建设取得了一系列伟大的胜利，马克思主义中国化的伟大事业成功推进，建立了新中国，确立了崭新的社会主义制度，成功实现了中国历史上最深刻最伟大的社会变革，为当代中国一切发展进步奠定了根本政治前提和制度基础。

马克思主义中国化的第二个历史时期，是把马克思主义基本原理同中国社会主义现代化建设实际相结合的时期，或称"第二次结合"时期，产生了被实践证明了的作为中国建设、巩固和发展社会主义正确理论原则和经验总结的中国特色社会主义理论体系。这一时期马克思主义中国化的历史进程也可进一步分为三个发展阶段：

第一阶段，从党的八大到党的十一届三中全会以前，这个阶段从其内涵上来说，应该属于马克思主义与中国社会主义建设实际相结合，即"第二次结合"的早期探索阶段，标志是党对中国社会主义建设道路探索的积极成果及其主要失误。这样一种阶段划分，不仅可以肯定毛泽东在完成"第一次结合"任务以后已经提出"第二次结合"的任务并取得了一些积极成果，而且有利于正确认识毛泽东晚年发生严重失误、造成马克思主义中国化中断所提供的经验教训，更有助于人们深入理解推进马克思主义中国化理论创新之艰难。

第二阶段，从党的十一届三中全会到党的十五大，是"第二次结合"的重新开始及实现突破的阶段，标志性成果是改革开放和社会主义现代化建设新局面的开创及邓小平理论的形成和发展。这样一种阶段划分，其主旨在于突出说明邓小平在开辟中国特色社会主义道路、创立中国特色社会主义理论体系过程中的卓越贡献，也有益于明确邓小平理论在中国特色社会主义理论体系中的开创性、奠基性的地位。

第三阶段，从党的十五大至今，是"第二次结合"的成功推进阶段。其标志性成果是把改革开放继续推向前进及"三个代表"重要思想、科学发展观等一系列重大战略思想的形成和发展。这样一种阶段划分，则有助于了解邓小平以后党为推进马克思主义中国化伟大事业所作出的新贡献，说明实践永无止境、理论创新永无止境，马克思主义只有与本国国情相结合、与时代发展同进步、与人民群众共命运，才能焕发出强大的生命力、创造力和感召力等深刻的道理。

从马克思主义中国化自身发展的内在逻辑来说，两个历史时期、六个发展阶段的划分，有利于准确揭示马克思主义中国化发展两个历史时期之间的正确关系，也有助于科学总结马克思主义中国化的历史经验，以及公正评价毛泽东、邓小平等历史人物在推进马克思主义中国化、巩固和发展社会主义等方面的历史贡献。

（二）马克思主义中国化的历史必然性

马克思主义中国化和中国化马克思主义这两个概念，都是中国共产党在坚持和发展马克思主义、推进马克思主义的理论创新和实践创新的进程中提出来的。马克思主义中国化的过程是中国化马克思主义产生的基础，离开这一过程就不能说明中国化马克思主义产生的理论渊源、历史条件和实践基础；中国化马克思主义则是马克思主义中国化的必然结果，反过来又会促进和继续推动马克思主义中国化的历史进程。马克思主义中国化不是偶然的，中国化马克思主义的产生也不是偶然，二者都有其深刻的历史和现实背景。

第一，理论需要与满足需要的契合，是马克思主义的中国化的逻辑前提。

马克思主义中国化的必要与可能，从理论上来说，是由马克思主义理论的本质特征所决定的。马克思主义中国化实质上是一个民族化、本土化的问题。马克思主义之所以能够被中国社会和中国人民所接受并使之中国化，正是由于近现代中国社会发展、中国的革命、建设和改革的实践有了一种运用和发展马克思主义的客观需要，而马克思主义又极大地满足了中国的这种需要。

马克思说过："理论在一个国家实现的程度，总是决定于理论满足这个国家的需要的程度。"① 毛泽东也说过："马克思列宁主义来到中国之所以发生这样大的作用，是因为中国的社会条件有了这种需要，是因为同中国人民革命的实践发生了联系，是因为被中国人民所掌握了。"② 马克思主义并非一诞生就传入中国并被中国先进分子所接受。当马克思主义在欧洲诞生的时候，中国正因鸦片战争刚刚开始沦为半殖民地半封建社会；当马克思主义在欧洲和北美工人运动中广泛传播、逐步成为思想主流的时候，先进的中国人才刚刚开始向西方国家寻求资产阶级革命的道理。这个时代落差势必造成中国共产党人在开始接受马克思主义之前，理论需求的十分迫切和理论准备的严重不足。也就是说，一方面当时中国确实迫切需要有一种像马克思主义这样的能够使自己摆脱列强侵略和封建统治的思想武器；另一方面中国还没有找到这样一种思想武器。

马克思主义具有强烈的现实性与实践性品格。实践性是马克思主义的本质特征，也是马克思主义所以能够中国化的基本根据。马克思主义理论的实践性特质，使它既体现了西方的文化传统，又蕴涵了非西方文化的价值，使它具有世界性的意义。同时，这种实践性特征，与中国文化主张"入世"、强调"经世致用"的特质，在根本点上又是相似和相通的。马克思认为，以往的"哲学家们只是以不同的方式**解释**世界，而问题在于**改变**世界"；"理论一经掌握群众，也会变成物质力量"；"光是思想竭力体现为现实是不够的，现实本身应当力求趋向思想"。马克思主义的这种实践性

① 《马克思恩格斯选集》第 1 卷，人民出版社 1995 年版，第 15 页。
② 《毛泽东选集》第四卷，人民出版社 1991 年版，第 1515 页。

品格的基本含义在于：在对客观必然性认识的基础上，通过人的能动的实践活动，使历史由可能性变为现实性。这种理论品格，非常适合于当时中国救国救民的现实需要。俄国十月革命的成功范例，使中国人从中看到了希望之光，于是这种来自遥远异域的学说便在中国危机四伏的土壤上迅速发芽、生根、成长起来。

历史已经证明，中国的革命需要马克思主义的指导，中国的社会主义建设和改革同样离不开马克思主义。中国的先进分子正是在自己的国情、传统、历史条件、实践主题和变革需要等构成的历史形态中来理解、选择、接受和运用马克思主义的，从而使马克思主义成为一种中国化的马克思主义。马克思主义理论之所以能够满足中国不同时期实践的需要，根本原因在于马克思主义"提供的不是现成的教条，而是进一步研究的出发点和供这种研究使用的方法。"[①] 中国化的马克思主义所以能够产生并且成为推动中国社会变革的强大力量，使中国社会发生广泛而深刻的变化，其根本原因，也在于它坚持运用马克思主义的基本立场、观点和方法解决中国近代以来社会变革和发展的基本问题，最大程度地满足了中国共产党和中国人民解决中国革命、建设和改革实际问题的理论需求。

第二，近代以来先进中国人救国方案的破产，是马克思主义中国化的历史根源。

马克思主义中国化的必要与可能，从历史实践的层面来解读，是因为以往的向西方学习未能满足中华民族救亡图存的需求，而又在客观上准备了接受马克思主义的历史条件。1840 年鸦片战争开始的西方资本主义国家的入侵，对中国社会的发展产生了双重的影响：一方面，中国由独立的封建社会逐步沦为半殖民地半封建社会，失去了国家的独立，中华民族面临着深刻的民族危机；另一方面，西方国家的坚船利炮不仅打开了中国的国门，而且催生了中国的资本主义，催生了中国先进的生产力和生产方式，促进了中国新的阶级力量（即资产阶级、无产阶级）的产生和发展，并促进了中国现代化进程的缓慢启动。这样，近代以来中国就面临着双重的历史任务，一方面是使中国摆脱被动挨打的局面，争取民族的独立和解

---

① 《马克思恩格斯选集》第 4 卷，人民出版社 1995 年版，第 742—743 页。

放；另一方面是使国家摆脱封建专制统治，实现社会现代化，争取国家的富强和人民的解放。

在这样的社会历史背景下，面对来自西方年轻先进的工业文明的冲击和挑战，沐浴着古老落后的农业文明的中国人，要实现国家的独立和富强，实现民族解放和社会解放，就不能不思考：如何对待中国古老的文化传统？如何对待西方的工业文明？曾经使中国在很长历史时期保持"天朝上国"地位的中国文化，能否担当民族复兴的重任？曾经使西方迅速崛起的资产阶级文明，能否使中国也迅速强大？以对这些问题的不同回答作为理论指导，围绕着"古今中西"问题，从鸦片战争到五四运动之前，先进的中国人在各种文化背景下，提出了各种形式的救国方案。这些救国方案总体上说有三大类：一是为解决器物不如人的问题，搞洋务运动，"师夷长技以制夷"；二是为解决制度不如人的问题，搞维新变法，变封建专制为君主立宪，或搞革命起义，变封建专制为民主共和；三是为解决观念不如人的问题，搞再造中国文化的"新文化运动"。然而，所有这些努力，以及后来提出的"实业救国"、"科学救国"、"教育救国"等主张，均无法改变中国向半殖民地半封建社会沉沦的命运。正在这时，第一次世界大战爆发，俄国十月社会主义革命也随之发生。

第一次世界大战引发的第一次世界资本主义危机，对中国的现代化进程带来了双重影响：一方面是作为中国最大邻国的俄国脱离世界资本主义体系，走上与之相反的对抗发展模式的社会主义现代化道路；另一方面则是作为中国较大邻国的日本脱离华盛顿体系的约束，走上法西斯主义的发展道路，加紧推行独占中国的大陆政策，由此引发全面侵华战争，这两方面都在客观上影响到了中国现代化的进程及其转型。俄国十月革命的成功，使学习外来文化变成学习欧美资本主义和苏俄社会主义两种模式，两相比较，"俄式革命"具有更大的吸引力。学习西方强大起来的日本的军国主义化，特别是其对中国不断扩大的侵略，不但使先进中国人放弃了对日式现代化的效法，而且最终动摇了走资本主义道路的幻想。十月革命使马克思主义由理论变成实践，使中国的先进分子看到了理想的"大同"社会实现的希望，于是他们纷纷把目光投向了与中国国情相近的俄国。正如毛泽东所指出："就是这样，西方资产阶级的文明，资产阶级的民主主义，

15

资产阶级共和国的方案，在中国人民的心目中，一齐破了产。资产阶级的民主主义让位给工人阶级领导的人民民主主义，资产阶级共和国让位给人民共和国。"① 当然，年轻的中国共产党也曾因过分地、不加分析地依赖苏联的经验而发生了教条式对待马克思主义的问题。如果说全盘西化是把西方资本主义绝对化、从走欧美的路到走俄国的路的改变推进了中国人思想上的进步，那么，20世纪20年代末30年代初的照搬苏联，则是把马克思主义教条化，把俄国革命和苏联建设经验绝对化，而对这种教条的觉悟最终使中国共产党走上了马克思主义中国化的道路。

一百多年中国寻求现代化的历史探索表明，构建中国现代性的器物、制度，特别是思想文化资源，既不能完全照搬外国，又不能完全摆脱其影响；既不能全部源于本土文化传统，又要充分考虑到本土文化传统特别是其向现代转换的内在要求。"中体西用"、"国粹主义"、"全盘西化"以至"全盘苏化"等等，这些观点的共同点，不是抱残守缺，就是照搬照抄。它们都没有把外国先进的文化思想与本国具体实践和优秀传统文化有机整合，都没有把理论作为发展的开放的体系来看待，而是把它们当成了僵死的一成不变的教条。历史一再昭示：只有坚持把马克思主义中国化才是真正的出路。

第三，基于新的时代背景和实践基础的再思考，是马克思主义中国化的现实基础。

1949年中华人民共和国的成立充分表明，以马克思主义基本原理与中国革命具体实际相结合为基本特征的马克思主义中国化事业已经取得了巨大的成功。从建国六十多年来党推进马克思主义中国化的角度来讲，马克思主义中国化经历了从"第一次结合"继续取得进展到"第二次结合"的提出并取得积极成果而又遭致严重曲折、再到"第二次结合"的重新开始并成功推进的曲折复杂的发展过程。粉碎"四人帮"、结束"文化大革命"以后，广大干部群众强烈要求纠正"文化大革命"的错误，彻底扭转十年内乱造成的严重局势，使党和国家从危难中重新奋起。但这一顺应时势的愿望遇到了严重阻碍，党和国家的工作出现了在前进中徘徊的局面。与此

---

① 《毛泽东选集》第四卷，人民出版社1991年版，第1471页。

同时，第二次世界大战结束后特别是 20 世纪 70 年代末以来，整个世界发生着大变动大调整，最显著的变化就是和平与发展成为世界性的两大战略问题。世界快速发展，科技日新月异，国家百废待兴。国内外大势呼唤中国共产党人尽快就关系党和国家前途命运的大政方针作出政治决断和战略抉择。

1978 年 12 月召开的中共十一届三中全会，标志着中国共产党人在新的历史条件下的伟大觉醒，显示了党顺应时代潮流和人民愿望、勇敢开辟建设社会主义新路的坚强决心。十一届三中全会毅然作出把党和国家的工作重心转移到经济建设上来、实行改革开放的历史性决策。从这时起，中国共产党人和中国人民以一往无前的进取精神和波澜壮阔的创新实践，谱写了中华民族自强不息、顽强奋斗新的壮丽史诗，中国人民的面貌、社会主义中国的面貌、中国共产党的面貌发生了历史性变化。

新时期最鲜明的特点是改革开放。中国共产党领导人民进行改革开放，目的就是要解放和发展社会生产力，实现国家现代化，让中国人民富裕起来，振兴伟大的中华民族；就是要推动我国社会主义制度自我完善和发展，赋予社会主义新的生机活力，建设和发展中国特色社会主义；就是要在引领当代中国发展进步中加强和改进党的建设，保持和发展党的先进性，确保党始终走在时代前列。

在改革开放的实践中，党坚持解放思想和实事求是的统一，大力发扬求真务实精神，不断深化对共产党执政规律、社会主义建设规律、人类社会发展规律的认识，自觉把思想认识从那些不合时宜的观念、做法和体制的束缚中解放出来，从对马克思主义错误的和教条式地理解中解放出来，从主观主义和形而上学的桎梏中解放出来，以实践基础上的理论创新回答了一系列重大理论和实际问题，为改革开放提供了体现时代性、富于创造性的理论指导，开辟了马克思主义的新境界。改革开放所带来的历史性巨大变化无可争辩地证明：只有改革开放才能发展中国、发展社会主义、发展马克思主义。这是改革开放以来中国共产党领导中国这样一个十几亿人口的发展中大国摆脱贫困、加快实现现代化、坚持和发展中国特色社会主义的根本经验。

二、马克思主义中国化的主题转换及主体层级结构

从本质上看，马克思主义中国化作为一个理论与实践相结合、历史与现实相沟通、主观与客观相交融的动态发展过程，必然有其发展所围绕的主题和推动其发展的主体。研究马克思主义中国化的主题转换及其主体层级结构，对于进一步拓展马克思主义中国化的研究视阈具有重要意义。

（一）马克思主义中国化的主题转换

认清马克思主义中国化的主题十分重要，它不仅关系到马克思主义中国化事业本身的发展而且关系到党所领导的中国革命、建设和改革事业的成败。

新中国成立以前马克思主义中国化的主题转换，从总体上来说，是从旧式的、一般的资产阶级的民主主义、苏式的社会主义，到中国新民主主义革命的转变。党的一大提出建立苏俄式的无产阶级专政，实际上是一个社会主义革命的纲领；党的二大提出了党的民主革命纲领，但此后相继发生的"二次革命论"、"一次革命论"，说明中国共产党这时尚未真正解决马克思主义和中国革命实际结合的问题，直到毛泽东发表《新民主主义论》等著作，主题转换问题才算真正解决。

新中国成立以来，马克思主义中国化则历经从"新民主主义革命"到"社会主义革命"、从"社会主义革命"到"社会主义建设"以及后来由于指导思想发生错误而又转到所谓"无产阶级专政下继续革命"、从否定所谓"无产阶级专政下继续革命"到回归"社会主义现代化建设"再到"中国特色社会主义建设"这样三次大的主题转换。

第一次主题转换，是从"新民主主义革命"到"社会主义革命"或"社会主义改造"，主要是为了解决如何通过对生产资料私有制的改造建立起社会主义制度的问题。围绕这一主题转换，党在推进马克思主义中国化的过程中，形成了"新民主主义社会"的概念、"社会主义革命"或

"社会主义改造"的概念以及"过渡时期"的概念。这几个概念与这一阶段推进马克思主义中国化的主题主线的关系，过去没有人专门进行研究，有学者用"第一次结合的延伸和第二次结合的准备"来泛指1949至1978年。笔者认为，明确"社会主义改造"这一主题，既有助于完整理解和掌握"第一次结合"的理论贡献，又有助于肯定社会主义制度建立的深远意义。第一次主题转换，从总体上看，应该说是成功的，当然也有一些缺点。

第二次主题转换，是从"社会主义革命"到"社会主义建设"，是为了解决如何"建设、巩固和发展社会主义"的问题，一度曾经比较明确表述为"全面建设社会主义"。后来因指导思想上"左"的错误的发展，逐渐弃之不用，而代之以阶级斗争、两条道路斗争为主要内容的所谓"无产阶级专政下继续革命"。十年"文化大革命"从马克思主义中国化的角度来讲，这是一个相当特殊的阶段，是离开了马克思主义中国化正确轨道、发生严重挫折的阶段。离开发展生产力这一中心，坚持"以阶级斗争为纲"，在"抓革命、促生产"的口号下进行所谓的"无产阶级专政下继续革命"。与"社会主义建设"这一主题已经背道而驰。尽管如此，笔者认为，就主观愿望上讲，"文化大革命"时期毛泽东并没有完全放弃社会主义建设，"文化大革命"中召开的四届人大重申"四个现代化"的目标以及毛泽东这时还提出过"要把国民经济搞上去"等，都说明了这一点。与这次主题转换相关的概念：一是，"中国社会主义建设道路"的概念。二是，"社会主义现代化"的概念。三是，"无产阶级专政下继续革命"的概念。第二次主题转换中尽管也有不少积极成果，但从总体上说是失败了，是由正确转向了错误。

第三次主题转换，是从否定所谓"无产阶级专政下继续革命"到回归"社会主义现代化建设"再到"中国特色社会主义建设"。因"文化大革命"而中断的马克思主义中国化事业，在十一届三中全会后重新开启，经历了挫折的中国共产党人对这一阶段马克思主义中国化主题的认识更加深刻，实践中的自觉性也有了本质上的变化。围绕这次主题转换的概念：一是"中国式的现代化道路"的概念；二是"建设有中国特色社会主义"的概念；三是，"中国特色社会主义"的概念。从"建设有中国特色社会主义"

到"中国特色社会主义",充分体现了党对共产党执政规律、社会主义建设规律、人类社会发展规律认识的深化。

胡锦涛指出,九十多年来,党紧紧依靠人民"完成了新民主主义革命,实现了民族独立、人民解放";"完成了社会主义革命,确立了社会主义基本制度";"进行了改革开放新的伟大革命,开创、坚持、发展了中国特色社会主义"①。这三件大事,从根本上改变了中国人民和中华民族的前途命运,使具有五千多年文明历史的中国面貌焕然一新,中华民族伟大复兴展现出前所未有的光明前景。认清这三件大事之间的内在关联,有助于准确把握马克思主义中国化主题转换的基本脉络,是深入理解和掌握马克思主义中国化规律的关键环节。而确立马克思主义中国化的主题,说到底,离不开对马克思主义基本原理的准确把握,离不开对中国国情、特别是对社会主要矛盾以及根本任务的正确认识。这是其基本依据。

(二)马克思主义中国化的主体层级结构

马克思主义中国化的主体,既是一个历史的范畴,需要从历史发展的过程中去做思考,考察其变化的条件、特点和规律;又是一个现实的范畴,需要从现实的状况中去把握,分析其现实的条件、特点和规律;更是一个综合的概念,需要分析其在各方面的表现后从整体上进行把握。目前学术界对这一问题的研究还不是很多,甚至对主体是什么、怎么来看待主体、主体在中国化过程中的地位和作用等问题,还没有进行专门、系统、深入地研究,可能在涉及到哪一段的历史时,就对这一段中共中央或地方党的组织,以及党的领导人在学习、运用和研究马克思主义方面的作用、对推进马克思主义中国化的贡献进行一些研究,不少还不是从主体的角度进行研究,甚至还没有把主体作为一个目标提出来进行研究。

马克思主义中国化主体,是一个需要作出明确界定的概念。有学者认

---

① 胡锦涛:《在庆祝中国共产党成立 90 年大会上的讲话》,人民出版社 2011 年版,第 3—4 页。

为中国共产党是马克思主义中国化的主体，这是正确的。因为马克思主义中国化，概括地说，就是中国共产党把马克思主义同中国革命、建设和改革的实际相结合的过程和成果，离开中国共产党谈马克思主义中国化，是不可思议的。它是中国共产党指导思想的一种变化、一种演进、一种创新。离开共产党来谈马克思主义中国化，就像离开共产党去讲革命，去讲建设和改革，去讲新中国的建立，去讲社会主义制度的建立，去讲改革开放和社会主义现代化建设的成功推进一样，不可思议。但是，对于中国共产党作为马克思主义中国化主体的内部结构层级、组织与人员的具体作用状况及其历史变化等等则是需要进行深入研究的。共产党以外，还有共产党所领导的其他组织、党外信仰马克思主义的群众，特别是知识分子，他们的作用怎么看？这些都确实是一个问题。比如说李达是党的创始人之一，早期的马克思主义者，后来脱党。但一直信奉马克思主义，并对马列主义、毛泽东思想进行不间断地研究，受到党和人民的尊重。应该怎样看待他在推进马克思主义中国化中的作用？他个人有没有贡献？回答应该是肯定的，但又不能把他的作用与党和人民群众的作用脱离开来。

中国共产党的组织有中央、地方和基层之分。我们讲到中央的时候，只能是一个；但讲到地方，那就不是一个了，现在来讲，至少三十多个省、市、自治区，这是地方。省下面还有市、县，也都叫地方，地方下面还有基层组织，不可能是一个。党的地方和基层组织能不能为马克思主义中国化作贡献呢？而中国共产党的组织以外，还有许多组织，比如说共青团组织、工会组织、妇女组织，人民解放军，还有一些和共产党合作的民主党派组织，都有中央与地方、基层之分。当然，在党领导的所有组织中，共产党是领导核心。

中国共产党组织的成员也有中央、地方和基层之分，中央有中央主席（总书记）、政治局常委、政治局和中央委员会的成员之分；或者说又有领袖、领袖集团、中央全体成员等等区分，这都涉及到人。他们既都在某个组织当中，又不完全等于组织。说没有共产党就没有新中国，没有毛泽东就没有新中国，但毛泽东也是一个人，他和中央也有一种关系，就像他讲的，书记在党的委员会中是班长，班长要服从集体的决定。中央也有个人与集体的区别。作为中国工人阶级先锋队的共产党，它的组织，它的成员，是不是可以作为马克思主义中国化的主体？回答应该是肯定的。用最短的话说，马克思主义中国化的主体，是中国共产党的组织、它的成员，但具体作用不一样。中国共产党作为一个组织而存在，是由其党员组成的，代表全党的则是党的中央委员会。毛泽东在六届六中全会上提出马克思主义中国化的时候，特别讲到这个问题。他说："我们的任务是领导一个几万万人口的大民族，进行空前的伟大的斗争，所以，普遍地深入地研究马克思列宁主义的理论的任务，对于我们，是一个亟待解决并须着重地致力才能解决的大问题。我希望从我们这次中央全会之后，来一个全党的学习竞赛，看谁真正地学到了一点东西，看谁学的更多一点，更好一点。在担负主要领导责任的观点上说，如果我们党有一百个至二百个系统地而不是零碎地、实际地而不是空洞地学会了马克思列宁主义的同志，就会大大地提高我们党的战斗力量，并加速我们战胜日本帝国主义的工作"①。同时，毛泽东又说："一般地说，一切有相当研究能力的共产党员，都要研究马克思、恩格斯、列宁、斯大林的理论，都要研究我们民族的历史，都要研究当前运动的情况和趋势；并经过他们去教育那些文化水准较低的党员。特殊地说，干部应当着重地研究这些，中央委员和高级干部尤其应当加紧研究。指导一个伟大的革命运动的政党，如果没有革命理论，没有历史知识，没有对于实际运动的深刻的了解，要取得胜利是不可能的。"② 在这里，"担负主要领导责任"、"有相当研究能力的共产党员"，都既包含了组织，又包含了个人，是把对组织和个人、上级和下级、重点和一般等要求统一起来提出问题的。所有这些，实际上都涉及到了主体的问题。所以对马克思主义中国化主体概念的认定，应该进行认真地研究并加以区分，不能泛化，也不能简单化地理解。

中国共产党是领导中国革命、建设和改革的核心力量，也是推进马克思主义中国化的核心力量。中国共产党的执政地位是经过长期艰巨的革命斗争逐步确立的。没有共产党，就没有新中国，就没有社会主义事业的发展和胜利。而中国共产党的历史，即是一部坚持以马克思主义基本原理为

---

① 《毛泽东选集》第二卷，人民出版社 1991 年版，第 533 页。
② 《毛泽东选集》第二卷，人民出版社 1991 年版，第 532—533 页。

指导、紧密结合中国具体实际进行理论创新的历史，或者说是一部不断推进马克思主义中国化的历史。这些科学判断，集中反映了党的执政地位是近现代中国历史发展的必然，也反映了党在推进马克思主义中国化过程中的主体地位。

党的中央领导集体，特别是党的领袖人物、领导核心是推进马克思主义中国化的主要代表。建党时期，构成这一段马克思主义中国化主体的是从具有初步共产主义觉悟的知识分子到早期的马克思主义者群体，这是建党之前马克思主义中国化主体的一种基本状态，目前对若干人物的分别研究较多，整体性的系统研究不足。中国共产党的成立标志着马克思主义中国化主体正式生成。从第一次国共合作到大革命失败，马克思主义中国化主体在这一阶段的代表应该是以陈独秀为总书记的党中央。从历史来看，陈独秀担任了五届中央总书记，我们在这个问题上，要正确看待陈独秀的功与过，不能认为错误的都是陈独秀的，正确的就不是陈独秀的，这样看是不合理的。但目前对陈独秀在这一阶段推进马克思主义中国化的研究还很薄弱。从八七会议到遵义会议之前，这一阶段是马克思主义中国化进程遭受挫折的时期。也就是说，之所以没有在全党确立起以毛泽东为代表的马克思主义中国化的正确方向，是因为当时"左"倾中央的错误领导，压制了马克思主义中国化的发展。从这个角度来看，这一时期也可以理解为马克思主义中国化的主体发生了错误，才导致了马克思主义中国化进程的挫折。从遵义会议到十一届三中全会之前，这一时期的马克思主义中国化主体的代表是毛泽东，或者称为以毛泽东为代表的党中央。这个时期又可以分为前后两个阶段：前一阶段从1935年遵义会议到1956年党的八大；后一阶段从1957年反右派斗争扩大化到十一届三中全会之前。前一个阶段主体作用以正向度为主、是马克思主义中国化成功推进的阶段；后一个阶段主体作用正反向交叉、逐渐偏离正向度，错误对待马克思列宁主义、毛泽东思想，脱离中国国情，偏离马克思主义与中国实际相结合的正确轨道，使马克思主义中国化发生严重曲折，最终导致了"文化大革命"十年动乱。从十一届三中全会开始至今，这一时期的马克思主义中国化主体的代表可以分为三个小的阶段：第一阶段，从十一届三中全会到1992年邓小平发表南方谈话，这一阶段中国化主体的代表应该是邓小平；第二阶段，从1992年党的十四大到2002年党的十六大之前，这一阶段中国化主体的代表应该是江泽民；第三阶段，从2002年十六大至今，这一段中国化主体的代表应该是胡锦涛。

党的各级组织及其成员、党的理论工作者、党所领导的其他组织、与党合作的民主党派以及党外信仰马克思主义的群众，是马克思主义中国化推进的群体力量。这些群体在自己的实践中，为马克思主义中国化提供着最直接、最原始和最真实的第一手资料。而这些资料往往又都是分散的、片面的、不系统的、朴素的和经验性的，但却为马克思主义理论家和党的领袖们整理加工、去粗取精、去伪存真，使其集中化、全面化、系统化和制度化，上升为指导全面工作的理论提供了大量思想材料。这些群体也就构成了推进马克思主义中国化的群众基础。

马克思主义认为，人民群众是实践的主体，是历史的创造者；而在阶级社会里，人民群众创造历史的作用是通过阶级和阶级斗争表现出来的；而阶级又是由政党来领导的；政党所发挥作用的大小又是与这个政党的领袖人物密切相关的；领袖人物作为与整个党的组织和人民群众紧密联系着的领导集体中的一员，其历史作用是相当重要、不可忽视的。马克思主义中国化各主体层级之间的关系，深刻反映了马克思主义关于阶级、政党、领袖与群众之间正确的关系，各层级之间相互促进、相互融合、相互补充，不可或缺，共同推进了马克思主义中国化的理论创新、实践创新和制度创新。

马克思主义中国化主体作用发挥的关键在于加强党的先进性建设，核心是要正确理解和掌握马克思主义，正确认识和把握中国革命、建设和改革的实际，坚持把马克思主义与中国实际有机地结合起来。马克思主义中国化的主体是伴随着党及党所领导的事业发展不断变化着的，因此，不能对主体进行静态和一成不变地理解。这里有一个衡量主体状况标准的问题。毛泽东在《〈共产党人〉发刊词》一文中实际上提出了这个标准，即党对于马克思主义理论的认识，对于中国实际情况的理解，包括对中国的国情、中国革命的特点、中国革命的规律的认识和了解，特别是对于马克思主义理论和中国实际结合的理解和掌握。他在文章中讲到，党在幼年时期特别是这个阶段的初期和中期，党的路线是正确的；然而，这时的党是在统一战线、武装斗争和党的建设三个基本问题上都没有经验的党，是对于中国历史和社会状况、中国革命的特点、中国革命的规律都懂得不多的党，是对于马克思主义和中国革命的具体实际还没有统一了解的党。随着党自身的变化以及党所领导的革命事业的曲折发展，党的组织和成员对于马克思主义理论的认识，对于中国国情和革命特点的认识，对于中国革命规律的认识，特别是对于马克思主义与中国实际二者统一的理解，呈现出很大差别，就是说它是不一样的。党的路线正确了，党对马克思主义的认识，对国情的认识，对于马克思主义与中国革命特点之间二者结合的认识就能不断地取得重要的成果；反之，如果发生了"左"的或者右的错误，那么马克思主义中国化就必然会遭到挫折和破坏。如同毛泽东讲到"因此，党的领导机关中占统治地位的成分，在这一阶段的末期，在这一阶段的紧要关头中，没有能够领导全党巩固革命的胜利，受了资产阶级的欺骗，而使革命遭到失败"①。而"第二阶段，即土地革命战争的阶段，由于有了第一阶段的经验，由于对于中国的历史状况和社会状况、中国革命的特点、中国革命的规律的进一步的了解，由于我们的干部更多地领会了马克思列宁主义的理论，更多地学会了将马克思列宁主义的理论和中国革命的实践相结合，我们就能够进行了胜利的十年土地革命战争。……然而，一部分同志曾在这个伟大斗争中跌下了或跌下过机会主义泥坑，这仍然是因为他们不去虚心领会过去的经验，对中国的历史状况和社会状况、中国革命的特点，中国革命的规律不了解，对于马克思列宁主义的理论和中国革命的实践没有统一的理解而来的。"② 第三阶段，就是抗日民族统一战线的阶段。这个阶段"凭借着党的组织力量和武装力量，凭借着党在全国人民中间很高的政治信仰，凭借着党对于马克思列宁主义的理论和中国革命的实践之更加深入的更加统一的了解，就不但建立了抗日民族统一战线，而且进行了伟大的抗日战争。"③ 这就是说党的自身状况，对于革命事业的发展，对于党自身的发展，对于马克思主义中国化都有很大的影响。

　　总之，对马克思主义中国化主体自身的层级结构作出具体分析，对党

---

① 《毛泽东选集》第二卷，人民出版社 1991 年版，第 610 页。

② 《毛泽东选集》第二卷，人民出版社 1991 年版，第 611 页。

③ 《毛泽东选集》第二卷，人民出版社 1991 年版，第 612 页。

的中央、地方、基层组织的作用，党的主要领导人、高级干部、基层干部、普通党员等的不同作用，作出必要的具体的区分，明确各自的地位和作用，对于从整体上把握马克思主义中国化的主体及其特点、状况有着重要的意义和价值。

三、毛泽东思想及其历史地位

马克思主义中国化的第一个重大理论成果是毛泽东思想。它是马克思列宁主义在中国的运用和发展，是被实践证明了的关于中国革命和建设的正确的理论原则和经验总结，是中国共产党集体智慧的结晶。它是在我国新民主主义革命、社会主义革命和社会主义建设的实践过程中，在总结我国革命和建设正反两方面历史经验的基础上，逐步形成和发展起来的，是马克思列宁主义与近代中国社会和中国革命实际相结合的必然结果。

（一）毛泽东思想的产生和发展

毛泽东思想在中国这样一个古老的东方大国里产生和发展起来，不是偶然的，而是具有深刻原因的。

第一，近代中国社会的半殖民地半封建化是毛泽东思想产生的社会基础。1840 年的鸦片战争以及其后发生的多次侵华战争，使中国逐步由一个独立的封建社会沦为半殖民地半封建社会。中国半殖民地半封建社会的特殊国情，复杂的阶级关系和经济、政治的不平衡性，决定了在中国这样一个东方大国里进行革命，必然会遇到许多特殊而又复杂的问题。中国社会的主要矛盾决定了中国革命的首要目标是推翻帝国主义的统治，完成反帝反封建的革命任务，而不是进行社会主义革命。中国特殊的国情也决定了农民是中国革命的主力军，中国革命领导者是无产阶级而不是资产阶级。同时，中国共产党要领导革命取得成功，必须解决好在农村战争环境下建党和建军等诸多问题。毛泽东思想就是中国共产党人运用马克思列宁主义基本原理，在分析和研究中国社会和中国革命具体问题的基础上产生和发展起来的。

第二，马克思列宁主义在中国传播并逐步被中国的共产主义者掌握和运用，是毛泽东思想产生和发展的理论基础。近代以来的中国历史表明，由农民、小资产阶级和资产阶级领导的革命之所以会失败，除了其领导者自身的阶级局限等原因之外，最主要的还在于这些革命在其指导思想上没有摆脱西方资产阶级文化的影响，因而使中国人在精神上始终处于被动。这种情况直到中国先进分子接受马克思主义才开始发生根本上的变化。十月革命一声炮响，给中国人民送来了马克思列宁主义，帮助中国的先进分子用无产阶级的宇宙观作为观察国家命运的工具，重新考虑自己的问题。马克思列宁主义是在批判继承人类文化思想史上一切优秀成果的基础上创立的科学体系，在帝国主义和无产阶级革命时代里，只有以马克思列宁主义武装起来的中国无产阶级及其政党，才能担负起领导中国人民实现民族和社会解放的历史使命。马克思列宁主义在中国的广泛传播，给中国带来的最深刻的影响和变化，就是以马克思列宁主义基本原理与中国革命具体实际相结合为根本特征的毛泽东思想的产生。

第三，中国共产党领导的革命斗争实践及对其经验的科学总结，是毛泽东思想产生和发展的实践基础。理论源于实践，并指导实践，同时在实践中得到检验和发展。中国共产党成立之后，在领导中国革命斗争的实践中，特别是在同党内盛行的把马克思主义教条化、把共产国际决议和苏联经验神圣化的错误倾向的斗争中，创造性地运用马克思列宁主义的基本原理，对中国革命斗争实践中所获得的独特经验，作出了理论总结和概括。从毛泽东思想基本原理的形成来看，没有建立革命根据地的实践，就不会有武装斗争和革命道路理论的形成；没有两次国共合作的实践，就没有统一战线理论的系统形成；没有对于革命实践经验的系统的科学总结，就不会有对于中国革命基本特点和规律的完整正确的认识。毛泽东思想就是产生、形成、成熟、发展于中国新民主主义和社会主义革命实践中的。正如毛泽东指出："在民主革命时期，经过胜利、失败，再胜利、再失败，两次比较，我们才认识了中国这个客观世界。"[①]

第四，中国优秀传统文化，尤其是近代旧民主主义革命的历史遗产，

---

① 《毛泽东文集》第八卷，人民出版社 1999 年版，第 299 页。

也为毛泽东思想的产生提供了一定的思想资源。中国是一个具有悠久历史的文明古国。马克思主义在与中国革命实际相结合的过程中，不能不对中国文化的变革产生重大影响。马克思主义中国化与中国文化现代化，实际上是一个紧密联系的过程。毛泽东十分注重对中国传统文化的借鉴和吸收，指出："今天的中国是历史的中国的一个发展；我们是马克思主义的历史主义者，我们不应当割断历史。从孔夫子到孙中山，我们应当给以总结，承继这一份珍贵的遗产。""马克思主义必须和我国的具体特点相结合并通过一定的民族形式才能实现"①。在批判地继承中国传统文化的同时，毛泽东还特别注意吸收旧民主主义革命思想特别是孙中山三民主义学说中的精华。毛泽东在政治、经济、军事、文化、哲学等方面对中国传统文化的批判继承，既是对中国传统文化在新的历史条件下的发扬光大，也为中国人民接受马克思列宁主义提供了良好的文化条件；他对孙中山三民主义学说的借鉴和吸收，为创立新民主主义理论奠定了一定的基础。

马克思主义同中国革命实际相结合的历史过程，同时也是毛泽东思想形成和发展的过程。第一次国内革命战争时期，毛泽东以马克思主义为指导，通过参加革命实践、深入开展调查研究，科学分析了中国社会各阶级在革命中的地位和作用，提出了新民主主义革命的基本思想，标志着毛泽东思想萌芽的出现。大革命失败后，以毛泽东为代表的中国共产党人成功地开辟了以井冈山革命根据地为代表的农村包围城市、武装夺取政权的中国革命的新道路；在同党内一度盛行的把马克思主义教条化、把共产国际决议和苏联经验神圣化的错误倾向斗争中，从理论上论证了中国革命的新道路，强调马克思主义必须同中国实际相结合，初步形成了实事求是、群众路线、独立自主的基本思想，标志着毛泽东思想已经基本形成。土地革命战争后期和抗日战争时期，毛泽东在理论上系统地总结了中国革命的经验，分析和批判了教条主义的错误，并及时吸取抗日战争的新经验，形成了比较系统的哲学思想、军事思想、统一战线思想和党的建设思想，特别是系统地阐述了中国新民主主义革命的基本理论、基本路线和基本纲领，制定了党在民主革命时期的基本政策和策略，这标志着毛泽东思想得到全

---

① 《毛泽东选集》第二卷，人民出版社1991年版，第534页。

面展开而走向成熟。1945年党的七大，把毛泽东思想确立为党的指导思想。解放战争时期和新中国成立以后，毛泽东进一步提出了人民民主专政理论、社会主义改造和建立社会主义制度的基本思想，提出了马克思列宁主义同中国实际"第二次结合"[①]的重要任务，进行了适合中国情况的建设社会主义道路的探索，这标志着毛泽东思想在新的历史条件下得到继续发展。

（二）毛泽东思想的科学内涵及其内容体系

任何一种理论和学说都有其独特的本质内涵，毛泽东思想作为一个完备的马克思主义理论形态也是这样。但必须认识到，"毛泽东同志的事业和思想，都不只是他个人的事业和思想，同时是他的战友，是党、是人民的事业和思想，是半个多世纪中国人民革命斗争经验的结晶。"[②] 因此，在中国革命，尤其是新民主主义革命日渐深入的过程中，人们对毛泽东思想涵义的认识是不可能一蹴而就的，必然有一个由浅入深、由表及里的深化过程。

1945年4月，中共六届七中全会通过的《关于若干历史问题的决议》指出："毛泽东同志代表中国无产阶级和中国人民，将人类最高智慧——马克思列宁主义的科学理论，创造地应用于中国这样的以农民为主要群众、以反帝反封建为直接任务而又地广人众、情况极复杂、斗争极困难的半封建半殖民地的大国，光辉地发展了列宁斯大林关于殖民地半殖民地问题的学说和斯大林关于中国革命问题的学说。"[③] 在这里，虽然没有明确提到"毛泽东思想"这一科学概念，但是就其所论述的内容所体现的思想实质来说，已经指明了毛泽东思想的主要内涵。

1945年5月，刘少奇在中共七大上所作的《关于修改党的章程的报告》第一次对毛泽东思想的科学内涵作了比较完整、系统的概括。他指出："毛泽东思想，就是马克思列宁主义的理论与中国革命的实践之统一的思想，就是中国的共产主义，中国的马克思主义。"又说："毛泽东思想，从

---

① 吴冷西：《十年论战》上卷，中央文献出版社1999年版，第23页。
② 《邓小平文选》第二卷，人民出版社1994年版，第172页。
③ 《毛泽东选集》第三卷，人民出版社1991年版，第952—953页。

他的宇宙观以至他的工作作风，乃是发展着与完善着的中国化的马克思主义，乃是中国人民完整的革命建国理论。这些理论，表现在毛泽东同志的各种著作以及党的许多文献上。"① 在这里，刘少奇一方面明确地指出了毛泽东思想的根本特征是"马克思列宁主义的理论与中国革命的实践之统一"或者说是二者的"结合"；另一方面，也指明了毛泽东思想作为"中国化的马克思主义"对中国革命极为重要的指导意义，并指出了毛泽东本人在毛泽东思想创立中的地位。

1981 年中共十一届六中全会通过的《关于建国以来党的若干历史问题的决议》则对毛泽东思想的科学内涵作出了更加严谨、更为科学，也是迄今为止最为完善的概括。《决议》指出："以毛泽东同志为主要代表的中国共产党人，根据马克思列宁主义的基本原理，把中国长期革命实践中的一系列独创性经验作了理论概括，形成了适合中国情况的科学的指导思想，这就是马克思列宁主义普遍原理和中国革命具体实践相结合的产物——毛泽东思想。""毛泽东思想是马克思列宁主义在中国的运用和发展，是被实践证明了的关于中国革命的正确的理论原则和经验总结，是中国共产党集体智慧的结晶。"② 随后召开的中共十二大，又在"中国革命"的后面加上了"建设"二字，形成了一个更为完整准确的提法。

毛泽东思想是一个完整的科学体系，是否把毛泽东思想看作一个科学体系不仅是一个重要的理论问题，也是一个重大的政治问题。对毛泽东思想科学体系的理解和掌握，不能仅仅根据毛泽东个人的著述，还要联系到党的领导集体的认识和概括。在中国共产党的历史上，对毛泽东思想科学体系的认识和概括，比较集中的有三次：第一次是 1945 年 4 月中共六届七中全会通过的《关于若干历史问题的决议》，第二次是 1945 年 5 月刘少奇在党的七大上所作的《关于修改党的章程的报告》，第三次是 1981 年 6 月中共十一届六中全会通过的《关于建国以来党的若干历史问题的决议》。

中共六届七中全会通过的《关于若干历史问题的决议》，从政治、军事、组织和思想四个方面对以王明为代表的"左"倾教条主义错误进行了

---

① 《刘少奇选集》上卷，人民出版社 1981 年版，第 333、335 页。

② 中共中央文献研究室主编：《〈关于建国以来党的若干历史问题的决议〉注释本》，人民出版社 1983 年版，第 46—47 页。

系统的批判，而这种批判无论是哪一个方面，又都是以毛泽东的论述为指导的，这样就在实际上形成了对毛泽东思想科学体系基本框架的一种概括。

刘少奇在中共七大上所作《关于修改党的章程的报告》中，把毛泽东思想的主要内容概括为九个方面的问题，即"关于现代世界情况及中国国情的分析，关于新民主主义的理论与政策，关于解放农民的理论与政策，关于革命统一战线的理论与政策，关于革命战争的理论与政策，关于革命根据地的理论与政策，关于建设新民主主义共和国的理论与政策，关于建设党的理论与政策，关于文化的理论与政策等等。"① 这一概括与《关于若干历史问题的决议》相比，具有两个鲜明的特点：一是第一次从正面对毛泽东思想的主要内容进行了集中阐述；二是克服了《关于若干历史问题的决议》对照"左"倾错误阐述毛泽东思想内容所造成的局限。这一概括，比较全面系统回答了党所领导的中国新民主主义革命的一系列基本问题，因而为理解和掌握毛泽东思想科学体系提供了一个新的框架。

中共十一届六中全会通过的《关于建国以来党的若干历史问题的决议》在历次概括的基础上，对毛泽东思想科学体系的基本框架又作了六个方面的主要内容和三个活的灵魂的概括，使之更为完整、系统。该决议所作的概括，集中回答了毛泽东思想与马克思列宁主义基本原理、与中国共产党所领导的革命和建设之间的正确关系，回答了在毛泽东思想形成发展过程中毛泽东个人的贡献与党的领导集体的贡献之间的正确关系，集中体现了毛泽东思想作为中国化马克思主义的鲜明时代特征和实践特色。

毛泽东思想不是在个别方面，而是在许多方面以其独创性理论丰富和发展了马克思列宁主义，构成了一个博大精深的科学思想体系。它有着坚实的中国化马克思主义哲学思想的理论基础，其核心和精髓就是实事求是。它紧紧围绕着中国革命经过新民主主义达到社会主义这个主题，提出了一系列相互关联的经受了中国革命和建设长期实践检验的重要的理论观点。这一科学思想体系主要包括六个方面的内容：

第一，新民主主义革命理论。毛泽东从中国的历史状况和现实状况出

① 《刘少奇选集》上卷，人民出版社1981年版，第335页。

发，深刻研究中国革命的特点和规律，发展了马克思列宁主义关于无产阶级在民主革命中领导权的思想，创立了无产阶级领导的，以工农联盟为基础的，人民大众的，反对帝国主义、封建主义和官僚资本主义的新民主主义革命的理论。其基本点，一是认为中国资产阶级有两个部分：依附于帝国主义的大资产阶级和既有革命要求又有动摇性的民族资产阶级。提出了无产阶级领导的统一战线要争取民族资产阶级参加，并且在特殊条件下把一部分大资产阶级也包括在内，以求最大限度地孤立最主要的敌人。在同资产阶级结成统一战线时，要保持无产阶级的独立性，实行又团结又斗争、以斗争求团结的政策；在被迫同资产阶级、主要是同大资产阶级分裂时，要敢于并善于同大资产阶级进行坚决的武装斗争，同时要继续争取民族资产阶级的同情或中立。二是认为由于中国没有资产阶级民主，革命只能以长期的武装斗争为主要形式。中国的武装斗争，是无产阶级领导的以农民为主体的革命战争，通过建立农村根据地，进行长期的革命斗争，发展和壮大革命力量。毛泽东指出，统一战线、武装斗争、党的建设是中国共产党在中国革命中战胜敌人的三个主要的法宝。新民主主义革命理论，是反映中国新民主主义革命客观规律的完备的理论形态，是毛泽东思想达到成熟的主要标志。

第二，社会主义革命和社会主义建设理论。毛泽东领导中国共产党，依据新民主主义革命胜利所创造的向社会主义过渡的经济政治条件，采取社会主义工业化和社会主义改造同时并举的方针，实行逐步改造生产资料私有制的具体政策，从理论和实践上解决了在中国这样一个占世界人口近1/4的、经济文化落后的大国中建立社会主义制度的艰难任务。毛泽东提出的人民民主专政的理论主张将在人民内部实行民主和对反动派实行专政相结合，丰富了马克思列宁主义关于无产阶级专政的学说，为我国的社会主义建设创造了重要的政治条件。在社会主义制度建立以后，毛泽东又领导全党和全国人民积极探索中国自己的建设社会主义的道路，提出了一系列具有战略意义的正确思想和方针。其中包括：关于社会主义社会仍然存在着矛盾，基本的矛盾仍然是生产关系和生产力之间的矛盾、上层建筑和经济基础之间的矛盾，必须严格区分和正确处理敌我矛盾和人民内部矛盾的思想；关于人民内部要在政治上实行"团结——批评——团结"，在党

总　论

与民主党派的关系上实行"长期共存、互相监督",在科学文化工作中实行"百花齐放、百家争鸣",在经济工作以及其他各项工作中实行"统筹兼顾、适当安排"等一系列正确方针;关于不要机械搬用外国的经验,而要从中国是一个农业大国这种情况出发,以工业为主导,以农业为基础,正确处理重工业同农业、轻工业的关系,充分重视农业和轻工业,走出一条适合我国国情的中国工业化道路的思想;关于在社会主义建设中要处理好经济建设和国防建设、大型企业和中小企业、汉族和少数民族、沿海和内地、中央和地方、自力更生和学习外国等各种关系,处理好积累和消费的关系,注意综合平衡等思想;关于工人是企业的主人,要实行干部参加劳动、工人参加管理、改革不合理的规章制度和技术人员、工人、干部"三结合"的思想;关于调动一切积极因素,化消极因素为积极因素,团结全国各族人民建设社会主义强大国家的思想;关于要造成一个又有集中又有民主,又有纪律又有自由,又有统一意志,又有个人心情舒畅,生动活泼那样一种政治局面的主张等等。这些正确的思想、方针和主张,对后来的中国特色社会主义道路的探索具有重要的指导意义。

第三,革命军队建设和军事战略的理论。毛泽东系统地解决了如何把以农民为主要成分的革命军队建设成为一支无产阶级性质的、具有严格纪律的、同人民群众保持亲密联系的新型人民军队的问题,解决了在中国这样一个半殖民地半封建的东方大国,如何开展人民革命战争、应当实行什么样的战略战术、如何巩固国防等一系列重大方针问题。他规定了全心全意为人民服务是人民军队的唯一宗旨,规定了是党指挥枪而不是枪指挥党的原则,制定了三大纪律八项注意,强调实行政治、经济、军事三大民主,实行官兵一致、军民一致和瓦解敌军的原则,提出和总结了一套军队政治工作的方针和方法。他总结了中国长期革命战争的经验,系统地提出了以人民军队为骨干,依靠广大人民群众,建立农村根据地,进行人民战争的思想。他把游击战争提到了战略的地位,认为中国革命战争在长时期内的主要作战形式是游击战和带游击性的运动战。他论述了要随着敌我力量对比的变化和战争发展的进程,正确地实行军事战略的转变。他为革命军队制定了在敌强我弱的形势下实行战略的持久战和战役、战斗上的速决战,把战略上的劣势转变为战役、战斗上的优势,集中优势兵力、各个歼灭敌人等一系列人民战争的战略战术。他还在解放战争中总结出著名的十大军事原则。这些是毛泽东对马克思列宁主义军事理论极为杰出的贡献。建国后，他又提出必须加强国防，建设现代化革命武装力量（包括海军、空军以及其他技术兵种）和发展现代化国防技术（包括用于自卫的核武器）等重要思想。

第四，政策和策略的理论。毛泽东精辟地论证了革命斗争中政策和策略问题的极端重要性，指出政策和策略是党的生命，必须根据政治形势、阶级关系和实际情况及其变化制定党的政策，把原则性和灵活性结合起来。他在总结实践经验的基础上，提出了许多重要的政策和策略思想。其中包括：弱小的革命力量在变化着的主客观条件下能够最终战胜强大的反动力量；战略上要藐视敌人，战术上要重视敌人；要掌握斗争的主要方向，不要四面出击；对敌人要区别对待、分化瓦解，实行利用矛盾、争取多数、反对少数、各个击破的策略，并作到有理、有利、有节；在反动统治地区，把合法斗争和非法斗争结合起来，在组织上采取荫蔽精干的方针；对被打倒的反动统治阶级成员和反动分子，只要他们不造反、不捣乱，都给予生活出路，让他们在劳动中改造成为自食其力的劳动者；无产阶级及其政党要实现自己对同盟者的领导，必须具备两个条件：一是率领被领导者向着共同的敌人作坚决斗争并取得胜利；二是对被领导者给以物质利益，至少不损害其利益，同时给以政治教育等。

第五，思想政治工作和文化工作的理论。毛泽东根据"一定的文化（当作观念形态的文化）是一定社会的政治和经济的反映，又给予伟大影响和作用于一定社会的政治和经济；而经济是基础，政治则是经济的集中的表现"[1]这个基本观点，提出了许多具有长远意义的重要思想。例如：关于思想政治工作是经济工作和其他一切工作的生命线，要实行政治和经济的统一、政治和技术的统一、又红又专的方针；关于发展民族的、科学的、大众的文化，实行百花齐放、百家争鸣和古为今用、洋为中用、推陈出新的方针；关于知识分子在革命和建设中具有重要作用，知识分子要同工农相结合，通过学习马克思列宁主义、学习社会和工作实践树立无产阶级世界

---

[1] 《毛泽东选集》第二卷，人民出版社1991年版，第663—664页。

观的思想等。

第六，党的建设理论。在无产阶级人数很少而战斗力很强，农民和其他小资产阶级占人口大多数的国家，建设一个具有广泛群众性的、马克思主义的无产阶级政党是极其艰巨的任务。毛泽东建党学说成功地解决了这个问题。他特别注重从思想上建党，提出党员不但要在组织上入党，而且要在思想上入党，经常注意以无产阶级思想改造和克服各种非无产阶级思想。他指出，理论和实践相结合的作风、和人民群众紧密地联系在一起的作风以及批评与自我批评的作风，是中国共产党区别于其他任何政党的显著标志。针对历史上党内斗争中存在过的"残酷斗争、无情打击"的"左"的错误，他提出"惩前毖后、治病救人"的正确方针，强调在党内斗争中要达到既弄清思想又团结同志的目的。他创造了全党通过批评与自我批评进行马克思列宁主义思想教育的整风形式。建国前夕和建国以后，鉴于我们党成为领导全国政权的党，他多次提出务必使同志们继续地保持谦虚、谨慎、不骄、不躁的作风，务必使同志们继续地保持艰苦奋斗的作风；要求全党警惕资产阶级思想的侵蚀，反对脱离群众的主观主义和官僚主义作风。这些重要思想，为马克思主义建党理论增添了新的内容，为中国共产党的建设指明了正确的方向。

除了以上六个主要方面，毛泽东思想科学体系中还包括关于国际战略和外交工作的思想关于国家统一的理论，以及他在总结中国革命和建设的经验教训中逐渐形成的丰富而又深邃的哲学思想等，都是建设中国特色社会主义的宝贵精神财富。

《关于建国以来党的若干历史问题的决议》对毛泽东思想内容体系的概括还有一个重要的贡献，就是把贯穿于毛泽东思想全部内容的基本立场、观点和方法，概括为"毛泽东思想活的灵魂"。它有三个基本方面，即实事求是、群众路线、独立自主。实事求是，就是一切从实际出发，理论联系实际，不断地深化对中国国情的认识，找出适合中国情况的革命和建设道路，确定我们党领导人民改造中国、建设中国的战略策略，实现推动历史前进的目标。群众路线，就是把马克思列宁主义关于人民群众是历史创造者的原理，系统地运用在党的全部活动中，形成党的根本工作路线，就是一切为了群众，一切依靠群众，从群众中来，到群众中去。独立自主，就是坚持独立思考，走自己的路，依靠本国人民自己的力量进行革命和建设。就是坚定不移地维护民族独立、捍卫国家主权，把立足点放在依靠自己力量的基础上，同时积极争取外援，开展国际经济文化交流，学习借鉴外国一切对我们有益的先进思想文化。毛泽东把辩证唯物主义和历史唯物主义运用于党的全部工作，在中国革命和建设的长期艰苦奋斗中形成了具有中国共产党人特色的这些立场、观点和方法，丰富和发展了马克思列宁主义。

（三）毛泽东思想的历史地位

正确认识毛泽东思想的历史地位，有一个怎样科学评价毛泽东和毛泽东思想的问题。能否解决好这个问题，关系到怎样看待党和国家过去几十年奋斗的成就，关系到党的团结、国家的安定，也关系到党和国家未来的发展前途，不仅有重要的历史意义，而且有重要的现实意义。

"文化大革命"结束后，在对毛泽东和毛泽东思想的认识问题上，存在过两种错误倾向：一种是认为凡是毛泽东作出的一切决策、指示，都必须坚决维护、始终遵循；另一种是借口毛泽东晚年犯了严重错误，全面否定毛泽东的历史地位与毛泽东思想的科学价值和指导作用。这两种态度都是没有把经过长期历史考验形成为科学理论的毛泽东思想，同毛泽东晚年所犯的错误区别开来。邓小平在领导全党拨乱反正中，用极大的精力来解决如何正确评价毛泽东和毛泽东思想的问题。在他的主持下起草的1981年党的十一届六中全会通过的《关于建国以来党的若干历史问题的决议》，对毛泽东和毛泽东思想的历史地位作出了科学的、实事求是的评价。《决议》指出，毛泽东是伟大的马克思主义者、伟大的无产阶级革命家、战略家和理论家。他为中国共产党和中国人民解放军的创立和发展，为中国各族人民解放事业的胜利，为中华人民共和国的缔造和社会主义事业的发展，建立了不可磨灭的功勋，为世界被压迫民族的解放和人类进步事业作出了重大贡献。由于在中国建设社会主义是一项崭新的实践，人们对如何走出一条适合中国国情的社会主义道路还缺少规律性认识，加上当时复杂严峻的国际环境的影响，我们党在社会主义建设道路的探索中发生过曲折。毛泽东晚年特别是在"文化大革命"中的确犯有严重错误，但就他的一生来看，他的功绩远远大于他的过失。他的功绩是第一位的，错误是第二位的。他的错误是一个伟大的革命家、一个伟大的马克思主义者所犯的错误。将毛泽东晚年所犯的错误同经过长期历史考验形成为科学理论的毛泽东思想区别开来，为我们完整准确地理解毛泽东思想、坚持和发展毛泽东思想指明了方向。正如邓小平指出："没有毛主席，至少我们中国人民还要在黑暗中摸索更长的时间。"[①] 我们应该珍视这半个多世纪以来在中国革命和建设过程中，把马克思主义基本原理同中国具体实际相结合所形成的科学理论成果，并在新的实践中运用和发展。

毛泽东思想作为马克思主义中国化的伟大成果和中国化马克思主义的基本理论形态，是中国共产党和中华民族宝贵的精神财富，将长期指导我们的思想和行动。

第一，毛泽东思想是马克思主义中国化第一次历史性飞跃的理论成果。在中国共产党的历史上，毛泽东在认真总结历史经验的基础上，第一次明确提出了马克思主义同中国实际相结合，即实现马克思主义中国化的任务，深刻论证了马克思主义中国化的必要性和极端重要性，系统阐述了马克思主义中国化的科学内涵和实现马克思主义中国化的正确途径，开辟了马克思主义在中国发展的道路，为党沿着正确的方向发展奠定了坚实的基础。毛泽东为实现这个任务进行了艰苦的探索，使马克思列宁主义在中国深深地扎根、开花、结果。毛泽东思想是马克思主义中国化的第一个理论形态，实现了马克思主义中国化的第一次历史性飞跃。毛泽东思想所确立的马克思主义中国化的奋斗方向、基本原则和基本方法，指导着党不断把马克思主义中国化的进程推向前进。

第二，毛泽东思想是中国革命和建设的科学指南。在毛泽东思想的指引下，我们党领导全国人民，找到了一条新民主主义革命的正确道路，完成了反对帝国主义、封建主义、官僚资本主义的任务，结束了中国半殖民地半封建社会的历史，建立了中华人民共和国；找到了一条从新民主主义向社会主义过渡的道路，确立了社会主义基本制度，实现了中国历史上最深刻最伟大的社会变革。在此基础上，毛泽东又对适合中国国情的社会主

---

① 《邓小平文选》第二卷，人民出版社1994年版，第345页。

义道路进行了艰苦探索，并取得了重要的理论成果，提出了许多很有启发性的论断。他不仅领导我们建立起独立的比较完整的工业体系和国民经济体系，为社会主义现代化建设奠定了重要的物质技术基础，而且积累了在中国这样的社会生产力水平十分落后的东方大国进行社会主义建设的重要经验。虽然，今天的形势有了重大的变化，但是毛泽东思想中关于中国革命和建设的科学论述，为我们正在进行的事业继续提供着十分宝贵的理论指导。毛泽东思想过去是中国革命和建设的旗帜，今天依然是中国社会主义事业的旗帜。

第三，毛泽东思想是中国共产党和中国人民宝贵的精神财富。毛泽东思想形成和发展的历史条件，与我们今天面临的形势和任务有很大的不同，但这丝毫没有减弱和降低毛泽东思想的科学价值。历史是不能割断的，如果不了解毛泽东思想，就不能对中国特色社会主义理论体系有深刻的认识。毛泽东思想包含的许多基本原理、原则和科学方法，具有普遍的意义。毛泽东追求和倡导的中华民族重新自立于世界民族之林的远大理想、实事求是的思想路线、全心全意为人民服务的奋斗宗旨，自力更生、艰苦奋斗的革命精神，等等，依然是中国人民不断奋进的强大精神动力，将长期激励和指导我们前进。

四、中国特色社会主义理论体系及其历史地位

中国特色社会主义理论体系是马克思列宁主义基本原理与当代中国实际和时代特征相结合的产物，是中国共产党领导的改革开放和社会主义现代化建设伟大实践的重要理论结晶。它是胜利推进社会主义现代化建设的正确理论，是全党全国各族人民团结奋斗的共同思想基础。

（一）中国特色社会主义理论体系的形成和发展

十一届三中全会以来，中国共产党人在开辟社会主义事业发展的新时期，形成建设中国特色社会主义的路线、方针、政策，阐明在中国建设社会主义、巩固和发展社会主义的基本问题的过程中，形成了中国特色社会

主义理论体系。恩格斯指出："每一个时代的理论思维，从而我们时代的理论思维，都是一种历史的产物，它在不同的时代具有完全不同的形式，同时具有完全不同的内容。"① 要深刻理解和掌握作为马克思主义中国化最新成果的中国特色社会主义理论体系的科学内容及其基本精神，就必须认真考察中国特色社会主义理论体系形成的背景和条件。

第一，马克思列宁主义、毛泽东思想是中国特色社会主义理论体系形成的理论渊源。马克思列宁主义、毛泽东思想是科学理论体系与崇高价值体系的统一。作为一个科学的理论体系，马克思列宁主义、毛泽东思想揭示了整个世界包括自然、社会和人类思维发展的一般规律，特别是人类社会由资本主义向社会主义、由半殖民地半封建社会经新民主主义达到社会主义的发展规律，科学地表述了马克思主义者对世界的总的看法和根本观点，为无产阶级和广大劳动群众提供了认识世界和改造世界的伟大工具；作为一个价值体系，马克思列宁主义、毛泽东思想则反映了无产阶级要求建立社会主义和共产主义社会、实现自身解放和全人类解放的崇高理想。邓小平指出："我们搞改革开放，把工作重心放在经济建设上，没有丢马克思，没有丢列宁，也没有丢毛泽东。老祖宗不能丢啊！"②"老祖宗不能丢"，最重要的是坚持马克思列宁主义、毛泽东思想的基本原理，坚持科学社会主义的基本原则，坚持辩证唯物主义和历史唯物主义的立场、观点和方法，结合社会主义建设新的实践经验和时代要求，用新的观点发展马克思列宁主义、毛泽东思想，说出老祖宗没有说过的符合客观实际的新话。中国特色社会主义理论体系既坚持科学社会主义基本原则，又根据我国实际和时代特征赋予其鲜明的时代特色。坚持一切从实际出发，以我国改革开放和社会主义现代化建设的实际问题、以我们正在做的事情为中心，创造性地提出了一系列新思想、新观点、新论断，丰富和发展了马克思主义。

第二，我国社会主义建设正反两方面经验的总结，是中国特色社会主义理论体系形成的历史根据。以毛泽东为核心的党的第一代中央领导集体

---

① 《马克思恩格斯选集》第 4 卷，人民出版社 1995 年版，第 284 页。
② 《邓小平文选》第三卷，人民出版社 1993 年版，第 369 页。

带领全党全国各族人民建立新中国，确立社会主义基本制度，取得社会主义建设的伟大成就。特别是根据我国国情确立了人民民主专政的国体，创建了人民代表大会制度、中国共产党领导的多党合作和政治协商制度、民族区域自治制度等基本政治制度，为党在新时期坚持和发展中国特色社会主义，奠定了根本的政治前提和制度基础。虽然后来出现了一些失误，特别是"文化大革命"那样全局性的严重错误，使得一些正确的方针政策没有得到很好地贯彻落实，但从探索也应允许失败的角度来说，失误也是财富。正如邓小平所指出："从许多方面来说，现在我们还是把毛泽东同志已经提出、但是没有做的事情做起来，把他反对错了的改正过来，把他没有做好的事情做好。今后相当长的时期，还是做这件事。当然，我们也有发展，而且还要继续发展。"①

第三，我国改革开放和社会主义现代化建设的实践，是中国特色社会主义理论体系形成的实践基础。改革开放以来，中国人民的面貌、社会主义中国的面貌、中国共产党的面貌发生了历史性变化。党和国家的工作重点转移到社会主义现代化建设上来，实现了从"以阶级斗争为纲"到以经济建设为中心的历史性转变，这是最大的拨乱反正；党和国家坚定不移地实行改革开放，实现了从高度集中的计划经济体制到充满活力的社会主义市场经济体制、从封闭半封闭到全方位开放的伟大历史转折；党和国家彻底摆脱了"文化大革命"十年动乱的消极影响，巩固和发展了安定团结的政治局面。新时期最鲜明的特点是改革开放，新的历史条件呼唤着新的理论，亿万人民伟大的、生动活泼的社会主义实践，为中国特色社会主义理论体系的形成奠定了坚实的实践基础。

第四，当代国际局势的新发展，是中国特色社会主义理论体系形成的时代背景。20世纪60年代末特别是80年代以来，世界处于大变革大调整之中。和平与发展成为时代主要特征；社会主义与资本主义之间的矛盾虽仍然存在，但其表现形式已经发生变化；经济全球化和世界多极化趋势加速发展，综合国力竞争日趋激烈。特别是新科技革命及其带来的重大科技发现发明和广泛应用，推动世界范围内生产力、生产方式、生活方式和

---

① 《邓小平文选》第二卷，人民出版社1994年版，第300页。

经济社会发生了前所未有的深刻变化，也引起全球经济格局、利益格局和安全格局发生了前所未有的重大变化。邓小平明确指出："现在世界上真正大的问题，带全球性的战略问题，一个是和平问题，一个是经济问题或者说发展问题。"[①] 中国是一个发展中国家，属于第三世界，同样面临着和平与发展问题。"中国对外政策的目标是争取世界和平。在争取和平的前提下，一心一意搞现代化建设，发展自己的国家，建设具有中国特色的社会主义。"[②] 中国特色社会主义理论体系的形成，充分体现了中国共产党人科学认识和正确应对当今世界发展变化的理论思考。

总之，正是这样立足中国而又面向世界，总结历史而又正视现实、放眼未来，把马克思主义基本原理同中国的国情和时代特征结合起来，在研究新情况、解决新问题的过程中进行锲而不舍的理论探索，才有了中国特色社会主义理论体系的形成和发展。

（二）中国特色社会主义理论体系的概念演进

同任何思想理论的形成发展一样，中国特色社会主义理论体系的形成发展也有一个过程。而人们对这一理论的认识和概括，也经历了一个过程。中国特色社会主义理论体系紧紧围绕"建设什么样的社会主义、怎样建设社会主义"这个根本问题而展开，内涵十分丰富，包含了一系列独创性的成果，从整体上进一步深化和丰富了对共产党执政规律、社会主义建设规律、人类社会发展规律的认识。十一届三中全会以来，党的历次重大会议对中国特色社会主义理论体系的科学总结和概括，揭示了这一理论体系的基本点，为我们正确认识和把握这一理论体系的科学内涵和精神实质提供了重要遵循。作为改革开放新时期党继续推进马克思主义中国化取得的最新理论成果，中国特色社会主义理论体系经历了从"中国式现代化的道路"到"建设有中国特色社会主义理论"和"邓小平同志建设有中国特色社会主义理论"、从"邓小平理论和'三个代表'重要思想"、"邓小平理论'三个代表'重要思想和科学发展观等一系列重大战略思想"再到"中

---

① 《邓小平文选》第三卷，人民出版社 1993 年版，第 105 页。

② 《邓小平文选》第三卷，人民出版社 1993 年版，第 57 页。

国特色社会主义理论体系"的概念演进过程，与之相适应，其体系建构则经历了从"邓小平理论体系"框架到"邓小平理论和'三个代表'重要思想理论体系"框架再到"中国特色社会主义理论体系"框架的变化。

第一，中国式现代化的道路。从十一届三中全会到十一届六中全会，是中国共产党对社会主义现代化建设道路的最初理论概括阶段，标志着中国特色社会主义道路基本思想的初步形成。

1978年12月召开的中共十一届三中全会毅然抛弃"以阶级斗争为纲"这个不适用于社会主义社会的"左"的错误方针，把党和国家的工作中心转移到经济建设上来。这是政治路线的拨乱反正。在确定工作中心转移的同时，作出了实行改革开放的伟大决策，并针对拨乱反正过程中出现的错误思潮，旗帜鲜明地强调必须坚持社会主义道路、坚持人民民主专政、坚持中国共产党的领导、坚持马克思列宁主义毛泽东思想。"一个中心、两个基本点"的思想开始形成，奠定了新时期党的基本理论和路线的基础。

十一届三中全会后不久，1979年3月，邓小平在《坚持四项基本原则》的讲话中，最先提出了中国式的现代化道路的命题。他强调指出："过去搞民主革命，要适合中国情况，走毛泽东同志开辟的农村包围城市的道路。现在搞建设，也要适合中国情况，走出一条中国式的现代化道路。"[①]这一命题的提出，为我们根据中国国情，确定社会主义现代化建设的具体道路，建设具有本国特色的社会主义，指明了正确的方向，提供了科学的思路。

1979年9月召开的中共十一届四中全会，通过了叶剑英代表中共中央所作的国庆30周年讲话，讲话初步总结我国社会主义建设的实践经验，提出了全面建设社会主义的思想。指出，我国现在还是发展中的社会主义国家，社会主义制度还不完善，经济和文化还不发达，在我国实现现代化，必然要有一个初级到高级的过程。讲话标志着党对我国社会主义发展现状的基本估计已发生明显变化，实际上孕育了社会主义初级阶段的思想，并第一次把发展社会主义民主、建设社会主义精神文明作为现代化建设的重要目标，从而丰富了社会主义现代化建设道路的基本内容。

① 《邓小平文选》第二卷，人民出版社1994年版，第163页。

1981 年 6 月，中共十一届六中全会通过的《关于建国以来党的若干历史问题的决议》，根据邓小平在此前多次讲话中所阐述的指导原则，系统地总结了建国以来我国社会主义建设正反两方面的历史经验，明确指出，我们已经逐步确立了一条适合我国情况的社会主义现代化建设的正确道路，并对其内容作了比较完整的概括，共十条。主要有：社会主义改造基本完成以后我国的主要矛盾是人民日益增长的物质文化需要同落后的社会生产之间的矛盾，必须把党和国家工作的重点转移到以经济建设为中心的社会主义现代化建设上来，大力发展社会生产力，逐步改善人民的物质文化生活；经济建设必须从我国国情出发，量力而行，有步骤分阶段地实现现代化的目标，努力按照客观经济规律和自然规律办事；社会主义生产关系的变革和完善必须适应于生产力的状况，有利于生产的发展，国营经济和集体经济是我国基本的经济形式，一定范围的劳动者个体经济是公有制经济的必要补充；在剥削阶级作为阶级消灭以后，阶级斗争已经不是主要矛盾，由于国内的因素和国际的影响，阶级斗争还将在一定范围内长期存在，在某种条件下还有可能激化；逐步建设高度民主的社会主义政治制度；社会主义必须有高度的精神文明，要努力提高教育科学文化在现代化建设中的地位和作用；改善和发展社会主义的民族关系，加强民族团结，对于我们这个多民族国家具有重大意义；在战争危险依然存在的国际条件下，必须加强现代化的国防建设，国防建设要同国家的经济建设相适应；必须继续坚持反对帝国主义、霸权主义、殖民主义和种族主义，维护世界和平；必须把我们党建设成为具有健全的民主集中制的党。虽然，在这十条中，有些方面的概括，理论升华还不够，还带有明显的经验总结的形态，有的要求还偏高，如"高度民主"和"高度精神文明"等，还不够符合实际，并且尚未提出"建设有中国特色社会主义"这一科学概念，但是，从它已经表现出的相当的理论深度看，可以说已经有了中国特色社会主义道路的一些基本思想，只是还未使用这样的语言。

第二，建设有中国特色的社会主义。从党的十二大到党的十四大召开以前，是建设中国特色社会主义科学概念提出、内容进一步扩展和对这一理论逐步进行概括的阶段。

1982 年 9 月召开的党的十二大，对建设中国特色社会主义理论的形成作出了重大的贡献。其中，最突出的一点就是邓小平在开幕词中第一次提出了"建设有中国特色社会主义"这一科学概念。邓小平指出："把马克思主义的普遍真理同我国的具体实际结合起来，走自己的道路，建设有中国特色的社会主义，这就是我们总结长期历史经验得出的基本结论。"[①]提出"建设有中国特色社会主义"这一崭新的命题，就使我国新时期改革开放和社会主义现代化建设的指导思想有了自己科学的称谓，其重大意义是显而易见的。同时，十二大报告对社会主义现代化建设纲领的全面阐述，又使人们从社会主义物质文明和精神文明、社会主义民主和法制等方面，对建设中国特色社会主义的内容有了比较全面的了解。

党的十二大以后，邓小平又反复强调："我们搞的现代化，是中国式的现代化。我们建设的社会主义，是有中国特色的社会主义。"[②]与此同时，全党通过认真学习邓小平的有关论述，对建设中国特色社会主义的认识也在不断深化。1984年10月召开的党的十二届三中全会，通过了《中共中央关于经济体制改革的决定》，比较系统地总结了我国经济体制改革的经验，阐述了经济体制改革中一系列重大理论问题和实践问题。这个决定在理论上的最大贡献，就是开始突破了把计划经济与商品经济对立起来的传统观念，提出了我国社会主义经济是公有制基础上的有计划的商品经济的观点，为后来社会主义市场经济理论的形成提供了正确的思路。1986年7月召开的党的十二届六中全会，通过了《中共中央关于社会主义精神文明建设指导方针的决议》，总结了精神文明建设的经验，阐明了社会主义精神文明建设的战略地位。决议突出强调了一手抓改革开放，一手抓打击犯罪，一手抓经济建设，一手抓民主法制建设，一手抓物质文明，一手抓精神文明，实行一系列的"两手抓"的战略方针，并强调了在整个社会主义现代化建设的进程中，都要进行坚持四项基本原则，反对资产阶级自由化的教育和斗争。决议使党对社会主义建设的总体布局的认识更加完整化了，对建设中国特色社会主义理论的形成也起了重要的作用。

1987年10月召开的党的十三大，系统地提出了社会主义初级阶段的

---

① 《邓小平文选》第三卷，人民出版社1993年版，第3页。
② 《邓小平文选》第三卷，人民出版社1993年版，第29页。

理论，为建设有中国特色社会主义理论体系的形成奠定了基础。十三大报告明确阐述了党在社会主义初级阶段"一个中心，两个基本点"的基本路线，确立了建设有中国特色社会主义理论的主体内容，并为这一理论向实践的转化提供了可操作的手段。报告提出必须把是否有利于发展生产力作为我们考虑一切问题的出发点和检验一切工作的根本标准，从根本上划清了科学社会主义同各种离开生产力标准抽象谈论社会主义的空想观念的界限；报告指出我国经济体制改革的目标，是要建立计划与市场内在统一的体制，强调必须把计划工作建立在商品交换和价值规律的基础上，并首次提出了"国家调节市场，市场引导企业"的新的经济运行模式，开始摆脱把计划经济和市场经济对立起来的传统观念，为后来明确提出建立社会主义市场经济体制奠定了基础。十三大还第一次从哲学、政治经济学和科学社会主义等方面，将十一届三中全会以来党在对社会主义再认识的过程中所形成的理论观点，系统地概括为：关于解放思想，实事求是，以实践作为检验真理的唯一标准的观点；关于建设社会主义必须根据本国国情，走自己的路的观点；关于在经济文化落后的条件下，建设社会主义必须有一个很长的初级阶段的观点；关于社会主义社会的根本任务是发展生产力，集中力量实现现代化的观点；关于社会主义经济是有计划商品经济的观点；关于改革是社会主义社会发展的重要动力，对外开放是实现社会主义现代化的必要条件的观点；关于社会主义民主政治和社会主义精神文明是社会主义重要特征的观点；关于坚持四项基本原则同坚持改革开放的总方针这两个基本点相互结合，缺一不可的观点；关于用"一个国家，两种制度"来实现祖国统一的观点；关于执政党的党风关系到党的生死存亡的观点；关于按照独立自主、完全平等、互相尊重、互不干涉内部事务的原则，发展同外国共产党和其他政党的关系的观点；关于和平与发展是当代世界的主题的观点，等等。这12条理论观点，从不同侧面比较全面地阐述了建设有中国特色社会主义的问题，初步勾画了建设有中国特色社会主义理论体系的总体轮廓。

　　1989年春夏之交，国内发生一场严重的政治风波。随后，国际上又出现了苏联、东欧剧变。党的十一届三中全会以来形成的基本理论、基本路线和基本政策，面临着严峻的考验。针对当时来自右的方面十分严重的资产阶级自由化思潮和仍然存在着的"左"的影响，邓小平从动乱苗头一出现就尖锐地指出："我们搞四化，搞改革开放，关键是稳定。""要放出一个信号：中国不允许乱。""台湾集中攻我们四个坚持，恰恰证明四个坚持不能丢。没有四个坚持，中国就乱了。"①又说："我们最近十年的发展是很好的。我们最大的失误是在教育方面，思想政治工作薄弱了，教育发展不够。""最重要的一条是，在经济得到可喜发展、人民生活水平得到改善的情况下，没有告诉人民，包括共产党员在内，应该保持艰苦奋斗的传统。坚持这个传统，才能抗住腐败现象。"②随着事态的发展，他又旗帜鲜明地提出："要继续贯彻执行十一届三中全会以来的路线、方针、政策，连语言都不变。十三大政治报告是经过党的代表大会通过的，一个字都不能动。"③动乱平息后，在接见首都戒严部队军以上干部时的讲话中，他又提出："党的十一届三中全会制定的路线、方针、政策，包括我们发展战略的'三部曲'，正确不正确？""党的十三大概括的'一个中心、两个基本点'对不对？"④这是必须作出明确、肯定回答的大问题。他强调过去十年"我们的一些基本提法，从发展战略到方针政策，包括改革开放，都是对的"⑤，要按照党的十三大确定的"一个中心、两个基本点"的基本路线和基本方针、政策，坚定不移地干下去。上述这些论述，不仅表明了邓小平在政治风浪中对我们党已经找到的建设中国特色社会主义道路的坚定信念，而且对中国特色社会主义理论体系的基本框架给予了清晰、完整的概括，从而有力地推动了这一理论本身的发展和党对它的认识的深化。

1990年12月召开的党的十三届七中全会通过的《中共中央关于制定国民经济和社会发展十年规划和"八五"计划的建议》，又从全党对建设中国特色社会主义基本理论和基本实践的角度，把全党的共同认识概括为12条原则，即：坚持工人阶级领导的以工农联盟为基础的人民民主专政，不断完善人民代表大会制度，不断完善共产党领导的多党合作和政治协商

---

① 《邓小平文选》第三卷，人民出版社1993年版，第286页。
② 《邓小平文选》第三卷，人民出版社1993年版，第290页。
③ 《邓小平文选》第三卷，人民出版社1993年版，第296页。
④ 《邓小平文选》第三卷，人民出版社1993年版，第305页。
⑤ 《邓小平文选》第三卷，人民出版社1993年版，第307页。

制度，不断巩固和发展最广泛的爱国统一战线，努力加强社会主义民主和社会主义法制建设；坚持把发展社会生产力作为社会主义的根本任务，专心致志地搞好现代化建设，不断提高人民的物质文化生活水平；通过改革不断完善社会主义的经济、政治体制和其他领域的管理体制，充分调动中央、地方、企业和广大劳动人民的主动性、积极性和创造性；采取发展对外经济贸易关系、利用外资和引进先进技术等多种形式，通过举办经济特区、经济开放区和实行必要的特殊政策和灵活措施，不断扩大对外开放；坚持以社会主义公有制为主体的多种经济成分并存的所有制结构，发挥个体经济、私营经济和其他经济成分对公有制经济的有益的补充作用，并对它们加强正确的管理和引导；积极发展社会主义的有计划商品经济，实行计划经济与市场调节相结合，努力促进国民经济持续、稳定、协调发展；实行以按劳分配为主体，其他分配方式为补充的分配制度，允许和支持一部分人、一部分地区通过诚实劳动和合法经营先富起来，鼓励先富起来的帮助未富起来的，以利于全体人民和各个地区逐步实现共同富裕；坚持以马克思列宁主义、毛泽东思想为指导，继承和发扬祖国优秀文化遗产，借鉴和吸收世界上一切优秀文化成果，不断提高全民族的思想道德素质和科学文化素质，建设社会主义精神文明；建立和发展平等互助、团结合作、共同繁荣的社会主义民族关系，坚持和完善民族区域自治制度，反对民族歧视、民族压迫和民族分裂；按照"一个国家，两种制度"的构想和实践，促进祖国统一大业的逐步实现；坚持独立自主的和平外交政策，在和平共处五项原则的基础上发展同一切国家的友好关系，反对霸权主义和强权政治，支持被压迫民族和被压迫人民的正义斗争，维护世界和平和促进人类进步；坚持共产党的领导，不断改善党的领导制度、领导作风和领导方法，加强党的政治、思想、理论和组织建设，使党始终成为社会主义事业的坚强领导核心。这 12 条原则，把党的基本路线进一步加以展开和具体化，从而比较系统地阐述了中国特色社会主义的基本问题。由于这次概括是侧重于阐述实际工作的指导方针和政策的，因而具有鲜明的实践性和较强的可操作性。

1991 年 7 月 1 日，江泽民在庆祝中国共产党成立 70 周年的讲话中，参照毛泽东在《新民主主义论》中论述新民主主义理论的方法，从经济、政治、文化三个方面对建设中国特色社会主义理论的基本内容作了新的归纳。他指出：有中国特色社会主义的经济，必须坚持以生产资料社会主义公有制为主体，允许和鼓励其他经济成分的适当发展，既不能脱离生产力发展水平搞单一的公有制，又不能动摇公有制经济的主体地位，不能搞私有化；必须实行以按劳分配为主体、其他分配形式为补充的分配制度，既要克服平均主义，又要防止两极分化，逐步实现全体人民的共同富裕；必须建立适应社会主义有计划商品经济发展的、计划经济与市场调节相结合的经济体制和运行机制，在国家法律法规和计划的指导下发挥市场调节的积极作用，既要克服过去那种过分集中、管得过多过死的弊端，又不能过于分散和削弱宏观调控。我们应该牢牢把握有中国特色社会主义经济的这些基本要求，并在实践中不断完善各项政策措施，逐步实现国民经济的现代化。他又指出：有中国特色社会主义的政治，必须坚持工人阶级领导的、以工农联盟为基础的人民民主专政，不能削弱和放弃人民民主专政；必须坚持和完善人民代表大会制度，不能搞西方那种议会制度；必须坚持和完善中国共产党领导的多党合作和政治协商制度，不能削弱和否定共产党的领导，不能搞西方那种多党制。我们应该牢牢把握有中国特色社会主义政治的这些基本要求，不断加强社会主义民主和法制建设，发展安定团结、生动活泼的政治局面，保证人民当家作主和国家长治久安。江泽民还指出：有中国特色社会主义的文化，必须以马克思列宁主义、毛泽东思想为指导，不能搞指导思想的多元化；必须坚持为人民服务、为社会主义服务的方向和"百花齐放、百家争鸣"的方针，繁荣和发展社会主义文化，不允许毒害人民、污染社会主义和反社会主义的东西泛滥；必须继承发扬民族优秀传统文化而又充分体现社会主义时代精神，立足本国而又充分吸收世界文化优秀成果，不允许搞民族虚无主义和全盘西化。我们应该牢牢把握有中国特色社会主义文化的这些基本要求，极大地提高全民族的思想道德素质和科学文化素质，促进社会主义物质文明和精神文明的发展。这也是对中国特色社会主义理论体系进行概括的一次尝试。

第三，邓小平建设有中国特色社会主义理论。从1992年春邓小平视察南方发表重要谈话到党的十五大以前，是中国特色社会主义理论进一步丰富发展和对这一理论体系进行集中建构的阶段。

　　1992 年春，邓小平在视察南方时，发表了一系列重要谈话。谈话在我国改革开放和现代化建设的关键时刻，精辟地分析了当时的国际国内形势，科学地总结了十一届三中全会以来党的基本实践和基本经验，明确回答了这些年来经常困扰和束缚我们思想的许多重大问题。谈话提出了革命是解放生产力，改革也是解放生产力；判断改革开放和各方面是非的标准，应该主要看是否有利于发展社会主义社会的生产力，是否有利于增强社会主义国家的综合国力，是否有利于提高人民的生活水平；计划经济不等于社会主义，资本主义也有计划，市场经济不等于资本主义，社会主义也有市场，计划和市场都是经济手段；要警惕右但主要是防止"左"等一系列新的重要观点。强调要坚持基本路线一百年不动摇，进一步解放思想，抓住时机，加快改革开放和现代化的步伐。以邓小平视察南方谈话为标志，建设中国特色社会主义的理论有了突破性发展。1992 年 3 月召开的中共中央政治局会议，完全赞同邓小平的重要谈话，并高度评价了谈话对开好党的十四大、推进整个社会主义现代化建设的重大指导作用。

　　1992 年 10 月召开的党的十四大，在首次明确提出社会主义市场经济理论、调准我国经济体制改革目标的基础上，从如何建设社会主义、如何巩固和发展社会主义等基本问题的角度，系统总结了十一届三中全会以来社会主义在中国的新经验，阐述了建设中国特色社会主义理论体系的主要内容，共九条：一是在社会主义的发展道路问题上，强调走自己的路，不把书本当教条，不照搬外国模式，以马克思主义为指导，以实践作为检验真理的唯一标准，解放思想，实事求是，尊重群众的首创精神，建设有中国特色的社会主义。二是在社会主义的发展阶段问题上，作出了我国还处在社会主义初级阶段的科学论断，强调这是一个至少上百年的很长的历史阶段，制定一切方针政策都必须以这个基本国情为依据，不能脱离实际，超越阶段。三是在社会主义的根本任务问题上，指出社会主义的本质是解放生产力，发展生产力，消灭剥削，消除两极分化，最终达到共同富裕。强调现阶段我国社会的主要矛盾是人民日益增长的物质文化需要同落后的社会生产之间的矛盾，必须把发展生产力摆在首要位置，以经济建设为中心，推动社会全面进步。判断各方面工作的是非得失，归根到底，要以是否有利于发展社会主义社会的生产力，是否有利于增强社会主义国家的综合国力，是否有利于提高人民的生活水平为标准。科学技术是第一生产力，经济建设必须依靠科技进步和劳动者素质的提高。四是在社会主义的发展动力问题上，强调改革也是一场革命，也是解放生产力，是中国现代化的必由之路，僵化停滞是没有出路的。经济体制改革的目标，是在坚持公有制和按劳分配为主体、其他经济成分和分配方式为补充的基础上，建立和完善社会主义市场经济体制。政治体制改革的目标，是以完善人民代表大会制度、共产党领导的多党合作和政治协商制度为主要内容，发展社会主义民主政治。同经济、政治的改革和发展相适应，以"有理想、有道德、有文化、有纪律"为目标，建设社会主义精神文明。五是在社会主义建设的外部条件问题上，指出和平与发展是当代世界两大主题，必须坚持独立自主的和平外交政策，为我国现代化建设争取有利的国际环境。强调实行对外开放是改革和建设必不可少的，应当吸收和利用世界各国包括资本主义发达国家所创造的一切先进文明成果来发展社会主义，封闭只能导致落后。六是在社会主义建设的政治保证问题上，强调坚持社会主义道路、坚持人民民主专政、坚持中国共产党的领导、坚持马克思列宁主义毛泽东思想。这四项基本原则是立国之本，是改革开放和现代化建设健康发展的保证，又从改革开放和现代化建设获得新的时代内容。七是在社会主义建设的战略步骤问题上，提出基本实现现代化分三步走。在现代化建设的长过程中要抓住时机，争取出现若干个发展速度比较快、效益又比较好的阶段，每隔几年上一个台阶。贫穷不是社会主义，同步富裕又是不可能的，必须允许和鼓励一部分地区一部分人先富起来，以带动越来越多的地区和人们逐步达到共同富裕。八是在社会主义的领导力量和依靠力量问题上，强调作为工人阶级先锋队的共产党是社会主义事业的领导核心，党必须适应改革开放和现代化建设的需要，不断改善和加强对各方面工作的领导，改善和加强自身建设。执政党的党风，党同人民群众的联系，是关系党生死存亡的问题。必须依靠广大工人、农民、知识分子，必须依靠各民族人民的团结，必须依靠全体社会主义劳动者、拥护社会主义的爱国者和拥护祖国统一的爱国者的最广泛的统一战线。党领导的人民军队是社会主义祖国的保卫者和建设社会主义的重要力量。九是在祖国统一的问题上，提出"一个国家、两种制度"的创造性构想。在一个中国的前提下，国家的主体坚持社会主义制度，香港、澳门、台湾保持原有的资本主义制度长期不变，按照这个原则来推进祖国和平统一大业的完成。对邓小平建设有中国特色社会主义理论内容的九条概括，不仅表明中国特色社会主义理论已经发展到一个新的阶段，而且对这一理论体系的基本框架给予了更加清晰、完整的概括。

十四大之后，随着全党对邓小平理论学习、研究的深入，党中央和理论工作者又作了一些新的概括。1993 年 11 月，江泽民在学习《邓小平文选》第三卷报告会上的讲话中指出：解放思想，实事求是，是贯穿于中国特色社会主义理论全部观点的精髓；中国特色社会主义理论的主题是只有社会主义才能救中国，只有社会主义才能发展中国，我们坚持的社会主义是有中国特色的社会主义；中国特色社会主义理论是社会主义同爱国主义相统一的科学理论，其理论风格是尊重实践，尊重群众，从全局着眼来观察和处理问题。江泽民在全国宣传部长会议上也作了与此大体一致的概括。

1995 年 5 月，中共中央下发了由中共中央宣传部组织编写的《邓小平同志建设有中国特色社会主义理论学习纲要》（以下简称《纲要》），以十四大的概括为基本依据，以新的理论框架，对邓小平建设中国特色社会主义理论科学体系的主要内容作了概括和阐述。《纲要》对邓小平理论科学体系主要内容的概括，总体上可分为三个层次：第一层次，是对邓小平理论立论基础、理论基石的概括和阐述。其中（1）"解放思想，实事求是，走自己的路"，是从建设社会主义的思想路线的角度，对邓小平理论思想方法论实质的揭示，为这一理论体系的形成提供了立论的哲学基础；（2）"最重要的是搞清楚什么是社会主义、怎样建设社会主义"，是从社会主义的本质特征与道路选择的统一上，对邓小平理论本质的揭示，为这一理论体系的形成提供了立论的逻辑前提；（3）"一切从社会主义初级阶段的实际出发"，是从社会主义发展阶段的角度，对邓小平理论现实出发点的揭示，为这一理论体系的形成提供了立论的国情依据。第二层次，是对邓小平关于中国特色社会主义的一系列基本理论观点、基本指导方针的概括和阐述，包括（4）集中力量发展社会生产力（关于社会主义根本任务的理论）；（5）分"三步走"基本实现现代化（关于社会主义建设发展战略的理论）；（6）改革是中国的第二次革命（关于社会主义发展动力的理论）；（7）中国的发展离不开世界（关于社会主义国家对外开放的理论）；（8）社会主义也可以搞市场经济（关于社会主义经济体制改革的理论）；（9）发展社会主义民主，健全社会主义法制（关于社会主义政治体制改革的理论）；（10）培育有理想有道德有文化有纪律的社会主义新人（关于社会主义精神文明建设的理论）；（11）始终坚持四项基本原则（关于社会主义建设政治保证的理论）；（12）反对霸权主义，维护世界和平（关于社会主义国家外交战略的理论）；（13）一个国家，两种制度（关于祖国统一的理论）等。上述诸方面基本观点、基本方针之间的内在联系，集中体现了党的基本路线"一个中心"与"两个基本点"之间，两个基本点相互之间，"一个中心、两个基本点"与各方面改革与发展目标之间的辩证关系。对邓小平理论体系结构的这些概括有助于从总体上体现、理解与把握这一理论的丰富内容。第三层次，是对建设中国特色社会主义主体力量或理论向实践转化基本条件的概括和阐述，包括（14）我们的事业要依靠广大人民来完成（关于社会主义事业依靠力量的理论）；（15）建设强大的现代化正规化的革命军队（关于社会主义国家军队和国防建设的理论）；（16）中国问题的关键在于党（关于社会主义事业领导核心的理论）。理论来源于党和人民的实践，又指导这一实践。理论只有掌握群众，才能发挥其强大的精神力量，并通过群众的实践变为物质的力量。上述三个方面紧密相联，揭示了建设中国特色社会主义的基本力量与领导核心的辩证统一。人民与党的结合，人民力量的充分发挥与党的领导的坚持、改善和加强，是把邓小平理论转化为实践的基本保证与条件。

《纲要》对邓小平建设中国特色社会主义理论体系总体框架的概括，与此前的一些概括相比，不仅视角新颖、重点突出、结构严整，而且内在逻辑关系也更趋合理。其中最具特色、最引人注目的一个变化，是把"什么是社会主义、怎样建设社会主义"的问题单独提出来，作为"最重要"的内容，这样就把党和邓小平对社会主义基本问题的深入思考与当代中国国情的研究结合了起来，从而科学地揭示了社会主义本质特征与道路选择之间的内在逻辑。这表明，我们党较为全面、准确地把握了邓小平建设中国特色社会主义理论的科学体系及其精神实质，对这一理论的认识水平有了进一步的提高。

第四，邓小平理论和"三个代表"重要思想。从 1997 年 2 月邓小平逝世到 10 月召开党的十五大，是对邓小平理论历史地位和指导意义深入认识的一个重要阶段。

党的十五大正式提出了"邓小平理论"的科学概念，把它与马克思列宁主义、毛泽东思想放在一起，作为党的指导思想写入党章。十五大强调，作为毛泽东思想继承和发展的邓小平理论，是指导中国人民在改革开放中胜利实现社会主义现代化的正确理论。在当代中国，只有把马克思主义同当代中国实践和时代特征结合起来的邓小平理论，而没有别的理论能够解决社会主义的前途和命运问题。十五大深刻论述了邓小平理论，概括了其十个方面的内涵，并指出，这一理论体系"是贯通哲学、政治经济学、科学社会主义等领域，涵盖经济、政治、科技、教育、文化、民族、外交、统一战线、党的建设等方面的比较完备的科学体系，又是需要从各方面进一步丰富发展的科学体系"①。十五大还根据邓小平理论和党的基本路线，围绕建设富强民主文明的社会主义现代化国家的目标，进一步明确了什么是社会主义初级阶段有中国特色社会主义的经济、政治和文化，怎样建设这样的经济、政治和文化，制定了党在社会主义初级阶段的基本纲领。十五大对邓小平理论科学概念的简明概括，对邓小平理论历史地位的明确认定，以及从理论与实际结合的角度对邓小平理论体系基本内容的阐述，实际上构成了对邓小平理论体系的又一次概括。

进入新世纪，以江泽民为核心的党的第三代中央领导集体，坚持以邓小平理论为指导，站在历史发展和时代要求的高度，敏锐把握国际国内形势的发展变化，提出"三个代表"重要思想，深化了对中国特色社会主义的认识。2000 年 2 月，江泽民在广东视察时首次完整地提出了"三个代表"重要思想。他指出："我们党所以赢得人民的拥护，是因为我们党在革命、建设、改革的各个历史时期，总是代表着中国先进生产力的发展要求，代表着中国先进文化的前进方向，代表着中国最广大人民的根本利益，并通过制定正确的路线方针政策，为实现国家和人民的根本利益而不

---

① 《江泽民文选》第二卷，人民出版社 2006 年版，第 11 页。

懈奋斗。"①2001 年 7 月，在庆祝中国共产党成立 80 周年大会上，江泽民以"三个代表"思想统领全篇，系统、全面、深入地揭示了"三个代表"重要思想的深刻内涵。强调，"三个代表"重要思想体现了生产力与生产关系、经济基础与上层建筑的统一，体现了经济、政治、文化的统一，体现了物质文明、政治文明和精神文明建设的统一，也体现了尊重社会发展规律与发挥历史主体能动性的统一。"三个代表"作为统一的整体，相互联系、相互依存、相互促进，构成了新世纪指导党的建设的伟大纲领和实现中华民族伟大复兴的根本指针。

"三个代表"重要思想用一系列紧密联系、相互贯通的新思想、新观点、新论断，进一步回答了什么是社会主义、怎样建设社会主义的问题，创造性地回答了在长期执政的历史条件下建设什么样的党、怎样建设党的问题，深化了对新的时代条件下推进中国特色社会主义事业和加强党的建设规律的认识。2002 年 11 月，党的十六大进一步论述了"三个代表"重要思想的指导意义和具体要求，并把"三个代表"重要思想写入党章，与马克思列宁主义、毛泽东思想和邓小平理论一起，作为党必须长期坚持的指导思想。为了更好的学习和贯彻"三个代表"重要思想，2003 年 6 月，中共中央宣传部组织编写了《"三个代表"重要思想学习纲要》（以下简称《纲要》）。《纲要》从 16 个方面比较全面、准确地反映了邓小平理论、特别是"三个代表"重要思想的主要内容。2003 年 7 月，胡锦涛在"三个代表"重要思想理论研讨会上发表重要讲话，又从全局和战略的高度，深刻阐述了"三个代表"重要思想的时代背景、实践基础、科学内涵、精神实质和历史地位，对"三个代表"重要思想做了进一步的归纳和概括。

第五，中国特色社会主义理论体系。从 2002 年党的十六大到 2007 年党的十七大，是贯彻落实科学发展观、构建社会主义和谐社会等重大战略思想相继提出，以及对中国特色社会主义理论体系进行整体概括的阶段。

新世纪新阶段，以胡锦涛为总书记的党中央，坚持邓小平理论和"三个代表"重要思想为指导，在准确把握世界发展趋势、认真总结我国发展的经验的基础上，提出了科学发展观等重大战略思想，进一步深化了对中

---

① 《江泽民文选》第三卷，人民出版社 2006 年版，第 2 页。

国特色社会主义发展规律的认识，为党的十七大正式提出"中国特色社会主义理论体系"的科学概念提供了重要的条件。2003年4月，在考察广东时，胡锦涛针对"非典"肆虐带来的严重损失，提出了"全面的发展观"。随后，在江西考察时，胡锦涛开始使用"科学发展观"的概念，要求"牢固树立协调发展、全面发展、可持续发展的科学发展观"。2003年10月，党的十六届三中全会通过的《中共中央关于完善社会主义市场经济体制若干问题的决定》，指出"坚持以人为本，树立全面、协调、可持续的发展观，促进经济社会和人的全面发展"。科学发展观作为一个科学概念，作为我国经济社会发展的重大战略思想和指导方针第一次被明确提出来。2004年3月10日，胡锦涛在中央人口资源环境工作座谈会上发表了重要讲话，进一步阐发了科学发展观。他指出："牢固树立和认真落实以人为本，全面、协调、可持续的发展观"①，这一表述，使科学发展观的概念更加完整，内涵更加明确。2006年6月，为把学习贯彻科学发展观不断引向深入，中共中央宣传部理论局组织编写了《科学发展观学习读本》（以下简称《读本》）。《读本》从七个方面对科学发展观进行了阐述，比较全面系统地反映了科学发展观的重大意义、深刻内涵和基本要求。2007年6月25日，胡锦涛在中央党校省部级干部进修班上的讲话中，对科学发展观作了新的概括和阐述。强调指出，科学发展观第一要义是发展，核心是以人为本，基本要求是全面协调可持续，根本方法是统筹兼顾。随后，在党的十七大报告中，胡锦涛重申了"6·25"讲话中关于科学发展观的一些观点，并且强调要"更加自觉地走科学发展道路"。科学发展观，是对党的三代中央领导集体关于发展的重要思想的继承和发展，是马克思主义关于发展的世界观和方法论的集中体现，是同马克思列宁主义、毛泽东思想、邓小平理论和"三个代表"重要思想既一脉相承又与时俱进的科学理论，是我国经济社会发展的重要指导方针，是发展中国特色社会主义必须坚持和贯彻的重大战略思想。

　　正是在这样的基础上，党的十七大第一次明确提出了"中国特色社会主义理论体系"的科学概念，并指出，中国特色社会主义理论体系，就是

---

① 《十六大以来重要文献选编》上卷，中央文献出版社2005年版，第849页。

包括邓小平理论、"三个代表"重要思想以及科学发展观等重大战略思想在内的科学体系。其中，邓小平理论是中国特色社会主义理论体系的开创之作，是最基础的重要组成部分；"三个代表"重要思想是中国特色社会主义理论体系承上启下的极为重要的组成部分；科学发展观等重大战略思想是中国特色社会主义理论体系的重要创新成果。它们既相互贯通又层层递进，体现了新时期党的理论创新成果科学性体系、阶段性成果和发展性要求的内在统一。

搞清楚中国特色社会主义理论体系形成的起点，首先应该明确中国特色社会主义道路、中国特色社会主义理论、中国特色社会主义理论体系三个概念之间的内在关联。从字面上理解，应该先有实践上道路的开辟，然后是实践中理论观点的形成发展，再往后才是理论体系的建构。从1987年到2007年，党用了整整20年的时间、五次代表大会，才基本上完成了对于中国特色社会主义道路的理论升华及中国特色社会主义理论体系的总体建构。如果说，党的十三大提出社会主义初级阶段理论和党的基本路线为坚持中国特色社会主义理论和实践提供了一个总的框架；那么，党的十七大把科学发展、社会和谐与基本路线的内容紧密联系起来，对中国特色社会主义道路的科学内涵作出的完整概括，则不仅赋予了这条道路以基本的理论形态，而且为坚持中国特色社会主义道路提供了可操作的强大的思想武器；如果说，党的十三大提出马克思主义与我国实践的结合有两次历史性飞跃的科学判断，以及把党在新时期对社会主义再认识过程中发挥和发展了的一系列科学理论观点所作的十二条归纳，党的十四根据邓小平南方谈话提出的社会主义本质等创新观点，对邓小平建设有中国特色社会主义理论所作出的九条概括，为人们认识和把握中国特色社会主义理论体系提供了一个初步的框架；那么，党的十七大对中国特色社会主义理论体系科学内涵的整体把握，则为人们深入研究中国特色社会主义理论体系的形成发展、内容结构以及基本特征提供了更为广阔的思维空间，为更好地坚持和发展这一理论体系提供了科学依据。

（三）中国特色社会主义理论体系的内容结构

中国特色社会主义理论体系，是一个内容丰富的有机整体，应该在明确其主题、主线的前提下，从不同的视角、不同的维度去把握，防止孤立、静止、片面、表面的理解。笔者认为，中国特色社会主义理论体系以当代中国社会主义的发展为主题，以马克思主义中国化为主线，其内容框架应该包括：理论基础和基石、基本理论和基本要求、基本纲领和总体布局、依靠力量和领导核心即实践主体四个部分。

　　第一，理论基础和基石。有三个方面的基本观点。一是，解放思想、实事求是。十一届三中全会以后，党领导人民坚持把马克思主义基本原理与当代中国社会主义现代化建设的实际相结合，走自己的路，不断开创马克思主义中国化的新境界。党反复强调，"实事求是、解放思想是中国特色社会主义理论的精髓"，"与时俱进是马克思主义的理论品质"，"求真务实是党的思想路线的核心内容"，这些论述，从党的思想路线和思想方法的实质上，为中国特色社会主义理论体系的形成发展提供了哲学基础。二是，社会主义的本质和中国特色社会主义建设的总任务。建设社会主义，首要的基本问题是搞清楚什么是社会主义。邓小平曾指出："社会主义是一个很好的名词，但是如果搞不好，不能正确理解，不能采取正确的政策，那就体现不出社会主义的本质。"[①] 社会主义本质理论正是基于我们长期以来没有完全搞清楚什么是社会主义，因而影响社会主义优越性发挥的事实而提出的。这一新的理论概括，把"什么是社会主义，怎样建设社会主义"、"建设什么样的社会主义"等问题紧密地结合起来，揭示了社会主义本质特征与道路选择之间的内在联系，为中国特色社会主义理论体系提供了逻辑前提。社会主义本质与中国特色社会主义建设的总任务紧密相连，社会主义本质内在地规定了中国特色社会主义建设的总任务，即发展社会生产力，实现中华民族伟大复兴。三是，中国特色社会主义建设的总依据。十一届三中全会以后，党在总结建国以来历史经验和改革开放以来新鲜经验的基础上，对我国社会主义所处的历史阶段进行新的探索，作出了我国还处于并将长期处于社会主义初级阶段的科学论断，这是我们建设中国特色社会主义的总依据。并指出，社会主义初级阶段是一个相当长的历史发展阶段，在发展进程中必然还要经历若干具体的发展阶段，不同时

---

① 《邓小平文选》第二卷，人民出版社 1994 年版，第 313 页。

期会显现出不同的阶段性特征。这就准确地把握了当代中国的基本国情，从而为中国特色社会主义理论体系提供了立论的现实总依据。上述三个方面的观点相互联系，作为一个整体，共同构成了中国特色社会主义理论体系的基础和基石，使这一理论体系的各个组成部分牢固地建立在马克思主义科学世界观和方法论的基础之上。

第二，基本理论和基本要求。以"一个中心、两个基本点"为基本要素的党在社会主义初级阶段的基本路线，是在中国特色社会主义理论的指导下逐渐形成的，同时又是这一理论在总的指导方针上的全面展开和精辟概括。以经济建设为中心是兴国之要，是党和国家兴旺发达和长治久安的根本要求。它规定了党在现阶段压倒一切的根本任务，是最高层次，其他一切内容都要服从于它、围绕着它、服务于它，决不能干扰它和冲击它。围绕着一个中心，有两个基本点。一是必须坚持改革开放。改革开放是强国之路，是党和国家发展进步的活力源泉。只有社会主义才能救中国，只有改革开放才能发展中国、发展社会主义、发展马克思主义。这就肯定了改革开放作为中国特色社会主义发展动力的地位。二是必须坚持四项基本原则。四项基本原则是立国之本，是党和国家生存发展、巩固和坚持社会主义的政治基石。维护安定团结的政治局面，保持社会稳定，就必须坚持社会主义道路，坚持人民民主专政，坚持中国共产党的领导，坚持马克思列宁主义、毛泽东思想。同时，在新的历史条件下夺取中国特色社会主义新胜利，还必须坚持人民主体地位，这是中国特色社会主义的根本目的；必须坚持解放和发展社会生产力，这是中国特色社会主义的根本任务；必须坚持推进改革开放，这是中国特色社会主义的必由之路；必须坚持维护社会公平正义，这是中国特色社会主义的内在要求；必须坚持走共同富裕道路，这是中国特色社会主义的根本原则；必须坚持促进社会和谐，这是中国特色社会主义的本质属性；必须坚持和平发展，这是中国特色社会主义的必然选择；必须坚持党的领导，这是中国特色社会主义的领导力量。这就进一步强化了以"一个中心、两个基本点"为基本要素的党在社会主义初级阶段的基本路线，是在新的历史时期建设中国特色社会主义的基本要求。

第三，基本纲领和总体布局。中国特色社会主义是经济、政治、文化、社会和生态全面协调可持续发展的伟大事业。以中国特色社会、主义经济、政治、文化、社会和生态建设为基本目标和基本政策既构成了一个整体的基本纲领和总布局，又为创造中国特色社会主义的崭新发展模式提供了现实的可能。党的十八大提出的"五位一体"的总体布局，既反映了党的基本路线的内在要求，又是党的基本路线在政治、经济、文化、社会生态等方面的展开。主要包括：建立比较完善的社会主义市场经济体制，不断解放和发展生产力，实现国民经济又好又快发展，保证人民共享改革和发展成果；扩大社会主义民主，健全社会主义法制，依法治国，建设社会主义法治国家，实现社会安定、政府廉洁高效、全国各族人民团结和睦、生动活泼的政治局面；以马克思主义为指导，以培育有理想、有道德、有文化、有纪律的公民为目标，发展面向现代化、面向世界、面向未来的，民族的、科学的、大众的社会主义文化，建设社会主义核心价值体系，推动社会主义文化大发展大繁荣；以改善民生为重点，解决好人民最关心、最直接、最现实的利益问题，构建社会主义和谐社会，努力形成全体人民各尽其能、各得其所而又和谐相处的局面；树立尊重自然、顺应自然、保护自然的生态文明理念，坚持节约资源和保护环境的基本国策，坚持节约优先、保护优先、自然恢复为主的方针，着力推进绿色发展、循环发展、低碳发展，形成节约资源和保护环境的空间格局、产业结构、生产方式、生活方式，从源头上扭转生态环境恶化趋势，努力建设美丽中国，实现中华民族永续发展；以及按照"一个国家、两种制度"的方式，大力推进祖国和平统一大业；坚持独立自主的和平外交政策，积极推动公正合理的国际政治经济新秩序的建立，争取更好的国际和平环境，等等。所有这些，都体现了从传统社会主义模式向当代社会主义新模式的转变，使中国特色社会主义以其崭新的面貌呈现出巨大的生机活力和创造性，并为保证我们国家的长治久安，为更好地发挥社会主义制度的优越性，奠定了新的基础，为更加有力地推进我国社会主义现代化建设提供了新的起点。

第四，依靠力量和领导核心。人民群众是力量的源泉，是社会主义事业成功的根本；人民军队是人民民主专政的坚强柱石，是社会主义建设的重要力量；共产党是中国各族人民利益的忠实代表，是中国社会主义现代化事业的领导核心。建设中国特色社会主义，是中国共产党所领导的亘古未有的伟大群众性事业，党只有紧紧依靠包括知识分子在内的广大工人、农民和其他中国特色社会主义的建设者，依靠由人民子弟组织起来的人民军队，依靠各族人民的大团结，依靠最广泛的爱国统一战线，充分发挥广大人民群众的历史主动精神，才能完成这一伟业。建设中国特色的社会主义，关键在于坚持、加强和改善党的领导。把巩固党的执政地位与提高党的执政能力紧密结合起来，不断加强党的自身建设，是党能够始终成为中国特色社会主义事业领导核心的关键。人民群众、人民军队与党的领导三个方面，从整体上构成了建设中国特色社会主义事业的实践主体。理论只有掌握群众，才能发挥其强大的精神力量，并通过群众的实践变为物质的力量。因此，关于中国特色社会主义事业的实践主体的理论既是中国特色社会主义理论体系的重要组成部分，又为这一理论向实践的转化提供了基本保证。

（四）中国特色社会主义理论体系的历史地位

中国特色社会主义理论体系，是中国共产党在改革开放和社会主义现代化建设新时期继续推进马克思主义中国化的伟大历史性创造。它继承和发展了马克思列宁主义、毛泽东思想，是指导党和人民沿着中国特色社会主义道路实现中华民族伟大复兴的正确理论。深刻认识和理解中国特色社会主义理论体系的历史地位，具有极为重要的理论和实践意义。

第一，中国特色社会主义理论体系是马克思主义在中国发展新阶段的伟大成果。马克思主义作为我们立党立国的根本指导思想，具有与时俱进的理论品质。把马克思主义基本原理同中国实际和时代特征相结合，实现马克思主义的中国化，是中国共产党人在深刻把握马克思主义理论品质、清醒认识中国国情和时代特征的基础上得出的科学结论。民主革命时期，中国共产党坚持马克思主义基本原理同中国革命的具体实际相结合，创立了毛泽东思想，系统回答了在中国这样一个经济文化落后的东方大国如何实现新民主主义革命、走社会主义道路的一系列问题，并对建设什么样的社会主义、怎样建设社会主义进行了艰辛探索，以创造性的内容为马克思主义宝库增添了新的财富。党的十一届三中全会以后，中国共产党把马克思主义基本原理同当代中国实际和时代特征结合起来，系统回答了在中国这样一个十几亿人口的发展中大国建设什么样的社会主义、怎样建设社会主义，建设什么样的党、怎样建设党，实现什么样的发展、怎样发展等一系列重大问题。党的十七大把新时期以来党在实践中相继形成的邓小平理论、"三个代表"重要思想以及科学发展观等重大战略思想作为有机统一的整体，概括为"中国特色社会主义理论体系"，标志着马克思主义在中国的发展进入了一个新阶段。中国特色社会主义理论体系，既破除了以往人们对马克思主义教条式的理解、又抵制了当下某些企图离开社会主义的错误主张。它紧密地结合我国社会主义现代化的实际，生动而具体地坚持和发展了马克思列宁主义、毛泽东思想，是与马克思列宁主义、毛泽东思想既一脉相承又与时俱进的科学理论体系。在当代中国，坚持中国特色社会主义理论体系，就是真正坚持马克思主义。只有坚持和丰富中国特色社会主义理论体系，才能更好地坚持和拓展中国特色社会主义道路、坚持和完善中国特色社会主义制度，才是真正高举中国特色社会主义伟大旗帜。

第二，中国特色社会主义理论体系是胜利推进社会主义现代化建设的正确理论。1978 年 12 月召开的中共十一届三中全会，开启了我国改革开放的伟大进程。在中国特色社会主义理论体系的指导下，我国社会主义经济建设取得了举世瞩目的伟大成就，经济实力、综合国力不断增强，基础设施和城乡面貌发生巨大变化，人民生活总体上达到小康水平。与此同时，政治建设、文化建设、社会建设、生态文明建设，以及党的建设也取得显著成就。中国的发展，不仅使中国人民稳定地走上了富裕安康的广阔道路，而且为世界经济发展和人类文明进步作出了重大贡献。事实雄辩地证明，中国特色社会主义理论体系，是指引中国人民在改革开放中胜利推进社会主义现代化的正确理论。在当代中国，只有这一理论而没有别的理论，能够指引我们实现国家富强和人民幸福、完成实现中华民族伟大复兴的历史任务。当前，全国各族人民正在党的领导下为实现全面建成小康社会的目标、开创中国特色社会主义事业新局面而努力奋斗。在前进道路上，我们既面临着重要的发展机遇，也面临着诸多矛盾和问题，特别是面临着长期、复杂、严峻的执政考验、改革开放考验、市场经济考验、外部环境考验，以及精神懈怠的危险、能力不足的危险、脱离群众的危险、消极腐败的危险。党和人民只有坚持以中国特色社会主义理论体系为指导，才能对这一系列问题作出科学回答，才能顺利推进全面建成小康社会的进程，不断发展中国特色社会主义。

第三，中国特色社会主义理论体系是全党全国各族人民团结奋斗的共同思想基础。共同思想基础，是一个政党、一个国家、一个民族赖以存在和发展的根本前提。没有共同思想基础，党就要瓦解、国家就要解体、民族就要分裂。社会主义既是一种崭新的社会制度和社会运动，也是一种理想和价值追求，必然要用共同的思想和意志来凝聚和统一人民的思想。一些社会主义国家执政党走向垮台的教训告诉我们，不坚持马克思主义不行，不发展马克思主义、不用发展着的马克思主义统一思想和指导实践也不行。新世纪新阶段，面对深刻变化的国际国内环境，面对人们思想观念多元多样多变的新情况，只有坚持用马克思主义中国化的最新成果武装全党、教育人民，用中国特色社会主义的共同理想来凝聚力量，才能真正统一全党全国各族人民的思想，才能最大限度地团结和凝聚不同社会阶层、不同利益群体的人们，为实现我们的伟大目标而共同奋斗。中国特色社会主义理论体系把社会主义发展与民族复兴的历史任务紧密联系在一起，把实现社会主义现代化与人民共同富裕紧密地联系在一起，把国家的兴盛和个人的幸福紧密地联系在一起，它使我们获得了引领、激励全党全国各族人民的强大精神力量。改革开放以来，我们之所以能够经受住来自政治、经济、社会领域和自然界的各种困难和挑战，取得一个又一个重大胜利，从根本上说，就是因为我们有了中国特色社会主义理论体系的引领和指导。

第一章　中国新民主主义理论

新民主主义理论是反映中国新民主主义革命和建设规律的完备的理论形态，是毛泽东思想科学体系的基本内容之一，是其达到成熟的主要标志。它是以毛泽东为代表的中国共产党人，在领导中国人民进行新民主主义革命和建设的过程中，把马克思主义关于人类社会革命的一般原理与中国新民主主义革命和建设的实践相结合产生的伟大成果，是指引中国新民主主义革命取得胜利的强大思想武器，在中国化马克思主义发展史上占有极为重要的地位。

作为科学体系的新民主主义理论，是在十月革命以后中国革命所面临的特定历史条件下，在中国革命发展的新阶段里，逐步形成、发展和完善起来的。第一次国内革命战争时期，毛泽东等所形成的与西方资产阶级民主革命和中国辛亥革命都有所不同的新的民主革命的基本思想，为新民主主义理论体系的形成，奠定了初步的基础；第二次国内革命战争时期，伴随着党在独立领导中国革命、创造坚强的人民军队、开展土地革命、开辟武装夺取政权新道路等方面所取得的进步，新民主主义理论的体系初见端倪；抗日战争前期，以毛泽东《〈共产党人〉发刊词》、《新民主主义论》两篇著作的发表为标志，新民主主义理论的科学体系已经比较完整地形成了；抗日战争后期和全国解放战争时期，毛泽东结合新的历史条件所提出的许多重要的理论观点和经验总结，则使新民主主义理论体系得到了进一步丰富和发展。

新民主主义理论是一个结构严谨、内容丰富的科学体系。从宏观上说，它包含了新民主主义革命论和新民主主义社会论两大组成部分；从微观上说，它包含了新民主主义时期革命和社会诸多方面的问题，党和毛泽东为解决这些问题而提出的理论、路线、方针、政策,在解决这些问题过程中所积累的经验等等。根据毛泽东在《中国革命和中国共产党》、《〈共产党〉人发刊词》、《新民主主义论》等著作中的论述,这一理论体系的基本框架,是由毛泽东等对中国新民主主义时期基本国情及中国革命和社会基本问题的认识,对中国新民主主义革命和建设基本路线、纲领、方针、政策的概括,对中国新民主主义革命基本经验的总结等部分构成的。上述各部分,互相联系和渗透,构成了完整的新民主主义理论的体系。

新民主主义理论体系的形成,不仅解决了中国革命经由新民主主义达到社会主义的发展道路问题,奠定了中国新民主主义革命胜利的理论基础,而且为社会主义革命的顺利进行创造了基本条件,提供了正确的思想方法论。它在中国革命的一系列基本问题上,以其富有创造性的理论成果,极大地丰富和发展了马克思列宁主义,标志着中国共产党在思想理论上的成熟。

一、新民主主义理论的形成及其历史发展

新民主主义理论的形成,不是偶然和一蹴而就的,而是伴随着中国新民主主义革命的发生发展逐步形成发展、完善起来的。

(一)新民主主义基本思想的萌发

作为中国工人阶级的政党,中国共产党自成立起就开始从事实际的革命斗争,并注意用马克思列宁主义的理论分析中国社会和革命的实际问题,总结以往革命的经验教训,探寻引导革命走向胜利的道路。中共二大在列宁关于民族殖民地理论的指导下,对中国社会性质、中国革命性质、动力和任务作了基本正确的分析。二大指出,中国是一个国际帝国主义和本国军阀官僚压迫下的半殖民地国家,必须首先进行反对这两种势力的民主主义的革命,并制定了党的反帝反封建的纲领:"消除内乱,打倒军阀,建设国内和平";"推翻国际帝国主义的压迫,达到中华民族完全独

立"；"统一中国本部（东三省在内）为真正民主共和国。"① 中共二大关于反帝反封建民主革命纲领的制定，在中国近代革命史上第一次明确了革命对象，初步解决了革命的性质、动力、前途等问题，为中国人民指明了前进的方向，从而体现了中国革命要分两个阶段进行的思想。

中共三大前后，围绕着与孙中山领导的国民党实行合作问题，党开始对中国资产阶级进行一些初步的理论研究。三大指出，中国资产阶级具有"革命的"、"反革命的"、"非革命的"，以及"官僚资产阶级"、"商业工业资产阶级"等具体区分，从而为确立革命统一战线的策略奠定了初步的基础。党的四大前，瞿秋白、邓中夏等党的领导人纷纷发表文章，从不同角度分析中国工人阶级的特点，阐述工人阶级在民主革命中的领导地位问题。瞿秋白在《现代劳资战争与革命》一文中指出："务使最易于组织最有战斗力的无产阶级，在一切反抗旧制度的运动中，取得指导者的地位，在无产阶级之中则共产党取得指导者的地位。"② 在《新青年之新宣言》一文中，他明确提出："无产阶级在社会关系之中，自然处于革命领袖的地位"，"即使资产阶级的革命亦非无产阶级为之指导，不能成就。"③ 1923年9月，瞿秋白在《自民治主义至社会主义》一文中进一步指出："独有无产阶级能为直接行动，能彻底革命，扫除中国资本主义的两大障碍；就是以劳工阶级的方法行国民革命。劳工阶级在国民革命的过程中因此日益取得重要的地位，以至于指导权。"④ 1924年11月，邓中夏在《我们的力量》一文中明确提出，无产阶级是革命的领袖，"中国将来的社会革命的领袖固是无产阶级，就是目前的国民革命的领袖亦是无产阶级。""只有无产阶级有伟大集中的群众，有革命到底的精神，只有它配作国民革命的领袖。"⑤ 这些思想的提出，反映了当时中国共产党人在无产阶级领导权问题上认识的进一步深化。1925年1月，中共四大在广州召开。大会通过的《对于民族革命运动之议决案》正确分析了中国社会的各阶级，明确提出了无

---

① 《中共中央文件选集》第1册，中共中央党校出版社1989年版，第115页。

② 《新青年》季刊第1期，1923年6月15日。

③ 《新青年》季刊第1期，1923年6月。

④ 《新青年》季刊第2期，1923年9月。

⑤ 《中国工人》第2期，1924年11月。

产阶级在民主革命中的领导权思想。《议决案》指出：在中国社会各阶级中，"最受压迫而最有集合力的无产阶级是最有革命性的阶级"，"中国的民族革命运动，必须最革命的无产阶级有力的参加，并且取得领导的地位，才能够得到胜利"[①]。《议决案》还指出，要取得革命的彻底胜利，"固然需要最革命的无产阶级站在领导地位，同时这领导阶级也要能够抓住被压迫的各社会阶级的力量，向共同的敌人——帝国主义及其工具（国内军阀及地主买办阶级）——作战，才免得处在孤立地位，这是一个重要问题"[②]。这说明全党对无产阶级领导权思想已经初步形成共识。

党的四大后不久发生的"五卅"运动，使中国社会各阶级的政治态度及其在革命中的地位得以充分展现。在运动中，工人阶级担负起领导作用，显示了自身强大的革命力量和革命的坚定性、彻底性；帝国主义、地主、军阀和买办资产阶级反对革命，镇压群众运动，是中国人民的死敌；民族资产阶级既能参加革命运动，但在帝国主义和封建主义的压力下，又表现出软弱性和妥协性，不能担负起中国革命的领导重任。同时，在这场运动中，农民阶级的革命性及其对革命运动的重要性也突出地显示出来。这些情况为中国共产党人更好地了解中国社会的各个阶级，认识中国的基本问题提供了有利条件。

正当国共两党合作全面展开，革命形势日益高涨，工农运动蓬勃发展之时，国民党右派十分恐惧，其反共活动由孙中山逝世前的个别范围发展到有组织的行动。冯自由、彭养光、马素等在北京组织"国民党同志俱乐部"，章太炎、唐绍仪等在上海组织"辛亥同志俱乐部"，公开脱离国民革命的轨道。同时，统一战线内部争夺领导权的斗争也骤然升级。1925年夏，戴季陶以阐述孙中山思想为名，先后写了《孙文主义哲学之基础》和《国民革命与中国国民党》两本小册子，提出一套反动理论，形成了攻击中国共产党和马克思主义，攻击革命统一战线的戴季陶主义。其反动理论的核心是反对孙中山的联共政策，主张国共分立。他认为，孙中山的思想"完全是中国的正统思想，就是继承尧舜以至孔孟而中绝的仁义道德的

---

① 《中共中央文件选集》第 1 册，中共中央党校出版社 1989 年版，第 333 页。
② 《中共中央文件选集》第 1 册，中共中央党校出版社 1989 年版，第 338 页。

思想"，只有这种思想才符合"国家民族利益"，而共产主义不适合中国国情，并鼓吹由于"共信不立，互信不生；互信不生，团结不固；团结不固，不能生存"①，因而共产党加入国民党是一切混乱和纠纷产生的根源。他反对左派，反对阶级斗争，反对共产党的跨党，甚至反对共产党的存在。戴季陶主义出笼后，国民党内老右派的反共分裂活动更加疯狂，左、右派的斗争也更加激烈。戴季陶主义为国民党新老右派进行反共活动提供了理论依据，也为后来蒋介石篡夺革命领导权，发动反革命政变作了舆论准备。与此同时，在戴季陶主义的影响下，国民党内部又出现了"西山会议派"。1925年11月，以林森、邹鲁、谢持为首的一部分国民党中央执监委员，以元老派自居，在北京西山碧云寺召开所谓"国民党一届四中全会"，形成了"西山会议派"。他们公开反对孙中山的三大政策，要求国民党中央执行委员会立即停止职权，取消共产党员在国民党中之党籍，解雇苏联顾问，开除国民党中央委员中的共产党员，并在上海另立"国民党中央党部"，对当时还坚持联共政策的汪精卫，也作出了开除党籍六个月的决定。1926年3月，他们又召开所谓的"国民党第二次代表大会"，从组织上与广州国民党中央分庭抗礼。

为了反击国民党右派的进攻，瞿秋白、毛泽东、肖楚女、恽代英、蔡和森、李大钊等中国共产党人，纷纷发表文章，一方面批判国民党右派，揭露他们的反动本质；另一方面，运用马克思主义的基本原理来分析中国革命的实际状况，探索中国革命的基本理论问题，丰富了中国共产党关于新的资产阶级民主主义革命的主张。毛泽东在这方面的贡献尤为突出。1925年冬至1926年，毛泽东相继撰写并发表了《中国社会各阶级的分析》、《国民党右派分离的原因及其对于革命前途的影响》、《国民革命与农民运动》、《湖南农民运动考察报告》等一系列著述，集中了全党的正确主张，比较系统地分析和阐述了中国社会各阶级及其在中国革命中的地位问题，初步形成了新民主主义革命的基本思想。这是马克思主义与中国实际相结合的最初成果，表明作为马克思主义中国化第一大理论成果的毛泽东思想已经萌发。

---

① 《中国现代政治思想史资料选辑》上卷，四川人民出版社1983年版，第443页。

新民主主义革命基本思想的提出和形成，推动了革命运动的发展。但此时的中国共产党尚处于幼年时期，对中国革命许多问题的认识，还不是很确切、很系统，甚至难免包含着某些错误；在统一战线、武装斗争、党的建设等基本问题上还没有经验，对于马克思主义的理论与中国革命的实践还缺乏完整、统一的了解，因而没能提出完整、系统的新民主主义理论，也没有能够阻止大革命的失败。然而，以毛泽东为代表所形成的与西方资产阶级民主革命和中国辛亥革命都有很大不同的这种新的民主革命的基本思想，却为新民主主义理论体系的形成奠定了初步的基础，作了必要的准备。

（二）新民主主义理论初步轮廓的形成

1927 年大革命失败后，中国共产党在极其艰难困苦的环境下领导人民继续进行革命斗争。伴随着党在独立领导中国革命、创建人民军队、开展土地革命、建立农村革命根据地、探索中国革命走向胜利的正确道路等方面所取得的重大进步，党对中国革命特点和规律的认识开始发生质的飞跃。1928 年召开的中共六大，正确分析了中国社会的性质和中国革命的性质，指出中国社会仍然是半殖民地半封建社会，中国革命现阶段的性质仍然是资产阶级民主革命，现时的革命处于低潮形势，党的总路线是争取群众，并提出了继续建立红军和农村革命根据地、实行土地革命的任务，批判了导致大革命失败的右倾机会主义和使革命进一步蒙受损失的"左"倾盲动主义。从总的方面来说，六大的路线基本上是正确的。其缺点主要是：仍把城市工作放在中心地位，没有认识到中国革命的长期性和复杂性，没有认识到农村根据地在中国革命中的特殊重要的地位，对中间势力的重要作用和反动势力内部的矛盾缺乏正确的分析。以毛泽东为主要代表的从事创立农村革命根据地实际斗争的中国共产党人，不但在实践上而且在理论上极大地丰富和发展了六大的路线，这集中表现在基本上系统地形成了农村包围城市的革命道路理论和战略。

毛泽东在领导开辟和巩固井冈山革命根据地的同时，先后撰写了《中国的红色政权为什么能够存在?》和《井冈山的斗争》这两篇文章，总结了大革命失败的教训和井冈山斗争的经验，从理论上论证了在四周白色政权的包围中，小块红色政权能够长期地存在和发展的原因和条件，提出了"工农武装割据"的思想。"工农武装割据"思想是农村包围城市道路理论的重要组成部分。但是，这一思想还没有把局部小块红色政权的建立同夺取全国革命的胜利联系在一起，还没有完全解决党的工作重心应放在农村的问题，仅仅把小块红色政权作为配合全国革命形势和城市斗争的许多力量中的一个。所以，此时还没有形成农村包围城市道路的理论。到1929年末，全国革命形势有了较快的发展，全国各主要革命根据地都在开辟和发展中，红军也不断发展壮大。革命根据地的重要意义越来越明显，从而为农村包围城市道路理论的形成提供了客观条件。但是，当时革命力量仍很弱小，敌我力量相差十分悬殊，所以一些人对农村革命根据地的斗争持悲观态度，认为在距离革命高潮尚远的时期做建立政权的艰苦工作是徒劳的，希望用流动游击的方式去扩大政治影响，等到全国各地争取群众的工作做好了，然后来一个全国总暴动，那时再把红军的力量加上去，就成为全国范围的大革命。为此，1930年1月，毛泽东针对这些观点，在给林彪的《星星之火，可以燎原》这篇著名通信中，论述了农村包围城市道路理论的基本内容，阐明了建立和发展农村革命根据地的重要意义。他认为，"朱德毛泽东式、方志敏式之有根据地的，有计划地建设政权的，深入开展土地革命的，扩大人民武装的路线"[1]，就是在中国共产党的领导下，以农村为工作重心，以根据地为依托，以政权为杠杆，以土地革命为基本内容，以武装斗争为主要斗争形式，夺取全国胜利的道路。至此，农村包围城市道路的内容被概括出来了。

20世纪20年代后期和30年代前期，在毛泽东等中国共产党人对中国革命道路进行探索、对中国革命的基本问题进行再认识的同时，在国际共产主义运动和中国共产党内，盛行着一种把马克思主义教条化、把共产国际决议和苏联经验神圣化的错误倾向。共产国际从主观愿望出发，机械地、教条地推广苏联革命的经验，强制推行共产国际的决议和指示，给各国共产党带来了严重的消极影响。当时的中国共产党还处于幼年时期，对于共产国际的决议和指示，对于苏联的经验，许多人机械地照搬照抄，给

---

[1] 《毛泽东选集》第一卷，人民出版社1991年版，第98页。

中国革命造成了很大损失。在这种情况下，以毛泽东为代表的中国共产党人，以极大的理论勇气和无产阶级革命家的气魄，对当时在党内占主导地位的教条化倾向展开了批判和斗争。1930 年 5 月，毛泽东撰写了《调查工作》（后改为《反对本本主义》）一文，运用马克思主义的认识论和辩证法，对党的斗争经验进行了科学总结。他指出："没有调查，就没有发言权"[①]，"离开实际调查就要产生唯心的阶级估量和唯心的工作指导，那末，它的结果，不是机会主义便是盲动主义。"[②] 他还指出："马克思主义的'本本'是要学习的，但是必须同我国的实际情况相结合。我们需要'本本'，但是一定要纠正脱离实际情况的本本主义。"[③] 在这些分析的基础上，他提出了"中国革命斗争的胜利要靠中国同志了解中国情况"的著名论断。在这篇文章中，毛泽东实际上第一次明确提出了党的思想路线问题，批判了党内把马克思主义教条化、把共产国际经验神圣化的错误倾向，为毛泽东思想活的灵魂——实事求是、群众路线、独立自主的形成奠定了重要基础。

总之，从 1928 年 10 月至 1930 年 5 月这一阶段，毛泽东分析了中国红色政权产生、存在和发展的主客观条件；初步形成了在中国共产党领导下，以武装斗争为主要形式、以土地革命为基本内容、以农村革命根据地为依托的三位一体的"工农武装割据"的总概念；揭示了帝国主义间接统治下中国社会诸多矛盾发展的极其尖锐复杂性和革命发展的历史大趋势，并深刻阐述了建立农村根据地，实行工农武装割据的重大意义。这时虽然还没有明确提出"农村包围城市"的概念，但实际上已经确立了"以农村为中心"的意识，并把小块红色政权的发展同夺取全国政权联系起来，从而初步形成了农村包围城市、最后夺取全国政权的有中国特色的革命道路的理论。农村包围城市道路理论的初步形成，是毛泽东把马克思列宁主义普遍原理与中国新民主主义革命具体实际相结合，正确揭示中国革命客观发展规律所取得的最重要的成果，因而成为新民主主义革命理论和整个毛泽东思想初步创立的显著标志。围绕这一理论的形成，一些与之相关的思

---

① 《毛泽东选集》第一卷，人民出版社 1991 年版，第 109 页。

② 《毛泽东选集》第一卷，人民出版社 1991 年版，第 112 页。

③ 《毛泽东选集》第一卷，人民出版社 1991 年版，第 111—112 页。

想，诸如土地革命的理论和政策，根据地建设的思想，党的建设和人民军队建设的原则等等，也都得以提出、展开，并初步形成比较完整的轮廓。特别是毛泽东对本本主义思想的批评，实际上已经初步解决了如何把马克思主义与中国实际相结合的根本原则问题，表明毛泽东已形成了独特的能引导中国革命走向胜利的思想路线。当然，由于理论的发展受限于实践的发展，同时也由于这一时期党内占主导地位的"左"倾思想的干扰，妨碍了党对中国新民主主义革命基本问题的认识沿着正确思路的深化。因而，中国新民主主义理论在当时还只能是形成一个初步的轮廓，不可能形成完整的体系。

（三）新民主主义理论体系的比较完整的形成

土地革命战争后期和抗日战争前期，随着中国革命由国内阶级战争向抗日民族解放战争的转变，党对新民主主义革命的认识逐渐深化。以毛泽东发表《〈共产党人〉发刊词》、《新民主主义论》等著作为标志，中国新民主主义理论的科学体系已经比较完整地形成了。

1921年至1940年，中国共产党领导的新民主主义革命经历了两次胜利和两次失败。这两次胜利、两次失败的鲜明对比，使以毛泽东为代表的中国共产党人对中国社会的历史和现状、对中国革命的特点和规律有了更为深刻和完整的认识，达到可以作出理论升华的程度；而党对中国革命胜利与失败正反两方面历史经验的系统总结，又必然会使党进一步深化对中国社会和革命基本问题的理解，从而推动新民主主义理论体系的形成。事实上，从遵义会议开始，以毛泽东为代表的中国共产党人即已经着手总结中国革命的经验教训。党中央到达陕北后，这种总结更密切地联系到新的实践而进一步深入和展开，并使之逐渐上升到对中国革命、中国革命战争特点和发展规律的系统把握的高度。正如毛泽东后来所指出："在民主革命时期，经过胜利、失败、再胜利、再失败，两次比较，我们才认识了中国这个客观世界。在抗日战争前夜和抗日战争时期，我写了一些论文，例如《中国革命战争的战略问题》、《论持久战》、《新民主主义论》、《〈共产党人〉发刊词》，替中央起草过一些关于政策、策略的文件，都是革命经验的总结。那些论文和文件，只有在那个时候才能产生，在以前不可能，因为没有经过大风大浪，没有两次胜利和两次失败的比较，还没有充分的经验，还不能充分认识中国革命的规律。"① 只有到了抗日战争时期，中国共产党从幼年走向成熟，并逐步认识到了中国民主革命的发展规律，才制定了合乎中国革命具体实际的总路线和一整套具体政策，反映中国革命客观规律的新民主主义理论体系才得以比较完整的形成。

抗日战争是在以国共合作为基础的抗日民族统一战线旗帜下进行的民族解放战争，又是中国共产党所领导的整个新民主主义革命的一个特殊历史阶段。把民族解放的任务与民主改革的任务结合起来，在抗日战争中不断推动国内政治上的进步，以便在战胜日本帝国主义以后建立一个真正独立、自由、富强的新中国，这是中国共产党始终如一的政治主张，也是广大人民群众的强烈愿望，反映了历史发展的规律。日本帝国主义的大举入侵和中国抗日战争的全面爆发，使日本帝国主义和中华民族的矛盾上升为最主要的矛盾，也使国内各阶级、阶层、政治集团和政治派别之间的矛盾得到更为充分的展现。国民党在参加抗战的同时仍继续坚持其一党专政的反动制度，拒绝进行真正的民主改革，在各方面束缚人民起来抗日，不给各抗日党派以平等地位，并一再企图与日本帝国主义在反共的基础上实行妥协，它的一部分军队和官吏甚至公开投降，成为日本侵略者的帮凶；共产党虽然与国民党在抗日的基础上实现了第二次合作，形成了统一战线，但实际上仍担负着两面作战的任务，即在以主要力量抗击日本侵略者的同时，不得不以必要的自卫反击去对付国民党军事上发动的进攻，并揭穿它在思想文化领域进行的反共宣传，澄清其造成的思想混乱；处于国共两党之间的各种中间政治力量，则采取了既拥护国共两党合作抗战，又寻求自己新的动向和组合的态势。国内矛盾的这种复杂的形势又因国际上苏联和英美等反法西斯国家之间及其对华关系的复杂性而更趋特殊和复杂。以毛泽东为代表的中共中央以深刻的政治洞察力和高超的斗争艺术，正确地认识和处理了这些矛盾，积累了善处自己又善处同盟者的异常丰富的经验。同时，抗战以后，由于共产党坚持把工作重心放在战区和敌后，继续走以农村包围城市的道路，在敌后广泛建立抗日民主根据地，并按照新民主主

---

① 《毛泽东文集》第八卷，人民出版社 1999 年版，第 299 页。

义的要求，建立了与国民党政权和国统区社会形成鲜明对比的作为新民主主义中国雏型的新政权和新社会，从而在实践上为中国人民争取光明中国的前途指出了明确方向。认清抗日战争的问题，离不开对整个中国革命特点和规律的深刻理解，总结抗日战争的现实经验必须联系到中国革命的历史经验。

抗战进入相持阶段以后，在日本帝国主义诱降和英美的劝降下，国民党内部的妥协投降倾向迅速抬头。1938 年 12 月，身为国民党副总裁、国防会议副主席、国民参政会议长的汪精卫公开投敌叛国。以蒋介石为代表的国民党统治集团，也逐渐将其政策的重点由对外转向对内，采取了消极抗日、积极反共的政策。1939 年 1 月国民党召开的五届五中全会和 3 月发动的"国民精神总动员运动"，都明显地反映了蒋介石要用早就被他阉割了的三民主义来"溶化"共产主义和共产党的倾向。在国民党五届五中全会上，蒋介石一方面作了《敌国必败及我国必胜》的报告，表示了要继续抗战的立场；另一方面，他又规定了会议的中心议题是"整顿党务"，确定"如何与共产党作积极斗争"的方针和策略。蒋介石在会上作了《唤醒党魂发扬党德巩固党基》的报告和《整顿党务之要点》的讲演，要求国民党员坚定对蒋介石之三民主义的信仰，发扬"忠孝仁爱信义和平八德"和"智仁勇三大德"，以此来巩固国民党的基础。会议根据蒋介石的报告和讲演，确定了"溶共、防共、限共"的方针。1939 年 3 月，国民党在国防最高委员会之下设立了精神总动员会，由蒋介石自任会长，公布了《国民精神总动员纲领》，要求以蒋记三民主义改造国民精神。5 月，蒋介石发表《三民主义之体系及其实行程序》的演讲，以研究三民主义为名，鼓吹民生史观，攻击唯物史观，美化三民主义，丑化共产主义，吹捧封建法西斯的"智仁勇"和"力行"精神，公开宣扬"以党治国"、"以党建国"，通过篡改和歪曲孙中山三民主义的革命精神，系统地形成了他的封建买办法西斯主义的理论。与此同时，张君劢、叶青、陶希圣等反动文人、政客，也打着三民主义的招牌，或炮制文章，或创办刊物，或发表讲演，进行所谓"一个主义"、"一个政党"、"一个领袖"的反共宣传，极力鼓吹"中国有三民主义就够了，用不着社会主义"，"有实行三民主义的国民党就够了，用不着实行社会主义的共产党"，要求"收起"或"取消"马克思主义。

这些甚嚣尘上的反动论调迫切要求中国共产党必须运用自己的理论迅速对这些反共宣传予以坚决回击。

同时，共产国际"七大"决定改变其工作方式和领导方法，提出国际"一般不直接干涉各国共产党内部的组织事宜"，这对巩固和加强毛泽东为核心的新的中央领导集体，对中国共产党更好地根据本国情况和经验创造性地运用马克思主义解决中国革命问题，形成中国新民主主义理论的科学体系，也具有重要的意义。

所有这些，都要求中国共产党人把马克思主义关于社会革命的一般原理同中国社会的特殊的历史条件、中国革命的特点结合起来，系统地认识和解决中国革命的基本问题，这就为新民主主义理论体系的形成提供了现实的条件。正是在上述条件下，以毛泽东为代表的中国共产党人总结了党成立以来，特别是党在两次胜利和两次失败中所积累的经验，并密切联系抗日战争的实践和经验，深刻揭示了中国革命的历史特点和规律，把全党的思想理论水平提高到一个新的能够达到理论升华的高度，完成了把中国革命理论系统化的任务，使新民主主义理论体系得以完整的形成。其中，毛泽东在1939年10月发表的《〈共产党人〉发刊词》、12月发表的《中国革命和中国共产党》、1940年1月发表的《新民主主义论》这三篇文章系统阐述了中国革命的一系列基本问题，标志着新民主主义理论体系的基本形成。

（四）新民主主义理论的发展

抗日战争后期和解放战争时期，毛泽东又根据革命形势和任务转变的需要，在《论联合政府》、《目前形势和我们的任务》、《在中国共产党第七届中央委员会第二次全体会议上的报告》、《论人民民主专政》等著作中，结合新的历史条件，提出了许多重要的理论观点，使新民主主义理论进一步系统化和完善化。

1945年7月毛泽东发表的《论联合政府》一文，从决定中国前途命运的高度，郑重提出了立即废止国民党一党专政的国民政府，成立民主联合政府，打败日本侵略者，建设新民主主义的中国的基本要求；论述了党的实现共产主义的最高纲领，在新民主主义革命时期的一般纲领，在新民主主义革命各个阶段的具体纲领之间的联系和区别；规定了党的争取革命胜利，避免革命失败的马克思主义的政治路线；同时，把党在长期革命实践中形成发展起来的正确的思想方法和工作方法明确概括为党的三大作风，解决了用怎样的工作态度去执行党的路线和完成党的任务这个极其重要的问题，为争取抗日战争的最后胜利和新民主主义革命在全国的胜利奠定了思想基础。

1947 年 12 月毛泽东发表的《目前形势和我们的任务》一文，在科学地分析全面内战爆发以后国际国内形势，特别是在指出中国人民革命战争已经达到一个历史转折点的基础上，明确提出了中国共产党在整个打倒蒋介石反动统治集团、建立新中国时期内的行动纲领，把《新民主主义论》中对中国革命基本纲领的阐述，结合人民解放战争时期的实际具体化了。1948 年 4 月毛泽东发表的《在晋绥干部会议上的讲话》，又对中国革命做出了"无产阶级领导的，人民大众的，反对帝国主义、封建主义和官僚资本主义的革命"的新概括，正式形成了这一中国新民主主义革命总路线的完整表述。

1949 年 3 月毛泽东所作的《在中国共产党第七届中央委员会第二次全体会议上的报告》，不仅制定了夺取新民主主义革命在全国胜利和组织这个胜利的各项方针，把农村包围城市的道路正式概括为"在乡村聚集力量，用乡村包围城市，然后取得城市"的完整表述，而且详细规定了党在全国胜利后逐步由新民主主义向社会主义转变的任务和各项基本政策。1949 年 6 月，毛泽东为纪念中国共产党成立 28 周年撰写的《论人民民主专政》一文，则运用马克思主义关于国家学说的基本观点，对百年来中国革命的基本经验作了精辟的概括，阐述了作为中国新民主主义革命最终成果的人民民主专政产生的历史必然性及其基本任务。

新民主主义理论体系得到发展的另一个重要方面是新民主主义社会理论的形成和逐渐完善。在《新民主主义论》中，毛泽东在阐述中国革命的新民主主义性质的同时，说明了这一革命胜利以后所要建立的社会的性质，强调它既非资本主义的社会，也非社会主义的社会，而只能是新民主主义的社会，并对这一社会的基本形态作了精辟的概括：新民主主义的政治、新民主主义的经济和新民主主义的文化相结合，这就是新民主主义共和国，就是我们要造成的新中国。

从新中国成立前后到 1952 年 9 月以前，毛泽东关于新民主主义社会的理论又得到一定程度的发展。主要表现在：按照新民主主义的原则，通过中国人民政治协商会议制定了实行新民主主义制度的带有根本大法作用的《共同纲领》，提出了一系列新民主主义改革和建设的方针，从各方面进一步明确了新民主主义与社会主义的界限。

从 1952 年 9 月起，毛泽东关于经过新民主主义改革和建设，为社会主义的实现铺平道路的战略设想开始发生变化。随着过渡时期总路线思想的逐渐形成，毛泽东转而认为新民主主义本身的发展就是直接向社会主义的过渡，把过渡时期与新民主主义社会视为同一历史范畴，实际上放弃了原来关于经过长期的新民主主义社会形态进入社会主义社会形态的理论观点。因而毛泽东关于新民主主义社会的理论最终未能取得如同新民主主义革命理论那样的成功。

二、新民主主义理论的体系结构

新民主主义理论，是一个内容丰富、结构严谨的科学理论体系。根据毛泽东等在其著作中从不同角度和不同层次所作的概括分析，这一理论体系的总体结构，是由内在具有密切联系的四个部分组成的。第一部分，是对中国新民主主义时期社会基本状况、中国革命基本特点的认识，这是新民主主义理论全部内容立论的客观基础和基本依据；第二部分，是对中国新民主主义革命总路线和基本纲领的概括，这是新民主主义革命理论的主体与核心，是构成新民主主义理论体系的最重要的内容；第三部分，是对中国新民主主义革命基本经验的总结，它集中体现了这一理论在实践中的运用和操作，并大大深化了第一、二两部分的内容，使之更具特色，更加丰富；第四部分，是对新民主主义革命胜利后出现的社会形态及其特点的分析，它理所当然地也应包含在新民主主义整个理论体系之中。至于贯穿于新民主主义理论中的方法论思想，因另有论述，这里不作分析。

（一）近代中国的基本国情和中国革命的历史特点

毛泽东认为："只有认清中国社会的性质，才能认清中国革命的对象、中国革命的任务、中国革命的动力、中国革命的性质、中国革命的前途和转变。所以，认清中国社会的性质，就是说，认清中国的国情，乃是认清一切革命问题的基本的根据。"[①] 他在《中国革命和中国共产党》、《论联合政府》等文章中深刻揭示了认清中国社会的性质对于领导中国革命的至关重要性，并系统论述了中国革命的历史特点。

自外国资本主义用坚船利炮轰开中国大门，开始侵略中国以来，中国已逐渐地变成了一个殖民地、半殖民地、半封建的社会。在这个社会里，封建时代的自给自足的自然经济基础是被破坏了，但封建剥削制度的根基——地主阶级对农民的剥削，不仅依旧保持着，而且同买办资本和高利贷资本的剥削结合在一起，在中国的社会经济生活中，占着显然的优势；民族资本主义有了某些发展，并在中国政治的、文化的生活中起了颇大的作用，但它没有成为中国社会经济的主要形式，它的力量是很软弱的，它的大部分是对于外国帝国主义和国内封建主义都有或多或少联系的；皇帝和贵族的专制政权是被推翻了，代之而起的先是地主阶级的军阀官僚的统治，接着是地主阶级和大资产阶级联盟的专政，在沦陷区则是日本帝国主义及其傀儡的统治；帝国主义不但操纵了中国的财政和经济的命脉，并且操纵了中国的政治和军事的力量，在沦陷区则一切被日本帝国主义所独占；由于中国是在许多帝国主义国家的统治或半统治之下，由于中国实际上处于长期的不统一状态，又由于中国的土地广大，中国的经济、政治和文化的发展，表现出极端的不平衡；由于帝国主义和封建主义的双重压迫，特别是由于日本帝国主义的大举进攻，中国的广大人民，尤其是农民，日益贫困化以至大批地破产，他们过着饥寒交迫和毫无政治权利的生活。这些就是殖民地、半殖民地、半封建的中国社会的特点，决定这种情况的，主要的是日本帝国主义和其他帝国主义势力，是外国帝国主义和国内封建主义相结合的结果。帝国主义和中华民族、封建主义和人民大众的

---

① 《毛泽东选集》第二卷，人民出版社 1991 年版，第 633 页。

矛盾,是近代中国社会的主要矛盾,而帝国主义和中华民族的矛盾,乃是各种矛盾中最主要的矛盾。这些矛盾的存在和激化,就不能不造成日益发展的革命运动。这就是中国的基本国情,是中国革命的深刻社会根源,也是认清中国革命一切问题的基本依据。

毛泽东进一步指出:"既然中国社会还是一个殖民地,半殖民地、半封建的社会,既然中国革命的敌人主要的还是帝国主义和封建势力,既然中国革命的任务是为了推翻这两个主要敌人的民族革命和民主革命,而推翻这两个敌人的革命,有时还有资产阶级参加,即使大资产阶级背叛革命而成了革命的敌人,革命的锋芒也不是向着一般的资本主义和资本主义的私有财产,而是向着帝国主义和封建主义。既然如此,所以,现阶段中国革命的性质,不是无产阶级社会主义的,而是资产阶级民主主义的"。①但是,由于这一革命是坚决地反对帝国主义即国际资本主义的,是由无产阶级所领导的等原因,这一革命又不同于旧式的一般的资产阶级民主主义革命,而是新式的特殊的资产阶级民主主义的革命,即新民主主义革命。因此,中国革命的历史进程,必须分为两步,首先,完成作为第一步的民主主义的革命,然后才能迈出第二步,进行社会主义的革命。只有认清民主主义革命和社会主义革命的区别,同时又认清二者的联系,才能正确地领导中国革命。"②

新民主主义革命同社会主义革命的区别在于,新民主主义革命只推翻帝国主义、封建势力和官僚资产阶级的反动统治,而不破坏尚能参加反帝反封建的资本主义成分。社会主义革命是反对资产阶级,消灭资本主义剥削制度和改造小生产者的私有制。因此说,两个革命阶段的革命对象不同,革命任务不同,决定了革命的性质不同。民主革命任务不完成,就不能进行社会主义革命,必须把民主革命和社会主义革命从任务上和时间上严格区别开来。正如毛泽东所指出的:"如果说,民主革命没有自己的一定任务,没有自己的一定时间,而可以把只能在另一个时间去完成的另一任务,例如社会主义的任务,合并在民主主义任务上面去完成,这个叫做

① 《毛泽东选集》第二卷,人民出版社 1991 年版,第 646—647 页。
② 《毛泽东选集》第二卷,人民出版社 1991 年版,第 651—652 页。

'毕其功于一役'，那就是空想，而为真正的革命者所不取的。"①"这种观点，混淆革命的步骤，降低对于当前任务的努力，也是很有害的。"②

　　新民主主义革命同社会主义革命的联系在于，民主主义革命是社会主义革命的必要准备，社会主义革命是民主主义革命的必然趋势，这是两个革命过程内部存在着的有机联系。新民主主义革命，就普遍性来讲，它依然是资产阶级民主主义性质的，它的客观要求是为资本主义的发展扫清道路。但是新民主主义革命，不是一般的民主主义，是中国式的、特殊的、新式的民主主义，即新民主主义的政治、经济、文化，都是由无产阶级领导的，都具有社会主义的因素，并且不是普通的因素，而是起决定作用的因素。如：民主革命的领导权掌握在无产阶级手中，革命胜利后建立的是无产阶级领导的以工农联盟为基础的人民民主专政。在经济上建立了国营经济的领导地位，等等。所以这个革命又恰恰是为社会主义的发展扫清更广阔的道路。这个革命胜利后，必然要转变为社会主义革命。中国新民主主义革命的前途，必然是社会主义。

　　上述毛泽东对中国国情和中国革命历史特点的这些精辟的分析和论断，不仅深刻地揭示了中国新民主主义革命发生发展的社会历史根源、特点和规律，而且科学地说明了掌握中国国情与了解中国革命基本问题的正确关系，并从而奠定了新民主主义理论体系全部内容的基础，这是理解和掌握新民主主义理论的最基本的层次和内容。

（二）新民主主义革命的总路线和基本纲领

　　新民主主义革命的总路线，概括地说就是："无产阶级领导的，人民大众的，反对帝国主义、封建主义和官僚资本主义的革命。"③ 这条总路线，正确解决了中国新民主主义革命的对象、任务、领导和动力等基本问题，是指引中国新民主主义革命胜利前进的灯塔。坚持这条总路线，实质上就是坚持无产阶级在中国革命中的领导权。

　　第一，关于新民主主义革命的对象和任务。中国社会的性质和主要矛

① 《毛泽东选集》第二卷，人民出版社1991年版，第685页。
② 《毛泽东选集》第二卷，人民出版社1991年版，第685页。
③ 《毛泽东选集》第四卷，人民出版社1991年版，第1313页。

盾，决定了中国革命的对象或主要的敌人，就是帝国主义和封建主义，就是帝国主义国家的资产阶级和本国的地主阶级。此外，曾经在一个长时期内勾结帝国主义、并和地主阶级结成反动的同盟、背叛了中国革命的资产阶级，也是中国革命的对象。

帝国主义是中国人民的第一个和最主要的敌人。帝国主义列强在1840年鸦片战争以来通过多次发动侵略战争，强迫中国签订了《南京条约》、《天津条约》、《北京条约》、《马关条约》、《辛丑条约》等一系列不平等条约，从政治、经济、军事、文化等各方面将中国变为其奴役和掠夺的殖民地和半殖民地。西方列强在中国划分势力范围，设立租界，开放通商口岸，割地、赔款，他们先后割占了我国香港、澳门等一百五十多万平方公里的领土和台湾省，使中国的领土和主权完整遭到严重破坏；他们垄断了中国的金融、航运，控制了海关进出口贸易，攫取了开采矿山，修筑铁路，开设银行等特权，操纵了中国的经济命脉，并压迫中国的民族工业，阻碍了中国生产力的发展；他们在中国战略要地派驻军队，扶持中国的封建势力和官僚资本主义的统治，与之相勾结镇压中国人民的反抗，破坏中国革命，阻挠中国社会的进步；他们利用开办学校发行报纸，传教和办慈善事业等方式进行精神渗透和文化控制，等等。虽然这些在客观上促进了中国资本主义因素的产生，使中国变成一个半封建社会，但是，西方列强的真正目的决不是要把中国变成一个资本主义的国家，帮助中国实现现代化，相反是要把一个独立的中国变成一个半殖民地和殖民地的中国。帝国主义的民族压迫是近代中国一切灾难和祸害的总根源，是中国发展生产力，实现现代化的最大障碍。因此，推翻帝国主义在中国的统治，实现中华民族的完全独立，就成为中国社会发展的客观要求。

封建主义是中国革命的又一主要敌人，如果不进行反封建斗争，实现中华民族的完全独立与解放也是不可能的。地主阶级是封建主义的代表，他们凭借封建土地所有制占有基本生产资料（土地）和不完全占有生产者（农民），借助于超经济强制，通过地租形式压迫和剥削农民。西方资产阶级为了剥削和奴役的需要，宁愿在中国保留最落后的封建剥削关系。所以在近代中国地主阶级对农民的封建剥削，不但依旧保持着，而且同买办资本，城乡高利贷资本的剥削结合在一起，在社会经济生活中占着明显的优势。这使占人口百分之八十以上的农民被束缚在封建生产关系中，生产力水平低下，人民生活极度贫困。地主阶级不仅用封建制度压迫和剥削农民，而且为了维护其统治，不惜投靠帝国主义，与之互相勾结，成为帝国主义统治和奴役中国人民的社会基础，它代表中国最落后最反动的生产关系，是近代中国经济现代化和政治民主化的主要障碍。因此，封建地主阶级历来是革命的对象。

除了帝国主义和封建地主阶级，大资产阶级（亦称买办资产阶级或官僚资产阶级）也是中国革命的敌人。它们是在封建势力的基础上，在帝国主义的扶持下，凭借政治特权而形成和发展起来的带有买办性和封建性的国家垄断资本主义。1927 年南京国民政府建立后，以蒋介石、宋子文、孔祥熙、陈立夫为代表的"四大家族"官僚资本逐步形成和发展起来。抗日战争期间，他们假借抗战名义，利用国家政权，大发"国难财"，扩张官僚资本。抗战胜利后，又运用政治特权将其经济势力伸向国民党统治区的各个方面，控制了中国内外贸易、工业、交通运输、金融业，垄断了中国的经济命脉。官僚资产阶级在垄断资本的同时，也在不断地加强法西斯独裁统治，其政治代表蒋介石集团对内疯狂发动反共反人民内战，镇压新民主主义革命运动，对外投靠帝国主义，寻求帝国主义支持，他们代表中国最落后的和最反动的生产关系，严重阻碍了中国社会生产力的发展，因此也成为新民主主义革命的主要对象之一。

从总体上说，帝国主义、封建主义和官僚资本主义这三大敌人，是新民主主义革命的对象，但在不同历史时期，革命的主要打击对象实际上又是有所不同的。主要的打击帝国主义和封建主义两个敌人，同时打击背叛了革命或民族利益的大资产阶级分子，完成对外推翻帝国主义压迫的民族革命和对内推翻地主买办阶级压迫的民主革命，这就是中国革命的两个基本任务。二者既相区别、又相统一，构成了中国革命全部的历史使命。

第二，关于新民主主义革命的领导和动力。无产阶级掌握资产阶级民主革命的领导权，是区分新、旧民主主义革命的主要标志，亦是新民主主义革命的基本特征。毛泽东指出，中国"社会经济的性质，不仅规定了革命的对象和任务,而且规定了革命的动力"①"在中国社会的各个阶级和各个阶层中,有些什么阶级有些什么阶层可以充当反对帝国主义和封建主义的力量呢?这就是现阶段上中国革命的动力问题。认清这个革命的动力问题,才能正确地解决中国革命的基本策略问题。"②毛泽东在深刻分析中国社会各阶级的基础上明确说明,新民主主义革命的动力包括无产阶级、农民阶级、城市小资产阶级、民族资产阶级,而无产阶级不仅是中国革命的动力,而且是中国革命的领导力量。

中国革命必须由无产阶级来领导。这是因为,中国无产阶级除了一般无产阶级的基本优点,即与最先进的经济形式相联系,富于组织性纪律性,没有私人占有的生产资料以外,还有它的许多特出的优点。第一,中国无产阶级身受帝国主义、资产阶级、封建势力的三种压迫,而这些压迫的严重性和残酷性,是世界各民族中少见的;因此,他们在革命斗争中,比任何别的阶级来得坚决和彻底。第二,中国无产阶级开始走上革命的舞台,就在本阶级的革命政党——中国共产党领导之下,成为中国社会里比较最有觉悟的阶级。第三,中国无产阶级中由于从破产农民出身的成分占多数,和广大的农民有一种天然的联系,便利于他们和农民结成亲密的联盟。虽然中国无产阶级也有人数较少、年龄较轻、文化水准较低等不可避免的弱点,然而,由于上述的基本优点和特出的优点,他们终究能够成为中国革命的最基本的动力,成为中国革命的领导力量。正如毛泽东所指出,在一九一九年五四运动以前,中国资产阶级民主革命的政治指导者是中国的小资产阶级和资产阶级以及他们的知识分子。这时,中国无产阶级还没有当作一个觉悟了的独立的阶级力量登上政治的舞台,还是当作小资产阶级和资产阶级的追随者参加了革命。而在五四运动以后,虽然中国民族资产阶级继续参加了革命,但是中国资产阶级民主革命的政治指导者,已经不是属于中国资产阶级,而是属于中国无产阶级了。这时,中国无产阶级,由于自己的长成和俄国革命的影响,已经迅速地变成了一个觉悟了的独立的政治力量了。领导中国民主主义革命和中国社会主义革命这样两

---

① 《毛泽东选集》第二卷,人民出版社 1991 年版,第 638 页。
② 《毛泽东选集》第二卷,人民出版社 1991 年版,第 638 页。

个伟大的革命到达彻底的完成，除了中国共产党之外，是没有任何别的政党能够担负的。而中国共产党则从自己建党的一天起，就把这样的两重任务放在自己的双肩之上了。

农民阶级是中国革命的主力军，是"人民大众"的主体部分。在反帝反封建的革命斗争中，没有广大农民的积极参加，革命胜利是不可能的。"农民在全国总人口中大约占百分之八十，是现时中国国民经济的主要力量。"① 而农民阶级的内部又不断地分化，因而又分为富农、中农和贫农。毛泽东对农民中的富农、中农和贫农的经济地位及其对革命的态度认真加以剖析。认为，富农带有半封建性，约占农村人口百分之五左右，被称为农村中的资产阶级，"富农一般地在农民群众反对帝国主义的斗争中可能参加一分力量，在反对地主的土地革命斗争中也可能保持中立。因此，我们不应把富农看成和地主无分别的阶级，不应过早地采取消灭富农的政策。"② 中农在中国农村中占百分之二十左右，一般不剥削人，在经济上能自给自足，受帝国主义、地主阶级和资产阶级的剥削。"中农都是没有政治权利的。一部分中农土地不足，只有一部分中农（富裕中农）土地略有多余。中农不但能够参加反帝国主义革命和土地革命，并且能够接受社会主义。因此，全部中农都可以成为无产阶级的可靠的同盟者，是重要的革命动力的一部分。"③ 贫农连同雇农在内约占农村人口的70%。贫农是没有土地或土地不足的广大农民群众，"是农村中的半无产阶级，是中国革命的最广大的动力，是无产阶级的天然的和最可靠的同盟者，是中国革命队伍的主力军。"④ 在这里，毛泽东所说的农民"主要地是指贫农和中农。"⑤ "中国有百分之八十的人口是农民，这是小学生的常识。因此农民问题，就成了中国革命的基本问题，农民的力量，是中国革命的主要力量。"⑥ 但贫农和中农都只有在无产阶级的领导下，才能得到解放，无产阶

---

① 《毛泽东选集》第二卷，人民出版社 1991 年版，第 642 页。
② 《毛泽东选集》第二卷，人民出版社 1991 年版，第 643 页。
③ 《毛泽东选集》第二卷，人民出版社 1991 年版，第 643 页。
④ 《毛泽东选集》第二卷，人民出版社 1991 年版，第 643 页。
⑤ 《毛泽东选集》第二卷，人民出版社 1991 年版，第 644 页。
⑥ 《毛泽东选集》第二卷，人民出版社 1991 年版，第 692 页。

级也只有和贫农中农结成坚固的联盟，才能领导革命达到胜利。

城市小资产阶级包括知识分子、小商人、手工业者和自由职业者。他们的地位和中农有点相像，受帝国主义、封建主义和大资产阶级的压迫，日益走向破产和没落的境地。"这些小资产阶级是革命的动力之一，是无产阶级的可靠的同盟者。这些小资产阶级也只有在无产阶级领导下，才能得到解放。"① 小资产阶级中的知识分子和青年学生"在这一群人中间，除去一部分接近帝国主义和大资产阶级并为其服务而反对民众的知识分子外，一般地是受帝国主义、封建主义和大资产阶级的压迫，遭受着失业和失学的威胁。因此，他们有很大的革命性。他们或多或少地有了资本主义的科学知识，富于政治感觉，他们在现阶段的中国革命中常常起着先锋的和桥梁的作用。""尤其是广大的比较贫苦的知识分子，能够和工农一道，参加和拥护革命。马克思列宁主义思想在中国的广大的传播和接受，首先也是在知识分子和青年学生中。革命力量的组织和革命事业的建设，离开革命的知识分子的参加，是不能成功的。"② 但是知识分子在其未和群众的革命斗争打成一片，在其未下决心为群众利益服务并与群众相结合的时候，往往带有主观主义和个人主义的倾向，需要在长期的群众斗争中加以克服。

民族资产阶级是带有两重性的阶级。一方面，他们曾受帝国主义的压迫，受封建主义的束缚，同帝国主义和封建主义有矛盾，是革命的力量之一。另一方面，他们在经济上和政治上软弱，同帝国主义和封建主义并未完全断绝经济上的联系，他们没有彻底的反帝反封建的勇气。"民族资产阶级的这种两重性，决定了他们在一定时期中和一定程度上能够参加反帝国主义和反官僚军阀政府的革命，他们可以成为革命的一种力量。而在另一时期，就有跟在买办大资产阶级后面，作为反革命的助手的危险。"③ 中国无产阶级应该懂得：他们自己虽然是一个最有觉悟性和最有组织性的阶级，但是如果单凭自己一个阶级的力量，是不能胜利的。而要胜利，他们就必须在各种不同的情形下团结一切可能的革命的阶级和阶层，组织革命

① 《毛泽东选集》第二卷，人民出版社1991年版，第641页。
② 《毛泽东选集》第二卷，人民出版社1991年版，第641页。
③ 《毛泽东选集》第二卷，人民出版社1991年版，第640页。

的统一战线。在中国社会的各阶级中，农民是工人阶级的坚固的同盟军，城市小资产阶级也是可靠的同盟军，民族资产阶级则是在一定时期中和一定程度上的同盟军。

第三，关于新民主主义革命的目标和纲领。中国革命的性质，不是无产阶级社会主义革命，而是资产阶级民主主义的革命。这是毛泽东根据其对中国社会性质和社会主要矛盾的分析而得出的科学结论。他认为，既然中国仍然是一个半殖民地、半封建的社会，既然中国社会的主要矛盾是帝国主义与中华民族、封建主义与人民大众的矛盾，革命的敌人是帝国主义和封建势力，那么就决定了中国革命的性质是资产阶级民主主义革命。现时中国的资产阶级民主主义的革命，已不是旧式的一般的资产阶级民主主义的革命，而是新式的特殊的资产阶级民主主义的革命即"新民主主义的革命"。这种革命的最直接目标就是建立新民主主义的共和国，其最终目的则是通过建立无产阶级领导的各革命阶级联合专政的新民主主义社会，最终走向社会主义和共产主义。

以毛泽东为代表的中国共产党人在制定新民主主义革命总路线的同时，也提出了与之相适应的新民主主义经济、政治、文化纲领，为中国社会从新民主主义走向社会主义作了理论和政策上的准备。

新民主主义的政治纲领，是中国共产党在新民主主义革命时期关于政治问题的基本主张和斗争目标。新民主主义的政治纲领是，在中国建立一个以无产阶级为领导的，以工农联盟为基础的，一切反帝反封建的人们联合专政的民主共和国。这就是新民主主义的共和国。在这个共和国里，无产阶级处于领导地位，农民和其他小资产阶级居于主要地位，也给民族资产阶级和一切愿意实行新民主主义的人们以一定地位，以便团结一切可以团结的人，反对帝国主义、封建主义和官僚资本主义。这种新民主主义共和国，既不是无产阶级专政，也不是资产阶级专政。"这是一定历史时期的形式，因而是过渡的形式，但是不可移易的必要的形式。"① 新民主主义国家所采取的政权组织形式，是建立在民主集中制基础上的各级人民代表大会制度。各级人民代表大会具有高度集中的权力，由人民代表大会决定

---

① 《毛泽东选集》第二卷，人民出版社 1991 年版，第 675 页。

大政方针，选举各级人民政府，并委托和监督政府处理一切事务；民主集中制保证人民代表大会发扬广泛的真正的民主，体现广大人民参政议政的意志和当家作主的权力，又使它能够集中处理国家大事，保障人民的一切必要的民主活动。新民主主义的政治纲领，在实践中引导了中国新民主主义革命斗争，成为中华人民共和国建立的政治基础。

在《新民主主义论》中，毛泽东对新民主主义共和国的国体和政体问题，进行了深入的分析论证。他把全世界的国家按照国体划分为三种：资产阶级专政的共和国，无产阶级专政的共和国，几个革命阶级联合专政的共和国。中国新民主主义共和国的国体如何？毛泽东依社会各阶级在新民主主义革命和建设中的地位和作用，分析了这个问题。"中国无产阶级、农民、知识分子和其他小资产阶级，乃是决定国家命运的基本势力。这些阶级，或者已经觉悟，或者正在觉悟起来，他们必然要成为中华民主共和国的国家构成和政权构成的基本部分"。[1] 这就是说，中国的国体是无产阶级领导的、以工农联盟为基础的、几个革命阶级的联合专政。毛泽东同时指出，国体需要相应的政体体现，政体应与国体相适应。他说："至于还有所谓'政体'问题，那是指的政权构成的形式问题，指的一定的社会阶级取何种形式去组织那反对敌人保护自己的政权机关。"[2] 这个适当的政体就是民主集中制的人民代表大会制。毛泽东认为，中国现在可以采取全国人民代表大会、省人民代表大会、县人民代表大会、区人民代表大会直到乡人民代表大会的系统，并由各级代表大会选举政府。但必须实行无男女、信仰、财产、教育等差别的真正普遍平等的选举制，才能适合于各革命阶级在国家中的地位，适合于表现民意和指挥革命斗争，适合于新民主主义的精神。"国体——各革命阶级联合专政。政体——民主集中制。这就是新民主主义的政治，这就是新民主主义的共和国"。[3]

在《论联合政府》中，毛泽东又把政治纲领分为一般纲领和具体纲领，并结合抗战胜利前后的实际对一般纲领作了深入的阐述。强调，在打败日本侵略者之后，将要建立一个以全国绝大多数人民为基础而在工人阶

① 《毛泽东选集》第二卷，人民出版社1991年版，第674—675页。
② 《毛泽东选集》第二卷，人民出版社1991年版，第677页。
③ 《毛泽东选集》第二卷，人民出版社1991年版，第677页。

级领导之下的统一战线的民主联盟的国家制度。在这个国家中"我们主张的新民主主义的政治，就是推翻外来的民族压迫，废止国内的封建主义的和法西斯主义的压迫，并且主张在推翻和废止这些之后不是建立一个旧民主主义的政治制度，而是建立一个联合一切民主阶级的统一战线的政治制度。"[1] 而"新民主主义的政权组织，应该采取民主集中制，由各级人民代表大会决定大政方针，选举政府。它是民主的，又是集中的，就是说，在民主基础上的集中，在集中指导下的民主。只有这个制度，才既能表现广泛的民主，使各级人民代表大会有高度的权力；又能集中处理国事，使各级政府能集中地处理被各级人民代表大会所委托的一切事务，并保障人民的一切必要的民主活动。"[2]

同时，毛泽东还分析了党在各个时期中的具体纲领。认为，在整个资产阶级民主革命阶段中，我们的新民主主义的一般纲领是不变的。但在这个大阶段的各个小阶段中，随着情况的变化，具体纲领不能不有所变化。比如，在抗日战争初期的 1937 年，党提出了打倒日本帝国主义；全国军事的总动员；全国人民的总动员；改革政治机构；实行抗日的外交政策；实行战时的财政经济政策；改良人民生活；实行抗日的教育政策；肃清汉奸卖国贼亲日派，巩固后方；建立抗日的民族团结为内容的抗日救国十大纲领。到 1945 年党的七大，又根据情况的变化，对这个时期的具体纲领提出了彻底打败日本侵略者，废止国民党一党专政，建立民主的联合政府、使人民获得充分的自由权利等新的要求。这些具体纲领都是对一般纲领的丰富和具体化。

新民主主义的经济纲领，是中国共产党在新民主主义革命时期关于经济问题的基本主张和斗争目标。在《新民主主义论》中，毛泽东比较完整地提出了新民主主义的基本经济纲领。即没收大银行、大工业、大商业，归新民主主义国家所有，在此基础上建立的新民主主义共和国的国营经济是社会主义的性质，是整个国民经济的领导力量，但这个共和国并不没收其他资本主义的私有财产，不禁止"不能操纵国民生计"的资本主义生产

---

[1]　《毛泽东选集》第三卷，人民出版社 1991 年版，第 1056 页。

[2]　《毛泽东选集》第三卷，人民出版社 1991 年版，第 1057 页。

的发展；同时没收地主的土地，分配给无地和少地的农民，实行中山先生"耕者有其田"的口号，扫除农村中的封建关系，把土地变为农民的私产。农村中的富农经济，也是容许其存在的。这就是"平均地权"的方针。

在《论联合政府》一文中，毛泽东重点从中国共产党人对私人资本主义的态度方面对新民主主义的纲领加以补充说明。毛泽东说："有些人怀疑中国共产党人不赞成发展个性，不赞成发展私人资本主义，不赞成保护私有财产，其实是不对的。民族压迫和封建压迫残酷地束缚着中国人民的个性发展，束缚着私人资本主义的发展和破坏着广大人民的财产。我们主张的新民主主义制度的任务，则正是解除这些束缚和停止这种破坏，保障广大人民能够自由发展其在共同生活中的个性，能够自由发展那些不是'操纵国民生计'而是有益于国民生计的私人资本主义经济，保障一切正当的私有财产。"[1]新民主主义共和国的经济成分，必须是由国家经营、私人经营和合作经营三者组成的。在新民主主义的国家制度下，除了国家自己的经济、劳动人民的个体经济和合作社经济之外，一定要让私人资本主义在不能操纵国民生计范围内得到发展的便利，才能有益于社会的向前发展。

1947年12月，毛泽东在《目前形势和我们的任务》的报告中，明确规定了新民主主义革命的三大经济纲领，即："没收封建阶级的土地归农民所有，没收蒋介石、宋子文、孔祥熙、陈立夫为首的垄断资本归新民主主义的国家所有，保护民族工商业。这就是新民主主义革命的三大经济纲领。"[2]

首先，没收地主阶级的土地，分配给无地和少地的农民，扫除农村中的封建关系。在半殖民地半封建的中国，土地问题是一个极其严重的问题。以地主阶级为主体的封建势力，是帝国主义统治中国的社会基础，地主阶级用封建制度残酷剥削和压迫广大农民，束缚民族资本主义的发展，同帝国主义、官僚资本主义相勾结，阻碍中国社会的进步。消灭封建地主阶级是新民主主义革命的一个重要任务。没收封建地主阶级的土地归农民

---

① 《毛泽东选集》第三卷，人民出版社1991年版，第1058页。
② 《毛泽东选集》第四卷，人民出版社1991年版，第1253页。

所有，在"耕者有其田"的基础上，发展具有社会主义因素的合作经济，是废除封建的半封建的土地制度的一种最彻底的办法。只有废除封建土地所有制，才能挖掉中华民族贫困的重要根基，解放农村生产力，为国家工业化和农业现代化的实现创造有利条件。

其次，没收官僚资本归无产阶级领导的人民共和国所有。鉴于官僚资本主义的反动本质，它同民族资本主义之间的尖锐对立，无论从反帝反封建的政治任务的角度，还是从"节制资本"的新民主主义经济的角度，都必须解决官僚资本的问题。没收官僚资本具有双重革命性质：一方面，它将摧毁蒋介石政权的经济基础，是新民主主义革命性质的；另一方面，它将剥夺大资产阶级手里的生产资料，又具有社会主义革命的性质。没收官僚资本归新民主主义国家所有，使人民共和国掌握国家的经济命脉，这种经济将是社会主义性质的国营经济，是整个国民经济的领导成分。

再次，允许不操纵国计民生的民族资本主义的存在与发展，即保护民族工商业，这是由新民主主义革命的性质决定的。在近代中国，民族资本主义经济是一种进步的生产关系，民族工商业代表了中华民族的资本主义经济，同官僚资本主义有本质的不同。毛泽东指出，民族资产阶级虽然也是资产阶级，但他们参加了新民主主义革命，或保持中立，他们同帝国主义没有联系，或联系较少，因此，在中国经济还十分落后的情况下，即使革命在全国胜利后，在一个相当长的时期内，还必须允许他们的存在，并且按照国民经济的分工，使他们中一切有益于国民经济的部分有一个发展。他们在整个国民经济中，还是不可缺少的一部分。由于新民主主义国家通过没收官僚资本而建立的国营经济，是整个国民经济的领导力量，控制了全国的经济命脉，所以民族工商业不可能操纵国计民生。对民族资产阶级右翼分子的反动政治倾向，应当进行揭露和打击，但是政治上的打击和经济上的消灭是两回事，不能混为一谈。

总之，新民主主义经济一定要走"节制资本"和"平均地权"的路，决不能建立欧美式的资本主义社会，也决不能是旧的半殖民地半封建社会。这就是革命的中国应该建立和必然建立的内部经济关系，即新民主主义的经济。毛泽东指出，国营经济是社会主义性质的，合作经济是半社会主义性质的，加上私人资本主义，加上个体经济，加上国家和私人合作的国家资本主义经济，这些就是人民共和国的几种主要的经济成分，这些就构成了新民主主义的经济形态。又指出，新民主主义国民经济的指导方针是发展生产，繁荣经济，公私兼顾，劳资两利，一切离开这个总目标的方针、办法都是错误的。

新民主主义的文化纲领，是中国共产党在新民主主义革命时期关于文化问题的基本主张和斗争目标。毛泽东指出："一定的文化是一定社会的政治和经济在观念形态上的反映。"[①] 在中国有帝国主义文化，这是帝国主义在政治经济上统治或半统治中国的反映。一切包含奴化思想的文化都属于这一类。在中国又有半封建的文化，这是反映半封建政治和半封建经济的东西，凡属主张尊孔读经、提倡旧礼教旧思想、反对新文化新思想的人们都是这类文化的代表。而新文化则是在观念形态上反映新政治新经济的东西。这种新文化，在五四以前是旧民主主义性质的文化，五四后是新民主主义性质的文化。这种新民主主义的文化是无产阶级领导下的，以共产主义思想为指导的人民大众的反帝反封建的文化，即民族的科学的大众的文化。

新民主主义的文化是民族的，因为它是反对帝国主义压迫，主张中华民族的尊严和独立的。它是我们这个民族的，带有我们民族的特性。它同一切别的民族的社会主义文化和新民主主义文化相结合，建立相互吸收和相互发展的关系，共同形成世界的新文化，但不能和任何别的民族的帝国主义反动文化相联合，因为我们的文化是革命的民族文化。中国应大量吸收外国的进步文化，作为自己文化食粮的原料，但要把它分为精华和糟粕两部分，然后剔除其糟粕，吸收其精华，不能生吞活剥地毫无批判地吸收。要采取自己独特的民族形式，要具有中国气派和中国作风，为中国广大人民喜闻乐见。民族的形式，新民主主义的内容——这就是我们的新文化。

新民主主义的文化是科学的。它是反对一切封建思想和迷信思想，主张实事求是，主张客观真理，主张理论和实践相一致的。在这点上，中国无产阶级的科学思想能够和中国还有进步性的资产阶级的唯物论者和自然

---

① 《毛泽东选集》第二卷，人民出版社 1991 年版，第 694 页。

科学家，建立反帝反封建反迷信的统一战线；但决不能和任何反动的唯心论建立统一战线。共产党员可以和某些唯心论者甚至宗教徒建立在政治上的反帝反封建的统一战线，但决不赞同他们的唯心论或宗教教义。对中国封建社会创造的光辉灿烂的古代文化，要剔除其封建性糟粕，吸收其民主性的精华，但是决不能无批判地兼收并蓄。必须将古代封建统治阶级的一切腐朽的东西和古代优秀的人民文化即多少带有民主性和革命性的东西区别开来。

新民主主义的文化是大众的，就是主张文化的民主化。新民主主义的文化，应该为全民族中百分之九十以上的工农劳苦民众服务，并逐渐成为他们的文化。要把教育干部的知识和教育大众的知识相区别又互相联结起来，把提高和普及相互区别又互相联结起来。革命文化对人民大众是有力武器，而这种文化的实践都是群众的。因此，"一切进步的文化工作者，在抗日战争中，应有自己的文化军队，这个军队就是人民大众。革命的文化人而不接近民众，就是'无兵司令'，他的火力就打不倒敌人。为达此目的，文字必须在一定条件下加以改革，言语必须接近民众，须知民众就是革命文化的无限丰富的源泉。"结论是"民族的科学的大众的文化，就是人民大众反帝反封建的文化，就是新民主主义的文化，就是中华民族的新文化。"①

毛泽东对新民主主义革命总路线和基本纲领的概括和阐述，深刻反映了中国革命的特点和规律，明确规定了革命的领导、对象、动力以及革命所要达到的直接目标，是中国新民主主义理论体系的核心内容，是它的主体和支柱，掌握了新民主主义革命的总路线和基本纲领，也就取得了驾驭中国革命的主动权。

（三）新民主主义革命的基本经验

毛泽东指出，"统一战线问题，武装斗争问题，党的建设问题，是我们党在中国革命中的三个基本问题。正确地理解了这三个问题及其相互关系，就等于正确地领导了全部中国革命。"党的历史经验一再证明："统一

---

① 《毛泽东选集》第二卷，人民出版社 1991 年版，第 708—709 页。

战线，武装斗争，党的建设，是中国共产党在中国革命中战胜敌人的三个法宝，三个主要的法宝。"①

第一，必须建立最广泛的革命统一战线。团结一切可以团结的力量，建立最广泛的革命统一战线，这是由中国国情决定的。中国社会的具体实际是无产阶级和资产阶级都只占人口的少数，绝大多数是农民和小资产阶级。无产阶级虽然是一个最有觉悟性和最有组织性的阶级，但是，如果单凭自己一个阶级的力量，是不可能取得革命胜利的。无产阶级必须在种种不同的情形下团结一切可能的革命的阶级和阶层，组织革命的民族的统一战线。毛泽东指出：中国新民主主义的革命要胜利，没有一个包括全民族绝大多数人口的最广泛的统一战线是不可能的。不但如此，这个统一战线还必须是在中国共产党的坚强的领导之下。没有中国共产党的坚强的领导，任何革命统一战线也是不能胜利的。正确处理统一战线问题，是中国共产党对马克思主义关于统一战线理论的重大发展。

中国共产党在建立、巩固和发展统一战线的过程中，探索出下列规律：一是，由于中国最大的压迫是民族压迫，在一定的时期中，一定的程度上，中国民族资产阶级是能够参加反帝国主义和反封建军阀的斗争的。因此，无产阶级在这种一定的时期内，应该同民族资产阶级建立统一战线，并尽可能地保持之；二是，由于中国民族资产阶级在经济上、政治上的软弱性，在另一种历史环境下，它就会动摇变节。因此，中国革命统一战线的内容不能始终一致，而是要发生变化的。在某一时期有民族资产阶级参加在内，而在另一时期则民族资产阶级并不参加在内；三是，中国的带买办性的大资产阶级，是直接为帝国主义服务并为它们所豢养的阶级。因此，中国的带买办性的大资产阶级历来都是革命的对象。但是，由于中国的带买办性的大资产阶级的各个集团是以不同的帝国主义为背景的，在革命的锋芒主要地是反对某一个帝国主义的时候，属于别的帝国主义系统的大资产阶级集团也可能在一定程度上和一定时期内参加反对某一个帝国主义的斗争。这时，中国无产阶级为了削弱敌人和加强自己的后备力量，可以同这样的大资产阶级集团建立可能的统一战线，并在有利于革命的一

---

① 《毛泽东选集》第二卷，人民出版社 1991 年版，第 605—606 页。

定条件下尽可能地保持之；四是，在买办性的大资产阶级参加统一战线并和无产阶级一道向共同敌人进行斗争的时候，它仍然是很反动的，它坚决地反对无产阶级及其政党在思想上、政治上、组织上的发展，而要采取欺骗、诱惑、"溶解"、限制和打击等破坏政策，并以这些政策作为它投降敌人和分裂统一战线的准备；五是，无产阶级的坚固的同盟者是农民。六是城市小资产阶级也是可靠的同盟者。

无产阶级的政党在同资产阶级（尤其是大资产阶级）组织统一战线的问题上，必须实行坚决的、严肃的两条战线斗争。一方面，要反对忽视资产阶级在一定时期中一定程度上参加革命斗争的可能性的错误；另一方面，则要反对把无产阶级和资产阶级的纲领、政策、思想、实践等看作一样的东西，忽视它们之间的原则差别的错误。中国共产党的政治路线的重要一部分，就是同资产阶级联合又同它斗争的政治路线。中国共产党的党的建设的重要一部分，就是在同资产阶级联合又同它斗争的中间发展起来和锻炼出来的。所有这些，都是被中国革命的历史所证明了的宝贵财富。

第二，必须坚持长期的武装斗争。斯大林曾指出："在中国，是武装的革命反对武装的反革命。这既是中国革命的特点之一，也是中国革命的优点之一。"[1] 毛泽东进一步认为，中国共产党的武装斗争，就是在无产阶级领导之下的农民战争。党对武装斗争重要性的认识有一个过程。在中国革命的第一阶段，党参加了北伐战争，并已开始懂得武装斗争的重要性，但还没有彻底了解其重要性，还没有了解武装斗争是中国革命的主要斗争形式。大革命失败后，党独立领导了土地革命战争。这时，党已经建立了独立的武装队伍，已经学会了独立的战争艺术，已经建立了人民政权和根据地，已经能够把武装斗争这个主要斗争形式同其他许多的必要的斗争形式直接或间接地配合起来。并认识到，这种武装斗争，就是在无产阶级领导之下的农民土地革命战争。抗日战争时期，党运用过去第一阶段中尤其是第二阶段中的武装斗争的经验，运用武装斗争形式和其他各种必要的斗争形式互相配合的经验，形成了游击战争这种武装斗争的总概念。党清醒地认识到，游击战争就是在落后的国家中，在半殖民地的大国中，在长时

---

① 《斯大林选集》上卷，人民出版社 1979 年版，第 487 页。

期内，人民武装队伍为了战胜武装的敌人、创造自己的阵地所必须依靠的因而也是最好的斗争形式；认识到政治路线的重要一部分就是武装斗争，在中国，离开了武装斗争，就没有无产阶级的地位，就没有人民的地位，就没有共产党的地位，就没有革命的胜利。

中国革命以武装斗争为主要形式，而以建立一支人民军队为主要的组织形式。毛泽东指出："蒋介石代替孙中山，创造了国民党的全盛的军事时代。……为了反革命，他创造了一个庞大的'中央军'。有军则有权，战争解决一切，这个基点，他是抓得很紧的，对于这点，我们应向他学习"。"外国的资产阶级政党不需要各自直接管领一部分军队。中国则不同，由于封建的分割，地方或资产阶级的集团或政党，谁有枪谁就有势，谁枪多谁就势大。处在这样环境中的无产阶级政党，应该看清问题的中心"。①面对着武装到牙齿的强大敌人，无产阶级及其政党要领导中国革命取得胜利，就必须建立一支强大的人民军队。没有一支人民的军队，便没有人民的一切。而建立人民军队，无论从人力还是物力上来说，农民都是中国武装斗争最广大最深厚的力量源泉，是无产阶级最可靠的同盟军。人民军队的战士，就是穿上军装的农民。

在中国，主要的斗争形式是武装斗争，其他斗争形式也是不可缺少的。把武装斗争这个主要斗争形式同城市工人的斗争、同农民的斗争、同妇女的斗争，同政治战线上的斗争、同经济战线上的斗争、同思想战线上的斗争、同文化教育战线上的斗争、同除奸战线上的斗争等直接或间接地配合起来，才能取得革命的彻底胜利。

第三，必须始终加强中国共产党的建设。毛泽东在 1939 年撰写的《〈共产党人〉发刊词》一文中，详细论述了加强中国共产党的建设在新民主主义革命斗争中的极端重要性。他指出，党成立以来中国革命三个阶段的历史经验证明，党的建设的过程，是同党的政治路线密切联系着，是同党对于统一战线问题、武装斗争问题之正确处理或不正确处理密切联系着的。党的幼年时期，即第一次国内革命战争阶段，在这个阶段的初期和中期，党的路线是正确的，党员群众和党的干部的革命积极性是非常之高

---

① 《毛泽东选集》第二卷，人民出版社 1991 年版，第 545—546 页

的，因此使革命获得了重大胜利。然而这时的党终究还是幼年的党，由于没有革命经验，缺乏深刻的革命认识，还不善于将马克思列宁主义的理论和中国革命的实践相结合，党的领导机关中占统治地位的成员，在这一阶段的末期，在革命的紧要关头，没能领导全党巩固革命的胜利，受了资产阶级的欺骗，而使革命遭到失败。党的建设的第二阶段，即土地革命战争的阶段。由于有了第一阶段的经验，由于对于中国历史和社会状况、中国革命特点和规律的进一步理解，由于更多地学会将马克思主义的理论和中国革命的实践相结合，党才在艰苦的斗争条件下，取得了重新发展和巩固党的组织、开辟人民政权、创建坚强武装部队等重大进步和重大成功。然而，仍是由于领导机关中的一部分人，不去虚心领会过去的经验，对中国历史和社会状况、中国革命特点和规律的不了解，对马克思列宁主义和中国革命实践没有统一的理解，而使自己跌进了机会主义的泥坑，使革命事业屡遭危害，直至遵义会议才使党的建设真正走上健康发展的道路。党的发展过程的第三阶段，即抗日民族统一战线的阶段。党凭借着过去两个革命阶段中的经验，凭借着党的组织力量和武装力量，凭借着党在全国人民中的很高的政治信仰，凭借着党对于马克思列宁主义理论和中国革命实践之更加深入的更加统一的理解，不但建立了抗日民族统一战线，而且进行了伟大的抗日战争，并使党的组织从狭小的圈子中走出来，变成了全国性的大党，取得了伟大的成功。

关于统一战线、武装斗争和党的建设这三者的关系，毛泽东指出："统一战线和武装斗争，是战胜敌人的两个基本武器。统一战线，是实行武装斗争的统一战线。而党的组织，则是掌握统一战线和武装斗争这两个武器以实行对敌冲锋陷阵的英勇战士。这就是三者的相互关系。"[1] 以"三大法宝"为主要内容的中国革命基本经验，极大地丰富了新民主主义理论体系，使其具有更为鲜明的创造性。

（四）新民主主义社会的设想

新民主主义社会的设想，是毛泽东、刘少奇等提出的关于中国新民主

---

[1] 《毛泽东选集》第二卷，人民出版社 1991 年版，第 613 页。

主义社会性质、结构和发展战略的思想，其主要内容包括以下四个方面：

第一，关于新民主主义社会形态的过渡性和历史发展的长期性。毛泽东认为，新民主主义性质的社会，不但是一个必要的历史阶段，而且需要长期的建设和发展过程。他曾多次指出，在中国，为新民主主义奋斗的时间是长期的。如果没有一个新民主主义联合统一的国家及其在政治、经济和文化上的发展，没有一个由共产党领导的彻底的民主革命，要想在半殖民地半封建的废墟上建立起社会主义的社会来只能是完全的空想。他特别提醒全党在未来的新民主主义建设过程中，既要防止停顿不前的右倾机会主义错误，又要避免急于求成的"左"倾冒险主义错误。刘少奇则更明确地指出，全国大陆解放以后的中国社会是新民主主义社会，强调"由目前的新民主主义社会过渡到社会主义社会，是我国应当走的唯一正确的道路。"[①]

第二，关于新民主主义社会的特征。毛泽东认为，新民主主义的社会，是中国社会发展特定历史阶段经济、政治、文化发展的统一体。在经济上，它是以社会主义性质的国营经济、半社会主义性质的合作经济、私人资本主义经济、国家资本主义经济、个体经济五种经济成分的并存和发展为其基本特征的。其中，社会主义性质的国营经济是领导成分。在政治上，它是以工人阶级、农民阶级、城市小资产阶级和民族资产阶级四个阶级的联合战线，即以工人阶级（经过共产党）为领导的、以工农联盟为基础的人民民主专政为其基本特征的。在文化上，它是以马克思主义为指导的人民大众的反帝反封建的文化，即民族的、科学的、大众的文化为其基本特征的。这种新民主主义经济、新民主主义政治、新民主主义文化相结合，就是新民主主义的社会形态，就是新民主主义的共和国。

第三，关于新民主主义社会的根本任务。毛泽东指出，中国一切政党的政策及其实践在中国人民中所表现作用的好坏、大小，归根结底，看它对于中国人民的生产力的发展是否有帮助及其帮助之大小，看它是束缚生产力的，还是解放生产力的。根据这个标准，他认为，解放中国人民的生产力，使之获得充分发展的可能性，有待于新民主主义政治条件在全国的

---

① 《刘少奇选集》下卷，人民出版社1985年版，第142页。

实现。而在这个条件获得之后，中国人民及其政府必须采取切实的步骤，在若干年内逐步地建立重工业和轻工业，使中国变为工业国。如果没有巩固的经济作基础，新民主主义的国家是不能巩固的。在这里，毛泽东虽然没有明确提出新民主主义社会的根本任务是发展生产力这一观点，但是由于把解放和发展生产力作为新民主主义社会的根本标准和原则加以提出，因而实际上是揭示了这一基本思想。在这个问题上，刘少奇则有突出的贡献。他不仅从中国实际出发，运用历史唯物主义的基本原理，着重说明了实现国家工业化，发展生产力与巩固新生的人民民主政权、推动私有制的改造之间的正确关系，而且在党内较早地提出了"经济建设现已成为我们国家和人民的中心任务"[1]的重要观点。

第四，关于"巩固新民主主义制度"的构想。这是刘少奇提出的一个重要观点，实际上代表了建国初期党中央领导集体大多数成员的认识。它不是一句简单的口号，而是涉及到我国民主革命胜利以后如何实行向社会主义转变一系列方针、政策的战略构想。它的内容包括：在中国这样现代工业十分薄弱、生产力水平很低、科学文化落后、人民还很贫穷的条件下，实现社会主义不能操之过急，必须经过相当长期的新民主主义社会发展阶段；根本问题在于发展生产，实现国家工业化，提高人民物质文化生活水平，这是需要全党全国人民集中力量来进行的中心任务；在商品经济不发达、经济落后的情况下，必须利用资本主义有利于国计民生的因素，发挥个体小商品经济的生产积极性，以增加国家的经济力量，满足社会和人民的需要；通过适当发展资本主义来加强社会主义，最后达到消灭资本主义的目的，通过适当加强小生产者的力量来壮大国营经济的力量，最后引导农民走向社会主义。总之，就是在建国以后的一个相当长时期，党都应该执行新民主主义的纲领和政策，而不是社会主义的纲领和政策。实践证明，这一基本思路，从总的思想倾向上看，是从中国实际出发，通过对中国社会发展历史前提和现实状况严谨的审视而得出的基本正确的思路。当然，由于中国新民主主义社会只是一个过渡性的时期，"在这个过渡时期，无论农村还是城市，都要发生'很剧烈很深刻的变动'，要确立，要

---

① 《刘少奇选集》下卷，人民出版社 1985 年版，第 60 页。

固定"① 新民主主义的秩序，的确是很难的。刘少奇的具体提法也存在一定的片面性。

上述四个方面构成了在马克思主义总的思想体系和共产主义运动发展实践中的中国新民主主义理论的完整体系，掌握这一基本框架结构及其内在联系，不仅有助于全面理解和把握这一理论的主要内容，而且有助于深入体会这一理论的基本精神。

三、新民主主义理论形成的理论和实践意义

新民主主义理论完整体系及其所体现的基本立场、观点、方法的形成，深刻揭示了中国革命与社会发展的客观规律，系统地解决了在经济文化十分落后的半殖民地半封建的大国中，无产阶级如何领导人民进行革命，如何夺取政权，如何走向社会主义的一系列基本问题，实现了马克思主义与中国实际相结合的第一次历史性的飞跃，其理论意义和实践意义是十分重要的。

（一）毛泽东思想系统形成的主要标志

作为中国化马克思主义的伟大成果，毛泽东思想是以马克思列宁主义普遍真理与中国革命具体实践相结合为根本特征的，它是在 20 世纪 20 年代后期和 30 年代初期基本形成，并于抗日战争时期经过多方面的系统展开而达到成熟的。这里所说的多方面的系统展开，最重要的是指较为完整地形成了新民主主义理论的科学体系。一方面，统一战线、武装斗争、党的建设是作为决定中国新民主主义革命成败的基本问题、基本经验加以提出的，它们虽有其相对独立的适用领域和理论体系，但在当时特定历史条件下，又确实属于新民主主义理论与实践的重要组成部分，应该包含在广义的新民主主义理论的整个体系之内；另一方面，作为狭义的新民主主义理论本身的一些问题，如新民主主义对象、任务、动力、领导、目标等，

---

① 薄一波：《若干重大决策与事件的回顾》上卷，人民出版社 1997 年版，第 67 页。

即作为新民主主义科学概念、总路线、基本纲领等内容，又从总体上揭示了中国革命发展的客观规律，开辟了中国人民实现民族解放和社会解放的正确道路。同时，从中国共产党所领导的、以共产主义思想体系为指导的中国共产主义运动来说，在当时也就是新民主主义的革命和建设，我们所说的马克思主义与中国实际的结合，也就是与新民主主义的实际相结合，从这样一种视角来观察，也完全可以说明，新民主主义理论体系的系统形成，是毛泽东思想体系成熟的主要标志。

（二）马克思主义社会革命理论在中国的创造性运用和发展

马克思主义创始人在创立科学社会主义理论、揭示社会主义代替资本主义历史发展规律的同时，已经对近代社会革命的基本类型从性质上作了明确的划分。但无论是马克思、恩格斯还是列宁，都没有对在中国这样一种半殖民地半封建国家应该如何进行革命作出具体论述。以毛泽东为代表的中国共产党人，在科学分析中国社会和革命具体情况的基础上，创造了既不同于一般的资产阶级民主革命类型，又不同于社会主义革命类型的崭新的新民主主义革命类型。通过新民主主义而达到社会主义，这样一种新理论，突破了马克思主义创始人关于近代世界只有资本主义和社会主义两种类型的革命、两种类型的国家和社会制度的观点，极大地丰富和发展了马克思主义关于社会革命的一般原理。

第一，丰富和发展了马克思主义关于武装夺取政权的理论。武装夺取政权，用战争来解决问题，这是马克思主义关于无产阶级革命的一个普遍原理，对世界各国的无产阶级都适用的。但是，执行这一原则的表现形式，却可以而且应该基于不同的具体条件而有所不同。毛泽东在领导人民进行新民主主义革命的过程中，不仅在实践上开辟了一条农村包围城市、最后夺取城市的有中国特色的革命道路，而且从理论上系统阐述了这一革命道路的理论。与此同时，以毛泽东为代表，党还成功地解决了在中国这样一个产业工人数量很少，农民占人口大多数的国家，如何建设一支无产阶级领导的，以农民为主要成分的新型人民军队的问题，这就极大地丰富和发展了马克思主义关于武装夺取政权的理论，并使之更加具有创造性的活力。

第二，丰富和发展了马克思主义关于革命统一战线的理论和策略。统一战线是马列主义一个极其重要的策略思想，是无产阶级战胜敌人的一个基本武器。在中国新民主主义革命实践中，以毛泽东为代表的中国共产党人，从中国社会特殊的社会关系和阶级关系结构出发，不仅成功地运用了马克思主义关于统一战线的理论和策略，而且为创造性地发展这一理论作出了卓越的贡献。这主要表现在：指出统一战线是无产阶级政党的政治路线的组成部分，是战胜敌人的法宝；强调统一战线必须以农民为主力军，以小资产阶级为可靠的同盟军；中国资产阶级分为两部分，对于既有革命要求又有动摇性的民族资产阶级，无产阶级要采取又联合又斗争的政策；对于历来作为革命对象的大资产阶级，要根据其内部矛盾和斗争的实际情况，采取不同的政策，以便利用矛盾，争取多数，打击主要敌人；无产阶级要在正确认识敌我友的基础上，率领被领导者（同盟者）向着共同敌人作坚决的斗争，并取得胜利，同时对被领导者给以物质福利，至少不损害其利益，并对其给以政治教育；必须正确处理统一战线中的统一性与独立性，坚持无产阶级对统一战线的领导权等等。

第三，丰富和发展了马克思主义关于革命转变的理论。毛泽东根据中国半殖民地半封建社会的基本国情，创造性地运用马克思主义关于不断革命论和革命发展阶段论的思想，系统地阐明了中国共产党所领导的新民主主义与社会主义两个革命阶段之间既相区别又相联系的正确关系，制定了一系列适合中国情况和特点的新民主主义的纲领、路线、方针和政策，领导中国人民在夺取全国政权、建立了人民民主专政、没收了官僚资本主义并建立了社会主义性质的国营经济之后，采取和平的方式，对私有制经济进行社会主义改造，成功地实现了由半殖民地半封建社会形态，经过新民主主义过渡形式，达到建立社会主义社会这一独具特色的革命转变，从而丰富和发展了马克思主义的革命转变理论。

（三）中国特色社会主义的方法论依据

由于历史条件的限制，马克思、恩格斯对未来社会主义的设想，不可能是某一社会主义国家具体的发展模式和道路，所以马克思主义创始人一再强调社会主义是具体、生动的事物，随时随地都要以其具体历史条件为转移。

列宁创造性地运用马克思主义，形成了以新经济政策为主要内容的经济文化落后国家进行社会主义建设的理论。然而，列宁逝世后，斯大林却过早地放弃新经济政策并进而形成了以高度统一的计划经济和高度集权的行政管理为主要内容的"苏联模式"，严重影响了苏联和其他社会主义国家经济与社会的发展。

富于理论创造精神的中国共产党人，在把马克思主义同中国实际相结合的过程中，实现了两次历史性飞跃，形成了有别于苏联模式的革命和建设道路，创立了作为中国化马克思主义的毛泽东思想和中国特色社会主义理论体系。两次历史性飞跃及其主要理论成果的内在联系，最根本的是二者在思想方法论基础上的连续性和一致性。毛泽东对马克思主义的最重要的贡献，就在于他创立了一切从实际出发、实事求是、理论联系实际，把马克思主义普遍真理同中国革命的具体实践相结合的思想路线。这一正确的思想路线，体现了辩证唯物主义和历史唯物主义的世界观和方法论，既是马克思列宁主义的精髓、毛泽东思想的精髓，也是中国特色社会主义理论体系的精髓。因此，我们完全可以说，新民主主义的理论和方法，为中国特色社会主义道路、理论体系和制度的创立提供了方法论的依据。

第二章　中国社会主义改造理论

中国社会主义改造理论，是毛泽东思想的重要组成部分。以毛泽东为代表的中国共产党人，创造性地运用马克思主义社会主义革命的理论，借鉴苏联等国在社会主义改造问题上的经验教训，结合我国的实际，开辟了具有中国特色的社会主义改造道路，创立了社会主义改造理论，解决了在中国这样一个人口众多、经济文化落后的国家如何进行社会主义革命、建立社会主义制度等一系列基本问题。社会主义改造的完成，社会主义基本制度的建立，实现了中国历史上最广泛、最深刻的社会变革，为当代中国进步和发展奠定了重要基础。社会主义改造理论是马克思主义中国化的重要成果，丰富和发展了马克思列宁主义。

一、过渡时期与党在过渡时期的总路线

马克思、恩格斯在研究资本主义国家社会矛盾的基础上，揭示了从资本主义过渡到社会主义这一人类历史发展的客观规律。1949 年中华人民共和国成立以前的中国，虽然也属于世界资本主义体系，但由于帝国主义的入侵和封建主义的长期统治，它不是典型的资本主义社会，而是半殖民地半封建社会。资本主义的政治制度和经济制度在我国没有得到独立的发展，这与发达的资本主义国家的情况有很大区别。中国近代历史已经证明，为在中国实现资本主义而进行的一切奋斗，无论用改良的方法还是用革命的方法，都不能成功。中国共产党人提出实现社会主义的奋斗目标，是实现中华民族伟大复兴的必由之路，反映了中国社会历史发展的必然。

但是，在中国这样一个经济文化十分落后的半殖民地半封建的国家，如何实现这一目标，通过何种途径和步骤过渡到社会主义，确是一个非常困难和复杂的事情。直到 20 世纪 30 年代末和 40 年代初，以毛泽东为代表的中国共产党人，才在正确分析国情和总结中国革命历史经验的基础上，把马克思主义基本原理与中国革命实际相结合，创造性地提出了从新民主主义向社会主义转变的设想，并随着新民主主义革命的胜利和中华人民共和国的建立，而使之得到不断丰富和发展。为找到一条适合中国国情的社会主义改造道路，以毛泽东为代表的中国共产党人继承了民主革命时期所取得的宝贵经验和基本理论，实事求是地对建国初期的基本国情进行系统分析，对新民主主义社会的性质、特征及主要任务等问题作了系统阐述，形成了党在过渡时期的总路线。

（一）过渡时期的社会性质和主要任务

从 1949 年 10 月中华人民共和国成立，到 1956 年生产资料私有制的社会主义改造基本完成，是我国从新民主主义到社会主义的过渡时期。这一时期我国的社会性质是新民主主义社会。早在民主革命时期，毛泽东就曾对新民主主义社会的历史定位及社会特征有过明确的阐述。他指出，由于中国的新民主主义革命是资产阶级民主革命的一种特殊形式，所以这个革命的第一步"决不是也不能建立中国资产阶级专政的资本主义的社会，而是要建立以中国无产阶级为首领的中国各个革命阶级联合专政的新民主主义的社会"。新民主主义社会是"为了终结殖民地、半殖民地、半封建社会和建立社会主义社会之间的一个过渡阶段"[1]。

建国初期，党和国家的有关文件以及领导人的讲话都肯定了我国过渡时期是新民主主义社会。1950 年 6 月，毛泽东在全国政协一届二次会议上所致的闭幕词中，称我国当时处在"新民主主义的历史时期"，并说："我们的国家就是这样地稳步前进，经过战争，经过新民主主义的改革，而在将来，在国家经济事业和文化事业大为兴盛了以后，在各种条件具备了以后，在全国人民考虑成熟并在大家同意了以后，就可以从容地和妥善

---

[1]　《毛泽东选集》第二卷，人民出版社 1991 年版，第 672、647 页。

地走进社会主义的新时期。"①1953 年 12 月，在中共中央批准并转发的《关于党在过渡时期总路线的学习和宣传提纲》中，也明确指出，中国革命第一阶段的任务完成后建立起来的新民主主义社会，是一个过渡的社会，从中华人民共和国成立到建成社会主义，"是我国由新民主主义社会过渡到社会主义的历史时期"。

1954 年 9 月，刘少奇在《关于中华人民共和国宪法草案的报告》中又指出："五年以来的生活充分证明，由目前复杂的经济结构的社会过渡到单一的社会主义经济结构的社会，即由目前的新民主主义社会过渡到社会主义社会，是我国应当走的唯一正确的道路。"② 这次会议制定的《中华人民共和国宪法》则明确宣布了：中华人民共和国的人民民主制度，也就是新民主主义制度，保证我国能够通过和平道路消灭剥削和贫困，建成繁荣幸福的社会主义社会。这里，十分鲜明地指出了当时我国的社会性质是新民主主义社会。

依据毛泽东在《新民主主义论》等著作中的论述，当时我国过渡时期的政治、经济等方面的状况，亦十分明显地反映出新民主主义社会的特质。在三年国民经济恢复时期结束后，经过经济变革和改组，我国的经济结构发生了深刻的变化，逐步建立了国营经济、合作社经济、农民和手工业者的个体经济、国家资本主义经济和私人资本主义经济五种经济成分，这些经济成分构成了新民主主义的经济形态。其中合作社经济是社会主义或半社会主义性质的，一部分国家资本主义经济在我国条件下也带有若干社会主义性质。社会主义的国营经济和它在整个国民经济中的领导作用，是我国新民主主义社会中经济方面的社会主义因素。工人阶级领导下，以工农联盟为基础的人民民主专政政权，充分体现了各革命阶级联合专政的特点，是我国新民主主义社会中政治方面的社会主义因素。在这个历史时期里，"社会主义因素不论在经济上和政治上都已经占居领导地位，但非社会主义因素仍有很大的比重"③。

毛泽东在深刻剖析过渡时期新民主主义社会性质的基础上还提出了新

① 《毛泽东文集》第六卷，人民出版社 1999 年版，第 80 页。
② 《刘少奇选集》下卷，人民出版社 1985 年版，第 142 页。
③ 《中共党史参考资料》第 8 册，人民出版社 1980 年版，第 41 页。

民主主义共和国的奋斗目标："在新民主主义的政治条件获得之后，中国人民及其政府必须采取切实的步骤，在若干年内逐步地建立重工业和轻工业，使中国由农业国变为工业国。"他强调："新民主主义的国家，如无巩固的经济做它的基础，如无进步的比较现时发达得多的农业，如无大规模的在全国经济比重上占极大优势的工业以及与此相适应的交通、贸易、金融等事业做它的基础，是不能巩固的。"①与此同时，毛泽东又将变新民主主义国家为社会主义国家，与变农业国为工业国一起作为新民主主义社会要完成的两大历史任务。他强调，为了完成这两大历史任务，就必须大力发展生产力，实现国家的工业化；就必须变革生产关系，特别是要解决生产资料私有制的改造问题。

（二）党在过渡时期总路线的提出

党在过渡时期总路线的提出不是偶然的，而是有其理论和实践根据的。从民主革命即将胜利到党的过渡时期总路线正式提出，毛泽东对过渡时期和过渡时期总路线的认识经历了一个不断深入的过程。

1. 毛泽东向社会主义过渡思想的嬗变

1948 年 9 月，中共中央召开中央政治局会议。刘少奇作了《关于新民主主义的建设问题》的报告。当他讲到"过早地采取社会主义的政策是要不得的""过早地消火资本主义的办法，则要犯'左'倾的错误"时，毛泽东表示赞同。随后，又特别补充说："到底何时开始全线进攻？也许全国胜利后还要 15 年。"②毛泽东当时的意思是，建国后要继续搞一段时间的新民主主义，使工业和整个国民经济在恢复的基础上得以发展，使新民主主义内部的社会主义因素逐步增加，等到条件基本成熟，再向社会主义转变。关于转变的时间，毛泽东最初的设想是 15 年。1949 年 3 月，七届二中全会上，毛泽东又提出大约需要 15 年到 20 年。同年 9 月在全国政协会议期间，当党外民主人士询问毛泽东要多少时候过渡到社会主义时，毛泽东回答说：大概要二三十年吧。1950 年 6 月，毛泽东在全国政

---

① 《毛泽东选集》第三卷，人民出版社 1991 年版，第 1081 页。

② 薄一波：《若干重大决策与事件的回顾》上卷，中共党史出版社 2008 年版，第 34 页。

协一届二次会议闭幕词中又强调指出：实行私营工业国有化和农业社会化，还是在很远将来的事。可见，毛泽东在立国之初"要搞一段新民主主义，是真心实意的"[①]。

这种认识后来发生了变化。1952年9月，中央书记处开会讨论"一五"计划时，毛泽东提出，我们现在要开始用10年到15年的时间基本上完成社会主义的过渡，而不是十年或者以后才开始过渡。1952年10月，刘少奇率代表团参加苏共十九大，期间受毛泽东委托，于10月20日给斯大林写了一封信，请示中国逐步过渡到社会主义的问题。10月24日，斯大林接见中共代表团时说："我觉得你们的想法是对的。当我们掌握政权以后，过渡到社会主义去应该采取逐步的办法。"[②]这次会谈的情况，刘少奇以电报的形式向毛泽东作了汇报。这就更加坚定了毛泽东逐步过渡的决心。1953年2月，毛泽东在中央书记处会议上讲了在湖北视察时同孝感地委负责同志谈话的内容，他说："什么叫过渡时期？过渡时期的步骤是走向社会主义。我给他们用扳指头的办法解释，类似过桥，走一步算是过渡一年，两步两年，三步三年，10年到15年走完"[③]。至此，毛泽东在向社会主义过渡的问题上，完成了从原来设想的先搞一段新民主主义建设，将来"一举过渡"到现在即开始"逐步过渡"的变化。毛泽东在确立了逐步过渡到社会主义的认识的同时，即酝酿提出过渡时期总路线。1953年6月，在中央政治局会议上，毛泽东第一次对过渡时期总路线和总任务的内容作了比较完整的表述。随后，毛泽东在审批一些中央文件和中央领导同志的报告时，又对总路线的内容的表述作了一些修改，使之不断的完善起来。

2. 过渡时期总路线提出的理论依据

马克思、恩格斯，特别是列宁关于过渡时期的理论，是毛泽东提出党在过渡时期总路线的重要理论依据。

在资本主义社会和共产主义社会第一阶段之间必然存在一个过渡时期，这是马克思主义的一个基本观点。从19世纪40年代末期开始，马克

---

① 薄一波：《若干重大决策与事件的回顾》上卷，中共党史出版社2008年版，第22页。

② 参见《党的文献》2005年第1期，第10页。

③ 薄一波：《若干重大决策与事件的回顾》上卷，中共党史出版社2008年版，第152页。

思、恩格斯就提出了在资本主义社会和共产主义社会之间存在着一个过渡时期的设想。在《共产主义信条草案》中，恩格斯第一次提到"过渡时期"的概念，认为从私有制的目前状况到财产公有社会有一个"过渡时期"。1852年，马克思在给安年柯夫的信中，通过总结1848年革命的经验教训，第一次明确地将"过渡时期"与无产阶级专政联系起来。后来，马克思在《1848年至1850年的法兰西阶级斗争》、《法兰西内战》中，恩格斯在《流亡者文献》等著作中，对这个问题都有论述。在1875年的《哥达纲领批判》中，马克思明确阐述了关于过渡时期的理论。他说："在资本主义社会和共产主义社会之间，有一个从前者变为后者的革命转变时期。同这个时期相适应的也有一个政治上的过渡时期，这个时期的国家只能是无产阶级的革命专政。"[①] 与此同时，在这一著作中，他还根据经济成熟程度的不同，把未来的共产主义社会区分为"第一阶段"和"高级阶段"。他指出："我们这里所说的是这样的共产主义社会，它不是在它自身基础上已经发展了的，恰好相反，是刚刚从资本主义社会中产生出来的。"[②] 这就是说，过渡时期是从资本主义社会变为共产主义社会的"革命转变时期"，而在这里所讲的"共产主义社会"，则是刚刚从资本主义社会中产生出来的"低级阶段"，即社会主义社会。这一方面说明，过渡时期的思想是马克思、恩格斯的一贯思想；另一方面也说明，从资本主义向共产主义过渡，实际上就是指从资本主义向共产主义社会第一阶段的过渡。此后，对过渡时期应采取的具体政策和措施，马克思、恩格斯也作了论述。马克思、恩格斯指出，无产阶级在夺取政权后，"将利用自己的政治统治，一步一步地夺取资产阶级的全部资本，把一切生产工具集中在国家即组织成为统治阶级的无产阶级手里"[③]，并同传统的所有制和传统的观念实行最彻底的决裂。恩格斯在《法德农民问题》中指出："我们对于小农的任务，首先是把他们私人生产和私人占有变为合作社的生产和占有，不是采用暴力，而是通过示范和为此提供社会帮助。"[④] 马克思主义创始人甚至设想过，如果条件允

---

① 《马克思恩格斯选集》第3卷，人民出版社1995年版，第314页。
② 《马克思恩格斯选集》第3卷，人民出版社1995年版，第304页。
③ 《马克思恩格斯选集》第1卷，人民出版社1995年版，第293页。
④ 《马克思恩格斯选集》第4卷，人民出版社1995年版，第498—499页。

许，可以通过"和平赎买"的方式，解决从资本主义经济向社会主义经济的具体过渡问题。

列宁在帝国主义时代坚持和发展了马克思、恩格斯的不断革命的学说，并使之成为一个完整的革命转变理论。1905 年，他在《社会民主党对农民运动的态度》一文中指出："在民主革命完全胜利的条件下，可能是实行国有化；也可能是把巨大的资本主义地产转交给工人协会，因为我们将立刻由民主革命开始向社会主义革命过渡，并且正是按照我们的力量，按照有觉悟有组织的无产阶级的力量开始向社会主义革命过渡。我们主张不断革命。我们决不半途而废。"① 在这里，列宁不仅强调了革命转变时期的必然性，即无产阶级必须经过一个相当长的从资本主义到社会主义的过渡时期；而且指出了过渡时期的首要根本任务是"剥夺剥夺者"，逐步地把创造高于资本主义的劳动生产力的根本任务提到首位，以建立和发展社会主义的经济基础。列宁还指出，过渡时期需要一个相当长的时间，它有五个基本经济形态，即宗法式、小商品生产、私人资本主义、国家资本主义和社会主义等。列宁领导的布尔什维克党从俄国的具体实际出发，经过艰辛的探索成功地找到了一条落后国家向社会主义过渡的道路，创造性地丰富和发展了马克思的过渡时期理论。1918 年，迫于国内外紧张的局势及认识上的局限，实行了"战时共产主义"政策，苏俄政府曾一度实行"战时共产主义"政策，这对于当时的俄国集中人力、物力和财力进行战争发挥了作用，但同时也引发了一系列的危机。列宁指出："我们计划（说我们计划欠周地设想也许较确切）用无产阶级国家直接下命令的办法在一个小农国家里按共产主义原则来调整国家的产品生产和分配。现实生活说明我们错了。"② 列宁在对"战时共产主义"政策进行反思的基础上，认识到小农经济占优势的俄国不能直接过渡到社会主义，而只能采取迂回过渡的办法，实行新经济政策。列宁指出，由于历史进程的曲折而不得不开始社会主义革命的那个国家愈落后，它由旧的资本主义关系过渡到社会主义关系就愈困难。"既然我们还不能实现从小生产到社会主义的直接过

---

① 《列宁选集》第 1 卷，人民出版社 1995 年版，第 650 页。
② 《列宁全集》第 42 卷，人民出版社 1987 年版，第 176 页。

渡，所以作为小生产和交换的自发产物的资本主义，在一定程度上是不可避免的，所以我们应该利用资本主义（特别是要把它纳入国家资本主义的轨道）作为小生产和社会主义之间的中间环节，作为提高生产力的手段、途径、方法和方式。"[①]

马克思主义创始人关于过渡时期的理论及俄国革命后向社会主义过渡的经验，为中国共产党提出过渡时期总路线提供了必要的理论依据和宝贵的经验启示。

3. 过渡时期总路线提出的客观依据

过渡时期总路线的提出，同党对我国当时面临的政治、经济、社会状况以及国际环境的变化的认识是分不开的，是适应中国当时客观实际发展变化做出的战略抉择。

第一，没收官僚资本为国营经济本身即具有社会主义革命的性质，并实际上成为对整个国民经济进行社会主义改造的开端，而其迅速发展，又成为对国民经济社会主义改造的重要物质力量。由于现代工业的固定资产中官僚资本占80%，国家靠没收这一部分庞大资本建立起了在国民经济中起领导作用的社会主义经济。这就使得没收本身不仅具有新民主主义性质而且具有了社会主义革命的意义，成为对其他经济成分进行社会主义改造的有决定意义的重大开端。新中国的社会主义国营经济，既是支持国家财政、稳定经济局势的主要力量，又是国家现有基础工业的主体。到1952年，国营工业产值在全国工业总产值中的比重，已增加到56%，社会主义的国营经济在国家经济生活中已居于相对强大的地位。这使得国家有可能由此进行大规模的、有计划的经济建设，而大规模的经济建设任务的提出及其发展要求，便成为党提出向社会主义过渡的总路线的一个基本依据。

第二，利用和限制资本主义工商业，既为对其进行社会主义改造积累了经验，同时也直接成为对其进行社会主义改造的最初步骤。在国民经济恢复时期，党对民族资本主义严格执行了利用和限制的政策，在同资本主义经济反抗国家限制的不法行为作斗争以及调整工商业的过程中，创造了加工订货、经销代销、统购包销、公私合营等一系列从低级到高级的国家

---

① 《列宁全集》第41卷，人民出版社1986年版，第217页。

资本主义形式,从而在利用和限制资本主义工商业的同时,加强了它们同社会主义国营经济之间的联系,引起它们在生产关系上发生不同程度的变化,因而也就在不同程度上对它们进行初步的社会主义改造,这也为党提出向社会主义过渡的总路线提供了一定的依据。

第三,土地改革完成后,党在农村开展了各种形式的互助合作运动,这既为对个体农业进行社会主义改造积累了丰富经验,同时也实际上开始了改造的最初步骤。在农民分得土地后,为了解决分散经营的困难,使分散、脆弱的农业个体经济满足工业化对粮食及其他原料作物迅速增长的需要,并避免两极分化,党大力开展了各种形式的农业互助合作运动。毛泽东认为,这些互助合作形式,不仅是帮助农民克服困难、发展生产的有效形式,也是防止农村两极分化、引导农民走上社会主义道路的适当形式。这就为党提出向社会主义过渡的总路线提供了重要依据。

第四,新中国处于"一边倒"的国际环境和抗美援朝战争的胜利,为党提出向社会主义过渡的总路线提供了契机。中华人民共和国成立后即受到西方一些资本主义国家的敌视,朝鲜战争的爆发则使这种关系更加紧张。由于中国受到美国等西方国家的军事威胁、经济封锁和外交上的孤立,只能实行"一边倒"的外交政策,从以苏联为首的社会主义阵营国家争取支持和援助。而苏联的社会主义制度以及他们建设社会主义的经验又具有很大的榜样作用。这样的国际背景必然会从外部催促着我国由新民主主义向社会主义过渡。因而朝鲜战争的停战能够为党提出过渡时期总路线提供重要的历史契机。周恩来在解释过渡时期总路线提出的原因时指出:"毛主席指导工作有一个原则,当一个任务完成了的时候,就要赶快提出新的任务以免松懈下来。我们现在就应该提出新的任务。"因此,"强调朝鲜停战这个原因是有一部分道理的"。他还指出:"中朝人民在朝鲜战争中的胜利把美国企图挑起世界大战的时间推迟了,这就不仅有利于促进资本主义阵营内部矛盾的增长,有利于和平民主阵营的巩固和扩大,有利于资本主义世界各国中民族民主运动力量的增长,有利于世界人民的和平民主的发展,同时也有利于我国进行建设工作。"[①] 由此可见,当时的国际环境

---

① 《周恩来选集》下卷,人民出版社 1984 年版,第 106—107 页。

和抗美援朝战争的胜利，也是党提出开始向社会主义逐步过渡的一个重要外因。

总之，党中央在顺利完成土地改革和恢复国民经济的任务以后，及时明确了新民主主义建设本身的实质就是在向社会主义过渡，进而提出了从"一五"计划开始即进行社会主义工业化建设，并对农业、手工业、资本主义工商业进行社会主义改造的过渡时期总路线，是不失时机的、完全正确的。

（三）过渡时期总路线的内容和实质

1953 年 12 月，毛泽东在审阅中共中央宣传部编写的《为动员一切力量把我国建设成为一个伟大的社会主义国家而斗争——关于党在过波时期总路线的学习和宣传提纲》时，对过渡时期的总路线作了完整表述，即：从中华人民共和国成立，到社会主义改造基本完成，这是一个过渡时期。党在这个过渡时期的总路线和总任务，是要在一个相当长的时期内，逐步实现国家的社会主义工业化，并逐步实现国家对农业、手工业和资本主义工商业的社会主义改造。

过渡时期总路线把社会主义工业化和社会主义改造紧密地结合了起来，反映了经济落后的我国进行社会主义革命和社会主义建设的特殊性，体现了社会主义工业化和社会主义改造同时并举的思想。在"一化三改"中，社会主义工业化是"主体"，是逐步完成国家社会主义改造的物质基础和力量；三大改造是"两翼"，是促进社会主义工业化发展的必要条件。

社会主义工业化，就是建立一个独立的比较完整的社会主义工业体系，把我国国民经济从落后的技术基础上转移到现代化技术基础上来，奠定社会主义制度的物质基础。早在民主革命时期，毛泽东就指出："没有工业，便没有巩固的国防，便没有人民的福利，便没有国家的富强。"[①] 新中国成立后，经过三年的经济恢复和发展，虽然我国工业总产值已占国民经济总产值的 41.5%，但是，工业生产还是非常落后的。所以，毛泽东在1954 年的一次谈话中又指出，现在我们能造什么？能造桌子椅子，能造

---

① 《毛泽东选集》第三卷，人民出版社 1991 年版，第 1080 页。

茶碗茶壶，能种粮食，还能磨成面粉，还能造纸，但是，一辆汽车、一架飞机、一辆坦克、一辆拖拉机都不能造。没有高度发达的大工业，就根本谈不上社会主义。实现社会主义工业化，建立强大的工业基础和完备的工业体系，用先进的技术装备农业和国民经济的各部门，才能促进农业和交通运输业的现代化，才能建立和巩固现代化的国防，才能保证逐步完成对非社会主义经济成分的改造，才能逐步改善人民的物质文化生活，创造社会主义在我国完全胜利的前提。

社会主义改造，就是把农民和手工业者的个体私有制改造成为社会主义劳动群众的集体所有制，把资本主义私有制改造成为社会主义全民所有制。社会主义改造是实现社会主义工业化的必要条件。

首先，对个体农业和手工业实行社会主义改造，是我国生产力发展的客观要求。土地改革的完成，彻底废除了封建土地所有制，使广大农民获得了土地。但是，分散落后的小农经济的生产方式在整个农业中还占着绝对的优势。这种个体农业和手工业的落后的生产关系同国家要求生产力的迅速发展之间形成了不可克服的矛盾：一是由于小农经济本身的落后分散和发展缓慢，不便于也无力使用农业机械和其他新技术，不便于也无力兴修水利和进行农田基本建设，更无力抵御较大的自然灾害。同时，个体农民，特别是贫下中农，由于缺少土地以外的其他生产资料和资金，为了生产和生活就必然重新借高利贷和出卖土地，因而会随时产生两极分化。为了采用农业机械和其他新技术，兴修水利，发展生产，抵御自然灾害和避免两极分化，就必须对个体农业进行社会主义改造；二是由于小农经济同国家的社会主义工业化是不相适应的。社会主义的大工业不可能建立在小农经济的基础之上，农业生产发展缓慢，势必影响工业和整个国民经济的发展。毛泽东强调指出："没有农业社会化，就没有全部的巩固的社会主义。农业社会化的步骤，必须和以国有企业为主体的强大的工业的发展相适应。"[①] 因为，一方面工业的发展对农产品的需要量增大，而生产率低下的个体农业经济满足不了工业方面不断增长的对商品粮食和工业原料的需要；另一方面，工业对农业技术改造的援助增强，而农业只有在形成合作

---

① 《毛泽东选集》第四卷，人民出版社 1991 年版，第 1477 页。

经营的基础上，才有可能广泛地使用农业机械。同时，社会主义工业化和农业技术改造所需大量资金的相当部分要从农业和轻工业的积累方面获得，轻工业的发展，也需要农业的支持，而这一切只有在农业合作化的基础上才能变成现实；三是对农业的改造是对资本主义工商业进行改造的必要条件。实现农业的合作化，建立巩固的工农联盟，就割断了农业和资本主义工商业之间的联系，国家就可以依靠巩固的工农联盟去限制和改造资本主义，断绝其取得商品粮食和工业原料的来源，在农村这个广阔的土地上根绝资本主义，从而迫使资本主义经济不得不纳入国家资本主义的轨道，并接受社会主义改造。个体手工业和农业情况相类似。总之，只有对个体农业和手工业实行社会主义改造，才能解决这种落后生产关系同国家要求迅速发展社会生产力之间的矛盾。

其次，对资本主义工商业进行社会主义改造是解决当时国内主要矛盾的必然选择。随着新民主主义革命在全国的胜利和土地改革的完成，工人阶级和资产阶级之间、社会主义道路和资本主义道路之间的矛盾成为国内的主要矛盾。资本主义工商业在经济上是具有两面性的，既有有利于国计民生的一面，也有不利的一面。建国初，国家需要有利于国计民生的资本主义工商业有一定的发展，但它的发展也出现了不利于国计民生、破坏统一的国民经济和计划建设的消极方面。这就不能不发生限制和反限制的斗争。在资本主义所有制和社会主义所有制之间，在资本主义企业和国家计划经济之间、在资本主义企业内部资本家与职工及全国人民之间的利益冲突越来越激烈。由于这些矛盾的存在，使资本主义企业的设备利用率和劳动生产率低、产品质量差、成本高、资金浪费。这不仅影响了资本主义的扩大再生产，破坏了国家计划经济，而且影响了整个国民经济的发展，使工人生活也无保障。如果不改变这种状况，这部分社会生产力就不可能获得充分合理的发展，社会主义工业化就不可能全部实现，就不能摆脱生产的无政府状态和旧中国那种贫穷落后的面貌。为了解决社会主义经济同资本主义经济、无产阶级同资产阶级之间的矛盾，为了解放生产力，给工农业生产的迅速发展创造必要的社会条件，就必须对资本主义工商业进行所有制的根本改造。

实现党在过渡时期的总路线，是一场消灭剥削制度的深刻革命。由于在过渡时期是多种经济成分和多种所有制同时并存，公有制和私有制之间、社会主义道路和资本主义道路之间存在着尖锐的矛盾和斗争。只有完成了生产资料私有制到社会主义公有制的转变，才能促进社会生产力的迅速发展，才能提高人民的生活水平和巩固国家政权。正如毛泽东所说："党在过渡时期的总路线的实质，就是使生产资料的社会主义所有制成为我国国家和社会的唯一的经济基础。"[①] 而建立社会主义的经济基础，又必须把解放生产力和发展生产力作为总路线的主体或中心任务。他在另一次谈话中对此说得更为清楚："总路线也可以说就是解决所有制的问题。国有制扩大——国营企业的新建、改建、扩建。私人所有制有两种，劳动人民的和资产阶级的，改变为集体所有制和国营（经过公私合营，统一于社会主义），这才能提高生产力，完成国家工业化。"[②] 因此，党在过渡时期总路线的实质是逐步地改变生产关系，基本完成对生产资料私有制的社会主义改造，使生产资料的社会主义公有制即全民所有制和集体所有制成为我国社会的经济基础，而以在我国建立社会主义制度，推动社会生产力的发展为根本目的。

二、中国特色社会主义改造理论

过渡时期总路线提出后，社会主义改造工作即在全国广泛展开。在领导农业社会主义改造的过程中，中国共产党依据马克思列宁主义关于农业社会主义改造的基本原理和民主革命时期在根据地领导农民互助合作运动的经验，并把马克思主义创始人关于"赎买"资产阶级的设想与中国实际相结合，制定和实行了一整套适合中国特点的生产资料私有制社会主义改造的路线、方针、政策，开辟了中国特色的社会主义改造的道路，形成了具有中国特色的社会主义改造的理论。

---

① 《毛泽东文集》第六卷，人民出版社 1999 年版，第 316 页。
② 《毛泽东文集》第六卷，人民出版社 1999 年版，第 301 页。

（一）农业、手工业社会主义改造的理论

我国农业社会主义改造，不仅有坚实的理论基础，而且有一定的实践基础。早在民主革命时期，党在根据地经济建设中，依据列宁对个体农民要经过合作社达到集体主义的思想，引导农民组织起来，走互助合作的道路，建立了一些初级形式的初级合作社。土地改革后，一方面，由于彻底废除了封建土地所有制，农民获得了土地，生产积极性和主动性空前提高。加上国家对农业给以多方面的扶持和支援，农业生产得到了恢复和发展，农村经济出现了繁荣景象。另一方面，由于小农经济本身所固有的落后、分散、狭小、力量薄弱等特点，农民在发展生产中又遇到了不少困难。如，缺乏生产所必需的牲畜、农具、肥料、种子等，无力抵御较大的自然灾害。解决农民生产中的这些困难，促进农业生产的发展，有两条道路、两种办法：一种是旧的办法，旧的道路，让个体农民向富农高利贷者去借贷，去当雇工，出卖劳动力，廉价出卖农产品，结果就增加富农高利贷者、投机商人的剥削对象，让农村资本主义泛滥发展。这就是让少数人发财致富，多数人破产贫困。这是旧道路，是让农村资本主义漫无限制泛滥发展的道路。另一条道路是新道路，是引导农民组织起来，靠大家互助合作的力量，再加上国家帮助来解决生产中的困难，结果就是大家富裕比较平衡的上升，也限制了富农的发展。这就是组织起来大家富裕的道路，同时也就是缩小富农的剥削范围，又限制了农村资本主义发展的道路。组织起来互助合作的作用：一是帮助农民依靠国家帮助解决当前的问题，克服生产困难，减少自然灾害，促进生产；二是反映广大农民特别是广大贫下中农走互助合作道路的要求；三是适应我国社会主义工业化发展的需要。中国共产党的性质和纲领决定了：土地改革基本完成后，党在农村的重要任务就在于领导农民走互助合作的道路。

以毛泽东为代表的中国共产党人，根据马克思列宁主义关于农业社会主义改造的基本原理和民主革命时期党在根据地领导农民互助合作运动的经验，从中国农村的实际出发，充分利用民主革命胜利后所取得的政治条件和物质基础，制定和实行了一整套适合中国特点的农业社会主义改造的路线、方针、政策，成功地实现了对个体农业的社会主义改造。

第一，不失时机地引导农民走互助合作道路。建国初期，广大农民在土地改革基础上所激发出来的生产积极性，表现在两个方面：一是个体经济的积极性，二是劳动互助的积极性。党正确分析了农民小生产者的特点，认为：当时分散落后的小农经济，不仅限制了农业生产力的发展，而且如果任其自发地发展下去，必然会出现两极分化。因而，一方面强调不能忽视和粗暴地挫伤农民个体经济的积极性；另一方面积极提倡组织起来，发展农民劳动互助的积极性。党积极引导广大农民，使他们逐步地懂得劳动互助和生产合作比起单纯的、孤立的个体经济有着极大的优越性，启发他们由个体经济逐步地过渡到集体经济的道路。

第二，遵循自愿互利、典型示范和国家帮助的原则。毛泽东指出，对小农经济进行社会主义改造，必须坚持自愿、互利原则。农业合作化，是农民自己的事情，要让他们在实践中不断提高觉悟，不能用强迫命令的办法，把他们拉进来。对于一切暂时还不想加入合作社的人，即使他们是贫农和下中农，也要有一段时间向他们进行教育，耐心地等待他们的觉悟。在合作社的指导方针方面，必须实行贫农和中农互利的政策，既不侵犯中农的利益，也不损害贫农的利益。必须采取说服、示范和国家帮助的方法使农民自愿联合起来，并不断显示出互助合作的优越性，以此吸引农民自愿参加。

第三，实行积极领导，稳步前进的方针。所谓"积极领导"，就是各级领导机关要走在群众运动的前头，既不要太慢，也不能太急，要主动加强领导。所谓"稳步前进"，就是要采取逐步过渡的办法，不能一步登天，不要使农民感到很突然。首先，号召农民组织带有社会主义萌芽性质的几户或者十几户为单位的互助组。然后，在互助组的基础上，号召农民组织以土地入股分红，统一经营，实行一定按劳分配制度的带有半社会主义性质的农业生产合作社。再后，在半社会主义性质的合作社的基础上，号召农民进一步联合起来，使土地和其他主要生产资料归集体所有，统一经营，集体劳动，实行按劳分配的高级社。采取这样逐步过渡的步骤，有利于使广大农民从自己的经验中逐步提高社会主义觉悟，逐步习惯集体所有制的生活方式，对原有生活方式的改变不至于感到很突然，同时又可以避免因生产关系的急剧变革而引起农作物的减产。

　　第四，正确分析农村的阶级和阶层状况，制定和贯彻了依靠贫农、下中农、团结其他中农，由限制到逐步消灭富农剥削的阶级政策。土地改革后，贫农雇农由于分得了土地、农具、耕畜，有半数人迅速上升为中农。贫农由占农村人口的百分之六十左右下降到百分之三十左右，中农由占农村人口百分之三十左右上升到百分之六十左右，我国农村出现了中农化的趋势。毛泽东从我国农村的实际出发，分析土改后中农在生产中的地位、生活状况和对社会主义改造的态度，把中农分为上中农和下中农；对下中农，又分为新中农中间的下中农和老中农中间的下中农。对新中农中间的富裕中农，不作为依靠对象，把老中农和新中农中间的下中农均作为依靠对象。这样，贫农和下中农一起，约占农村人口的60%到70%。解决了这个问题，就从根本上解决了在社会主义改造过程中，党在农村依靠农民的大多数和建立农村无产阶级优势的问题。在此基础上，党制定并贯彻执行了依靠贫农、下中农、团结其他中农，由限制到逐步消灭富农剥削的农村阶级政策。这就调动了占农村人口绝大多数的贫农、下中农的社会主义积极性，稳定和教育了中农，最大限度地减少了富农和未改造好的地主分子对合作化的反抗，使我国农业合作化运动有了坚实的阶级基础和群众基础，保证了农业社会主义改造运动的顺利进行。

　　中国手工业生产历史悠久，高度发展。据统计，建国初期中国拥有2000万手工业者，手工业总产值相当于工业总产值的31%。简单意义上的手工业，就是主要依靠手工劳动、使用简单工具的小规模工业和服务业。科学意义上的手工业，应当包含三种不同经济类型的内容，即依附于农业的自然经济的手工业、生产小商品的个体手工业、资本主义的工场手工业。我国进行社会主义改造的手工业，主要地是指从事小商品生产的个体手工业，其次也包括了一部分依附于农业自然经济的手工业。党对个体手工业的社会主义改造，与对农业的社会主义改造基本类同。在方针上是"统筹兼顾，全面安排，积极领导，稳步前进"，对个体手工业者进行耐心的说服教育，通过典型示范和国家帮助，引导他们在自愿的基础上联合起来。在组织形式上，由带有社会主义因素的手工业生产小组，过渡到半社会主义性质的供销合作社，再发展到社会主义性质的生产合作社，逐步改变手工业的生产关系。在方法步骤上，采取从供销合作入手，再组织生产合作，由小到大，由低级到高级，逐步地把手工业的私有制改变为集体所有制。

总之，农业、手工业的社会主义改造触动的是传统的生产资料私有制的个体经济和根深蒂固的私有观念，面对的是一个广大的劳动阶层和工人阶级最基本的同盟军。农民和手工业者的个体所有制是劳动者的私有制。他们的生产资料，是自己劳动的积累或者主要是自己劳动的积累，原则上是不能剥夺的。在人民民主专政的条件下，只能通过合作化的道路，逐步把它们从个体所有制改造成为劳动群众的集体所有制。农业、手工业社会主义改造的胜利，有力地证明了党和毛泽东关于农业、手工业理论、路线、方针、政策的正确性，并且创造性地开辟了一条适合中国国情的农业手工业社会主义改造的道路，为科学社会主义理论宝库增添了新的宝贵的财富。

（二）资本主义工商业社会主义改造的理论

以毛泽东为代表的中国共产党人在对资本主义工商业的社会主义改造中，把马克思主义创始人关于"赎买"资产阶级的设想与中国实际相结合，制定了对资本主义工商业进行社会主义改造的正确方针和政策，创造了具有中国特色的、消灭资本主义私有制的崭新理论。

第一，用和平赎买的方法改造资本主义工商业。无产阶级掌握政权以后，用和平"赎买"的方法把资本主义经济改造成为社会主义经济，这是马克思、恩格斯和列宁早就提出但未实现的设想。中国共产党依据马克思列宁主义的基本原理，结合我国实际，制定了对民族资本主义利用、限制、改造的政策，胜利地完成了和平变革资本主义经济的历史使命，把马克思、恩格斯和列宁关于和平"赎买"的设想变为现实，取得了成功的经验。我国的民族资产阶级，不仅在民主革命阶段具有两面性，并参加过民主革命，曾经是我们的同盟者。在社会主义革命阶段也具有两面性，"它有剥削工人阶级取得利润的一面，又有拥护宪法、愿意接受社会主义改造的一面"[①]。对资本主义工商业实行和平赎买政策，可以充分利用资本主

[①] 《毛泽东文集》第七卷，人民出版社 1999 年版，第 206 页。

工商业有利于国计民生的积极方面，促进整个国民经济的恢复和发展；可以使国家掌握更多的工业品与农民交换粮食和原料，沟通城乡物资交流，满足人民生活需要；可以通过税收和企业公积金，为社会主义建设积累部分资金；可以通过避免因经济改造而引起经济上的破坏和混乱，使企业不停产，使工人不失业；可以吸收资本家科学管理企业的经验，提高我们的管理水平。

第二，采取从低级到高级的国家资本主义的过渡形式。毛泽东根据马克思和列宁的有关论述，结合我国的实际情况，提出要经过国家资本主义，完成对资本主义工商业的社会主义改造，指出这是改造资本主义工商业和逐步实现向社会主义过渡的必经之路，是健全的方针和办法。国家资本主义的实质，就是通过和平赎买的办法，而不是通过没收的办法，把资本主义私有制变成社会主义公有制。赎买的办法，在全行业公私合营前，采取分配利润（如"四马分肥"）的政策；全行业公私合营后，采取"定息"政策。同时对于那些有技术才能和管理企业才能的资本家，给予较高的薪水。为了使民族资本主义工商业经过国家资本主义，逐步过渡到社会主义，中国共产党创造了委托加工订货、统购包销、经销代销、公私合营等一系列从低级到高级的国家资本主义的过渡形式。这些形式，在产品归国家或国营经济所掌握这一点上是共同的，但在生产资料所有权、生产过程的关系或国家取得产品形式上是有区别的。国家资本主义的初级形式是加工订货、统购包销、经销代销。国家通过这些形式把原来落后、混乱、畸形发展、唯利是图的资本主义工商业逐步引上社会主义改造的轨道。国家资本主义的高级形式是公私合营。国家在企业中占有一部分或大部分股权；国家派领导干部参加企业管理，实际掌握企业的经营管理权；企业的生产、财务和基本建设都列入国家计划。这种形式，使企业的生产关系发生了深刻变化，除了资本家占有一部分股权和分享一部分利润外，已和社会主义企业十分接近了。从低级到高级的国家资本主义过渡形式，把资本主义经济与社会主义经济的外部联系推进到内部联系，由流通过程进入到生产过程，使企业由半社会主义性质转变为基本社会主义和完全社会主义性质。

第三，把对企业的改造和对人的改造结合起来，把原来的剥削者逐步改造成为自食其力的劳动者。毛泽东指出，社会主义改造有两方面，一方面是制度的改造，一方面是人的改造。二者是互相作用、互相促进的。我们对资产阶级分子的改造，是使他们从剥削者变为自食其力的劳动者。改造的方法主要以企业为基地，对资方在职人员和资方代理人采取"包下来"的政策，"量才使用，适当照顾"。既使他们人尽其才，各得其所，又使他们在企业内部同工人一起劳动、学习，逐步改造成为自食其力的劳动者。在政治上把同民族资产阶级的矛盾，当作人民内部矛盾来处理。通过这一系列工作，使绝大部分资本家都愿意接受工人阶级的领导，减少改造的阻力，并且使资本家利用他们所掌握的科学技术知识和经营管理经验，为社会主义建设服务，从而达到了既消灭剥削阶级，又实现了团结、教育、改造这个阶级的目的。把对资本家的团结、教育、改造政策同对企业的利用、限制、改造政策有机地结合起来，这也是我国社会主义改造的一个创举。

（三）中国特色社会主义改造的基本经验

1953 年，党在过渡时期总路线提出以后，国家社会主义工业化和国家对农业、手工业、资本主义工商业的社会主义改造全面展开，到 1956 年底党在提前完成国民经济第一个五年计划任务的同时，基本上完成了生产资料私有制的社会主义改造。在社会主义改造过程中，党积累了丰富的历史经验：

第一，坚持社会主义工业化建设与社会主义改造同时并举，在改造生产关系的同时促进生产力的发展。毛泽东指出："我们现在不但正在进行关于社会制度方面的由私有制到公有制的革命，而且正在进行技术方面的由手工业生产到大规模现代化机器生产的革命，而这两种革命是结合在一起的。"[①] 社会主义改造就是变革不适应工业化发展要求的生产关系，是围绕着社会主义工业化建设这个中心任务进行的，引导个体农民、个体手工业者走集体化的道路，改造私人资本主义工商业，目的都是为了适应社会主义工业化建设的要求，更好地发展生产力；而社会主义工业化的推

---

① 《毛泽东文集》第六卷，人民出版社 1999 年版，第 432 页。

进，又必然会为社会主义改造的实现提供强大的物质技术基础。在社会主义改造过程中，党和政府所采取的每一实际步骤，总是力求使之与促进工业化进程和经济发展的要求相适应，而不允许对生产力造成破坏。经过全党和全国人民的努力奋斗，到 1956 年我国社会主义改造基本完成时，"一五"计划的主要指标也提前完成，到 1957 年各项指标均超额完成。经过"一五"期间的大规模建设，我国以重工业为重点的社会主义工业化基础已初步形成。实践证明，党坚持社会主义工业化与社会主义改造同时并举的方针，对于在深刻的社会变革中保持社会稳定，促进生产力发展，逐步改善人民生活，推动社会进步，都具有十分重要的意义。

第二，采取一系列由低级到高级逐步过渡的形式，开创了中国特色社会主义改造道路。我国对农业、手工业和资本主义工商业的改造都采取了区别对象，用不同的办法积极引导、逐步过渡的形式。在农业社会主义改造方面，党及时总结实践经验，创造出互助组、初级社、高级社等具体的过渡形式。这种从实际出发引导农民逐步走向社会主义的渐进式的改造方式，一方面有利于克服小农经济自身的弱点，使农民认识到合作社在增加生产、抵抗灾害、防止出现两极分化的优越性，从而逐步地提高农民的思想觉悟，逐步地改变小生产的生活方式；另一方面又有助于避免一些国家在农业社会主义改造中出现的由于富农反抗，个别农民破坏生产资料而造成生产遭到破坏的情况。在手工业改造方面的逐步过渡，保护和促进了手工业生产的发展，为手工业逐步进行技术改造创造了条件。对资本主义工商业的逐步过渡形式，有助于实现对资产阶级的和平赎买，避免了在改造期间可能发生的剧烈的社会震荡和经济破坏。总之，中国生产资料私有制的社会主义改造这场巨大而深刻的社会变革，能够顺利地进行不仅没有对生产力的发展造成破坏，而且促进了生产力的发展，逐步过渡不能不说是一个重要原因。

第三，采用和平的方式方法，解决了诸如实现社会变革与经济发展、和平过渡与消灭剥削制度这类通常难以解决的矛盾问题。毛泽东指出："我们进行社会主义革命所用的方法是和平的方法"[1]，"在我国的条件下，

---

[1] 《毛泽东文集》第七卷，人民出版社 1999 年版，第 1 页。

用和平的方法，即用说服教育的方法，不但可以改变个体的所有制为社会主义的集体所有制，而且可以改变资本主义所有制为社会主义所有制"[1]。坚持用和平的方式方法进行改造，保证了我国生产资料私有制社会主义改造的顺利进行。在农业社会主义改造中，党和政府坚持自愿的原则，坚持用事实向农民说明，合作社可以使占农村人口多数的、在生产条件方面还有各种困难的贫农和下中农得到利益，至少不损害他们的利益，因而使包括比较富裕农民在内的绝大多数农民对合作化采取了拥护、比较拥护和可以接受的态度。手工业的改造有农业改造经验的经验，因而也顺利地完成了。对资本主义工商业的改造则要复杂得多。党和政府没有采取对待地主的办法对待民族资本家，而且坚持用和平赎买的方式，对民族资本家不仅支付定息，安排工作，而且采取了团结、教育和改造的方针，重视对他们进行思想教育，经常组织他们参加各种学习，引导他们参加各种政治实践活动，对他们进行社会主义前途的教育，使他们自愿接受和平改造，进而保证了改造的顺利进行。

毋庸讳言，我国的社会主义改造也出现过一些失误和偏差。这主要是"在一九五五年夏季以后，农业合作化以及对手工业和个体商业的改造要求过急，工作粗糙，改变过快，形式也过于简单划一，以致在长期间遗留了一些问题。一九五六年资本主义工商业改造基本完成后，对于一部分原工商业者的使用和处理也不很适当"[2]。出现这些问题的原因比较复杂，有工作指导上的原因、也有认识上的一些因素。这些问题相对于社会主义改造所取得的成就来说是次要的，我们不能因为出现问题就否定社会主义改造的伟大意义。正如江泽民所指出的，根据中国特点，用国家资本主义的形式与和平赎买政策改造资本主义工商业，用逐步过渡的形式改造个体农业和个体手工业，在社会主义改造的过程中，使社会生产力继续得到发展，广大人民生活水平得到提高，这是中国共产党的独特创造。

---

[1] 《毛泽东文集》第七卷，人民出版社 1999 年版，第 2 页。

[2] 中共中央文献研究室主编：《〈关于建国以来党的若干历史问题的决议〉注释本》，人民出版社 1983 年版，第 18 页。

三、社会主义基本制度在中国的确立

中国共产党领导人民胜利完成了农业、手工业和资本主义工商业的社会主义改造，确立了社会主义的基本制度。社会主义基本制度的确立，为当代中国一切发展进步奠定了根本政治前提和制度基础。

（一）社会主义基本制度的初步确立

中国在结束了半殖民地半封建社会以后，首先遇到的一个问题就是，像中国这样一个原来贫穷落后的国家能不能跨越资本主义向社会主义过渡。以毛泽东为代表的中国共产党人创造性地运用马克思主义关于过渡时期和革命转变的理论，从中国的实际出发，及时提出并实践了适合我国国情的过渡时期总路线，创立了反映中国特点的过渡时期理论，成功地解决了如何从半殖民地半封建社会经过新民主主义过渡到社会主义社会的问题，引导我国人民胜利完成社会主义改造的艰巨任务，顺利地建立了社会主义制度。这是伟大而深刻的社会变革，也是马克思主义中国化新的伟大成就。

从中华人民共和国建立到社会主义改造基本完成，短短的七年时间中，中国共产党就在一个东方大国胜利地实现了从新民主主义到社会主义的伟大历史转变。这不是偶然的，而是具备了许多历史条件的。

第一，我国人民民主专政国家政权的建立为实现社会主义奠定了可靠的政治基础。中国共产党在领导全国人民进行反帝反封建的资产阶级民主革命的过程中，始终坚持了无产阶级领导权，因此，当民主革命胜利时无产阶级已经取得了全国的政权。人民民主专政的新型国家政权的建立，为转向社会主义打开了大门。建国后，通过抗美援朝、土地制度改革、镇压反革命、"三反"、"五反"和其他各项民主改革运动，以及国民经济的恢复和社会主义改造运动，人民民主专政得到了巩固，这就为向社会主义的过渡奠定了政治基础。

第二，社会主义国营经济的建立，为实现社会主义奠定了强大的经济基础。建国后，党通过没收官僚资本，管制、征用和收购帝国主义在华企业，建立起了强大的国营经济。国营经济是社会主义性质的经济，是新民主主义向社会主义转变的经济基础。生产资料私有制的社会主义改造完成后，社会主义国营经济已占绝对优势，完全掌握了国民经济的命脉。

第三，在长期的民主革命斗争中，党就不断地对全党和全国人民进行社会主义前途的教育，为胜利地实现从新民主主义到社会主义的转变提供了思想条件。为此，新中国成立后，我国农民、知识分子、城市小资产阶级和民族资产阶级自觉地选择了社会主义道路。

第四，在民主革命斗争中，党从理论和实践两个方面培养了大批能治党、治国、治军的干部队伍，为民主革命向社会主义革命的转变作了充分的组织准备。

第五，中国人民对工业化、现代化的深深向往是选择社会主义的主观因素。工业化是国家独立富强的必然要求和必然趋势。旧中国是一个工业基础十分薄弱落后的农业大国，落后就要挨打，这是近百年来中国屈辱史的真实写照。近代中国人民面前的重要任务是工业化、现代化问题。实现工业化，进行大规模的经济建设，主要靠从农业积累资金、获得商品粮食和工业原料，这就必然加剧与农民的矛盾。为了解决农工矛盾、积累资金、保障国家工业化，客观上必然要求加快农业集体化步伐。

第六，中国共产党在全国人民中的领导地位以及马克思列宁主义、毛泽东思想的指导地位已经确立，这是向社会主义过渡的领导核心和指导思想。

生产资料私有制的社会主义改造的历史性胜利，使我国的经济和社会结构发生了根本变化，社会主义公有制经济已占绝对优势。据统计，1956年国民经济总收入同1952年相比，国营经济的比重由19.1%上升到32.2%，合作社经济由1.5%上升到53.4%，公私合营经济由0.7%上升到7.3%，资本主义经济则由6.9%下降到0.1%以下，个体经济由71.8%下降到7.1%。在工业总产值中，社会主义工业由56%上升到67.5%，国家资本主义工业由26.9%上升到32.5%，资本主义工业由17.1%下降到接近于零。社会经济结构的显著变化表明，几千年来以生产资料私有制为基础的阶级剥削制度已经基本上被消灭，以生产资料公有制和按劳分配为基本特征的社会主义经济制度已经基本上建立起来。

与此同时，国民经济发展第一个五年计划的执行和提前完成，又使我国社会生产力得到了一定程度的发展。1957年全国工业总产值比1952年增长128.3%，年均增长18%。其中，生产资料的生产比1952年增长210%，年均增长25.4%；消费资料的生产比1952年增长83%，年均增长12.9%。重工业生产在工业总产值中的比重，由1952年的35.5%提高到45%，旧中国重工业过分落后的面貌有所改变。一大批旧中国没有的基础工业部门和大中型工业企业相继建立起来，工业技术水平和工程设计能力有了较大的提高，一个独立的部门比较齐全的工业体系和国民经济体系逐步建立了起来，奠定了我国社会主义工业化的初步基础。广大人民群众的生活也有明显的改善，1957年全国居民平均消费水平比1952年提高三分之一强，其中，职工平均消费水平提高38.5%，农民提高27.4%。

在社会主义经济基础基本建立的同时，我国的政治领域也发生了重大的变化，确立了中国共产党领导的人民民主专政的社会主义政治制度。1954年9月召开的第一次全国人民代表大会，制定了我国第一部社会主义类型的宪法，人民民主专政的社会主义政治制度已经基本确立并得到巩固。马克思主义在意识形态领域的指导地位亦得到了确立。这一切表明，中国已经实现了从新民主主义向社会主义的转变，社会主义制度已经在我国的经济领域、政治领域、文化领域及社会生活其他领域基本确立，开始进入了社会主义初级阶段。

（二）社会主义基本制度确立的重大意义

社会主义基本制度的确立，为当代中国一切发展进步奠定了根本政治前提和制度基础。

社会主义基本制度的确立，为中国社会主义现代化建设创造了制度条件，开始了在社会主义道路上实现中华民族伟大复兴的历史征程。社会主义制度的建立极大地提高了工人阶级和广大劳动人民的积极性和创造性，社会主义经济制度以其与社会化大生产的一致性和能够在经济落后条件下尽可能地集中力量办大事的优势，为发展社会生产力开辟了广阔的道路。随着社会主义制度的确立和社会主义建设的展开，我国初步建立了一个比较独立、完整的工业体系和国民经济体系，农业生产条件发生显著改变，生产水平有了很大提高，城乡商业和对外贸易都有很大增长，教育、科学、文化、卫生、体育事业有很大发展，我国主要工农业产品的产量在世界的位次都明显提高。中国现代化建设取得的辉煌成就，离不开选择并且走上社会主义道路这个最基本的前提条件，从此中华民族开始在新的起点上步入伟大复兴的征程。

社会主义基本制度的确立，使广大劳动人民真正成为国家的主人和社会生产资料的主人。这是中国几千年来阶级关系的最根本变革。社会主义经济制度的建立，极大地巩固和扩大了工人阶级领导的，以工农联盟为基础的人民民主专政国家政权的阶级基础和经济基础。

中国社会主义基本制度的确立，使占世界人口 1/4 的东方大国进入了社会主义社会，这是世界社会主义运动史上又一个历史性的伟大胜利。它进一步改变了世界政治经济格局，增强了社会主义力量，对维护世界和平与发展产生了积极影响。中国人民在共产党的领导下通过自己艰苦卓绝的努力走上社会主义道路，为其他相对落后的国家探索民族独立、人民解放和走符合本国国情的发展道路提供了重要经验，对这些国家的人民也是一个巨大的鼓舞。

社会主义基本制度在中国的确立，是马克思列宁主义关于社会主义革命理论在中国正确运用和创造性发展的结果。社会主义基本制度在中国的确立，不仅再次证明了马克思主义的真理性，而且以其独创性的理论原则和实践经验，丰富和发展了马克思主义的科学社会主义理论。正如邓小平所说："我们的社会主义改造是搞得成功的，很了不起。这是毛泽东同志对马克思列宁主义的一个重大贡献。"①

---

① 《邓小平文选》第二卷，人民出版社 1994 年版，第 302 页。

第三章 中国社会主义建设道路的探索

以毛泽东为核心的党的第一代中央领导集体不仅把马列主义的基本原理和中国革命的具体实际相结合，走出了一条具有中国特色的新民主主义革命道路，建立了新中国，进而通过走适合中国特点的社会主义改造道路确立起社会主义的基本制度，而且还努力把马列主义的基本原理同中国社会主义建设的具体实际相结合，积极探索中国特色的社会主义建设道路。在探索中，党虽历经曲折，但也取得了独创性理论成果和巨大成就，为新的历史时期开创、坚持和发展中国特色社会主义提供了宝贵经验、理论准备和物质基础。

一、社会主义建设道路探索的艰辛历程

以毛泽东为核心的党的第一代中央领导集体在社会主义改造基本完成以后对社会主义建设道路的艰辛探索，为后来中国的马克思主义者开创、坚持和发展中国特色社会主义，提供了历史经验和教训，是中国共产党弥足珍贵的精神财富。这段历程大概可以分为三个阶段：

（一）社会主义建设道路探索的开端

毛泽东对社会主义建设道路的探索最早可追溯到 1955 年末和 1956 年初社会主义改造的高潮时期。社会主义改造以其广阔的规模、深刻的程度和飞快的速度蓬勃展开，对我们国家的历史进程产生了深远的影响。三大改造的基本完成，标志着中国已经消灭几千年来的封建剥削制度，确立起

社会主义制度，进入了社会主义社会。这一中国共产党艰苦奋斗几十年的理想在建国后短短几年内就顺利实现，不能不深刻影响毛泽东在理论上对中国社会主义建设的探索和思考。党在民主革命时期为探索和开辟中国自己的革命道路，经历了艰难曲折的长期奋斗。但是，当建设社会主义的新任务这样快地摆到全党面前时，以毛泽东为代表的中国共产党人不仅没有足够的经验，而且缺乏足够的思想准备，不可能有一套完整的理论，因此，党曾号召学习苏联。经过"一五"计划三年多的实践，党和毛泽东对苏联经济建设中的一些缺点和错误逐步有所了解，认识到苏联经验并不都是成功的，苏联经验并不都适合中国自己的情况，学习苏联经验毕竟不能代替对中国自己的社会主义建设道路的探索。恰在此时，赫鲁晓夫在苏共二十大上作了题为《关于个人崇拜及其后果》的报告，尖锐地揭露和批判了斯大林在领导苏联社会主义建设中所犯的一些重大错误，以及对他的个人崇拜所造成的严重后果。苏联经济工作中的错误和我国照搬苏联经验的许多弊病暴露出来以后，党和毛泽东就把以苏为鉴，总结我们自己的经验，探索适合中国情况的社会主义建设道路的任务，提到了自己的工作日程。

1956 年 4 月，毛泽东在经过对农业、工业将近半年的调查研究后，在中央政治局扩大会议上发表了《论十大关系》的讲话。这个讲话确定了一个基本思想，就是"尽量争取化消极因素为积极因素"，"努力把党内党外、国内国外的一切积极因素，直接的、间接的积极因素，全部调动起来，把我国建设成为一个强大的社会主义国家。"[①]毛泽东强调指出："最近苏联方面暴露了他们在建设社会主义过程的一些缺点和错误，他们走过的弯路，你还想走？过去我们就是鉴于他们的经验教训，少走了一些弯路，现在当然更要引以为戒"。"我们要学的是属于普遍真理的东西，并且学习一定要与中国实际相结合。如果每句话，包括马克思的话，都要照搬，那就不得了。我们的理论，是马克思列宁主义的普遍真理同中国革命的具体实践相结合。"[②]他运用马克思主义唯物辩证法，科学地分析了中国社会

---

① 《毛泽东文集》第七卷，人民出版社 1999 年版，第 23、44 页。
② 《毛泽东文集》第七卷，人民出版社 1999 年版，第 23、42 页。

主义建设中的十大矛盾，即有关经济发展的"重工业和轻工业、农业的关系"、"沿海工业和内地工业的关系"、"经济建设和国防建设的关系"，有关政治发展的"党和非党的关系"、"革命和反革命的关系"、"是非关系"，以及既涉及经济发展、也涉及政治发展和社会发展的"国家、生产单位和生产者个人的关系"、"中央和地方的关系"、"汉族和少数民族的关系"、"中国和外国的关系"。上述十大关系中有关经济的几个关系排在前几位，表明此时党和毛泽东已开始着手把工作重点从政治革命向经济建设转移。《论十大关系》中的这些基本思想随即成为中共八大的指导方针。

　　1956 年 8 月，毛泽东在对中共八大政治报告稿的修改中又指出，目前我们党的中心任务，就是要依靠业已组织起来的勤劳勇敢的六亿中国人民的共同努力，进行经济建设和文化建设的工作，以便克服我国经济落后和文化落后的状况，使我们的国家和人民富裕起来。根据这些思想，1956 年 9 月召开的中国共产党第八次全国代表大会，对生产资料私有制的社会主义改造基本完成以后的国内主要矛盾和阶级关系作出了正确的分析，并在此基础上确定了党在新时期以发展生产力为中心任务的政治路线。党的八大制定的路线是正确的。虽然由于社会主义现代化建设在中国是前无古人的事业，中国共产党缺乏必要的经验积累和足够的思想准备，导致后来未能在实践中完全坚持下去，但是，在八大所开启的集中力量发展生产力的全面建设社会主义的历史时期中，党领导全国人民艰苦创业，改变了中国经济落后的面貌，初步建立起了独立的比较完整的工业体系和国民经济体系。这是八大路线的继续贯彻和进一步发展，这些对于社会主义事业的发展和党的建设具有长远的重要意义。

　　正当党中央和毛泽东对中国社会主义建设道路进行探索之时，国内外出现了一系列不安定的情况。在国际上，由于受到苏共二十大的影响，东欧一些社会主义国家特别是波兰和匈牙利，对斯大林时期苏联的大国沙文主义表示不满，社会上弥漫着动荡不安的气氛。一方面，党内和人民群众中发出强烈呼声，要求在独立平等的基础上调整对苏关系，要求在政治、经济上实行变革；另一方面，一些反对社会主义的势力四处活动，意欲利用对斯大林错误的揭露，改变本国的社会主义制度。在国内，由于社会主义改造的迅速完成，加上经济建设中出现冒进的影响未能消除，一些新的社会矛盾突出出来。1956年下半年，许多城市出现粮食、肉类和日用品的短缺，一些学生、工人和复员转业军人在升学、就业和安置等方面遇到不少困难。从1956年9月到1957年3月半年时间内，全国发生数十起罢工、请愿事件，每起事件少则数十人，多则一二百人甚至近千人。在农村，1956年夏收以后，不少地方连续发生闹缺粮、闹退社的风潮。浙江省农村发生请愿、殴打、哄闹等事件1000多起。广东省农村到年底先后退社的有7万余户。对国内外形势最为敏感的知识分子，在"百花齐放、百家争鸣"方针提出后，思想日趋活跃，批评教条主义，在政治、经济、文化、教育、科学等问题上发表各种意见。有些人对党和政府工作中的缺点以及干部作风上的问题提出批评，其中有不少尖锐意见，也有一些错误议论。这些问题引起了党中央和毛泽东的高度重视。借鉴斯大林的错误和波匈事件的历史教训，面对中国的实际，总结自己的经验，正确认识和处理中国社会主义社会的各种矛盾，就成为当时党中央和毛泽东着重思考的重大理论课题。这些理论思考成为党中央和毛泽东在《论十大关系》和党的八大对中国社会主义建设道路探索的继续和发展。

1957年2月，毛泽东在有1800多位各方面人士出席的最高国务会议第十一次（扩大）会议上，发表了《如何处理人民内部的矛盾》的讲话。这篇讲话后来经整理并作了若干修改和补充，以《关于正确处理人民内部矛盾的问题》为题在同年6月19日的《人民日报》上公开发表。毛泽东在这篇具有重大理论和实践意义的著作中，明确提出了社会主义社会的基本矛盾和两类不同性质的社会矛盾问题，并进一步提出"正确处理人民内部矛盾的问题，以便团结全国各族人民进行一场新的战争——向自然界开战，发展我们的经济，发展我们的文化……建设我们的新国家"[①]以及中国工业化道路等问题。3月，毛泽东在南京、上海党员干部会议上的讲话中，要求党的各级干部充分认识由革命到建设的转变，充分理解和认真贯彻正确处理人民内部矛盾的方针，并且更明确地提出，社会主义改造的完成，使中国开始了"由阶级斗争到向自然界斗争，由革命到建设，由过去

---

① 《建国以来毛泽东文稿》第六册，中央文献出版社1992年版，第329页。

的革命到技术革命和文化革命"①的转变。

这一阶段的探索，虽然时间不长，但成果显著，其中，《论十大关系》和《关于正确处理人民内部矛盾的问题》是毛泽东在社会主义阶段把马克思列宁主义基本原理同中国实际相结合的理论结晶，也是他探索中国社会主义建设道路所取得的最主要的成果。正如邓小平所说："转入社会主义建设以后，毛泽东同志也有好文章、好思想"，"我们要恢复毛泽东思想，坚持毛泽东思想，以至还要发展毛泽东思想，在这些方面，他都提供了一个基础。"②

（二）探索的失误与初步纠正

毛泽东对中国社会主义建设道路探索的失误，是从 1958 年 1 月南宁会议批评 1956 年的反冒进开始的。1955 年底和 1956 年初，有些部门和地方不顾实际，盲目增加经济建设预算投资，扩大基本建设规模，给国民经济的发展造成了许多困难。周恩来、陈云等发现问题后，建议中央在反对保守主义的同时，必须反对急躁冒进的倾向。1956 年 6 月 20 日，中央政治局通过《人民日报》发表社论，宣传"反冒进"思想。9 月召开的党的八大也贯彻了这个精神。这对于保证 1957 年的经济建设沿着健康轨道发展，提前完成"一五"计划起了重要作用。但是，毛泽东对于中央提"反冒进"是有所保留的。1957 年反右派斗争扩大化之后，毛泽东认为反冒进给"右派分子"提供了口实。在 1957 年 10 月的八届三中全会上，他批评反冒进扫掉了"多、快、好、省"、"农业发展纲要四十条"和"促进委员会"这三样东西，另外还认为反冒进是"右倾"和"促退"。③ 在 1958 年 1 月的南宁会议上，他进一步指出："冒进是全国人民热潮冲出来的，是好事，部分是坏事；反冒进首先没有把指头搞清楚，十个指头只有一个指头长了疮，不提反冒进，就不会搞成一股风。这属于政治问题。右派的进攻把一些同志抛到和右派差不多的边

---

① 《毛泽东文集》第七卷，人民出版社 1999 年版，第 289 页。

② 《邓小平文选》第二卷，人民出版社 1994 年版，第 296、297 页。

③ 《毛泽东选集》第五卷，人民出版社 1977 年版，第 474—475 页。

缘，只剩下 50 米"①，"搞工业、农业，比打仗还厉害些，我就不相信"②。在毛泽东看来，只有冒进才是依靠群众的，才是马克思主义的，才是轰轰烈烈的。在这样的思想指导下，1958 年 5 月召开的八大二次会议通过了"鼓足干劲、力争上游、多快好省地建设社会主义"这一带有浓厚"左"的色彩的社会主义建设总路线；8 月的北戴河会议又进一步把"左"的思想推向了更高的程度。从这次会议开始，以大办钢铁为中心的"大跃进"运动和以生产关系上的急于过渡为主要特征的人民公社化运动在全国各地广泛开展，高指标、瞎指挥、浮夸风、"共产风"严重泛滥，整个国家处于极度狂热之中。这种高度的狂热状态一直持续到 1958 年 11 月第一次郑州会议之前。从主观愿望来说，毛泽东这时仍是在探索适合中国情况的社会主义建设道路，并且自以为找到了这条道路，工作重心实际上也还是放在经济上，强调要大搞技术革命。但是，实践证明，"大跃进"、人民公社化运动这样的探索，既违背了经济发展的客观规律，也不符合中国社会生产力发展的现实情况，因而不可能是成功的。

从 1958 年 11 月的第一次郑州会议开始到 1959 年 7 月庐山会议前期，是党中央和毛泽东对社会主义建设道路探索中发生的失误进行初步纠正的阶段。毛泽东最早意识到要纠正浮夸风、"共产风"等错误，并主持召开了两次郑州会议、武昌会议和八届六中全会、上海会议和八届七中全会等一系列会议，提出了许多重要的思想，如不要剥夺农民，要区别社会主义和共产主义，要重视商品生产、价值规律等，并采取了一些相应措施来纠正已觉察到了的错误。他在 1959 年 2 至 3 月召开的第二次郑州会议上，承认从 1958 年 9 月起，"有一个很大的冒险主义错误"，"党内主要倾向还是'左'"。他还要为错误承担责任，说"中央可以不讲，我个人可以讲，我一讲，我就没有包袱了。"③毛泽东承认犯了"左"的错误，当然只是就具体工作而言，并不认为根本指导思想有错误。在他看来，"有些人怀疑或者否认一九五八年的大跃进，怀疑或者否认人民公社的优越性，这

---

① 石仲泉：《毛泽东的艰辛开拓》（新增订本），中共党史出版社 1996 年版，第 270—271 页。

② 石仲泉：《毛泽东的艰辛开拓》（新增订本），中共党史出版社 1996 年版，第 271 页。

③ 石仲泉：《毛泽东的艰辛开拓》（新增订本），中共党史出版社 1996 年版，第 272 页。

种观点显然是完全错误的。"①因此，他对"左"的错误的纠正是很不彻底和容易发生动摇的。1959年7月庐山会议期间对彭德怀等人的错误批判就突出说明了这个问题。当他得知彭德怀等人在庐山会议期间主张应在指导方针上纠正"左"的错误时，却认为彭德怀等人不是跟他一道去纠正工作中的缺点错误，实际上是对总路线、"大跃进"和人民公社这"三面红旗"表示怀疑和反对，是向他和党中央的领导"下战书"，因而是右倾的表现，便中断了纠"左"进程而转向"反右倾"斗争。尽管如此，"大跃进"的错误对毛泽东来讲还是十分深刻的，后来他在对经济工作的指导上再没重犯这类错误。在这一时期，毛泽东还强调要重视马克思主义基本经济理论的学习和研究，要求各级干部学习斯大林的《苏联社会主义经济问题》、《苏联政治经济学教科书》和《马恩列斯论共产主义社会》等著作，总结中国社会主义经济建设的经验教训，在社会主义发展阶段、发展道路等问题上，发表了不少闪烁新的思想火花的重要见解。尽管这些认识仍然受到"左"的指导思想的影响，不是很完整深刻甚至是不正确的，但毕竟是一次重要的理论反思。毛泽东在带领大家读《苏联政治经济学教科书》的过程中，又写就《十年总结》一文。这篇文章从认识论的高度，概括了十年社会主义建设思想的递进历程，分析了这个历程的得失利弊，并引出了如何认识社会主义建设规律的问题。《十年总结》是以毛泽东为代表的第一代中央领导集体对社会主义建设进行探索的又一个思想结晶。

（三）国民经济调整中的进一步探索

从1961年1月的八届九中全会开始对国民经济进行调整到1962年9月的八届十中全会前，是继续纠正错误、总结经验教训，接续从1958年郑州会议到1959年庐山会议前期纠正"大跃进"错误，为进一步探索中国自己的社会主义建设道路积累新经验的阶段。庐山会议后"反右倾"运动的开展和经济建设上新的"跃进"，使一度得到纠正的"左"倾错误重新蔓延开来，加上自然灾害等原因，我国国民经济出现了极其严重的困难。在这种情况下，毛泽东指出："在社会主义建设上，我们还有很大

---

① 《建国以来毛泽东文稿》第八册，中央文献出版社1993年版，第66页。

的盲目性。社会主义经济，对于我们来说，还有许多未被认识的必然王国。"① 过去几年，他自己"注意得较多的是制度方面的问题，生产关系方面的问题。至于生产力方面，我的知识很少。社会主义建设，从我们全党来说，知识都非常不够。我们应当在今后一段时间内，积累经验，努力学习，在实践中间逐步地加深对它的认识，弄清楚它的规律。"② 并认为，客观规律，你违反了它，就一定要受惩罚，我们就是受了惩罚，最近三年受了大惩罚。毛泽东当时尽管还没有认识到遭受惩罚的根本原因是党中央包括他本人在指导思想上犯了"左"的错误，但他把问题提到了党的思想路线的高度，强调要大兴调查研究之风，并结合国民经济调整，比较系统地总结了我国社会主义建设的经验教训，制定了适合当时情况的各项具体政策和措施，如"农业六十条"、"手工业三十五条"、"商业四十条"、"工业七十条"、"科学十四条"、"高教六十条"、"中教五十条"、"小教四十条"、"文艺八条"等。因而，实际上在很大程度上把党的工作重新纳入较为正确的轨道，使国民经济的好转有了重要的保证。特别应该指出的是，毛泽东通过经验教训的总结和理论的反思，对在中国进行社会主义建设的长期性、艰巨性，以及党对社会主义建设规律认识的过程，有了比较清醒的认识。他在 1962 年 1 月召开的七千人大会上明确指出："对于建设社会主义的规律的认识，必须有一个过程。必须从实践出发，从没有经验到有经验，从有较少的经验，到有较多的经验，从建设社会主义这个未被认识的必然王国，到逐步地克服盲目性、认识客观规律、从而获得自由，在认识上出现一个飞跃，到达自由王国。"③ 值得一提的是，在这次全党全面总结经验的大会上，毛泽东再次明确提出"把马克思列宁主义的普遍真理同中国社会主义建设的具体实际尽可能好一些地结合起来"④ 这一重要论断，确实是难能可贵的。七千人大会以后，经济关系的调整和政治关系的调整都有进一步的发展。

1962 年 9 月召开的八届十中全会是毛泽东在指导思想上发生变化的

---

① 《毛泽东文集》第八卷，人民出版社 1999 年版，第 302 页。
② 《毛泽东文集》第八卷，人民出版社 1999 年版，第 303 页。
③ 《毛泽东文集》第八卷，人民出版社 1999 年版，第 300 页。
④ 《建国以来毛泽东文稿》第十册，人民出版社 1996 年版，第 32 页。

又一个重要关节点。从此，他开始把主要注意力转到抓阶级斗争上，主要去思考中国社会主义发展的政治方向问题。当然，这并不是说，毛泽东这时对经济工作已完全不作考虑。他接受庐山会议以后"反右倾"冲击经济工作的教训，在八届十中全会的讲话中指出，不要因为阶级斗争而干扰经济调整工作的进行。这一阶段，毛泽东还强调要学习先进技术，提出"我们不能走世界各国技术发展的老路，跟在别人后面一步一步地爬行。我们必须打破常规，尽量采用先进技术，在一个不太长的历史时期内，把我国建设成为一个社会主义的现代化的强国。"[1] 同时，毛泽东还认为，进行社会主义经济建设，除了学习先进技术以外，还要加强思想政治工作，调动人们建设社会主义的积极性、创造性。他在读苏联《政治经济学教科书》时指出："提高劳动生产率，一靠物质技术，二靠文化教育，三靠政治思想工作。"[2] 这是一个很有特色的思想，当然，这一思想后来在实际运用上并不成功。他在1964年提出的"工业学大庆、农业学大寨"的口号，在相当长的时期内被当作适合中国情况的社会主义经济建设的根本经验。"实践证明，除大庆提供了进行社会主义现代化建设、大寨提供了进行农田基本建设的某些先进经验外，其他的经验不够成熟、不太科学，甚至还带有许多'左'的色彩。"[3] 由于复杂的主客观方面的原因，十年探索中的失误和导致的后果是严重的，所造成的损失也是巨大的，但广大党员干部和人民群众没有因为承受失误所造成的严重困难而动摇在党的领导下建设社会主义的坚定信念。虽然，党和人民没能阻止"文化大革命"的发生，但这种信念最终成为后来十一届三中全会彻底纠正'左'倾错误、开创中国特色社会主义的重要力量。

综上所述，可以看出，十年探索中，党的指导思想是有两个发展趋向的。一个发展趋向是正确的和比较正确的趋向，这主要表现在党探索中国自己在建设社会主义道路的过程中，形成的一些正确的和比较正确的理论观点和方针政策，积累的一些正确的和比较正确的实践经验。另一个发展趋向是错误的和比较错误的趋向，这主要表现在发展生产力上的急于求

[1]　《毛泽东文集》第八卷，人民出版社1999年版，第341页。
[2]　《毛泽东文集》第八卷，人民出版社1999年版，第124—125页。
[3]　石仲泉：《毛泽东的艰辛开拓》（新增订本），中共党史出版社1996年版，第276页。

成、变革生产关系上的急于过渡以及阶级斗争扩大化的错误。十年中"左"倾错误的积累和发展,后来终于压倒了正确的发展趋向,导致了"文化大革命"的发动,并导致社会主义建设道路探索的更大的曲折。尽管如此,毛泽东把经济的发展提到第二次革命的高度,强调要用几十年甚至上百年的时间,努力改变我国经济、科技文化落后的状况,使我们的国家实现"四个现代化",使我国人民尽快地富裕起来等深刻的认识和重要的思想,既反映了他对中国国情的认识,也体现了我国社会主要矛盾转变以后党和国家工作重心转移的需要。可惜的是,这一思想由于毛泽东晚年在理论和实践上的失误而未能很好地坚持下去。

二、社会主义建设道路探索的积极成果

社会主义制度在我国基本建立以后,以毛泽东为代表的中国共产党人开始了马克思主义与中国实际的第二次结合的探索,即如何走出一条中国自己的社会主义建设道路。这一探索,是同如何借鉴苏联社会主义建设的经验教训紧密联系着的,也是同总结我国社会主义建设的正反两方面经验紧密联系着的,取得了一系列具有重要价值的积极成果。毛泽东在社会主义社会的矛盾、社会主义社会的发展阶段、社会主义经济、政治、文化建设等方面所提出的一系列正确和比较正确的思想、方针、政策,为在中国这样生产力水平落后的东方大国进行社会主义建设积累了宝贵的经验。

(一)社会主义社会矛盾的学说

毛泽东关于社会主义社会的矛盾学说,特别是关于正确处理人民内部矛盾的理论,极大地丰富和发展了马克思主义的科学社会主义理论,是对社会主义社会发展规律初步探索的一个重大成果,为社会主义改革提供了理论依据。

第一,社会主义社会的基本矛盾。

马克思、恩格斯创立的唯物史观认为,生产力和生产关系、经济基础和上层建筑的矛盾运动是人类社会发展的基本矛盾。但是,他们把社会基

本矛盾这个概念的使用主要限定在资本主义基本矛盾的集中表现上。社会主义社会是否还存在基本矛盾？对这个问题，在理论上长期无人作出正确的回答。毛泽东运用唯物辩证法的对立统一规律，考察了苏联和其他社会主义国家正反两方面的经验教训，总结我国社会主义建设的实践经验，在研究社会主义社会矛盾的过程中，揭示了社会主义社会的基本矛盾，从而创造性地提出了关于社会主义社会的基本矛盾学说。《关于正确处理人民内部矛盾的问题》一文，系统地阐述了社会主义社会基本矛盾的内涵及其重要内容。

一是明确提出了社会主义社会基本矛盾科学的概念。毛泽东明确指出：矛盾是普遍存在的，社会主义社会也充满着矛盾，其基本矛盾仍然是生产关系和生产力、上层建筑和经济基础之间的矛盾，正是这些矛盾推动着社会主义社会不断向前发展，成为推动社会主义社会不断前进的基本动力。社会主义社会的基本矛盾是客观存在的，它贯穿于社会主义社会的始终，表现在社会生活的各个方面。社会主义社会是一个不断发展的过程，"在解决这些矛盾以后，又会出现新的问题，新的矛盾，又需要人们去解决"，"矛盾不断出现，又不断解决，就是事物发展的辩证规律"。①

二是阐述了社会主义社会基本矛盾的性质和特点。毛泽东指出，社会主义社会的基本矛盾同旧社会的生产关系与生产力的矛盾、上层建筑与经济基础的矛盾，"具有根本不同的性质和情况"②，它是在生产关系与生产力、上层建筑与经济基础基本适应条件下的矛盾，是在人民根本利益一致基础上的矛盾，因而它不是对抗性而是非对抗性的矛盾。这样就将社会主义社会的基本矛盾与旧社会的基本矛盾在本质上严格区分开来。毛泽东高度概括了社会主义社会基本矛盾具有"又相适应又相矛盾"的特点。他指出，社会主义生产关系已经建立起来，它是和生产力的发展相适应的，"能够容许生产力以旧社会所没有的速度迅速发展，因而生产不断扩大，因而使人民不断增长的需要能够逐步得到满足"。但是，"它又还很不完善，这些不完善的方面和生产力的发展又是相矛盾的"。③ 它

---

① 《毛泽东文集》第七卷，人民出版社 1999 年版，第 215、216 页。
② 《毛泽东文集》第七卷，人民出版社 1999 年版，第 214 页。
③ 《毛泽东文集》第七卷，人民出版社 1999 年版，第 214、215 页。

主要表现为经济制度和政治制度的某些环节上的缺陷。此外，上层建筑与经济基础也存在着又相适应又相矛盾的情况。人民民主专政的国家制度和法律，以马克思列宁主义为指导的社会主义意识形态，这些上层建筑是和社会主义经济基础即社会主义的生产关系相适应的；但是，资产阶级意识形态的存在，国家机构中某些官僚主义作风的存在，国家制度中某些环节上缺陷的存在，又是和社会主义经济基础相矛盾的。

三是提出了解决社会主义社会基本矛盾的途径和办法。资本主义社会的基本矛盾是无法通过其内部调整从根本上解决的，这是因为资本主义生产关系的私有化与生产力的社会化之间的矛盾是一种致命的不可调和的矛盾，只有通过社会主义革命才能够加以解决。但是，社会主义社会的基本矛盾是另一回事，它是生产关系和生产力、上层建筑和经济基础之间基本适应条件下的矛盾，是非对抗性矛盾，"它可以经过社会主义制度本身，不断得到解决。"① 这说明，社会主义社会的基本矛盾的解决，不是从根本上改变社会主义制度，而是依靠社会主义制度自身的力量，依据生产力发展的状况和要求，依靠人民群众的实践，自觉地、有秩序地对生产关系不适应生产力的方面、上层建筑不适应经济基础的方面进行调整和改革，使之更好地适应生产力发展的要求。

第二，社会主义的发展阶段和主要矛盾。

正确分析和判断基本国情，把握社会主要矛盾，是党领导革命和建设事业，制定正确的路线、方针和政策的基本依据。关于社会主义制度基本建立以后我国的国情和主要矛盾问题，以毛泽东为代表的中国共产党人同样给予了极大的关注，作出了许多正确的论断，对于我国的社会主义建设事业具有极其重要的理论价值。

一是关于我国的社会性质及其发展阶段的认识。社会主义改造基本完成以后，我国已经进入社会主义社会，但社会主义制度还不巩固、不完善。毛泽东多次指出，只有社会主义才能救中国，社会主义制度能够容许生产力以旧社会所没有的速度迅速发展。我国的社会主义制度还"刚刚建立"，还没有"完全建成"，还不完全巩固。社会主义生产关系已经

---

① 《毛泽东文集》第七卷，人民出版社 1999 年版，第 213—214 页。

建立起来，但又很不完善。社会主义上层建筑中也存在着薄弱的环节。毛泽东还认为，社会主义制度的完全建成和完全巩固，不仅需要时间，而且需要国内外的各种条件，其中最重要的条件就是实现国家的社会主义工业化，使生产力获得较充分的发展，这样社会主义制度才能获得稳固的物质基础，社会主义社会才算从根本上建成了。后来，毛泽东在读苏联《政治经济学教科书》时，又提出社会主义社会可以划分为不发达和比较发达两个阶段的思想，认为中国目前还处在不发达的社会主义阶段。这些思想为后来我国社会主义社会发展阶段的探索提供了十分有益的启示。

二是关于我国社会主义建设的基础和艰巨性的认识。建国后，毛泽东反复强调，中国是一个社会主义的大国，我们一为"穷"，二为"白"。"穷"，就是没有多少工业，农业也不发达。"白"，就是一张白纸，文化水平、科学水平都不高。这是我国的基本国情，是我们考虑一切问题的基本出发点。在这样的基础上建设社会主义，改变一穷二白的落后状态，任务是极其艰巨的。在经历了1958年的"大跃进"和人民公社化运动以后，毛泽东对此有了更加清醒的认识。他说："社会主义和资本主义比较，有许多优越性，我们国家经济的发展，会比资本主义国家快得多。可是，中国的人口多、底子薄，经济落后，要使生产力很大地发展起来，要赶上和超过世界上最先进的资本主义国家，没有一百多年的时间，我看是不行的。"[①] 毛泽东的这个估计是基本符合我国实际的，它为党和国家制定正确的经济发展战略规划提供了重要的指导思想。

三是关于我国社会主义社会的主要矛盾和根本任务的论断。党的八大对社会主义改造基本完成以后我国阶级关系的变化做出了正确的分析，对国内主要矛盾作了总体上比较准确的判断。八大指出，我国的社会主义改造已经取得决定性的胜利，无产阶级同资产阶级之间的矛盾已经基本解决，几千年来的阶级剥削制度的历史已经基本上结束，社会主义制度在我国已经基本建立起来了。在社会主义制度下，我国国内的主要矛盾不再是工人阶级和资产阶级之间的矛盾，而是人民对于经济文化迅速发展的需要

---

① 《毛泽东文集》第八卷，人民出版社1999年版，第302页。

同当前经济文化不能满足人民需要的状况之间的矛盾。党和国家的根本任务，就是要集中力量大力发展生产力来解决这个矛盾，把我国尽快地从落后的农业国变为先进的工业国。毛泽东在《关于正确处理人民内部矛盾的问题》一文中也阐述了同样的思想，他指出，革命时期的大规模的急风暴雨式的群众阶级斗争已基本结束，社会生产和社会需要之间的矛盾将会长期存在，"我们的根本任务已经由解放生产力变为在新的生产关系下面保护和发展生产力"。① 要求把党和国家的工作重心转移到社会主义建设上来，以发展我们的经济和文化，巩固社会主义制度。这一时期毛泽东还曾提出过一个非常重要的观点，即"我国正处在由阶级斗争到向自然界斗争，由革命到建设，由过去的革命到技术革命和文化革命"② 的转变时期。历史证明，这些观点都是基本正确的。对我国国情和主要矛盾的正确认识，是党和毛泽东探索中国社会主义建设道路取得的重要思想成果，也是这一时期探索的基本立足点。

第三，社会主义社会两类不同性质的矛盾。

毛泽东在全面分析社会主义社会的矛盾的基础上，创造性地提出了正确区分和处理两类不同性质的社会矛盾的理论，为正确认识和处理社会主义社会的矛盾提供了理论指导。

毛泽东指出："在我们的面前有两类社会矛盾，这就是敌我之间的矛盾和人民内部的矛盾。这是性质完全不同的矛盾。"③ 为了正确区分和认识这两类不同性质的矛盾，首先应当弄清楚什么是人民，什么是敌人。人民和敌人这两个概念是历史的范畴，在不同的国家和各个国家不同的历史时期，有着不同的内容。在建设社会主义的时期，一切赞成、拥护和参加社会主义建设的阶级、阶层和社会集团，都属于人民的范围；一切反抗社会主义革命和敌视、破坏社会主义建设的社会势力和社会集团，都是人民的敌人。在社会主义社会，所谓敌我矛盾，即广大人民群众同对抗、敌视和破坏社会主义革命和建设的社会势力和社会集团之间的矛盾。由于这种矛盾的双方在政治利益上是根本对立的，因而是对抗性矛盾。在我国社会主

---

① 《毛泽东文集》第七卷，人民出版社1999年版，第218页。
② 《毛泽东文集》第七卷，人民出版社1999年版，第289页。
③ 《毛泽东文集》第七卷，人民出版社1999年版，第204—205页。

义条件下，所谓人民内部矛盾，包括工人阶级内部的矛盾、农民阶级内部的矛盾、知识分子内部的矛盾、工农两个阶级之间的矛盾、工农同知识分子之间的矛盾、工人阶级和其他劳动人民同民族资产阶级之间的矛盾、民族资产阶级内部的矛盾，以及政府同群众之间的矛盾和民族之间的矛盾等等。一般来说，人民内部矛盾是在人民利益根本一致基础上的矛盾，是非对抗性矛盾。这里，毛泽东特别强调指出：在我们国家里，工人阶级同民族资产阶级的矛盾属于人民内部矛盾。这是因为我国的民族资产阶级在社会主义革命时期，它有剥削工人阶级取得利润的一面，又有拥护宪法、愿意接受社会主义改造的一面。因此，民族资产阶级和帝国主义、地主阶级、官僚资产阶级不同，它和工人阶级的矛盾仍属于人民内部矛盾。毛泽东根据民族资产阶级所具有的两面性的政治特性，把民族资产阶级和工人阶级的矛盾作为人民内部矛盾来处理，这是毛泽东和中国共产党对马克思列宁主义的一个独创性贡献。

当然，两类不同性质的社会矛盾并非凝固不变，在一定条件下，二者能够相互转化。对抗性矛盾在一定条件下会转化为非对抗性矛盾，非对抗性矛盾在一定条件下也会转化为对抗性矛盾。在一般情况下，人民内部矛盾不是对抗性的，但是如果处理不适当，或者失去警觉，麻痹大意，也可能发生对抗。不过，这种情况，在社会主义国家通常只是局部的暂时的现象。

敌我矛盾和人民内部矛盾这两类矛盾的性质不同，解决的方法也不同。敌我之间的矛盾是分清敌我的问题。人民内部矛盾是分清是非问题。敌我矛盾是对抗性矛盾，要用专政的方法解决；人民内部矛盾是非对抗性矛盾，只能用民主的方法解决。毛泽东把解决人民内部矛盾的方法概括成一个公式："团结—批评—团结"。即从团结的愿望出发，经过批评或者斗争使矛盾得到解决，从而在新的基础上，达到新的团结。毛泽东还就如何在不同领域具体贯彻民主方法，解决人民内部矛盾，提出了一系列具体的方针政策。在经济上，实行"统筹兼顾、适当安排"的方针，兼顾国家、集体和个人三方面的利益；在科学文化工作上，实行"百花齐放，百家争鸣"的方针；在民族关系问题上，实行民主平等、团结互助，着重反对大汉族主义，也要反对地方民族主义；在共产党与民主党派的关系上，实行

"长期共存，互相监督"的方针，等等。

（二）社会主义建设的基本思想

20 世纪 50 年代中后期以后，党中央和毛泽东对我国社会主义建设、尤其是在社会主义经济建设方面进行了广泛而又深入的探索。虽然这些探索所取得的成果不可避免地带有一定的历史局限性，但是在一定程度上反映了我国社会主义建设的客观规律，因而对当时社会主义建设事业发挥了积极的指导作用，并对后来的经济体制改革提供了重要参考。

第一，关于社会主义建设的战略方针问题。

毛泽东反复强调不要机械照搬外国的经验，而要从中国是一个农业国这种实际情况出发，走出中国自己的工业化和现代化的道路。为此，毛泽东提出了要正确处理重工业与轻工业、农业的关系，以农业为基础发展国民经济；要发展社会主义的商品生产和交换，重视价值规律的作用；要打破高度集中统一的经营管理体制，调动中央和地方两个积极性，正确处理国家、集体和生产者个人关系；要正确处理敌我矛盾和人民内部矛盾，调动一切积极因素，为全面开展社会主义经济建设创造民主、安定的政治环境；要坚持独立自主、自力更生、勤俭建国；要学习外国一切好的东西，包括吸收资本主义创造的先进的科学文化等正确的方针。

第二，关于社会主义建设的奋斗目标及其实现的步骤问题。

实现工业、农业、国防和科学技术的现代化，用 50 年到 100 年的时间，逐步把我国建设成为一个强大的社会主义国家，这是毛泽东和中国共产党人艰辛探索的伟大目标。四个现代化的最早的表述是"现代化的工业、现代化的农业、现代化的交通运输、现代化的国防"。它是 1954 年 9 月，周恩来根据毛泽东的想法提出的。这个说法，用今天的话来说，主要是体现了物质文明方面的要求。1957 年，毛泽东又提出了建设现代化科学文化的任务，用今天的话说，是增加了精神文明方面的要求。1959 年底至 1960 年初，毛泽东在读《政治经济学》教科书时，第一次完整地表述了四个现代化的思想："建设社会主义，原来要求是工业现代化，农业现代化，科学文化现代化，现在要加上国防现代化。"①

　　实现四个现代化是一个艰巨的历程。对实现这一任务的时间，毛泽东曾有过多种设想。1955 年 3 月，他提出，要建设一个强大的社会主义工业化的国家需要有 50 年的时间；1956 年 9 月又提出：使中国变为富强的国家，需要 50 到 100 年的时光；"大跃进"时曾一度将时间估计得比较短。经过困难时期，不仅恢复了原来的估计，而且认为可能更长些。比如 1961 年，他对英国元帅蒙哥马利说：建设强大的社会主义经济，在中国，50 年不够，会要 100 年，或者更多时间。1962 年 1 月在七千人大会上则进一步明确指出："中国的人口多、底子薄，经济落后，要使生产力很大地发展起来，要赶上和超过世界上最先进的资本主义国家，没有一百多年的时间，我看是不行的。"② 随后，1963 年 9 月的中央工作会议，又根据毛泽东的意见，提出了实现四个现代化"两步走"的设想。即：第一步，建立一个独立的比较完整的工业体系和国民经济体系，使我国工业大体接近世界先进水平；第二步，使我国工业走在世界前列，全面实现四个现代化。

　　第三，关于社会主义经济体制改革的有益探索。

　　一是关于社会主义经济的运行机制。所谓经济运行机制，主要是指经济运行的调节手段。在高度集中的计划经济体制下，调节经济的主要手段是国家计划。这种集中太多，统得过死的体制，使得经济运行缺乏活力。党的八大前后，刘少奇、陈云等在发挥市场调节作用问题上提出了一些建设性的思想。刘少奇在八大的政治报告中提出，应当改进现行的市场管理办法，取消过严过死的限制；应当在统一的社会主义市场的一定范围内，允许国家领导下的自由市场的存在和一定程度的发展，作为国家市场的补充。陈云在党的八大上提出了"三个主体、三个补充"的设想，他指出："我们的社会主义经济的情况将是这样：在工商业经营方面，国家经营和集体经营是工商业的主体，但是附有一定数量的个体经营。这种个体经营是国家经营和集体经营的补充。至于生产计划方面，全国工农业产品的

---

① 《毛泽东文集》第八卷，人民出版社 1999 年版，第 116 页。
② 《毛泽东文集》第八卷，人民出版社 1999 年版，第 302 页。

主要部分是按照计划生产的，但是同时有一部分产品是按照市场变化而在国家计划许可范围内自由生产的。计划生产是工农业生产的主体，按照市场变化而在国家计划许可范围内的自由生产是计划生产的补充。因此，我国的市场，绝不会是资本主义的自由市场，而是社会主义的统一市场。在社会主义的统一市场里，国家市场是它的主体，但是附有一定范围内国家领导的自由市场。这种自由市场，是在国家领导之下，作为国家市场的补充，因此它是社会主义统一市场的组成部分。"①1957 年 3 月，刘少奇在对中央党校学员的讲话中，又提出了使社会主义经济既有计划性又有多样性和灵活性的思想，并强调苏联这方面的教训很值得我们注意。上述观点的核心，就是主张在一定范围内和一定程度上以市场作为调节经济的手段，但它只能是辅助性的。

毛泽东在纠正"大跃进"中的错误时，针对有人提出要消灭商业、货币的错误观点，比较系统地提出了大力发展商品生产，利用价值规律的思想。毛泽东指出，商品生产本身没有社会制度属性，不能把商品生产与资本主义混为一谈。商品生产从古就有，商品生产和资本主义制度相联系就是资本主义的商品生产，同社会主义制度相联系就是社会主义的商品生产。毛泽东论述了发展社会主义商品生产的重要性。他指出，我国是商品生产很不发达的国家，比印度、巴西还落后，很需要有一个发展商品生产的阶段，必须有计划地大力发展商品生产。毛泽东还阐明了全民所有制和集体所有制这两种所有制的存在，是商品生产和交换存在的主要前提。他说"只要存在两种所有制，商品生产和商品交换就是极其必要、极其有用的。"②他认为商品生产的命运，最终和社会生产力的水平有密切关系，因此，即使实现了单一的社会主义全民所有制，如果产品还不丰富，某些范围内的商品生产和商品交换仍然有可能存在。因此，"现在要利用商品生产、商品交换和价值法则，作为有用的工具，为社会主义服务。"③针对"一平二调"的共产风，毛泽东还论述了要发展商品生产就必须利用价值规律。他指出，价值规律是商品生产的客观规律，不懂得、不利用这个规

---

① 《陈云文选》第三卷，人民出版社 1995 年版，第 13 页。
② 《毛泽东文集》第七卷，人民出版社 1999 年版，第 440 页。
③ 《毛泽东文集》第七卷，人民出版社 1999 年版，第 435 页。

律，便无法发展商品生产。价值法则"是一个伟大的学校，只有利用它，才有可能教会我们的几千万干部和几万万人民，才有可能建设我们的社会主义和共产主义。否则一切都不可能。"① 这些创造性的观点，为后来形成社会主义市场经济理论提供了有益的启示。

二是关于社会主义经济的所有制结构。在社会主义的生产资料所有制结构问题上，公有制是社会主义制度的主要特征，搞社会主义必须坚持以公有制为基础。我国社会主义改造基本完成时，原有的五种经济成分几乎变成了单一的公有制经济成分。由于在社会主义改造中生产关系改变过快，形式过于简单划一，脱离了我国生产力发展的状况，使生产经营受到多方限制，也给人民生活带来不便。八大以后，党和国家着手对经济关系进行调整，市场开始活跃起来，个体工商户的数量明显增加，出现了一些自发经营的规模较大的工商企业，即所谓的"地下工厂"、"地下商店"。1956 年 12 月，毛泽东在同民主建国会和工商联的负责人的谈话中，提出了"可以消灭了资本主义，又搞资本主义"的重要思想，他说："只要社会需要，地下工厂还可以增加。可以开私营大厂，订个协议，十年、二十年不没收。华侨投资的，二十年、一百年不要没收。可以开投资公司，还本付息。可以搞国营，也可以搞私营。可以消灭了资本主义，又搞资本主义。当然要看条件，只要有原料，有销路，就可以搞。现在国营、合营企业不能满足社会需要，如果有原料，国家投资又有困难，社会有需要，私人可以开厂。"他把这称之为"新经济政策"，就是指在消灭了资本主义剥削制度、建立了社会主义制度的条件下，即在公有制为主体的条件下，适当发展个体经济和私营经济以发展商品生产。并说"我怀疑俄国新经济政策结束得早了"。② 在这之后的一届人大常委会上，刘少奇谈到，我们国家有百分之九十几的社会主义，有百分之几的资本主义也不怕，它是社会主义经济的一个补充。周恩来也在国务院会议上指出，主流是社会主义，小的给些自由，这样可以帮助社会主义的发展。在社会主义建设中，搞一点私营的，活一点有好处。实际上提出了要在社会

---

① 《毛泽东文集》第八卷，人民出版社 1999 年版，第 34 页。
② 《毛泽东文集》第七卷，人民出版社 1999 年版，第 170 页。

主义条件下发展多种经济成分、发展商品生产的思想，为社会主义建设提供了可贵的思路。

三是关于社会主义经济的管理体制。党中央和毛泽东在对我国经济体制、经济运行机制进行探索的同时，也涉及到了管理体制的问题，提出了一些很有价值的思想。比如，毛泽东提出的给地方分权和扩大企业生产经营自主权的思想。他认为，应当在巩固中央统一领导的前提下，扩大一点地方的权力，给地方更多的独立性，让地方办更多的事情。不能像苏联那样，把什么都集中到中央，把地方卡得死死的，一点机动权也没有。而有些资本主义国家，地方有较多的自主权，它们的一些发展经验值得我们研究。他要求中央各部，凡是同地方有关的事情，都要先同地方商量，商量好了再下命令。他还设想中央部门可以分为两类，一类可以一直管到企业，另一类则主要是提出指导方针，制定工作规划，事情要靠地方办，要由地方去处理。他还提出，把什么东西统统都集中在中央或省市，不给工厂一点权力，一点机动的余地，一点利益，恐怕不妥。"各个生产单位都要有一个与统一性相联系的独立性，才会发展得更加活泼。"①根据毛泽东的意见，党的八大前后中共中央和国务院多次开会，专门讨论体制改革问题，在充分调查研究的基础上，完成了关于改进工业管理体制的规定、改进商业管理体制的规定和改进财政管理体制的规定三个文件，反映了党在八大前后探索改进经济管理体制和行政管理体制的认识成果。同时，制定了有关的改革方案和规定，其基本精神就是，适当调整中央与地方、国家与企业之间的关系，把一部分工业管理、商业管理、财政管理的权力下放给地方行政机关和工矿企业，以更好调动和发挥地方和企业的积极性。

另外，毛泽东等党中央领导集体成员还就企业内部管理体制的改革问题提出了一些重要的观点。例如：企业要建立合理的规章制度和严格的责任制；企业要实行民主管理，建立人与人之间在劳动生产中的平等关系，为此，必须实行干部参加劳动，工人参加管理，改革不合理的规章制度，工人群众、领导干部和技术人员三结合，即"两参一改三结合"

---

① 《毛泽东文集》第七卷，人民出版社 1999 年版，第 29 页。

的制度；建立党委领导下的职工代表大会制度，使之成为扩大企业民主、吸引广大工人群众参与企业管理、监督行政、克服官僚主义和集中群众智慧的有效形式等等。在充分发扬政治民主、经济民主、生产技术民主，调动广大职工的积极性和创造性的基础上，形成和完善以厂长为首的全厂统一的生产行政指挥系统和运行机制，为企业管理制度的改革提供了经验。

四是关于农业生产责任制。农业合作化初步实现后，农村集体经济应采取怎样的经济管理体制和管理方式，怎样有效地组织劳动，采取什么样的分配方法才适合农村的实际，才有利于协调集体和农民的利益，充分调动二者的积极性，更好地促进农业生产的发展，这是党长时间探索的一个重大问题。邓子恢在党内较早地提出了农业生产责任制的思想。他多次强调指出，要调动社员积极性，必须要有严格的责任制，要分工合作。必须通过一定的经济制度把国家利益、集体利益和农民的个人利益正确地结合起来。他认为，农业集体经济内部关系要有调整，在生产经营方面实行"大的集中，小的分散"，在生产资料处理方面实行"主要公有，次要私有"。提出合作社对生产队实行"包工、包产、包财务"，超产提成，减产扣分。生产队对生产组实行按片按季包工到组，田间零活包工到户，深远山区也可以包产到组、到户。大活集体干，小活分开干。后来他又提出责任制必须联系产量的主张，他说，责任制不和产量结合是很难包的。责任制联系产量只要不涉及所有制，是可行的，不会改变它的社会主义性质。他坚定地认为，如果不建立和实行严格的生产责任制，集体经济就没有好的结果，是没有希望搞好的，只会陷入无人负责管理和经营管理混乱的状态。干活"大呼隆"，分配"一拉平"，只会挫伤农民的生产积极性，阻碍农业生产的发展。邓子恢在安徽、广西等地农民自发创新的基础上，提出包产到户、责任到人的农业生产责任制。这种农业生产责任制使农民的生产劳动与其劳动成果建立了更直接的联系，有助于增强农民的生产积极性和责任心。1962年邓小平在谈到农业问题时也明确指出："在生产关系上不能完全采取一种固定不变的形式，看用哪种形式能够调动群众的积极性就采用哪种形式。哪种形式在哪个地方能够比较容易比较快地恢复和发展农业生产，就采取哪种形式；群众愿意采取哪种形式，就应该采取哪种形式，不合法的使它合法起来。"① 他反复强调，在农村，还要调整基层的生产关系，要承认多种多样的形式，要从体制问题上解决，改变公社、生产大队、生产队的现有关系，这是一个大政策。上述关于农业生产责任制的思想和实践，是以毛泽东为代表的中国共产党人探索中国社会主义建设道路的重要成果，成为改革开放后中国农村改革的先声。

（三）人民民主专政理论

无产阶级专政学说是科学社会主义理论的核心。以毛泽东为代表的中国共产党人，在领导中国革命和建设的过程中，运用马克思列宁主义的无产阶级专政学说并结合中国的具体历史条件，创造性地提出了适合中国特点的人民民主专政的理论，建立并巩固了人民民主专政的国家政权，对马克思列宁主义国家学说做出了卓越的贡献，是马克思主义中国化的重要成果。它作为一个完整的理论体系，具有丰富的内容。

第一，人民民主专政是无产阶级及其政党领导下的具有广泛代表性的政权。

人民民主专政作为"一个以全国绝对大多数人民为基础而在工人阶级领导之下的统一战线的民主联盟的国家制度"② 存在着广泛的政治联盟。这种统一战线性质的联盟，包括两个基本的方面，即工人阶级同其他劳动阶级主要是农民阶级结成的联盟，以及工人阶级同一部分非劳动阶级主要是民族资产阶级结成的联盟。在新民主主义革命时期，人民民主专政是工人阶级领导下的各民主阶级的联合专政，它代表的利益是工人阶级、农民阶级、城市小资产阶级和民族资产阶级的共同利益。新中国成立初期，我国建立的人民民主专政属于新民主主义类型的政权，这个政权仍然是工人阶级领导的以工农联盟为基础的几个阶级的联合专政。因为工农这两个阶级占了全国人口的 80% 至 90%，推翻帝国主义和封建势力的统治，主要靠这两个阶级的力量；实现从新民主主义到社会主义的转变，也主要靠这两个阶级的联盟。工农联盟在国家政权中起着决定性的作用。尽管随着社

---

① 《邓小平文选》第一卷，人民出版社 1994 年版，第 323 页。
② 《毛泽东选集》第三卷，人民出版社 1991 年版，第 1056 页。

会主义建设的展开，工人阶级的队伍迅速壮大，但在全国人口中所占的比重仍比较小，离开工农联盟，单靠工人阶级是不能形成大多数人对少数人的巩固的统治的，离开了工农联盟也不可能取得社会主义革命和社会主义建设的胜利。

建国初期，我国社会是新民主主义性质的社会。我国的人民民主专政内部还包括劳动阶级同非劳动阶级即民族资产阶级的联盟。因为我国的民族资产阶级不仅在民主革命时期而且在向社会主义过渡的时期都是一个具有两面性的阶级，它有剥削工人阶级取得利润的一面，又有拥护宪法和接受社会主义改造的一面。工人阶级同资产阶级的矛盾属于人民内部矛盾，它们之间的斗争一般地属于人民内部的阶级斗争。民族资产阶级及其政治代表人物参加了国家政权和国家政治生活，但由于民族资产阶级的两面性，决定着这个阶级不能充当领导者，也不是基本力量。这个时期我国的人民民主专政仍然是共产党领导下的多党合作的统一战线性质的政治制度。为此，毛泽东指出："在中国，在现阶段，是工人阶级，农民阶级，城市小资产阶级和民族资产阶级。这些阶级在工人阶级和共产党的领导之下，团结起来，组成自己的国家，选举自己的政府，向着帝国主义的走狗即地主阶级和官僚资产阶级以及代表这些阶级的国民党反动派及其帮凶们实行专政。"[①]

社会主义制度在我国确立以后，组成国家的各阶级都发生了深刻的变化。尤其是民族资产阶级作为阶级已不复存在，原来属于剥削阶级的大多数人已经成为自食其力的劳动者，他们作为人民的一员享有宪法规定的各种民主权利。原来的两个联盟发展成了"工人阶级领导的、工农联盟为基础的社会主义劳动者和拥护社会主义的爱国者的广泛联盟"。随着形势的发展，这种联盟还包括拥护祖国统一的爱国者在内。尽管人民民主专政在从新民主主义到社会主义的过渡时期和整个社会主义阶段，在实质上担负着无产阶级专政的任务——消灭阶级，并按照新方式组织社会。但是，它并不排斥各民主党派的存在和参加国家的管理。相反，却十分重视加强同各民主党派、无党派民主人士、爱国华侨和宗教界爱国人士的合作，注意

---

① 《毛泽东选集》第四卷，人民出版社1991年版，第1475页。

在重大问题上与他们协商。各民主党派参加国家政权，并广泛参与了国家事务的管理。各民主党派的成员和无党派人士在国家各级政权机关担任了重要的领导职务。中共领导的多党合作和政治协商制度已成为我国社会主义的一项基本政治制度。我国的人民民主专政的政权仍然是工人阶级领导的以工农联盟为基础的并具有广泛代表性的政权。

第二，人民民主专政是民主与专政的统一。

任何国家的政权都包括民主和专政两个方面，即在统治阶级内部实行民主，对被统治阶级实行专政。人民民主专政的国家也不例外，正如毛泽东所说："对人民内部的民主方面和对反动派的专政方面，互相结合起来，就是人民民主专政。"① 人民民主专政作为一种国家制度首先是民主与专政的统一，所不同的是这是一种新型的民主和新型的专政，即对占人口绝大多数的人民实行民主，对极少数人民的敌人实行专政，这是人民民主专政的根本特征之所在。"人民民主专政"这一提法本身不仅从实质上而且从概念上确切地表明了我国政权的阶级本质和民主性质。

人民民主专政作为一种新型的民主，是建立在生产资料公有制基础上的由绝大多数劳动人民当家作主的民主，占人口绝大多数的广大劳动群众共同享有对生产资料的所有权和支配权，享有宪法和法律规定的广泛的民主权利，并在此基础上行使管理国家各项事业的权利；对于人民内部的矛盾问题，只能用民主的方法加以解决，并使民主成为人民群众进行自我教育的方法；人民的国家要保护人民的利益和权利不受侵犯。同样，人民民主专政作为一种新型的专政，是广大的人民群众对极少数人民的敌人的专政。从专政的意义上说，也是暴力和压迫的工具，就是要剥夺剥削者所占有的生产资料，消灭他们的经济基础；在必要的情况下剥夺他们的政治自由，坚决镇压和依法惩处他们的一切反革命活动。当然，对于反动阶级，在他们的政权被推翻以后，只要他们不造反，不破坏，不捣乱，也要给他们以出路，让他们在劳动中改造自己，成为自食其力的劳动者。在对外方面，人民民主专政还担负着防御外部敌人的颠覆活动和可能的入侵的使命。总之"专政的目的是为了保卫全体人民进行和平劳动，将我国建设成

---

① 《毛泽东选集》第四卷，人民出版社1991年版，第1475页。

为一个具有现代工业、现代农业和现代科学文化的社会主义国家。"[①] 人民民主专政的民主与专政两个方面是并行不悖、辩证统一的，二者既互相区别，又互相依存，缺一不可。只有在人民内部实行广泛的民主，充分调动全国人民的积极性，形成强大的政治力量，才能更好地孤立和打击极少数敌人，对他们实行有效的专政。也只有对反动派实行专政，粉碎他们的一切反抗和破坏，才能保障广大人民群众享有当家做主的民主权利。历史的经验证明："只有绝大多数人民享有高度的民主，才能够对极少数敌人实行有效的专政；只有对极少数敌人实行专政，才能够充分保障绝大多数人民的民主权利。"[②] 民主与专政是互相联系，密切结合的，在任何情况下都应该坚持民主与专政的统一。把两者割裂开来、或者对立起来都是错误和有害的，那种认为加强人民民主专政会妨碍发扬民主，甚至是不要民主的看法，是片面的，是对人民民主专政本质的歪曲。

第三，人民民主专政的历史任务。

毛泽东指出，人民民主专政的历史任务是消灭阶级和阶级差别，使国家归于消亡，实现共产主义。也就是说，人民民主专政担负着由新民主主义向社会主义和由社会主义向共产主义过渡的双重任务。为了完成这一历史任务，毛泽东阐述了人民民主专政的职能和具体任务：一是强化人民的国家机器，主要是人民的军队、人民的警察和人民的法庭，对内镇压已被推翻了的反动阶级和反动派的反抗。打击各种犯罪分子，并尽可能地把他们改造成为自食其力的新人，以保卫革命和建设的成果。对外防御帝国主义的破坏、颠覆和侵略，保卫国家的独立和安全。二是对生产资料私有制进行社会主义改造，建立和发展社会主义的公有制。三是保护人民的民主权利，吸引人民群众参加国家管理，发展与完善社会主义民主制度和民主生活，组织社会主义文化建设，进行共产主义思想的宣传和教育，发展体现社会主义精神文明的新型社会关系。四是组织和管理社会主义经济，大力发展社会生产力，并在此基础上逐步提高人民的物质和文化生活水平，缩小城乡之间、工农之间、脑力劳动和体力劳动之间的差别，逐步消灭阶

[①] 《毛泽东文集》第七卷，人民出版社1999年版，第207页。

[②] 《邓小平文选》第二卷，人民出版社1994年版，第373页。

级赖以存在和重新产生的条件。

人民民主专政的历史任务，在不同的历史时期其侧重点是有所不同的。一般说来，在新民主主义革命时期，它的主要任务是反对帝国主义和封建势力的反动统治。在人民民主专政国家政权建立的初期是剥夺剥夺者、镇压反动阶级的反抗和对生产资料私有制进行社会主义改造。在消灭了剥削阶级和剥削制度、确立了社会主义制度以后，人民民主专政的主要任务就是组织和管理社会主义的经济建设和文化教育事业，建设富强、民主、文明的社会主义国家，为将来过渡到共产主义创造条件。

在我国社会主义制度建立以后，人民民主专政的主要任务已是进行经济文化和民主政治建设。但专政的职能仍是不可缺少的，专政的使命并没有完结。因为我们还处在复杂的国际环境中，国际上的各种敌对势力还会对我国进行侵袭和破坏，由于资产阶级和其他剥削阶级思想还不可能在短时间内清除干净，社会上还存在着各种严重的刑事犯罪分子和严重的经济犯罪分子；我国的经济和文化还比较落后，生产关系和上层建筑还有许多不完善的地方，还不可能防止某些社会成员的腐化变质，不可能杜绝极少数腐败分子和敌对分子的产生。尽管同这些人的阶级斗争只是在一定范围内存在，也不再是社会的主要矛盾，但是绝不能因此而削弱了国家的专政职能，如果"只有人民内部的民主，而没有对破坏分子的专政，社会就不可能保持安定团结的政治局面，就不可能把现代化建设搞成功。"①

第四，人民民主专政的政权组织形式。

任何一个国家都有它的国体和政体，国体指的是社会各阶级在国家中的地位，讲的是国家性质问题。政体讲的是统治阶级采取什么样的政治形式来实现自己的统治和行使国家的权力，讲的是政权组织形式问题。我国人民民主专政的政权组织形式是人民代表大会制度，毛泽东在《新民主主义论》一文中指出："所谓'政体'问题，那是指的政权构成的形式问题，指的一定的社会阶级取何种形式去组织那反对敌人保护自己的政权机关。没有适当形式的政权机关，就不能代表国家。中国现在可以

---

① 《邓小平文选》第三卷，人民出版社 1993 年版，第 154 页。

采取全国人民代表大会、省人民代表大会、县人民代表大会、区人民代表大会直到乡人民代表大会的系统，并由各级代表大会选举政府。"在选举方法上"必须实行无男女、信仰、财产、教育等差别的真正普遍平等的选举制"。①这一思想为在我国确立人民代表大会制度奠定了理论基础。新中国成立后，人民代表大会制度发展成为体现我国人民民主专政的根本政治制度。

人民代表大会制度是同我国人民民主专政的国家性质相适应的，我国人民民主专政的国家性质决定了政权的组织形式只能是人民代表大会制度。因为社会主义消灭了剥削制度，消除了资本主义社会固有的资本和劳动的对立，人民群众成了国家和社会的主人，全国人民的根本利益是一致的，可以统一行使自己的国家权力；也只有采取人民代表大会制度，才能体现各阶级、各阶层和各民族在国家中的地位，便于实现最广泛的民主，吸引广大人民群众参加国家管理。同时，人民代表大会制度是同以公有制为基础的社会主义经济制度相适应的。在以公有制为基础的社会主义基本经济制度下，广大的劳动者成了生产资料的拥有者，他们的基本经济利益是一致的，不存在不同势力之间的利害冲突。人民内部的各种矛盾和某些管理制度的不完善，完全可以通过人民代表大会制度，在党和政府的领导下逐步加以解决。

人民代表大会制度作为我国的根本政治制度，有着无比的优越性：一是它充分体现了人民权力的至上性和全权性，便于人民当家作主行使管理国家的权力。在我国，人民群众是国家和社会的主人，国家的一切权力属于人民。人民的权力具有至上性和全权性，与此相适应，人民代表大会在国家机构中处于领导国家行政、司法等权力执行机关的最高权力地位，它是直接行使国家立法权并同时领导和监督国家行政机关和司法机关的全权机关，它的地位和权力高于其他一切国家机关。人民代表大会权力的至上性和全权性，既是人民权力至上性和全权性的制度体现，又是人民权力至上性和全权性实现的保证。二是它能按照民主集中制的原则正确处理国家权力的统一和分工的关系。在由人民代表大会统一行使国家权力的前提

---

① 《毛泽东选集》第二卷，人民出版社 1991 年版，第 677 页。

下，各个国家机关合理分工，各司其职、各尽其责，根据人民的意志在各自的职责范围内发挥职能作用。实行民主集中制，既能保证人民享有广泛的民主权利，调动各方面的积极性，避免权力过分集中，又能保证国家权力的统一，便于在民主的基础上有效地处理国家事务。三是它具有议必能行和议行一致的优势。人民代表大会制度是按照议行合一原则建立起来的，它既是立法机关，又是领导国家行政和司法等权力执行机关的最高权力机关，它责成行政、司法等机关在工作中具体贯彻执行最高权力机关制定的法律和作出的决议。这种议行合一的制度，可以在立法机关和执行机关之间，实现议必能行和议行一致。这样，就能确保人民的意志既能得到国家立法机关的立法肯定，又能得到国家执行机关的实际执行。四是它可以实现人民代表大会对其他国家机关的有效监督。在人民代表大会制度下，人民代表大会与行政和司法机关是领导与被领导、监督与被监督的关系，而不是互相监督的关系，这就能够确保人民代表大会监督职能的有效实行。

（四）社会主义建设外部形势的判断

科学观察和判断时代特征，正确估量和把握国际形势的发展趋势，是制定正确的外交战略的重要依据。建国后，毛泽东对国际格局的判断和所采取的相应的国际战略是随着国际形势的变化不断进行调整的。

1."中间地带"思想

早在第二次世界大战结束后，美苏两极格局初露端倪时，毛泽东就开始构思未来中国的对外战略。1946年8月，他在同美国记者安娜·路易斯·斯特朗谈话时，科学分析了战后国际格局，第一次正式提出了"中间地带"的思想。主要内容：一是，"美国和苏联之间隔着辽阔的地带，这里有欧、亚、非三洲的许多资本主义国家和殖民地、半殖民地国家。美国反动派在没有压服这些国家之前，是谈不到进攻苏联的"；二是，"首先受到美国侵略的不是苏联，而是这些被建立军事基地的国家"；三是，目前的反苏宣传，是"对于反苏战争的政治准备"，同时，"是美国反动派用以掩盖当前美国帝国主义所直接面对着的许多实际矛盾，所放的烟幕"；四是，"美国人民和一切受到美国侵略威胁的国家的人民，应当团结起来，反对美国反动派及其在各国的走狗的进攻。"① 毛泽东在这时提出"中间地带"，可以说是当时世界上最早指出美国在反苏的口号下实施其霸权计划的政治家之一。他的这一思想也隐含了反对美国世界霸权以及把美国和苏联与其它的国家区分开来的双重意义。

1954 年，毛泽东在会见英国工党代表团时又重新提到了"中间地带"的思想。他指出：所谓反共，"这事并不是完全真实的。据我看，美国反共是把它当作个题目来做文章，以达到他们另外的目的，首先是占据从日本到英国的这个中间地段。美国在北美洲处在这个中间地段的那一边，苏联和中国处在这一边。美国的目标是占领处在这个广大中间地带的国家，欺负它们，控制它们的经济，在它们的领土上建立军事基地，最好使这些国家都弱下去，这包括日本、德国在内"②。这里所指的中间地带，主要是指西方国家和广大的新兴独立国家。1955 年毛泽东再次重申了这一观点："目前美国在广大的中间地带，从东京到伦敦建立军事基地，把三百万军队中的一百多万人都钉在这些基地上，动都动弹不得。这不像是个打仗的架势。美国实行着实力政策，如果真的打起来，首先中间地带就完了。但是，这广大中间地带的人民中，亚非两大陆就有十四个亿，还有欧洲的人民，都是我们反对美国侵略的同盟者"③。这就是说，当时美国的外交政策，其实主要目标是为了占领中间地带，不一定是为了要打仗。1958 年，毛泽东又指出，美国到处驻兵，在亚非拉欧四洲都有军队，"这么几个兵，分得这么散，我不晓得它这个仗怎么打法。所以，我总是觉得，它是霸中间地带为主"④。

毛泽东反复强调中间地带，其目的，一是反对美国霸权；二是把除美国以外的西方国家争取到反对美国侵略的斗争中来；三是表明中国对战争的看法，认为美国主要目的不在于马上发动反苏战争，因此世界战争不会打起来。

20 世纪 60 年代，毛泽东对中间地带的认识又有了新的变化，提出了

① 《毛泽东选集》第四卷，人民出版社 1991 年版，第 1193—1194 页。
② 《毛泽东外交文选》，中央文献出版社、世界知识出版社 1994 年版，第 159—160 页。
③ 《毛泽东外交文选》，中央文献出版社、世界知识出版社 1994 年版，第 205 页。
④ 《毛泽东外交文选》，中央文献出版社、世界知识出版社 1994 年版，第 350 页。

155

两个"中间地带"的观点。1962年，毛泽东在与日本客人的谈话中，首次提出：中间地带国家的性质各不相同。他在把日本和西德这些地方都称为中间地带时指出，社会主义阵营算一个方面，美国算另一个方面，除此以外，都算中间地带。但是中间地带国家的性质也各不相同：有些国家有殖民地，如英、法、比、荷等国；有些国家被剥夺了殖民地，但仍有强大的垄断资本，如西德、日本；有些国家取得了真正的独立，如几内亚、阿联、马里、加纳；还有一些国家取得了名义上的独立，实际上仍然是附属国。中间地带国家各式各样，各不相同，美国统统想把他们吞下去。毛泽东这时对中间地带国家情况的分析一个重大变化就在于把中间地带中的西方国家与第二次世界大战后出现的新兴独立国家区分开来。

1963年9月，毛泽东在中共中央工作会议上明确提出了两个中间地带的观点。他指出："我看中间地带有两个，一个是亚、非、拉，一个是欧洲。日本、加拿大对美国是不满意的"；东欧国家与苏联的"关系紧张得很"。1964年1月，他再次阐明两个中间地带的观点。强调："讲到中间地带有两部分：一部分是指亚洲、非洲和拉丁美洲的广大经济落后的国家，一部分是指以欧洲为代表的帝国主义国家和发达的资本主义国家。这两部分都反对美国的控制。在东欧各国则发生反对苏联控制的问题。这种情况看起来比较明显。"[①]

两个中间地带思想的提出，标志着毛泽东对世界力量分化组合有了新的认识，为中国同亚非拉等"第一中间地带"国家加强团结与合作，特别是改善和发展与"第二中间地带"的西方资本主义国家的关系，为中国在20世纪60年代打开外交工作的新局面，奠定了理论基础。

2."三个世界"划分的理论

20世纪60年代末、70年代初，世界上各种力量经过"大动荡、大分化、大改组"，逐渐形成了新的战略格局。苏联霸权主义膨胀，加强对周边国家的军事威胁，在中苏边境陈兵百万，多次挑起武装冲突，甚至扬言要摧毁我国的核基地。美苏争霸的态势出现了苏攻美守的重要变化。此外，由

---

① 《毛泽东外交文选》，中央文献出版社、世界知识出版社1994年版，第506—507、508页。

于日本、西欧、中国的国际地位日益上升，再加上新兴独立国家的兴起，世界开始呈现多极化的苗头。毛泽东密切关注国际关系的巨大变化，毅然及时调整对外战略，打开中美关系大门，摆脱与苏美同时对抗的局面，初步形成了中、美、苏三大角的国际关系格局。

根据新的形势，毛泽东提出了"三个世界"划分的理论。1964 年 1 月，毛泽东在与一批美国朋友的谈话中，第一次使用了"第三世界"的概念。他指出："美国现在在两个'第三世界'都遇到抵抗。第一个'第三世界'是指亚、非、拉。第二个'第三世界'是指以西欧为主的一批资本主义高度发展的、有些还是帝国主义的国家，这些国家一方面压迫别人，另一方面又受美国压迫，同美国有矛盾"[1]。可以看出，这里的两个"第三世界"概念，是直接从"两个中间地带"概念演化过来的。所不同的是毛泽东进一步把东欧国家与苏联区别开来，正如过去把西欧国家与美国区别开来一样，尤其是把中国与苏联区别开来。1970 年，毛泽东在会见坦桑尼亚客人时，第一次将西方国家排除在第三世界的概念之外，指出"帝国主义怕第三世界"，而这里的帝国主义，不仅指美国，也指美国等西方国家。1974 年 2 月，毛泽东在会见赞比亚总统卡翁达时，正式提出了"三个世界"划分的理论。他指出："我看美国、苏联是第一世界。中间派，日本、欧洲、澳大利亚、加拿大，是第二世界。咱们是第三世界。""亚洲除了日本，都是第三世界。整个非洲都是第三世界，拉丁美洲也是第三世界。"[2]同年 4 月 10 日，邓小平在联合国大会第六届特别大会上，向世界全面阐述了毛泽东关于三个世界划分的理论。

从毛泽东"三个世界"划分理论的形成过程来看，呈现如下特点：第一，对亚非拉发展中国家整体力量的关注和倚重。"三个世界"划分理论最重要的意义，就是看到了经过民族独立运动和解放斗争而建立的亚非拉国家在世界格局中的地位和影响，第三世界国家作为一个整体一直是中国外交的立足点；第二，对美苏两极格局的挑战。毛泽东提出中间地带和第二世界、第三世界其实都是针对两极和第一世界的。第三，意识形态色彩

---

[1]　《毛泽东外交文选》，中央文献出版社、世界知识出版社 1994 年版，第 514 页。

[2]　《毛泽东外交文选》，中央文献出版社、世界知识出版社 1994 年版，第 600、601 页。

逐渐淡化的趋势。两个中间地带思想就已经开始淡化了社会制度标准。三个世界划分的理论表明我们已经放弃了以社会制度、意识形态为标准的旧模式，这不仅使中国逐步摆脱了一度在国际上比较孤立的困境，成为遏制霸权主义、强权政治的主要力量，而且为中国后来实行真正意义上的对外开放廓清了道路。

"三个世界"划分理论肯定了新兴第三世界国家的国际地位，并坚定地站在第三世界一边，从而为中国找到了与国力和国家利益相符的战略地位。尤其是，这一理论把日本、欧洲、加拿大、澳大利亚这些资本主义国家划入第二世界，指出它们同霸权主义国家既有联系又有冲突，从而抓住了第二世界国家的本质特征，极大地增强了国际反霸力量。

总之，毛泽东国际战略思想与世界格局的转换相契合，其重要特征就是始终如一地维护国家的主权、独立、统一和尊严，不作任何大国的附庸，坚持独立自主的外交方针。

三、社会主义建设道路探索的重大意义和历史局限

以毛泽东为代表的中国共产党人在社会主义基本制度建立以后长达20年时间，对中国社会主义建设道路进行的曲折探索，具有重大的理论和实践意义，同时也存在着一定程度的历史局限。

（一）社会主义建设道路探索的重大意义

我国经过社会主义改造进入到社会主义社会以后，建设什么样的社会主义，怎样建设社会主义，实际便成为一个亟待解决的重大理论和实践问题。面对这一问题，以毛泽东为代表的中国共产党人不仅率先提出了探索中国社会主义建设道路的伟大历史任务，而且从经济、政治、科学文化等各个方面对如何建设社会主义进行了全方位的初步探索。党的十八大从开创中国特色社会主义的高度，回顾和审视了这段探索的历史，并对这段历史作出了高度的评价，指出在这一探索过程中，"虽然经历了严重曲折，但党在社会主义建设中取得的独创性理论成果和巨大成就，为新的历史时

期开创中国特色社会主义提供了宝贵经验、理论准备、物质基础"①。

第一，这一阶段的探索是中国共产党人开始摆脱苏联模式，独立自主地开辟适合中国国情的社会主义建设道路的重要标志。苏共二十大揭露出了苏联社会主义建设模式的一些问题，也暴露了我国照搬苏联模式的很多弊端。毛泽东等人认识到苏联模式不适合中国具体国情，不利于调动国内外一切积极因素为建设社会主义强国服务；同时，他们也从本国国情和本国社会主义建设取得部分经验中认识到，中国应当而且能够找到一条有别于苏联的、适合中国情况的社会主义建设道路。于是，中国共产党在新的历史条件下，坚持把马克思列宁主义基本原理与中国实际相结合，开始了探索中国自己的社会主义建设道路的艰辛历程。毛泽东的《论十大关系》、《关于正确处理人民内部矛盾的问题》和党的八大文件以及其他文献，反映了当时探索适合我国国情的社会主义建设道路的成果。毛泽东以求实的精神和敏锐的洞察力，以苏为鉴，总结我国的经验，在探索适合中国国情的社会主义建设道路上作出了突出的贡献。尽管由于时代条件的局限和实践经验的不足，毛泽东在探索社会主义道路的过程中出现了失误，甚至犯有像"大跃进"、人民公社化运动乃至"文化大革命"那样带有全局性的错误，最终没能从根本上完全突破苏联模式，也没能成功找到一条适合国情的社会主义建设道路，但是这种探索毕竟拉开了中国独立探索社会主义建设道路的序幕，是中国特色社会主义的伟大开端。

第二，这一阶段的探索为中共十一届三中全会以后党的中央领导集体形成发展中国特色社会主义理论体系提供了理论准备。毛泽东是探索中国社会主义建设道路的开创者。他在领导全党和全国人民探索中国社会主义建设道路的实践中，提出了一系列关于社会主义的思想和主张。主要有：一是关于要破除对苏联经验的迷信，走自己的路，从实际出发建设中国社会主义的思想，对探索中国特色社会主义起着思想解放的作用；二是关于社会主义社会基本矛盾和两类矛盾的学说为中国特色社会主义提供了科学的理论依据；三是关于社会主义社会划分为不发达的社会主义和比较发达的社会主义两个阶段的思想，为社会主义初级阶段理论的形成奠定了思想

---

① 《中国共产党第十八次全国代表大会文件汇编》，人民出版社 2012 年版，第 7 页。

基础；四是关于把党和国家的工作重心转移到经济建设上来的思想，是中国特色社会主义"一个中心、两个基本点"的基本路线形成的先导；五是关于商品生产和商品交换是中国社会主义建设必经阶段的理论，对社会主义市场经济体制的建立具有一定的启示作用等等。这些思想和主张，为十一届三中全会之后党的中央领导集体形成发展中国特色社会主义理论体系提供了重要的思想理论基础。

第三，这一阶段探索指导下的全面建设社会主义所取得的巨大成就为新时期党开创中国特色社会主义积累了宝贵经验和物质基础。十年大规模的社会主义建设，虽然遭到过严重挫折，但在其中正确趋向的指导下，仍然取得了很大的成就，基本形成了独立的比较完整的工业体系和国民经济体系。以1966年同1956年相比，全国工业固定资产按原价计算，增长了三倍。棉纱、原煤、发电量、原油、纲和机械设备等主要工业产品的产量，都有巨大的增长，从1965年起实现了石油全部自给；电子工业、石油化工等一批新兴的工业部门建立了起来。工业布局有了改善；农业的基本建设和技术改造开始大规模展开，并逐渐取得成效，全国农用拖拉机和化肥使用量都增长6倍以上，农村用电量增长70倍；高等学校的毕业生为前七年的4.9倍。经过整顿，教育质量得到显著提高；以原子弹、导弹、人造卫星为代表的国防尖端科学技术成果最为显著。十年建设所取得的进展，为后来的社会主义建设奠定了重要的物质技术基础。这期间建设起来的一些基础设施、基础项目和大中型企业，至今仍在国民经济和社会生活中发挥着重要作用。正如1981年6月党的十一届六中全会作出的《关于建国以来党的若干历史问题的决议》所指出的："我们现在赖以进行现代化建设的物质技术基础，很大一部分是这个期间建设起来的；全国经济文化建设等方面的骨干力量和他们的工作经验，大部分也是在这个时期培养和积累起来的。这是这个期间党的工作的主导方面。"[1] 即使从1966年至1976年的十年"文化大革命"中，我国的社会主义制度的根基仍然保存着，社会主义经济建设还在进行，我们的国家仍然保持统一并且在国际上发挥

---

[1] 中共中央文献研究室主编：《〈关于建国以来党的若干历史问题的决议〉注释本》，人民出版社1983年版，第22页。

重要影响。历史再一次表明，中国人民是伟大的人民，社会主义制度具有伟大而顽强的生命力。

（二）社会主义建设道路探索的历史局限

毛泽东坚持把马克思主义基本原理同中国具体实际相结合，借鉴外国经验，努力摆脱苏联模式，率先探索中国自己的社会主义建设道路，并取得初步的成果。当然，毛泽东的探索不可避免地存在着历史局限。

第一，这一探索在总体上还没有完全摆脱苏联模式。由于种种原因，中国的社会主义建设不可避免地受到苏联模式的影响。毛泽东从中国革命胜利的经验中确信，中国的社会主义建设不能照搬苏联模式，而应该从中国的具体国情出发，走出一条适合本国国情、具有本国特点的道路；同时，他也从苏联社会主义建设实践暴露出来的问题中意识到了照搬苏联模式的弊端，因此，决心另辟蹊径，探索一条中国自己的建设道路。为此，毛泽东进行了艰苦的努力，付出了巨大的心血，也取得了不少成果。但他先后犯了包括"大跃进"运动和"文化大革命"在内的严重错误，使探索偏离了原来正确的轨道。而由于误入歧途，没有找到正确的答案，因而也就不可能使中国的社会主义建设真正摆脱苏联模式。正如邓小平后来所说："我们过去照搬苏联搞社会主义的模式，带来很多问题。我们很早就发现了，但没有解决好。"[1]

第二，这一探索的许多积极成果在实践中未得到很好地坚持甚至出现了严重地背离。例如，毛泽东提出了在社会主义生产关系建立起来以后，我们的根本任务是在新的生产关系下面保护和发展生产力，要把全党的工作重点转到技术革命和社会主义建设上来等正确思想，但他后来又断然否定中共八大关于我国社会主义主要矛盾的正确判断，错误地认为无产阶级和资产阶级的矛盾、社会主义道路和资本主义道路的矛盾，毫无疑问，还是当前我国社会的主要矛盾，从而逐步走上了"以阶级斗争为纲"的错误轨道。又如，毛泽东创立了社会主义社会的矛盾学说，提出要严格区分和正确处理两类不同性质的社会矛盾，把正确处理人民内部矛盾作为国家政

---

[1] 《邓小平文选》第三卷，人民出版社 1993 年版，第 261 页。

治生活的主题。但是在实践中，却把一些本属于党内和人民内部的不同意见和争论当作阶级斗争的反映，造成阶级斗争扩大化。再如，毛泽东提出要努力认识和反映社会主义经济建设的客观规律，而在实践中却习惯套用过去革命战争年代群众运动、政治动员的方法来搞经济建设，夸大了主观意志和主观努力的作用，忽视了客观经济规律，因而造成了国民经济重大比例关系严重失调，等等。

第三，这一探索中错误倾向的逐步发展导致了"文化大革命"的发生。在探索中国自己的社会主义建设道路的过程中，主要是1957年后，"左"的思想开始发展，逐步形成了一些错误的观点、方针和政策。1957年反右派斗争严重扩大化，把一大批人错划为右派分子，误伤了很多同志和朋友，其中不少是有才能的知识分子；1958年轻率地发动"大跃进"及人民公社化运动，急于求成，夸大主观意志和主观努力的作用，造成高指标、瞎指挥、浮夸风和"共产风"的泛滥；1959年在全党范围内错误地开展了"反右倾斗争"，这场斗争将社会上的阶级斗争引入党内，给党和社会主义事业造成了严重恶果，在政治上使党内民主生活遭到严重损害，压制和打击了党内敢于实事求是说真话的同志；在经济上打断了纠正"左"倾错误的进程，使"左"倾错误继续发展。在1962年9月的八届十中全会上，毛泽东更是把社会主义社会中一定范围内存在的阶级斗争扩大化和绝对化，进一步断言：在整个社会主义历史阶段资产阶级将始终存在和企图复辟，并成为党内修正主义的根源。在"四清"运动中使不少基层干部受到不应有的打击，以后又错误地提出重点整"党内走资本主义道路的当权派"。在意识形态领域也进行了过火地错误政治批判，在对待知识分子、教育科学文化等问题上发生了越来越严重的"左"的偏差，最后导致了"文化大革命"的发动。

毛泽东在探索中国社会主义建设道路问题上出现的严重失误的原因是多方面，但最根本的原因就是对"建设什么样的社会主义、怎样建设社会主义"这个重大的理论和实践问题认识不清。邓小平根据新的情况回答了这一根本问题，从根本上进行了拨乱反正，并在此基础上实现了马克思主义中国化的第二次历史性飞跃。

第四章　中国特色社会主义的基本理论

中国特色社会主义基本理论，是中国共产党人总结国内外社会主义建设正反两方面的历史经验，把马克思主义基本原理与中国社会主义现代化建设实际相结合而形成的基本理论成果，它围绕"建设什么样的社会主义、怎样建设社会主义"的根本问题，在总结历史与现实经验的基础上，深刻阐述了社会主义初级阶段这一建设中国特色社会主义的总依据，经济、政治、文化、社会和生态文明建设"五位一体"的总布局以及实现社会主义现代化和中华民族伟大复兴的总任务等重大理论观点。这些理论观点构成了中国特色社会主义基本理论，是对中国特色社会主义的本质性认识，是中国特色社会主义理论体系的理论基石。

一、建设中国特色社会主义的总依据

社会主义初级阶段，是中国特色社会主义理论体系形成发展的国情基点和重要基础；是党制定路线方针政策、坚持和发展中国特色社会主义的总依据。邓小平指出，我国的社会主义还处于初级阶段，是初级阶段的社会主义，要用长达百年的时间去实现别的国家在资本主义条件下实现的工业化和生产的商品化、社会化、市场化，建立社会主义本来应该具有的发达的生产力基础，使我国的社会主义最终摆脱贫穷落后。这就彻底否定了过去那些超越阶段的错误观念和政策，同时又坚持了社会主义方向。对社会主义初级阶段基本国情的统一认识和准确把握，从整体上解决了我国社会主义发展的现实起点问题，为新时期开拓马克思主义中国化新局面提供了必要的前提。

（一）社会主义初级阶段理论的形成和发展

社会主义制度建立以后，如何认识和判断我国社会所处的历史方位问题，成为一个重大的理论和现实问题。由于我国的社会主义制度是在半殖民地半封建社会的基础上、经过新民主主义革命和时间不长的社会主义改造建立起来的，这无疑增加了党对进入社会主义以后国情认识和把握的难度。对此，党进行了有益的探索，但总的来说，直到十一届三中全会以前，仍处于不完全清醒的状态。

我国社会主义改造基本完成后不久，毛泽东就比较正确地认识到我国社会主义发展的阶段问题。他曾把社会主义制度的建立与建成作了明确的区分。虽然当时没有提出社会主义初级阶段问题，但对中国社会主义发展程度也没有做出过高的估计，应该说还是比较符合实际的。由于我国当时刚刚进入社会主义社会，没有足够的经验使我们能够对社会主义发展规律具有很清楚的认识，因此，关于社会主义发展阶段这一正确思想没有能够坚持和得到进一步发展。1958 年轻率发动的"大跃进"和人民公社化运动，使生产力发展上的急于求成与生产关系变革上急于过渡的错误相互伴随，产生了"共产主义在我国的实现，已经不是什么遥远将来的事情了"① 的盲目乐观情绪。在初步总结社会主义建设经验教训后，毛泽东意识到了在中国建设社会主义的艰巨性、复杂性和长期性问题。1959 年底到 1960 年初，他在读苏联《政治经济学教科书》时指出："社会主义这个阶段，又可能分为两个阶段，第一个阶段是不发达的社会主义，第二个阶段是比较发达的社会主义。后一阶段可能比前一阶段需要更长的时间。""在我们这样的国家，完成社会主义建设是一个艰巨任务，建成社会主义不要讲得过早了。"② 并批评急于向共产主义过渡的人是误认社会主义为共产主义。毛泽东对社会主义发展阶段的划分，为后来我国社会主义社会发展阶段的探索提供了有益的启示。然而，非常遗憾的是，毛泽东关于社会主义是一个

---

① 《建国以来重要文献选编》第 11 册，中央文献出版社 1995 年版，第 450 页。
② 《毛泽东文集》第八卷，人民出版社 1999 年版，第 116 页。

相当长历史阶段的认识后来又同"以阶级斗争为纲"的"左"的错误联系起来，认为在进入共产主义社会高级阶段以前，都是属于从资本主义到共产主义的过渡时期，进而形成了以"两个阶级、两条道路斗争"为主要内容的所谓"大过渡"的理论，导致了"文化大革命"更为严重的错误。正如邓小平所说："从一九五七年下半年开始，我们就犯了'左'的错误。总的来说，就是对外封闭，对内以阶级斗争为纲，忽视发展生产力，制定的政策超越了社会主义的初级阶段。"① 总之，这一时期由于受到"左"的思想的影响，我国基本上没有解决好社会主义建设的现实出发点问题，当然也就不能解决好其他问题。

　　1978 年 12 月召开的中共十一届三中全会重新确立了党的实事求是的思想路线，为正确认识中国国情、科学分析和判断我国所处的发展阶段问题，提供了正确的认识前提。1979 年初邓小平提出，底子薄、人口多、生产力落后，这是中国的现实国情。我们搞建设，必须适合中国国情，走出一条中国式的现代化道路，这实质上是要求全党正确认识中国社会主义发展的历史阶段问题。同年 9 月，叶剑英在中华人民共和国成立 30 周年纪念大会上的讲话中指出："我国现在还是发展中的社会主义国家，社会主义制度还不完善，经济和文化还不发达"，"在我国实现现代化，必然要有一个初级到高级的过程。"这是我们党在新时期首次公开发表的对我国社会主义发展阶段的判断，初步表达了社会主义初级阶段的思想。1981年 6 月，党的十一届六中全会通过的《关于建国以来党的若干历史问题的决议》明确指出："我们的社会主义制度还是处于初级的阶段"，而"我们的社会主义制度由比较不完善到比较完善，必然要经历一个长久的过程"。十二大进一步指出，"我国的社会主义社会现在还处在初级发展阶段，物质文明还不发达。"1984 年党的十二届三中全会从经济运行机制上探讨了初级阶段问题，提出："商品经济的充分发展，是社会经济发展不可逾越的阶段"。1986 年 9 月，党的十二届六中全会通过了《中共中央关于社会主义精神文明建设指导方针的决议》，指出："我国还处在社会主义的初级阶段，不但必须实行按劳分配，发展社会主义的商品经济和竞争，而且在

①　《邓小平文选》第三卷，人民出版社 1993 年版，第 269 页。

相当长的历史时期内还要在公有制为主体的前提下发展多种经济成分，在共同富裕的目标下鼓励一部分人先富裕起来。"这些探讨为社会主义初级阶段理论的系统提出奠定了基础。

1987年党的十三大召开前夕，邓小平指出，"党的十三大要阐述中国社会主义是处在一个什么阶段，就是处在初级阶段，是初级阶段的社会主义。社会主义本身是共产主义的初级阶段，而我们中国又处在社会主义的初级阶段，就是不发达的阶段。一切都要从这个实际出发，根据这个实际来制订规划。"[①]这就将社会主义初级阶段问题提到了关系全局的高度。党的十三大报告第一次明确界定了我国所处的历史发展阶段，对社会主义初级阶段和党在初级阶段的基本路线作了全面、系统的阐述。党的十四大进一步指出，社会主义初级阶段是一个至少要经历上百年的历史阶段，一切方针、政策都必须以此为依据，同时社会主义初级阶段理论也写进了党章总纲。党的十五大强调，我们讲一切从实际出发，最大的实际就是中国现在处于并将长期处于社会主义初级阶段。面对世纪之交改革攻坚和开创新局面的艰巨任务，我们解决种种矛盾，澄清种种疑惑，关键还在于对所处社会主义初级阶段的基本国情要有统一认识和准确把握。党的十五大还进一步论证了什么是初级阶段的社会主义，在初级阶段怎样建设社会主义，科学阐述了社会主义初级阶段的发展进程、基本纲领等重大理论和实践问题。

新世纪新阶段，在我国人民生活从总体上达到了小康水平后，党的十六大又指出，我国正处于并将长期处于社会主义初级阶段，现在达到的小康还是低水平的、不全面的、发展很不平衡的小康，巩固和提高目前达到的小康水平，还需要进行长期的艰苦奋斗。党的十七大重申，我国仍处于并将长期处于社会主义初级阶段的基本国情没有变，人民群众日益增长的物质文化需要同落后的社会生产之间的矛盾这一社会主要矛盾没有变。党的十八大从坚持和发展中国特色社会主义的整体大局角度提出了"建设中国特色社会主义的总依据是社会主义初级阶段"的观点，这一提法在"依据"前面加了一个"总"字，进一步体现了社会主义初级阶段在坚持和发

---

① 《邓小平文选》第三卷，人民出版社1993年版，第252页。

展中国特色社会主义这个总命题中的重要地位。正是由于党对社会主义初级阶段的基本国情有着清醒的认识，我们才得以成功地开辟了中国特色社会主义道路、形成了中国特色社会主义理论体系、确立了中国特色社会主义制度，取得了中国特色社会主义建设的伟大成就。

（二）社会主义初级阶段的科学内涵和基本特征

社会主义初级阶段是一个具有特定内涵的科学概念。党的十三大报告明确指出，我国当前所处的社会主义初级阶段包括两层含义："第一，我国社会已经是社会主义社会。我们必须坚持而不能离开社会主义。第二，我国的社会主义社会还处在初级阶段。我们必须从这个实际出发，而不能超越这个阶段。"

在这里，社会主义是性质的确定，是明确我国社会主义发展的基本前提。在当代中国，社会主义的基本含义是：我们已经建立了以公有制为基础、实行按劳分配原则的社会主义基本经济制度，坚持共产党领导、实行人民民主专政的社会主义基本政治制度，坚持以马克思主义为指导的社会主义意识形态。这是我们的立国之本，是我国一切进步和发展的根本前提和基础。有了这三个方面的保证，我们就可以大胆地进行改革、开放、搞活，解放和发展生产力，建设中国特色社会主义的经济、政治、文化、社会和生态文明，推动社会主义迅速向前发展。社会主义的前提，规定了我国社会生产力的本质就是社会主义社会的生产力。在此前提下，大胆发展多种非公有制经济成分，提高经济社会化、市场化、现代化程度，吸引几百亿乃至上千亿元的外资搞现代化建设，都不会伤害社会主义的本质。即使搞"一国两制"也要以整个国家的主体是社会主义为前提。"在这个前提下，可以容许在自己身边，在小地区和小范围内实行资本主义。我们相信，在小范围内容许资本主义存在，更有利于发展社会主义。"[①]

在这里，初级阶段是过程的确定，是明确我国社会主义发展的程度，表明目前乃至今后相当长的历史时期，我国的社会主义仍将处于不完备、不成熟的阶段。其主要表现为人口多、底子薄、地区发展不平衡、生产力

---

① 《邓小平文选》第三卷，人民出版社1993年版，第103页。

不发达的状况没有根本改变；社会主义制度还不完善，社会主义市场经济体制还不成熟，社会主义民主法制还不够健全，封建主义、资本主义腐朽思想和小生产习惯势力在社会上还有广泛的影响。我们必须也只能从初级阶段这一最大的实际出发来确定路线、方针、政策，而不能离开和超越这个实际。于是，就出现了以公有制为主体的多种经济成分共同发展，以按劳分配为主体的多种分配方式并存，以部分人先富带动全体社会成员逐步实现共同富裕，以及建立社会主义市场经济等崭新的体制模式。同样，政治体制的改革、精神文明的建设、和谐社会和生态文明的构建，也都不能不考虑这一实际，并采取相应的方针、政策。

这两层基本含义既相互区别、又紧密联系，构成了一个具有特定内涵的新概念。这就是说，所谓社会主义初级阶段，不是泛指任何国家进入社会主义都会经历的起始阶段，也不是人们通常所说的发展顺序上的第一阶段，而是特指我国生产力落后、商品经济不发达条件下建设社会主义必然要经历的特定历史阶段。它起始于我国社会主义改造基本完成、社会主义制度基本确立的 20 世纪 50 年代中期，直至 21 世纪中叶基本实现现代化，至少需要上百年的时间。这是一个很长的历史过程。

关于社会主义初级阶段的基本特征，党的十三大从我国人口结构、工业发展水平、地区发展状况、科学教育文化发展等方面作了最初的概括。指出："我国社会主义初级阶段，是逐步摆脱贫穷、摆脱落后的阶段；是由农业人口占多数的手工劳动为基础的农业国，逐步变为非农产业人口占多数的现代化的工业国的阶段；是由自然经济半自然经济占很大比重，变为商品经济高度发达的阶段；是通过改革和探索，建立和发展充满活力的社会主义经济、政治、文化体制的阶段；是全民奋起，艰苦创业，实现中华民族伟大复兴的阶段。"①

经过 10 年的认识和实践，党的十五大从 9 个方面作了比较系统地概括，指出："社会主义初级阶段，是逐步摆脱不发达状态，基本实现社会主义现代化的历史阶段；是由农业人口占很大比重、主要依靠手工劳动的农业国，逐步转变为非农业人口占多数、包含现代农业和现代服务业的工

---

① 《十三大以来重要文献选编》上卷，人民出版社 1991 年版，第 12 页。

业化国家的历史阶段；是由自然经济半自然经济占很大比重，逐步转变为经济市场化程度较高的历史阶段；是由文盲半文盲人口占很大比重、科技教育文化落后，逐步转变为科技教育文化比较发达的历史阶段；是由贫困人口占很大比重、人民生活水平比较低，逐步转变为全体人民比较富裕的历史阶段；是由地区经济文化很不平衡，通过有先有后的发展，逐步缩小差距的历史阶段；是通过改革和探索，建立和完善比较成熟的充满活力的社会主义市场经济体制、社会主义民主政治体制和其他方面体制的历史阶段；是广大人民牢固树立建设有中国特色社会主义共同理想，自强不息，锐意进取，艰苦奋斗，勤俭建国，在建设物质文明的同时努力建设精神文明的历史阶段；是逐步缩小同世界先进水平的差距，在社会主义基础上实现中华民族伟大复兴的历史阶段。"[1]

新世纪新阶段，面对全面建成小康社会的艰巨任务和国际国内的复杂形势，党的十七大概括了我国发展呈现出的一系列新的阶段性特征。这主要是：经济实力显著增强，同时生产力水平总体上还不高，自主创新能力还不强，长期形成的结构性矛盾和粗放型增长方式尚未根本改变；社会主义市场经济体制初步建立，同时影响发展的体制机制障碍依然存在，改革攻坚面临深层次矛盾和问题；人民生活总体上达到小康水平，同时收入分配差距拉大趋势还未根本扭转，城乡贫困人口和低收入人口还有相当数量，统筹兼顾各方面利益难度加大；协调发展取得显著成绩，同时农业基础薄弱、农村发展滞后的局面尚未改变，缩小城乡、区域发展差距和促进经济社会协调发展任务艰巨；社会主义民主政治不断发展、依法治国基本方略扎实贯彻，同时民主法制建设与扩大人民民主和经济社会发展的要求还不完全适应，政治体制改革需要继续深化；社会主义文化更加繁荣，同时人民精神文化需求日趋旺盛，人们思想活动的独立性、选择性、多变性、差异性明显增强，对发展社会主义先进文化提出了更高要求；社会活力显著增强，同时社会结构、社会组织形式、社会利益格局发生深刻变化，社会建设和管理面临诸多新课题；对外开放日益扩大，同时面临的国际竞争日趋激烈，发达国家在经济科技上占优势的压力长期存在，可以预

[1]《江泽民文选》第二卷，人民出版社2006年版，第14—15页。

见和难以预见的风险增多，统筹国内发展和对外开放要求更高。我国发展的这些阶段性特征，是社会主义初级阶段基本特征在新世纪新阶段的具体表现。

上述认识，把社会主义初级阶段的长期性与发展进程中呈现出的阶段性结合起来，深入地揭示了社会主义初级阶段的基本特征。

（三）社会主义初级阶段理论提出的重大意义

社会主义初级阶段理论作为当代中国马克思主义的一个十分重要的组成部分，具有重大的理论和实践意义。

第一，社会主义初级阶段理论是中国特色社会主义理论体系的立论基础。如同对待其他问题一样，马克思、恩格斯对未来社会发展的阶段问题也采取了非常严肃认真的态度。一方面，他们基于已有的条件提出了一些富有启发性的设想，如马克思在《哥达纲领批判》中就已提出无产阶级夺取政权后要经历从资本主义到共产主义的革命转变时期、共产主义的第一阶段（或低级阶段）和共产主义的高级阶段。同时，他与恩格斯又把上述各阶段本身看作不断发展和变化的过程。恩格斯虽然赞成《哥达纲领批判》中的观点，但后来并没有再强调把共产主义分为两大阶段的观点，而是考虑到落后国家革命所面临的更为复杂的条件，强调怎样过渡的问题，并提出了应当把社会主义社会看成是经常变化和改革的社会等非常值得我们重视的观点。列宁在把社会主义由理想变为现实的同时，比较强调的也是如何向社会主义过渡的问题，认为经济落后的俄国不可能不经过中间环节而直接过渡到纯社会主义的经济形式和纯社会主义的分配。毫无疑义，无论马克思、恩格斯还是列宁，都没有要求人们教条地对待他们的理论。十一届三中全会以后，我们党通过认真总结历史经验，从我国现阶段的客观实际出发，提出在我国这样经济文化比较落后的国家进入社会主义以后必须经历一个很长的初级阶段的新论断。这一新论断，不仅是对我国社会主义发展阶段的科学认识，而且是对马克思主义关于社会主义发展阶段理论的重大发展、重大突破。在此基础上，才进一步搞清了"建设什么样的社会主义，怎样建设社会主义"这一根本问题，创立了中国特色社会主义理论体系。

第二，社会主义初级阶段理论是党在社会主义初级阶段正确路线、方针、政策制定的总依据。认识当前我国社会所处的历史阶段，也就是认识本国现实的国情，历来是我们党制定正确路线、方针、政策的前提。我国现阶段的国情，从理论上加以抽象化就是我国正处于社会主义初级阶段这个科学论断。十一届三中全会以来，党的正确路线、政策正是基于这一科学认识而制定的。社会主义初级阶段理论提出的重要性，就在于它明确地告诉人们，我们所实行的一切方针政策都必须符合初级阶段的实际，而不能拘泥于社会主义的一般形式。或者说，不能按照抽象的社会主义原则作出判断。离开了中国实际情况，满脑袋社会主义的条条、框框，那么许多问题的是非都是难以判断的。虽然，初级阶段的概念是在 1981 年的十一届六中全会《关于建国以来党的若干历史问题的决议》中正式提出的，但是，由于十一届三中全会重新确立了党的实事求是的思想路线，强调从中国实际出发，并对现阶段中国的国情作了正确的分析，因此，我们完全可以说，正是实际上已经有了这一思想，才制定和执行了十一届三中全会以来的正确路线和政策。不仅如此，十一届三中全会以来，我们党在经济体制、政治体制、文化体制、社会体制等领域所推行的一系列改革，也反映了社会主义初级阶段的特点和要求。所有这些变革和政策上的变化，都既坚持了社会主义的根本原则和将来的共产主义方向，又立足于我国目前处于社会主义初级阶段的实际情况，因而都是建立在对初级阶段的正确认识基础上的。

第三，社会主义初级阶段理论是中国特色社会主义事业胜利发展的思想武器。毋庸讳言，建设中国特色社会主义是一个伟大而艰巨的事业，需要长期的艰苦奋斗。要奋斗就会有困难有风险，甚至会遇到各种错误倾向的干扰。警惕右，主要是防止"左"，是邓小平总结建国以来社会主义建设、特别是改革开放和社会主义现代化建设正反两方面的经验教训得出的一个深刻的结论。"左"和右虽然在表现形式上不同，但其实质都是否定马克思主义基本原理与中国实际相结合，干扰和破坏党的正确路线。"左"和右反映到对我国现实国情的认识上，往往容易陷入企图逾越生产力高度发达和商品经济充分发展阶段，急于过渡到社会主义更高发展阶段的"空想论"；或者陷入主张资本主义发展阶段是不可超越的，中国现在应该回头去"补资本主义的课"的"机械论"。这两种倾向都脱离了我国的基本国情，因而都会对改革开放和社会主义现代化事业造成危害。要全面推进中国特色社会主义事业，就要在警惕右、但主要是防止"左"的干扰中，全面准确地把握社会主义初级阶段。超越社会主义初级阶段的实际，提出党的任务和政策，是十一届三中全会以前我们在社会主义建设中屡遭失误的根本原因之一。而既要克服那些超越阶段的错误观念和政策，又要抵制抛弃社会主义基本制度的错误主张，则是我们在改革开放和现代化建设中取得成功的根本原因之一。我们应该认真汲取党在认识和把握初级阶段理论过程中所积累的这些宝贵经验，不断提高贯彻执行党的基本路线的自觉性和坚定性，把建设中国特色社会主义的事业全面推向前进。

二、建设中国特色社会主义的总布局

无论是革命、建设还是改革，都有一个布局的问题。总体布局就是从整体、全盘的角度进行布局。中国共产党在领导改革开放和社会主义现代化建设的进程中，经过不懈的探索，将中国特色社会主义事业的总体布局清晰地呈现在世人面前：从既要建设物质文明、又要建设精神文明的"两位一体"，到物质文明、政治文明、精神文明协调发展的"三位一体"，再到经济建设、政治建设、文化建设、社会建设全面发展的"四位一体"，最后到经济建设、政治建设、文化建设、社会建设、生态文明建设整体推进的"五位一体"。不断更新的战略布局和治国理念正引领中国这艘巨轮朝着更加富强、民主、文明、和谐的方向破浪前行。

（一）党在社会主义初级阶段的基本路线

党的基本路线是党在一定历史时期为解决社会主要矛盾而提出的总的指导方针和行动指南，是统一全党思想和行动的基础。以"一个中心、两个基本点"为主要内容的党在社会主义初级阶段的基本路线，本身就体现了中国共产党对当代中国社会发展的整体规划。这一整体规划充分体现了建设中国特色社会主义总布局和党的基本路线之间的内在联系：建设中国特色社会主义总布局是党的基本路线的集中体现。科学把握建设中国特色社会主义总布局，必须深入理解党在社会主义初级阶段的基本路线。

十一届三中全会以后，党在深入思考"建设什么样的社会主义、怎样建设社会主义"这个根本问题，科学判断我国社会主义所处的历史方位，并不断推进实践的过程中，对社会主义初级阶段基本路线的构想越来越成熟，最终在1987年召开的党的十三大上对社会主义初级阶段的基本路线作出了明确的阐述："领导和团结全国各族人民，以经济建设为中心，坚持四项基本原则，坚持改革开放，自力更生，艰苦创业，为把我国建设成为富强、民主、文明的社会主义现代化国家而奋斗。"1992年初，邓小平在南方谈话中重申了这条基本路线。他指出，要坚持党的十一届三中全会的路线、方针和政策，关键是坚持"一个中心，两个基本点"，基本路线要管一百年。党的十五大郑重提出，要毫不动摇地坚持党在社会主义初级阶段的基本路线，要把"一个中心"与"两个基本点"统一于建设有中国特色社会主义的伟大实践。党的十七大通过的党章又把"和谐"与"富强民主文明"一起写入了基本路线，表明经过多年的实践和探索，党对奋斗目标的认识逐渐深化，实现了中国特色社会主义事业总体布局与奋斗目标的有机统一。在党的十八大上，党在原有"一个中心、两个基本点"为主要内容的基本路线基础上又提出了夺取中国特色社会主义建设新胜利的基本要求，即"必须坚持人民主体地位、必须坚持解放和发展社会生产力、必须坚持推进改革开放、必须坚持维护社会公平正义、必须坚持走共同富裕道路、必须坚持促进社会和谐、必须坚持和平发展、必须坚持党的领导"。这八项基本要求，体现了共产党执政规律、社会主义建设规律、人类社会发展规律，是"一个中心、两个基本点"的基本路线的逻辑展开，是对当前我国经济社会发展中存在的突出问题、改革攻坚和加快转变经济发展方式面临的难点问题、干部群众普遍关注的热点问题的积极回应，更是对我国进入全面建成小康社会决定性阶段改革发展稳定、内政外交国防、治党治国治军的正确指引，大大深化了对党在社会主义初级阶段基本路线的认识。

党在社会主义初级阶段的基本路线内容丰富、层次分明，高度概括了中国社会主义现代化建设的奋斗目标、基本途径、根本保证、领导力量和依靠力量以及实现这一目标的基本方针。

第一，"把我国建设成为富强民主文明和谐的社会主义现代化国家"，高度概括了党在社会主义初级阶段的奋斗目标，体现了中国特色社会主义建设的总布局思想。这个奋斗目标集中反映了全国各族人民的共同愿望和根本利益。富强、民主、文明、和谐构成一个统一整体。其中富强是基础，要求大力发展生产力，消灭贫穷，没有富强作为基础，民主、文明都不会顺利实现，就更谈不上社会和谐了。当然，经济发展并不意味着可以自动实现社会民主、文明与和谐，还需要在经济建设的同时，努力促进政治建设、文化建设、社会建设以及生态文明建设，实现"五位一体"均衡发展，才能最终实现这一奋斗目标。

第二，"一个中心，两个基本点"，是党在社会主义初级阶段基本路线的核心内容。"一个中心"就是坚持以经济建设为中心，大力发展生产力，这是社会主义的根本任务，是实现现代化和中华民族伟大复兴的关键。"两个基本点"就是坚持四项基本原则，坚持改革开放。四项基本原则是立国之本，是解放和发展生产力的政治前提；改革开放是强国之路，是党和国家发展进步的活力源泉。坚持四项基本原则和坚持改革开放二者紧密相连，共同服务于经济建设这个中心。

第三，"领导和团结全国各族人民"，鲜明地揭示了中国特色社会主义的实践主体。广大人民群众是中国特色社会主义的力量源泉，中国共产党是中国特色社会主义事业的领导核心，只有将依靠力量与领导核心紧密地结合起来，中国特色社会主义建设事业的成功才有根本的保证。

第四，"自力更生，艰苦创业"，既是我们党的优良传统，也是实现社会主义现代化建设奋斗目标的根本立足点。在我国经济文化不发达的情况下建设社会主义，实现现代化，必须坚持"自力更生，艰苦创业"，没有任何捷径可走。"自力更生"，并不是反对利用外援，而是强调要立足于自己的力量，不能完全依靠外援；"艰苦创业"也不是要求长期过苦日子，而是要继承艰苦创业的精神，努力奋斗。

坚持党的基本路线，把以经济建设为中心同坚持四项基本原则和改革开放这两个基本点统一于建设中国特色社会主义的伟大实践，这是改革开放以来"我们党最可宝贵的经验，是我们事业胜利前进最可靠的保证。"①
坚持党的基本路线不动摇，首先要坚持以经济建设为中心不动摇。改革开
放和四项基本原则都是建立在经济建设为中心基础之上的，都是为经济建
设服务的。坚持党的基本路线不动摇，又要正确处理四项基本原则和改革
开放两个基本点之间的关系。四项基本原则为改革开放规定了正确的政治
方向，提供了坚强的政治保障，离开了四项基本原则，改革开放和现代化
建设事业就没有根基，就会失去方向；改革开放不断为四项基本原则提供
新的时代内容，注入新的活力，离开了改革开放，四项基本原则就容易被
教条化、空洞化。坚持党的基本路线不动摇，还要正确处理改革、发展与
稳定的关系。三者之间相互促进、相互制约，其中，改革是动力，发展是
目标，稳定是前提。要将改革的力度与发展的速度以及社会的接受程度相
结合，共同推进生产力的提高，这样才有利于坚持党在社会主义初级阶段
的基本路线，实现社会主义现代化建设的奋斗目标。

（二）党在现阶段的基本纲领和"五位一体"的总布局

党在现阶段的基本纲领，即社会主义初级阶段的基本纲领，是在总结
社会主义建设实践经验的基础上提出来的，是社会主义初级阶段基本路线
在各个方面的展开，是建设中国特色社会主义总布局的高度概括。党的
十五大报告首次提出建设中国特色社会主义的经济、政治和文化的基本目
标和基本政策，回答了什么是社会主义初级阶段的经济、政治和文化，以
及怎样建设这样的经济、政治和文化，从而形成了党在社会主义初级阶段
的基本纲领。党的十六大、十七大、十八大紧密结合全面建设小康社会的
实际，不断丰富和发展基本纲领的内容，形成了更为完整、更为系统的理
论内容和框架。

中国共产党是最高纲领和最低纲领的统一论者。在革命、建设和改革
的各个历史阶段中，党都既有每个阶段的基本纲领即最低纲领，也有确定
长远奋斗目标的最高纲领。最高纲领与最低纲领，二者既有区别，又有联
系，辩证统一于党为实现共产主义奋斗的全部历史过程。最高纲领为最低

---

① 《江泽民文选》第二卷，人民出版社 2006 年版，第 17 页。

纲领的制定指明前进方向；最低纲领为最高纲领的实现准备必要条件。没有最高纲领，最低纲领就会失去灵魂，偏离正确的方向；没有最低纲领，就不可能脚踏实地、循序渐进地做好当前工作，最高纲领就只能是美好的空想。党在社会主义初级阶段的基本纲领，是对党在社会主义初级阶段基本路线所规定的目标的具体化，坚持这些纲领，对于坚持党在社会主义初级阶段的基本路线，统一全国人民的思想，团结全国各族人民坚持和发展中国特色社会主义，具有十分重要的意义。

"五位一体"即中国特色社会主义经济建设、政治建设、文化建设、社会建设和生态文明建设是一个有机整体，必须协调发展、共同推进。

中国特色社会主义的经济建设，就是要坚持以经济建设为中心，发展社会主义市场经济，坚持和完善以公有制为主体、多种所有制经济共同发展的基本经济制度和以按劳分配为主体、多种分配方式并存的分配制度。以经济建设为中心是兴国之要，发展仍是解决我国所有问题的关键。在当代中国，坚持发展是硬道理的本质要求就是坚持科学发展。以科学发展为主题、以加快转变经济发展方式为主线，是关系我国发展全局的战略抉择，推动工业化、信息化、城镇化、农业现代化同步发展，全面深化经济体制改革，不断加强长期发展后劲。

中国特色社会主义的政治建设，就是要坚持党的领导、人民当家作主和依法治国的有机统一，坚持和完善中国特色社会主义制度，建设社会主义民主政治；坚持和完善中国特色社会主义法律体系，建设社会主义法治国家。改革开放以来，党始终把政治体制改革摆在改革发展全局的重要位置，坚定不移加以推进，取得了重大进展，成功开辟和坚持了中国特色社会主义政治发展道路。推进政治体制改革，必须坚持党的领导，发展更加广泛的民主，保证人民依法实行民主选举、民主决策、民主管理、民主监督，更加注重发挥法治在国家和社会治理中的重要作用，维护国家法治的统一、尊严、权威，保证人民依法享有广泛权利和自由。

中国特色社会主义的文化建设，就是要坚持为人民服务、为社会主义服务的方向，坚持百花齐放、百家争鸣的方针，坚持贴近实际、贴近生活、贴近群众的原则，增强文化自觉、树立文化自信，建设面向现代化、面向世界、面向未来的，民族的科学的大众的社会主义先进文化，构建人民的共有精神家园，建设社会主义文化强国。建设社会主义先进文化，就是党要把握时代和形势的发展变化，积极回应各族人民在精神文化方面的诉求，加强以社会主义核心价值体系为根本的和谐文化建设，使人民群众的基本文化权益得到更好保障、社会文化生活更加丰富多彩、人民精神面貌更加昂扬向上。

中国特色社会主义的社会建设，就是要坚持公平正义这一中国特色社会主义的内在要求，从维护最广大人民根本利益的高度，加强以改善民生为重点的社会建设，使人民在学有所教、劳有所得、病有所医、老有所养、住有所居上持续取得新进展，提高全体人民的生活质量，构建社会主义和谐社会。加强社会建设，必须加快推进社会体制改革，形成党委领导、政府负责、社会协同、公众参与、法治保障的社会管理体制；政府主导、覆盖城乡、可持续的基本公共服务体系；政社分开、权责明确、依法自治的现代社会组织体制；源头治理、动态管理、应急处置相结合的社会管理机制。

中国特色社会主义的生态文明建设，就是要坚持节约资源和保护环境的基本国策，节约优先、保护优先、自然恢复为主的方针，以资源环境承载力为基础，以自然规律为准则，以可持续发展为目标，推进绿色发展、循环发展、低碳发展。形成节约资源和保护环境的空间格局、产业结构和生产生活方式，从源头上扭转生态环境恶化趋势，为人民创造良好生产生活环境，建设美丽中国，实现中华民族永续发展并为全球生态安全作出贡献。

这"五位一体"的中国特色社会主义总布局，既有各自的任务和重点，又相互依存、相互促进，充分体现了党在社会主义初级阶段基本纲领的精神实质和主要内容。其中，经济建设是物质基础，政治建设是制度保障，文化建设是精神动力，社会建设是社会支撑，生态文明建设是环境支持。

（三）"三步走"的发展战略与全面建成小康社会

"三步走"发展战略与全面建成小康社会，是在总结我国社会主义建设历史经验的基础上，在探索适合我国基本国情的过程中逐步形成和发展起来的，与中国特色社会主义总布局紧密相连、不可分割。

十一届三中全会后不久，邓小平即提出"中国式的现代化"的概念，这意味着他已开始思考20世纪末中国的现代化究竟可能达到什么水平的问题。同年10月，他在谈到实现现代化时，第一次明确提出要修改原来关于现代化的具体目标。他说："我们开了大口，本世纪末实现四个现代化。后来改了个口，叫中国式的现代化，就是把标准放低一点。特别是国民生产总值，按人口平均来说不会很高。"① 同年12月，他在同外宾的谈话中第一次使用了"小康"的概念。邓小平认为，"小康"状态就是"现在我们只有二百几十元美金，如果达到一千元，就要增加三倍"。增加三倍与后来的翻两番实际是一致的。1980年，在中央工作会议上他又指出："经过二十年的时间，使我国现代化经济建设的发展达到小康水平，然后继续前进，逐步达到更高程度的现代化。"② 1981年11月，邓小平关于小康社会的设想被写入第五届全国人大四次会议政府工作报告中，即"力争用20年的时间使工农业总产值翻两番，使人民的消费达到小康水平"。党的十二大，把这一设想确定为全党和全国人民到20世纪末的奋斗目标。1985年4月，邓小平又指出：十一届三中全会以后，我们探索了中国怎么搞社会主义，归根结底，就是要发展生产力，逐步发展中国的经济。第一步是到本世纪末翻两番，达到小康水平。第二步，再花三十年到五十年时间，接近发达国家的水平。

党的十三大召开前，邓小平多次完整清晰地勾画了"三步走"的战略设想，他指出："我们原定的目标是，第一步在八十年代翻一番。以一九八○年为基数，当时国民生产总值人均只有二百五十美元，翻一番，达到五百美元。第二步是到本世纪末，再翻一番，人均达到一千美元。实现这个目标意味着我们进入小康社会，把贫困的中国变成小康的中国。那时国民生产总值超过一万亿美元，虽然人均数还很低，但是国家的力量有很大增加。我们制定的目标更重要的还是第三步，在下世纪用三十年到五十年再翻两番，大体上达到人均四千美元。做到这一步，中国就达到中等发达的水平。"③ 党的十三大肯定了邓小平这一构想，明确指出党的十一

---

① 《邓小平文选》第二卷，人民出版社1994年版，第194页。
② 《邓小平文选》第二卷，人民出版社1994年版，第356页。
③ 《邓小平文选》第三卷，人民出版社1993年版，第226页。

届三中全会以后，我国经济建设的战略部署大体分三步走，即：第一步，实现国民生产总值比 1980 年翻一番，解决人民的温饱问题。第二步，到 20 世纪末，使国民生产总值再增长一倍，人民生活达到小康水平。第三步，到 21 世纪中叶，人均国民生产总值达到中等发达国家水平，人民生活比较富裕，基本实现现代化。然后，在这个基础上继续前进。

为了把第二步战略和第三步战略很好地衔接起来，党的十五大将"三步走"战略中的第三步进一步具体化，提出了三个阶段性目标：21 世纪第一个 10 年实现国民生产总值比 2000 年翻一番，使人民的小康生活更加宽裕，形成比较完善的社会主义市场经济体制；再经过 10 年的努力，到建党 100 年时，使国民经济更加发展，各项制度更加完善；到 21 世纪中叶建国 100 年时，基本实现现代化，建成富强民主文明的社会主义国家，从而使"三步走"的战略更加具体。

经过全国人民的努力，20 世纪末我国已经胜利实现了"三步走"战略的第一步和第二步的目标，人民生活总体上达到小康水平，这是中华民族发展史上的一个新的里程碑。当然，我们所达到的小康还是低水平的、不全面的、发展很不平衡的小康。巩固和提高目前达到的小康水平，还需要进行长时期的艰苦奋斗。党的十六大明确提出：二十一世纪头二十年，对我国来说，是一个必须紧紧抓住并且可以大有作为的重要战略机遇期，我们要在本世纪头二十年，集中力量，全面建设惠及十几亿人口的更高水平的小康社会，使经济更加发展、民主更加健全、科教更加进步、文化更加繁荣、社会更加和谐、人民生活更加殷实。这是实现现代化建设第三步战略目标必经的承上启下的发展阶段，也是完善社会主义市场经济体制和扩大对外开放的关键阶段。经过这个阶段的建设，再继续奋斗几十年，到本世纪中叶基本实现现代化，把我国建成社会主义现代化国家。这是对"三步走"发展战略理论的运用、深化和发展。

党的十八大顺应国内外形势的新变化和各族人民过上更好生活的新期待，把握经济社会发展趋势和规律，坚持中国特色社会主义经济、政治、文化、社会和生态建设的基本纲领和总布局，在党的十六大、十七大确立的全面建设小康社会阶段性目标的基础上，对确保 2020 年实现全面建成小康社会宏伟目标提出了更高的要求。

第一，经济持续健康发展。转变经济发展方式取得重大进展，在发展平衡性、协调性、可持续性明显增强的基础上，实现国内生产总值和城乡居民人均收入比 2010 年翻一番。科技进步对经济增长的贡献率大幅上升，进入创新型国家行列。工业化基本实现，信息化水平大幅提升，城镇化质量明显提高，农业现代化和社会主义新农村建设成效显著。区域协调发展机制基本形成。对外开放水平进一步提高，国际竞争力明显增强。

第二，人民民主不断扩大。民主制度更加完善，民主形式更加丰富，人民积极性、主动性、创造性进一步发挥。依法治国基本方略全面落实，法治政府基本建成，司法公信力不断提高，人权得到切实尊重和保障。

第三，文化软实力显著增强。社会主义核心价值体系深入人心，公民文明素质和社会文明程度明显提高。文化产品更加丰富，公共文化服务体系基本建成，文化产业成为国民经济支柱性产业，中华文化走出去迈出更大步伐，社会主义文化强国建设基础更加坚实。

第四，人民生活水平全面提高。基本公共服务均等化总体实现。全民受教育程度和创新人才培养水平明显提高，进入人才强国和人力资源强国行列，教育现代化基本实现。就业更加充分。收入分配差距缩小，中等收入群体持续扩大，扶贫对象大幅减少。社会保障全民覆盖，人人享有基本医疗卫生服务，住房保障体系基本形成，社会和谐稳定。

第五，资源节约型、环境友好型社会建设取得重大进展。主体功能区布局基本形成，资源循环利用体系初步建立。单位国内生产总值能源消耗和二氧化碳排放大幅下降，主要污染物排放总量显著减少。森林覆盖率提高，生态系统稳定性增强，人居环境明显改善。

党的十八大提出的全面建成小康社会的新要求，就是要适应国内外形势的新变化，以更大的政治勇气和智慧，不失时机深化重要领域改革，坚决破除一切妨碍科学发展的思想观念和体制机制弊端，构建系统完备、科学规范、运行有效的制度体系，使各方面制度更加成熟更加定型。到实现这一目标之时，我国将成为工业化基本实现、综合国力显著增强、国内市场总体规模位居世界前列的国家；成为人民富裕程度普遍提高、生活质量明显改善、生态环境良好的国家；成为人民享有更加充分民主权利、具有更高文明素质和精神追求的国家；成为各方面制度更加完善、社会更加充满活力而又安定团结的国家；成为对外更加开放、更加具有亲和力、为人类文明作出更大贡献的国家。

三、建设中国特色社会主义的总任务

建设中国特色社会主义的总任务是实现社会主义现代化和中华民族伟大复兴。十八大报告中的这一论断，对中国特色社会主义目标任务作了最新说明和高度概括，对中国特色社会主义道路的历史走向作了进一步阐明，也是对社会主义本质和根本任务认识的深化。深入理解和把握建设中国特色社会主义总任务的新论断，有助于深刻揭示中国特色社会主义的本质和要义。

（一）社会主义的本质

十一届三中全会以后，邓小平总结了党的历史上离开生产力抽象地谈论社会主义的沉痛教训，经过反复探索、深入思考，创造性地对社会主义本质进行了科学的概括，大大深化了党对社会主义基本问题的认识。

从 1978 年 12 月党的十一届三中全会到 20 世纪 80 年代中期以前，是邓小平重新思考社会主义基本问题，并开始否定传统社会主义观念的阶段。这一阶段，邓小平着重从发展生产力、发挥社会主义优越性的角度，去揭示社会主义的本质特征。早在三中全会召开前，他就指出："我们是社会主义国家，社会主义制度优越性的根本表现，就是能够允许社会生产力以旧社会所没有的速度迅速发展，使人民不断增长的物质文化生活需要能够逐步得到满足。"[①] 党的十一届三中全会后，邓小平更是一再强调，搞社会主义首先要使生产发展上去，使人民生活不断改善。20 世纪 80 年代初，针对当时党内外出现的对改革开放政策的一些困惑和不理解，邓小平第一次提出了社会主义本质的概念。他指出："社会主义是一个很好的名词，但是如果搞不好，不能正确理解，不能采取正确的政策，那就体现不

---

① 《邓小平文选》第二卷，人民出版社 1994 年版，第 128 页。

出社会主义的本质。"①强调，在什么是社会主义问题上也要解放思想，生产力水平低下，经济处于停滞状态，不能叫社会主义。"讲社会主义，首先就要使生产力发展，这是主要的。只有这样，才能表明社会主义的优越性。"②从社会主义优越性的实现要靠生产力的发展的意义上理解社会主义的本质，是真正坚持了马克思主义的观点，这为揭示社会主义的本质提供了科学依据。

20世纪80年代中期，是社会主义本质理论系统形成的阶段。这一阶段，邓小平从生产力和生产关系的统一中去认识社会主义的本质特征，并明确提出了社会主义的根本原则问题。经济体制改革破除了许多"左"的观念和做法，有力促进了生产力的发展，也引起了人们对社会主义的深入思考。邓小平认为，必须把社会主义的本质特征和具体做法、基本制度和具体制度区分开来，"一大二公"的传统社会主义观念和体制不符合社会主义的本质，而"对内搞活经济，是活了社会主义，没有伤害社会主义的本质。"③他明确提出，我们以前对什么是社会主义、什么是马克思主义的认识不完全清楚。强调指出：贫穷不是社会主义，社会主义要消灭贫穷。不发展生产力，不提高人民的生活水平，不能说是符合社会主义要求的。共产主义是建立在生产力高度发展的基础上的，不能有穷的共产主义，同样也不能有穷的社会主义。他还指出，社会主义与资本主义不同的特点就是共同富裕，不搞两极分化；社会主义的原则，第一是发展生产，第二是共同致富。为了发展生产力，实现共同富裕，邓小平强调要坚持公有制和按劳分配的主体地位。认为，一个公有制占主体，一个共同富裕，这是我们所必须坚持的社会主义的根本原则。在这里，邓小平从马克思主义的基本原则、社会主义与共产主义发展的内在规律的角度，指明了社会主义的根本目标和任务。这就加深了对社会主义本质的认识。

20世纪80年代末90年代初，邓小平针对当时"姓社姓资"的争论，明确概括了社会主义本质的概念，这是社会主义本质理论确立的阶段。

① 《邓小平文选》第二卷，人民出版社1994年版，第313页。
② 《邓小平文选》第二卷，人民出版社1994年版，第314页。
③ 《邓小平文选》第二卷，人民出版社1994年版，第314页。

1990 年 12 月，邓小平在一次谈话中明确指出："社会主义最大的优越性就是共同富裕，这是体现社会主义本质的一个东西。如果搞两极分化，情况就不同了，民族矛盾、区域间矛盾、阶级矛盾都会发展，相应地中央和地方的矛盾也会发展，就可能出乱子。"他还特别强调："我们必须从理论上搞懂，资本主义与社会主义的区分不在于是计划还是市场这样的问题。社会主义也有市场经济，资本主义也有计划控制。"① 一年后，邓小平在视察南方的谈话中，对社会主义本质做出了明确概括："社会主义的本质，是解放生产力，发展生产力，消灭剥削，消除两极分化，最终达到共同富裕。"② 这一概括，言简意赅、内涵丰富，既指明了社会主义的根本任务、根本原则，又体现了社会主义的根本目的和价值标准，使党对社会主义的认识达到了一个新的阶段。

社会主义本质理论是在我国改革开放逐步深入的过程中形成和发展起来的。又是在这一过程中不断深化的。随着"三个代表"重要思想与科学发展观等重大战略思想的提出，社会主义本质理论继续发展。"三个代表"重要思想集中体现了社会主义要以生产力发展为基础，以社会的全面发展为目标，以促进人的发展为核心的本质要求。科学发展观则更加强调经济社会发展与人的发展的统一，从以人为本的高度突出了中国特色社会主义的本质。党的十七大报告指出，社会和谐是中国特色社会主义的本质属性。党的十八大又将社会和谐作为坚持和发展中国特色社会主义的新要求写入党代会的报告，体现了中国共产党对社会主义本质的新认识。

社会主义本质的内涵包括两个方面，一方面把解放生产力、发展生产力，作为社会主义的根本任务，找到了体现社会主义本质、巩固和发展社会主义制度的基本途径；另一方面把消灭剥削、消除两极分化、最终达到共同富裕作为社会主义的根本目的，则指明了社会主义与资本主义以及一切剥削社会的根本区别。它体现了社会主义的本质规定、制度选择与根本目的之间的统一，坚持和发展了科学社会主义基本原则，又使

---

① 《邓小平文选》第三卷，人民出版社 1994 年版，第 364 页。

② 《邓小平文选》第三卷，人民出版社 1993 年版，第 393 页。

之具有中国特色。其丰富的理论内涵，可以从三个方面来理解：

第一，解放生产力，发展生产力。这是从生产力的角度回答"什么是社会主义"的问题，强调解放生产力、发展生产力对实现社会主义本质的极端重要性，体现了马克思主义唯物史观关于生产力与社会主义的密切联系的思想。每一个新的社会制度都会将解放和发展生产力作为社会发展的根本前提，因而人们往往将解放和发展生产力排除在社会制度属性之外。邓小平以唯物史观为指导，根据中国社会主义建设的具体实际，将"解放生产力，发展生产力"纳入到社会主义本质之中。指出，过去我们之所以没有完全搞清楚"什么是社会主义"，就是因为离开了生产力发展水平抽象地谈论社会主义，将社会主义生产关系的建立、公有化程度的提高看成是生产力发展的原动力，甚至主张以阶级斗争去推动生产力的发展。我国还处于社会主义初级阶段，人民群众日益增长的物质文化需要同落后的社会生产之间的矛盾要求我们集中精力发展生产力，提高人民生活水平，增强国家综合国力。邓小平突出"解放生产力、发展生产力"在社会主义本质中的首要地位，正是为了强调坚持以经济建设为中心，不断推进社会主义现代化建设，充分展示社会主义制度的优越性。

第二，消灭剥削，消除两极分化。这是从生产关系的角度回答"什么是社会主义"的问题，揭示了社会主义与资本主义以及其他一切剥削制度的根本区别。实现人的自由而全面的发展是共产主义的最终目的，社会主义则是实现这一最终目的的必经阶段。一方面，社会主义要解放和发展生产力，促进社会主义物质生产的极大发展，为共产主义的实现从而为人的自由、全面的发展提供物质基础；另一方面，社会主义要不断完善自身的生产关系，逐步消灭剥削，消除两极分化，使社会生产力发展的成果为全体人民所共享，从而为实现共产主义和人的全面发展提供制度基础。我国还处于社会主义初级阶段，要逐步消灭剥削，就要坚持以公有制为主体、多种所有制经济共同发展的基本经济制度；要消除两极分化，就要坚持以按劳分配为主体、多种分配方式并存的分配制度，就是说，要走中国特色社会主义的道路。正如邓小平指出的，"如果走资本主义道路，可以使中国百分之几的人富裕起来，但是绝对解决不了百分之九十几的人生活富裕的问题。而坚持社会主义，实行按劳分配的原则，就不会产生贫富过大的差距。"① 因此邓小平一再强调，社会主义有两个非常重要的方面，一是以公有制为主体，二是不搞两极分化。

第三，最终达到共同富裕。这是从社会关系的角度来回答"什么是社会主义"的问题，共同富裕体现了社会主义的根本目的，揭示了社会主义与资本主义的本质区别。资本主义也追求富裕，但不是多数人的富裕，只是少数资产阶级的富裕，大多数人不能享受社会生产力发展的成果。社会主义发展生产的目的就是为了实现广大人民群众的共同富裕。发展中国特色社会主义，必须坚持以人为本，始终做到发展为了人民、发展依靠人民、发展成果由人民共享。坚持生产资料公有制和按劳分配，目的就是为了保证生产力发展的落脚点能够放在共同富裕上，同时也是要以共同富裕为标准来检验是否坚持了社会主义的根本原则。所谓共同富裕，并不是指全体人民的同步富裕，也不是要求全社会实现平均富裕。共同富裕需要经历一个发展过程，通过一部分有条件的地区和个人先富起来、然后帮助和带动其他地区和个人富裕起来，最终达到共同富裕。在社会普遍比较富裕的前提下，又要承认地区与地区之间、人与人之间因为先天条件、自然环境以及个人能力等的不同而导致的差别。

（二）社会主义的根本任务

历史唯物主义认为，生产力是一切社会发展和变革的决定性力量，是生产关系和上层建筑的基础。人类社会的发展是先进生产力不断取代落后生产力的历史过程，社会主义必须建立在发达生产力的基础上。社会主义的产生和发展，社会主义由一个阶段向另一个阶段的过渡，都是生产力发展的要求和结果。邓小平指出："社会主义阶段的最根本任务就是发展生产力，社会主义的优越性归根到底要体现在它的生产力比资本主义发展得更快一些、更高一些，并且在发展生产力的基础上不断改善人民的物质文化生活。"② 邓小平以社会主义根本任务的理论为指导，提出了"发展才是

① 《邓小平文选》第三卷，人民出版社1993年版，第64页。
② 《邓小平文选》第三卷，人民出版社1993年版，第63页。

硬道理"的著名论断。他反复强调，中国解决所有问题的关键是要靠自己的发展，要抓住有利时机，加快改革开放步伐，加快发展，关键是发展经济。党的十六大明确将发展确定为党执政兴国的第一要务，作为贯彻"三个代表"重要思想、不断开创现代化建设新局面的基本要求，深化了邓小平"发展才是硬道理"的论断。十六大以来，以胡锦涛为总书记的党中央提出科学发展观，强调科学发展观的第一要义是发展。坚持发展是硬道理的思想，是中国特色社会主义建设的一条根本经验。

1. 社会主义的根本任务是发展社会生产力

1956 年召开的中共八大，根据社会主义改造基本完成后我国社会结构和阶级关系的新变化，已经对国内主要矛盾和主要任务作出了基本正确的判断，但由于后来党在指导思想上发生"左"的错误，轻率地改变了这一判断，并最终形成"以阶级斗争为纲"的错误理论，因而未能很好地解决社会主义根本任务问题。十一届三中全会以后，党和邓小平通过拨乱反正，重新确立并坚定了社会主义的根本任务是集中力量发展社会生产力的理念，形成了"发展才是硬道理"、"发展是解决中国一切问题的关键"等战略意识。

首先，把发展生产力作为社会主义的根本任务，符合马克思主义的基本原理，是巩固和发展社会主义制度的必然要求。马克思主义认为，人类社会的存在和发展是以物质资料的生产为基础的。人们在从事政治、艺术、科学、宗教等精神活动之前，必须首先获得物质生活资料，也就是要解决吃、喝、穿、住等基本的生活问题。人类社会存在和发展的基础是由物质生活资料的生产所构成的，社会的结构、性质和面貌，归根结底取决于生产力的发展状况。马克思、恩格斯明确指出，无产阶级夺取政权之后要大力发展生产力，尽可能增加生产力的总量。这就是说，社会主义能不能在与资本主义的斗争中，不断巩固和发展，能不能展示出社会主义制度本身的优越性，最终体现在生产力的发展程度上。邓小平提出的"发展才是硬道理"的著名论断，充分肯定了社会主义的根本任务是发展生产力的基本观点。他认为，我们讲社会主义是共产主义的初级阶段，共产主义的高级阶段要实行各尽所能、按需分配，这就要求社会生产力高度发展，社会物质财富极大丰富。所以社会主义阶段的最根本任务就是发展生产力。

他还指出，"社会主义的优越性，归根到底是要大幅度发展社会生产力，逐步改善、提高人民的物质生活和精神生活。"只有生产力发展了，才能提高人民的生活水平，实现社会安定，为社会主义民主政治建设、精神文明建设及和谐社会建设创造物质条件，从根本上巩固社会主义制度。只有社会主义的发展，才能使不相信社会主义的人逐步相信社会主义，使相信社会主义的人进一步坚信社会主义。

其次，把发展生产力作为社会主义的根本任务，是对社会主义建设正反两方面历史经验的深刻总结。十月革命之后，社会主义制度曾经极大地解放了被资本主义生产关系束缚的生产力，迅速实现了苏联国家工业化，增强了其综合国力，提高了其国际地位，为反法西斯战争的胜利奠定了物质基础，促进了社会主义运动的蓬勃发展。但由于后来形成的"斯大林模式"导致体制僵化，束缚了生产力的发展，人民生活水平没有得到很大的提高，加之其他复杂的原因，最终导致苏联解体。这警示我们，社会主义制度建立以后，仍然要不断解放和发展生产力。十一届三中全会之后，邓小平对建国以来我国社会主义建设的历史作了深刻反思。他指出，如果说新中国成立以后我们有缺点，那就是对发展生产力有某种忽略。然而解决中国的所有问题、最终说服不相信社会主义的人要靠我们的发展。如果我们不发展或发展得太慢，老百姓一比较就有问题了。那种经济长期处于停滞、人民生活长期停滞在低水平的状态，都不是社会主义。"生产力发展水平很低，远远不能满足人民和国家的需要，这就是我们目前时期的主要矛盾，解决这个主要矛盾就是我们的中心任务。"[①] 解决这个主要矛盾，就必须以经济建设为中心，大力发展生产力。邓小平强调，空讲社会主义不行，人民不相信，社会主义决不能长期建立在生产力水平低下和贫穷的基础上。而"讲社会主义，首先就要使生产力发展，这是主要的。只有这样，才能表明社会主义的优越性。"[②]

再次，把发展生产力作为社会主义的根本任务，适应了当今世界时代发展的需要。当今世界，和平与发展是两大战略问题，国与国之间的竞争

---

① 《邓小平文选》第二卷，人民出版社 1994 年版，第 182 页。
② 《邓小平文选》第二卷，人民出版社 1994 年版，第 314 页。

是以经济实力为基础的综合国力的竞争。我国面临着发达资本主义国家的竞争压力与经济全球化快速发展的严峻挑战，只有大力发展生产力，才能实现经济社会的现代化，体现社会主义的优越性。社会主义中国属于发展中国家，是维护世界和平的主要力量，在维护世界和平问题上有着重要的地位。中国的发展对世界和平与稳定有着重要的意义，中国越发展，世界和平力量越强大，对世界和平就越有利。邓小平强调指出，中国能不能顶住强权政治的压力，坚持社会主义制度，在国际事务中发挥更大的作用，关键就看能不能争得较快的增长速度，实现我们的发展战略，增强我们的物质基础。这就要求我们加快发展，不断增强综合国力。中国的发展，不仅对世界和平与稳定具有重要的影响，而且对世界发展问题的解决有着重要的意义。

2. 发展是党执政兴国的第一要务

中国共产党要承担起推动中国社会进步的历史责任，就必须始终紧紧抓住发展这个执政兴国的第一要务，把坚持党的先进性和发挥社会主义制度的优越性，落实到发展先进生产力、发展先进文化、实现最广大人民的根本利益上来，推动社会全面进步，促进人的全面发展。"发展是党执政兴国的第一要务"这一判断，继承了邓小平"发展才是硬道理"的思想，深化了对社会主义根本任务的认识，深化了对共产党执政规律的认识。

把发展作为党执政兴国的第一要务，是总结其他国家执政党兴衰成败的经验教训得出的科学结论，也是巩固中国共产党执政地位的客观要求。20 世纪 80 年代末，苏联解体、东欧剧变的原因，说到底是在于取得执政地位的共产党没有解决好生产力的发展问题，最终动摇了这些国家共产党执政的物质基础和群众基础。在我国这样一个发展中大国，能不能解决好发展问题，直接关系人心向背、事业兴衰。中国共产党的执政地位是人民的选择，而人民之所以选择中国共产党，从根本上说是因为它能够领导中国人民实现民富国强。早在党的七大，毛泽东就根据历史唯物主义揭示了判断一个政党历史地位的标准，他指出："中国一切政党的政策及其实践在中国人民中所表现的作用的好坏、大小，归根到底，看它对于中国人民的生产力的发展是否有帮助及其帮助之大小，看它是束缚生产力的，还是

188

解放生产力的。"① 社会主义制度建立以后，党所处的历史地位发生了根本变化，从领导人民夺取全国政权的革命党，转变为领导人民掌握全国政权的执政党；改革开放使党所处的历史地位又一次发生了转换，从受到外部封锁和实行计划经济条件下领导国家建设的党，转变为在对外开放和发展社会主义市场经济条件下领导国家建设的党。新时期邓小平关于社会主义的根本任务是发展生产力的基本观点，江泽民关于党要承担起推动中国社会进步的历史责任，必须始终紧紧抓住发展这个执政兴国的第一要务的论述，都是基于党的历史地位的这些重大变化而提出来的。党只有紧紧抓住发展这个执政兴国的第一要务，才能实现自己在新时期的历史使命。因为不论是实现全面建成小康社会的宏伟目标，进一步提高人民的物质文化生活水平，增强我国的综合国力，实现中华民族的伟大复兴，还是实现祖国的完全统一和促进世界和平与发展的崇高事业，都要靠发展。只有把发展作为主题，才能从根本上把握人民的愿望，不断巩固和发展党执政的群众基础，把中国特色社会主义建设事业不断推向前进，并最终创造出比资本主义更发达的生产力，使人民群众享受更多的实际利益，使社会主义更好地显示出自己的优越性，党也才能承担起推动中国社会进步的历史责任。

把发展作为党执政兴国的第一要务，是我国改革开放以来的一条重要经验。新时期党始终把发展生产力作为社会主义的根本任务，牢牢把握以经济建设为中心，在任何情况下都不允许动摇这一根本思想。因而保证了我国经济建设快速发展，社会政治安定团结，人民生活大幅度提高，综合国力明显增强，各项事业蓬勃向上。改革开放的成就和经验充分证明，坚持以发展为主题，用发展的眼光、发展的思路、发展的办法解决前进中的问题，就能把中国特色社会主义搞好。正如江泽民所指出："我们党的路线方针政策得到全体人民的拥护，我们经得起国际国内各种风浪的考验，我国的国际威望和影响不断提高，都与我国社会生产力的迅速发展、综合国力的显著增强和人民生活的不断改善密切相关。"② 无论国际形势如何变化，无论遇到什么困难，只要坚持以经济建设为中心的党的基本路线，抓

---

① 《毛泽东选集》第三卷，人民出版社 1991 年版，第 1079 页。
② 《江泽民文选》第三卷，人民出版社 2006 年版，第 118 页。

住发展不放松，我们就能够从容应对，取得胜利。目前我国在前进道路上还有不少困难和问题，解决这些问题，说到底，还是要靠发展。

3. 科学发展观的第一要义是发展

新世纪新阶段，以胡锦涛为总书记的党中央以邓小平理论和"三个代表"重要思想为指导，从党和国家事业发展全局出发提出了以人为本、全面协调可持续发展的科学发展观。科学发展观是指导我国社会发展的世界观和方法论的集中体现，是运用马克思主义的立场、观点、方法认识和分析社会主义现代化建设的丰富实践、深化对经济社会发展一般规律认识的重要成果，是我们推进经济建设、政治建设、文化建设、社会建设必须长期坚持的根本指导方针。

科学发展观的第一要义是发展。中国共产党执政的首要任务就是带领人民推动经济社会发展，不断满足人民日益增长的物质文化需要。科学发展观，是用来指导发展的，不能离开发展这个主题，离开了发展这个主题就没有意义了。科学发展观强调，要牢牢扭住经济建设这个中心，坚持聚精会神搞建设、一心一意谋发展，不断解放和发展生产力。这是基于我国社会主义初级阶段基本国情，基于人民过上美好生活的深切愿望，基于巩固和发展社会主义制度，基于巩固党的执政基础、履行党的执政使命作出的重要结论。

贯彻落实科学发展观，首先要紧紧把握发展的重点。这个重点就是以经济建设为中心，这是党从十一届三中全会以来所取得的最重要的经验。把握住这个发展的重点，集中精力搞好经济发展，就抓住了发展的根本和基础，才能为全面的发展奠定坚实的物质基础。其次要全面认识发展。发展不仅仅是指生产力、经济建设或者说物质方面的发展，而是包括经济、政治、文化、社会和人的自身发展在内的全面的发展，是物质文明、精神文明、政治文明、社会文明、生态文明相协调的发展，这是全面建成小康社会的重要目标。再次要坚持发展的正确途径。发展必须坚持和深化改革，这是我们推进改革开放以来取得的重要经验之一。对于生产关系中不适应生产力发展的部分要立足于实际，创造条件加以改造、改进和提高，逐步使那些落后的生产方式适应生产力的发展要求，从而不断完善社会主义的生产关系和上层建筑，不断为生产力的解放和发展拓展更为广阔的空间。最后要充分认识人民群众在发展中的作用。人民群众是历史的创造者。在追求全面发展过程中，要发挥人民群众的聪明才智，开发我国丰富的人力资源，集中全国人民的智慧和力量来谋求发展。科学发展观强调其核心是以人为本，发展为了人民、发展依靠人民、发展成果由人民共享。就是要以实现人的全面发展为目标，从人民群众的根本利益出发谋发展、促发展，不断满足人民群众日益增长的物质文化需要，切实保障人民群众的经济、政治和文化权益，让发展的成果惠及全体人民，从而实现中国特色社会主义全心全意为人民服务的根本目的。

（三）实现社会主义现代化和中华民族伟大复兴的中国梦

党的十八大提出，建设中国特色社会主义，总任务是实现社会主义现代化和中华民族伟大复兴。这一论断进一步指明了中国特色社会主义的奋斗目标，坚定了社会主义和共产主义的理想信念，明确了党和人民努力的方向和承担的历史责任，激励着我们不断增强为中国特色社会主义而奋斗的伟大力量。同时，这个总任务也是社会主义本质和社会主义根本任务在当今中国时代精神的升华。以习近平为总书记的新一届中央领导集体反复强调的"中国梦"，则是这一总任务的形象化表达。

实现中华民族伟大复兴的中国梦，必须走中国道路。中国共产党人坚持把马克思主义基本原理同中国具体实际相结合，成功解决了在中国这样落后的国家夺取政权建立社会主义制度以后"建设什么样的社会主义、怎样建设社会主义"问题，也就是说，找到了通过中国特色社会主义实现中华民族伟大复兴的正确道路，即中国特色社会主义的道路，并且通过坚定不移地开拓这条道路而取得了改革开放的伟大成就。中国人民的伟大实践证明，中国特色社会主义道路是实现中华民族伟大复兴的光明之路、成功之路。

实现中华民族伟大复兴的中国梦，必须弘扬中国精神。中国共产党人在领导革命建设和改革的过程中逐渐形成了以爱国主义为核心的民族精神和以改革创新为核心的时代精神。这种精神是凝心聚力的兴国之魂、强国之魂。爱国主义始终是把中华民族坚强团结在一起的精神力量，改革创新始终是鞭策我们在改革开放中与时俱进的精神力量。党和人民只有不断弘扬伟大的民族精神和时代精神，不断增强团结一心的精神纽带、自强不息的精神动力，才能永远朝气蓬勃地迈向未来。

实现中华民族伟大复兴的中国梦，必须凝聚中国力量。这就是中国各族人民大团结的力量。人民群众是社会实践的主体，是历史的创造者和社会变革的根本推动力量，也是中国特色社会主义的力量源泉。中国共产党在领导社会主义现代化建设的过程中，只有始终为了人民，依靠人民，把人民放在心中最高的位置，才能团结和带领广大人民为实现共同梦想而奋斗，也唯有如此，实现中国梦的力量才能无比强大。

实现社会主义现代化与实现中华民族伟大复兴是一个问题的两个方面。社会主义现代化是实现中华民族伟大复兴的必要前提；中华民族伟大复兴是实现社会主义现代化的必然结果。在中国实现现代化，就要回答"中国实现什么样的现代化、怎样实现现代化"的问题。中国共产党人在90多年的实践中科学解答了这一重大问题。中国现代化首先是社会主义性质的现代化，同时又是中国特色的现代化，即中国特色社会主义现代化发展道路。近代以来中国的发展历史证明，要实现社会主义现代化，就必须坚持中国共产党的领导，坚持马克思主义，坚持社会主义，从中国自己的国情出发，走中国特色社会主义现代化建设道路，照搬"西方"或者其他模式都无法实现中国社会主义现代化。

第五章　中国特色社会主义经济建设理论

建设中国特色社会主义经济，就是在社会主义条件下发展市场经济，不断解放和发展生产力。这就要坚持和完善社会主义公有制为主体、多种所有制经济共同发展的社会主义初级阶段的基本经济制度，坚持和完善按劳分配为主体、多种分配方式共存的分配制度，促进国民经济又好又快的发展。这是对马克思主义经济理论的重大创新，是中国化马克思主义经济理论的重要组成部分。

一、建立社会主义市场经济体制

建立什么样的经济体制，这是建设中国特色社会主义的一个重大问题。我国对社会主义市场经济体制的选择，是对传统经济理论观念的突破和对高度集中的计划经济体制深刻反思的结果，也是改革开放实践发展的必然。

（一）马克思主义创始人对未来社会经济组织活动原则的设想

苏联、中国等社会主义国家当初选择计划经济体制是受到了马克思主义创始人对未来社会经济组织活动原则设想的影响。马克思恩格斯在资本主义初期阶段，对资本主义进行批判，揭示其发展的历史趋势时，曾对未来的资本主义社会和共产主义社会作过一些原则的设想。他们认为，随着资本主义私有制的消灭，社会主义公有制的建立，商品货币关系将退出历史舞台，社会生产的竞争和无政府主义状态将被有计划的自觉组织所代替。恩格斯说:"一旦社会占有了生产资料,商品生产就将被消除,而产品对生产者的统治也将随之消除。社会生产内部的无政府状态将为有计划的自觉的组织所代替。"① 马克思说:"在一个集体的、以生产资料公有为基础的社会中,生产者不交换自己的产品;用在产品上的劳动,在这里也不表现为这些产品的价值,不表现为这些产品所具有的某种物的属性,因为这时,同资本主义社会相反,个人的劳动不再经过迂回曲折的道路,而是直接作为总劳动的组成部分存在着。"② 在马克思主义创始人看来,在未来社会里,联合起来的生产者,按照社会总计划进行社会生产和分配,可以消除资本主义生产的竞争和无政府状态以及周期性的危机。1906年列宁写道:"只要还存在着市场经济,只要还保持着货币权力和资本力量,世界上任何法律都无法消除不平等和剥削。只有建立起大规模的社会化和计划经济,一切土地、工厂、工具都转归工人阶级所有,才可能消灭一切剥削。"③ 这里,列宁实际上已经明确地把市场经济和资本主义私有制和剥削关系联系在一起,把计划经济与社会主义公有制联系在一起,作为两个对立的概念提出来了。

需要特别指出的是,第一,马克思主义创始人当时研究的对象是资本主义发展的初级阶段,是垄断资本主义的前期,那时资本主义经济处于竞争无政府状态和周期性危机的循环之中,资本主义社会化大生产与生产资料资本主义私人占有之间的基本矛盾,通过市场的竞争和无政府状态以及生产过剩的周期性危机表现出来,而市场的幼稚性又反过来强化了资本主义的基本矛盾。在当时的客观条件下,经典作家们不可能从抽象的思维中,把资本主义私有制与商品、货币、市场剥离开来,否定资本主义私有制,保留市场。他们没有来得及用实践检验并加以补充完善。第二,马克思没有预测到资本主义社会后来随着自由竞争向国家垄断的转变,以及科学技术的进步,在社会生产的范围内也逐渐地不同程度地使用了一些计划手段。第三,恩格斯当时虽然否定社会主义存在商品、货币关系,但在他们的著作当中,留下了后人进一步探索社会主义社会商品、货币问题的思

---

① 《马克思恩格斯选集》第3卷,人民出版社1995年版,第757页。
② 《马克思恩格斯选集》第3卷,人民出版社1995年版,第303页。
③ 《列宁全集》第13卷,人民出版社1987年版,第124页。

路。例如，把商品的价值看作是通过物的交换来实现劳动交换的经济关系，是社会劳动的历史形式。第四，马克思主义创始人并没有把他们对未来的设想，作为万古不变的金科玉律要求后人执行。恩格斯明确指出："我们是不断发展论者，我们不打算把什么最终规律强加给人类。关于未来社会组织方面的详细情况的预定看法吗？您在我们这里连它们的影子也找不到。"① 第五，在实践上，他们的认识随着社会的发展和情况的变化，也在向前发展。列宁在领导苏联人民把社会主义理论变为实践时，对待商品货币问题，不是从原则出发，而是从实际出发。1921 年春，面对军事共产主义失败的现实，列宁果断地改行新经济政策。他不仅主张恢复城乡之间商品买卖和商品流通，还要求国营企业在经济核算中实行商业原则，自主经营，依靠市场，求得自负盈亏。他说："既然我们已经转而采取市场经济形式，就一定要给各个企业在市场上从事经济活动的自由。"② 列宁的这些见解，已经超出了当时的历史局限，对后来人们研究社会主义的商品交换和市场问题，具有重要的理论价值和实践意义。

（二）社会主义计划经济体制的建立

列宁的"新经济政策"虽然是一个更贴近实际的新思路，但是，到 20 世纪 20 年代末期苏联第一个五年计划开始实施，实际上就已经被放弃。斯大林在取得苏联党和国家最高领导权后逐步建立起了高度集中的计划经济体制。这种体制的主要特点是：通过国家计划用行政命令的办法自上而下的配置资源；排斥价值规律和市场作用；在分配上搞平均主义，割断了企业和劳动者的贡献与其收入之间的物质联系。这一体制的理论形态，比较完整地体现在 1952 年发表的斯大林的《苏联社会主义经济问题》一书中，其主要观点：一是全民所有制企业生产的生产资料不是商品。斯大林承认在两种公有制的条件下，城乡工农之间商品生产和商品交换有其客观必然性，但"生产资料却失去商品的属性，不是商品"。二是国民经济有计划发展规律和国家计划是生产的调解者，价值规律对生产不起调节作用。

---

① 《马克思恩格斯文集》第 4 卷，人民出版社 2009 年版，第 561 页。
② 《苏联共产党代表大会代表会议和中央会议决议汇编》第 2 分册，人民出版社 1956 年版，第 260 页。

"价值规律的作用是被严格地限定在一定范围之内的"。三是把商品流通范围的扩大与集体所有制向全民所有制过渡、社会主义向共产主义过渡对立起来，主张逐步缩小商品流通的范围，扩大产品交换的活动范围。斯大林虽然承认社会主义时期不能完全取消商品生产和商品交换，但商品生产与价值规律仍被视为社会主义时期的异己力量，要创造条件"毫不犹豫地"把"集体农庄生产的产品纳入全民计划的总系统中"①。不可否认，高度集中的计划经济体制在建立初期特定的条件下，发挥过积极的历史作用，苏联头几个五年计划的工业发展也取得过显著成绩，这就使斯大林的观点具有很强的权威性而产生广泛影响，以致使第二次世界大战后建立起来的所有社会主义国家，普遍按照苏联模式，实行计划经济体制，并认为只有这样，才是社会主义。

新中国建立后，随着国民经济的恢复、工业化的初步建设和生产资料私有制的社会主义改造基本完成，我国和苏联一样，选择了计划经济作为自己的经济体制。在当时选择这样的经济体制，其原因除了有马克思关于有计划按比例生产思想的影响和其他社会主义国家特别是苏联通过几个五年计划建设所取得的辉煌成就的示范作用，最主要的是，那时我国的生产力水平十分低下，国民经济实力非常薄弱，现代工业很少，科技水平不高，经济关系和经济结构又比较简单，社会利益关系相对单纯，特别是处在外部被包围、封锁的情况下，在这样的基础上进行工业化建设，建立集中统一的计划经济体制才能够比较顺利地运行和发挥作用，利于迅速、有效地集中全国的经济力量，为大规模经济建设创造各种条件。另外，新生的人民政权已经掌握了原来由官僚资本控制的银行工厂等企业，具有通过计划经济体制集中筹集和统一配置资金、物资、人才等资源的现实可能性。再加上以计划经济为经济体制的苏联，承诺全面支持我国以重工业为重点的五年计划建设。在这种情况下，我国选择计划经济就是一种必然。1952年，我国决定设立国家计划委员会，又在中央各部设立了计划司，省、自治区、直辖市也设立了计划委员会，从此，形成了一个自上而下的庞大的计划经济体系。在计划经济体制实施的近三十年里，高度集中的计

---

① 《斯大林文集》，人民出版社1985年版，第672页。

划经济体制尽管走了不少弯路，付出了沉重的代价，但它的功绩是绝对不能抹杀的，这种体制确实推动了我国经济的发展，它保证我国在整个国民经济实力非常弱小的条件下，能够集中主要力量开展以156个重大项目为中心的工业建设，完成了建立独立完整工业体系和为工业化奠定初步基础的历史性任务。

但是，这种排斥或基本上排斥商品、货币和市场的高度集中的计划经济体制又是有其内在缺陷的。随着生产社会化程度的提高，经济规模的扩大，经济关系的复杂化，以及人民的需求的多样化，这种缺陷就越来越突出，成为国民经济发展的严重障碍。其主要表现：一是经济决策集中于国家行政机构，难以适应日益复杂、变化很快的经济实际，产生瞎指挥，造成浪费，而决策者又不承担经济责任。二是企业是政府的附属机构，内无动力，外无压力，又无自主权，缺乏活力和竞争意识，经济运行效率低下。三是在收入分配上，平均主义严重，企业吃国家的"大锅饭"，职工吃企业的"大锅饭"，劳动者的积极性、创造性得不到充分发挥。结果是，尽管国民经济从产量、产值上看增长速度不低，但投入产出效益很差，市场供应匮乏，人民生活得不到应有的提高。

（三）我国对社会主义市场经济体制的选择

中国选择社会主义市场经济，既是对计划经济体制历史反思的结果，也是改革开放实践发展的必然。20世纪50年代以后，鉴于计划经济体制逐步显现的弊端，几乎所有的实行计划经济体制的国家都在探索怎样实行改革。我国领导人和经济学家已经针对计划经济体制存在的弊端，围绕计划和市场的关系问题，进行过艰辛探索。毛泽东在《论十大关系》中，提出了改革过于集中的计划体制的设想，要求中央向地方分权和扩大企业自主权，发挥中央和地方两个积极性；兼顾国家、生产单位和生产者三个方面的利益。毛泽东还提出要搞"新经济政策"，即"可以消灭了资本主义，又搞资本主义"[1]。他甚至怀疑俄国新经济政策结束得早了。20世纪50年代末60年代初，在纠正"大跃进"中的错误时，毛泽东针对有人提出要

---

[1]　《毛泽东文集》第七卷，人民出版社1999年版，第170页。

消灭商品、货币的错误观点，强调要有计划地大力发展商品生产。提出价值法则"是一个伟大的学校，只有利用它，才有可能教会我们几千万干部和几万万人民，才有可能建设我们的社会主义和共产主义。否则一切都不可能"①。他还不同意斯大林关于商品生产只限于个人消费品的说法，认为商品生产的"活动范围不限于个人消费品，在我国，有些生产资料，例如拖拉机等生产资料是属于商品的"②。陈云在党的八大上提出了著名的"三个主体、三个补充"的主张，就是以国家经济和集体经济为主体，以一定数量的个体经济为补充；以计划生产为主体，在国家计划许可范围内的自由生产为补充；以国家市场为主体，一定范围内的国家领导的自由市场为补充。这个设想，不仅突破了苏联的高度集中统一的计划经济模式，而且涉及到非公有制经济成分合法存在并充分发挥其作用的问题。此外，经济学家顾准、孙冶方、卓炯等人，分别对高度集中的计划经济体制提出过批评，认为不能把价值规律的作用局限于交换范围，应当扩大到经济生活的全过程；只有以价值规律为基础改革计划和统计指标，才能对经济活动做出客观评价和科学指导；建设共产主义不是要消灭市场，而是要把无政府状态的市场改变为有计划的市场，等等。这些具有创造性的思想观点，虽然在当时还没能突破计划经济体制总的框架，是对加强一些市场调节的力度和作用的改革，但毕竟为后来社会主义市场经济体制的建立提供了重要的启示。它开启了我国经济管理体制改革的先河，是改革开放以来我国经济体制改革的思想渊源。

十一届三中全会后，改革开放的实践，推动了我国从计划经济向市场经济的转变。

第一，农村家庭联产承包责任制的推行，乡镇企业的兴起，加速了农村经济市场化的进程。农村家庭联产承包责任制的实施不仅带来了连续多年农业的大幅度增产，更重要的是破除了"一大二公"的人民公社所有制结构及其平均主义分配方式，极大地提高了农民的生产积极性；实现了土地所有权与经营权的分离，赋予农民对土地的经营权利，使农业生产中资

① 《毛泽东文集》第八卷，人民出版社 1999 年版，第 34 页。
② 《毛泽东著作专题摘编》上卷，中央文献出版社 2003 年版，第 980 页。

源的配置趋向合理，提高了劳动效率；促进了农业生产结构的调整，使社会分工得到进一步发展，为农村商品经济的发展奠定了基础。随着农村改革的深入，长期以来国家对粮棉油等主要农产品实行统购统销、分类管理的制度愈发显示出其弊端和缺陷。从 1985 年开始，除个别品种外，国家不再向农民下达农产品统购、派购任务，并按照不同情况，分别实行合同定购和市场收购，随后又逐步提出要开放农村生产要素市场和形成以批发为中心的农产品市场体系。这种对我国实行几十年的统购统销制度的改变，为农村市场机制的建立奠定了重要基础。同时，为克服家庭经营基础不稳、规模狭小、缺乏技术进步的动力等弱点，又在农村开始探索建立各种社会化的服务体系、建立多种形式、多种层次的经济联合体等新的经营方式。我国农村经济的发展出现了前所未有的生机和活力。农村改革的同时，我国农民创造的乡镇企业以惊人的速度发展，并成为我国国民经济的重要支柱之一。乡镇企业逐步走上健康发展的道路，成功实现了我国农村劳动力向其他各产业的转移，为解决农村剩余劳动力的转移找到了一条切实可行的途径，极大地促进了农业生产力的发展，既增加了农民的收入，也带动了城市非国有经济的发展。

第二，多种经济成分参与的流通体制的逐步形成，促进了物资、劳力、资金、技术、信息在城乡市场的流动，初步显示了市场的作用和活力。农村经济体制改革的成功，带动和促进了我国以城市为中心的经济体制的改革。日益壮大的城乡非国有经济的发展，要求对整个国民经济体系首先对它的价格体系、流通体系、金融体系进行相应的改革；国有企业在指令性计划束缚之下严重缺乏活力的状况，也要求突破计划经济的框架，进行总体性的市场取向改革。党的十二届三中全会以后，改革重点由农村转向城市，中国出现全面改革的局面，对计划经济体制的改革实现了突破：一是把国有企业推入市场。采取了给国有企业以各种经营自主权的一系列政策和措施，从贯彻各种有关规定到落实《全民所有制工业企业法》、《全民所有制工业企业转换经营机制条例》，国有企业总体上已经开始在不同程度上扩大了自主决策的权力，能够根据市场供求变化不断调节自身的经营活动。二是进行价格改革。由过去单一的固定价格改为国家牌价、国家指导价和市场调节价三种形式，对工业生产资料实行计划内的部分由国家统一定价和计划外的部分由市场调节的双轨制价格，放开了一部分工业消费品的价格。三是改变统购包销的单一流通形式，建立多渠道的流通网络。随着生产企业和流通企业自主权的扩大，自销、选购、产销一体化的流通形式应运而生，初步形成了以国有商业为主导、多种经济成分参与的流通体制，为商品市场的形成创造了重要条件。同时，资本市场开始形成，劳动力市场对人才流动起了积极作用，为市场交易提供服务的各种组织机构均已出现并开始发挥重要作用。四是初步建立起宏观调控体系，较好地发挥了财政货币政策对经济运行的调控作用。

第三，对外开放有力地推动了我国经济与国际市场的衔接。积极发展对外经济关系，并相继建立了深圳、珠海、汕头、厦门、海南等经济特区。一方面，通过大力发展外向型经济，在世界市场的激烈竞争中使中国面对国际市场，调整产业结构、产品结构，加快经济体制改革和企业经营机制的转换。另一方面，通过建立特区，使其经济活动主要依靠市场调节，成为我国实行市场经济的特殊实验区。其后还逐步开放了其它沿海城市和内陆省会城市，开放了沿海、沿江、沿边地带等，形成由点到线、由线到面的全方位、多层次、宽领域的全方位对外开放格局，加快了国内市场与国际市场的接轨，开始按国际市场的规则处理对外经济关系。

正是20世纪80年代以市场经济为取向的改革，为我国取得建立社会主义市场经济体制的共识提供了实践基础。

（四）社会主义市场经济理论的形成和重大创新

随着改革开放的深化，我国实际上已经逐步在从计划经济向社会主义市场经济转变。这个转变，遇到了认为计划经济才是社会主义、市场经济则是资本主义的传统观念的障碍。我国社会主义建设的实践和世界范围经济发展的实践，使我们不能不面对这样的事实：市场在资源配置中起基础性作用的市场经济，是社会化大生产所必须的。实践的发展要求在理论上实现创新，社会主义市场经济理论正是伴随着我国社会主义改革实践的发展而形成和发展的。

第一阶段：突破大一统的无所不包的计划经济观念，提出"计划经济为主、市场调节为辅"的思想。1979年3月，陈云在《计划与市场问题》

的讲话提纲中，率先批评过去计划工作中存在的弊端，阐述了对计划与市场问题的见解。他指出："1917 年后苏联的计划经济和 1949 年后中国的计划经济，都是按照马克思所说有计划按比例办事的。当时苏联和中国这样做是完全对的，但是没有根据已经建立社会主义经济制度的经验和本国生产力发展的实际状况，对马克思的原理（有计划按比例）加以发展，这就导致现在计划经济中出现的缺点。六十年来，无论苏联或中国的计划工作制度中出现的主要缺点：只有'有计划按比例'这一条，没有社会主义制度下还必须有市场调节这一条。"他强调社会主义时期经济分两部分，即"（1）计划经济部分（有计划按比例的部分）；（2）市场调节部分（即不作计划，只根据市场供求的变化进行生产，即带有盲目性调节的部分）。"他还指出："在今后经济的调整和体制的改革中，实际上计划与市场这两种经济的比例的调整将占很大的比重。不一定计划经济部分愈增加，市场经济部分所占绝对数额就愈缩小，可能是都相应地增加。"[①] 这些观点，"当时对推动全党解放思想、实事求是，进行突破高度集中的计划经济体制的改革，产生过广泛而深刻的影响。"[②]

1979 年 11 月 26 日，邓小平在会见美国不列颠百科全书出版公司编委会副总裁吉布尼等人时，明确指出："说市场经济只存在于资本主义社会，只有资本主义的市场经济，这肯定是不正确的。社会主义为什么不可以搞市场经济，这个不能说是资本主义。我们是计划经济为主，也结合市场经济，但这是社会主义的市场经济。""市场经济不能说只是资本主义的。……社会主义也可以搞市场经济。"[③]1981 年党的十一届六中全会通过的《关于建国以来党的若干历史问题的决议》提出"必须在公有制基础上实行计划经济，同时发挥市场调节的辅助作用"。十二大报告肯定了决议的这一提法。

计划经济为主，市场调节为辅的思想，虽然还坚持计划经济总体框架不变，但它承认了市场调节在社会主义条件下的必要性和有益性，允许它合法存在。这对于实行家庭联产承包责任制后农副产品大幅度增长、急需

---

① 《陈云文选》第三卷，人民出版社 1995 年版，第 247 页。

② 《人民日报》，1995 年 6 月 14 日。

③ 《邓小平文选》第二卷，人民出版社 1994 年版，第 236 页。

拓展农副产品的流通渠道是一个很大的推动，它使农民不仅可以在集市贸易销售自己生产的产品，还可以长途贩运，专门从商。农村率先把商业搞活了，城乡通道打开了，对城市国营企业实行的计划经济也是一个冲击。改革的进程直逼旧体制的核心部位，要求突破计划经济为主的提法，为搞活国营经济寻求新的出路，提供了新的理论依据。

第二阶段，确认社会主义经济是建立在公有制基础上的有计划的商品经济，突破了长期以来把社会主义与商品经济对立起来的传统观念。1984年10月，党的十二届三中全会通过的《中共中央关于经济体制改革的决定》指出："社会主义计划经济必须自觉依据和运用价值规律，是在公有制基础上的有计划的商品经济。商品经济的充分发展，是社会经济发展不可逾越的阶段，是实现我国经济现代化的必要条件。"虽然《决定》仍强调，"就总体说，我国实行的是计划经济，即有计划的商品经济"，但已不再把计划经济与商品经济对立起来，实现了社会主义理论的重大突破，为中国的改革规定了正确方向，它是由计划经济向计划与市场结合的一个重要标志。因此，邓小平作了很高评价，说它"是马克思主义基本原理和中国社会主义实践相结合的政治经济学"[1]。党的十三大报告完全突破了改革初期计划与市场各分一块的老框架，强调"计划和市场的作用范围都是覆盖全社会的。新的经济运行机制，总体上来说应当是'国家调节市场，市场引导企业'的机制，社会主义有计划商品经济的体制，应该是计划与市场内在统一的体制"。没有再提计划经济为主。

第三阶段，确认社会主义可以实行市场经济，把建立社会主义市场经济体制作为我国经济改革的目标。从1985年到1992年这段时间，邓小平在不同场合阐述了社会主义可以实行市场经济的一系列观点。

他着重指出，"社会主义和市场经济之间不存在根本矛盾"[2]，"计划和市场都是方法"，"只要对发展生产力有好处，就可以利用。它为社会主义服务，就是社会主义的；为资本主义服务，就是资本主义的。"[3]他还针对当时在计划和市场问题上的思想混乱，强调指出："我们必须从理论上搞

---

[1] 《邓小平文选》第三卷，人民出版社1993年版，第83页。

[2] 《邓小平文选》第三卷，人民出版社1993年版，第148页。

[3] 《邓小平文选》第三卷，人民出版社1993年版，第203页。

懂，资本主义与社会主义的区分不在于是计划还是市场这样的问题。社会主义也有市场经济，资本主义也有计划控制。"①"不要以为，一说计划经济就是社会主义，一说市场经济就是资本主义，不是那么回事，两者都是手段，市场也可以为社会主义服务。"②

1992 年初，邓小平在视察南方的重要谈话中，更加明确指出，计划多一点还是市场多一点，不是社会主义与资本主义的本质区别。"计划经济不等于社会主义，资本主义也有计划；市场经济不等于资本主义，社会主义也有市场。"③ 这就对社会主义可不可以搞市场经济这个长期争论不休、但又事关重大的问题，作了透彻、精辟的回答，进而从根本上解除了把计划经济和市场经济看作属于社会基本制度范畴的思想束缚。为形成社会主义市场经济理论奠定了坚实的基础。

根据邓小平关于社会主义市场经济的思想和我国经济体制改革的实践，1992 年 6 月，江泽民在中央党校省部级干部进修班上的讲话中正式提出把社会主义市场经济体制作为建立社会主义新经济体制的建议，得到了邓小平的赞同。党的十四大明确把建立社会主义市场经济体制作为我国经济体制改革的目标，使党在社会主义经济理论上实现了又一次重大突破，初步解决了这一关系社会主义现代化建设全局的重大问题。1993 年11 月，党的十四届三中全会通过的《中共中央关于建立社会主义市场经济体制若干问题的决定》，进一步勾画出建立社会主义市场经济体制的基本框架和蓝图，把党的十四大确立的建立社会主义市场经济体制的目标和基本原则加以系统化和具体化。

经过 20 世纪 90 年代的不断深化改革和建设，到 20 世纪末，我国已经初步建立了社会主义市场经济体制。在此基础上，2003 年，党的十六届三中全会通过的《中共中央关于完善社会主义市场经济体制若干问题的决定》，根据实践发展的要求，又进一步明确提出完善社会主义市场经济体制的目标和任务。党的十七大、十八大根据党在新时期要实现的经济发展目标，提出了在完善社会主义市场经济体制方面要取得重大进展的要求。

---

① 《邓小平文选》第三卷，人民出版社 1993 年版，第 364 页。
② 《邓小平文选》第三卷，人民出版社 1993 年版，第 367 页。
③ 《邓小平文选》第三卷，人民出版社 1993 年版，第 373 页。

从计划经济到社会主义市场经济，这是一场前所未有的伟大变革。把社会主义和市场经济结合起来，是中国共产党人实现的重大实践创新和理论创新。

第一，计划经济和市场经济都是手段和方法的论断，突破了过去公认的计划经济和市场经济是反映社会主义和资本主义两种经济制度本质属性的观念。在社会化大生产条件下，社会资源的配置基本上有两种方式。一种是计划经济的方式，即以国家计划为中心，用行政命令的方法在社会范围内进行分配。社会主义国家都曾经采用过这种分配方式。这种社会资源配置方式虽然在一定时期发挥过积极作用，但随着分工的扩大，供求关系日益复杂，信息收集和反馈成本高，集中分配难以正确反映实际情况，因而经济运行效益差，资源浪费很大。另一种是市场经济的配置方式，即以市场为基础来配置社会资源。这种配置社会资源方式的优点，从资本主义的自由竞争阶段看，主要是：利益直接驱动，调动众多经济主体对市场的关心；价格信号比较灵敏，促进生产和需求的及时协调；公平竞争，有利于社会资源的优化配置。但是，这种完全靠自由市场配置资源的方式也有其局限性、盲目性等固有的缺陷，甚至导致经济危机。所以，资本主义的自由市场经济发展到一定阶段，也要求政府实行某些宏观调控措施。从而才使古典的自由市场经济逐渐转变为现代市场经济。马克思主义经典作家已经看到了这一变化趋势。恩格斯在1891年曾指出："如果我们从股份公司进而来看那支配着和垄断着整个工业部门的托拉斯，那么，那里不仅没有了私人生产，而且也没有了无计划性。"[1]1917年，列宁再次强调了恩格斯的这个观点，并指出："现在资本主义正直接向它更高的、有计划的形式转变。"[2]

第二，社会主义制度与市场经济二者之间不存在根本矛盾的论断，解决了社会主义能够与市场经济结合这一重大理论和实践问题。中国特色社会主义经济特就特在它是社会主义市场经济体制同社会主义基本制度的结合，这是历史上从未有过的市场经济，是理论上的创新、实践中的创

① 《马克思恩格斯选集》第4卷，人民出版社1995年版，第408页。
② 《列宁全集》第29卷，人民出版社1985年版，第436页。

举。邓小平关于"社会主义和市场经济不存在根本矛盾"的论断，从根本上解决了社会主义能够与市场经济结合这一重大理论和实践问题。商品交换产生的条件有两个：一是社会分工，二是人们之间存在着不同利益主体的经济关系。前者要求产品交流，后者决定这种交流必须按等价原则进行，这就产生了商品关系。社会主义历史阶段，既存在着越来越发达的社会分工，又由于生产力发展水平的多层次性和劳动的谋生性，人们之间广泛地存在着不同利益主体之间的经济关系。主要是：多种所有制主体之间的关系；不同公有制主体之间的经济关系；同一种公有制内部不同企业主体之间的经济关系。这诸多的利益差别关系，只能通过等价交换的形式来实现。社会主义经济必然是商品经济，商品经济是我国社会主义不可逾越的阶段，商品经济和社会主义社会共始终。而在商品经济条件下，资源配置和经济运行不能离开市场经济的形式，只是在商品经济发展的不同阶段其作用的范围和程度不同而已。所以，社会主义经济也就必然与市场经济发生联系，从而使市场经济成为社会主义经济的内在要求和必然的实现形式。虽然市场经济本身不具有制度属性，但是，它与社会主义相结合而形成的经济体制则必然会体现出社会主义基本制度的特征。

第三，计划和市场要结合的论断，使两者优势互补、劣势互克，找到了社会主义经济发展的有效机制。计划和市场作为调节经济的两种手段，在资源的配置和经济运行活动中，各自都存在着优势和缺陷。计划经济有利于社会经济的协调发展；有利于公益事业的建设；有利于经济的有序运行。其突出弊端是：集中过多、信息不灵、活力不强、效率不高。市场对各种经济信号的反映是灵敏迅速的，并能通过竞争机制和价格杠杆，把资源配置到效益较好的环节中去，这有利于调动众多的微观经济主体的积极性，把经济搞活；有利于及时地实现社会资源的流动和优化配置，提高经济效益。正因如此，我国在经济改革中，把计划经济体制逐步转变到社会主义市场经济体制，使市场对资源配置起基础作用。但是，把社会主义市场经济作为我国经济体制改革的目标，并不意味着市场没有短处。邓小平认为，单纯搞计划经济，不能解决发展生产力的问题，只有把计划经济与市场经济结合起来，才能加快社会主义生产力的发展。江泽民在党的十四大召开前也曾清醒地提出："市场也有其自身的明显弱点和局限性。例如，市场不可能自动地实现宏观经济总量的稳定和平衡；市场难以对相当一部分公共设施和消费进行调节；在某些社会效益重于经济效益的环节，市场调节不可能达到预期的社会目标；在一些垄断性行业和规模经济显著的行业，市场调节也不可能达到理想的效果。"这就"必须发挥计划调节的优势，来弥补和抑制市场调节的这些不足和消极作用，把宏观经济的平衡搞好，以保证整个经济全面发展"。他还指出："在那些市场调节力所不及的若干环节中，也必须利用计划手段来配置资源。同时，还必须利用计划手段来加强社会保障和社会收入再分配的调节，防止两极分化。"[1] 这就是说，没有计划的市场至少有五方面的缺陷，即不能自动地实现宏观经济总量的稳定和平衡；难以对相当一部分公共设施和消费进行调节；在一些垄断性行业和规模经济显著的行业，市场调节达不到理想的效果；在配置资源上有一些市场力所不及环节；容易导致两极分化。所以，必须"把市场经济和计划经济的长处有机结合起来，充分发挥各自的优势作用，促进资源的优化配置"[2]，从而更加适应社会化商品经济的发展。

社会主义市场经济既不同于过去的社会主义计划经济，也不同于资本主义市场经济。社会主义市场经济体制是同社会主义基本制度结合在一起的，它与资本主义市场经济相比具有社会主义的制度特性。邓小平曾明确指出："社会主义市场经济的优越性在哪里？就在四个坚持。四个坚持集中表现在党的领导。这个问题可以敞开来说"[3]，整个改革开放的过程邓小平反复强调坚持社会主义方向的问题。他说："社会主义的目的就是要全国人民共同富裕，不是两极分化。如果我们的政策导致两极分化，我们就失败了；如果产生了什么新的资产阶级，那我们就真是走了邪路了。"[4]"一个公有制占主体，一个共同富裕，这是我们所必须坚持的社会主义的根本原则。我们就是要坚决执行和实现这些社会主义的原则。"[5] 江泽民则更明确指出："社会主义市场经济体制是同社会主义基本制度结合

---

[1] 《江泽民文选》第一卷，人民出版社 2006 年版，第 201 页。
[2] 《十三大以来重要文献选编》下卷，人民出版社 1993 年版，第 2074 页。
[3] 《邓小平年谱（1975—1997）》下卷，中央文献出版社 2004 年版，第 1363 页。
[4] 《邓小平文选》第三卷，人民出版社 1993 年版，第 110—111 页。
[5] 《邓小平文选》第三卷，人民出版社 1993 年版，第 111 页。

在一起的。"①这就决定我国社会主义市场经济体制要保证国家的社会主义方向。"我们搞的是社会主义市场经济，'社会主义'这几个字是不能没有的，这并非多余，并非'画蛇添足'，而恰恰相反，这是'画龙点睛'。所谓'点睛'，就是点明我们的市场经济的性质。西方市场经济符合社会化大生产、符合市场一般规律的东西，毫无疑义，我们要积极学习和借鉴，这是共同点；但西方市场经济是在资本主义制度下搞的，我们的市场经济是在社会主义制度下搞的，这是不同点"②。具体说，"它在所有制结构上、分配制度上、宏观调控上具有鲜明的社会主义特征，因而也具有资本主义不可能有的优势。"③

在所有制结构上，以公有制为主体、多种所有制经济共同发展，一切符合"三个有利于"标准的所有制形式都可以而且应该用来为社会主义服务。在公有制为主体的前提下，公有制企业与其他企业在市场经济中平等竞争、共同发展，国有经济在国民经济中发挥主导作用。在分配制度上，以按劳分配为主体、多种分配方式并存。运用包括市场在内的各种调节手段，既鼓励先进，促进效率，合理拉开收入差距，又防止两极分化，注重社会公平，逐步实现共同富裕。在宏观调控上，以实现最广大劳动人民利益为出发点和归宿，把人民的当前利益与长远利益、局部利益与整体利益结合起来，"使市场在社会主义国家宏观调控下对资源配置起基础性作用。国家宏观调控和市场机制的作用，都是社会主义市场经济体制的本质要求，二者是统一的，是相辅相成、相互促进的。"④那种以为搞市场经济就可以离开国家的宏观指导和调控，放任自流、自行其是、随心所欲，完全是一种误解。总之，建设中国特色社会主义经济，就是建设社会主义市场经济，离开了社会主义基本制度，抽象地讲市场经济，不是中国特色的社会主义市场经济。所以，除了首先从理论上破除公有制与市场经济相对立的观念，更重要的是必须从实践上解决好公有制与市场经济如何结合的问题。完善的社会主义市场经济体制的确立，不仅对

①　《江泽民文选》第一卷，人民出版社 2006 年版，第 227 页。
②　江泽民：《论社会主义市场经济》，中央文献出版社 2006 年版，第 203 页。
③　《江泽民文选》第一卷，人民出版社 2006 年版，第 356 页。
④　江泽民：《论社会主义市场经济》，中央文献出版社 2006 年版，第 159 页。

中国，而且对世界都将是具有历史意义的伟大创新。

作为资源配置的基础性方式和手段，社会主义市场经济又具有市场经济内在的经济属性，反映现代市场经济的一般规定性，具有以下特征：一是经济关系市场化。在市场经济条件下，全社会的一切经济活动，经济活动主体的一切经济往来，都要通过市场来实现，市场机制是经济运行的基本机制。二是企业行为自主化。企业作为市场主体，不论属于何种所有制，也不论规模大小、技术水平高低，都要具有作为独立的商品生产者和经营者所应有的自主权。三是宏观调控间接化。政府部门不能直接干预企业生产、经营的具体事务，而应通过指导性计划、经济杠杆和经济政策来引导、规范企业的经营活动。四是经营管理法制化。一切经营活动必须在法律允许的范围内进行，法律是市场经济正常运转的基础和保证。五是社会保障制度化。市场竞争按价值规律办事，不同生产者由于客观条件和主观能力的差别，在竞争中会拉大贫富差距，激化各种矛盾，需要建立完备的社会保障制度，以维护社会稳定。社会主义市场经济要按照市场经济的一般规律和要求来进行建设，吸收和借鉴发达资本主义国家在发展市场经济过程中的一切对我们有益的做法和经验。

二、坚持社会主义初级阶段的基本经济制度

社会主义初级阶段的基本经济制度问题，实质就是所有制问题。所有制问题是根本性、基础性、全局性问题，所有制关系同生产力是否适应，是政治经济学的核心问题。所有制是生产关系的基础，必然要适应生产力发展的客观要求。

（一）我国社会主义初级阶段基本经济制度的确立

我国在社会主义制度建立以后的很长一段时间内，所有制结构基本上是两种形式，即国家所有制形式的全民所有制和城乡集体所有制。除此之外，城镇允许有残余形式的个体经济。人们的观念是重全民、轻集体、挤个体，力求尽快建立单一的公有制结构。这种所有制结构的形成有其历

史原因：从理论层面看，它是对马克思主义创始人科学社会主义理论的误解。主要表现在，离开生产力性质谈论社会主义，把公有制形式和国家所有制形式本身等同于社会主义，同时对后发展国家社会主义道路的特殊性缺乏充分的认识，未把发达资本主义脱胎的社会主义和落后国家产生的社会主义这两种不同历史形态的社会主义区别开来，偏离唯物主义历史观。从实践层面看，我国在民主革命胜利后，急于消灭私有制和资本主义生产方式及其社会弊病，城乡贫苦劳动者对人民政府和公有制提供的"大锅饭"存在过多的依赖。它既受到苏联社会主义理论及实践的启示和影响，又迫于国内医治战争创伤、加速资本原始积累、奠定工业化基础、稳定经济秩序、加强国防建设等所需强大的国有制的支撑。我们既要认清我国原有所有制形式和结构已经不能同发展变化了的情况和市场经济相适应，看到它本身具有的超阶段性质，必需对这种所有制同时也是基本经济制度进行较大幅度的改革和调整，同时，应该对社会主义公有制经济或基本经济制度给以合理公正的评价。我们要肯定它的形成与当时所处条件和环境有关，有一定程度的历史必然性，肯定它在特定时期内起到了重要历史作用，它在使我国广大劳动者从旧制度下由奴隶变为生产资料和社会的主人，在促进我国生产力迅速发展、社会全面进步和人民生活的改善等方面不可代替的贡献。它也是改革开放以后我国所有制的变革和调整的珍贵财富。

改革开放以来，党对社会主义初级阶段基本经济制度的认识，有一个逐步深入的过程。从改革开放之初到党的十二大，已经开始肯定"劳动者的个体经济是公有制经济必要补充"。党的十三大强调，"社会主义初级阶段的所有制结构应以公有制为主体"，并把私营经济、中外合资合作经济、外商独资经济与个体经济一起作为公有制经济"必要的和有益的补充"。党的十四大强调了多种经济成分长期共同发展，不是权宜之计，而是一项长期的方针。党的十四届三中全会通过的《中共中央关于建立社会主义市场经济体制若干问题的决定》进一步指出，经过十多年的改革，我国的经济体制发生了巨大变化，以公有制为主体的多种经济成分共同发展的格局初步形成，建立社会主义市场经济体制必须"坚持以公有制为主体、多种经济成分共同发展的方针"。在此基础上，党的十五大第一次明确提出："公有制为主体、多种所有制经济共同发展，是我国社会主义初级阶段的一项基本经济制度。"党的十七大、十八大都重申了这一基本观点。中国共产党对社会主义初级阶段基本经济制度的新认识，实现了社会主义所有制理论的创新和发展，为坚持和完善社会主义初级阶段基本经济制度，调整和优化我国所有制结构进一步指明了方向。

以公有制为主体、多种所有制经济共同发展的社会主义初级阶段基本经济制度，既是社会主义制度的根本要求，又鲜明地体现了社会主义初级阶段生产力发展的客观需要。第一，社会主义发展道路对公有制为主体的要求。中国虽然属于后发展国家，但在特殊历史条件下选择了社会主义道路，客观上要求公有制为主体。在中国，对公有制的要求来自不同方面：一是国有制有某些特殊方面的优势，国家需要继续通过国有制形式发展壮大工业化基础。二是公有制形式可以避免或减少两极分化和剥削。三是现阶段的国有制可以成为未来社会所有制的基础和雏形。四是在生产力还比较落后和发展不平衡的情况下，部分劳动者依然存在对公有制和国家的依赖。第二，社会主义的特殊性和现阶段的生产力水平对多种所有制并存的要求。中国特色社会主义作为后发展国家的社会主义，是特殊历史形态的社会主义。社会主义初级阶段是一种特殊的独立的社会形态。这个阶段劳动资料、利益关系、生产目的的特殊性，决定了所有制关系及其劳动方式、分配关系、经济形式等方面的特殊性；决定了仍然需要私有制和市场经济形式（市场竞争）发展生产力。离开了多种所有制，就背离了社会主义初级阶段的实际，就会重犯超越阶段、片面求公求纯的错误。因此，多种所有制的并存是不可避免的。

（二）巩固和发展社会主义公有制经济

在社会主义初级阶段基本经济制度的两个方面中，公有制主体是主导方面，没有公有制的主体地位，就谈不上社会主义初级阶段的基本经济制度。一个时期以来，一些人对强调毫不动摇地鼓励、支持和引导非公有制经济发展的呼声很高，而对毫不动摇地巩固和发展公有制经济反而重视不够。坚持和完善社会主义初级阶段基本经济制度必须做到两个"毫不动摇"，这不仅是个理论问题，也是关系我国社会发展和广大人民命运的政治问题。

1. 坚持社会主义公有制的主体地位

坚持公有制的主体地位，是社会主义的一条根本原则。坚持以公有制为主体，就是坚持社会主义方向。邓小平一再强调社会主义的两条根本原则："一个公有制占主体，一个共同富裕"①，这两者相互关联，而以前者为基础和前提。没有公有制为主体，就没有以按劳分配为主体，必然产生两极分化，走共同富裕的道路是不可能的。邓小平说："只要我国经济中公有制占主体地位，就可以避免两极分化。"②

坚持公有制为主体，是社会主义制度的基础。任何一种社会经济制度，都有一定的所有制基础，占主体地位的所有制决定社会的性质。社会主义经济制度的所有制基础是公有制。没有公有制的主体地位，就没有整个社会人与人之间社会主义性质的关系，社会主义就会成一句空话。在我国，公有制经济占主体地位，特别是公有制经济中的国有经济起主导作用，能有力地保障我们这个社会的社会主义性质。失去了公有制经济的主体地位和国有经济的主导作用，就不可能建设中国特色的社会主义。

坚持公有制为主体，能够更好地发展社会生产力。我国的生产资料公有制是适应社会化大生产发展的要求而建立和发展起来的。坚持公有制为主体，能够有效地组织社会生产，实施宏观调控，从全局利益出发，集中力量办大事，促进经济高速发展。作为一个后起的发展中国家，要想使自己迅速发展起来，必须大力发展自己的基础工业和基础设施，努力发展高科技产业。那些投资额大、建设周期长、资金回收慢的建设项目的社会效益远远超过自身的经济效益，只能依靠公有制的力量才能支撑。公有制经济对推动我国改革和整个社会的经济发展，提高人民生活水平，巩固社会主义制度，发挥了举足轻重的作用。

坚持公有制为主体，能够保证社会主义市场经济的发展方向。建设中国特色社会主义，构造社会主义市场经济，其制度构架就是要实现市场经济与社会主义基本制度的结合，而社会主义基本制度中的经济制度的主体就是社会主义的公有制。因此，市场经济与公有制的结合，决定着市场经

---

① 《邓小平文选》第三卷，人民出版社 1993 年版，第 111 页。
② 《邓小平文选》第三卷，人民出版社 1993 年版，第 149 页。

济的社会主义性质。

2. 公有制经济的涵义及其主体地位的体现

坚持公有制为主体，必须正确理解社会主义公有制经济的涵义。社会主义公有制生产关系的理论范畴，其实质和核心是全体社会成员或部分社会成员共同占有生产资料，实现了人们在生产资料面前的平等。在公有制范围内，对生产资料的支配、使用，以及由此取得的收益都必须服从于和服务于他们共同的意志和需要。任何个人或少数人都不能利用生产资料为自己牟取私利。把握了社会主义公有制经济的这一实质，就不会把一些以社会所有或公众所有的名义出现的、被称为"新公有制"的企业和组织，混同于社会主义公有制。因为在这些企业或组织中并不以实现人们在生产资料面前的平等为条件。党的十五大报告明确指出："公有制经济不仅包括国有经济和集体经济，还应包括混合所有制经济中的国有成分和集体成分。"国有经济，即社会主义全民所有制经济。它是指全体社会成员共同占有生产资料的公有制形式。我国现阶段的全民所有制经济的生产资料由国家代表全体人民所有，采取国家所有制形式，称国有经济。集体经济，即社会主义集体所有制经济。是指由部分劳动群众共同占有生产资料的一种社会主义公有制形式。混合所有制经济是指由不同所有制经济，以控股、参股等不同方式投资形成法人财产，由企业法人经营企业。目前混合所有制经济主要有股份制企业、跨所有制组成的企业及企业集团、中外合资和中外合作企业等。这些企业中的国有成分和集体成分，最终所有权属于国家和集体，国家和集体行使所有者的权益。所以，它们属于公有制经济。

中国共产党经过多年的实践，科学概括和总结了公有制为主体的基本原则及其体现。其主要原则有四条：一是在社会总资产中要保持国家所有和集体所有的资产占优势；二是国有经济在关系国民经济命脉的重要部门和关键领域占支配地位；三是国有经济对整个经济发展起主导作用；四是公有经济特别是国有企业要适应社会主义市场经济发展的要求不断发展壮大自己。① 公有制的主体地位主要体现在："公有资产在社会总资产中占优

① 《江泽民文选》第一卷，人民出版社 2006 年版，第 468 页。

势；国有经济控制国民经济的命脉，对经济发展起主导作用。这是就全国而言的，有的地方、有的产业可以有所差别。公有资产占优势，要有量的优势，更要注重质的提高。国有经济起主导作用，主要体现在控制力上。要从战略上调整国有经济布局，对关系公民经济命脉的重要行业和关键领域，国有经济必须占支配地位。"①

公有资产占优势，首先表现为量的优势，即国有资产和集体资产在社会总资产中占优势地位，不仅相对量在社会总资产中居于优势地位，而且绝对量也居于优势地位。有绝对量的优势，才能有相对量的优势。没有资产绝对量和相对量的优势，公有制就不可能具有优势，主体地位就丧失了。其次，更重视质的优势，即关键性、涉及经济命脉战略全局和国民经济发展方向的生产资料占优势，而不是一般微不足道的生产资料占优势；是先进的具有导向性控制性的生产资料占优势，并且不断提高进步发展壮大，而不是落后的东西占优势。这样它才能控制经济命脉，对国民经济起主导作用，有强大的控制力、决定力、示范力和促进力。公有资产占优势，说到底表现为生产关系上，即人与人之间的社会主义性质的关系在整个社会范围占优势。

国有经济起主导作用，集中体现在其对国民经济的控制力上。这个控制力，一是对起决定作用的稀缺资源和生产要素的控制力；二是对经济运行态势的控制力；三是对社会主义经济发展趋势的控制力。在社会主义市场经济条件下，国有经济在国民经济中的控制力，既要通过国有独资企业来实现，也要探索通过国有控股和参股企业来实现。对关系国民经济命脉的重要行业和关键领域，国有经济必须占支配地位，如涉及国家安全的行业，自然垄断的行业，提供重要公共产品和服务的行业，以及支柱产业和高新技术产业中的重要骨干企业。其他行业领域，可以通过资产重组和结构调整，以加强重点，提高国有经济的整体质量。从战略上调整国有经济布局，要同产业结构的优化升级及所有制结构的调整完善结合起来，坚持有进有退，有所为有所不为。只要坚持公有制为主体，国家控制国民经济命脉，国有经济的控制力和竞争力得到增强，在这个前提下，国有经济比

---

① 《江泽民文选》第二卷，人民出版社 2006 年版，第 19 页。

重减少一些，就不会影响我国的社会主义性质。经过党的十五大以来我国国有经济布局的战略调整，现已取得了实质性的进展。国有经济和国有资本逐步向关系国民经济命脉的重要行业和关键领域集中，向大企业集中，而从一般竞争性行业中逐渐退出，国有企业量多面宽和过于分散的状况开始改变。

公有制经济的另一个重要组成部分，就是集体经济与合作经济。巩固和发展公有制经济，必须促进集体经济及合作经济的发展。我国集体经济经过多年来以明晰产权为重点的改革已经取得了重大进展。20世纪80年代末以来逐步发展起来的各种农民专业合作组织对提高农民组织化程度、降低交易费用、提高农民市场谈判地位、增强应对自然与市场风险能力、提高规模效益等方面，具有重要意义和作用。

3. 公有制实现形式的多样化

巩固和发展公有制经济，还要努力寻找能够极大促进生产力发展的公有制实现形式。过去我们在认识上的一个失误就是把公有制和公有制的实现形式混为一谈，以为公有制的实现形式就是传统的国有企业和农村集体经济组织。其实，公有制与公有制实现形式是两个既有联系又有区别的概念。公有制是就所有制的性质而言的，公有制的实现形式则是指公有制财产的具体组织形式和经营方式，它不具有"公"与"私"、"社"与"资"的区分，二者是内容和形式的关系。同样的所有制可以采取不同的实现形式，而不同的所有制可以采取相同的实现形式。因为实现形式要解决的是发展生产力的组织形式和经营方式问题，只要能够有利于生产力的发展，公有制的实现形式可以而且应当多样化，一切反映社会化生产规律的经营方式和组织形式都可以大胆利用。要努力寻找能够极大促进生产力发展的公有制实现形式。党的十一届三中全会以来，从农村推行家庭承包经营，到企业进行租赁、承包、联合、兼并以及股份制、股份合作制等试点，常常遇到一些思想障碍，甚至有人把寻找公有制实现形式误认为是搞私有化，走资本主义道路。其中一个重要原因，就是没有区分公有制与公有制的实现形式，没有认识到同一所有制可以有多种实现形式，不同所有制也可以有同样的实现形式。

国家所有制经济是我国社会主义经济的主要组成部分，在国民经济中居重要地位。但长期以来它实行高度集中的计划管理体制，所有权和经营权集国家一身，企业无法实行自主经营、自负盈亏，不能独立参与市场竞争。与传统所有制相联系的生产组织和管理方式也落后于现代经济的发展。寻找新的公有制实现形式，就是为了适应发展市场经济的要求，有效地消除落后的管理方式。我国公有制企业数量众多、规模不一、类型各异，在所处行业和地区中的地位不同，国家对它们经营目标的要求和预期也不相同，这本身就决定了公有制的实现形式必然是多样化的。

股份制是现代企业制度的重要组织形式，是资本集中的一种形式，也是公有制与市场经济相结合的有效实现形式。不能笼统地说股份制是公有还是私有，股份制企业的性质，关键看控股权掌握在谁手里。在社会主义条件下，由国家和集体控股，就具有明显的公有性质。国有资本通过股份制可以吸引和组织更多的社会资本，有利于扩大国有资本的功能，提高国有经济的控制力、影响力和带动力，增强公有制的主体地位；有利于推进政企分开，实现所有权和经营权的两权分离；有利于实现转换机制和科学管理，提高企业和资本的运作效率。

股份合作制是融股份制形式与合作制形式为一体的新的公有制形式。它实现了以劳动者的劳动联合和劳动者的资本联合的有机结合，是当前经济发展中群众愿意接受的、有利于灵活地组织经济活动的企业组织形式和资本组织形式，是在新形势下，非国有的其它公有制经济实现资产重组和资本结构优化的一种良好方式。劳动者除了按劳取酬外，还按投入的资本额取得相应的收益。这种形式也有利于城乡小型企业在改革中实现经营规模化和投资社会化，有利于提高小企业的竞争能力。这就是说，资本的组织形式和经营方式只是手段而不是目的。我们寻找新的公有制实现形式，可以更好地解放和发展社会生产力。

（三）鼓励、支持和引导非公有制经济发展

在社会主义初级阶段，非公有制经济包括个体经济、私营经济、混合所有制经济中的非公有制成分等。毫不动摇地鼓励、支持和引导非公有制经济发展，是社会主义初级阶段生产关系适应生产力发展水平的客观要求，是发展社会主义市场经济的客观要求，关系着社会主义初级阶段基本

经济制度的坚持和完善。

我国社会生产力发展水平的多层次性和所有制结构的多样性，决定了非公有制经济是我国社会主义市场经济的重要组成部分。虽然经过新中国建立六十多年、特别是改革开放三十多年的发展，我国生产力有了很大提高，但总地说来，人口多，底子薄、生产力不发达和发展不平衡的状况没有根本改变，仍然处在并将长时期处在社会主义的初级阶段。社会主义初级阶段的生产力水平和发展的不平衡性，给非公有制经济留下了广阔的空间。鼓励、支持和引导非公有制经济发展，对于充分调动社会各方面的积极性，促进经济增长、扩大就业、活跃市场和满足人们多样化的需要等方面具有重要作用。

非公有制经济与市场经济有着天然的联系。它具有明晰的产权、自主的经营决策、灵活的运行机制，这与市场经济的要求是天然吻合的。它的存在和发展，不仅有利于促进资源的优化配置和利用，而且有助于市场交易秩序和市场竞争体系的形成。它为我国市场经济的发展提供了必要条件。

发展非公有制经济是经济全球化的客观要求。在经济全球化的大背景下，世界范围内的信息、资本和技术的快速流动，各国资本的相互融合，资源在全球范围内的优化配置和共享，是各国经济不可阻挡的大趋势。外国资本和技术与本国资本和技术的融合，是我国市场经济融入世界经济大市场实现加速发展的必要条件。作为非公有制经济的"三资企业"，在这样的大舞台上将发挥日益重要作用。

改革开放以来，我国在所有制方面，纠正了过去追求"一大二公三纯"的错误观念，鼓励发展多种所有制经济，使各种非公有制经济迅速发展，对增强经济活力，调动群众和社会各方面的积极性，加快生产力发展，发挥了重要作用。非公有制经济的存在和发展已经成为中国社会主义市场经济发展不可缺少的重要组成部分，甚至可以说，没有多种多样的所有制的存在和发展，就没有我国今天的国民经济的繁荣。

发展非公有制经济，还要对它们进行积极的引导。一方面要放宽市场准入，允许非公有资本进入法律法规未禁入的基础设施、公用事业及其他行业和领域；非公有制企业在投融资、税收、土地使用和对外贸易等方面，与其他企业享受同等待遇；支持非公有制中小企业的发展，鼓励有条件的企业做强做大，完善保护私人财产的法律制度，为非公有制经济的发展创造良好的环境。另一方面要依法加强监督和管理，引导它们依法经营、照章纳税、诚实守信、保障职工合法权益。要改进对非公有制企业的服务和监管，促进非公有制经济健康发展。

促进各种所有制共同发展，是坚持和完善社会主义初级阶段基本经济制度的一个重要任务。党的十六大报告指出，"坚持公有制为主体，促进非公有制经济发展，统一于社会主义现代化建设的进程中，不能把这两者对立起来。"社会主义市场经济的实践证明，公有制经济与非公有制经济有各自存在的根据，在不同的领域发挥着自己的优势，它们完全可以在长期并存中共同发展。

在我国，公有制经济和非公有制经济不仅可以并存，通过交换在企业外部发生联系，而且能够在企业内部结合，形成混合所有制经济。混合所有制是我国所有制格局变化的重要特征之一。市场经济作为开放的经济，无论是新增投资或是存量资产，都在竞争和产业结构调整中不停地流动着。企业有的会破产，有的相互之间可以兼并联合。各种资产在企业间分解或整合的过程中，必然涉及不同所有制在企业的内部交融，这是市场经济优化资源配置的必然趋势。国有企业可以通过不同所有制在企业内部的结合，吸收非公有经济产权清晰的优点，推动国有企业改革，做到产权清晰，责权明确，政企分开，同时也有利于改变私营企业观念偏狭、保守的家族式管理的弊病。

三、坚持社会主义初级阶段的分配制度

消费资料的任何一种分配，都不过是生产条件本身分配的结果。在社会主义初级阶段，由于我国生产力发展落后且不平衡，所以，与多种所有制经济共同发展的经济结构相适应，社会主义初级阶段的分配方式也不可能是单一的。除了按劳分配这种主要形式之外，应允许多种分配方式同时并存。

（一）社会主义初级阶段分配制度的确立

改革开放以来，我国逐步打破平均主义的分配方式，形成按劳分配为主体、多种分配方式并存的多元化分配格局。改革开放以来我国分配体制改革的历史进程，大体可分为三个阶段。

第一阶段，在指导思想上强调打破平均主义，允许和鼓励一部分人先富起来，在制度和政策上强调按劳分配。1978年12月党的十一届三中全上，首次提出了克服平均主义的要求。随后，逐渐在农村普遍推行家庭联产承包责任制，实行"交够国家的、留够集体的、剩下都是自己的"原则，从根本上打破了过去平均主义的分配方式，贯彻了按劳分配的原则，调动了农民的生产积极性。1984年10月党的十二届三中全会通过的《中共中央关于经济体制改革的决议》，提出让一部分地区和一部分人通过诚实劳动和合法经营先富起来、然后带动更多的人走向共同富裕的政策。经济体制改革的重点由农村转向城市，为调动企业生产经营积极性，全会提出了"建立多种形式的经济责任制，认真贯彻按劳分配原则"，做到"责、权、利相结合，国家、集体、个人利益相统一，职工劳动所得同劳动成果相联系"。可以说，企业内部的近乎平均主义的分配方式从此彻底失去了制度基础。

第二阶段，提出了实行以按劳分配为主体、其他分配方式为补充的分配制度。1987年10月召开的党的十三大，提出了"以按劳分配为主体、其他分配方式为补充"，在促进效率提高的前提下促进社会公平的要求，这是效率优先、兼顾公平方针的雏形，是收入分配理论的巨大进步，多种分配方式更进一步具体化。

第三阶段，允许和鼓励生产要素参与分配，确立以按劳分配为主体、多种分配方式并存的分配制度，提出把按劳分配与按生产要素分配结合起来。1992年10月党的十四大提出建立社会主义市场经济体制目标模式，这是社会主义经济理论的重大创新。在分配政策上有两个突破：一是突破了十三大提出的其他方式为补充，第一次提出"多种分配方式并存的分配制度"，其他分配方式从补充上升到制度层面，地位发生了重大变化。二是在公平与效率这个"两难"选择上，第一次提出效率优先，兼顾公平的原则。党的十五大总结建国以来、特别是改革开放的经验，第一次提出了在坚持按劳分配为主体、多种分配方式并存的分配制度的基础上，允许和鼓励资本、技术等生产要素参与分配的要求。2002 年党的十六大进一步提出要"确立劳动、资本、技术和管理等生产要素按贡献参与分配的原则"，完善了按劳分配为主体，多种分配方式并存的分配制度。

（二）坚持按劳分配的主体地位

我国社会主义初级阶段的个人收入分配制度，必须与公有制为主体、多种所有制共同发展的基本经济制度相适应。同时，分配方式还要与市场经济的规则相适应。

按劳分配是社会主义的分配原则之一。马克思在《资本论》中提出了按劳分配个人消费品的社会主义分配原则，并在《哥达纲领批判》中进一步作了系统、深刻的阐述。他认为，在社会主义社会，由于生产力水平的限制，社会产品还没有达到极大丰富的程度，还存在着工农差别、城乡差别、脑力劳动和体力劳动的差别，劳动还没有成为人们生活的第一需要，因而不能实行按需分配，只能实行按劳分配。列宁创造性地发展了按劳分配的理论，他在《国家与革命》中对按劳分配原则给予了透彻的说明。其主要内涵是：在社会主义社会，凡是有劳动能力的人都应当尽自己的能力为社会劳动，社会以劳动作为分配个人消费品的尺度，按照劳动者提供的劳动数量和质量分配个人消费品，等量劳动领取等量报酬，多劳多得，少劳少得，不劳不得。

我国社会主义初级阶段实行按劳分配为主体的分配制度，是由社会主义公有制和现存的社会生产力发展水平决定的。第一，社会主义生产资料公有制是实行按劳分配的前提条件。生产资料公有制的建立，实现了劳动者在生产资料占有方面的平等，在公有制内部人们不能凭借公有的生产资料无偿占有他人劳动成果，从而使消费品能够按照有利于劳动者的方式分配。第二，社会主义生产力发展水平是实行按劳分配的物质条件。生产力水平及劳动生产率的高低，决定了社会主义社会既不会像生产力极其低下的原始社会那样，为了群体的生存而不得不实行平均分配，也不可能像物质极大丰富的共产主义社会那样，实行按需分配，劳动作为谋生手段，要求等量劳动获得等量报酬。前者是按劳分配的所有制基础，后者是按劳分配的物质基础。

我国在社会主义初级阶段实行的按劳分配也不是纯理论上的按劳分配，它受到公有制成熟程度的制约，与马克思设想的按劳分配尚有一些不同。第一，按劳分配是社会主义初级阶段的全社会分配领域中主体的分配方式，是公有制经济内部主体的分配方式，不是唯一的分配方式，还存在着其他分配方式。第二，等量劳动领取等量消费品的原则，还不可能在全社会的公有制经济范围内按统一标准实现。现阶段的公有制企业是自主经营、自负盈亏的商品生产者和经营者，存在着各自的经济利益。由此，按劳分配还不可能在全社会的公有制经济范围内按统一标准实现，只能先根据各个企业提供给社会的有效的劳动量，在各企业之间进行分配，然后再由各个企业根据等量劳动领取等量报酬的原则对劳动者进行分配。这样，劳动者的个人收入不仅取决于自己的劳动贡献，而且还取决于所在企业的生产经营效果。第三，按劳分配不能以每个劳动者的劳动时间为尺度，而只能以商品交换实现的价值量所曲折反映的劳动量为尺度。马克思设想在商品货币关系消亡的情况下，劳动者的劳动直接表现为社会劳动，按劳分配直接以劳动者的劳动时间为尺度。但在社会主义市场经济条件下，劳动者的个人劳动不能直接表现为社会劳动，劳动者只能通过各自所在的企业向社会提供劳动，每个企业的集体劳动也只能是局部劳动，其社会劳动的性质只能通过商品交换实现其价值后才能得到实现和转化。按劳分配实际上只能以通过商品交换实现的价值量作为尺度。第四，按劳分配必须借助于商品货币形式来实现。马克思当时设想的按劳分配，是通过劳动券实现的，劳动者从社会领得一张凭证，证明他提供了多少劳动（扣除他为公共基金而进行的劳动），他根据这张凭证从社会储存中领得一份耗费同等劳动量的消费资料。在社会主义市场经济条件下，按劳分配只能借助于商品货币关系得到实现，即劳动者先以货币工资形式取得劳动报酬，再用货币工资到商品市场上购买个人消费品。这样，按劳分配的最终实现还要受到商品价格和商品供应量的影响。

实行按劳分配，是坚持社会主义制度的重要组成部分。社会主义制度赖以建立的经济基础，是生产资料公有制及其与之相适应的分配方式即按劳分配。实行按劳分配，劳动成为个人收入分配的依据，这就从根本上消除了剥削制度产生的基础条件。尽管在社会主义初级阶段，还存在着按劳分配以外的其他分配方式，但只要在坚持公有制主体地位的基础上真正贯彻按劳分配原则，就能把公有制内部的一切积极因素调动起来，发展和壮大公有制经济，使社会主义制度的基础得以巩固。

实行按劳分配，是推动社会主义市场经济发展的有效途径。市场经济发展的动力来源于人们对自身物质利益的追求，社会主义公有制经济也不例外。与非公有制经济不同，公有制经济范围内劳动者物质利益实现的主要形式是按劳分配。邓小平指出："社会主义是共产主义第一阶段，这是一个很长的历史阶段，必须实行按劳分配，必须把国家、集体和个人利益结合起来，才能调动积极性，才能发展社会主义的生产。"[1] 按劳分配的本质是否定剥削，同时承认利益差别。从这个意义上说，按劳分配与市场经济在社会主义制度下实现了统一。

（三）健全按生产要素参与分配的制度

个体经济、私营经济、中外合资经济、港澳台资经济等非公有制经济的存在和公有制实现形式的多样化，决定了社会主义初级阶段必然存在按劳分配以外的多种分配方式。按劳分配以外的多种分配方式，其实质就是按生产要素的贡献状况进行分配。改革开放以后，我国以打破平均主义为突破口对分配制度进行了一系列的改革。党的十四届三中全会通过的《中共中央关于建立社会主义市场经济体制若干问题的决定》，第一次提出了"允许属于个人的资本等生产要素参与收益分配"，使生产要素参与收益分配明朗化。党的十五大报告进一步提出了要"把按劳分配和按生产要素分配结合起来，……允许和鼓励资本、技术等生产要素参与分配"。党的十六大明确提出要"确立劳动、资本、技术和管理等生产要素按贡献参与分配的原则"。党的十七大则把这一分配方式确立为制度目标，指出"健全劳动、资本、技术、管理等生产要素按贡献参与分配的制度"。这是我国收入分配制度的重大进步和理论创新。

---

① 《邓小平文选》第二卷，人民出版社 1994 年版，第 351 页。

社会主义初级阶段实行按生产要素分配的根据是：

第一，我国存在着生产要素的多种所有制。各种生产要素同劳动一起，都是物质财富和使用价值的源泉，是社会生产不可或缺的因素，因此当它被排他性地占有时，必须实行按生产要素分配的原则才能有效地利用其来发展生产。确立按生产要素分配的原则，同劳动价值论并不矛盾，因此既不能因为肯定劳动价值论而否定按生产要素分配，也不能因为肯定按生产要素分配而否定劳动价值论。

第二，确立生产要素按贡献参与分配的原则，符合市场经济的基本要求。市场经济的基本要求是谁投资，谁受益；谁的贡献大，谁的收益多。如果不按生产要素贡献参与分配，投资不能获得收益，投资主体就没有积极性；投资贡献大的不能获得更多的收益，生产要素就不会流向效率高的企业和行业，资源得不到合理配置，最终会阻碍生产力的发展。

第三，确立生产要素按贡献参与分配的原则，有助于调动各种生产要素所有者参与社会主义现代化建设的积极性和主动性。建设社会主义和谐社会，推动社会主义现代化建设，既要调动劳动者的积极性和创造性，也要调动科技工作者和经营管理者的创业积极性和创新活力，还要调动土地、劳动、资本、知识、技术、管理、信息等生产要素投入到社会主义现代化建设中来，而调动生产要素所有者的积极性，体现在收益分配上，就要确立生产要素按贡献参与分配的原则。

按生产要素分配主要有三种类型：一是以劳动作为生产要素参与分配。主要是指个体劳动者和被雇于非公有制经济的雇佣劳动者。个体劳动者的收入，是凭借自己的劳动和占有的生产资料从事个体劳动和经营所取得的收入；被雇于非公有制经济的雇佣劳动者取得的劳动收入，实质上是劳动者出卖劳动力商品，按劳动力价值得到的收入。这种凭借提供劳动这一生产要素参与的分配与公有制中的按劳分配具有完全不同的性质。二是劳动以外的生产要素所有者参与分配。主要包括资本所有者在生产经营活动中凭借资本所取得的利润；生产要素的所有者将自有的货币或资本借给他人经营或存入金融机构所取得的利息；以实物形态资本租借给他人经营或使用而取得的租金等。三是管理和知识产权类的生产要素，如科技发明、创造、信息、专利等参与分配。这类生产要素来自他们的所有者的劳动或劳动成果，在当代经济生活中发挥着越来越巨大的作用，在很大程度上决定着企业经营的成败和发展前途。

　　在社会主义初级阶段，确立和健全生产要素按贡献参与分配具有重要意义。首先，它有利于资源的优化配置。市场经济的基本功能就是对具有稀缺性的资源进行有效配置，而稀缺性资源的有效配置关键在于形成有效的激励机制，即生产要素能够依据各自的贡献取得报酬。其次，有利于调动生产要素所有者的积极性。在市场经济条件下，要充分调动生产要素所有者的积极性，就必须依据生产要素在市场经济中的贡献取得报酬，贡献越大，取得的报酬越多，不然，要素所有者宁可让他的要素闲置，也不会让人无偿使用。第三，有利于更好地坚持社会主义初级阶段以按劳分配为主体、多种分配方式并存的分配制度。社会主义初级阶段的分配方式必然是与社会主义市场经济相适应的多元分配方式，多种分配方式的依据就是各种生产要素可以按照自己的贡献取得报酬。不健全生产要素按贡献分配的制度，就不可能完善我国社会主义初级阶段的分配制度。

四、中国特色社会主义经济发展战略思想

　　在我国落后的生产力基础上实现现代化，建设社会主义强国，是一项十分艰巨的事业，它肩负着既要完成传统的工业化、又要同时迎头赶上世界新的技术和产业革命的双重任务。如何实现这一艰巨的任务，走出中国自己的经济发展道路，是党的三代中央领导集体始终着力解决的重大战略问题。党的十八大报告指出，在当代中国，坚持发展是硬道理的本质要求就是坚持科学发展。以科学发展为主题，以加快转变经济发展方式为主线，是关系我国发展全局的战略抉择。

（一）坚持走中国特色自主创新道路

　　中国共产党历来十分重视科学技术的作用。早在 20 世纪 50 年代，党中央就发出了"向科学进军"的伟大号召。改革开放以来，邓小平多次强调，实现现代化，科学技术是关键，基础在教育。江泽民也反复强调，科

技创新越来越成为当今社会生产力解放和发展的重要基础与标志，越来越决定着一个国家、一个民族的发展进程。创新能力是当今世界范围内经济和科技竞争的决定性因素。党的十八大从全面建成小康社会、开创中国特色社会主义事业新局面的全局出发，综合分析世界发展大势和我国所处历史阶段，作出了实施创新驱动发展战略，坚持走中国特色自主创新道路的重大决策。这是顺应时代特征和事关我国发展全局的战略抉择，是全面贯彻落实科学发展观、全面建成小康社会的客观需要。

坚持走中国特色自主创新道路，是提高我国国际竞争力的客观需要。进入 21 世纪，科学技术创新日新月异，各学科间进一步交叉融合，全球化科技竞争广泛而深入。企业竞争、经济社会持续发展、综合国力较量，集中表现为科技创新能力的竞争，国家主导的科技政策和战略规划备受重视，各国纷纷提出科技创新的新理念、新政策、新规划。2006 年美国发布"美国竞争力计划"，大幅度增加对研发、教育与创新的投入；欧盟启动第七框架计划（2007—2013），增加投入，优先发展健康、生物、信息、纳米、能源、环境和气候、交通、社会经济科学、空间和安全等主题；日本自 2006 年起组织实施"第三期科学技术五年计划"，重点投资基础研究、生命科学、信息通讯、环境、社会、纳米和材料、能源、制造技术、社会基础技术、尖端技术等领域。提升科技创新能力已经成为各国提升其国际竞争力、保障国家安全的核心要素和战略基点。目前我国自主创新能力还不够强，长期形成的结构性矛盾和粗放型发展方式尚未根本改变，自主创新的机制仍不完善，影响自主创新的诸多体制障碍依然存在。面对世界科技发展的大势，面对日趋激烈的国际竞争，我们必须把科学技术真正置于优先发展的战略地位，加快自主创新步伐，增强国家核心竞争力，带动我国社会生产力实现质的飞跃，努力在激烈的国际竞争中赢得和保持发展的主动权。

坚持走中国特色自主创新道路，是贯彻落实科学发展观、全面建成小康社会的重大举措。经过三十多年改革开放，截至 2012 年我国经济总量已经跃居世界第二，人民生活从温饱不足发展到总体小康。在全面建成小康社会的过程中，要改变我国目前仍然存在的人均劳动生产率低、附加值低、单位国内生产物耗能耗高、生态环境代价高等状况，就必须更加注重提升自主创新能力，加快科技进步，创造自主核心知识产权，创造自主世界著名品牌，提高制造产品的附加值、发展增值服务；必须在发展劳动密集产业的同时，加快振兴装备制造业、高技术产业和以知识和创新为基础的现代服务业，加快实现由"世界工厂"向"创造强国"的跨越，提升我国在全球产业分工中的地位，大幅提升自主创新对我国经济增长的贡献率，继续保持我国经济平稳较快和可持续增长，提高国际竞争力。

坚持走中国特色自主创新道路，就要把科技摆在优先发展的战略位置，把科技创新作为经济发展的内生动力，把增强自主创新能力作为发展科学技术的战略基点，推动科学技术的跨越式发展，不断提升我国的科技实力和创新能力，不断提升我国的经济实力和社会生产力，不断提升我国的综合国力和核心竞争力；就要把增强自主创新能力、实施创新驱动发展战略作为调整经济结构、转变经济发展方式的中心环节，建设资源节约型、环境友好型社会，推动国民经济持续健康发展；就要把增强自主创新能力和创新驱动发展作为国家战略，贯穿到现代化建设各个方面，激发全民族创新精神，培养高水平创新人才，形成有利于自主创新的体制机制，大力推进理论创新、制度创新、科技创新，不断巩固和发展中国特色社会主义伟大事业。

坚持走中国特色自主创新道路，必须坚持自主创新、重点跨越、支撑发展、引领未来的指导方针。自主创新，不是意味着什么都自己干，完全由自己来创新，而是从增强国家创新能力出发，以全球视野谋划和推动创新，提高原始创新、集成创新和引进消化吸收再创新能力，更加注重协同创新；重点跨越，就是坚持有所为有所不为，选择具有一定基础和优势、关系国计民生和国家安全的关键领域，集中力量、重点突破，实现跨越式发展；支撑发展，就是从现实的紧迫需求出发，着力突破重大关键技术和共性技术，实施国家科技重大专项，突破重大技术瓶颈，抢占科技发展战略制高点，推动经济发展方式转变和经济结构调整，支撑经济社会持续协调发展；引领未来，就是着眼长远，强化基础研究、前沿技术研究、社会公益技术研究，提高科学研究水平和成果转化能力，创造新的市场需求，培育新兴产业，引领未来经济社会发展。加强自主创新是我国科学技术发展的战略基点。我们必须高度重视提高原始创新能力，要有更多的科学发现和技术发明，在关键领域掌握更多的自主知识产权，在科学前沿和战略高技术领域占有一席之地；我们必须高度重视完善科技创新政策环境，把全社会智慧和力量凝聚到创新发展上来，扩大科技开放合作，在共享创新机遇中推进自主创新。集成创新能力是一个国家创新能力的重要标志。我们必须注重提高国家集成创新能力，使各种相关技术有机融合，形成具有市场竞争力的产品和产业。在引进技术的基础上消化吸收再创新也是创新。要继续把对引进技术的消化吸收再创新，作为增强国家创新能力的重要方面。积极推动协同创新，着力构建以企业为主体、市场为导向、产学研相结合的技术创新体系，推动企业、高校和科研院所之间形成自愿协同创新机制，从整体上提升可持续发展能力。

（二）坚持走中国特色新型工业化道路

工业化一般是指传统的农业社会向现代化工业社会转变的过程。工业化是现代化的基础和前提，高度发达的工业社会是现代化的重要标志。从20世纪50年代中期毛泽东提出"中国工业化道路"到70年代中期，我们已经把一个落后的农业大国建设成为拥有独立的、比较完整的，并有一部分现代化水平的工业体系和国民经济体系的国家。但是，我国的工业化任务还没有完成，总体上还处于工业化中期阶段。党的十六大郑重地提出，要"走新型工业化道路"。党的十七大、十八大都强调要坚持走中国特色新型工业化道路。

所谓新型工业化道路，就是坚持以信息化带动工业化，以工业化促进信息化，走出一条科技含量高、经济效益好、资源消耗低、环境污染少、人力资源优势得到充分发挥的工业化道路。中国特色新型工业化有三个突出特点：其一，是以信息化带动的、能够实现跨越式发展的工业化；其二，是能够增强可持续发展能力的工业化；其三，是能够充分发挥我国人力资源优势的工业化。

坚持走中国特色新型工业化道路是依据我国基本国情和世界经济发展形势，深刻总结国内外工业化发展的经验教训，加快实现我国工业化和现代化的必然选择。第一，这是全面总结国内外工业化经验教训作出的重大决策。发达国家工业化道路大都是由机械化、电气化、信息化等一步步走过来的。在实现工业化的过程中注重机械化、自动化，出现过严重失业问题。传统的工业化模式使社会生产力获得了极大的发展，却是以资源的过量消耗和环境生态的破坏为代价的，走的是先污染、后治理的路子。加快推进我国工业化，既不能重复发达国家已经走过的传统工业化道路，也要认真总结和汲取我国以往工业化进程中的经验教训，从而走出一条既有时代发展特点，又符合我国国情和经济发展客观规律的新型工业化道路。第二，这是顺应世界科技经济发展大趋势的必然选择。20世纪90年代以来，世界经济科技发展出现了巨大变化。新的科技革命突飞猛进，高新技术特别是信息技术的广泛应用，不但成为经济社会发展的强大推动力，而且使人类生产活动和社会生活进入信息化和智能自动化时代；经济全球化深入发展，世界范围经济贸易发展和资金技术流动加快，各国经济和市场的进一步相互开放、相互依存，导致了信息、技术、资本、人才等生产要素更为激烈的国际竞争，新型工业化的发展不能游离于这种发展大势。第三，这是充分考虑我国基本国情得出的正确结论。在人均资源相对不足的国家，以资源的过量消耗和环境生态破坏为代价推进工业化，不仅资源难以支撑，工业化和经济发展难以为继，而且破坏生态，污染环境，妨碍人民生活质量的提高。为了充分发挥我国劳动力资源丰富的比较优势，缓解巨大的就业压力，维护社会公平和政治稳定，必须在推进工业化、现代化的进程中，十分注意广辟就业岗位，努力扩大就业，发展将劳动力资源过剩态势转化为竞争优势的适度技术和劳动密集型产业。

走中国特色新型工业化道路，要着力解决好以下四个问题：

一是继续处理好工业化与信息化的关系。当今时代，信息技术的飞速发展，已广泛渗透到经济和社会发展的各个领域，信息化极大地拓展和丰富了传统工业化的内涵，工业化不能离开信息化，信息化也离不开工业化，信息化为我国高起点加速推进工业化提供了可能。同时我们还要看到，信息化是工业化发展到一定阶段的产物。信息基础设施的建设、信息技术的研究和开发、信息产业的发展，都是以工业化的成果为基础的。只有坚持以信息化带动工业化，以工业化促进信息化，使信息化与工业化融为一体，才能真正加快我国工业化、现代化的进程。

二是协调处理好工业化与城镇化的关系。城镇化是工业化的孪生兄弟，是人类社会发展到一定历史阶段的必然产物，也是衡量一个社会文明程度的重要标志。人类社会发展到今天，工业化的内容已经不仅是工业部门的单独发展，而是工业化与城镇化和农业现代化有机融合、协调发展。一方面，工业化是推动城镇化发展的基本动力，能够有力地促进城镇化的发展；另一方面，城镇化又反作用于工业化，影响工业化的发展进程。城镇化满足了工业化作为一种集中的经济活动的内在需要，也为工业产品提供了稳定的消费群体，是工业化发展所必须的基础因素。综合考虑工业化与城镇化的关系，实现工业化和城镇化良性互动，是维护工业化既得成果、实现经济社会持续发展的重要因素。

三是处理好新型工业化与经济结构调整的关系。党的十七大提出了我国一、二、三产业层面的产业结构调整的基本方向，即促进经济增长"由主要依靠第二产业带动向依靠第一、第二、第三产业协同带动转变"。这是针对我国农业基础薄弱、工业大而不强、服务业发展滞后以及三大产业之间比例不合理而提出的要求。党的十八大指出：推进经济结构战略性调整是加快转变经济发展方式的主攻方向，"必须以改善需求结构、优化产业结构、促进区域协调发展、推进城镇化为重点，着力解决制约经济持续健康发展的重大结构性问题"。这是党中央在我国进入全面建成小康社会的决定性阶段，全面把握国际经济格局调整和我国经济发展形势变化的基础上作出的重大战略部署。坚持走中国特色新型工业化道路，就要紧紧抓住加快经济结构战略性调整这条主线，加强农业基础地位，逐步实现农业由弱变强；提高工业技术水平，推动战略性新兴产业、先进制造业健康发展，加快传统产业转型升级，实现工业由大变强；加速发展现代服务业，推动服务业特别是现代服务业发展壮大。

四是正确处理技术进步与发挥我国劳动力资源优势的关系。我国的劳动力资源占世界劳动力资源的1/5，劳动力资源丰富是中国的一大国情。如果片面强调产业的技术进步，不注重发展劳动密集型产业，劳动力资源就会过剩，就业容量就会狭小。因此，要强调产业技术进步，坚定不移地改造传统产业，提高其技术水平和资本有机构成。同时，必须调整所有制结构，大力发展容纳劳动力就业容量较大的各类中小企业。

（三）建设社会主义新农村，推动城乡发展一体化

统筹城乡经济社会发展，建设社会主义新农村，是中国共产党从全面建成小康社会全局出发作出的重大决策。我国是一个大多数人口在农村的农业大国，这是最重要的国情。农业、农村和农民问题，是我国革命、建设和改革的根本问题。调整经济结构，全面实现小康战略目标，必须保持农业和农村经济的持续稳定发展，不断提高农民生活水平。

农业是国民经济和社会发展的基础，这是马克思主义揭示的经济和社会发展的重要规律。马克思说过："超过劳动者个人需要的农业劳动生产率，是全部社会的基础"[①]。"农业劳动是其他一切劳动得以独立存在的自然基础和前提。"[②] 毛泽东从我国国情出发，提出"农业是国民经济的基础"，发展工业必须和发展农业同时并举；在优先发展重工业的同时，必须充分注意发展农业和轻工业。邓小平紧密结合改革开放和现代化建设的实际，多次强调农业问题的重要性。他说"农业是根本，不要忘掉"[③]。又说"农业，主要是粮食问题"，"要避免过几年又出现大量进口粮食的局面，如果那样，将会影响我们经济发展的速度。"[④] 他还认为，农业关系到工业以及整个国民经济的发展，农业搞不好，工业就没有希望，吃、穿、用的问题也解决不了。农业与农村、农民问题紧密联系在一起。有了农业的发展，才会有农村经济的发展，农民的生活水平才会不断提高。

农村稳定是整个社会稳定的基础，全面建成小康社会的重点和难点也在农村。邓小平曾指出："中国有百分之八十的人口住在农村，中国稳定不稳定首先要看这百分之八十稳定不稳定。城市搞得再漂亮，没有农村这一稳定的基础是不行的。"[⑤]"农村不稳定，整个政治局势就不稳定，农民没有摆脱贫困，就是我国没有摆脱贫困。"[⑥] 江泽民也指出："我国的基本

---

① 《马克思恩格斯文集》第7卷，人民出版社2009年版，第888页。
② 《马克思恩格斯全集》第33卷，人民出版社2004年版，第27页。
③ 《邓小平文选》第三卷，人民出版社1993年版，第23页。
④ 《邓小平文选》第三卷，人民出版社1993年版，第159页。
⑤ 《邓小平文选》第三卷，人民出版社1993年版，第65页。
⑥ 《邓小平文选》第三卷，人民出版社1993年版，第237页。

国情决定了，抓住农村这个大头，就有了把握经济社会发展全局的主动权。"① 要实现 21 世纪头 20 年全面建成小康社会的奋斗目标和历史任务，重点和难点都在农村。

党同农民的关系始终是关系党和国家前途命运的重大政治问题。中国作为一个农民占人口多数的大国，农民是党在农村的依靠力量，是国家政权最广泛最深厚的群众基础。赢得了农民，党的执政地位就巩固，工农联盟就加强，革命和建设事业就能胜利；失去了农民，党的执政基础就动摇，革命和建设事业就会被断送，这已被我国历史所证明。今天的社会主义现代化建设，没有农民的积极性，就没有农业的发展，就没有工业的进步，更谈不上实现现代化。

改革开放以来，中国共产党先后制定了许多具体政策解决农村问题，使农业得到加强、农村得到发展、农民得到实惠，为推动经济社会发展、保持社会稳定创造了重要条件。但必须看到，制约农业和农村发展的深层次矛盾尚未消除，促进农民持续稳定增收的长效机制尚未形成，农村基础薄弱、农村发展滞后的局面尚未根本改变，解决好"三农"问题依然是一项长期的任务。十六大以来，党强调要把解决好"三农"问题作为全党工作的重中之重，坚持走统筹城乡发展的道路。胡锦涛在党的十六届四中全会上，明确提出了"两个趋向"的重要论断，即在工业化初始阶段，农业支持工业、为工业提供积累是带有普遍性的趋向；但在工业化达到相当程度后，工业反哺农业、城市支持农村，实现工业与农业、城市与农村协调发展，也是带有普遍性的趋向。进入新世纪，党中央采取的一系列重大措施，标志着具有我国特点的以工促农，以城带乡长效机制正在形成。

党的十六届五中全会提出了建设社会主义新农村的重大历史任务。2006 年，中共中央、国务院颁发了《关于推进社会主义新农村建设的若干意见》，中央提出的建设社会主义新农村的总要求是：生产发展、生活宽裕、乡风文明、村容整洁、管理民主。生产发展，是新农村建设的中心环节，是实现其他目标的物质基础。生活宽裕，是新农村建设的目的，也是衡量我们工作的基本尺度。乡风文明，是农民素质的反映，体现农村精

---

① 《江泽民文选》第二卷，人民出版社 2006 年版，第 207 页。

神文明建设的要求。村容整洁，是展现农村新貌的窗口，是实现人与环境和谐发展的必然要求。管理民主，是新农村建设的政治保证，显示了对农民群众政治权利的尊重和维护。这五句话二十个字，内涵丰富，要求明确，全面体现了当前和今后一个时期"三农"工作的主要方面，不仅勾画出了现代化农村的美好图景，而且提出了解决"三农"问题的系统思路。在此基础上，党的十七届三中全会通过的《关于推进农村改革发展若干重大问题的决定》又对推进农村改革发展做出了新的部署，强调要深入贯彻落实科学发展观，把建设社会主义新农村作为战略任务，把走中国特色农业现代化道路作为基本方向，把加快形成城乡经济社会发展一体化新格局作为根本要求，充分调动广大农民的积极性、主动性、创造性，推动农村经济社会又好又快发展。党的十八大进一步提出："解决好农业农村农民问题是全党工作重中之重，城乡发展一体化是解决'三农'问题的根本路径"。

推动城乡发展一体化，要坚持工业反哺农业、城市支持农村和多予少取放活方针，加大强农惠农富农政策力度，让广大农民平等参与现代化进程、共同分享现代化成果。要通过坚持和完善农村基本经营制度，依法维护农民土地承包经营权、宅基地使用权、集体收益分配权，壮大集体经济实力，发展农民专业合作和股份合作，培育新型经营主体，发展多种形式规模经营，构建集约化、专业化、组织化、社会化相结合的新型农业经营体系；要加快发展现代农业，增强农业综合生产能力，坚持中国特色农业现代化道路、不断提高粮食等主要农产品供给保障能力，确保国家粮食安全和重要农产品有效供给；要强化支农惠农政策，加快农业科技进步，调整优化农村经济结构，加大扶贫力度，促进农业不断增效、农村加快发展、农民持续增收；要坚持把国家基础设施建设和社会事业发展重点放在农村，深入推进新农村建设和扶贫开发，逐步加大政府土地出让金用于农村的比重，探索确保农民现实利益和长期稳定收益的有效办法；要改革征地制度，提高农民在土地增值收益中的分配比例，解决好被征地农民的就业和社会保障问题，培养新型农民，充分发挥广大农民在推进城乡一体化发展中的重要作用；要加快完善城乡发展一体化的体制机制，从城乡规划、基础设施和公共服务等方面推动城乡发展一体化，促进生产和生活要素在城市和农村之间的平等交换，努力实现公共资源在城乡之间的均衡协调配置，形成以工促农、以城带乡、工农互惠、城乡一体的新型工农、城乡关系。

（四）继续实施区域发展总体战略

继续实施区域发展总体战略，是深入贯彻和落实科学发展观的重大举措，也是全面建成小康社会的重大任务，更是基于我国的基本国情所作出的重大决策。统筹区域发展，缩小区域间的发展差距，是我国经济社会发展的一个重要原则。我国地域辽阔，由于历史、地理、文化、资源等方面的原因，长期以来经济发展存在着三个不同地带：东部沿海经济比较发达地区，中部经济次发达地区，西部经济不发达地区。我国区域的协调发展，主要是处理好东部和中西部的关系、沿海和内地的关系。改革开放以来，各地区都有很大发展，但地区发展的差距仍然存在，甚至在不断扩大。这种经济现象的存在和改变，将是一个长期的历史过程。但是，如果沿海和内地的差距不断拉大，长期得不到解决，不仅是经济问题，也是政治问题，不仅关系现代化建设的全局，也关系社会稳定和国家的长治久安。

新中国成立以后，以毛泽东为核心的党的第一代中央领导集体，积极探索适合中国国情的社会主义建设道路，提出了事关社会主义建设大局的十大关系问题，其中就包括了认识和处理沿海与内地关系发展的重大问题。1988年，邓小平提出了促进东西部地区经济合理布局和协调发展的"两个大局"重要思想。他说："沿海地区要加快对外开放，使这个拥有两亿人口的广大地带较快地先发展起来，从而带动内地更好地发展，这是一个事关大局的问题。内地要顾全这个大局。反过来，发展到一定的时候，又要求沿海拿出更多力量来帮助内地发展，这也是个大局。那时沿海也要服从这个大局。"[1]至于第二个大局的时间和措施，他设想"在本世纪末达到小康水平的时候，就要突出地提出和解决这个问题"[2]。这就是说，在实

---

[1] 《邓小平文选》第三卷，人民出版社1993年版，第277—278页。

[2] 《邓小平文选》第三卷，人民出版社1993年版，第374页。

施"三步走"的发展战略时，有一个地域发展步骤的布局：第一步，在 20 世纪末进入小康社会前，我国经济和社会发展的大局，是较快地发展沿海，带动国民经济发展；第二步，从 20 世纪末进入小康社会之时起，我国经济和社会发展的大局，是在继续发展沿海的同时，突出地提出和解决内地的发展，以逐步解决地区差距的问题。1999 年，根据邓小平"两个大局"的战略思想和我国东中西部经济社会发展的实际，以江泽民为核心的党的第三代中央领导集体，正式决定实施西部大开发的战略，提出了通过几十年的乃至整个世纪的艰苦努力，建设一个经济繁荣、社会进步、生活安定、民族团结、山河秀美的西部地区的战略目标。

以胡锦涛为总书记的党中央，根据新世纪我国区域发展的实际情况和全面建设小康社会、推进现代化建设的要求，进一步提出了实施区域发展的总体战略。党的十八大强调要"继续实施区域发展总体战略，充分发挥各地区比较优势，优先推进西部大开发，全面振兴东北地区等老工业基地，大力促进中部地区崛起，积极支持东部地区率先发展。采取对口支援等多种形式，加大对革命老区、民族地区、边疆地区、贫困地区的扶持力度"，形成分工合理、特色明显、优势互补的区域产业结构，推动各地区共同发展。

继续实施区域发展总体战略，要加大对欠发达地区和困难地区的扶持。重大项日要充分考虑支持中西部发展，中央财政转移支付资金重点用于中西部地区，尽快使中西部地区基础设施和教育、卫生、文化等公共服务设施得到改善，逐步缩小地区间基本公共服务差距。加大对革命老区、民族地区、边疆地区、贫困地区以及粮食主产区、矿产资源开发地区、生态保护任务较重地区的转移支付，加大对人口较少民族的支持。支持经济发达地区加快产业结构优化升级和产业转移，扶持中西部地区优势产业项目，加快这些地区的资源优势向经济优势转变。鼓励东部地区带动和帮助中西部地区发展，扩大发达地区对欠发达地区和民族地区的对口援助，形成以政府为主导、市场为纽带、企业为主体、项目为载体的互惠互利机制。更好发挥经济特区、上海浦东新区、天津滨海新区在改革开放和自主创新中的重要作用。建立健全资源开发有偿使用制度和补偿机制，对资源衰退和枯竭的困难地区经济转型实行扶持措施。

第六章　中国特色社会主义政治建设理论

中国特色社会主义政治建设，必须坚持中国特色社会主义政治发展道路，继续积极稳妥推进政治体制改革，发展更加广泛、更加充分、更加健全的人民民主；必须坚持党的领导、人民当家作主、依法治国有机统一，以保证人民当家作主为根本，以增强党和国家活力、调动人民积极性为目标，扩大社会主义民主，加快建设社会主义法治国家，发展社会主义政治文明；必须充分发挥我国社会主义政治制度优越性，积极借鉴人类政治文明有益成果，绝不照搬西方政治制度模式。

一、坚持中国特色社会主义政治发展道路

政治发展是人们通过调整政治关系、政治结构和活动，推动政治观念更新、政治制度完善、政治行为进步，实现政治文明和现代化的变迁过程。选择什么样的政治发展道路，归根到底是由这个国家的性质和国情决定的。改革开放以来，中国共产党在深刻总结我国发展社会主义民主正反两方面历史经验，不断推进政治体制改革和社会主义民主法治建设的基础上，成功开辟了中国特色社会主义政治发展道路，为实现最广泛的人民民主确立了正确方向。

（一）中国特色社会主义政治发展的根本追求

民主是人类政治文明发展的成果，也是世界各国人民的普遍要求。人民民主是中国共产党领导全国各族人民在追求民族独立和人民解放的斗争

中、在改革开放和社会主义现代化建设的长期实践中作出的正确选择，也是历史发展的必然结果。

中国是一个具有悠久历史的文明古国，为人类文明进步作出了重大贡献。1840 年西方列强发动了侵华战争，中国开始沦为半殖民地半封建社会。此后的百余年里，中国成为全世界大小列强掠夺的对象。中国人民外遭帝国主义侵略，内受封建主义压迫，根本没有民主权利。为了改变国家和民族的命运，一代代先进的中国人奋起反抗，进行了前赴后继的英勇斗争。在救亡图存的运动中，先进的中国人曾经把目光投向西方，寻求救国救民的道路。然而，辛亥革命试图模仿西方民主制度模式建立资产阶级共和国的尝试，不仅未能实现中国人民要求独立、民主的迫切愿望，而且很快就在中外各种反动势力的联合打击下归于失败。中国人民从艰难曲折的探索中终于认识到：在中国，照搬西方资本主义政治制度是一条走不通的道路，要完成反帝反封建的历史任务，必须以新思想武装自己，走出一条新的民主之路。领导中国人民寻找并走上这条道路的重任，历史地落在了中国共产党的身上。

中国共产党是中国工人阶级的先锋队，始终把实现和发展人民民主作为自己的根本任务和奋斗目标。党的第一个纲领就提出，"承认苏维埃管理制度，要把工人、农民和士兵组织起来，并以社会革命为自己政策的主要目的"，建立"劳动者的国家"。党的二大进一步阐明，党的最高纲领是实现社会主义、共产主义，但在现阶段的革命纲领应当是：打倒军阀；推翻国际帝国主义的压迫；统一中国使它成为真正的民主共和国。这样，党的二大就在中国人民面前破天荒第一次提出了明确的反帝反封建的民主革命纲领。为了实现党的最低纲领、争取人民当家作主的权利，党大力发动和组织工农运动，使工农运动在全国迅速展开并发展，反帝反封建斗争如火如荼。大革命失败后，中国共产党人开辟了农村包围城市、武装夺取政权的革命道路。这条道路，以无产阶级领导下的农民土地革命、武装斗争和根据地建设为主要内容。在根据地政权建设中，毛泽东提出了工农共和国的思想。1931 年 11 月，中华苏维埃第一次全国代表大会在江西瑞金召开，大会选举产生了中华苏维埃共和国临时中央政府，会议通过的《中华苏维埃共和国宪法大纲》指出，"苏维埃政权是属于工人、农民、红色战士及一切劳苦民众的",这是我国历史上第一个以国家形式出现的劳动人民当家作主的政权。抗日战争时期,根据地建立了中国共产党领导的各革命阶级联合的抗日民主政权,并按照共产党员、党外左派进步分子和中间派各占1/3的"三三制"原则建立了"参议会制度"。陕甘宁边区制定的《陕甘宁边区施政纲领》指出,要保证一切抗日人民的人权、政权、财权及言论、出版、集会、结社、信仰、居住、迁徙之自由权,使抗日根据地人民享有广泛的民主权利。在解放战争后期和新中国成立初期,根据革命形势发展、阶级关系变化和政权性质的转变,解放区政权组织形式实现了由参议会制向人民代表会议制的转变,各地普遍召开了各界人民代表会议,对新中国的建立和建国初期国民经济的恢复,对于发扬人民民主,进行政权建设,以及实施各项政策,均发挥了重大作用。

中国共产党在争取人民民主和探索民主道路的过程中,先后提出了"工农民主"、"人民民主"、"新民主主义民主"等民主概念,特别是1949年6月,毛泽东在他著名的《论人民民主专政》一文中,总结了中国革命的历史经验,论述了人民民主专政的理论,阐述了未来新中国的政权性质、国家结构和政权体制,丰富和发展了马克思主义的民主政治理论。在探索民主道路的过程中,还创造了罢工工人代表大会、农民协会、工农兵代表苏维埃、参议会、各界人民代表会议等适合中国国情、能够保证人民当家作主的民主政治实现形式,积累了宝贵经验。

1949年9月21日,代表中国共产党、各民主党派、人民团体、无党派人士、各民族以及海外华侨的中国人民政治协商会议在北京召开,会议通过的具有临时宪法性质的《中国人民政治协商会议共同纲领》明确规定:"中华人民共和国为新民主主义即人民民主主义的国家,实行工人阶级领导的、以工农联盟为基础的、团结各民主阶级和国内各民族的人民民主专政";"中华人民共和国的国家政权属于人民。人民行使国家权力的机关为各级人民代表大会和各级人民政府"等。从1953年下半年开始,根据选举法在全国范围内开展了我国历史上第一次规模空前的普选。1954年9月,第一届全国人民代表大会第一次会议在北京举行,会议选举产生了中央人民政府,通过了《中华人民共和国宪法》。人民代表大会制度的建立和《中华人民共和国宪法》的颁布实施,使中国人民行使当家作主的权利有了可靠的制度保障和宪法依据。

新中国的建立，开辟了中国历史上从未有过的人民当家作主的民主新纪元。党领导各族人民建立了人民民主专政的国体和人民代表大会制度这一根本政治制度，建立了中国共产党领导的多党合作和政治协商制度、民族区域自治制度以及基层群众自治制度。我国广大人民依法享有民主选举、民主决策、民主管理、民主监督等广泛权利和自由。1956 年随着生产资料私有制社会主义改造的基本完成，我国完成了由新民主主义政治制度向社会主义政治制度的转变。这个时候，毛泽东还开始初步思考和探索我国如何实行社会主义民主这一问题，指出："我们的这个社会主义的民主是任何资产阶级国家所不可能有的最广大的民主"。但后来，由于他的民主思想发生了重大偏差，以及其他原因，发生了"文化大革命"，我国的民主政治建设经历了严重挫折，留下了沉痛教训。

党的十一届三中全会以来，中国共产党深刻总结正反两方面历史经验，在集中精力进行经济建设的同时，始终高扬人民民主这面光辉旗帜，强调人民民主是社会主义的生命，坚持国家一切权力属于人民，积极稳妥地推进政治体制改革，社会主义民主政治建设取得了重大进展。

（二）中国特色社会主义政治发展的根本原则

中国共产党认为，发展社会主义民主政治，最根本的是要把坚持党的领导、人民当家作主和依法治国有机统一起来。党的十八大报告再次强调，要坚持中国特色社会主义政治发展道路，坚持党的领导、人民当家作主、依法治国有机统一。共产党的领导是人民当家作主和依法治国的根本保证，人民当家作主是社会主义民主政治的本质要求，依法治国是共产党领导人民治理国家的基本方略。共产党的领导、人民当家作主和依法治国的统一性，是我国社会主义民主政治最根本的特点，也是我国社会主义民主政治的最大优势。

第一，中国共产党的领导是人民当家作主和依法治国的根本保证。中国共产党是中国特色社会主义事业的领导核心，是社会主义民主政治建设的领导核心，也是中国最广大人民根本利益的忠实代表者和坚定维护者，这不仅体现在党的理论、纲领、路线和方针、政策上，更重要的是体现在党的各项实际工作中。邓小平指出："人民的团结，社会的安定，民主的发展，国家的统一，都要靠党的领导。"① 共产党执政就是领导和支持人民当家作主，最广泛地动员和组织人民群众依法管理国家和社会事务，管理经济和文化事业，维护和实现人民群众的根本利益。在社会主义初级阶段，各阶层在根本利益一致的基础上，也存在着一些不同利益和利益发展要求之间的矛盾。只有中国共产党才能集中代表中国人民的整体利益和意志，从中国最广大人民的根本利益出发，正确处理社会利益矛盾，协调社会利益关系，正确而又全面地反映和维护广大人民群众的利益。无论是发展社会主义民主，还是建设社会主义法治国家，都是通过党的政治、思想和组织领导实现的。

第二，人民当家作主是社会主义民主政治的本质和核心要求。中国共产党历来以实现和发展人民民主为己任。人民民主是社会主义的生命。社会主义民主政治的本质是人民当家作主。共产党执政就是领导和支持人民当家作主。我国宪法明确规定："中华人民共和国的一切权力属于人民。"在社会主义社会中，人民民主的发展与党的领导和依法治国的完善相辅相成，共同促进社会的发展和体现政治文明的进步。发展社会主义民主政治，建设社会主义政治文明，要始终把人民当家作主作为出发点和归宿，立足于一切为了人民，一切依靠人民，一切工作从根本上说都要致力于为广大人民谋利益，这是中国共产党执政的根本目的和可靠基础。离开了人民群众的根本利益和当家作主的权利，没有人民民主的政治制度，人民的各种权利就没有保障，各种义务也无法履行，党的领导就会成为无源之水、无本之木，社会主义政治和法律制度就失去了前提和基础。

第三，依法治国是完善党的领导和实现人民当家作主的基本途径和法制保证，是党领导人民治理国家的基本方略。中国共产党要把全国人民团结起来，沿着中国特色社会主义正确的道路开拓前进，需要依靠党的理论和路线的指引，也需要依靠法律的保障。发扬民主必须同加强法制有机结合起来。民主是法制的前提和基础，法制是民主的体现和保障。民主只有以法制为依托，才具有可靠的保障，法制只有以民主为基础，才具有至上

① 《邓小平文选》第二卷，人民出版社 1994 年版，第 342 页。

的权威。我国的宪法和法律是党的主张和人民意志相统一的体现，是党领导人民建设社会主义现代化国家的实践经验的总结，也是继续推进现代化建设的一个根本保障。任何组织或者个人都不得有超越宪法和法律的特权。法律的贯彻实施，也就是党的主张和人民意志的贯彻实施。遵守法律，就是服从党的领导，就是服从全国人民的意志，就是维护人民的利益。社会主义政治的制度化、规范化、程序化，是中国特色社会主义政治文明正在不断发展完善、走向成熟的标志。

党的领导、人民当家作主和依法治国的有机结合和辩证统一，为发展社会主义民主政治，建设社会主义法治国家指明了正确方向，确立了原则，决不能把它们分割开来或对立起来。坚持党的领导、人民当家作主和依法治国三者的有机统一，是中国社会主义民主政治建设的本质内涵、根本特色和巨大优势所在，是中国特色社会主义民主政治建设的基本规律，是我国社会主义民主循序渐进、健康发展的内在要求。

（三）充分发挥我国社会主义政治制度的优越性

历史经验表明：一个国家实行什么样的政治制度，走什么样的民主道路，要与该国的国情相适应。中国特色社会主义政治制度，根植于中华民族几千年来赖以生存和发展的广阔沃土，产生于中国共产党和人民为争取民族独立、人民解放和国家富强而进行的伟大实践，是适合中国国情和社会进步要求的选择。人民民主是中国特色社会主义政治制度的最大特点和优势，贯穿于政治制度建设的始终。

第一，人民民主是人民民主专政国家政权的基础。社会主义制度在我国确立以后，组成国家的各阶级都发生了深刻的变化。原来的两个联盟发展成为"工人阶级领导的、工农联盟为基础的社会主义劳动者和拥护社会主义的爱国者的广泛联盟"。随着形势的发展，这种联盟还包括社会主义事业的建设者和拥护祖国统一的爱国者在内。它并不排斥各民主党派的存在和参加国家的管理；相反，却十分重视加强同各民主党派、无党派民主人士、爱国华侨和宗教界爱国人士的合作，注意在重大问题上与他们协商。各民主党派参加国家政权，并广泛参与了国家事务的管理。人民民主专政作为一种新型的民主，是建立在生产资料公有制基础上的由绝大多数劳动人民当家作主的民主，占人口绝大多数的广大劳动群众共同享有对生产资料的所有权和支配权，享有宪法和法律规定的广泛的民主权利，并在此基础上行使管理国家各项事业的权利；对于人民内部的矛盾问题，只能用民主的方法加以解决，并使民主成为人民群众进行自我教育的方法；人民的国家要保护人民的利益和权利不受侵犯。同样，人民民主专政作为一种新型的专政，是广大的人民群众对极少数人民的敌人的专政，从专政的意义上说，也是暴力和压迫的工具。在对外方面，人民民主专政还担负着防御外部敌人的颠覆活动和可能的入侵的使命。

第二，人民民主是人民代表大会制度的基础。人民代表大会制度是同人民共和国单一制国体相适应的。它作为我国的根本政治制度，有着巨大的优越性：一是它充分体现了人民权力的至上性和全权性，便于人民当家作主行使管理国家的权力。在我国，国家的一切权力属于人民。人民的权力具有至上性和全权性，与此相适应，人民代表大会在国家机构中处于领导国家行政、司法等权力执行机关的最高权力地位。人民代表大会权力的至上性和全权性，既是人民权力至上性和全权性的制度体现，又是人民权力至上性和全权性实现的保证。二是它能按照民主集中制的原则正确处理国家权力的统一和分工的关系。在由人民代表大会统一行使国家权力的前提下，各个国家机关合理分工，各司其职，各尽其责，根据人民的意志在各自的职责范围内发挥职能作用。实行民主集中制，既能保证人民享有广泛的民主权利，调动各方面的积极性，避免权力过分集中，又能保证国家权力的统一，便于在民主的基础上有效地处理国家事务。三是它具有议必能行和议行一致的优势。人民代表大会既是立法机关，又是领导国家行政和司法等权力执行机关的最高权力机关，它责成行政、司法等机关在工作中具体贯彻执行最高权力机关制定的法律和作出的决议。这种议行合一的制度，有利于在立法机关和执行机关之间实现议必能行和议行一致。四是它可以实现人民代表大会对其他国家机关的有效监督。在人民代表大会制度下，人民代表大会与行政和司法机关是领导与被领导、监督与被监督的关系，而不是互相监督的关系，这就能够确保人民代表大会监督职能的有效实行。

第三，人民民主是中国共产党领导的多党合作和政治协商制度的基础。中国共产党领导的多党合作和政治协商制度，是我国社会主义的一项基本政治制度。这种制度既不同于西方国家的两党或多党竞争制，也有别于有的国家实行的一党制。共产党和各民主党派通力合作、相互监督，不存在反对党和在野党的问题，共产党是执政党，各民主党派是参政党，共产党和各民主党派都在宪法和法律范围内开展活动。这一制度的重要载体和组织形式是中国人民政治协商会议。中国人民政治协商会议在国家政治生活、社会生活和对外友好活动方面，在进行现代化建设、维护国家统一和团结方面，发挥着重要作用。中国共产党和各级政府就大政方针以及政治、经济、文化、社会生活中的重要问题，在决策之前和决策执行过程中在人民政协进行协商，广泛听取各方面意见，集思广益。经过充分的政治协商，既尊重了多数人的意愿，又照顾了少数人的合理要求，保障最大限度地实现人民民主，促进社会和谐发展。这种人民内部各方面在作出重大决策之前进行充分协商与人民通过选举、投票行使权利是社会主义民主的两种重要形式。在我国的政治生活中，把选举民主与协商民主有机地结合起来，拓展了社会主义民主的深度和广度。

第四，人民民主是民族区域自治制度和基层群众自治制度的基础。民族区域自治制度是解决我国民族问题的基本政策，也是国家的一项基本政治制度。在中央政府的统一领导下，各少数民族聚居的地方实行区域自治，设立自治机关，行使自治权的制度，实际上是一种民族自治和区域自治结合的制度。民族区域自治的核心，是保障少数民族广大人民群众当家作主，管理本民族、本地方事务的权利。实行民族区域自治制度，符合我国国家统一的历史主流和社会主义原则，符合各民族经济文化发展的需要，符合各民族大杂居、小聚居的特点。实践证明，实行民族区域自治制度既能保证少数民族在自己的聚居区内实现当家作主的权利，又能维护祖国的统一和增强各民族的团结。实行民族区域自治制度有利于充分发挥各民族人民进行社会主义现代化建设的积极性和创造性，促进各民族共同繁荣与进步，有利于巩固国家的稳定和统一，抵御国内外敌对势力的颠覆和破坏。基层群众自治制度是社会主义民主政治的重要组成部分。改革开放以来，中国已经建立了以农村村民委员会、城市居民委员会和企业职工代表大会为主要内容的基层群众自治制度。广大人民在城乡基层群众性自治组织中，依法直接行使民主选举、民主决策、民主管理和民主监督的权利，对所在基层组织的公共事务和公益事业实行民主自治。基层群众自治已经成为当代中国最直接、最广泛的民主实践。

二、积极稳妥推进政治体制改革

完善和发展中国特色社会主义政治建设，必须进行政治体制改革。社会主义的国家制度和政治体制，不可能一建立就是完善的、成熟的。它需要在实践中不断改革，在改革中不断完善。因此，如何通过积极稳妥地推进改革来完善政治体制，使中国特色社会主义政治发展永远保持旺盛的生机活力，是中国特色社会主义政治建设的长期历史任务。

（一）政治体制改革的必要性

政治体制和政治制度是两个相互联系又有区别的概念。弄清楚这个问题，有利于从理论根源上消除对社会主义的僵化认识；有利于把握政治体制改革的内容和目标，既不会以坚持社会主义政治制度为理由反对政治体制改革，也可以防止以推行政治体制改革为借口否定社会主义政治制度；有利于我们在否定资本主义政治制度的同时，清醒地借鉴国外政治体制对我有益的具体形式方法和运行规则。

政治体制，是指政治制度的具体表现和实现形式，主要指党和国家的领导制度、组织制度、工作制度等具体制度。政治制度，是指在特定社会中，统治阶级通过组织政权以实现其政治统治的原则和方式的总和。政治制度决定政治体制并由政治体制表现出来，政治体制表现政治制度并服务于政治制度。政治制度规定政治体制中的权利主体属性和权利结构以及政治体制运行的根本目的和服务方向，政治体制影响政治制度的实现和作用发挥的效果。二者的区别表现在于：其一，它们在国家政治生活中的地位不同。政治制度是一个社会在政治领域为社会成员所规定的根本行为准则，它表明社会性质并依次区别人类社会不同发展历史阶段和类型的主要特点，是该社会政治系统的本质内容。政治体制是政治制度形之于外的具体表现和实施形式，是权力配置结构、运行规则和活动方式的总和。其二，它们的内容不同。政治制度是一个社会形态阶级本质的内在规定，反映社会的阶级关系，具有鲜明的阶级性。政治体制具有多元性和复杂性，它的形成和发展不仅要适应政治制度的本质要求，同时受到历史传统、文化背景、心理结构、价值取向、民族特征以及国内外环境的影响，所以，政治体制容易出现偏差、变形和弊端。其三，它们的稳定程度不同。政治制度具有相对稳定性，非经过革命和重大实践不会发生质的变化，而政治体制在政治制度不变的情况下，可以在既定的范围内不断变化，随着政治制度的完善和发展经常调节，随着社会结构、主要矛盾以及社会环境和趋势的变化不断改革。

上述分析可见，政治体制改革的对象是具有弊端的政治体制，而非我国的社会主义基本政治制度，我国的政治制度是特定的历史、国情发展的结果，有自己的特点和优势，它确需要不断的完善和发展，而不允许变更。

怎样评价我国的政治体制？既要客观估计它在我国历史上所起的作用，又要清楚认识到它还存在着制约我国民主政治发展的弊端，必须改革。邓小平曾经客观地提出了评价政治体制的三条标准，他认为："评价一个国家的政治体制、政治结构和政策是否正确，关键看三条：第一是看国家的政局是否稳定；第二是看能否增进人民的团结，改善人民的生活；第三是看生产力能否得到持续发展。"[①] 我国原有政治体制是历史的产物，曾经发挥过积极的作用。社会主义制度建立过程中，面临的一个基本任务就是如何建立与社会主义制度相适应的政治体制，当时的新中国处在帝国主义包围之中，百业待兴。如何从整体利益和根本利益出发，维护国家政权的稳固和政局的稳定，如何合理配置权力结构，使国家政治机制尽快正常运行，如何保证国家政令统一、维护国家的团结和统一，保证党和国家政策有效地贯彻执行，如何集中人力、物力、财力进行各项建设事业，是摆在全党面前的一项艰巨任务。中国共产党人以马克思主义为指导，结合中国的实际，结合战争年代和新中国成立初期一些成功的经验，同时借鉴

---

① 《邓小平文选》第三卷，人民出版社1993年版，第213页。

了苏联的一些做法，创立了一整套与资本主义根本不同的体制。在当时的历史条件下，作为一种既定的条件和规范力量，在很多方面具有巨大的优越性，许多方面反映了社会主义政治制度的本质，也保证了社会主义政治制度的实施，有其不可磨灭的历史功绩。它对于克服新中国成立初期的困难，粉碎帝国主义的封锁和颠覆威胁，建立社会主义的经济制度和国民经济体系，巩固国家政权，保证国家综合国力的增强和国家的团结统一，正确处理各方面的利益关系，维护政局和社会的稳定，对于提高人民群众的政治地位和物质文化水平等都发挥了重要作用。

肯定我国原有政治体制的历史作用并不意味对它的弊端视而不见。作为一种新生事物，社会主义的政治制度并非一开始就是完善的，它的某些具体制度和具体环节还存在若干缺陷和弊端。早在 20 世纪 80 年代，邓小平就着重从改革党和国家领导制度存在的弊端以及政治体制要适应经济体制的发展的角度，系统论述了我国政治体制改革的必要性，为我国政治体制改革提供了重要理论依据。首先，我国政治体制本身存在着某些弊端。20 世纪 50 年代中后期，毛泽东在阐述社会主义矛盾学说时就已经指出，人民民主专政的国家制度和法律，是和社会主义的经济基础相适应的；但是，国家机构中的某些官僚主义作风的存在，国家制度中某些环节上的缺陷，又是和社会主义的经济基础相矛盾的。改革开放之初的 1980 年 8 月，邓小平在中共中央政治局扩大会议上所作的题为《党和国家领导制度的改革》的讲话，具体指出了党和国家现行的一些具体制度中存在的官僚主义现象、权力过分集中现象、家长制现象、干部领导职务终身制现象、形形色色的特权现象等各种弊端。这些弊端严重妨碍了社会主义民主和法制的发展，妨碍了社会主义现代化建设和社会主义制度优越性的发挥，也不利于保持国家的长治久安和和谐发展。他强调，"如果不坚决改革现行制度中的弊端，过去出现过的一些严重问题今后就有可能重新出现。"[①] 邓小平曾经指出过的原有政治体制的诸种弊端，有的得到了初步克服，有的有所缓解，有的不但没有克服反而更加发展，所以，必须继续进行政治体制改革。其次，政治体制改革要适应经济体制改革的需要。1986 年，邓小平

---

① 《邓小平文选》第二卷，人民出版社 1994 年版，第 333 页。

多次以"政治体制改革同经济体制改革应该相互依赖，相互配合"①作为着眼点提出政治体制改革的问题。他指出："现在经济体制改革每前进一步，都深深感到政治体制改革的必要性。"②"只搞经济体制改革，不搞政治体制改革，经济体制改革也搞不通，因为首先遇到人的障碍。事情要人来做，你提倡放权，他那里收权，你有什么办法？从这个角度来讲，我们所有的改革最终能不能成功，还是决定于政治体制的改革。"③

我国经过三十多年政治体制改革和民主政治建设，取得的主要成果有：进一步完善了人民代表大会制度、共产党领导的多党合作和政治协商制度、民族区域自治制度和基层群众自治制度等民主政治制度；调整了中央和地方的关系；进行了多次机构改革；大力推进干部人事制度改革，实现了干部队伍的年轻化、知识化、革命化和专业化；法制建设取得显著成绩；公民的权利得到了进一步实现和保障；健全了党的民主集中制，加强和改善了党的领导，改进了党的领导方式和执政方式；走上依法治国道路。但我们还要清醒看到，我国原有的政治体制与政治制度之间存在的诸多不相协调、不相适应的方面日显突出，同我国经济社会发展的新形势相比，同坚持以人为本、维护社会的公平正义的新要求相比，我国政治体制还存在一些不适应、不符合的问题，民主政治具体制度方面还存在不完善、不健全的地方，在保障人民民主权利、发挥人民创造精神方面还存在不足。因此，继续深化政治体制改革成为当前和今后相当长时期我国民主政治建设的重点和难点，是非常必要的。

（二）政治体制改革的目标和主要任务

我国政治体制改革的目标是什么？邓小平在 1986 年 9 月提出，政治体制改革的总目标是三条，"第一，巩固社会主义制度；第二，发展社会主义社会的生产力；第三，发扬社会主义民主，调动广大人民的积极性。"④ 其中，调动人民积极性是最中心的环节，只有努力发展生产力，提

---

① 《邓小平文选》第三卷，人民出版社 1993 年版，第 164 页。
② 《邓小平文选》第三卷，人民出版社 1993 年版，第 176 页。
③ 《邓小平文选》第三卷，人民出版社 1993 年版，第 164 页。
④ 《邓小平文选》第三卷，人民出版社 1993 年版，第 178 页。

高人民生活水平，才能更充分地调动人民的积极性，增强社会主义国家的力量，真正巩固社会主义制度。同年11月，他又进一步阐发了对政治体制改革目标的设想：一是始终保持党和国家的活力；二是克服官僚主义，提高工作效率；三是调动基层和工人、农民、知识分子的积极性。因为领导层有活力，克服了官僚主义，提高了效率，调动了基层和人民的积极性，四个现代化才真正有希望。1987年6月。邓小平提出了改革的总目的：要有利于巩固社会主义制度，有利于巩固党的领导，有利于在党的领导和社会主义制度下发展生产力。以上三次讲话的角度不同，但其核心思想都体现了政治体制改革要有利于人民当家作主的社会主义民主的本质。

根据邓小平的意见和建议，1986年中共中央成立了中央政治体制改革研讨小组，经过研究和论证，形成了《政治体制改革总体设想》（初步方案）。1987年10月召开的中共十三大正式确定："进行政治体制改革，就是要兴利除弊，建设有中国特色的社会主义民主政治"。"改革的长远目标，是建立高度民主、法制完备、富有效率、充满活力的社会主义政治体制"。"改革的近期目标，是建立有利于提高效率、增强活力和调动各方面积极性的领导体制"。党的十四大报告指出："同经济体制改革和经济发展相适应，必须按照民主化和法制化紧密结合的要求，积极推进政治体制改革。我们的政治体制改革，目标是建设有中国特色的社会主义民主政治"[1]。党的十五大报告进一步提出：我国经济体制改革的深入和社会主义现代化建设跨世纪的发展，要求我们在坚持四项基本原则的前提下，继续推进政治体制改革，进一步扩大社会主义民主，健全社会主义法制，依法治国，建设社会主义法制国家。即政治体制改革的目标，是发展社会主义民主政治和实行依法治国，建设社会主义法治国家。党的十七大、十八大都强调，要继续积极稳妥推进政治体制改革，发展更加广泛、更加充分、更加健全的人民民主，加快建设社会主义法治国家，发展社会主义政治文明。我国政治体制改革目标越来越明确了。

根据多年我国政治体制改革取得的进展和不足，以及党的十八大部署，当前和今后一个时期，我国政治体制改革的主要任务可以概括为以下

---

[1]《十四大以来重要文献选编》上卷，人民出版社1996年版，第28页。

几方面。

第一，继续推进社会主义民主制度建设。发展社会主义民主政治，关键在于加强社会主义政治制度建设。党的十八大强调，"更加注重健全民主制度、丰富民主形式"。民主制度的建设，今后重中之重，一是支持和保证人民通过人民代表大会行使国家权力。人民代表大会是符合国情、体现社会主义国家性质、保证人民当家作主的根本政治制度，也是党在国家政权中充分发扬民主、贯彻群众路线的最好实现形式。要善于使党的主张通过法定程序成为国家意志，支持人大及其常委会发挥国家权力机关作用，依法行使立法、监督、决定、任免等职权。提高基层人大代表特别是一线工人、农民、知识分子代表比例，完善代表联系群众制度。二是健全社会主义协商民主制度。协商民主是当代中国民主政治的一大特色。"人民通过选举、投票行使权力和人民内部各方面在重大决策之前进行充分协商，尽可能就共同性问题取得一致意见，是我国社会主义民主的两种重要形式。"① 党的十八大第一次正式提出"健全社会主义协商民主"问题。要通过政权机关、政协组织、党派团体等渠道，就经济社会发展重大问题和设计群众切身利益的事迹问题广泛协商，坚持共产党领导的多党合作和政治协商制度，发挥人民政协作为协商民主重要渠道作用，积极开展基层民主协商，把政治协商纳入决策程序，以推进协商民主广泛、多层、制度化发展。三是完善基层民主制度。基层民主是我国人民依法直接行使民主权利的重要方式，是社会主义中国民主发展的重大措施和方法。要健全基层党组织领导的充满活力的基层群众自治机制，以扩大有序参与、推进信息公开、加强议事协商、强化权力监督为重点，拓宽范围和途径，丰富内容和形式，保障人民享有更多更切实的民主权利。

第二，深化行政体制改革。行政体制改革是推动上层建筑适应经济基础的必然要求。改革开放以来，我国经济基础发生着广泛而深刻变化，适应经济基础的变化，行政体制改革不断推进，为改革开放和现代化建设提供了重要保障。但我国现行行政体制与经济社会发展变化还很不适应，必须通过深化行政体制改革，加快建立与发展社会主义市场经济和发展中国

---

① 《十六大以来重要文献选编》下卷，中央文献出版社 2008 年，第 260 页。

特色社会主义民主政治相适应的中国特色社会主义行政体制。这就要：继续简政放权，加快政府职能转变，实现政府职能向创造良好发展环境、提供优质公共服务、维护社会公平正义转变；要稳步推进大部门制改革，健全部门职能体系，对职能相近、管理分散的机构进行合并，对职责交叉重复，相互扯皮，长期难以协调解决的机构进行合并调整，对职能范围过宽，权利过分集中地机构进行适当分设；要优化行政层级和行政区划设置，有条件的地方可以探索省直接管理县（市）改革，深化乡镇行政体制改革；要创新行政管理方式，提高政府公信力和执行力。

第三，健全权力运行制约和监督体系。党的十八大再次强调，"坚持用制度管权管事管人，保障人民知情权、参与权、表达权、监督权，是权力正确运行的重要保证。"要从决策和执行等环节加强对权力的制约和监督。坚持科学决策、民主决策、依法决策，健全决策机制和程序。健全决策机制的目标，就是要完善深入了解民情、充分反映民意、广泛集中民智、切实珍惜民力的决策机制，推进决策的科学化、民主化和法制化。这就要完善重大决策的规则和程序，通过民主程序决策重大事项；实行决策的论证制和责任制，把科学论证作为必经的决策程序，使决策权力和责任相统一；完善专家咨询制度，建立多层次、多学科的智囊网络；建立重大事项社会公示制度和听证制度，建立社情民意反映制度，进一步提高人民群众的参与程度；建立健全决策问责和纠错制度。同时，完善对权力的监督。建立健全决策权、执行权、监督权既相互制约又相互协调的权力结构和运行机制；健全组织法制和程序规则，保证国家机关按照法定权限和程序行使权力、履行职责；完善各类公开办事制度，提高政府工作透明度和公信力；重点加强对领导干部特别是主要领导干部、人财物管理使用、关键岗位的监督，健全质询、问责、经济责任审计、引咎辞职、罢免等制度；落实党内监督条例，加强民主监督，发挥好舆论监督法律监督的作用，让人民监督权力，让权力在阳光下运行。

第四，继续改革和完善党的领导方式和执政方式。改革和完善党的领导方式和执政方式，对于推进社会主义民主政治建设，具有全局性作用。要按照总揽全局、协调各方的原则，规范党委与人大、政府、政协以及人民团体的关系，支持人大依法履行国家权力机关的职能，经过法定程序，使党的主张成为国家的意志，使党组织推荐的人选成为国家政权机关的领导人员，并对他们进行监督；支持政府履行法定职能，依法行政；支持政协围绕团结和民主两大主题履行职能；加强对工会、共青团和妇联等人民团体的领导，指导他们依照法律和各自章程开展工作，更好地成为党联系广大人民群众的纽带。完善中国共产党执政方式，"必须坚持科学执政、民主执政、依法执政"。科学执政是前提，就是遵循共产党执政规律，社会主义建设规律，人类社会发展规律，以科学的思想、制度和方法领导中国特色社会主义事业；民主执政是本质，就是坚持为人民执政，靠人民执政，支持和保证人民当家作主，坚持和完善人民民主专政，坚持和完善民主集中制，以党内民主带动人民民主，壮大最广泛的爱国主义统一战线；依法执政是保障，就是坚持依法治国，领导立法，带头守法，保证执法，不断推进国家经济、政治、文化、社会生活的法制化、规范化。

第五，推进司法体制改革。司法体制改革的目标，是按照公正司法和严格执法的要求，完善司法机关的机构设置、职权划分和管理制度，进一步健全权责明确、相互配合、相互制约、高效运行的司法体制，保障在全社会实现公平和正义。深化司法体制改革，优化司法职权配置，规范司法行为，建设公正高效权威的社会主义司法制度，保证审判机关、检察机关依法独立公正地行使审判权、检察权。司法体制改革要坚持党的领导，这个原则任何时候都不能动摇；要坚持人民代表大会制度，不能搞"三权分立"的模式；要维护国家法制的统一，坚持克服与纠正地方和部门保护主义。

（三）政治体制改革的基本原则

政治体制改革十分复杂，只有正确而妥善处理，才能保持社会政治局面的稳定，从而有利于推进社会主义现代化建设事业，才能有助于社会主义政治制度的自我完善和自我发展。所以，必须立足中国国情，坚持正确的政治方向，运用正确的方法。

第一，政治体制改革必须立足于中国国情。进行政治体制改革，要"根据自己的特点，自己国家的情况，走自己的路"。"既不能照搬西方资本主义国家的做法，也不能照搬其他社会主义国家的做法"①。

　　资本主义国家与社会主义国家的阶级实质不同，从根本上说，资本主义的政治制度是不能照样移植到社会主义国家来的。针对资产阶级自由化分子鼓吹"全盘西化"的主张，邓小平旗帜鲜明地指出："资本主义社会讲的民主是资产阶级的民主，实际上是垄断资本的民主，无非是多党竞选、三权鼎立、两院制。我们的制度是人民代表大会制度，共产党领导下的人民民主制度，不能搞西方那一套。"②江泽民也强调："世界是丰富多彩的，各国有各国的政治体制模式，不可能千篇一律。要把西方政治制度的模式推广到全世界，不仅是不现实的，也是不可能的。"③邓小平还提醒人民注意："每一个社会主义国家的改革又都是不同的，历史不同，经验不同，现在所处的情况不同，各国的改革不可能一样。"④比如，苏联的政治体制本来就不是很成功的，而且，"即使在苏联是百分之百的成功，但是它能够符合中国的实际情况吗？"所以，"我们进行政治体制改革，必须从中国实际出发，要与我国生产关系和生产力的发展相适应，与经济体制改革相适应，与我国的历史条件、经济发展水平和文化教育水平相适应。"⑤

　　第二，政治体制改革必须坚持四项基本原则。我们的政治体制改革既然是社会主义政治制度的自我完善和发展，那么改革就是为了坚持社会主义基本政治制度，保持和发展自己的优势，克服原有体制中的弊端，使之充满生机和活力。所以，邓小平强调，"在改革中坚持社会主义方向，这是一个很重要的问题。"⑥而坚持四项基本原则就是坚持改革的社会主义方向。为了坚持改革的社会主义方向，邓小平认为，很重要的一点，就是"要保持自己的优势，避免资本主义社会的毛病和弊端"⑦。他说，我们有很多优越的东西，比如共产党的领导，民主集中制，民族区域自治制

① 《邓小平文选》第三卷，人民出版社 1993 年版，第 256 页。
② 《邓小平文选》第三卷，人民出版社 1993 年版，第 240 页。
③ 《江泽民文选》第三卷，人民出版社 2006 年版，第 236 页。
④ 《邓小平文选》第三卷，人民出版社 1993 年版，第 241 页。
⑤ 《江泽民文选》第三卷，人民出版社 2006 年版，第 236 页。
⑥ 《邓小平文选》第三卷，人民出版社 1993 年版，第 138 页。
⑦ 《邓小平文选》第三卷，人民出版社 1993 年版，第 241 页。

度，等等。"这是我们社会制度的优势，不能放弃。所以，我们要坚持四项基本原则。"①

坚持共产党的领导，这是"坚持四项基本原则的核心"。邓小平一开始就提醒人们，"改革党和国家的领导制度，不是要削弱党的领导，涣散党的纪律，而正是为了坚持和加强党的领导，坚持和加强党的纪律"。在中国这样一个大国，没有共产党的统一领导，是不可想象的，"那就只会四分五裂，一事无成。这是全国各族人民在长期的奋斗实践中深刻认识到的真理。"②

第三，政治体制改革必须分步骤、有领导、有秩序地进行。政治体制改革"这个问题太困难，每项改革涉及的人和事都很广泛，很深刻，触及许多人的利益，会遇到很多障碍"，因此，我们"需要审慎从事"③。邓小平不止一次地告诫人们，必须懂得，政治体制改革是一项艰巨的长期的任务。"改革党和国家领导制度的方针必须坚持，但是，方法要细密，步骤要稳妥。"④毫无疑问，我们需要通过总结经验，制定一个政治体制改革的总体设想。而在实行的时候，则"要先从一两件事上着手，不能一下子大干，那样就乱了。国家这么大，情况太复杂，改革不容易，因此决策一定要慎重，看到成功的可能性较大以后再下决心"⑤。他认为，"这个任务，我们这一代人也许不能全部完成，但是，至少我们有责任为它的完成奠定巩固的基础，确立正确的方向。"⑥后来，他还说过，"恐怕再有三十年的时间，我们才会在各方面形成一整套更加成熟、更加定型的制度"⑦。对于政治体制改革来说，也是这样。

---

① 《邓小平文选》第三卷，人民出版社 1993 年版，第 257 页。
② 《邓小平文选》第二卷，人民出版社 1994 年版，第 341—342 页。
③ 《邓小平文选》第三卷，人民出版社 1993 年版，第 176 页。
④ 《邓小平文选》第二卷，人民出版社 1994 年版，第 359 页。
⑤ 《邓小平文选》第三卷，人民出版社 1993 年版，第 177 页。
⑥ 《邓小平文选》第二卷，人民出版社 1994 年版，第 343 页。
⑦ 《邓小平文选》第三卷，人民出版社 1993 年版，第 372 页。

三、坚持和完善中国特色社会主义政治制度

　　经过新中国六十多年、特别是改革开放三十多年的改革发展，已经建立了符合我国国情的一系列社会主义政治制度和法律体系的基本框架。这主要包括人民民主专政的国体、人民代表大会的根本政治制度，中国共产党领导的多党合作和政治协商制度、民族区域自治制度、基层群众自治制度等基本政治制度以及中国特色社会主义法律体系。这些制度设计，是长期实践经验的总结，是坚持和发展中国特色社会主义政治发展道路、实现人民民主的根本保障。

（一）坚持人民民主专政的国体

　　人民民主专政是我国的国体。我国宪法明确规定："中华人民共和国是工人阶级领导的、以工农联盟为基础的人民民主专政的社会主义国家。"实现大多数人的民主，共产党处于共和国的领导地位，是我们这个国体区别于资产阶级国家国体的主要之点，也是我们的国家制度优于资产阶级国家制度的主要之点。人民民主专政在中国历史上第一次实现了大多数人的民主，是新型的民主和新型的专政。坚持人民民主专政是建设中国特色社会主义的重要保证，是我国人民必须遵循的一项基本政治原则。

　　人民民主专政是民主与专政的两个方面。对人民实行民主和对敌人实行专政是辩证统一的，巩固和加强人民民主专政，必须处理好二者的关系。只有绝大多数人民享有高度的民主，才能够对极少数敌人实行有效的专政；只有对极少数敌人实行专政，才能够充分保障绝大多数人民的民主权利。一方面，人民民主专政"对于人们来说就是社会主义民主"。坚持人民民主专政的实质，就是要不断发展社会主义民主，切实保护人民的利益，维护国家的主权、安全、统一与稳定。要坚持国家的一切权力属于人民，保证人民依照宪法和法律规定，通过各种形式和途径，管理国家事务，管理经济和文化事业，管理社会事务，保证人民当家作主。另一方面，人民民主专政还必须充分履行国家政权的专政职能。从

国际形势看，世界范围内的社会主义力量在一个相当长时期内会弱于资本主义，国际敌对势力对我国进行渗透、分化和颠覆的图谋没有改变。从国内形势看，阶级斗争还将在一定范围内长期存在，短期内不可能消除，有时候还会很尖锐；在社会生活中，还存在各种违法犯罪活动。一定要在充分发挥人民民主的基础上，加强国家政权的专政力量。要对西方敌对势力的破坏和渗透活动，对敌对分子颠覆共产党领导和社会主义制度的政治图谋，对民族分裂主义势力的分裂活动，对暴力恐怖活动，对严重危害人民生命和财产安全的严重刑事犯罪，对严重危害国家和人民利益的腐败现象等，依法予以防范和坚决打击，用人民民主专政来维护人民的政权，维护人民的根本利益，保证经济建设和改革开放的顺利进行。

（二）坚持和完善人民代表大会制度

人民代表大会制度是我国的根本政治制度，是人民当家作主的政权组织形式，是我国的政体。我国宪法规定：中华人民共和国的一切权力属于人民。人民行使国家权力的机关是全国人民代表大会和地方各级人民代表大会。健全民主制度，最重要的就是坚持和完善人民代表大会制度，这是我国社会主义民主制度建设中最重要的基本建设。

实行人民代表大会制度是中国社会主义民主政治最鲜明的特点。邓小平指出："我们实行的就是全国人民代表大会一院制，这最符合中国实际。如果政策正确，方向正确，这种体制益处很大，很有助于国家的兴旺发达，避免很多牵扯。"[①] 在我国，人民内部还存在各种复杂的矛盾，但全国人民根本利益的一致性，决定了人民可以统一行使自己的国家权力。这在本质上不同于一切资本主义国家的代议制，在形式上，与西方国家实行的总统制、议会制也有明显区别。这种区别主要体现在人大的地位和权力上：人民代表大会是国家最高权力机关，统一行使国家权力，实行民主集中制，集体行使职权，集体决定问题；国家行政机关、审判机关、检察机关由人民代表大会产生，对它负责、受它监督，合理分工、协调一

---

① 《邓小平文选》第三卷，人民出版社1993年版，第220页。

致地工作，保证了国家统一有效地组织各项事业，保证一切权力属于人民。改革开放以来，人民代表大会制度的建设和人民代表大会的工作得到不断推进，人民民主不断扩大和深入。我国把直接选举人民代表大会代表的范围扩大到县，实行普遍的差额选举制度；完善了全国人民代表大会常务委员会的职权；在县级以上地方各级人民代表大会设立了常务委员会并赋予其相应职权；立法工作取得显著进展，以宪法为核心的中国特色社会主义法律体系初步形成，有力地推动和保障了改革开放和社会主义现代化建设的顺利进行。实践证明，人民代表大会制度是符合中国国情、体现中国社会主义国家性质、能够保证中国人民当家作主的根本政治制度和最高实现形式，也是党在国家政权中充分发扬民主、贯彻群众路线的最好实现形式，是中国社会主义政治文明的重要制度载体。

在中国特色社会主义民主政治建设过程中，必须毫不动摇地坚持、巩固和完善人民代表大会制度。第一，正确处理党的领导和人民代表大会履行职能的关系。中国共产党是社会主义事业的领导核心，它在中国政治生活中的地位既是先发所赋予的，更是中国人民在历史中作出的必然抉择，也是人大制度健康发展的保证。按照党的十六大指出的："党的领导主要是政治、思想和组织领导，通过制定大政方针，提出立法建议，推荐重要干部，进行思想宣传，发挥党组织和党员的作用，坚持依法执政，实施党对国家和社会的领导。"[1]党要善于把自己的主张通过法定程序成为国家意志，善于依靠政权和行政组织、依靠法律实施领导工作，积极探索、规范党领导人大工作的具体组织形式、工作形式。第二，加强人民代表大会制度建设。要完善选举制度，提高基层人大代表特别是一线工人、农民、知识分子代表比例，降低党政干部代表比例。要密切人大代表同人民的联系，完善代表联系群众制度。健全国家权力机关组织制度，加强人大常委会制度建设，优化常委会、专委会组成人员知识和年龄结构，提高专职委员比例。第三，保证各级人大依法独立行使职权，强化人大的立法与监督职能。宪法和人大的相关组织法规定了人大及其内部机构的职责范围、权限和运作程序。人大要在完善立法程序的基础

---

① 《十六大以来重要文献选编》上卷，中央文献出版社 2005 年版，第 26 页。

上，结合我国经济社会的发展变化和需要，提高立法质量，为依法治国提供完备法律依据；同时，加强人大监督立法，依法履行监督职能。

（三）健全社会主义协商民主制度

社会主义协商民主是我国人民民主的重要形式。它主要通过国家政权机关、政协组织、党派团体等渠道，就经济社会发展重大问题和涉及群众切身利益的实际问题广泛协商，广纳群言、广集民智，增进共识、增强合力。深入进行专题协商、对口协商、界别协商、提案办理协商。积极开展基层民主协商。健全社会主义协商民主制度作为中国共产党坚持中国特色社会主义政治发展道路的大胆探索和丰硕成果，具有里程碑意义，彰显了中国共产党顺应党心、民心，坚定不移地发展社会主义民主政治的决心和信心。

社会主义协商民主的主要制度形式是中国共产党领导的多党合作和政治协商制度。中国共产党在领导中国新民主主义革命的过程中，把马克思主义政党理论和统一战线学说与中国革命的实际相结合，不仅建立了牢固的工农联盟，而且同由民族资产阶级、城市小资产阶级以及与他们相联系的知识分子，爱国民主人士的代表人物组成的各民主党派和无党派人士结成了最广泛的统一战线。中国大陆现有 9 个政党，除了中国共产党外，还有中国国民党革命委员会、中国民主同盟、中国民主建国会、中国民主促进会、中国农工民主党、中国致公党、九三学社和台湾民主自治同盟 8 个民主党派。这些民主党派原来都是中国共产党在民主革命中的同盟者。经过社会主义革命，早已成为各自所联系的一部分社会主义劳动者和一部分拥护社会主义的爱国者的政治联盟，是致力于社会主义事业的政党。

中国政党制度的显著特征是：中国共产党领导、多党合作；中国共产党执政、多党参政。各民主党派是与中国共产党团结合作的亲密友党和参政党，而不是反对党或在野党。各民主党派参加国家政权，参与国家大政方针和国家领导人选的协商，参与国家事务的管理，参与国家方针政策、法律法规的制定和执行。邓小平指出："在中国共产党的领导下，实行多党派的合作，这是我国具体历史条件和现实条件所决定的，也是我国政治制度中的一个特点和优点。"① 建设中国特色社会主义的民主政治，必须坚持和完善共产党领导的多党合作和政治协商制度，坚持"长期共存、互相监督、肝胆相照、荣辱与共"的方针，加强同民主党派合作共事，巩固中国共产党同党外人士的联盟。

中国人民政治协商会议是中国人民爱国统一战线的组织，是中国共产党领导的多党合作和政治协商的重要机构，也是中国政治生活中发扬民主的重要形式。人民政协的主要职能是政治协商、民主监督、参政议政。人民政协的政治协商是中国共产党领导的多党合作的重要体现，是党和国家实行科学民主决策的重要环节，是党提高执政能力的重要途径。党的十七大提出了加强和改进人民政协的新任务，即支持人民政协围绕团结和民主两大主题履行职能，推进政治协商、民主监督、参政议政制度建设；把政治协商纳入决策程序，完善民主监督机制，提高参政议政实效；加强政协自身建设，发挥协调关系、建言献策、服务大局的重要作用。为此，要坚持重大问题协商于决策前和决策执行之中，使党的主张充分体现各方面的智慧，使党的领导在团结合作和民主协商中得到加强；认真贯彻执行中共中央关于党外人士在各级人大、政协中占有比例和数量的规定，积极培养选拔优秀党外人士担任政府和司法机关的领导职务，并保证他们有职有权有责；自觉接受民主党派和无党派人士的民主监督，虚心听取批评以防止和克服党内存在的消极腐败现象；支持和鼓励民主党派和无党派人士成为中国共产党的挚友和诤友，做到知无不言，言无不尽；支持各民主党派全面加强思想建设、组织建设和制度建设，使执政党建设与参政党建设相互促进，相得益彰，更好地统一于中国特色社会主义现代化建设中。党的十八大报告中强调"健全社会主义协商民主制度"，"推进政治协商、民主监督、参政议政制度建设，更好协调关系、汇聚力量、建言献策、服务大局"。这对于我们进一步深化政治体制改革，健全协商民主制度，具有极其重大的指导意义。

---

① 《邓小平文选》第二卷，人民出版社1994年版，第205页。

（四）坚持和完善民族区域自治制度

世界上各个国家在处理民族问题方面有不同的制度模式，中国采用的是民族区域自治。民族区域自治是在国家统一领导下，各少数民族聚居的地方设立自治机关，行使自治权，实行区域自治。中国采用民族区域自治的办法解决民族问题，是中国共产党根据中国的历史发展、文化特点、民族关系和民族分布等多种因素做出的制度安排，是中国的一项基本政治制度。这种制度实际上是一种民族自治和区域自治相结合的制度。民族区域自治的核心是保障少数民族当家作主，管理本民族、本地方事务的权利。

实行民族区域自治制度，符合我国国家统一的主流和社会主义原则，符合各民族经济文化发展的需要，符合各民族大杂居、小聚居的特点。实践证明，实行民族区域自治制度能保证少数民族在自己的聚居区内实现当家作主的权利，又能维护祖国的统一和增强各民族的团结。实行民族区域自治制度有利于充分发挥各民族进行社会主义现代化建设的积极性和创造性，促进各民族共同繁荣与进步，有利于巩固国家的稳定和统一，抵御国内外敌对势力的颠覆和破坏。

坚持和完善民族区域自治制度，进一步促进少数民族和民族地区的繁荣发展，要从法律上保证各少数民族管理本民族内部事务的权利，赋予民族自治地区更多的自治权；从财政、物资、技术等方面帮助少数民族发展经济和文化事业，帮助民族自治地区从当地民族中大量培养各级干部、各种专业人才和技术人员；巩固和发展平等、团结、互助的社会主义民族关系，促进各民族共同繁荣进步。

（五）坚持和完善基层群众自治制度

我国是一个人口大国，社会管理层次较多，人民生产生活重心在基层，基层公共事业的发展和基础公共事务的管理涉及人民群众的切身利益，基层民主同人民群众的利益息息相关。扩大基层民主，是完善发展中国特色社会主义政治的必然趋势和重要基础。基层群众自治制度，是依照宪法和法律的规定，在城乡社区治理、基层公共事物和公益事业中实行群众自我管理、自我服务、自我教育、自我监督的制度。目前，我国已经建立了以农村村民委员会、城市居民委员会和企事业职工代表大会为主要内容的基层民主自治体系。基层群众自治不仅是一种基层自治和民主管理制度，作为国家制度民主的具体化，是全体公民广泛和直接依法行使民主权利的重要方式，是社会主义民主广泛而深刻的实践。

党的十七大首次把基层群众自治制度纳入中国特色社会主义民主政治制度的基本范畴，明确指出："人民依法直接行使民主权利，管理基层公共事务和公益事业，实行自我管理、自我服务、自我教育、自我监督，对干部实行民主监督，是人民当家作主最有效、最广泛的途径"[①]。党的十八大进一步强调，要完善基层民主制度。提出健全基层党组织领导的充满活力的基层群众自治机制，以扩大有序参与、推进信息公开、加强议事协商、强化权力监督为重点，拓宽范围和途径，丰富内容和形式，保障人民享有更多更切实的民主权利。全心全意依靠工人阶级，健全以职工代表大会为基本形式的企事业单位民主管理制度，保障职工参与管理和监督的民主权利。发挥基层各类组织协同作用，实现政府管理和基层民主有机结合。

（六）坚持和完善中国特色社会主义法律体系

中国特色社会主义法律体系，是指自我国改革开放以来，享有立法权和司法解释权的国家机关，坚持在中国共产党的领导下，为保障人民民主专政的国家政权及国家、集体和公民个人的合法权利而制定并修正的宪法、法律、行政法规和地方性法规的法律体系的总称。它以宪法为统帅，以法律为主干，由宪法相关法、民法商法、行政法、经济法、社会法、刑法、诉讼与非诉讼程序法等多个法律部门组成的有机统一整体。

中国特色社会主义法律体系，是以宪法和法律的形式，确立了国家的根本制度和根本任务，确立了中国共产党的领导地位，确立了马克思列宁主义、毛泽东思想、邓小平理论和"三个代表"重要思想的指导地位，确立了工人阶级领导的、以工农联盟为基础的人民民主专政的国体，确立了人民代表大会制度的政体，确立了国家一切权力属于人民、公民依法享有

[①] 《中国共产党第十七次全国代表大会文件汇编》，人民出版社2007年版，第29页。

广泛的权利和自由，确立了中国共产党领导的多党合作和政治协商制度、民族区域自治制度以及基层群众自治制度，确立了公有制为主体、多种所有制经济共同发展的基本经济制度和按劳分配为主体、多种分配方式并存的分配制度。

中国特色社会主义法律体系的形成，把国家各项事业发展纳入法制化轨道，从制度上、法律上解决了国家发展中带有根本性、全局性、稳定性和长期性的问题，为社会主义市场经济体制的不断完善、社会主义民主政治的深入发展、社会主义先进文化的日益繁荣、社会主义和谐社会的积极构建，确定了明确的价值取向、发展方向和根本路径，为建设富强民主文明和谐的社会主义现代化国家、实现中华民族伟大复兴奠定了坚实的法制基础。

中国特色社会主义民主政治制度适应了中国历史与国情的总体要求，保持了国家长期稳定发展，促进了社会主义社会生产力水平的提高，符合最广大人民的根本利益。

四、建设社会主义法治国家

依法治国，就是广大人民群众在党的领导下，依照宪法和法律规定，通过各种途径和形式管理国家事务，管理经济文化事业，管理社会事务，保证国家各项工作都依法进行，逐步实现社会主义民主的制度化、法律化，使这种制度和法律不因领导人的改变而改变，不因领导人看法和注意力的改变而改变。党的十三届四中全会以后，江泽民继承和发展了邓小平关于加强社会主义法制建设思想，在1996年明确提出，加强社会主义法制建设，依法治国，建设社会主义法治国家。1997年，又在党的十五大报告中对依法治国做了更为完整和准确的表述。

（一）确立依法治国基本方略的重大意义

依法治国方略的确立，是发展社会主义民主的必然要求，是发展社会主义市场经济的客观要求，是社会文明进步的重要标志，是国家长治久安的重要保障，具有重大意义。

第一，依法治国是人民当家作主的基本保证。人民在取得民主权利后，必然要求上升为制度和法律，并使这种制度和法律具有稳定性、连续性和权威性，人民的民主权利才能有所保障。只有依法治国，建设社会主义法治国家，才能保证人民依照法定程序实行民主选举，决定国家大事，监督国家机构以及国家公职人员的行为，实现依法行政和依法执政，开创社会安定、政府廉洁高效、全国各族人民团结和睦的政治局面，达到全面建成小康社会对民主政治建设的要求。

第二，依法治国是发展社会主义市场经济的客观需要。市场经济要求每个环节都由法制加以保障、调节和促进。世界经济发展证明，成熟的市场经济一定要求比较完备的法律制度以及社会成员具备现代法治和法律意识。社会主义市场经济体制运行中，市场对资源配置基础性作用的发挥、国家对市场的宏观调控、市场主体的活动和对市场秩序的维护，都离不开法律的规范、调节和保障。在国际经济交往中，也需要按国与国之间约定的法则和国际惯例办事。实施依法治国，就能适应市场经济的这种内在要求，充分发挥社会主义市场经济的优势，推动生产力不断发展。

第三，依法治国是社会文明和进步的重要标志。法治本身所具有的稳定和连续的明确性、平等和公正的公开性、严密和规范的科学性、强制和至上的权威性。这些属性决定了它是人类社会追求文明进步的重要目标和标志。依法治国意味着用法律来调整人们之间的社会关系、权利与义务关系，建立一整套完善的法律制度和法治原则，并严格依法办事，这些都是社会文明成果的表现。古今中外的历史证明，一个社会的法制越健全，文明程度越高，人们依法办事的意识也就越强。

第四，依法治国是实现国家长治久安的重要保证。没有稳定，就没有发展。邓小平多次强调，稳定是压倒一切的大事。要保持社会稳定，维护国家的长治久安，最根本的办法就是实行法治。法律的稳定性、继承性，决定了它所设定的行为规则是一种恒则，是不会因人的变化而变化的。法律的平等、公正、至上性，决定了一切组织和个人都必须无条件地自觉执行。法律的严密、科学性，决定了国家的政治事务、经济事务和社会文化事务公平、高效地进行。法律的明确、公开性，决定了其具有普遍的约束力和广泛的可监督性。法律的国家强制、权威性，决定了它能够有效地维护国家政治生活、经济生活、社会生活的秩序。

（二）全面建成小康社会对依法治国的新要求

党的十八大根据到 2020 年实现全面建成小康社会这一总目标的要求，对依法治国作了进一步的决策和部署。

第一，加强科学立法，完善中国特色社会主义法律体系。党的十八大报告指出，要"完善中国特色社会主义法律体系，加强重点领域立法，拓展人民有序参与立法途径"。加强立法，有法可依，是中国特色社会主义法律体系建设的前提和基础，是全面推进依法治国的基本内容和首要任务。"有法可依"从立法方面要求由国家权力机关按照法定程序，制定各种法律、法规和制度，不断健全和完善社会主义立法工作，形成全体人民共同遵守的法律制度。经过长期的努力，特别是改革开放三十多年，我国已初步形成了一个以宪法为核心的中国特色社会主义法律体系的框架，初步达到了有法可依的良好局面。然而，如何适应社会主义市场经济发展和加强社会主义民主法治建设的新要求，进一步完善中国特色社会法律体系，仍然是一项长期和艰巨的任务。

适应新形势新变化，立法工作要着眼于以下转变：推动立法从主要服务于经济增长的速度、总量和规模，向更加注重服务于经济发展的效益、质量和方式，推动科学发展转变；从主要进行有关经济调节和市场监管的立法、致力于建立健全社会主义市场经济体制，向更加注重有关社会管理和公共服务的立法、同时着力于建立社会主义和谐社会和服务型政府转变；从主要强调立法的数量和速度，向更加注重立法的质量和效果转变。要重点加强完善经济体制、改善民生和发展社会事业、促进文化事业、保护生态环境、预防和化解社会矛盾纠纷以及规范制约权力等领域和方面的立法。同时，完善了科学立法程序，创新公众参与立法方式，扩大立法工作透明度和公众参与度，以利于立法遵循客观规律、集中公众智慧、实现人民利益。

第二，推进依法行政，建设法治政府。深入推进依法行政、加快建设法治政府，是全面推进依法治国的中心环节。依法行政，就是行政机关依据法律授权和规定行使行政权力，管理公共事务，它包含了行政管理的全部过程和内容。在我国，行政机关承担着经济、政治、文化、社会、生态文明建设等各个领域的繁重管理任务，约有百分之八十的法律和法规是由行政机关执行的，其行政能力和执法水平与人民群众的生产生活息息相关，行政执法在法律实施过程中处于举足轻重的地位。可见，不深入推进依法行政，不建成法治政府，就不能真正做到依法治国。2002年党的十六大明确提出"推进依法行政"的任务，2004年国务院颁布了《全面推进依法行政实施纲要》，明确提出了"建立法治政府"的目标。近些年来，我国推进依法行政、建设法治政府取得了重大成就，为全面推进依法治国、加快建设社会主义法治国家打下了有力基础。但行政执法过程中存在的诸多问题，与我国经济社会发展的要求还不能适应。必须进一步完善行政法律法规，规范行政行为，加强行政法制监督，保证依法行政的有效实施。应着力在行政决策、行政执法、行政公开、行政权力监督、行政化解矛盾纠纷等主要环节推进依法行政，着力规范政府行为，特别是行政机关要严格规范公正文明执法行为，完善执法体系，创新执法方式，加大执法力度，规范执法行为，真正做到有法必依、执法必严、违法必究。

第三，深化司法体制改革，维护司法公正。司法体制是指以司法为职能目的而形成的组织体系与制度体系。或者说是司法机构组织体系和司法制度的统称。司法体制是国家法律制度的重要组织部分，也是国家政治体制的重要组成部分。中国特色社会主义司法组织体系由各级司法机构（机关）构成，包括最高国家审判机关、最高国家检察机关和地方各级国家审判机关、检察机关；也包括具有司法职能的中央和地方各级国家司法行政机关、公安（警察）机关、安全机关以及这些机关的内部机构。深化司法体制改革，维护司法公正，是全面推进依法治国的重要保障。我国司法体制改革主要是对国家司法机关（组织体系）和国家司法制度（法律制度），在宪法规定的司法体制基本框架内，实现自我创新、自我完善和自我发展，建设中国特色社会主义现代司法体系和司法制度。党的十五大以来，司法改革即纳入党和国家的战略部署，司法体制和工作机制改革逐步向纵深推进，取得重大进展。但仍然存在诸如司法独立性难以保证；审判活动行政化色彩浓厚；司法权威不足，效率低下；司法腐败成为社会公害，司法形象和法律尊严面临严重挑战；一部分法官职业化程度不够等问题，司法体制改革仍然任重道远。党的十八大报告提出：要"深化司法体制改革，坚持和完善中国特色社会主义司法制度，确保审判机关、检察机关依法独立公正行使审判权、检察权"。加强我国的司法体制改革，要优化司法职权配置，形成结构合理、配置科学、程序严密、制约有效的审判权、检察权运行机制；严格规范司法行为，推进司法公正和司法公开；加强政法队伍建设，提升法官、检察官的司法理念、业务能力和工作水平，维护司法公信力和权威。

第四，加强法制宣传教育，弘扬社会主义法治精神。法制宣传教育是实施依法治国基本方略、加强社会主义民主法治建设、建设社会主义法治国家的一项基础性工作。法律意识和法制观念，通常反映了人们对法律各个方面知识的了解和对法的重要性的认识。邓小平早在 1980 年就指出："要讲法制，真正使人人懂得法律，使越来越多的人不仅不犯法，而且能积极维护法律。"[1]1986 年，他又提出这个问题："我们国家缺少执法和守法的传统，从党的十一届三中全会以后就开始抓法制，没有法制不行。法制观念与人们的文化素质有关。现在这么多青年人犯罪，无法无天，没有顾忌，一个原因是文化素质太低。所以，加强法制重要的是进行教育，根本问题是教育人。法律教育要从娃娃开始，小学、中学都要进行这个教育，社会上也要进行这个教育。"[2] 从那时起，我国开始有计划有步骤地开展了全国范围的普法活动。实践证明，全面普法工作，对于深入推进我国的社会主义法制建设，提高全民法律意识和法制观念，维护社会稳定起到了重要作用。

人民群众是全面推进依法治国的基础和力量，是法律实施的重要主体。要通过进社区、进乡村、进机关、进企业、进学校，深入开展法治宣传教育，弘扬社会主义法治精神；要创新法治宣传方式，提高舆论引导能力，抵御错误观点的干扰和影响，让社会公众在知法、学法、守法、用法中深化对社会主义法治精神的认识和信仰；要丰富法制教育的内容，突出

---

① 《邓小平文选》第二卷，人民出版社 1994 年版，第 254 页。
② 《邓小平文选》第三卷，人民出版社 1993 年版，第 163 页。

学习宣传宪法、中国特色社会主义法律体系和国家基本法律，加强社会主义法治理念教育，学习宣传促进经济发展的法律法规、保障和改善民生的法律法规、社会管理的法律法规、推进社会主义文化建设的法律法规，加强反腐倡廉法制宣传教育等。

　　各级领导干部是全面推进依法治国的关键。党的十八大根据全面推进依法治国的新形势对各级领导干部提出了要"运用法制思维和法治方式深化改革、推动发展、化解矛盾、维护稳定能力"的要求，具有很强的针对性和指导性。各级领导干部作为行驶执政党的执政权和国家立法权、行政权、司法权等公共权力的特殊群体，作为运用法治方式治理国家的执政主体，必须具有较高的法治思维水平和能力。所谓法治思维，在本质上区别于人治思维和权力思维，其实质就是各级领导干部想问题、做决策、办事情，必须牢记人民授权和职权法定，必须严格遵循法律规则和法定程序，必须切实保护人民权利和尊重保障人权，必须始终坚持法律面前人人平等，必须自觉接受监督和承担法律责任。因此，要求各级领导干部认真学习宪法和法律，自觉在宪法和法律的范围内活动，切实维护国家法制的统一、尊严、权威，决不允许以言代法、以权压法、徇私枉法。

第七章　中国特色社会主义文化建设理论

文化是民族的血脉，是人民的精神家园，社会主义先进文化更是马克思主义政党思想精神上的旗帜。建设中国特色社会主义文化，既是整体推进中国特色社会主义"五位一体"总布局的必然趋势，也是全面建成小康社会、实现中华民族伟大复兴中国梦的内在要求。扎实推进中国特色社会主义文化建设，就是要坚持中国特色社会主义文化发展道路，建设社会主义核心价值体系，不断深化文化体制改革，增强国家文化软实力，推动社会主义文化大发展大繁荣，努力构建社会主义文化强国。

一、坚持中国特色社会主义文化发展道路

改革开放、特别是党的十六大以来，党始终把文化建设放在党和国家全局工作的重要战略地位，坚持物质文明和精神文明一起抓，促进文化事业和文化产业共同发展，推动文化建设不断取得新成就，走出了中国特色社会主义文化发展道路。中国特色社会主义文化发展道路，集中体现了马克思主义文化理论与当代中国文化发展实际的有机结合，"是新中国成立特别是改革开放以来我国文化建设实践探索的基本结论，是对中国特色社会主义道路认识的丰富和深化，鲜明回答了我国文化改革发展走什么路、朝着什么样的目标迈进这个带有方向性、战略性的重大问题"[①]。中国

---

① 《中共中央关于深化文化体制改革 推动社会主义文化大发展大繁荣若干重大问题的决定》，人民出版社 2011 年版，第 55 页。

特色社会主义文化发展道路，就是在推进中国特色社会主义文化建设的过程中，始终坚持为人民服务、为社会主义服务的方向，坚持百花齐放、百家争鸣的方针，坚持贴近实际、贴近生活、贴近群众的原则，推动社会主义精神文明和物质文明全面发展，建设面向现代化、面向世界、面向未来的，民族的科学的大众的社会主义文化。

（一）中国特色社会主义文化建设的基本特征

文化是一个内涵十分丰富的范畴，一般来说，有广义和狭义之分。广义上的文化是指人类在社会发展的历史过程中所创造的物质和精神财富的总和。狭义上的文化是指与经济、政治并列的、有关人类社会生活的思想理论、道德风尚、文学艺术、教育科学等方面的内容。中国特色社会主义文化，就其主要内容来说，同改革开放以来我们一直倡导的社会主义精神文明是一致的，是中国先进文化的集中体现。

中国共产党从成立之日起，就既是中华优秀传统文化的忠实传承者和弘扬者，又是中国先进文化的积极倡导者和发展者。党历来高度重视运用文化引领社会前进方向、凝聚奋斗力量，团结带领全国各族人民不断以思想文化新觉醒、理论创造新成果、文化建设新成就推动党和人民事业向前发展，文化工作在革命、建设、改革各个历史时期都发挥了不可替代的重大作用。

早在抗日战争时期，毛泽东就把新民主主义革命问题划分为新民主主义经济革命、政治革命和文化革命，并且从马克思主义哲学的角度定义了文化，他指出："一定的文化（当作观念形态的文化）是一定社会的政治和经济的反映，又给予伟大影响和作用于一定社会的政治和经济；而经济是基础，政治则是经济的集中的表现。"[①] 在这里，毛泽东明确地将社会分为政治、经济和文化三大领域，并科学论述了三者的关系，这是对马克思主义社会结构理论的丰富和发展，对马克思主义文化观的继承和创新。新中国成立前夕，毛泽东又说："随着经济建设的高潮的到来，不可避免地将要出现一个文化建设的高潮。中国人被人认为不文明的时代已经过去

---

① 《毛泽东选集》第二卷，人民出版社 1991 年版，第 663—664 页。

了，我们将以一个具有高度文化的民族出现于世界。"① 可见，经济建设是文化建设的前提条件，政治、文化思想是以经济为基础的，历史发展的动因归根到底是经济，只有从经济发展的角度观察经济、政治、文化的关系，才能把握历史发展的本质，也才能认识文化的本质。正是基于这一历史唯物主义的基本观点，毛泽东对中国社会主义文化建设提出了许多具有长远意义的重要思想。党在领导中国人民经过新民主主义走向社会主义的同时，完成了从新民主主义文化到社会主义文化的转变。新中国建立后，毛泽东多次论述有关文化建设的问题，为中国社会主义文化建设做出了开拓性的贡献。毛泽东关于文化建设的积极理论成果，丰富和发展了马克思主义的文化观，有力地指导了中国革命和建设的实践，也为我们现阶段建设中国特色社会主义文化提供了科学的理论支撑和实践经验。

　　十一届三中全会以后，以邓小平为核心的党的第二代中央领导集体继承和发展了马克思列宁主义、毛泽东思想关于文化的理论，坚持把精神文明与物质文明作为一个整体置于当代中国与世界双向互动的大背景下进行综合考量，形成了面向现代化、面向世界、面向未来的中国特色社会主义文化建设思想。1979 年，叶剑英在庆祝中华人民共和国成立三十周年大会上的讲话中，首先提出了社会主义精神文明这一科学概念。随着我国改革开放和社会主义现代化建设的发展，邓小平又多次强调指出加强精神文明建设问题的极端重要性。党的十二届六中全会和十四届六中全会通过的关于加强社会主义精神文明建设的两个《决议》，集中反映了党对社会主义精神文明建设认识的深化。其主要内容包括：社会主义精神文明是社会主义的本质特征，是社会主义现代化建设的重要保证；社会主义精神文明建设要以马列主义、毛泽东思想为指导；只有物质文明和精神文明都搞好，才是有中国特色的社会主义；社会主义精神文明建设的根本任务是培育"四有"公民；精神文明重在建设，要坚持"两手抓、两手都要硬"等等。社会主义精神文明建设思想凝结着党对"什么是社会主义，怎样建设社会主义"这一基本理论问题的深入思考和不懈探索。

　　1991 年，江泽民在庆祝建党 70 周年大会上的讲话中，提出了"有中

---

① 《毛泽东文集》第五卷，人民出版社 1996 年版，第 345 页。

国特色社会主义文化"的概念，并从经济、政治、文化相互协调发展的角度，阐述了中国特色社会主义文化建设的主要内容。在此基础上，党的十五大阐述了中国特色社会主义文化建设的基本纲领，指出："建设有中国特色社会主义的文化，就是以马克思主义为指导，以培育有理想、有道德、有文化、有纪律的公民为目标，发展面向现代化、面向世界、面向未来的，民族的科学的大众的社会主义文化。"① 世纪之交，江泽民又明确提出，党要始终代表中国先进文化的前进方向，强调"在当代中国，发展先进文化，就是发展有中国特色社会主义的文化，就是建设社会主义精神文明。"② 先进文化是符合人类社会发展方向、体现先进生产力发展要求、代表最广大人民根本利益、反映时代进步潮流的文化。它最基本、最直接的价值取向是崇尚和追求先进性。这就表明，以江泽民为核心的党的第三代中央领导集体，继承和发展了党的第一代、第二代中央领导集体关于中国社会主义文化建设和精神文明建设的思想，已经形成了与中国特色社会主义经济、政治发展相适应的中国特色社会主义文化建设的理论。

新世纪新阶段，以胡锦涛为总书记的党中央坚持以邓小平理论、"三个代表"重要思想和科学发展观为指导，把文化建设摆在更加突出的位置，强调要牢牢把握社会主义先进文化的前进方向，大力建设和谐文化，并从提高国家软实力的战略高度阐述了文化建设的重要性和紧迫性，强调要更加自觉、更加主动地推动社会主义文化大发展大繁荣。2011 年，十七届六中全会通过的《中共中央关于深化文化体制改革 推动社会主义文化大发展大繁荣若干重大问题的决定》指出："坚持中国特色社会主义文化发展道路，深化文化体制改革，推动社会主义文化大发展大繁荣，必须全面贯彻党的十七大精神，高举中国特色社会主义伟大旗帜，以马克思列宁主义、毛泽东思想、邓小平理论和'三个代表'重要思想为指导，深入贯彻落实科学发展观，坚持社会主义先进文化前进方向，以科学发展为主题，以建设社会主义核心价值体系为根本任务，以满足人民精神文化需求为出发点和落脚点，以改革创新为动力，发展面向现代化、面向世界、面向未

---

① 《江泽民文选》第二卷，人民出版社 2006 年版，第 17—18 页。
② 《江泽民文选》第三卷，人民出版社 2006 年版，第 276 页。

来的，民族的科学的大众的社会主义文化，培养高度的文化自觉和文化自信，提高全民族文明素质，增强国家文化软实力，弘扬中华文化，努力建设社会主义文化强国。"① 这就在明确提出"中国特色社会主义文化发展道路"的同时，对坚持这条道路提出了更加全面、更加深刻的要求。

中国特色社会主义文化发展道路，是新中国成立以来特别是改革开放以来我国文化建设实践探索的基本结论，深刻体现了中国共产党创造性地把马克思主义文化建设理论同我国文化建设实际相结合的基本精神。在当代中国，发展中国特色社会主义文化、增强国家文化软实力、建设社会主义文化强国，就必须坚持走中国特色社会主义文化发展道路，建设面向现代化、面向世界、面向未来的民族的科学的大众的中国特色社会主义文化。

中国特色社会主义文化，是中国特色社会主义经济政治的反映，又是为中国特色社会主义经济政治服务的。首先，这一文化具有鲜明的民族性。中国特色社会主义文化源于中华民族五千年的文明史。它继承和发扬了我国各民族历史上一切优秀的思想道德和文化成果，继承和发扬了五四运动以来，中国共产党在领导人民革命和建设社会主义的过程中，在精神和文化方面的创造性成果，是社会主义的内容和中华民族的形式有机结合的新文化。其次，这一文化具有鲜明的时代性。中国特色社会主义文化植根于中国特色社会主义的伟大实践。它反映了我国社会主义初级阶段经济的、政治的基本特征，与社会主义的基本经济制度和基本政治制度结合在一起，又对经济和政治的发展起着巨大的促进作用。我国社会主义初级阶段的国情，决定了文化建设必须紧紧围绕建设富强、民主、文明、和谐的社会主义现代化强国的根本目标，以社会主义现代化建设为中心，紧扣时代主题，"真实地反映丰富的社会生活，反映人们在各种社会关系中的本质，表现时代前进的要求和历史发展的趋势"。② 再次，这一文化又具有其开放性。中国特色社会主义文化是立足中国而又面向世界的开放的文化，它既要在民族文化的发展过程中不断发展和创新，又要吸取世界各个

① 《中共中央关于深化文化体制改革 推动社会主义文化大发展大繁荣若干重大问题的决定》，人民出版社 2011 年版，第 8 页。

② 《邓小平文选》第二卷，人民出版社 1994 年版，第 210 页。

国家和民族的优秀思想和文化成果。人类文明发展的历史证明，任何一个国家、民族的存在与发展都不可能是完全封闭的，也没有一种文化和文明能够在自我封闭的状态下得到发展。中国特色社会主义文化的发展也不例外，它以海纳百川的胸怀和气魄，充分显示其强大的生命力和鲜明的开放性。最后，这一文化具有广泛的群众性。中国特色社会主义文化的广泛群众性，是文化广泛性的一种具体化。中国特色社会主义文化建设是广大人民群众的事业，人民群众是文化建设的主人。人民是创作的源泉，是文化的根基。我们的文化工作要始终不渝地面向最广大人民群众，为最广大人民群众服务。要把优秀作品奉献给人民，最大限度地满足人民群众的精神文化需求。

（二）中国特色社会主义文化建设的根本目标

中国特色社会主义文化建设，要以马克思列宁主义、毛泽东思想和中国特色社会主义理论体系为指导，着力提高全民族的思想道德素质和科学文化素质，以培育有理想、有道德、有文化、有纪律的公民为目标，这又是中国特色社会主义文化建设长期而又艰巨的根本任务。

培育"四有"公民是建设中国特色社会主义的客观要求。首先，培育"四有"公民是社会主义现代化建设的需要。马克思主义认为，人是社会的主体，是一切历史活动的主体，人是文化的创造者。人的培育至关重要。邓小平指出："任何事情都是人干的，没有大批的人才，我们的事业就不能成功。"[1]"中国的事情能不能办好，社会主义和改革开放能不能坚持，经济能不能快一点发展起来，国家能不能长治久安，从一定意义上来说，关键在人。"[2]江泽民进一步强调："科技进步、经济繁荣和社会发展，从根本上说取决于提高劳动者的素质，培养大批人才。"[3]人的思想道德水平和科学文化素质的提高，会激发人们为社会主义现代化建设奋发图强、开拓进取的积极性和创造性。随着人的素质的提高，人们会更加注意用共同理想、社会主义道德和纪律去要求并约束自己的行为，正确处理国家、

---

① 《邓小平文选》第二卷，人民出版社 1994 年版，第 221 页。
② 《邓小平文选》第三卷，人民出版社 1993 年版，第 380 页。
③ 《江泽民文选》第一卷，人民出版社 2006 年版，第 233 页。

集体和个人之间的各种利益关系，就会有更广阔的胸怀，较强的自我控制力，灵活地调节自己的行为，从而形成团结、和谐的社会环境，为社会主义现代化建设提供强大的精神力量。其次，培育"四有"公民是社会主义制度的本质要求。社会主义的优越性不仅表现在它能够极大地解放和发展社会生产力，而且表现在它能够消除资本主义及其他剥削制度所固有的弊病，创造出高度的精神文明，推动整个社会的全面进步。社会主义现代化要生产出丰富的物质产品，还要培养出大批的优秀人才，要解放生产力、发展生产力，也要大大提高社会成员的整体思想道德水平，形成良好的社会风气，只有这样，才能使中国特色社会主义沿着正确的轨道向前发展。再次，培育"四有"公民是中国特色社会主义文化建设的根本任务。江泽民指出："培养适应社会主义现代化要求的一代又一代有理想、有道德、有文化、有纪律的公民。这是我国文化建设长期而艰巨的任务。"[①] 社会主义文化建设就是要提高整个中华民族的思想道德水平和文化素质，培养有理想、有道德、有文化、有纪律的社会主义新人。建设中国特色社会主义是一个长期的历史过程，需要经过几代人的艰苦努力。在国际竞争如此激烈的新时期，造就一代又一代建设社会主义的高素质人才至关重要，为此必须实施人才强国战略，培养高素质人才，把思想教育和行为引导结合起来，努力培养和造就社会主义"四有"公民。

　　"四有"是一个有机统一的整体。邓小平指出："我们历来提倡有理想、有道德、有文化、有纪律，其中最重要的是有理想、有纪律。"[②]"四有"是建设中国特色社会主义对人才素质的综合要求，其中，理想是目标，是一个人生存和发展的动力，也决定着人的发展方向；道德是基础，是一种社会意识形态，是人们共同生活及其行为的准则与规范；文化是条件，是指社会主义公民应当具有良好的现代科学文化素质，拥有建设社会主义所需的科学文化知识，这是衡量一个国家和民族文明程度的重要标志；纪律是实现理想的保证，是指社会的各种组织要求所属成员共同遵守业已确立的秩序，执行命令和履行职责的一种行为规范，没有严格的组织纪律，任

---

① 《江泽民文选》第二卷，人民出版社 2006 年版，第 33 页。

② 《邓小平文选》第三卷，人民出版社 1993 年版，第 209 页。

何美好的远大理想都只是一句空话。有理想、有道德、有纪律，是对公民思想道德素质方面的要求；有文化则是对公民科学文化素质的要求。思想道德素质和科学文化素质是有机联系、相辅相成的，二者互相补充、互相促进、协调发展。"四有"是一个统一整体，它们之间密切联系，相互影响，缺一不可。这四个方面相辅相成，共同构成了中国特色社会主义文化建设的根本目标。

（三）中国特色社会主义文化建设的基本方针和原则

中国共产党在探索中国特色社会主义文化发展道路的实践中，不断深化对文化发展规律的认识，形成了建设中国特色社会主义文化必须坚持的一系列基本方针和原则。

第一，必须坚持马克思主义的指导地位。建设中国特色社会主义文化，要坚持马克思主义的指导，这是历史的选择和人民的选择，老祖宗不能丢。江泽民指出："坚持马克思列宁主义、毛泽东思想的指导地位，是我们立党立国的根本，也是社会主义文化建设的根本，决定着我国文化事业的性质和方向。只有这样，我们的文化建设才能沿着正确的道路健康发展，抵制和消除一切落后的腐朽的思想文化影响，不断创造出先进的健康的社会主义崭新文化，培养出适应社会主义现代化建设需要的有理想、有道德、有文化、有纪律的新人。"[1] 我们必须始终高举马克思主义的旗帜，毫不动摇地坚持以马克思列宁主义、毛泽东思想和中国特色社会主义理论体系为指导，坚持用马克思主义中国化的最新成果武装全党，教育人民，这样才能不断巩固和发展社会主义意识形态，推进中国特色社会主义文化建设。

第二，必须坚持为人民服务、为社会主义服务的方向。中国特色社会主义文化建设必须坚持为人民服务的方向。人民是社会财富的创造者，一切进步文化都源于人民、为了人民、属于人民。一切进步的文化工作者，都存在于同人民群众的血肉联系之中。人民创造历史的活动，是文化建设的丰厚土壤和源头活水。社会主义文化建设必须坚持为人民服务，充分体

---

① 《江泽民文选》第一卷，人民出版社 2006 年版，第 158—159 页。

现人民的利益和愿望，满足人民群众不同层次的、多方面的、丰富的、健康的精神需求，激发人民群众建设社会主义的积极性。我国广大文化工作者一定要坚持以人为本，牢固树立人民群众是历史创造者的历史唯物主义观点，培养和增进对人民群众的感情，坚持以人民为中心的创作导向，为人民提供更好更多精神食粮。中国特色社会主义文化建设必须坚持为社会主义服务的方向，这是由我国社会主义的根本性质所决定的。随着改革开放的不断深入，文化为社会主义现代化服务成为时代的要求。邓小平指出："实现四个现代化，是今后一个相当长的时期内全国人民压倒一切的中心任务，是决定祖国命运的千秋大业。""对实现四个现代化是有利还是有害，应当成为衡量一切工作的最根本的是非标准。"① 文化建设要坚持为社会主义服务的方向，就必须坚持以科学的理论武装人，以正确的舆论引导人，以高尚的精神塑造人，以优秀的作品鼓舞人，不断增强中国特色社会主义文化的吸引力和感召力。

第三，必须坚持"百花齐放"、"百家争鸣"的方针。坚持"百花齐放"、"百家争鸣"，就是指艺术上的不同形式和不同风格可以自由发展，科学上不同的学派可以自由争论。这是对文化建设经验的深刻总结，是促进艺术发展、科学进步，繁荣社会主义文化的重要方针，同时也反映了文化发展的内在规律。邓小平指出："我们要永远坚持百花齐放、百家争鸣的方针。"②"我们坚持'双百'方针和'三不主义'，不继续提文艺从属于政治这样的口号"③，"写什么和怎样写，只能由文艺家在艺术实践中去探索和逐步求得解决。在这方面，不要横加干涉。"④ 要在坚持四项基本原则的基础上，提倡不同学术观点，艺术流派的争鸣和切磋，提倡健康的、说理的批评和反批评。理论的发展、文化的繁荣和艺术的创新，都必须长期坚持"双百"方针。要以马克思列宁主义、毛泽东思想和中国特色社会主义理论体系指导文化建设，弘扬主旋律，提倡多样化，并使二者统一起来，发扬民主，保障学术自由，促进中国特色社会主义文化的繁荣和发展。

---

① 《邓小平文选》第二卷，人民出版社 1994 年版，第 208—209 页。
② 《邓小平文选》第二卷，人民出版社 1994 年版，第 256 页。
③ 《邓小平文选》第二卷，人民出版社 1994 年版，第 255 页。
④ 《邓小平文选》第二卷，人民出版社 1994 年版，第 213 页。

第四，必须坚持正确对待古今中外文化成果的方针。文化承接着过去又昭示着未来，既是民族的又是世界的。一个国家或民族的文化发展和进步，除了要注意继承和弘扬本民族文化传统之外，还必须积极吸收其他民族文明的优秀成果。人类文化和文明发展进步的过程表明，一种文化与异质文化的交流和碰撞、冲突和融合，是保持其生命力，实现自我更新和发展的重要机制，是文化演进发展的一种带有规律性的现象。中华文明得以绵延几千年而不衰，正是源于"厚德载物"的包容性，这也是中华文明所褒有的东方智慧迄今仍熠熠发光的缘由。当今任何民族或国家的文明发展和进步，都不可能不受到其他民族或国家的文化的影响，在对待其他民族或国家的文化问题上，我们应当坚持马克思主义的立场、观点和方法，"对它们的思想内容和表现方法进行分析、鉴别和批判"[1]，博采众长，积极借鉴和吸收人类文明的共同成果，"有计划、有选择地引进资本主义国家的先进技术和其他对我们有益的东西"[2]，做到洋为中用；同时又要立足于当代中国的基本国情，着眼于中华民族的未来发展，对中华民族传统文化加以继承和发扬，取其精华、弃其糟粕，做到古为今用。正如毛泽东所指出："对于外国文化，排外主义的方针是错误的，应当尽量吸收进步的外国文化，以为发展中国新文化的借镜；盲目搬用的方针也是错误的，应当以中国人民的实际需要为基础，批判地吸收外国文化。……对于中国古代文化，同样，既不是一概排斥，也不是盲目搬用，而是批判地接收它，以利于推进中国的新文化。"[3]

第五，坚持贴近实际、贴近生活、贴近群众的方针。中国特色社会主义的伟大实践，是文化发展与创新的丰富土壤和不竭源泉。只有坚持贴近实际、贴近生活、贴近群众，文化建设才能回答和解决现实问题、反映生活本质、满足群众的文化需求。贯彻"三贴近"的方针，就要立足我国社会主义初级阶段的国情，深入改革开放和现代化建设的实践，不断推动文化观念、内容、形式、体制机制和传播手段的创新，增强文化发展活力；尊重人民群众的主体地位和首创精神，准确把握广大人民群众精神文化需

---

① 《邓小平文选》第三卷，人民出版社 1993 年版，第 44 页。
② 《邓小平文选》第二卷，人民出版社 1994 年版，第 168 页。
③ 《毛泽东选集》第三卷，人民出版社 1991 年版，第 1083 页。

求发展变化的特点，积极探索新形势下服务人民群众的有效途径。

文化重在建设。繁荣是文化建设的永恒主题，管理是文化繁荣的有力保障。推进中国特色社会主义文化建设，还要坚持一手抓繁荣，一手抓管理，并使二者紧密联系，相互促进。我们要把文化建设作为一个长期推进的过程，坚持中国特色社会主义文化发展道路，推动社会主义文化大发展大繁荣，兴起社会主义文化建设新高潮，不断增强我国文化的国际影响力和竞争力。

（四）中国特色社会主义文化建设的重要地位

中国特色社会主义文化，是中国特色社会主义事业的重要组成部分，反映了社会主义发展的本质要求，在社会主义现代化建设中具有十分重要的地位。

第一，中国特色社会主义文化是中国特色社会主义的重要组成部分。中国特色社会主义是经济、政治、文化和社会协调发展的整体。只有经济、政治、文化的有机结合和相互协调，才能构成社会发展的整体格局。我国社会主义现代化的目标，是把我国建设成为富强、民主、文明、和谐的社会主义现代化强国。物质贫穷不是社会主义；没有民主就没有社会主义；愚昧无知，失去理想，精神贫乏也不是社会主义。中国特色社会主义文化、社会主义精神文明，是社会主义经济和政治的基本特征在观念形态上的反映，同时，又对经济建设和政治建设起着巨大的促进作用。文化建设为经济建设、政治建设、社会建设营造稳定的文化氛围、良好的环境条件。只有经济、政治、文化、社会建设相互促进、协调发展，中国特色社会主义事业才能健康发展。只有物质文明、政治文明和精神文明都搞好，才能实现社会主义现代化，从根本上建设和发展中国特色社会主义。

第二，中国特色社会主义文化是综合国力的重要标志，是凝聚和激励全国各族人民的重要力量。综合国力，是一个国家所拥有的赖以存在和发展的全部实力的总和，主要是经济实力、科技实力，这种物质力量是基础，但也离不开民族精神、民族凝聚力，精神力量也是综合国力的重要组成部分。文化作为一种软实力体现着一个国家或地区的文化发展状况和建设成果，蕴涵着推动经济与社会全面发展的精神动力和智力因素，其核心是国民整体素质的提高和人的创新能力的充分发挥。建设中国特色社会主义文化是提高综合国力、实现社会主义现代化的战略需要。经济全球化、世界多极化的深入发展，引起世界各种思想文化的相互激荡，历史的和现实的、外来的和本土的、进步的和落后的、积极的和颓废的，有吸纳又有排斥，有融合又有斗争。只有建设中国特色社会主义文化，提高整个中华民族的思想道德素质和科学文化素质，才能积极应对来自文化方面的严峻挑战。中国特色社会主义文化在提高民族凝聚力方面具有非常重要的作用。"当今世界，文化与经济和政治相互交融，在综合国力竞争中的地位和作用越来越突出。文化的力量，深深熔铸在民族的生命力、创造力和凝聚力之中。"①"社会主义现代化应该有繁荣的经济，也应该有繁荣的文化。"② 任何社会的生存和发展，都需要有一种普遍的社会认同和凝聚能力，以维护社会的协调与稳定。这种认同和凝聚能力主要来源于文化，文化具有凝聚社会共识、保持社会认同、促进社会统一的功能。中国特色社会主义文化通过知识体系、价值观念、思想信仰和行为规范，产生凝聚和激励社会成员的巨大力量。

第三，中国特色社会主义文化为现代化建设提供精神动力、智力支持和思想保证。中国特色社会主义文化建设能够使人们在共同利益的基础上，形成共同理想和道德准则，提高劳动者的思想道德素质，激发劳动者的生产热情，从而为社会主义现代化建设提供精神动力；能够培养国家所需要的各方面的人才，提高劳动者的科学文化素质，开发人的智力资源，为现代化建设提供强大的科学支撑，使蕴藏在人民群众中无穷无尽的创造力发挥出来，从而为改革开放和现代化建设提供强有力的智力支持；能够引导人们认同和接受社会主义基本经济制度和政治制度，引导和教育人们从历史发展的必然性去认识社会主义，引导人们以全面的、辩证的、发展的眼光看待发展中的社会主义，帮助人民树立正确的世界观、人生观和价值观，坚定对马克思主义的信仰、坚定对社会主义的信念，增强全国人民的民族自尊心、自信心、自豪感，从而为改革开放和社会主义现代化建设

---

① 《江泽民文选》第三卷，人民出版社 2006 年版，第 558 页。
② 《江泽民文选》第二卷，人民出版社 2006 年版，第 33 页。

提供强有力的思想保证。

二、建设社会主义核心价值体系

社会主义核心价值体系是兴国之魂，是社会主义先进文化的精髓，决定着中国特色社会主义发展方向。大力推进社会主义核心价值体系建设，就是巩固全党全国各族人民团结奋斗的共同思想道德基础。

（一）建设社会主义核心价值体系的提出

任何一个民族、一个国家在发展过程中，都要努力树立自己的价值体系。所谓价值体系即主体以其需求系统为基础，对主客体之间的价值关系进行整合而形成的观念形态，集中体现主体的愿望、要求、理想、需要、利益等。在这个价值体系中居于核心地位，起主导作用的就是核心价值体系。任何一个社会都会出于自己的需要，提出自己的核心价值体系。建设社会主义核心价值体系，是中国共产党在思想文化建设上的重大理论创新和重大战略任务，是一项基础工程、灵魂工程。建设社会主义核心价值体系，是我国社会主义意识形态建设的关键和根本。

党的十八届六中全会通过的《中共中央关于构建社会主义和谐社会若干重大问题的决定》（以下简称《决定》），第一次提出了建设社会主义核心价值体系的重大命题。《决定》明确阐述了社会主义核心价值体系的基本内容，强调要坚持把社会主义核心价值体系融入国民教育和精神文明建设全过程、贯穿现代化建设各方面。党的十七大对建设社会主义核心价值体系进行了总体部署，强调要建设社会主义核心价值体系，增强社会主义意识形态的吸引力和凝聚力。党的十七届四中全会，着眼于提高全党思想政治水平，提出了开展社会主义核心价值体系学习教育活动的要求。党的十七届六中全会从建设社会主义文化强国的高度对建设社会主义核心价值体系作出了具体部署。党的十八大报告进一步强调要继续加强社会主义核心价值体系建设，要深入开展社会主义核心价值体系学习教育，用社会主义核心价值体系引领社会思潮、凝聚社会共识。

社会主义核心价值体系的提出，是社会主义制度在价值层面的本质规定，是巩固全党和全国各族人民团结奋斗的共同思想基础的需要，是引导全社会成员在思想道德上共同进步的需要，是增强民族凝聚力、提高综合国力的需要，反映了全国各族人民的核心利益和共同愿望。

第一，社会主义核心价值体系的提出，是社会主义制度在价值层面的本质规定。任何一个社会，都有它的核心价值体系。但是，国家性质不同，它的核心价值体系的内容也不同。中国是社会主义国家，中国共产党是中国特色社会主义事业的领导核心，马克思主义是我们党的根本指导思想。这就决定了社会主义核心价值体系是社会主义意识形态的旗帜，是中国共产党人的世界观的理论基础。随着社会主义市场经济的深入发展，以公有制为主体多种所有制经济成分共同发展的经济格局，带来了思想的多样化、价值取向的多样化，这是价值客观性的规律性现象。但任何一个社会形态都有意识地在实践基础上确立其主导价值体系，确立其主流意识形态，一个社会处于支配地位的价值体系并不取决于所有制关系的多种构成，而是取决于社会形态的性质和处于支配地位的所有制关系。社会主义核心价值体系的提出是社会主义内在精神的根本体现，它揭示社会主义国家经济、政治、文化、社会的发展动力，体现富强、民主、文明、和谐的社会主义现代化国家的发展要求，是社会主义制度在价值层面的本质规定。

第二，社会主义核心价值体系的提出，是巩固全党和全国各族人民团结奋斗的共同思想基础的需要。共同的思想基础对一个党、一个国家、一个民族的生存和发展至关重要，没有共同的思想基础，党就会瓦解、社会就会动荡、国家就会分裂。在经济全球化、世界多极化和发展社会主义市场经济的条件下，对党和人民在革命、建设和改革的长期奋斗过程中形成的共同思想基础作出科学的概括和清晰的界定，明确其基本内涵和基本要求，使其为全党和全国各族人民更加全面准确地理解和把握，在经济全球化、世界多极化和发展社会主义市场经济的条件下，人们的思想观念和价值取向日益多样的情况下，就显得十分必要和非常迫切。社会主义核心价值体系，揭示了我们共同思想基础的基本内涵和要求，必将推动全党全社会更加自觉地维护我们的共同思想基础。

　　第三，社会主义核心价值体系的提出，是引导全社会成员在思想道德上共同进步的需要。当前，由于人们的思想观念、道德意识、价值取向越来越呈现出层次性。我们不能因为存在着多层次的思想道德而降低甚至否定先进性的要求，也不能不顾人们思想道德的客观差异，用一个标准要求所有的社会成员。社会主义核心价值体系，既体现了思想道德建设的先进性要求，又体现了思想道德建设的广泛性要求；既坚持了社会主义先进文化的前进方向，又兼顾了人民群众不同层次的思想状况；既体现了一致的愿望和追求，又涵盖了不同的群体和阶层，具有广泛的适用性和极大的包容性，具有强大的整合力和吸引力，是联结全国各族人民、当代中国社会各阶层的精神纽带。

　　第四，社会主义核心价值体系的提出，是增强民族凝聚力、提高综合国力的需要。当今世界，各国经济既相互融合又相互竞争，不同文化既相互借鉴又相互激荡。经济全球化的不断深入，既挑战着国家主权的内涵，又冲击着人们的国家观念、民族认同感。国与国之间的竞争，既表现为经济、科技、军事等硬实力的竞争，又越来越反映在软实力之间的较量。核心价值体系在软实力中居于关键的地位，它直接反映着民族的凝聚力和国家的核心竞争力。在这种情况下，提出建设社会主义核心价值体系，有利于进一步凝聚民心、鼓舞斗志，提高经济全球化条件下的国家竞争力，在激烈的国际竞争中维护国家和民族的利益。

（二）建设社会主义核心价值体系的基本内容

　　建设社会主义核心价值体系，是党的十六届六中全会在思想文化建设上的一个重大理论创新，也是党对新形势下思想文化建设提出的重大任务。社会主义核心价值体系包括四个方面：马克思主义指导思想；中国特色社会主义共同理想；以爱国主义为核心的民族精神和以改革创新为核心的时代精神；社会主义荣辱观。这四个方面内容代表了中国特色社会主义社会的主流价值，它提供了和谐社会建设所需要的文化认同和价值追求，具有其他任何价值体不可替代的高度的凝聚力和感召力。只有通过社会主义核心价值体系的引领和主导，才能取得全社会广泛而深刻的价值认同，使人们超越民族、城乡、地域等方面的差异，消除彼此之间的分歧和隔阁，增强社会成员的归属感和向心力，促进社会共同体的团结和稳定。

第一，建设社会主义核心价值体系，必须坚持以马克思主义为指导。坚持马克思主义的指导地位，是由中国共产党和工人阶级在国家政权中的领导地位和思想文化建设的性质决定的。我国是社会主义国家，共产党是中国特色社会主义事业的领导核心，马克思主义是党的根本指导思想，我们所进行的思想文化建设是社会主义性质的，这就决定了马克思主义必然是我国社会主义意识形态的旗帜；坚持马克思主义的指导地位，是由意识形态本身的特点和功能所决定的。意识形态是系统地、自觉地、直接地反映社会经济形态和政治制度的思想体系，是社会意识诸形式中构成观念上层建筑的部分。马克思恩格斯指出："统治阶级的思想在每一时代都是占统治地位的思想。这就是说，一个阶级是社会上占统治地位的物质力量，同时也是社会上占统治地位的精神力量。"① 任何社会都有处于统治地位的主流意识形态，而这种意识形态本身就是一种起指导作用的、具有统治功能的社会意识。在社会主义社会，马克思主义就是这样一种起指导作用的、具有统治功能的社会主流意识形态；坚持马克思主义指导思想，也是积极应对意识形态领域新的挑战的需要。在经济全球化的背景下，国外敌对势力对我国进行意识形态渗透的压力将进一步加大，同时国内改革深化带来的不同社会群体的价值取向、道德观念、文化选择必然趋于多样化，非马克思主义的意识形态也会有所滋长，各种思想文化相互渗透、相互激荡更加突出。坚持用发展着的马克思主义指导实践，牢牢掌握意识形态的指导权、主动权、话语权，反对搞指导思想的"多元化"、"模糊化"、"边缘化"等错误观点和思想倾向，就要在坚持马克思主义指导地位的前提下，尊重差异，包容多样，充分挖掘和鼓励不同阶层、不同群体所蕴含的积极向上的思想精神，更好地用社会主义核心价值体系引领社会思潮，最大限度地形成社会共识，凝聚力量，齐心协力建设中国特色社会主义。马克思主义的指导，是提倡文化多样化的前提，没有科学的指导思想，多样化就失去主导，就会迷失正确的方向。坚持马克思主义指导思想，从根本上来说，是因为马克思主义既是一个科学的理论体系，又是一个崇高的价值体

---

① 《马克思恩格斯选集》第 1 卷，人民出版社 1995 年版，第 98 页。

系，本身就是一种最具先进性的文化。中国共产党坚持把马克思主义基本原理同中国革命、建设和改革的具体实际相结合，形成了马克思主义中国化的一系列成果，生动而具体地坚持和发展了马克思主义。把握了马克思主义在社会主义核心价值体系建设中的指导地位，就把握了社会主义核心价值体系的灵魂。

第二，建设社会主义核心价值体系，必须坚持中国特色社会主义共同理想。理想体现了人们对美好生活的向往和追求，是一个国家和民族奋勇前进的精神动力。一个民族、一个国家，如果没有共同的理想和信念，就等于没有精神支柱，就会失去凝聚力和生命力。邓小平指出："现在中国提出'四有'，有理想、有道德、有文化、有纪律。其中我们最强调的，是有理想。"①"我们共产党人的最高理想是实现共产主义，在不同历史阶段又有代表那个阶段最广大人民利益的奋斗纲领。"② 江泽民也认为，"在全社会形成共同理想和精神支柱，是有中国特色社会主义文化建设的根本。"③ 胡锦涛则进一步强调，"理想信念，是一个政党治国理政的旗帜，是一个民族奋力前行的向导，也是有志青年奋发向上的动力。"④ 在全社会树立和弘扬中国特色社会主义这一共同理想，是中国特色社会主义文化建设的根本任务。随着社会主义市场经济深入发展，我国经济成分、组织形式、就业方式、利益关系和分配方式日益多样化，不可避免会出现社会意识的多样化，这就必须要有一个能够代表广大人民根本利益、为社会各个阶层广泛认可和接受、能有效凝聚各个方面智慧和力量的共同理想。有了共同理想，才能有共同步调。在社会主义初级阶段，我国各族人民的共同理想，就是在中国共产党领导下，走中国特色社会主义道路，实现中华民族的伟大复兴。这个共同理想，把党在社会主义初级阶段的目标、国家的发展、民族的振兴与个人的幸福紧密联系在一起，把各个阶层、各个群体的共同愿望有机结合在一起，经过实践的检验，有着广泛的社会共识，具有令人信服的必然性、广泛性和包容性，具有强大的感召力、亲和力和凝

① 《邓小平文选》第三卷，人民出版社 1993 年版，第 190 页。
② 《邓小平文选》第三卷，人民出版社 1993 年版，第 190 页。
③ 《江泽民文选》第二卷，人民出版社 2006 年版，第 33 页。
④ 《十六大以来重要文献选编》中卷，中央文献出版社 2006 年版，第 636 页。

聚力；既体现了现阶段党的奋斗目标，又体现了党的最终奋斗目标，要求共产党员把为最高理想而奋斗同为现阶段共同理想而奋斗统一于建设中国特色社会主义的伟大实践；这个共同理想，能够引导全体人民以社会主义现代化建设的大局为重，以国家和民族的整体利益为先，冷静分析和认识发展中出现的矛盾与问题，自觉地把个人的理想融入到祖国和人民的需要之中，把个人的奋斗融入到实现中华民族伟大复兴的奋斗中。把握了中国特色社会主义的共同理想，就把握了社会主义核心价值体系的主题。

第三，建设社会主义核心价值体系，必须弘扬以爱国主义为核心的民族精神和以改革创新为核心的时代精神。民族精神是民族文化最本质、最集中的体现，是一个民族在长期共同社会实践中形成的民族意识、民族心理、民族品格、民族气质的总和，是民族文化中固有的一种历史文化传统。民族精神是一个民族赖以生存和发展的精神支撑。一个民族，没有振奋的精神和高尚的品格，不可能自立于世界民族之林。中华民族在五千多年的历史长河中，形成了各民族广泛认同的思想品德、价值取向和道德规范，形成了以爱国主义为核心的团结统一、爱好和平、勤劳勇敢、自强不息的伟大民族精神。这一民族精神已经深深融入我们的民族意识、民族品格、民族气质之中，成为各族人民团结一心、共同奋斗的价值取向。这一民族精神同党在领导人民在长期革命、建设和改革的过程中形成的优良革命传统结合在一起，成为中华民族赖以生存和发展的精神支撑。当代中国改革开放和社会主义现代化建设的伟大实践，铸就了以改革创新为核心的时代精神。这一时代精神是马克思主义与时俱进的理论品格、中华民族富于进取的思想品格与改革开放和现代化建设实践相结合的伟大成果，已经深深融入我国经济、政治、文化、社会建设的各个方面，成为各族人民不断开创中国特色社会主义事业新局面的强大精神力量。这一时代精神，反映了当代中国社会进步的发展方向，引领了时代进步的潮流，是被全社会成员普遍认同和接受的思想观念、价值取向和行为方式。民族精神是时代精神的基础和渊源，时代精神是民族精神在当代中国的发扬光大，时代精神的形成离不开民族精神，时代精神又为民族精神的发展提供了新的内涵。在全面建成小康社会、加快推进社会主义现代化的进程中，民族精神和时代精神对于中华民族的凝聚、激励作用越来越突出，成为社会主义核心价值体系不可或缺的重要组成部分。大力弘扬民族精神和时代精神，使全体人民始终保持昂扬向上的精神状态，是和谐文化建设的主旋律。把握了民族精神与时代精神的科学内涵及其相互关系，就把握了社会主义核心价值体系的精髓。

第四，建设社会主义核心价值体系，必须树立和践行社会主义荣辱观。坚持"以热爱祖国为荣、以危害祖国为耻，以服务人民为荣、以背离人民为耻，以崇尚科学为荣、以愚昧无知为耻，以辛勤劳动为荣、以好逸恶劳为耻，以团结互助为荣、以损人利己为耻，以诚实守信为荣、以见利忘义为耻，以遵纪守法为荣、以违法乱纪为耻，以艰苦奋斗为荣、以骄奢淫逸为耻"（简称"八荣八耻"）的社会主义荣辱观，是社会主义核心价值体系的基础，是对与社会主义市场经济相适应、与社会主义法律规范相协调、与中华民族传统美德相承接的社会主义思想道德体系全面系统、准确通俗的表达。热爱祖国、积极向上、科学文明、团结友爱，是我国社会主义社会精神风貌的主流，但由于经济全球化和市场经济的负面影响，一些不明是非、不知荣辱、不辨善恶、不分美丑的现象在当今社会仍然大量存在，不仅严重败坏了社会风气，也阻碍着经济社会的协调发展。落实科学发展观，建设富强民主文明和谐的社会主义现代化国家，迫切需要建立与经济社会发展相适应的思想基础和道德规范体系，需要正确的荣辱观的引导。以"八荣八耻"为主要内容的社会主义荣辱观，既有先进性的导向，又有广泛性的要求；既贯穿社会生活各个领域，又覆盖各个利益群体，涵盖了人生态度、社会风尚的方方面面，旗帜鲜明地指出了什么是真善美、什么是假恶丑，应当坚持和提倡什么、反对和抵制什么，为全体社会成员判断行为得失、作出道德选择、确定价值取向，提供了基本的价值准则和行为规范。在全社会确立和实践社会主义荣辱观，是中国特色社会主义文化建设的一项重要任务。把握了社会主义荣辱观，就把握了社会主义核心价值体系的基础。

（三）建设社会主义核心价值体系的重要意义

社会主义核心价值体系是社会主义意识形态的本质体现，是当代中国坚持和发展社会主义的精神旗帜。加强社会主义核心价值体系建设，对于团结全党全国各族人民，推进社会主义现代化、夺取全面建成小康社会新胜利，具有重大的理论意义和实践意义。

第一，建设社会主义核心价值体系，有利于树立鲜明的精神旗帜。建设社会主义核心价值体系，向世人展现了中国共产党思想上、精神上的旗帜。改革开放以来，中国共产党带领人民成功探索出一条中国特色社会主义道路，并在经济、政治、文化等方面建立了一套比较成熟的制度和体制。与这些根本性的制度和体制相适应，必然有一个主导全社会思想和行为的价值体系。特别是随着改革开放和社会主义市场经济的进一步发展，人们思想活动的独立性、选择性、多变性和差异性不断增强，对社会主义价值体系核心内容做出清晰的界定越来越迫切。核心价值体系就是一面旗帜，鲜明地亮出这面旗帜，就是要昭示人们，不论社会思想观念如何多样多变，不论人们价值取向发生怎样变化，中国社会主义核心价值体系是不能动摇的。

第二，建设社会主义核心价值体系，有利于提供社会团结和谐的精神纽带。社会团结稳定与和谐发展，需要建设核心价值体系，取得全社会广泛的价值认同，增强凝聚力。在我国改革发展的关键时期，社会结构深刻变动，利益格局深刻调整，思想观念深刻变化，社会经济成分、组织形式、就业方式、利益关系和分配方式日益多样化，人们思想活动的独立性、选择性、多变性、差异性明显增强，价值观念和价值取向日益呈现出多样化的趋势。社会主义核心价值体系，明确了我们的共同的思想基础，体现了社会主义核心价值体系建设上的先进性和广泛性的要求，具有强大的社会规范、思想导向和整合功能。推进社会主义核心价值体系建设，有利于社会各阶层人民形成广泛的价值认同和社会共识，团结合作、齐心协力、化解矛盾，促进整个社会和谐发展。同时，当今世界，各国经济既相互融合又相互竞争，不同文化既相互借鉴又相互激荡。经济全球化的不断深入，既挑战着国家主权的内涵，又冲击着人们的国家观念、民族认同感。国家之间的竞争，既表现为经济、科技、军事等硬实力的竞争，又表现为文化软实力之间的较量。建设社会主义核心价值体系，有利于进一步凝聚民心、鼓舞斗志，在激烈的国际竞争中维护国家和民族的利益。

第三，建设社会主义核心价值体系，有利于引领多样化的社会思潮。

多样化社会思潮是当今世界意识形态领域的一个重要特征，是当今世界经济全球化、政治多极化的一个必然结果。一般来说，多样化社会思潮的存在表现为正确的与错误的、积极的与消极的、占主导地位的与非主导地位的思想的相互交织和相互影响。社会主义核心价值体系作为社会主义意识形态的本质体现，是当代中国的主导价值观，具有先进性、包容性，展现出蓬勃的生机和旺盛的生命力，能高扬主旋律，把握社会主义先进文化的前进方向，最大限度地引领多样化社会思潮。积极探索用社会主义核心价值体系引领社会思潮的有效途径，主动做好意识形态工作，既尊重差异、包容多样，又有力抵制各种错误和腐朽思想的影响，有利于满足不同阶层、不同群体对文化的多层次、多方面的需求，为中国特色社会主义文化建设提供良好的思想基础。

第四，建设社会主义核心价值体系，有利于引领全国各族人民在思想道德方面的共同进步，为构建社会主义和谐社会提供精神动力。一个民族、一个国家的发展，需要强大的精神动力。马克思主义是思想道德建设的根本，坚持马克思主义的指导地位，引导人们树立正确的世界观、人生观和价值观，坚定社会主义信念，是中国特色社会主义沿着正确方向发展的根本保证；中国特色社会主义共同理想体现了社会各阶层人民的根本利益，是全国各族人民团结奋斗的精神旗帜；民族精神和时代精神是一个民族赖以生存和发展的精神支撑。民族精神是我们民族的生命力、凝聚力和创造力的不竭源泉；弘扬和培养以爱国主义为核心的民族精神，是推进社会主义现代化建设的力量源泉。弘扬和培育以改革创新为核心的时代精神，可以不断激发社会活力，使全体人民保持激昂向上的精神状态；树立社会主义荣辱观，则有利于为社会提供最基本的价值取向和行为准则，在全社会形成知荣辱、讲正气、促和谐的良好风尚，有利于形成团结和睦的人际关系，形成中华民族崭新的精神风貌，是推动社会前进的重要力量。

三、建设社会主义文化强国

坚持中国特色社会主义文化发展道路，建设社会主义文化强国，是坚持和发展中国特色社会主义的必然要求，其关键是增强全民族的文化创造活力。这就要求必须不断深化文化体制改革，推动教育和科学文化的发展，增强文化整体实力和竞争力。

（一）深化文化体制改革

建设中国特色社会主义文化，推动社会主义文化大发展大繁荣，必须根据社会主义市场经济的要求，始终遵循文化建设的基本规律，不断深化文化体制改革，持续推进文化创新。改革开放以来，我国文化领域发生了广泛而深刻的变革，推动文化大发展大繁荣既具备许多有利条件，也面临一系列新情况新问题。我国文化发展同经济社会发展和人民日益增长的精神文化需求还不完全适应，突出矛盾和问题主要是：一些地方和单位对文化建设重要性、必要性、紧迫性认识不够，文化在推动全民族文明素质提高中的作用亟待加强；一些领域道德失范、诚信缺失，一些社会成员人生观、价值观扭曲，用社会主义核心价值体系引领社会思潮更为紧迫，巩固全党全国各族人民团结奋斗的共同思想道德基础任务繁重；舆论引导能力需要提高，网络建设和管理亟待加强和改进；有影响的精品力作还不够多，文化产品创作生产引导力度需要加大；公共文化服务体系不健全，城乡、区域文化发展不平衡；文化产业规模不大、结构不合理，束缚文化生产力发展的体制机制问题尚未根本解决；文化"走出去"较为薄弱，中华文化国际影响力需要进一步增强；文化人才队伍建设急需加强。深化文化体制改革，必须抓紧解决这些矛盾和问题。

第一，深化文化体制改革，必须解放思想、转变观念、凝聚共识，树立新的文化发展观，进一步增强深化改革的自觉性和坚定性。这就要求我们充分认识繁荣发展社会主义先进文化的全局性、战略性意义，深化对文化发展思路、目的、动力、格局的认识，冲破一切妨碍文化发展的思想观念，改变一切束缚文化发展的做法和规定，革除一切影响文化发展的体制弊端，解放和发展文化生产力，让一切文化创造源泉充分涌流，为人民提供广阔文化舞台，开创全民族文化创造活力持续迸发、社会文化生活更加丰富多彩、中华文化国际影响力不断增强的新局面。

第二，深化文化体制改革，必须"坚持把社会效益放在首位、社会效益和经济效益相统一"①。始终把社会效益放在首位，不是忽略经济效益的重要性，而是要以社会效益为基本前提，通过社会效益与经济效益的正确结合，努力开创出经济效益和社会效益双赢的局面。经营性文化产业的根本任务是繁荣文化市场，满足人民群众多方面、多层次、多样性的精神文化需求。

第三，深化文化体制改革，必须坚持以体制机制创新为重点，在关键环节上实现新突破。这就要坚持以市场为导向，并紧紧围绕解决主要矛盾，破解难点问题，着力在重塑市场主体、完善市场体系、改善宏观管理、转变政府职能等关键环节上取得新的突破。要通过加快推进国有经营性文化单位转企改制，盘活国有文化资源；通过打破传统的文化资源和产品分配体制，建立健全统一、开放、竞争、有序的现代文化市场体系；通过建立党委领导、政府管理、行业自律、企事业单位依法运营的文化管理体制和文化产品生产经营机制，实现主要以行政手段管理为主向综合运用法律、经济、行政、技术等手段管理转变；通过加快转变政府职能，推动文化行政管理部门逐步实现由办文化为主向管文化为主转变，由管微观向管宏观转变。同时，要把文化体制改革和文化创新结合起来，以改革促创新、促发展，推动文化观念、文化内容、文化形式、文化科技的全面进步。

由于我国经济社会发展不平衡，文化领域各行业、各单位的情况也很不一样，因此推进文化体制改革，既要积极大胆，又要扎实稳妥；既要坚持循序渐进、逐步推开，又要坚持区别对待、分类指导；既要坚持因地制宜、统筹兼顾，又要坚持试点先行，以点带面。

（二）推进教育和科学发展

发展教育和科学是中国特色社会主义文化建设的基础。我国人力资源十分丰富，但人口的文化素质普遍不高。因此，必须把教育放在优先发展的战略地位，充分发挥教育在开发我国人力资源方面的独特优势，全面提

---

① 胡锦涛：《坚定不移沿着中国特色社会主义道路前进　为全面建成小康社会而奋斗》，人民出版社 2012 年版，第 33 页。

高人民的科学文化素质，培养我国社会主义现代化建设所需要的各类人才，为社会主义文化强国建设储备雄厚的人才资源。

教育必须同现代化建设的要求相适应。要坚持育人为本、德育为先，更新教育观念，提高教育现代化水平，优化教育结构，促进教育均衡发展。必须坚持教育的公益性质，不断加大财政对教育的投入，进一步保障经济困难家庭、进城务工人员子女平等接受义务教育的权利。此外，还要鼓励社会力量兴办教育，发展远程教育和继续教育，建设全民学习、终身学习的学习型社会。

科技是经济发展的决定性因素。科学技术是第一生产力，要实现中华民族伟大复兴的中国梦，就必须重视科学技术在经济发展中的重要作用，并大力推进科技创新。要努力提高科技水平、普及科技知识、掌握科学方法，在全社会形成弘扬科学精神、鼓励科技创新、反对迷信和伪科学的良好氛围。要通过深化科技体制改革，优化资源配置方式，加快结构调整，充分发挥科技人员的聪明才智，逐步解决科技与经济、教育相脱节的弊端，建立与社会主义市场经济体制相适应的科技新体制。

哲学社会科学是人们认识世界、改造世界的重要工具，是推动历史发展和社会进步的重要力量。在推进中国特色社会主义文化建设的过程中，哲学社会科学要立足国情，立足当代，以重大现实问题为主攻方向，推动理论创新和知识创新，研究回答关系党和国家发展的前瞻性、全局性、战略性问题，研究回答干部群众关心的重大理论和实际问题，充分发挥认识世界、传承文明、创新理论、资政育人、服务社会的作用，努力建设具有中国特色、中国风格、中国气派的哲学社会科学，充分发挥哲学社会科学在经济和社会发展中的重要作用。

（三）增强文化整体实力和竞争力

文化实力和竞争力是国家富强、民族振兴的重要标志，同时又是建设社会主义文化强国的重要战略支撑。党的十八大对扎实推进社会主义文化强国建设作出了全面部署，要求加强社会主义核心价值体系建设，全面提高公民道德素质，丰富人民精神文化生活，关键是增强文化整体实力和竞争力。

第一，增强文化整体实力和竞争力，必须坚持一手抓公益性文化事业，一手抓经营性文化产业。公益性文化事业和经营性文化产业，都是中国特色社会主义文化建设的重要组成部分，二者要实现协调发展。大力发展公益性文化事业，既是保障人民基本文化权益的主要途径和有效手段，又是社会主义文化建设的基本任务。要通过加大投入，把关系人民群众切身文化利益的基础性文化设施建设摆在优先地位，加强社区和乡村文化设施建设，不断满足人民群众最基本的文化需求，切实提高服务群众的能力和水平，促进文化服务社会效能提高到一个新的水平，努力构建覆盖全社会的比较完备的公共文化服务体系。发展经营性文化产业，就是繁荣文化市场，满足人民群众多方面、多层次、多样性的精神文化需求。这就要充分发挥市场配置资源的基础性作用，坚持以市场为导向，在市场竞争中发展壮大文化产业，发展新型文化业态，提高文化产业规模化、集约化、专业化水平，优化文化产业结构布局，为发展国民经济贡献更大力量。

第二，增强文化整体实力和竞争力，必须坚持文化领域的对外开放，在积极吸收借鉴国外优秀文化成果的同时，努力推动中华文化走向世界。任何一种文化都是在与世界其他文化的交流与碰撞中不断向前发展的，闭关自守只能导致愚昧落后、盲目自大。要增强中华文化的整体实力和竞争力，就必须继续扩大文化领域的对外开放，广泛参与世界文明对话，积极吸收和借鉴国外一切优秀文化成果，为建设社会主义文化强国提供有力支撑。增强文化整体实力和竞争力，还必须适应信息化发展的潮流，统筹国际国内两个大局，不断拓展传播渠道，提高国际传播能力，大力构建和发展技术先进、传输快捷、覆盖广泛的现代传播体系。这是促进文化理念和价值观念广为流传、影响世界的基础条件，也是提高中华文化辐射力、传播力和影响力的必然要求。

第三，增强文化整体实力和竞争力，必须坚持加强和改进网络建设，唱响网上主旋律。网络作为一种具有强大信息传输能力，具有开放、平等、多元、虚拟和弱可控性等特征，能够集工作、休闲、购物、娱乐于一体的新兴传播媒介，对开拓人们视野、丰富人民群众精神文化生活，增强中华文化整体实力和竞争力具有重要作用。认真贯彻"积极利用、科学发展、依法管理、确保安全"的方针，切实加强和改进网络建设，发展健康向上的网络文化，发挥网络文化的积极作用，限制其消极作用，对于营造符合中国特色社会主义文化建设基本要求的舆论氛围，丰富人民精神文化生活的重要载体，为人民群众提供公共文化服务的崭新平台，巩固中国特色社会主义文化阵地具有重要意义。

第八章　中国特色社会主义社会建设理论

　　构建社会主义和谐社会，是新世纪新阶段中国共产党在改善民生和创新管理中加强社会建设形成的一个重大战略思想，是中国化马克思主义理论体系中的重要组成部分。和谐社会理论的提出，表明党对中国特色社会主义建设总体布局的认识，已经从经济、政治、文化三位一体，发展成为经济、政治、文化、社会四位一体，反映了党对共产党执政规律、社会主义建设规律、人类社会发展规律认识的进一步深化，为开创中国特色社会主义事业新局面提供了重要的理论指导。

一、构建社会主义和谐社会战略思想的提出

　　构建社会主义和谐社会，是中国共产党以中国传统文化"和"的思想和马克思主义基本原理中关于和谐社会的思想为渊源，以新中国成立后我国社会主义建设的经验为借鉴，以解决当代中国发展中出现的社会问题为重点，进行实践创新和理论创新的成果。构建社会主义和谐社会，具有丰富的内涵。在我国社会主义现代化建设的重要战略机遇期，提出构建社会主义和谐社会，具有极其重要的理论和实践意义。

（一）构建社会主义和谐社会思想提出的依据

　　实现社会和谐，建设美好社会，始终是人类社会的理想追求，也是包括中国共产党在内的马克思主义政党的不懈追求。党的十六大首次把实现"社会更加和谐"作为全面建设小康社会的一个目标。十六届四中

全会提出要不断提高构建社会主义和谐社会的能力，并提出了构建社会主义和谐社会的任务。十六届六中全会通过的《关于构建社会主义和谐社会若干重大问题的决定》，全面、深刻地阐明了社会主义和谐社会的性质和定位，指明了构建社会主义和谐社会的指导思想、目标任务、工作原则和重大部署。十七大强调了构建社会主义和谐社会的重要性，并对以改善民生为重点的社会建设作出了全面部署。十八大再次强调，要"在改善民生和创新管理中加强社会建设"，并指出"加强社会建设，是社会和谐稳定的重要保证"[①]。构建社会主义和谐社会思想的提出，有着深刻的思想理论背景。中国共产党构建社会主义和谐社会的思想，既是对马克思主义关于社会和谐思想的继承发展，也是对中国传统社会和谐思想的批判继承。

1. 构建社会主义和谐社会的理论依据

实现社会的和谐状态是人类的美好理想，也是社会主义思想先驱们对未来社会的美好追求。空想社会主义者曾明确使用了"和谐社会"这个概念。他们的学说得到马克思、恩格斯的高度评价，成为马克思主义的三个理论来源之一。1803 年，法国空想社会主义者傅立叶在《全世界和谐》一书中，预言现存不合理的资本主义制度必将为"和谐制度"或"和谐社会"所代替。1824 年，英国空想社会主义者欧文在美国印第安纳州进行的共产主义试验，也以"新和谐"命名。1842 年，德国空想共产主义者魏特林在《和谐与自由的保证》一书中，把资本主义称为"病态社会"，把社会主义社会称为"和谐与自由"的社会，并指出新社会的"和谐"是"全体和谐"。马克思称赞这本书是工人阶级"史无前例的光辉灿烂的处女作"[②]。1848 年，马克思、恩格斯在《共产党宣言》中对圣西门、傅立叶、欧文等空想社会主义者的著作和有关主张给予了肯定，明确提出："提倡社会和谐"是"它们关于未来社会的积极的主张"。马克思还把"和谐社会"提到了科学理论的高度。马克思和恩格斯所构想的共产主义社会是和谐社会的最高境界，他们指出："代替那存在着阶级和阶级对立

---

① 《中国共产党第十八次全国代表大会文件汇编》，人民出版社 2012 年版，第 31 页。
② 《马克思恩格斯文集》第 4 卷，人民出版社 2009 年版，第 229 页。

的资产阶级旧社会的，将是这样一个联合体，在那里，每个人的自由发展是一切人的自由发展的条件。"① 这是对和谐社会的经典阐释。马克思在他的《1844 年经济学哲学手稿》，以及他与恩格斯合著的《德意志意识形态》等著作中，也一再提及社会和谐。

社会和谐是科学社会主义的应有之义。马克思、恩格斯在继承前人思想成果的基础上，创立了唯物史观和剩余价值学说，实现了社会主义由空想到科学的历史性飞跃，提出只有取代资本主义对抗性社会形态的未来共产主义社会，才能真正实现社会和谐，并且勾画了共产主义社会的美好蓝图，指明了实现美好社会理想的正确途径。在马克思、恩格斯那里是包括社会主义发展阶段在内的共产主义社会本质的一种概括。马克思、恩格斯认为共产主义社会是"以每一个个人的全面而自由的发展为基本原则的"②，人的全面发展，必须要求人、自然、社会之间的内在和谐，要求人们在政治、经济、文化等方面协调发展。马克思把共产主义定义为"人和自然之间、人和人之间的矛盾的真正解决"。恩格斯在《政治经济学批判大纲》中也把共产主义称为"人类与自然的和解以及人类本身的和解"③。按照马克思、恩格斯的设想，未来社会将在打碎旧的国家机器消灭所有制的基础上，消除阶级之间、城乡之间、脑力劳动和体力劳动之间的对立和差别，极大地调动全体劳动者的积极性，使社会物质财富极大丰富、人民精神境界极大提高，实行各尽所能、各取所需，实现每个人自由而全面的发展，在人与人之间、人与自然之间都形成和谐的关系。列宁在领导前苏联进行社会主义建设的过程中，对于建设社会主义社会也提出了一些重要思想，这些科学设想为构建社会主义和谐社会指明了前进的方向。

2. 构建社会主义和谐社会的文化底蕴

中华民族自古以来就崇尚为政仁和、为人谦和，"天人合一"的思想是中国古代思想文化的重要内容，"和"是中华传统文化的精华，是中国古代重要的社会、政治理念。

在我国悠久的历史长河中，有着丰富的有关和谐观念的思想和对于和

---

① 《马克思恩格斯选集》第 4 卷，人民出版社 1995 年版，第 730 页。
② 《马克思恩格斯选集》第 5 卷，人民出版社 2009 年版，第 683 页。
③ 《马克思恩格斯文集》第 1 卷，人民出版社 2009 年版，第 63 页。

谐社会状态的憧憬。中国古代思想家很早就提出"和"的概念，用以描述内部治理良好、上下协调一致的状态。《易传》高度赞扬和谐思想，提出了"太和"的观念。① 春秋战国时期，尽管各家学派在如何走向理想社会的主张上有很大差异，但其出发点和追求的目标是基本相同的，那就是如何在人的欲望的无限性与社会资源的有限性之间寻找一个平衡点，使社会从无序走向有序，走向和谐。孔子推崇和谐，并将和谐思想运用于伦理道德思想之中。孔子曰："君子和而不同，小人同而不和"②，孔子的学生有子进一步提出了"礼之用，和为贵"③ 的思想。孟子提出"天时不如地利，地利不如人和"④ 的思想，他所主张的"天人合一"的思想就是一种和谐的观念，他还提出了"老吾老以及人之老，幼吾幼以及人之幼"⑤ 的社会状态。墨子提出过"兼相爱，交相利"、"爱无差等"⑥ 的理想社会方案。《礼记·礼运》中则描绘了这样一个理想社会："大道之行也，天下为公，选贤与能，讲信修睦。故人不独亲其亲，不独子其子，使老有所终，壮有所用，幼有所长，矜、寡、孤、独、废、疾者皆有所养；男有分，女有归。货，恶其弃于地也，不必藏于己；力，恶其不出于身也，不必为己。是故谋闭而不兴，盗窃乱贼而不作，故外户而不闭，是谓大同。"从陶渊明的"世外桃源"、洪秀全的"太平天国"、康有为的"大同"到孙中山的"天下为公"都体现和印证了我国和谐思想的源远流长。

在中国传统文化思想中，和谐思想虽然是零散的，但是并不是无原则的，内容是比较丰富的，具有完整性、动态性发展的特点。就其内容来说，可以概括为"人与人的关系；人与社会的关系；人与自身的关系；人与自然的关系；国家之间、民族之间的关系"⑦ 等几个方面。中国古代关于和谐社会的丰富设想，虽然不可避免地带有不同时代的历史和阶级局限性，但却在一定程度上反映了广大人民群众对美好生活的向往，成为我们

① 《易传》。
② 《论语·子路》。
③ 《论语·学而》。
④ 《荀子·王霸篇》。
⑤ 《孟子·梁惠王上》。
⑥ 《墨子·兼爱中》。
⑦ 参见周惠：《论构建社会主义和谐社会》，社会科学出版社2007年版，第14—16页。

今天构建社会主义和谐社会以资借鉴的思想资源。

3. 构建社会主义和谐社会的历史依据

社会主义国家建立以后，对于社会和谐问题的认识，有一个逐步深化的过程。前苏联在刚刚建立社会主义社会时，由于缺乏经验和认识上的偏差，把阶级对抗与社会矛盾混同起来，认为既然在社会主义社会已经消灭了阶级对抗，也就不存在社会矛盾了，整个社会只有统一、团结、和谐、一致。而当社会出现矛盾、冲突，甚至对抗时，则把其原因归于外部。

在我国，对于社会主义和谐问题的认识，也有一个逐渐深入的过程。20世纪50年代中期，在社会主义建设进程中，毛泽东曾提出调动国内外一切积极因素的基本方针，正确处理我国社会的一些重大关系问题。他还明确主张要区分两类不同性质的社会矛盾，用"团结——批评——团结"的方法，正确处理人民内部矛盾，客观认识中国现实国情，"统筹兼顾，适当安排"，团结一切可以团结的力量，为社会主义建设服务。他说："我们的目标，是想造成一个又有集中又有民主，又有纪律又有自由，又有统一意志、又有个人心情舒畅、生动活泼，那样一种政治局面"[①]。这是一种人与人、人与社会和谐的局面，实现这样的社会状态，"以利于社会主义革命和社会主义建设，较易于克服困难，较快地建设我国的现代工业和现代农业，党和国家较为巩固，较为能够经受风险。"[②] 这个时期，中国建立了高度集中的计划经济体制，经济主体和利益主体的多元受到严格限制，因此社会在控制与服从的统一中实现了静态的和谐。尽管增长付出了较大的代价，但是毕竟带来了经济增长和社会发展。然而，1957年以后，我国对社会和谐的追求却陷入一个"以阶级斗争为纲"的误区，即片面地强调社会矛盾和斗争，企图通过发动政治运动、依靠阶级斗争去推动生产的发展，结果使社会发展出现经济与政治关系严重失调，背离了经济建设这一主要任务，使我国社会长期处于敌对和动乱的状态，社会和谐受到严重破坏。这种不和谐的状况直到十一届三中全会召开才得到根本解决。十一届三中全会后，邓小平深刻总结建国以来正反两方面的经验教训，果断地

---

① 《毛泽东著作选读》下卷，人民出版社1986年版，第887页。

② 《毛泽东著作选读》下卷，人民出版社1986年版，第887页。

把党和国家工作重点转移到社会主义现代化建设上来，坚定不移地实行改革开放，开辟了建设中国特色社会主义的新道路。针对改革中随时出现的新问题，邓小平指出："中国的问题，压倒一切的是需要稳定。没有稳定的环境，什么都搞不成，已经取得的成果也会失掉。"① 江泽民进一步强调改革、发展、稳定的关系是总揽全局的首要的基本关系，应当协调好三者之间的关系，实现经济和社会的可持续发展。

和谐社会并不是没有矛盾和冲突的社会，而是要承认一个社会有不同的阶层、不同的价值观存在，不同的利益要求需要调整。在调整不同利益需求时要求执政党和政府要正视差别和矛盾的存在，既不夸大也不缩小。处理和解决矛盾的方式与途径不能简单化、程式化，要综合运用经济的、政治的、文化的、法律的各种手段化解矛盾、解决冲突，将"不同"统一于中国特色社会主义伟大旗帜之下，坚持走中国特色社会主义道路，维护广大人民的根本利益，激发社会全体成员的创造活力，促进社会发展，才能实现社会的动态和谐。

4. 构建社会主义和谐社会的现实依据

社会主义之所以能够构建和谐社会，归根到底是由社会主义的本质要求和基本制度决定的。社会主义的本质，是解放生产力，发展生产力，消灭剥削，消除两极分化，最终达到共同富裕，它能够有效地满足人们和社会日益增长的物质文化需要，不断提高全体人民的物质文化水平；以公有制为主体、多种所有制经济共同发展的社会主义基本经济制度，能够保证社会成员共同占有生产资料，进行公平的社会财富分配；共产党领导的人民当家作主的社会主义基本政治制度，能够保证人民群众公正、平等地行使民主权利，使国家政权为人民服务；大力发展社会主义先进文化、建设社会主义核心价值体系，坚持中国特色社会主义文化发展道路，能够为全体人民提供丰富、健康的文化产品和精神产品，使全体人民拥有共同的理想信念、高尚的道德情操和良好的文化素质。社会主义的基本制度体系为社会主义和谐社会的构建，奠定了雄厚的、不可或缺的物质文明、政治文明和精神文明的基础。社会主义物质文明、政治文明和精神文明建设取得

---

① 《邓小平文选》第三卷，人民出版社 1993 年版，第 284 页。

的成就，为构建社会主义和谐社会提供了最基本的前提。

我国最大的国情是现在处于并将长期处于社会主义初级阶段，人民日益增长的物质文化需要同落后的社会生产之间的矛盾仍然是我国社会的主要矛盾，统筹兼顾各方面利益的任务仍然艰巨而繁重。尤其是当改革进入关键期以后，我国经济体制深刻变革，社会结构深刻变动，利益格局深刻调整，思想观念深刻变化。这种变革给我国的发展带来了巨大活力，社会总体上是和谐的，但也存在很多影响社会和谐的矛盾和问题，主要表现在：城乡、区域、经济社会发展很不平衡，人口资源环境压力加大；就业、社会保障、收入分配、教育、医疗、住房、安全生产、社会治安等等方面关系群众切身利益的问题比较突出；体制机制尚不完善，民主法制还不健全；一些社会成员诚信缺失、道德失范，一些领导干部的素质、能力和工作作风与新形势新任务的要求还不相适应；一些领域的腐败现象仍然比较严重；敌对势力的渗透破坏活动危害国家安全和社会稳定。① 这些问题如果处理不好，就会严重影响社会和谐稳定和全面建成小康社会的大局。当前，党要带领人民抓住机遇、应对挑战，把中国特色社会主义伟大事业推向前进，就必须把构建社会主义和谐社会摆在更加突出的地位。

5. 构建社会主义和谐社会的时代背景

构建社会主义和谐社会，既是我们抓住和用好重要战略机遇期，实现全面建成小康社会宏伟目标的必然要求，也是我们把握复杂多变的国际形势、有力应对来自国际环境的各种挑战和风险的必然要求。

在第二次世界大战后世界各国致力于战后重建的大背景下，大多数国家都奉行以经济增长为核心的社会发展观，人类也确实创造了前所未有的经济增长奇迹。但是，传统发展是以控制自然资源、争夺自然资源为中心的，社会和自然不和谐，自然和社会都付出代价的发展状态。进入21世纪后，传统发展观已经步入明显的危机时期，引发了生态恶化、能源短缺、人口激增、两极分化严重、社会动乱频繁等一系列严峻的社会问题。随着世界范围内社会问题的日益突出，人们开始探索经济发展与社会进步

---

① 《中共中央关于构建社会主义和谐社会若干重大问题的决定》，人民出版社2006年版，第3—4页。

之间的内在联系。有鉴于此，世界各国相继摒弃"有增长，无发展"的传统发展观，逐步建立了注重经济、社会全面发展的可持续发展观，强调以人为本，人与自然、人与社会双赢，两者协调发展的科学发展观。继联合国提出《人类环境宣言》和"人类发展指数"之后，一些国家提出了"社会和谐"的理念。当代世界各国对传统发展观的质疑、批判和反省，使人们对科学发展的探索成为一种势在必行的潮流和趋向。

当今世界正在发生广泛而深刻的变化，正处在大变革大调整之中。世界多极化不可逆转，经济全球化深入发展，科技革命加速推进，全球和区域合作方兴未艾，国与国相互依存日益紧密，国际力量对比朝着有利于维护世界和平方向发展，国际形势总体稳定。同时，世界和平与发展面临诸多难题和挑战。国际环境复杂多变，影响和平与发展的不稳定不确定因素增多，世界仍然很不安宁。霸权主义和强权政治依然存在，局部冲突和热点问题此起彼伏，全球经济失衡加剧，南北差距拉大，传统安全威胁和非传统安全威胁相互交织，建设持久和平、共同繁荣的和谐世界的目标实现任重而道远。综合国力竞争日趋激烈。我们仍将长期面对发达国家在经济科技等方面占优势的压力。特别是国际金融危机的不断扩散和蔓延，我国发展的外部条件更趋复杂。机遇前所未有，挑战也前所未有，机遇大于挑战。在复杂多变的国际形势下，我们要有力应对来自外部的各种挑战和风险，就必须首先把国内的事情办好，通过和谐社会建设，始终保持国家统一、民族团结、社会稳定的局面。这是我们集中全党全民族的智慧和力量，全面推进中国特色社会主义事业的重要保障。

（二）社会主义和谐社会的科学内涵

社会主义和谐社会，是指以人为本的社会和谐发展状态，它包括人与人之间的和谐、人与社会之间的和谐、人自身的和谐、人与自然之间的和谐诸方面的基本内涵。

第一，人与人的和谐。构建和谐社会，最基本的就是人与人之间的和谐。没有人与人之间的和睦相处，博爱互助，就没有和谐社会。这既包括个人与个人之间、群体与群体之间的关系，也包括个人与群体之间的关系。马克思关于未来社会的设想有一个重要的标准和价值判断，这就是人与人之间的矛盾的真正解决。马克思恩格斯认为，社会的发展就是如此，"任何一种解放都是把人的世界和人的关系还给自己。"① 而"共产主义是私有财产即人的自我异化的积极的扬弃，因而是通过人并且为了人而对人的本质的真正占有；因此，它是人向自身、向社会的人的复归，""它是人和自然届之间、人和人之间的矛盾的真正解决，是存在和本质、对象化和自我确证、自然和必然、个体和类之间的斗争的真正解决。"② 造就和谐的人的个体，就是要使一个人有健全的人格，有正确的世界观、人生观、价值观，有强烈的社会责任意识，能正确地处理个人与自然、个人与社会的错综复杂的关系，做到融入社会、融入自然。追求人与人的和谐，并不是人们之间没有利益矛盾，而是如何认识和解决这些矛盾，从而在一个利益主体多元化的社会中，实现人与人的和谐。

第二，人自身的和谐。在马克思主义经典作家看来，人的自由全面发展的实现，就是人自身的和谐发展。人自身也是一个矛盾统一体，也要经历一个发展、完善的过程，社会发展史实质上是个人的发展史。马克思指出："人们的社会历史始终只是他们的个体发展的历史，而不管他们是否意识到这一点。他们的物质关系形成他们的一切关系的基础。这些物质关系不过是他们的物质的和个体的活动所借以实现的必然形式罢了。"③ 人自身的和谐发展主要表现为两个方面，一个是人在物质生产活动领域，一个是人的自由而全面发展的领域。人的自由，在物质生产领域，是由人对自然界规律的正确把握和生产方式来决定的，在这一领域，自由就在于认识并掌握这些规律，从而有计划地使自然规律为人服务。人的全面发展是指人的平等而完整的发展，包括人的需要、人的能力、人的社会关系、人的活动等即作为主体的人的自愿、自觉的发展。我国社会主义制度的建立，为人的自由全面发展提供了根本的政治前提和制度保障。而全体人民的思想道德素质和科学文化素质的不断提高，民族凝聚力的不断增强，又都构成了我们建设社会主义和谐社会最基本的前提条件。

第三，人与社会的和谐。人与社会的发展是密不可分的，人是社会的

---

① 《马克思恩格斯全集》第 1 卷，人民出版社 1956 年版，第 443 页。
② 《马克思恩格斯全集》第 42 卷，人民出版社 1979 年版，第 120 页。
③ 《马克思恩格斯选集》第 4 卷，人民出版社 1995 年版，第 532 页。

主体，甚至可以说社会的发展就是人自身的发展，两者的发展是一个双向同步发展的统一运动过程。马克思认为，只有在社会环境中，人才能成为人，人的肉体存在才能超越其纯粹的生物学意义，作为自然界的一部分进入历史过程，从而获得"人"的规定。马克思恩格斯反对抽象地谈论人，而把人理解为生活在现实的、历史地发生和历史地确定了的世界里面的"现实中的个人"，并揭示出"人的本质不是单个人所固有的抽象物，在其现实性上，它是一切社会关系的总和"①。人既然是现实的人、社会的人，人就应与社会和谐发展，即个人自由与社会认同相适应，人的素质的全面提高与社会不断进步相适应，人的才能的发挥与社会公平公正相适应，进而实现个人发展和社会发展的和谐统一。现代社会的社会关系是多种多样、错综复杂的。特别是我国正处于社会转型期，各种社会要素不断分化和重组，社会关系更为复杂和多样化，如城乡之间、区域结构之间、脑力劳动和体力劳动之间、社会阶层之间、代际之间的关系等都直接关系到社会的安全运行。整体上看人与社会的关系基本上是协调的，但矛盾也是客观存在的。对于这些矛盾要及时加以协调和化解，避免其尖锐化和激化。构建社会主义和谐社会，就要切实维护社会公平和正义，建立健全同构建社会主义和谐社会相适应的机制和体制，使城乡之间、区域之间以及社会各阶层之间和谐相处，共享改革发展成果，使全体社会成员在共同利益的基础上实现劳动合作和利益共享。

第四，人与自然的和谐。人类社会发展到今天，历史的经验告诉我们单有人与人，人与社会的和谐是不够的，还必须做到人与自然的和谐统一，这已经超越了人类社会的本身，是更高层次的和谐。马克思恩格斯把人和自然的关系看作是一个复杂的对立统一体，揭示了人和自然的关系。人类来源于自然界，依靠自然界生活，在自然界中表现和实现自我。自从人类产生以来，人类通过生产活动和其他活动做了很多有利于生态平衡的事，但人类往往从自己最直接的利益出发去征服自然，破坏了生态平衡。尤其是工业文明的发展，使人与自然的矛盾日益突出，它比人类历史上任何时期都更为尖锐，为工业社会自身难以祛除的内在矛盾。因而重建人与

---

① 《马克思恩格斯选集》第 1 卷，人民出版社 1995 年版，第 56 页。

自然和谐统一的生态文明，就成为构建社会主义和谐社会的现实基础和首要任务。把"建设生态文明，基本形成节约能源资源和保护生态环境的产业结构、增长方式、消费模式"，作为对实现全面建成小康社会奋斗目标的新要求之一加以提出就表明，我们既关心人，又关注自然，要实现人与自然的携手，过去与现在的统一，现在与未来的对话，时间与空间的协调，在维护人类自身发展的同时，又维护自然的平衡，确保社会系统和生态系统协调发展。

人与自然的关系，人与社会的关系，是现代人类社会的两种基本关系。它们相互联系，相互制约，是密不可分的统一整体。以人为本、实现经济、政治、文化、社会与生态文明建设的全面协调可持续发展，就是重塑人与社会、人与自然的关系，实现人与自然、人与人、人与社会的和谐统一。只有这样，我们才能最终创造出一个可持续发展的社会主义和谐社会。

（三）构建社会主义和谐社会的重大意义

社会和谐是中国特色社会主义的本质属性，是国家富强、民族振兴、人民幸福的重要保证。构建社会主义和谐社会是我们党带领人民把中国特色社会主义伟大事业推向前进的必然选择。党明确提出构建社会主义和谐社会，既是对我国改革开放和现代化建设经验的科学总结，也是在新的国内外形势下提高党的执政能力、贯彻落实科学发展观、更好地推进我国经济社会发展的战略举措。这不仅反映了党对中国特色社会主义事业发展规律的新认识，也反映了党对执政规律、执政能力、执政方略、执政方式的新认识，为我们紧紧抓住和用好重要战略机遇期、全面建成小康社会提供了重要的思想理论指导。

1. 构建社会主义和谐社会的理论意义

构建社会主义和谐社会是中国共产党理论创新的一个重大成果。它体现广大人民群众的根本利益和共同愿望，是对人类社会发展规律、社会主义建设规律、共产党执政规律认识的深化，是对科学社会主义理论的丰富和发展。

第一，提出构建社会主义和谐社会，是对人类社会发展规律认识的深化。实现社会和谐，建设美好社会，始终是人类孜孜以求的社会理想，但只有马克思、恩格斯创立了唯物史观，揭示了人类社会的本质和规律，才使社会和谐的理想变成了科学的理论。马克思、恩格斯在创立科学社会主义的过程中，论证了实现社会主义的历史必然性，揭示了未来社会和谐发展的基本特征，指出了实现社会和谐的基本条件。马克思、恩格斯创立的唯物辩证法，揭示了社会系统内各种要素之间的普遍联系、对立统一和相互转化的规律，阐明了社会结构、人与社会、人与自然以及人与人之间的辩证关系。马克思关于"自由人联合体"和"人的自由而全面发展"的表述，指出了未来高级的和谐社会的目标模式。中国共产党关于构建社会主义和谐社会的思想，遵循了马克思主义基本原则，顺应了人类历史潮流，把马克思、恩格斯关于未来社会的科学构想与中国实际相结合，逐步将其变成社会发展的现实目标和具体措施，符合人类历史发展规律的要求，是党对马克思主义关于社会主义社会建设理论的丰富和发展。

第二，提出构建社会主义和谐社会，是对社会主义建设规律认识的深化。促进社会和谐，是社会主义的本质要求。从社会主义发展的历史来看，社会主义运动在一些国家遭受严重挫折的一个重要原因就在于，那些国家执政的共产党在改革过程中没有处理好社会成员及经济、政治、文化、社会的和谐发展问题，没有把社会公正和提高人民生活水平提高到应有的重要位置，致使广大工人、农民对其感到绝望，对社会主义的前途失去了信心。中国特色社会主义是一个全面发展、全面进步的社会。党的十二大以后逐步形成了包括经济富强、政治民主、精神文明在内的三位一体的现代化建设总体布局；党的十五大提出了建设中国特色社会主义经济、政治、文化的基本纲领，从而使党对现代化建设总体布局的认识更加明晰；进入新世纪，党正式提出构建社会主义和谐社会的命题，把我国社会主义现代化建设的总体布局拓展为包括经济建设、政治建设、文化建设及和谐社会建设的"四位一体"，这是认识上的又一重大飞跃。

第三，提出构建社会主义和谐社会，是对共产党执政规律认识的深化。中国共产党是中国特色社会主义事业的领导核心。党只有认真研究和掌握执政规律，不断完善执政方略，提高执政能力，才能有效地领导推进中国特色社会主义事业。构建社会主义和谐社会，进一步体现了共产党执政的本质要求。十六大提出全面建设惠及十几亿人口的更高水平的小康社会，强调使经济更加发展、民主更加健全、科教更加进步、文化更加繁荣、社会更加和谐、人民生活更加殷实；强调努力形成全体人民各尽其能、各得其所而又和谐相处的局面。十六届三中全会提出科学发展观，强调坚持以人为本，树立全面、协调、可持续发展的发展观，促进经济社会和人的全面发展；强调统筹城乡发展、统筹区域发展、统筹经济社会发展、统筹人与自然和谐发展、统筹国内发展和对外开放，贯穿于其中的重要思想，就是要努力实现整个社会各个方面的和谐。在此基础上，十六届四中全会进一步提出"和谐社会"的概念，强调"要适应我国社会的深刻变化，把和谐社会建设摆在重要位置"，要求不断提高构建社会主义和谐社会的能力，并将其作为党需要加强的五大执政能力之一。只有建立起与社会主义经济、政治、文化体制相适应的社会体制，才能形成与社会主义经济、政治、文化秩序相协调的社会秩序，把社会建设和管理提高到一个新的水平。中国共产党提出构建社会主义和谐社会，是坚持立党为公、执政为民的内在要求和必然结果，反映了中国共产党对执政规律、执政方略的新认识。

2. 构建社会主义和谐社会的实践意义

社会和谐是中国特色社会主义的本质属性，构建社会主义和谐社会是国家富强、民族振兴、人民幸福的重要保证。构建社会主义和谐社会战略思想的提出，具有重大的实践意义。

第一，促进社会和谐，是中国最广大人民的根本利益所在。以人为本是社会主义和谐社会的内在要求。广大人民群众既是社会主义和谐社会的建设者，又是和谐社会建设成果的享有者。构建和谐社会，全社会必须同心同德、齐心协力、共同建设。同时，又要让全体人民共享改革和发展的成果，人民群众的政治、经济、文化、社会等方面权利和利益得到充分保障，做到发展为了人民、发展依靠人民、发展成果由人民共享，促进人的全面发展。切实做好构建社会主义和谐社会的各项工作，把构建社会主义和谐社会的各项任务落到实处，有利于进一步解决好人民群众最关心、最直接、最现实的利益问题，实现好、维护好、发展好最广大人民的根本利益，进而推动中国特色社会主义事业的不断发展。

第二，构建社会主义和谐社会，把社会建设问题提到社会主义现代化建设战略布局的高度加以认识和解决，有利于全面推进中国特色社会主义事业。改革开放以来，中国发生了翻天覆地的变化，所取得的成就世界有目共睹，但也面临不少新问题。解决这些矛盾和问题，是我们实现全面建成小康社会的目标进而实现社会主义现代化的重要前提，也是构建社会主义和谐社会的重要任务。党对构建社会主义和谐社会的总体部署和基本要求，为我们认识和解决我国经济社会发展中出现的各种矛盾和问题，推进全面建成小康社会和社会主义现代化建设指明了方向、明确了路径。

第三，社会和谐也是应对外部挑战的重要条件。当今世界正在发生深刻复杂变化，国际力量对比朝着有利于维护世界和平方向发展，保持国际形势总体稳定具备更多有利条件，但是，世界仍然很不安宁。国际金融危机影响深远，世界经济增长不稳定不确定因素增多，全球发展不平衡加剧，霸权主义、强权政治和新干涉主义有所上升，局部动荡频繁发生，粮食安全、能源资源安全、网络安全等全球性问题更加突出。提出构建社会主义和谐社会，保持国内安定和谐的社会政治局面，增强民族凝聚力和抗风险能力，有利于我们在复杂多变的国际形势下，更好地应对来自外部的各种挑战和风险，维护国家主权、安全和发展利益，把国内的事情办好，始终保持国家统一、民族团结、社会稳定的局面。

构建社会主义和谐社会，是中国特色社会主义事业的有机组成部分，是推进全面建成小康社会的重大战略举措，关系到最广大人民的根本利益，关系到巩固党执政的社会基础、实现党执政的历史任务，关系到全面建成小康社会的全局，关系到党的事业兴旺发达和国家的长治久安。党要带领人民把中国特色社会主义伟大事业推向前进，必须把构建社会主义和谐社会摆在更加突出的地位。

二、构建社会主义和谐社会的总体思路

我们所要构建的社会主义和谐社会，是在中国特色社会主义的道路上，中国共产党领导全体人民共同建设、共同享有的和谐社会。构建社会主义和谐社会，既要把和谐社会建设落实到包括经济建设、政治建设、文

化建设、社会建设和党的建设等在内的党和国家全部工作之中；又要推动社会建设与经济建设、政治建设、文化建设协调发展。

（一）构建社会主义和谐社会的指导思想和基本原则

构建和谐社会必须以坚持和完善社会主义制度为根本前提。中国共产党把马克思主义基本原理同中国具体实际相结合，取得了新民主主义革命的胜利，建立了人民当家作主的新中国，进而建立了社会主义基本制度，为构建社会主义和谐社会创造了根本的政治前提。在当代中国，离开中国特色社会主义制度，就谈不上构建和谐社会。坚持构建社会主义和谐社会的根本前提，就要在经济上坚持以公有制为主体、多种所有制经济共同发展的基本经济制度；在政治上坚持中国共产党的领导和人民当家作主的社会主义民主政治制度；在思想文化上坚持马克思主义的指导地位，坚持社会主义文化的先进性和多样性的统一。

中共十六届六中全会《关于构建社会主义和谐社会若干重大问题的决定》指出：构建社会主义和谐社会，必须坚持以马克思列宁主义、毛泽东思想、邓小平理论和"三个代表"重要思想为指导，坚持党的基本路线、基本纲领、基本经验，坚持以科学发展观统领经济社会发展全局，按照民主法治、公平正义、诚信友爱、充满活力、安定有序、人与自然和谐相处的总要求，以解决人民群众最关心、最直接、最现实的利益问题为重点，着力发展社会事业、促进社会公平正义、建设和谐文化、完善社会管理、增强社会创造活力，走共同富裕道路，推动社会建设与经济建设、政治建设、文化建设协调发展。这就明确了构建社会主义和谐社会的指导思想。

推进和谐社会建设必须遵循以下基本原则：

第一，必须坚持以人为本。始终把最广大人民的根本利益作为党和国家一切工作的出发点和落脚点，实现好、维护好、发展好最广大人民的根本利益，不断满足人民日益增长的物质文化需要，做到发展为了人民、发展依靠人民、发展成果由人民共享，促进人的全面发展。

第二，必须坚持科学发展。切实抓好发展这个党执政兴国的第一要务，统筹城乡发展，统筹区域发展，统筹经济社会发展，统筹人与自然和谐发展，统筹国内发展和对外开放，转变增长方式，提高发展质量，推进节约发展、清洁发展、安全发展，实现经济社会全面协调可持续发展。

第三，必须坚持改革开放。坚持社会主义市场经济的改革方向，适应社会发展要求，推进经济体制、政治体制、文化体制、社会体制改革和创新，进一步扩大对外开放，提高改革决策的科学性、改革措施的协调性，建立健全充满活力、富有效率、更加开放的体制机制。

第四，必须坚持民主法治。加强社会主义民主政治建设，发展社会主义民主，实施依法治国基本方略，建设社会主义法治国家，树立社会主义法治理念，增强全社会法律意识，推进国家经济、政治、文化、社会生活法制化、规范化，逐步形成社会公平保障体系，促进社会公平正义。

第五，必须坚持正确处理改革发展稳定的关系。把改革的力度、发展的速度和社会可承受的程度统一起来，维护社会安定团结，以改革促进和谐、以发展巩固和谐、以稳定保障和谐，确保人民安居乐业、社会安定有序、国家长治久安。

第六，必须坚持在党的领导下全社会共同建设。坚持科学执政、民主执政、依法执政，发挥党的领导核心作用，维护人民群众的主体地位，团结一切可以团结的力量，调动一切积极因素，形成促进和谐人人有责、和谐社会人人共享的生动局面。

上述六条原则，构成了一个有机的整体，深刻体现了构建社会主义和谐社会的根本要求。它们从不同的角度，回答了社会主义和谐社会为谁建、靠谁建、怎样建的问题，指明了我们应当遵照什么样的思路构建社会主义和谐社会、依据什么样的原则统筹全局、根据什么样的要求推进发展、运用什么样的方式保证和谐，体现了比较系统的构建社会主义和谐社会的基本思路。

（二）社会主义和谐社会的基本特征

2005年2月，胡锦涛在中央党校省部级主要领导干部提高构建社会主义和谐能力专题研讨班上发表的重要讲话中指出，我们所要建设的社会主义和谐社会，应该是民主法治、公平正义、诚信友爱、充满活力、安定有序、人与自然和谐相处的社会，对社会主义和谐社会的基本特征做了科学的界定。

　　民主法治，就是社会主义民主得到充分发扬，依法治国基本方略得到切实落实，各方面积极因素得到广泛调动；公平正义，就是社会各方面的利益关系得到妥善协调，人民内部矛盾和其他社会矛盾得到正确处理，社会公平和正义得到切实维护和实现；诚信友爱，就是全社会互帮互助、诚实守信，全体人民平等友爱、融洽相处；充满活力，就是能够使一切有利于社会进步的创造愿望得到尊重，创造活动得到支持，创造才能得到发挥，创造成果得到肯定；安定有序，就是社会组织机制健全，社会管理完善，社会秩序良好，人民群众安居乐业，社会保持安定团结；人与自然和谐相处，就是生产发展，生活富裕，生态良好。

　　"六大基本特征"的界定，是根据马克思主义基本原理和我国社会主义建设的实践经验，根据新世纪新阶段我国经济发展的新要求和我国社会出现的新趋势新特点作出的，它是马克思主义关于社会主义和谐社会建设理论的生动体现，也是马克思主义关于社会主义社会建设理论的丰富和发展。社会主义和谐社会的"六大基本特征"相互联系、相互作用，全面体现和统一于全面建成小康社会的实践过程中。这六个方面既包括社会关系的和谐，也包括人与自然关系的和谐，体现了民主与法治的统一、公平与效率的统一、活力与秩序的统一、科学与人文的统一、人与自然的统一。这六个方面，内容十分丰富，既揭示了社会主义和谐社会的基本特征，也是我们构建社会主义和谐社会的总体要求。

　　准确把握社会主义和谐社会的科学内涵和总体要求，一定要正确认识社会主义和谐社会的性质、认清构建社会主义和谐社会与建设社会主义物质文明、政治文明、精神文明，与全面建成小康社会的关系等问题。

　　首先，我们所要构建的和谐社会是社会主义性质的和谐社会。和谐社会作为一种社会状态，既可以体现在不同的社会形态中，也可以体现在同一种社会形态的不同发展阶段上。我们所要构建的和谐社会，既不同于以往任何一种社会制度下曾经出现的社会和谐状态，也不同于未来共产主义社会的和谐，而是我国现阶段社会主义条件下的和谐，是要在社会主义初级阶段实现人与人、人与自然、人与社会在动态中的和谐发展，创造一个充满生机和创造活力的社会。构建社会主义和谐社会既是中国共产党的一个治国理想，又是一种治国方略，是目标与过程的统一。

其次，构建社会主义和谐社会同建设社会主义物质文明、政治文明、精神文明是有机统一的。建设社会主义物质文明、政治文明、精神文明，可以为构建社会主义和谐社会提供深厚的现实基础；构建社会主义和谐社会，又可以为建设社会主义物质文明、政治文明、精神文明提供重要的社会条件。我们要通过发展社会主义社会的生产力来不断增强和谐社会建设的物质基础，通过发展社会主义民主政治来不断加强和谐社会建设的政治保障，通过发展社会主义先进文化来不断巩固和谐社会建设的智力支持和精神支撑，同时又要通过构建和谐社会来为社会主义物质文明、政治文明、精神文明建设创造有利的社会条件。

再次，构建社会主义和谐社会与全面建成小康社会是相互包含、相辅相成、内在统一的过程。构建社会主义和谐社会同全面建成小康社会，都属于建设中国特色社会主义这个大的阶段，但又不完全等同于全面建成小康社会阶段。作为一个社会建设过程，构建社会主义和谐社会既要完成全面建成小康社会的重要任务，又要为整个社会主义阶段的建设创造重要条件。

（三）构建社会主义和谐社会的目标任务

根据构建社会主义和谐社会的总要求，党的十六届六中全会提出到2020年构建社会主义和谐社会的目标和主要任务是：社会主义民主法制更加完善，依法治国基本方略得到全面落实，人民的权益得到切实尊重和保障；城乡、区域发展差距扩大的趋势逐步扭转，合理有序的收入分配格局基本形成，家庭财产普遍增加，人民过上更加富足的生活；社会就业比较充分，覆盖城乡居民的社会保障体系基本建立；基本公共服务体系更加完备，政府管理和服务水平有较大提高；全民族的思想道德素质、科学文化素质和健康素质明显提高，良好道德风尚、和谐人际关系进一步形成；全社会创造活力显著增强，创新型国家基本建成；社会管理体系更加完善，社会秩序良好；资源利用效率显著提高，生态环境明显好转；实现全面建设惠及十几亿人口的更高水平的小康社会的目标，努力形成全体人民各尽其能、各得其所而又和谐相处的局面。2007年，党的十七大将上述几个方面的目标和任务概括为："现代国民教育体系更加完善，终身教育体系基本形成，全民受教育程度和创新人才培养水平明显提高。社会就业更加充分。覆盖城乡居民的社会保障体系基本建立，人人享有基本生活保障。合理有序的收入分配格局基本形成，中等收入者占多数，绝对贫困现象基本消除。人人享有基本医疗卫生服务。社会管理体系更加健全。"党的十八大进一步指出，加强社会建设，必须以保障和改善民生为重点。强调，提高人民物质文化生活水平，是改革开放和社会主义现代化建设的根本目的。要多谋民生之利，多解民生之忧，解决好人民最关心最直接最现实的利益问题，在学有所教、劳有所得、病有所医、老有所养、住有所居上持续取得新进展，努力让人民过上更好生活。加强社会建设，必须加快推进社会体制改革。围绕构建中国特色社会主义管理体系，加快形成党委领导、政府负责、社会协同、公众参与、法治保障的社会管理体制，加快形成政府主导、覆盖城乡、可持续的基本公共服务体系，加快形成政社分开、权责明确、依法自治的现代社会组织体制，加快形成源头治理、动态管理、应急处置相结合的社会管理机制，努力创造促进社会和谐的社会氛围。

构建社会主义和谐社会是贯穿中国特色社会主义事业全过程的长期历史任务，是在发展的基础上正确处理各种社会矛盾的历史过程，是中国共产党从中国特色社会主义总布局和全面建成小康社会全局出发提出的重大战略任务。我们要牢记社会主义初级阶段的基本国情，立足现实、着眼长远，量力而行、尽力而为，尽最大努力化解社会不和谐因素，最大限度地促进社会和谐。

三、在改善民生和创新管理中加强社会建设

空前的社会变革，给我国经济社会发展带来巨大活力，同时也必然带来这样那样的矛盾和问题，增加了社会建设的难度和复杂性。因此，必须把改善民生与创新社会管理紧密结合起来，作为中国特色社会主义社会建设的重要任务。

党的十七大提出，贯彻落实科学发展观，构建社会主义和谐社会，必

须加快推进以改善民生为重点的社会建设，让人民群众共享改革发展的成果。改革开放三十多年来，我们大力发展社会事业，人民生活质量显著提升。但也要清醒地看到，伴随人民群众物质文化需求的提高，在就业、收入分配、社会保障、住房、医疗、教育、安全生产、社会治安、环境保护等方面，也出现了不少关系人民群众切身利益的民生问题，由此引发了一些社会矛盾和冲突，并影响到社会和谐稳定。当前发生的国际金融危机，更加重了我们以改善民生为重点的社会建设的难度。加快推进以改善民生为重点的社会建设，涉及面广，内涵丰富，基本要求是：积极解决好教育、就业、收入分配、社会保障、医疗卫生和社会管理等直接关系人民群众根本利益和现实利益的问题，努力使全体人民学有所教、劳有所得、病有所医、老有所养、住有所居，推动建设和谐社会。

党的十八大在强调加强社会建设必须以保障和改善民生为重点的同时，从努力办好人民满意的教育、推动实现更高质量的就业、千方百计增加居民收入、统筹推进城乡社会保障体系建设、提高人民健康水平、加强和创新社会管理等六个方面阐述了加强社会建设的具体要求。这些重要举措，进一步彰显了中国共产党坚持"权为民所用、情为民所系、利为民所谋"的执政理念。

（一）努力实现全体人民学有所教

教育涉及千家万户，惠及子孙后代，是体现发展为了人民、发展依靠人民、发展成果由人民共享的重要方面，发展教育也是把我国巨大人口压力转化为人力资源优势的根本途径。把教育放在优先发展的战略位置，办好人民满意的教育，保证人民享有接受教育的机会，是党和政府义不容辞的责任。教育是中华民族振兴和社会进步的基石。办好人民满意的教育，要全面贯彻党的教育方针，坚持教育为社会主义现代化服务、为人民服务，把立德树人作为教育的根本任务，培养德智体美全面发展的社会主义建设者和接班人；要全面实施素质教育，深化教育领域综合改革，着力提高教育质量，培养学生社会责任感、创新精神、实践能力；要办好学前教育，均衡发展九年义务教育，基本普及高中阶段教育，加快发展职业教育。推动高等教育内涵式发展；要积极发展继续教育，完善终身教育体系，建设学习型社会；要大力促进教育公平，合理配置教育资源，重点向农村、边远、贫困、民族地区倾斜，支持特殊教育，提高家庭经济困难学生资助水平，积极推动农民工子女平等接受教育，让每个孩子都能成为有用之才。鼓励引导社会力量兴办教育；要加强教师队伍建设，提高师德水平和业务能力，增强教师教书育人的荣誉感和责任感。

（二）努力实现全体人民劳有所得

就业是民生之本，是保障和改善人民生活的重要条件。扩大就业是我国当前和今后构建社会主义和谐社会的重要着力点。我国劳动力资源丰富，是促进经济持续较快发展的有利条件，也是就业形势严峻的重要原因。当前，我国就业方面的主要矛盾，是劳动者充分就业的需求与劳动力总量过大、素质不相适应之间的矛盾。推动实现更高质量的就业，就要坚持实施积极的就业政策，加强政府引导，完善市场就业机制，扩大就业规模，改善就业结构；完善支持自主创业、自谋职业政策，加强就业观念教育，使更多劳动者成为创业者；健全面向全体劳动者的职业教育培训制度，加强农村富余劳动力转移就业培训；建立统一规范的人力资源市场，形成城乡劳动者平等就业的制度；完善面向所有困难群众的就业援助制度，及时帮助零就业家庭解决就业困难。积极做好高校毕业生就业工作；规范和协调劳动关系，完善和落实国家对农民工的政策，依法维护劳动者权益。

合理的收入分配制度是社会公平的重要体现，也是实现劳有所得的重要保证。改革开放以来，我国收入分配制度改革不断深化，有力地促进了经济社会发展，同时也出现了城乡、地区、行业和部分居民之间收入差距持续拉大的现象。深化收入分配制度改革，要坚持和完善按劳分配为主体、多种分配方式并存的分配制度；健全劳动、资本、技术、管理等生产要素按贡献参与分配的制度；逐步提高居民收入在国民收入分配中的比重，提高劳动报酬在初次分配中的比重；加大个人收入分配调节力度，按照"提高低收入、扩大中等收入、调节高收入"的原则合理调整收入分配格局，逐步扭转收入分配差距拉大趋势，使全体社会成员逐步实现共同致富。

（三）努力实现全体人民老有所养

健全的社会保障，是推进改革、维护稳定和国家长治久安的重要保证。改革开放、特别是进入新世纪以来，我国的社会保障体系建设取得了重要进展，但也存在着覆盖面小、保障水平低、制度不健全等问题。新形势下，加快建立覆盖城乡居民的社会保障体系，必须坚持广覆盖、保基本、多层次、可持续的指导方针，以社会保险、社会救助、社会福利为基础，以基本养老、基本医疗、最低生活保障制度为重点，以慈善事业、商业保险为补充，加快建立覆盖城乡居民的社会保障体系。一是完善基本养老保险制度，促进城镇职工基本养老保险制度的规范化，促进机关、事业单位基本养老保险制度改革，探索建立农村养老保险制度；二是完善最低生活保障制度，在城市继续健全最低生活保障制度，做到应保尽保。在农村要将符合条件的贫困人口全部纳入最低生活保障范围，切实解决他们的基本生活问题；三是完善基本医疗保险制度，全面推进城镇职工基本医疗保险、城镇居民基本医疗保险、新型农村合作医疗制度建设，使基本医疗保险制度覆盖城乡全体居民；四是多方筹措社会保障基金，采取多种方式充实社会保障基金，搞好基金投资运营，实现保值增值，加强基金监管，杜绝非法侵占、挪用，确保社保基金安全；五是发展社会救助与慈善事业，社会救助与慈善事业是中国特色社会保障体系的重要组成部分，具有不可替代的促进社会和谐的特殊功能，应当支持其加快发展。商业保险能够满足人们更高层次和多样化的社会保障需要，应积极发挥其补充作用，支持其加快发展。

（四）努力实现全体人民病有所医

"人人享有基本医疗卫生服务"，是党的十七大确定的全面建设小康社会奋斗目标新的要求之一。为了实现这一重大目标，党的十八大强调我们必须积极探索建立基本医疗卫生制度。加快建立基本医疗卫生制度，实现人人享有基本医疗服务目标的基本要求是：坚持公共医疗卫生的公益性质，坚持预防为主、以农村为重点、中西医并重，按照保基本、强基层、建机制要求，重点推进医疗保障、医疗服务、公共卫生、药品供应、监管体制综合改革，完善国民健康政策，为群众提供安全、有效、方便、价廉的公共卫生和基本医疗服务。提高人民健康水平，努力实现全体人民病有所医，要健全全民医保体系，建立重特大疾病保障和救助机制，完善突发公共卫生事件应急和重大疾病防控机制；巩固基本药物制度；健全农村三级医疗卫生服务网络和城市社区卫生服务体系，深化公立医院改革，鼓励社会办医；扶持中医药和民族医药事业发展；提高医疗卫生队伍服务能力，加强医德医风建设；改革和完善食品药品安全监管体制机制；开展爱国卫生运动，促进人民身心健康；坚持计划生育的基本国策，提高出生人口素质，逐步完善政策，促进人口长期均衡发展。

（五）努力实现全体人民住有所居

住房是重要的民生问题，也是人民群众普遍关注的问题，应当把解决住房问题摆在重要位置，加快建立和推进适应全体居民需要的多层次住房保障体系，规范和调节商品房开发和市场运行机制，健全廉租住房制度和保障方式，合理确定廉租住房保障标准，加大廉租住房建设力度，着力解决城市低收入家庭住房困难的问题。

（六）加强和创新社会管理

随着改革开放的深入和社会主义市场经济的发展，我国的社会结构发生了深刻变化，迫切要求加强和创新社会管理。社会管理是政府和社会组织为促进社会系统协调运转，对社会系统组成部分、社会生活的不同领域以及社会发展的各个环节进行组织、协调、服务、监督和控制的过程。加强和创新社会管理，努力维护社会安定团结，要提高社会管理科学化水平，加强社会管理法律、体制机制、能力、人才队伍和信息化建设；改进政府提供公共服务方式，加强基层社会管理和服务体系建设，增强城乡社区服务功能，强化企事业单位、人民团体在社会管理和服务中的职责，引导社会组织健康有序发展，充分发挥群众参与社会管理的基础作用；正确处理人民内部矛盾，建立健全党和政府主导的维护群众权益机制，完善信访制度，完善人民调解、行政调解、司法调解联动的工作体系，畅通和规范群众诉求表达、利益协调、权益保障渠道；建立健全重大决策社会稳定风险评估机制；强化公共安全体系和企业安全生产基础建设，遏制重特大安全事故；加强和改进党对政法工作的领导，加强政法队伍建设，切实肩负起中国特色社会主义事业建设者、捍卫者的职责使命；深化平安建设，完善立体化社会治安防控体系，强化司法基本保障，依法防范和惩治违法犯罪活动，保障人民生命财产安全；完善国家安全战略和工作机制，高度警惕和坚决防范敌对势力的分裂、渗透、颠覆活动，确保国家安全。

和谐社会要靠全社会共同建设，必须紧紧依靠人民，调动一切积极因素，努力形成社会和谐人人有责、和谐社会人人共享的生动局面。构建社会主义和谐社会，是一项复杂而艰巨的系统工程，不可能一蹴而就，需要全党全社会长期坚持不懈的努力。党和政府应加强和改善对构建社会主义和谐社会各项工作的领导，把构建社会主义和谐社会摆在全局工作的重要位置，把构建社会主义和谐社会的要求落到实处。广大人民群众应以积极的热情，自觉投身于社会主义和谐社会的建设中，为使我们的社会更加和谐作出自己应有的贡献。

第九章　中国特色社会主义生态文明建设理论

　　建设生态文明，是关系人民福祉、关乎民族未来的长远大计。把生态文明建设放在突出地位，融入经济建设、政治建设、文化建设、社会建设各方面和全过程，努力建设美丽中国，实现中华民族永续发展，这是中国特色社会主义建设理论的新的重要组成部分，标志着中国特色社会主义的战略布局已经从"四位一体"转变为"五位一体"。面对资源约束趋紧、环境污染严重、生态系统退化的严峻形势，必须树立尊重自然、顺应自然、保护自然的生态文明理念，坚持节约资源和保护环境的基本国策，着力推进绿色发展、循环发展、低碳发展，形成节约资源和保护环境的空间格局、产业结构、生产方式、生活方式，从源头上扭转生态环境恶化趋势，为人民创造良好生产生活环境，为全球生态安全作出贡献。

一、中国特色社会主义生态文明建设理论的提出及其依据

　　生态文明，有广义和狭义之分。从广义上讲，生态文明是指人类遵循人、自然、社会和谐发展的客观规律，改造自然和社会而取得的物质与精神成果的总和。它既包含人类保护自然环境和生态安全的自觉意识，也包括人类为保护自然环境和生态安全所创设的法律、制度和政策，还包括人类在具体维护生态平衡时所必须的科学技术与相关组织机构，以及人类在构建人与自然和谐关系的过程中的实际行动等方面的内容，是以人与自然、人与人、人与社会和谐共生、良性循环、全面发展、持续繁荣为基本宗旨的文明形态，是自然生态与社会生态的统一。从狭义上讲，生态文明

则主要是指人与自然的关系，是人以自然资源的承载力为基础、以自然规律为准则、以可持续的社会经济政策为手段、以致力于构建一个人与自然和谐发展的社会为目标的文明形态。坚持生态文明的发展理念，是人们尊重自然、保护自然、与自然和谐相处的体现，是人们在发展的过程中为探索人与自然和谐相处所作出的新的努力，标志着人类在与自然的相处中已经达到一个新的阶段。

（一）社会主义生态文明建设理论的提出

生态文明是人类文明的新形态。党的十八大报告指出："我们一定要更加自觉地珍爱自然，更加积极地保护生态，努力走向社会主义生态文明新时代。"[1]这表明，我们正在着手重点进行建设的生态文明是自人类社会诞生以来相继创造的原始文明、农业文明和工业文明之后的一种人类文明的新形态。而且这种新形态文明建设的重要性不仅表现在它与经济建设、政治建设、文化建设和社会建设的并列地位，更为重要的是它的突出地位还体现在它必须"融入经济建设、政治建设、文化建设、社会建设各方面和全过程"[2]。提出生态文明的发展理念，就是对人类现有的文明形态的否定和超越。近三百年的工业文明的发展，为人类社会创造了巨大的物质财富，大大提升了人们认识自然和改造自然的能力，使人类在很多时候改变了在自然面前束手无策的被动局面。可是在这种工业文明理念的指导下，人类的行为对自然的索取和挑战达到了无以复加的地步。所以尽管我们在过去的三百年中创造的物质财富大大超过了人类社会诞生以来所有历史阶段创造的所有物质财富的总和，但这种理念下人类对自然的索取和对自然环境的破坏已经引发了自然界的一系列问题。近些年来频繁多发的严重自然灾害和全球性生态危机的爆发就是自然对人类的这种工业文明的报复，这种报复的日益频繁和后果的日益严重以无可置疑的声音在向人类社会昭示：人类所生存的地球再也经不起工业文明的发展模式了，工业文明的发展已经走到了尽头。

---

[1] 《中国共产党第十八次全国代表大会文件汇编》，人民出版社 2012 年版，第 38 页。
[2] 《中国共产党第十八次全国代表大会文件汇编》，人民出版社 2012 年版，第 36 页。

　　生态文明是强调人与自然和谐发展的文明。它既考虑人的发展，又必须考虑自然环境的承载能力。生态环境问题，说到底并不是由自然本身引起的，而是由于人类在不科学的发展理念指导下，片面追求人类自身需要的满足而没有在生产和生活中充分考虑到所生存空间的环境承载能力、没有统筹协调人类与环境以及自然资源之间的关系所导致的人与自然关系紧张乃至恶化的局面。这种局面是只追求高速的经济建设，一味向自然索取，一贯以人类为中心的发展模式的必然结果。生态文明的本质，就是认定生态环境是人类一切社会经济发展的基础，所有的发展都要从这个基础的承载能力出发，不顾生态基础的承载能力的盲目发展，最终只能是得不偿失。建设生态文明所要解决的正是这种因为过多的强调人而忽视自然的发展理念所导致的一系列问题，是人类统筹人与自然的双重需要，在满足人类自身需要的同时又充分强调人类的自然本性，与自然和谐相处，是人类充分认识自身和自然界发展的客观规律的体现，也是共产主义者为达到自己所毕生追求的目标——实现人的真正自由而全面的发展的努力的必然趋向。

　　生态文明建设战略思想及其理论的形成有一个过程，党对生态文明建设问题的认识也有一个过程。

　　世纪之交，全球生态环境持续恶化、可持续发展日渐成为世界各国的共同追求，中国社会主义现代化建设进程中亦产生了一些生态环境问题，以江泽民为核心的党的第三代中央领导集体在党的十四届五中全会上提出了可持续发展的战略思想。在庆祝中国共产党成立80周年大会上，江泽民向全党提出了"要促进人和自然的协调与和谐，使人们在优美的生态环境中工作和生活。坚持实施可持续发展战略，正确处理经济发展同人口、资源、环境的关系，改善生态环境和美化生活环境，改善公共设施和社会福利设施。努力开创生产发展、生活富裕和生态良好的文明发展道路"① 的基本要求。在此基础上，党的十六大把生态环境与政治、经济、文化列在一起，作为全面建设小康社会的四个目标之一。

　　党的十六大以来，以胡锦涛为总书记的党中央，立足于新的实践和新的发展，把生态问题提到了文明发展的新高度。2004年3月，胡锦涛在

① 《江泽民文选》第三卷，人民出版社2006年版，第295页。

中央人口资源环境工作座谈会上的讲话中对可持续发展的目标提出了具体要求，他指出："可持续发展，就是要促进人与自然的和谐，实现经济发展和人口、资源、环境相协调，坚持走生产发展、生活富裕、生态良好的文明发展道路，保证一代接一代地永续发展。"①2007 年，"生态文明"第一次出现在党的代表大会报告中。党的十七大报告指出："建设生态文明，基本形成节约能源资源和保护生态环境的产业结构、增长方式、消费模式。循环经济形成较大规模，可再生能源比重显著上升。主要污染物排放得到有效控制，生态环境质量明显改善。生态文明观念在全社会牢固树立。"②2009 年 9 月，党的十七届四中全会把生态文明建设提升到与经济建设、政治建设、文化建设、社会建设并列的战略高度，并作为中国特色社会主义事业总体布局的有机组成部分；2010 年 10 月，党的十七届五中全会提出要把"绿色发展，建设资源节约型、环境友好型社会"，"提高生态文明水平"作为"十二五"时期的重要战略任务；2012 年 11 月，党的十八大将生态文明建设与经济建设、政治建设、文化建设和社会建设并列起来，并把"大力推进生态文明建设"作为一项重要内容独立出来单独加以论述，反映了中国共产党已经形成了较为系统的生态文明建设理论。

（二）社会主义生态文明建设理论提出的依据

生态文明建设理论的提出是立足于新世纪新阶段发展的特点、经过认真的研究和深刻的总结得出的结论，有着坚实的理论基础、丰厚的思想渊源和深刻的现实背景。

第一，社会主义生态文明建设战略思想提出的理论依据。

马克思和恩格斯在将其毕生精力致力于无产阶级解放斗争的同时，对人与自然的关系问题也有过许多精辟的论述，逐渐形成了生态文明的理念和思想。

马克思和恩格斯认为，自然界是人类物质生产实践活动的内在要素，任何经济社会形态的存在与发展，都必须以自然界为基础，自然界和劳动

---

① 《十六大以来重要文献选编》上卷，中央文献出版社 2005 年版，第 850 页。
② 《十七大以来重要文件选编》上卷，中央文献出版社 2009 年版，第 16 页。

共同创造了财富。作为人类认识和改造的对象，自然界是"劳动本身的要素"①，是自然资源和劳动力一起，共同构成了形成财富的两个最原始的要素。马克思指出："正象生产的第一天一样，形成产品的原始要素，从而也就是形成资本物质成分的要素，即人和自然，是同时起作用的。"②恩格斯也认为，劳动与自然界在一起才能使劳动成为一切财富的源泉，因为自然界为劳动提供材料，劳动把材料转变成财富。马克思和恩格斯的上述思想从根本上改变了以往人类对自然界的片面理解。对我们今天从事社会主义现代化建设仍然具有重要的现实意义。马克思还认为，人是自然界的一部分，自然并不是与人对立和分离的存在，而是与人一体化的有机整体。他曾明确地指出，"人直接地是自然存在物。"③"人靠自然界生活。这就是说，自然界是人为了不致死亡而必须与之处于持续不断地交互作用过程的、人的身体。所谓人的肉体生活和精神生活同自然界相联系，不外是说自然界同自身相联系，因为人是自然界的一部分。"④恩格斯也指出："人本身是自然界的产物，是在自己所处的环境中并且和这个环境一起发展起来的"⑤；"我们每走一步都要记住：我们统治自然界，决不像征服者统治异族人那样，决不是像站在自然界之外的人似的，——相反地，我们连同我们的肉、血和头脑都是属于自然界和存在于自然之中的"⑥。可见，在马克思和恩格斯看来，人类以及人类意识都是自然和环境的产物，人不可能在脱离自然以后仍然还能生存和发展。

人与自然的关系问题是人们在生产和生活实践中面临的首要问题，也是马克思和恩格斯生态思想的主题。马克思、恩格斯认为，人与自然之间是既相依存又相对立的辩证统一体。一方面，自然界是人类生活的物质基础和人类实践活动的对象，人类要想持续生存与发展，就必须改造自然界，从事生产活动；另一方面，正是在改造自然界的生产和生活实践

① 《马克思恩格斯全集》第42卷，人民出版社1979年版，第114页。
② 《马克思恩格斯全集》第23卷，人民出版社1972年版，第662页。
③ 《马克思恩格斯全集》第3卷，人民出版社2002年版，第324页。
④ 《马克思恩格斯选集》第1卷，人民出版社1995年版，第45页。
⑤ 《马克思恩格斯选集》第3卷，人民出版社1995年版，第374—375页。
⑥ 《马克思恩格斯选集》第4卷，人民出版社1995年版，第383—384页。

中，人才使自己的类本质得到确认。马克思认为，在改造自然的认识活动中存在着人与自然的认识与被认识的关系。人在改造自然的实践活动中要探索自然的本质和规律，同时由于认识活动的能动性，人在认识自然的过程中还会在思维中实现"自然的人化"，可以说客体的东西主体化和主体的东西客体化；在历史的经济过程中，客体的自然的因素在工业以前的环境下占据优先地位，相反，主体干涉的因素在工业社会的条件下，则越来越对自然给予的物质发挥自己强大的作用。马克思、恩格斯强调我们在认识自然的过程中要做到利用主观和客观两个尺度。如果只从主体尺度出发而忽略了客观尺度，就会形成人类中心主义，形成资本主义式的掠夺性的开发，必然会引起生态环境的恶化。人们对客观世界的改造只能是建立在尊重自然和自然规律的基础上的。那种凭借自己的主观意志一味以自己为中心而不考虑自然环境的承载能力的行为最终必然会受到自然界的无情惩罚。正如恩格斯所指出的："不要过分陶醉于我们人类对自然界的胜利。对于每一次这样的胜利，自然界都对我们进行报复。每一次胜利，起初确实取得了我们预期的结果，但是往后和再往后却发生完全不同的、出乎预料的影响，常常把最初的结果又消除了"①。因此，建立人与自然相互协调的关系是人类生存与发展的重要保障。作为一个相互依赖、相互作用的有机整体，人与自然只有和谐相处，才能实现持续发展，共生共荣。

第二，中国特色社会主义生态文明建设战略思想形成的思想渊源。

中国有着五千年之久的辉煌灿烂的古代文化，在这些闪耀着古人智慧的文化中，蕴藏着非常丰富而又异常深刻的生态智慧。在中国古代，人们习惯将人与自然的关系称作天人关系，所谓的"天人合一"，说的就是人与自然和谐相处，实现人与自然合而为一、融为一体的理想状态。中国古代的很多思想家都认为人是自然界的一部分。人与自然的沟通，最早可以追溯到伏羲氏通过"仰观天象，俯察地理，近取诸身，远取诸物"而发明的八卦。《周易·系辞传下》有这样的记载："古者包牺氏之王天下也，仰则观象于天，俯则观法于地，观鸟兽之纹与地之宜，近取诸身，远取诸物，于是始作八卦，以通神明之德，以类万物之情。"春秋战国时期，老

---

① 《马克思恩格斯选集》第4卷，人民出版社1995年版，第383页。

子提出："道大，天大，地大，人亦大。域中有四大，而人居其一焉。人法地，地法天，天法道，道法自然。"① 强调人必须要按照自然规律办事，以谋求人与自然之间的和谐。庄子也在《庄子》一书中开篇宗义，指出："知天之所为，知人之所为者，至矣。"把正确认识天地自然与人的属性和关系作为一个人是否具有学识的最高境界。他的"天地与我并生，万物与我为一"②，正是他从物性平等出发，主张万物与人融为一体，实现人与自然和谐发展的体现。在庄子看来，"天地有大美而不言，四时有明法而不议，万物有成理而不说，圣人者，原天地之美而达万物之理。是故至人无为，大圣不作，观于天地之谓也。"他认为自然界本身已经为其安排好了自身的美好秩序，人生活在其中只要顺其自然，自然就能达到"无为而无不为"的境界。需要指出的是，中国古代文化在强调人应该尊重自然、顺应自然的同时，并不主张人消极地等待和被动地接受自然的安排，相反却倡导人应该在认识并尊重自然规律的前提下采取积极的态度适应环境、达成目的。"天行健，君子以自强不息；地势坤，君子以厚德载物"③ 说的就是这个道理。

新中国建立以后，作为执政党的中国共产党，对我国社会主义建设中的生态建设做过初步探索，在大力从事以重工业为重点的经济建设时期就曾提出过要保护生态环境的问题。毛泽东关于"兴修水利"的思想，工业要在沿海和内地均衡布局的思想，南北各地的绿化"对农业，对工业，对各方面都有利"④ 的思想，资源要有计划地利用的思想，必须反对铺张浪费、提倡艰苦朴素作风、厉行节约的思想，以及"夫妇之间应该订出一个家庭计划，规定一辈子生多少孩子"⑤ 的思想，等等，都反映了他在保护生态环境、维护生态平衡方面所作出的积极探索。虽然后来在"赶超英美"、"跑步进入共产主义"等不切实际目标指导下，也曾一味地相信"人定胜天"，并提出"向自然界开战"，造成了生态环境的巨大破坏，但也为

---

① 《道德经》，第25章。

② 《庄子·齐物论》。

③ 《系辞下传》。

④ 《毛泽东文集》第六卷，人民出版社1999年版，第475页。

⑤ 《毛泽东文集》第七卷，人民出版社1999年版，第153页。

后来党制定更加明确的生态战略提供了宝贵的经验和启示。

党的十一届三中全会以后，以邓小平为核心的党中央第二代领导集体，认真总结党的第一代领导集体从事社会主义建设的经验教训，以世界各国在追求经济高速发展时所带来的资源短缺、环境污染和生态恶化为鉴，在提出以经济建设为中心，"发展是硬道理"的同时，提出了在制定和实施经济与社会发展规划时应该正确处理经济发展与环境保护的关系思想。如邓小平所指出："核电站我们还是要发展，油气田开发、铁路公路建设、自然环境保护等，都很重要。"① 他提出的判断社会主义建设成败得失的"三个有利于标准"，就是主张经济发展的速度应该与质量和效益相统一、经济社会发展应该与人民生活质量的提高相统一，其实质，归根结底就是要在实现经济发展的同时注意生态环境的保护，以实现中华民族的长远和持续发展。

总之，中国传统文化中所蕴含的人是自然界的一部分和人与自然和谐相处的思想与今天我们所进行的生态文明建设有着内在的一致性。这些闪烁着生态智慧的思想之所以经久不衰，历久弥新，就是因为它们把握住了人与自然之间关系的真谛，就是因为在以它们为指导来处理人与自然之间的关系时取得了积极的效果。这些重要的思想遗产，同以毛泽东为核心的党中央第一代领导集体、以邓小平为核心的党中央第二代领导集体保护生态的思想一起，共同构成了中国特色社会主义生态文明建设战略思想提出的思想渊源。

第三，中国特色社会主义生态文明建设战略思想形成的现实背景。

党的十八大将"大力推进生态文明建设"作为一部分内容单独列出来进行论述，标志着中国共产党对社会主义建设规律和人类社会发展规律认识上的新的升华。这是适应当前我国在社会主义现代化进程中所面临的日益严重的资源和环境问题的客观需要，又是立足于中国的基本国情、着眼于中华民族的长远发展所作出的伟大而又正确的战略抉择。

一是，我国经济建设和社会发展取得的巨大成就为实施生态文明建设战略提供了必要的物质和技术基础。党的十一届三中全会以来，以邓小平

---

① 《邓小平文选》第三卷，人民出版社 1993 年版，第 363 页。

为核心的党中央第二代领导集体，重新确立了"解放思想、实事求是"的思想路线，把党和国家的工作重心转移到经济建设上来，作出了改革开放的伟大决策，在立足中国社会主义初级阶段的基本国情和建设有中国特色社会主义的理论指导下，我国经济得到了长期平稳较快的发展，经济建设成就举世瞩目。经过三十多年的发展，截至 2012 年，我国的经济总量已经跃升至世界第二位，"社会生产力、经济实力、科技实力迈上一个大台阶，人民生活水平、居民收入水平、社会保障水平迈上一个大台阶，综合国力、国际竞争力、国际影响力迈上一个大台阶，国家面貌发生新的历史性变化。"[①] 所有这些，为党和国家提出并深入贯彻实施生态文明建设战略奠定了必要的物质和技术基础。

二是，我国继续发展所面临的生态环境问题日益严峻成为实施生态文明建设战略的必然要求。中国拥有世界上 21% 的人口，而在能源以及其他重要战略资源储备总量方面比如石油、天然气、铁矿石、铜矿石、铝土矿等则只占世界储备总量相当小的份额，发展中大国和人均资源短缺是我国社会发展的突出矛盾。改革开放以来，我国在经济建设取得巨大成就的同时，也积累了一系列问题。其中最为严重的一个问题就是生态环境的恶化。生态环境直接影响到人们的身体健康和生活质量，不断恶化的生态环境如大气污染、水污染、水土流失现象严重等必然会激起人民群众的不满，引发社会问题，从而影响社会主义现代化建设的大局。另外一个十分突出的问题则是因为经济增长方式的粗放所导致的资源能源短缺问题。长期以来，我们坚持以经济建设为中心，追求经济发展的高速度，但始终没有处理好人口、资源与环境的协调问题，而且经济发展方式粗放，导致我国已经成为世界上资源最为短缺、污染最为严重、生态环境最为恶化的国家之一。我国石油的对外依存度已经上升到 56.7%，重要矿产资源的对外依存度也在快速上升，多年平均缺水量已达 536 亿立方米，2/3 甚至以上的城市缺水，其中 110 座城市严重缺水，耕地也已逼近 18 亿亩红线。[②]然而在这种情况下，我国单位产品资源能源消耗量却比西方发达国家高出

---

① 《中国共产党第十八次全国代表大会文件汇编》，人民出版社 2012 年版，第 6 页。

② 《十八大报告辅导读本》，人民出版社 2012 年版，第 319 页。

许多，这无疑加大了我国在资源和环境方面面临的压力，同时也加快了我国在发展中产生的问题的积累速度。破解这些在经济发展中产生的难题，使发展中产生的问题在由新的发展理念指导下的新的发展中得到解决，正是生态文明建设战略思想提出的重要原因。

三是，建设生态文明是国际社会共同关心的普遍问题，是人类社会发展的必然趋势。1972 年 6 月在瑞典首都斯德哥尔摩举行的世界第一次人类环境会议、1992 年 7 月在巴西首都里约热内卢举行的联合国环境与发展大会以及 2009 年 12 月在丹麦首都哥本哈根举行的世界气候大会，都是世界各国齐心协力应对生态环境恶化问题的重要标志。生态问题是没有国界的，它毫无疑问地成为国际社会所共同关心的问题。生态危机所导致的恶劣后果，任何国家都难以幸免。在努力改善人与自然关系、实现人与自然和谐发展的过程中，任何国家都不能置身事外。近些年来，西方资本主义国家涌现的生态社会主义和生态学马克思主义等社会思潮直指生态问题，并提出了一些解决生态问题的建议。事实上，西方各主要国家绿党的产生和迅速壮大就是西方国家日益关注生态问题的最好表现。绿党主张人是自然界的一部分，人是立于自然之中而不是跃居自然之上的，人类应该合理地利用和开发有限的自然资源，发展生态经济，强调维护和实现生态系统的平衡，反对破坏生态系统的人类行为。生态社会主义思潮认为，人类只有一个赖以生存和发展的世界，而今的生态危机是属于全球化的没有国界的全球性危机，保护生态环境是全人类共同的责任和使命，也是全人类的共同利益所在，世界各国人民应该携起手来，同舟共济，共同治理全球生态环境问题，造福自身及子孙后代。生态学马克思主义则认为导致当今全球性生态危机的原因是多方面的，但更主要的是因为资本主义生产方式的产生和发展，指出人类走出生态危机的根本出路就是建立"稳态"的社会主义经济模式。毫无疑问，这些思潮都不约而同地将维护生态环境，创造一个没有污染、人与自然和谐相处的局面作为自己的奋斗目标。

适应世界各国保护环境、维护生态，追求人与自然和谐共处的潮流，结合中国的现实国情，反思自身在发展中产生的问题，以实现中华民族的健康和永续发展，是中国共产党生态文明建设战略思想提出的国际背景。

（三）社会主义生态文明建设理论形成的重大意义

党的十八大报告指出："建设生态文明，是关系人民福祉、关乎民族未来的长远大计。"[①] 大力推进社会主义生态文明建设，对我们实现建设美丽中国、全面建成小康社会的伟大目标和实现中华民族的永续发展具有重要意义。

第一，加强生态文明建设，有利于建设美丽中国。"努力建设美丽中国，实现中华民族永续发展"[②] 是党的十八大立足我国经济社会发展的全局，准确把握我国在新世纪新阶段实现继续发展所面临的有利条件和严峻挑战的背景下提出的宏伟目标。所谓美丽中国，既是人与自然和谐相处、共生共荣的中国，也是人与人及其社会融洽相处、和谐发展的中国。建设美丽中国，二者不可偏废其一。大力推进社会主义生态文明建设无疑会对我们建设一个这样的美丽中国发挥出越来越积极的作用。美丽中国必须促进人与自然和谐相处。一直以来，为追求经济发展的高速度，我们在资源能源和生态环境方面付出了极其严重的代价。比如说在能源资源消耗方面，我国与西方发达国家相比资源能源产出效率极低；生态环境方面，水土流失、江河污染、雾霾天气、雨雪冰冻、酸雨横行等种种生态退化现象愈演愈烈。这些问题的产生，可以说都是工业文明的发展理念所导致的必然结果。如果继续以这种发展理念指导我们的现代化建设，势必会使古老的中华文明重蹈古埃及文明、古巴比伦文明、古地中海文明和美洲玛雅文明等古老文明灭亡的覆辙，将中华民族带进灭亡的深渊。面对这些在工业文明理念指导下的发展过程中产生的棘手的问题，如果仍然用工业文明的传统思路显然是解决不了的，唯一的办法就是转变发展思路，以生态文明建设为契机，大力发展生态技术，果断抛弃传统工业生产"资源——产品——废弃物"的先污染、后治理的发展方式，转而走进"资源——产品——再生资源"的边发展边治理的良性循环，以在新的基础上实现人与自然的和谐相处和持续发展。美丽中国更要处理好人与人及其社会之间的

---

① 《中国共产党第十八次全国代表大会文件汇编》，人民出版社 2012 年版，第 36 页。
② 《中国共产党第十八次全国代表大会文件汇编》，人民出版社 2012 年版，第 36 页。

关系。追求发展的高速度所带来的恶劣影响不仅体现在能源资源和生态环境方面，也体现在人与人、人与社会的关系中。如果说环境污染所导致的后果主要体现在自然对人的报复，体现在自然不再给人类新鲜的空气、洁净的水和没有公害的食品；那么工业文明的发展方式所引发的人与人、人与社会之间的危机则主要表现在每个人都追逐实现自身利益最大化的过程中因个人能力和方法手段的不同所导致的贫富分化加剧和诚信缺失。十一届三中全会以前，由于我们一度追求"一大二公"的绝对平均的社会主义，各方面建设社会主义的积极性得不到发挥，影响了社会主义现代化建设进程。十一届三中全会以来，党中央转变发展理念，冲破"绝对平均主义"的桎梏，允许一部分地区、一部分人因为有利条件而先发展、先富起来，这种理念对促进我国经济进步和社会发展的确起到了巨大作用，但也导致了地区差异加大和两极分化现象的产生并且这种现象呈现出越来越严重的局面。如不迅速采取有效措施改变现状，那么对个人利益的无止境追求所引发的诚信危机势必引发深层的社会危机，地区发展差距的加大和贫富分化的加剧也势必会激化社会矛盾，进而影响到改革、发展、稳定大局。此时，大力推进以保护生态环境、发展循环经济、实现人与自然、人与人、人与社会和谐共生为基本宗旨的生态文明建设，无疑对统筹解决我们在发展中产生的人与人、人与社会之间的各种矛盾问题具有重要意义。

第二，加强生态文明建设，有利于全面建成小康社会。我们所要努力建成的全面小康社会，应该是经济、政治、文化、社会和生态协调发展的社会，应该是不同社会阶层和不同地区的所有社会成员的生活水平和生活质量有整体性提升、不同阶层不同地域的社会成员的收入水平差距日渐缩小的社会，应该是以人为本思想全面贯彻、人的素质全面提高、实现人的全面发展的社会，应该是注重实现经济发展与人口、资源、环境相协调的能够可持续发展的社会。党的十八大立足我国经济社会发展的实际，在十六大和十七大确立的全面建设小康社会目标的基础上，对我们正在努力全面建设的小康社会提出了新的要求，即经济持续健康发展、人民民主不断扩大、文化软实力显著增强、人民生活水平全面提高、资源节约型、环境友好型社会建设取得重大进展。这些要求与生态文明所主张的人与自然、人与人以及社会的和谐共生、良性循环与全面发展不谋而合。木桶原理告诉我们，决定一只水桶能盛多少水的往往不是最长的那块木板而是最短的那块木板。我们正在从事的中国特色社会主义建设伟大事业也正是由经济建设、政治建设、文化建设、社会建设和生态建设这五个方面共同组成的一只木桶，以往我们只注重经济建设，关注物质文明的实现和满足而对生态文明建设的重视不够，在唯经济增长、唯 GDP 论的错误指导下，尽管我们在经济建设方面取得了巨大的成就，但同时也导致了生态文明建设的长期滞后。不难想象，如果我们不能尽快地补齐社会主义现代化建设中五位一体的生态文明建设这块短板，即使我们能够将经济建设这块木板造的很长，即使我们能够实现物质层面的小康，最终也会因为生态文明建设这块短板的作用而使已经取得的成果得而复失。这就直接关系到全面建成小康社会最终目标的实现，直接影响到人民群众实现小康的层次和水平。因此，大力推进生态文明建设，对我们实现全面的、高水平的小康具有重要意义。

第三，加强生态文明建设，有利于破解发展中的难题。长期以来，为追求经济发展的高速度和经济利益的最大化，我们曾经一度非常倚重高投入、低产出、粗放型的经济增长方式，从而影响了我国经济的健康发展。于是，在享受经济高速增长的同时，我们也体味到了因高增长而带来的苦果，如能源紧张、资源短缺、生态退化、环境恶化、气候变化、灾害频发等。这种只重视经济效益而忽视生态效益的发展，给实现可持续发展带来了极为不利的影响。以往人类社会所创造的几种文明形式被事实证明并不能从根本上解决生态危机问题，要解决这种"文明病"，迫切需要一种新的文明形式来指导新的发展。生态文明，作为工业文明发展到一定阶段的产物，是超越工业文明的人类文明新形态，是在对工业文明带来的严重的生态安全进行深刻反思的基础上形成的。这种文明以"基本形成节约能源资源和保护生态环境的产业结构、增长方式、消费方式"等作为其基本内容和主要目标，是党中央审视当代世界文明发展大势和当代中国全面建成小康社会的现实要求所提出的新的发展理念。大力推进社会主义生态文明建设，是推动国民经济实现又好又快发展，破解发展中产生的难题，实现人与自然和谐共存的必由之路。

二、中国特色社会主义生态文明建设的基本要求

生态文明建设不是抽象的脱离具体社会形态而存在的。我们所要努力建设的是社会主义的生态文明。大力推进生态文明建设，必须坚持社会主义的基本方向、尊重生态文明建设的自身规律和立足当代中国的基本国情。

（一）生态文明建设必须坚持社会主义的基本方向

社会主义制度是更好地推进生态文明建设的制度保障。社会主义制度在中国的确立，是近代以来中国历史发展的必然。只有社会主义才能救中国，只有中国特色社会主义才能发展中国。推进生态文明建设，是我国在经济发展到一定阶段所面临的资源能源、生态环境和社会矛盾问题进一步凸显的背景下作出的必然选择，它的最终目的就是为了更好地建设和发展中国特色的社会主义。马克思主义认为，社会主义制度的建立，是彻底解决人与自然之间矛盾和冲突的根本前提。科学社会主义的基本原理，是马克思和恩格斯在深刻揭露当代资本主义的罪恶与腐朽、矛盾与缺陷的基础上形成的，它包含着马克思、恩格斯对人类以往文明的深刻反思。在社会主义社会，人们的利益从根本上说是一致的，这就不会因为人们利益的分化和冲突，不会因为人们对各自利益的追求而阻碍生态文明建设的进程。马克思曾经指出："这种共产主义，作为完成了的自然主义，等于人道主义，而作为完成了的人道主义，等于自然主义，它是人和自然界之间、人和人之间的矛盾的真正解决"[①]。尽管社会主义还只是共产主义的初级阶段，但是在决定社会性质的最主要的基本特征方面，社会主义和共产主义之间并没有本质的区别。生态文明建设所要求的基本前提，只有社会主义制度下依靠人民民主专政的国家政权和强大的社会主义性质的国有经济才能提供和保障；而社会主义的继续发展，也迫切要求大力推进生态文明建

---

① 《马克思恩格斯文集》第 1 卷，人民出版社 2009 年版，第 185 页。

设，以保障人与自然和谐相处和共生共荣。生态文明与社会主义是内在紧密地联系在一起的，推进生态文明建设与建设和发展中国特色社会主义二者紧密结合，相互推动，相得益彰。

（二）生态文明建设必须尊重生态文明的发展规律

马克思主义认为，人与动物的最大区别就是人具有主观能动性，这是人的最可贵之处。但是这种主观能动性并不是随意可以发挥的，它必须以充分认识和尊重事物发展的客观规律为前提，如果违背了事物发展的客观规律，那么必然会受到客观规律的惩罚。推进生态文明建设也必须充分尊重生态文明建设自身的规律。马克思指出："人们自己创造自己的历史，但是他们并不是随心所欲地创造，并不是在他们自己选定的条件下创造，而是在直接碰到的、既定的、从过去承继下来的条件下创造。"① 生态文明作为继原始文明、农业文明和工业文明之后的文明的新形态，它必然是立足于人类过去文明史上一切精华的吸收和缺点的克服的基础上的。这就要求我们在推进生态文明建设的过程中，必须正确地对待原始文明、农业文明和工业文明中具有积极意义的内容，而绝不是一概排斥其合理成分将其简单地抛在一旁。那种忽视和抹杀人类过往文明史上曾经对人类的发展和进步起过巨大作用的文明成果的思想和行为，是从根本上违背生态文明建设的自身规律的，必将受到规律的惩罚。

（三）生态文明建设必须立足当代中国的基本国情

生态文明理念是依据当代中国的政治、经济、文化和社会发展的客观形势适时提出的。其具体要求是实现人与自然、人与人及其社会的和谐相处和持续发展，这就决定了生态文明建设决不能是抽象的、脱离世情和国情的，而必须是从中国仍处于并将长期处于社会主义初级阶段的基本国情出发，用生态文明的新理念指导改革、发展、建设的实际，进而谋求人与自然、人与人、人与社会之间矛盾问题的根本解决。尽管生态问题没有国界，生态危机所带来的危害已影响到全世界，生态问题毫无疑问地应该是

---

① 《马克思恩格斯选集》第 1 卷，人民出版社 1995 年版，第 585 页。

全人类共同的问题，但是在市场经济纵深发展、全球化浪潮一浪高过一浪的时代背景下，人类世界即世界各国自身的利益分化和差别不仅没有消失，反而在日益加大的国际竞争压力下有不断扩大的趋势。在这种情况下，各个民族国家在考虑问题和制定政策时都会首先从本国和本民族的利益出发，哪怕是像生态危机这类对整个供人类生存的唯一的地球的可持续发展具有明显危害的问题也不能例外。在推进生态文明建设的过程中，我们既要考虑全人类的共同利益，更要考虑中华民族自身的利益，脱离中国实际情况开展生态文明建设，不仅不利于我们正确地认识和从根本上解决生态环境恶化，也不利于解决因生态环境问题而引起的社会矛盾，只会白白消耗得来不易的经济建设成果，削弱自身的持续发展能力。这就要求我们，一方面要充分认识到大力推进生态文明建设的重要性，同时又要保持清醒和理智的头脑，在"共同但有区别"的原则下同国际社会一道为解决全球性生态问题作出自己力所能及的贡献。

（四）把生态文明融入社会各方面和全过程

党的十八大提出，要"把生态文明建设放在突出地位，融入经济建设、政治建设、文化建设、社会建设各方面和全过程"。这是对我国社会主义现代化建设在新的发展阶段提出的新的要求，也是推进生态文明建设的实质。大力推进生态文明建设，绝不仅仅是简单的做好资源和环境等方面的工作，而是涉及到生产方式和生活方式的根本性变革的重要战略任务。它既需要我们做好资源环境等方面的相对独立的工作，更需要我们在物质文明、政治文明和精神文明的各个层面，在经济建设、政治建设、文化建设和社会建设的各个领域进行全面而深刻的变革，使生态文明的理念、原则和目标等深刻融入和全面贯穿到社会主义现代化建设事业的各个方面，从而在形成人与自然和谐发展的新格局中发挥更大的作用。把生态文明建设融入经济建设，就要建立以循环经济为核心的生态经济体系，走新型工业化道路，调整和优化经济结构，培育发展循环经济，积极发展生态农业、生态工业和现代服务业，努力倡导绿色消费，走出一条科技先导型、资源节约型、清洁生产型、生态保护型、循环经济型的经济发展途径；把生态文明建设融入政治建设，就要大力推进政治体制改革，不断扩大人民民主，推进依法治国，建设法治国家和法治政府，使司法公信力不断提升，人权得到切实尊重和保障，实现人民群众富裕程度普遍提高、生活质量明显改善、人居环境更加美化、人与自然关系更加和谐；把生态文明建设融入文化建设，就要大力发展生态文化产业和事业，发展生态哲学、生态伦理学、生态经济学、生态法学、生态文艺学等等学科，并努力发挥它们在生态文明建设中的作用，不断提高全社会的生态意识、生态观念、生态思维和生态生产能力；把生态文明建设融入社会建设，就要坚持以人为本的发展理念，坚持执政为民，重视增加居民收入和改善民生，努力实现发展成果由人民共享，努力缩小收入差距和实现社会公平，积极反对腐败，建设一个人民安居乐业、社会民主公正、政府清正廉洁、国家繁荣兴旺的太平盛世。

三、推进社会主义生态文明建设的重要举措

生态文明建设是建设和发展中国特色社会主义的重要内容。按照党的十八大提出的生态文明建设要"坚持节约资源和保护环境的基本国策，坚持节约优先、保护优先、自然恢复为主的方针，着力推进绿色发展、循环发展、低碳发展，形成节约资源和保护环境的空间格局、产业结构、生产方式、生活方式，从源头上扭转生态环境恶化趋势，为人民创造良好生产生活环境，为全球生态安全作出贡献"[①] 的总体要求，为实现"建设美丽中国，实现中华民族永续发展"的目标，需要着重做好以下几项工作。

（一）提升人民群众的生态意识

思想是行动的先导，有什么样的价值观就会有什么样的行为方式，有什么样的发展理念也必然会有什么样的发展方式。历史唯物主义认为，社会存在决定社会意识，反过来社会意识对社会存在又具有能动的反作用。

---

① 《中国共产党第十八次全国代表大会文件汇编》，人民出版社 2012 年版，第 36 页。

人类是在自己意识的指导下从事认识世界和改造世界的活动的，人类的行为会受到其思想观念的深刻影响，打上深刻的目的性烙印。因此，在全社会弘扬生态文明理念，努力提升人民群众的生态意识，是生态文明建设的思想前提，对推进生态文明建设发挥着至关重要的基础性的作用。

党的十八大报告提出要"加强生态文明宣传教育，增强全民节约意识、环保意识、生态意识，形成合理消费的社会风尚，营造爱护生态环境的良好风气"①。这既是党对人民群众的生态意识与生态环境之间的关系认识的新高度，也是党对全国人民在保护生态环境方面提出的新期望。尽管近些年来我国生态文明建设取得了一定的成就，但是我们所面临的资源能源短缺和生态环境破坏的压力依然是越来越大。相当数量的一部分人，甚至是很多地方的领导干部，思想观念仍然停留在工业文明的发展理念上，重视经济发展而轻视环境保护、重视发展速度而轻视质量效益、重视个人政绩而轻视社会民生、重视当前利益而轻视持续发展，致使脆弱的生态环境在经济建设过程中继续遭到严重的破坏。如果不破除这种旧的传统工业文明发展理念，以生态文明理念取而代之，实现科学发展和人与自然和谐相处只能是一句空话。所以，要在全社会树立尊重自然、顺应自然、保护自然、热爱自然、与自然和谐相处的正确生态理念，以推动科学发展、减轻资源环境压力，促进人与自然和谐相处。

人民群众生态意识的提升是一个紧迫但又漫长的过程，需要全社会的共同努力和积极参与。首先，要加强国民教育中关于生态文明内容的教育，将生态文明理念融入各个阶段的学校教育，使每一个接受教育者获得更多关于基本国情和基本国策、资源节约和环境保护等方面的教育，从而使坚持生态文明理念真正成为他们内心深处的自觉；其次，要利用报刊杂志、电视、广播尤其是网络等传播媒介向人民群众广泛而深入地宣传生态环境保护知识，大力倡导有利于节约能源资源、保护生态环境的生产方式和生活方式，努力营造绿色生产、绿色消费等有利于生态文明建设的良好社会氛围；第三，完善法律体系，为生态意识确立提供规范和引导。我国已经建立了包括《环境保护法》、《大气污染防治法》、《水污染防治法》、《清

---

① 《中国共产党第十八次全国代表大会文件汇编》，人民出版社 2012 年版，第 38 页。

洁生产促进法》等一系列法律法规在内的法律体系，这些法律法规为约束人们破坏生态的行为，树立尊重自然、爱护自然、与自然和谐相处的生态意识提供了重要保障。但在我国发展所遇到的能源资源短缺和生态环境破坏日益严重、环保任务日益艰巨的严峻形势下，现有法律法规也迫切需要根据客观形势的发展变化与时俱进。这就要加快生态立法体系建设，在土壤污染、生物安全、耕地利用、化学污染、环境监管、核安全和臭氧层保护等方面加快立法进程，及时填补现有生态环境保护法律的不足，为实现人们有法可依奠定最根本的基础。同时，要加快生态执法体系建设，不能有效贯彻实施的法律只是一纸空文，发挥不了任何约束人们行为的作用。

（二）优化国土空间开发格局

国土是生态文明建设的空间载体，是我们生存和发展的空间，必须珍惜每一寸国土。随着我国人口总量的持续增长、工业化和城镇化进程的加快、经济发展规模的迅速扩张，有限的国土空间面临着承载规模更大、强度更高的经济社会活动。根据国家人口和计划生育委员会在《国家人口发展战略研究报告》中的预测，到 2033 年，中国人口总量将达到峰值十五亿人左右，按照 70% 的城镇化率计算，到时候城镇人口将在十亿左右，比 2012 年 6.7 亿的城镇人口多 3.3 亿人。国务院发展研究中心的预测表明，到 2020 年中国经济总量将达到 72.83 万亿元，2030 年达到 133.69 万亿元，分别是 2010 年的 1.8 倍和 3.3 倍。未来 10 到 20 年，在我国资源环境压力已较大的背景下，如何在有限的国土空间合理布局，以承载人口增长、经济扩张带来的高强度的经济活动，使我国生态脆弱和环境恶化的地区得到保护和改善，实现可持续发展，关系到国家的长治久安。

我国国土空间在有力支撑了经济快速发展和社会进步的同时，也出现了一些必须高度重视和需要着力解决的突出问题。主要是：耕地减少过多过快，生态系统功能退化，资源开发强度大，环境问题凸显，空间结构不合理，绿色生态空间减少过多等。党的十八大提出了"优化国土空间开发格局"的目标和举措。即"按照人口资源环境相均衡、经济社会生态效益相统一的原则，控制开发强度，调整空间结构，促进生产空间集约高效、生活空间宜居适度、生态空间山清水秀，给自然留下更多修复空间，给农业留下更多良田，给子孙后代留下天蓝、地绿、水净的美好家园"①。

第一，加快实施主体功能区战略，构建科学合理的城市化格局、农业发展格局、生态安全格局。这是解决我国国土空间开发中存在问题的根本途径，是当前生态文明建设的紧迫任务。根据《全国主体功能区规划》，推动各地区严格按照主体功能定位发展，构建"两横三纵"为主体的城市化格局、"七区二十三带"为主体的农业发展格局、"两屏三带"为主体的生态安全格局。城市化地区要把增强综合经济实力作为首要任务，同时要保护好耕地和生态；农产品主产区要把增强农业综合生产能力作为首要任务，同时要保护好生态，在不影响主体功能的前提下适度发展非农产业；重点生态功能区要把增强提供生态产品能力作为首要任务，同时可适度发展不影响主体功能的适宜产业。

第二，实行分类管理的区域政策和各有侧重的绩效评价。一是实施分类管理的区域政策。中央财政要逐年加大对农产品主产区、重点生态功能区特别是中西部重点生态功能区的转移支付力度，增强基本公共服务和生态环境保护能力。实行按主体功能区安排与按领域安排相结合的政府投资政策，按主体功能区安排的投资主要用于支持重点生态功能区和农产品主产区的发展，按领域安排的投资要符合各区域的主体功能定位和发展方向。明确不同主体功能区的鼓励、限制和禁止类产业，科学确定各类用地规模，对不同主体功能区实行不同的污染物排放总量控制和环境标准。二是实行各有侧重的绩效评价。在强化对各类地区提供基本公共服务、增强可持续发展能力等方面评价基础上，按照不同区域的主体功能定位，实行差别化的评价考核。对优化开发的城市地区，强化经济结构、科技创新、资源利用、环境保护等的评价。对重点开发的城市化地区，综合评价经济增长、产业结构、质量效益、节能减排、环境保护和吸纳人口。对限制开发的农产品主产区和重点生态功能区，分别实行农业发展优先和生态保护优先的绩效评价，不考核地区生产总值、工业等指标。对禁止开发的重点生态功能区，全面评价自然文化资源原真性和完整性保护情况。

① 《中国共产党第十八次全国代表大会文件汇编》，人民出版社 2012 年版，第 36 页。

第三，促进陆地国土空间与海洋国土空间协调开发。海洋主体功能区的划分要充分考虑维护我国海洋权益、海洋资源环境承载能力、海洋开发内容及开发现状，并与陆地国土空间的主体功能区相协调。沿海地区集聚人口和经济的规模要与海洋环境承载能力相适应，统筹考虑海洋环境保护与陆源污染防治。严格保护海岸线资源，合理划分海岸线功能，做到分段明确，相对集中，互不干扰。港口建设和涉海工业要集约利用海岸线资源和近岸海域。各类开发活动都要以保护好海洋自然生态为前提，尽可能避免改变海域的自然属性。控制围填海造地规模，统筹海岛保护、开发与建设。保护河口湿地，合理开发利用沿海滩涂，修复受损的海洋生态系统。

（三）全面促进资源节约

节约资源是保护生态环境的根本之策。党的十八大报告对于促进资源节约作出了全面部署，确定了资源节约的主要方向和重点。

首先，推动资源利用方式的根本转变。资源是增加社会生产和改善居民生活的重要支撑，节约资源的目的并不是减少生产和降低居民消费水平，而是使生产相同数量的产品能够消耗更少的资源，或用相同数量的资源能够生产更多的产品、创造更高的价值，使有限资源能更好满足人民群众物质文化生活需要。只有通过资源的高效利用，才能实现这个目标。因此，转变资源利用方式，推动资源高效利用，是节约利用资源的根本途径。要通过科技创新和技术进步深入挖掘资源利用效率，促进资源利用效率不断提升，大幅降低能源、水、土地等资源消耗强度。同时要推动能源生产和消费革命。节约能源是节约资源的最重要组成部分，资源节约必然要求高度重视和加强能源节约。我国能源储量不足与经济社会发展对能源需求量巨大的客观现实，决定了在我国节约能源更加重要、更加必要、更加迫切。必须把节约能源放在全面促进资源节约工作的突出位置，大力推动能源生产和消费革命，控制能源消费总量，加强节能降耗，支持节能低碳产业和新能源、可再生能源发展，确保国家能源安全。

其次，加强资源保护。我国的矿产资源、水、耕地、森林等自然资源都是相对紧缺的，要进一步完善严格的保护制度。加强矿产资源勘查、保护、合理开发，提高矿产资源勘查水平，强化矿产资源特别是优势矿产资源和特定矿种保护，提高矿产资源开采回采率、选矿回收率、综合利用率水平，加强低品位、难选冶、共伴生矿产资源的综合开发利用，鼓励矿山固体废弃物和尾矿资源利用，提高废弃物的资源化水平，提高矿产资源合理开采与综合利用水平；完善最严格的水资源管理制度，加强水源地保护和用水总量管理，加强用水总量控制和定额管理，制定和完善江河流域水量分配方案，推进水资源循环利用；完善最严格的耕地保护制度，对土地用途进行严格管制，从严控制建设用地总规模，从严控制各类建设占用耕地，严格落实耕地占补平衡、先补后占，切实保护好耕地特别是基本农田，推进国土综合整治。

再次，大量发展循环经济。发展循环经济是节约资源的有效形式和重要途径。要按照减量化、再利用、资源化原则，注重从源头上减少进入生产和消费过程的物质量以及物品完成使用功能后重新变成再生资源，加强资源循环利用的技术研发，大力推进循环经济发展，促进生产、流通、消费过程的减量化、再利用、资源化，加快形成覆盖全社会的资源循环利用体系。

（四）健全生态环境保护的立法体系

社会主义生态文明立法建设是中国特色社会主义生态文明建设的重要保证。生态文明立法建设，既是运用法律对破坏生态文明的行为进行制裁的需要，更是以立法规范指引社会行为趋利避害，使人们明了哪些行为是合法的、哪些行为是违法的需要。那些自然资源利用自由化、社会生产无序化、社会生活自发化、利益追求自我化的行为，最终结果必然是对生态环境的严重破坏，对社会秩序的严重干扰，对社会发展的严重阻碍。因此，在现行生态保护法规的基础上，逐步健全生态保护的法律法规，进而建设生态文明立法体系，是建设生态文明的根本措施。

当前，我国生态文明保护立法已经形成了比较完善的体系，但是仍然有待于进一步完善。随着工业化进程的加快，还会有很多新的问题出现，还会有很多新的生态环境问题需要立法来保护。发达国家在生态环境立法方面的相关经验，只要是有利于推进社会主义生态文明建设的，我们应该大胆的借鉴，对社会主义现代化建设有利的东西，我们没有理由去反对。

在具体的环境门槛和环境质量标准等问题上，我们也要逐步和国际接轨，在实践中逐步改革，使其能够很好地适应经济和社会发展的需要。同时我们还要注意，有了生态文明保护相关的法律法规还只是社会主义生态文明建设这个万里征程的第一步，更重要的是我们在有了相关的法律法规以后，能否坚持有法必依、执法必严、违法必究。执法是生态环境保护的最重要的内容，因此，对具体的有利于执法的程序问题，相关法律也要进一步完善，以保证对破坏生态环境的不法之徒给予严厉的惩治。

（五）加强生态文明制度建设

党的十八大强调，保护生态环境必须依靠制度。制度是维护生态文明的重要保障，带有根本性、全局性、稳定性和长期性。体制机制问题也不容忽视。为此，要加快建立生态文明制度，健全国土空间开发、资源节约、生态环境保护的体制机制，推动形成人与自然和谐发展的现代化建设新格局。

第一，要建立和完善职能有机统一、运转协调高效的生态环保综合管理体制。"建立国土空间开发保护制度，完善最严格的耕地保护制度、水资源管理制度、环境保护制度"[①]，对国家重点生态功能区和农产品主产区要建立限制开发制度，对依法设立的各级自然保护区、世界文化自然遗产、风景名胜区、森林公园和地质公园等要建立禁止开发制度；在工业化、城镇化快速发展，各类建设用地需求刚性上升的背景下，严格土地管制，严守耕地保护红线，努力做到以最少的土地资源消耗支撑最大规模的经济增长；严格贯彻实施国务院《关于实行最严格水资源管理制度的意见》和《实行最严格水资源管理制度考核办法》，建立用水总量控制制度、用水效率控制制度、水功能区限制纳污制度、水资源管理责任与考核制度，实现水资源可持续利用，支撑经济社会实现可持续发展。

第二，要建立资源有偿使用和生态补偿制度。尽管在资源环境的巨大压力下，我国已经在一定程度上确立了资源有偿使用制度，但这种制度并没有体现出生态价值，而且我国的能源资源、水资源、土地和矿产资源等

---

① 《中国共产党第十八次全国代表大会文件汇编》，人民出版社2012年版，第38页。

资源性产品的价格改革和税费改革还不到位，导致我国在控制能源资源消费和抑制生态环境破坏方面迟迟不能取得理想的效果。这就要求我们必须加快完善资源环境经济配套政策，实行有利于科学发展的财税制度，综合运用财税、价格等经济杠杆，"深化资源性产品价格和税费改革，建立反映市场供求和资源稀缺程度、体现生态价值和代际补偿的资源有偿使用制度和生态补偿制度。"①

第三，"要把资源消耗、环境损害、生态效益纳入经济社会发展评价体系，建立体现生态文明要求的目标体系、考核办法、奖惩机制。"② 为此，必须彻底改变唯 GDP 的观念，增加生态文明在政府绩效考核中的权重。抓紧制定实施生态文明目标指标体系和考核办法，加快完善现有的生态文明评价体系，在指标设置、统计算法及分析方法选择等方面加大研究力度，敦促各级政府提高对以生态文明指标评价政府绩效的认识，鼓励社会公众积极参与到对政府推进生态文明建设的绩效评价中来，并将其切实纳入地方党委政府绩效考核。

第四，要健全生态环境保护责任追究制度和环境损害赔偿制度。加强环境监管，积极开展节能量、碳排放权、排污权、水权交易试点。自然环境和自然界提供的能源资源是人类社会重要的公共产品，关系到人类社会共同的利益，对其进行破坏和损害的行为必须受到追究，进行赔偿。为了在实践中真正做到谁开发谁保护、谁破坏谁恢复、谁受益谁补偿，必须大力推动全社会共同参与到对生态环境的监管中来，共同为生态文明建设作出贡献。

生态文明建设要求我们更加自觉地珍视自然，更加积极主动地保护生态环境，同世界生态文明建设步调一致，建设中国特色社会主义生态文明。努力形成人人关心、人人珍惜、人人保护生态环境的良好氛围，保证人人不仅享有基本的政治、经济和发展权利，而且享有平等的环境权利；保障人人有权获得良好的生活环境、有权不遭受污染的危害、有权参与对影响环境行为的监督和管理。

---

① 《中国共产党第十八次全国代表大会文件汇编》，人民出版社 2012 年版，第 38 页。
② 《中国共产党第十八次全国代表大会文件汇编》，人民出版社 2012 年版，第 37—38 页。

第十章　中国化马克思主义军队与
国防建设理论

中国人民解放军是中国共产党领导的人民军队，是一个执行革命的政治任务的武装集团，是保卫祖国和建设中国特色社会主义的重要力量。人民军队建设与国防建设理论是中国化马克思主义科学体系的重要组成部分。它是中国共产党人把马克思列宁主义普遍原理与中国革命战争实践及社会主义现代化建设实际相结合的产物，是对马克思列宁主义军事理论的继承和发展。这一理论既创造地解决了在中国半殖民地半封建社会条件下，如何建设一支党领导下的新型人民军队、进行人民战争的一系列问题，并系统回答了在社会主义条件下军队和国防现代化建设的重大问题。

一、人民军队建设的思想

人民解放军是中国共产党领导的人民军队。南昌起义、秋收起义、广州起义是党独立领导革命战争和创建人民军队的伟大开端。经过土地革命战争、抗日战争和解放战争，人民军队在共产党的领导下，走过了光辉的道路，为新民主主义革命的胜利和新中国的建立、为保卫社会主义革命和社会主义建设作出了不朽的贡献。人民军队在长期奋斗中形成了一系列优良传统和作风。邓小平指出："从井冈山起，毛泽东同志就为我军建立了非常好的制度，树立了非常好的作风。"[①]这些好的制度和作风，既包括听

---

① 《邓小平文选》第二卷，人民出版社 1994 年版，第 1 页。

党指挥、服务人民、英勇善战等优良传统，又包括艰苦奋斗、实事求是、群众路线等优良作风。在和平建设时期，仍然要继承和发扬我军的这些优良传统和作风，进一步密切官兵关系、军民关系和军政关系。

（一）人民军队的性质宗旨和任务

马克思主义认为，军队从属于一定的阶级并为其阶级利益服务，是无产阶级的专政的首要条件。早在建军之初，毛泽东就指出："中国的红军是一个执行革命的政治任务的武装集团。"[1]他强调这个军队是服从于无产阶级思想领导、服务于人民革命斗争和根据地建设的工具。毛泽东还指出："军队和其他武装力量，是新民主主义的国家权力机关的重要部分，没有它们，就不能保卫国家。新民主主义国家的一切武装力量，如同其他权力机关一样，是属于人民和保护人民的，它们和一切属于少数人、压迫人民的旧式军队、旧式警察等等，完全不同。"强调，我们是共产党领导的军队，是与人民结合一起的军队，是有光荣历史传统的军队，与过去中国一切旧式军队完全不同。毛泽东的这些科学判断，深刻指明了中国人民解放军作为中国共产党领导下的人民军队的根本性质。新时期邓小平也多次指出：中国人民解放军是"党的军队，人民的军队，社会主义国家的军队"[2]，我军要"始终不渝地坚持自己的性质。这个性质是，党的军队，人民的军队，社会主义国家的军队。""我们的军队始终要忠于党，忠于人民，忠于国家，忠于社会主义"。[3]

关于人民军队的宗旨，毛泽东指出："我们的共产党和共产党所领导的八路军、新四军，是革命的队伍。我们这个队伍完全是为着解放人民的，是彻底地为人民的利益工作的。"[4]毛泽东认为，我们"这个军队之所以有力量，是因为所有参加这个军队的人，他们不是为着少数人的或狭隘集团的私利，而是为着广大人民群众的利益，为着全民族的利益，而结合、而战斗的。紧紧地和中国人民站在一起，全心全意地为中国人民服

① 《毛泽东军事文集》第一卷，军事科学出版社、中央文献出版社1993年版，第87页。
② 《邓小平文选》第三卷，人民出版社1993年版，第334页。
③ 《邓小平文选》第三卷，人民出版社1993年版，第334页。
④ 《毛泽东选集》第三卷，人民出版社1991年版，第1004页。

务，就是这个军队的唯一的宗旨。"① 在这个宗旨下面，这个军队具有一往无前的精神，有一个很好的内部和外部的团结，有一个正确的争取敌军官兵和处理俘虏的政策，形成了为人民战争所必需的一系列的战略战术，形成了为人民战争所必需的一系列的政治工作。把全心全意为人民服务作为人民军队的唯一宗旨，是把人民解放军建设成为无产阶级性质的新型革命军队的首要前提，也是军队能够得到人民群众拥护和支持而立于不败之地的根本。

关于人民军队的基本任务，毛泽东指出，"红军决不是单纯地打仗的，它除了打仗消灭敌人军事力量之外，还要负担宣传群众、组织群众、武装群众、帮助群众建立革命政权以至于建立共产党的组织等项重大的任务"，强调"离了对群众的宣传、组织、武装和建设革命政权等项目标，就是失去了打仗的意义，也就是失去了红军存在的意义"②。后来毛泽东又指出，人民解放军既是一个战斗队，又是一个工作队、生产队。新时期，为适应党和国家工作重心转移的需要，党中央又明确规定人民解放军的基本任务是："为改革开放和经济建设提供坚强有力的安全保证"，"更好地担负起保卫国家领土、领空、领海主权和海洋权益，维护祖国统一和安全的神圣使命"，"积极支持和参与改革开放和现代化建设，为国家的发展和繁荣贡献力量。"③ 新世纪新阶段，胡锦涛根据时代发展和国家安全形势的变化，提出了我军要为党巩固执政地位提供重要的力量保证、为维护国家发展的重要战略机遇期提供坚强的安全保障、为维护国家利益提供有力的战略支撑、为维护世界和平与促进共同发展发挥重要作用的重要思想。"三个提供、一个发挥"的历史使命，进一步明确了人民军队在新世纪新阶段的基本任务，拓展了军队的职能，规定了军队建设的发展方向。

（二）人民军队建设的基本原则

坚持党对军队的绝对领导，是新型人民军队建设的根本原则，是毛泽东建军思想的核心。早在人民军队初创时期，毛泽东就明确提出将"支部

---

① 《毛泽东军事文集》第二卷，军事科学出版社、中央文献出版社1993年版，第769页。
② 《毛泽东选集》第一卷，人民出版社1991年版，第86页。
③ 《中国共产党第十四次全国代表大会文件汇编》，人民出版社1992年版，第39页。

建在连上"的重要原则，在红军中实行班、排设党小组，连队建党支部，连以上设党代表，营、团设立党委的制度，整个部队由党的前敌委员会统一领导。强调党对军队的绝对领导，其根本目的在于保证人民军队始终保持无产阶级性质和坚定的政治方向。《古田会议决议》确定了党对军队绝对领导的各项措施和制度。此后，毛泽东又在总结党内正确与错误两种思想斗争的经验，特别是同张国焘分裂主义斗争的经验教训时更为深刻地指出："我们的原则是党指挥枪，而决不容许枪指挥党。"①新中国成立后，毛泽东又针对高岗的"军党论"，再一次强调指出必须坚持党对军队绝对领导的原则。毛泽东认为，从马克思主义关于国家学说的观点看来，军队是国家政权的主要成分。谁想夺取国家政权，并想保持它，谁就应有强大的军队。"没有共产党的领导，就不可能有彻底拥护人民利益的军事工作与政治工作，而如果没有这种军事工作与政治工作的军队，就不可能是彻底拥护人民利益的军队。"②在这里，毛泽东把人民军队的性质、宗旨和基本任务同人民军队建设的根本原则紧密联系起来，揭示了人民军队在革命战争中之所以能够英勇善战、艰苦奋斗、百折不回的根本原因所在。新时期，邓小平、江泽民、胡锦涛、习近平都一再强调，我们这个军队永远是党领导下的人民军队，人民军队传统是听党话、跟党走，不搞小集团，不搞小圈子，不能把权力集中在几个人身上。这是总结人民军队几十年发展经验得出的基本结论。

实行官兵一致、军民一致、瓦解敌军，是人民军队政治工作的三大原则。人民军队建立后，毛泽东即着手在军队里建立党代表、政治工作机关和政治工作制度，确立了政治工作在人民军队中的地位。在人民军队建设的长期实践中，毛泽东为人民军队政治工作创立了一整套工作原则，成为党对军队绝对领导的重要保证。1937年10月，毛泽东将人民军队政治工作的中心内容正式概括为军民一致、官兵一致和瓦解敌军三大原则。一是官兵一致。这是处理人民军队内部官兵关系、上下级关系的准则。实行官兵一致，就要求在军队中肃清封建主义制度，实行官兵平等，尊官爱兵，

① 《毛泽东选集》第二卷，人民出版社1991年版，第547页。
② 《毛泽东年谱（1893—1949）》中卷，中央文献出版社1993年版，第506—507页。

官兵团结、互助，同甘共苦，实行有领导的民主，建立自觉的纪律，是党领导下的人民军队区别于一切旧军队的根本标志之一，是提高人民军队战斗力的基础。二是军民一致。这是处理军政、军民关系的准则。实行军民一致，就要求军队奉行秋毫无犯的民众纪律，宣传、组织和武装民众，减轻民众的经济负担，拥护人民政权，积极参加地方建设；宣传群众、组织群众和武装群众，要减轻人民群众的经济负担，和人民群众打成一片，建立起与人民群众的血肉联系，使人民群众把军队看成是自己的军队。军民一致原则是人民军队发展壮大，克服困难，战胜敌人的重要法宝。三是瓦解敌军和宽待俘虏。这是人民军队从政治上动摇敌人军心，破坏敌军战斗力的策略和手段。实行瓦解敌军和宽待俘虏的政策，就要求人民军队配合军事打击，开展政治攻势，对敌军官兵进行政治宣传和组织瓦解，动摇其军心、涣散其意志，争取其放下武器，投诚、起义，脱离反动阵营，并实行宽待俘虏政策，不杀不辱，不没收私人财产。毛泽东认为，"在人民战争的基础上，在军队和人民团结一致、指挥员和战斗员团结一致以及瓦解敌军等项原则的基础上，人民解放军建立了自己的强有力的革命的政治工作，这是我们战胜敌人的重大因素。"①实行三大原则，是新型人民军队政治工作的基本内容，是人民军队正确处理内外关系的基本准则，也是人民军队无产阶级性质和全心全意为人民服务宗旨的集中体现，是提高军队战斗力的重要保证。

实行政治民主、经济民主和军事民主，是人民军队内部的民主制度。毛泽东指出："中国不但人民需要民主主义，军队也需要民主主义。军队内的民主主义制度，将是破坏封建雇佣军队的一个重要的武器。"②他认为："红军的物质生活如此菲薄，战斗如此频繁，仍能维持不敝，除党的作用外，就是靠实行军队内的民主主义。"③同样是一个兵，昨天在敌军中不勇敢，今天在红军中很勇敢，这就是红军民主主义的影响。解放战争时期，毛泽东在为中共中央革命军事委员会起草的《军队内部的民主运动》的指示中，正式把军队内部的民主生活概括为政治、经济、军事三大民

① 《毛泽东选集》第四卷，人民出版社 1991 年版，第 1248 页。
② 《毛泽东选集》第一卷，人民出版社 1991 年版，第 65 页。
③ 《毛泽东选集》第一卷，人民出版社 1991 年版，第 65 页。

中国化马克思主义通论

主。政治民主，是指官兵只是职务和分工不同，没有高低和贵贱之别，政治上一律平等，干部尊重战士，战士积极参加连队管理；经济民主，是指官兵有权管理和监督经济生活，由连队军人大会选出经济委员会协助连队首长管理伙食和农副业生产，监督经济开支，防止贪污浪费，不断改善生活；军事民主，是指在军事训练中，实行官兵互教，开展评教评学，在战时发动官兵讨论如何完成战斗任务，战后开展战评，总结作战经验；在战备、施工、生产、科研等任务中，发动官兵出主意，想办法，调动指战员积极性。正如毛泽东所指出："部队内部政治工作方针，是放手发动士兵群众、指挥员和一切工作人员，通过集中领导下的民主运动，达到政治上高度团结、生活上获得改善、军事上提高技术和战术的三大目的。"[1] 三大民主充分体现了人民军队的本质，是人民军队区别于其他一切旧式军队的显著标志之一，成为人民军队内部生活的基本内容和政治工作的一项重要制度。它是党的群众路线在军队中的具体体现，是人民军队团结一致、战胜敌人的强大武器。

二、人民战争及其战略战术思想

人民军队之所以能够由小到大、由弱到强，成为夺取革命胜利、巩固人民政权、保卫和建设中国特色社会主义的强大力量，不仅是因为坚持了人民军队的性质、宗旨和建军原则，而且还在于这支军队在长期革命战争中形成了独具特色的人民战争思想和一系列战略战术。

（一）无产阶级的战争观

无产阶级的战争观，是毛泽东军事战略思想的理论基础。以毛泽东为主要代表的中国共产党人在总结中国革命战争经验的基础上，对无产阶级指导战争的基本观点和方法，进行了深刻的阐释，形成了具有中国特色的无产阶级战争观。

---

[1] 《毛泽东选集》第四卷，人民出版社 1991 年版，第 1275 页。

344

1. 战争的起源和性质

在人类社会的发展历程中，自从私有制出现以后，社会就分裂为不同经济利益的阶级和社会集团，他们为了保护和争取自己的利益必然发生矛盾和冲突，当这种矛盾和冲突发展到尖锐对抗的程度，其他手段都不能解决时，就会用战争的手段解决问题。马克思主义把战争看作是阶级矛盾发展到一定程度而进行的暴力斗争，是私有制和阶级出现的产物。他们认为，战争同私有财产和阶级有着密不可分的联系。战争随着私有财产和阶级的产生而产生，也将随着它们的消亡而消亡。毛泽东在继承马克思列宁主义基本观点的基础上，对战争的起源作了更加明确、深刻的阐述。他指出："战争——从有私有财产和有阶级以来就开始了的、用以解决阶级和阶级、民族和民族、国家和国家、政治集团和政治集团之间、在一定发展阶段上的矛盾的一种最高的斗争形式。"[①] 他认为，"由于阶级的出现，几千年来人类的生活中充满了战争，每一个民族都不知打了几多仗，或在民族集团之内打，或在民族集团之间打。打到资本主义社会的帝国主义时期，仗就打得特别广大和特别残酷。"[②] 这就指明了战争是阶级社会的必然产物，是人类社会的一种历史现象。

毛泽东根据战争的阶级实质及其所要达到的政治目的，将战争的性质划分为正义战争和非正义战争。所谓正义战争，是指一切符合人民利益、对社会的发展起促进作用的、革命的、进步的战争。如民族解放战争、阶级解放战争、反对外来侵略战争等。所谓非正义战争，是指一切违反人民利益、对社会发展起阻碍作用的、反革命的、退步的战争。如镇压人民革命的战争、对外侵略战争等。共产党人和革命人民对待战争的根本态度是：坚决反对一切非正义战争，支持并积极参加正义战争。毛泽东指出，共产党人和革命人民支持并参加革命战争的目的是为了最终消灭战争。"就是用战争反对战争，用革命战争反对反革命战争，用民族革命战争反对民族反革命战争，用阶级革命战争反对阶级反革命战争。"[③] 对代表广大人民群众利益、符合社会历史发展方向、推动人类社会进步的正义战争，无产

---

① 《毛泽东选集》第一卷，人民出版社 1991 年版，第 171 页。
② 《毛泽东选集》第二卷，人民出版社 1991 年版，第 474 页。
③ 《毛泽东选集》第一卷，人民出版社 1991 年版，第 174 页。

阶级要坚决拥护、积极参加，给予政治上、物质上和人力上的支持；对于代表反动的腐朽没落阶级的利益、对社会发展起阻碍作用的非正义战争，无产阶级要坚决反对它、制止它。

2. 战争的本质和目的

毛泽东指出："'战争是政治的继续'，在这一点上来说，战争就是政治，战争本身就是政治性质的行动，从古以来没有不带政治性的战争。"[①]战争不是单纯的暴力行为，而是和政治有着本质上的一致。战争与政治的一致性就在于他们的阶级性，在于它代表了一定阶级的利益，是一定阶级的意识、意志及政策的表现。只有站在政治的角度观察战争，才有可能真正认识战争的本质。任何战争都不能离开一定阶级的政治而独立存在，政治总是贯穿、渗透、表现在战争之中的。

毛泽东还认为，任何战争都有政治目的，但战争还有其本身的目的，这就是"保存自己，消灭敌人"。而在"战争目的中，消灭敌人是主要的，保存自己是第二位的，因为只有大量地消灭敌人，才能有效地保存自己。"[②]战争是政治的继续，但战争又有其特殊性。战争是政治的特殊手段的继续。"政治发展到一定的阶段，再也不能照旧前进，于是爆发了战争，用以扫除政治道路上的障碍。"[③]战争是阶级斗争在一定发展阶段的最高形式，是一定阶级用以解决某种政治矛盾和达到某种政治目的的特殊手段暴力手段，是敌我双方动用有组织的军事暴力进行的战争对抗形式，是各阶级用经济、思想、文化、外交等非暴力斗争形式已不能解决阶级矛盾或不足以实现其政治目的的时候，才采取的手段。因此，"政治是不流血的战争，战争是流血的政治"[④]，毛泽东的这些论述，深刻地揭示了战争的政治本质，批驳了那种轻视政治的单纯的军事观点，强调了战争是完成政治任务的特殊手段。

3. 战争与经济和科学技术

战争作为流血的政治，也是经济的集中体现，为经济基础所决定。战

---

① 《毛泽东选集》第二卷，人民出版社 1991 年版，第 479 页。
② 《毛泽东选集》第二卷，人民出版社 1991 年版，第 482 页。
③ 《毛泽东选集》第二卷，人民出版社 1991 年版，第 479 页。
④ 《毛泽东选集》第二卷，人民出版社 1991 年版，第 480 页。

争的爆发，从根本上来说都是一定的经济关系、一定的社会生产方式的冲突引起的。人类历史上的各种战争，尽管直接起因不同，但没有一场战争不同经济利益有关，经济利益是引发各种战争的基本动因。同时，经济力又是进行战争的物质基础，没有一定的经济基础，根本无法进行战争。因此，毛泽东特别重视战争与经济的关系，他强调指出："革命战争的激烈发展，要求我们动员群众，立即开展经济战线上的运动，进行各项必要和可能的经济建设事业。"①"只有开展经济战线方面的工作，发展红色区域的经济，才能使革命战争得到相当的物质基础，才能顺利地开展我们军事上的进攻。"② 后来，毛泽东更是把解放区经济建设提高到了决定战争胜负的高度，指出，解放区"减租和生产两大任务是否能够完成，将最后地决定解放区政治军事斗争的胜负，各地切不可疏忽。"③

科学技术作为一种物质力量，对取得战争的胜利也是有十分重要的作用。毛泽东在抗日战争初期指出："革新军制离不了现代化，把技术条件增强起来，没有这一点，是不能把敌人赶过鸭绿江的"④。抗战后期，他又进一步强调："中国解放区的军队一旦得到新式武器的装备，它就会更加强大，就能最后地打败日本侵略者了。"⑤ 毛泽东十分重视在军队中普及科学文化知识，加强军事装备建设，保障了人民革命战争的进行。他反复强调，"我们要战胜敌人，首先要依靠手里拿枪的军队。但是仅仅有这种军队是不够的，我们还要有文化的军队，这是团结自己、战胜敌人必不可少的一支军队。"因为，"没有文化的军队是愚蠢的军队，而愚蠢的军队是不能战胜敌人的。"⑥ 尽管科学技术及新式武器、装备对夺取战争的胜利具有重要作用，但在战争中起决定性作用的因素仍是人，"武器是战争的重要的因素，但不是决定的因素，决定的因素是人不是物"⑦。

---

① 《毛泽东选集》第一卷，人民出版社 1991 年版，第 119 页。
② 《毛泽东选集》第一卷，人民出版社 1991 年版，第 120 页。
③ 《毛泽东选集》第四卷，人民出版社 1991 年版，第 1176 页。
④ 《毛泽东选集》第二卷，人民出版社 1991 年版，第 511 页。
⑤ 《毛泽东选集》第三卷，人民出版社 1991 年版，第 1041 页。
⑥ 《毛泽东选集》第三卷，人民出版社 1991 年版，第 847、1011 页。
⑦ 《毛泽东选集》第二卷，人民出版社 1991 年版，第 469 页。

（二）人民战争的思想

人民战争的思想，是以毛泽东为主要代表的中国共产党人在中国革命战争中的一个伟大创造。所谓人民战争，就是在中国共产党的领导下，以人民群众为基础，以人民军队为骨干，以农村革命根据地为战略依托、以武装斗争为主要斗争形式并有其他斗争形式相配合、实行灵活机动战略战术的全民战争。毛泽东人民战争思想具有极其丰富的内容，涉及到对决定战争胜负主要因素、进行人民战争的战略依托、人民武装力量的组织等方面一系列重大问题的认识和实践。

1. 兵民是胜利之本

决定战争胜负的主要因素是什么？古今中外的政治家、军事家有过许多不同的回答。概括起来说，唯心主义的英雄史观论者认为，决定战争胜负的是少数英雄人物的天才指挥；唯武器论者则认为，战争的胜负主要取决于武器装备等物质因素。毛泽东运用历史唯物主义基本原理，根据中国革命战争的特点和规律，对这一问题作出了明确的回答。

毛泽东认为，人民群众是决定战争胜负的主要力量。"战争的伟力之最深厚的根源，存在于民众之中。"[1]他强调指出："兵民是胜利之本"[2]。只有动员和发动人民群众，依靠和武装人民群众，才能获得战胜中国革命敌人的力量，才能布下人民战争的天罗地网。"只有坚决地广泛地发动全体的民众，方能在战争的一切需要上给以无穷无尽的供给"[3]，才能最终战胜敌人，取得革命战争的胜利。早在土地革命战争时期，毛泽东就指出："真正的铜墙铁壁是什么？是群众，是千百万真心实意地拥护革命的群众。这是真正的铜墙铁壁，什么力量也打不破的，完全打不破的。反革命打不破我们，我们却要打破反革命。在革命政府的周围团结起千百万群众来，发展我们的革命战争，我们就能消灭一切反革命，我们就能夺取全中国。"[4]抗日战争时期，毛泽东又进一步阐述了这一思想。他指出："动员

---

① 《毛泽东选集》第二卷，人民出版社 1991 年版，第 511 页。
② 《毛泽东选集》第二卷，人民出版社 1991 年版，第 509 页。
③ 《毛泽东选集》第二卷，人民出版社 1991 年版，第 492 页。
④ 《毛泽东选集》第一卷，人民出版社 1991 年版，第 139 页。

了全国的老百姓，就造成了陷敌于灭顶之灾的汪洋大海，造成了弥补武器等等缺陷的补救条件，造成了克服一切战争困难的前提。要胜利，就要坚持抗战，坚持统一战线，坚持持久战。然而一切这些，离不开动员老百姓。"① 日本帝国主义敢于侵略中国，主要的原因就在于中国民众的无组织状态。当日本侵略者置于我们数万万站起来了的人民之前时，它就像一匹野牛冲入火阵，非把它烧死不可。

毛泽东还进一步指出，"唯武器论"是战争问题上的机械论，是主观地和片面地看问题。我们不但要看到武器，而且要看到人力。"武器是战争的重要的因素，但不是决定的因素，决定的因素是人不是物。力量对比不但是军力和经济力的对比，而且是人力和人心的对比。军力和经济力是要人去掌握的。"②"战争的胜负，固然决定于双方军事、政治、经济、地理、战争性质、国际援助诸条件，然而不仅仅决定于这些；仅有这些，还只是有了胜负的可能性，它本身没有分胜负。要分胜负，还须加上主观的努力，这就是指导战争和实行战争，这就是战争中的自觉的能动性。"③ 他认为，所谓人民战争，就是要把最广大人民群众的力量团结起来，最大限度地孤立和打击敌人。从斗争形式来讲，人民战争是以武装斗争为主要斗争形式，并使之与政治、经济、外交斗争相配合；从组织形式来讲，人民战争是以人民军队为骨干，并实行各种武装力量的密切配合；从空间和时间上来讲，人民战争是在全局范围的战争动员和实施，并贯穿于战争的始终。中国革命战争的历史证明，无论是党与国民党合作进行的反帝反封建的北伐战争，还是党领导下的土地革命战争、抗日战争和全国解放战争，都是人民的战争。

"兵民是胜利之本"。这是中国共产党和毛泽东对中国革命战争经验的科学总结，是毛泽东军事理论的基本内容。它在中国革命战争中发挥了重要指导作用。

2. 农村革命根据地是人民战争的战略基地

建立农村革命根据地是毛泽东人民战争思想的重要内容。农村革命根

---

① 《毛泽东选集》第二卷，人民出版社 1991 年版，第 480—481 页。
② 《毛泽东选集》第二卷，人民出版社 1991 年版，第 469 页。
③ 《毛泽东选集》第二卷，人民出版社 1991 年版，第 478 页。

据地是人民战争"赖以执行自己的战略任务,达到保存和发展自己、消灭和驱逐敌人之目的的战略基地。没有这种战略基地,一切战略任务的执行和战争目的的实现就失掉了依托。"① 只有建立农村革命根据地,并使之不断地巩固和发展,才能实行真正的人民战争,使之赢得最后的胜利。

毛泽东认为,在半殖民地半封建的中国,革命的敌人是极其强大的,而强大的敌人又总是长期地占据着中心城市,这就决定了中国革命必须向敌人统治力量比较薄弱的农村发展,在农村积蓄和发展自己的力量,把落后的广大农村,造成先进的巩固的革命根据地,造成在军事上、政治上、经济上和文化上的强大的革命阵地,以反对和消灭利用中心城市进攻农村的凶恶敌人;在农村点燃革命的星星之火,逐步发展革命力量,以夺取革命在全国的胜利。

毛泽东认为,中国革命战争的长期性和残酷性,处于敌后的游击战争,使人民军队必须有巩固的农村革命根据地作为依托,才能不断地保存自己,发展和壮大革命力量。农村革命根据地不仅为人民军队提供人力和物力资源,而且还是人民军队进行休整、补充和训练的场所。只有建立巩固的农村革命根据地,党和人民军队才能经得起长期战争的考验,立于不败之地。反之,没有或失去了巩固的农村革命根据地,党领导下的武装斗争就会失去可靠的依托,进行革命战争也就会变成一句空话。

毛泽东还认为,建立农村革命根据地又是进行土地革命的坚实基础。中国共产党领导下的人民战争实质上就是农民革命战争。要发动农民、武装农民,就必须把党的工作重心放在农村,进行土地革命,解决农民的土地问题,并进而建立巩固的农村革命根据地,这样才能为人民战争提供可靠的物质基础,解决人民战争巨大的物质消耗,也为人民战争提供丰富的人力资源。

3. 人民武装力量的组织及其体制

进行人民战争,必须重视人民武装力量的组织,建立适合人民战争需要的人民武装力量体制。早在人民军队创立时期,毛泽东就指出,在半殖民地半封建的中国开展武装斗争,必须有一支人民军队作为人民战争的

---

① 《毛泽东军事文集》第二卷,军事科学出版社、中央文献出版社 1993 年版,第 244 页。

骨干力量。而红军在自己发展的同时，还必须在武器上给赤卫队以帮助，"在不降低红军战斗力的条件之下，必须尽量帮助人民武装起来"，"红色地方武装的扩大，更是刻不容缓"①，必须建立以主力红军和地方赤卫队、工农暴动队等相结合的武装力量体制。在此基础上，随着战争形势的发展，逐步形成了野战军、地方军和游击队与民兵相结合的武装力量体制。毛泽东指出，人民军队之所以有力量，是"由于有人民自卫军和民兵这样广大的群众武装组织，和它一道配合作战。""由于它将自己划分为主力兵团和地方兵团两部分，前者可以随时执行超地方的作战任务，后者的任务则固定在协同民兵、自卫军保卫地方和进攻当地敌人方面。"②如果没有群众武装的配合，没有这种正确的划分，要战胜敌人是不可能的。新中国建立后，毛泽东还曾向全国发出了以野战军、地方军和民兵"三结合"的武装力量体制为骨干的实行"全民皆兵"的号召，并强调要加强全国人民的国防教育工作。

（三）人民战争的战略战术

中国共产党领导的中国革命战争，是在极其特殊的历史条件下进行的人民战争。毛泽东坚持从中国革命战争的实际出发，创造性地运用和发展古代、近代和现代中外优秀军事理论，形成了一整套合乎中国革命战争特殊规律的、闪烁着唯物辩证法光芒的战略战术思想。

1. 积极防御的战略方针

中国共产党领导下的革命战争，长时期地处在敌强我弱的条件下，处于战略防御的地位。适应这一战略需要，毛泽东创造性地提出了积极防御的战略方针。早在建军之初，毛泽东就认识到，由于中国革命战争长期处于敌强我弱的条件下，"战略防御问题成为红军作战中最复杂和最重要的问题"③。而解决这一问题的，"基本的原则是承认积极防御，反对消极防

---

① 《毛泽东军事文集》第一卷，军事科学出版社、中央文献出版社 1993 年版，第 31 页。
② 《毛泽东军事文集》第二卷，军事科学出版社、中央文献出版社 1993 年版，第 770—771 页。
③ 《毛泽东军事文集》第一卷，军事科学出版社、中央文献出版社 1993 年版，第 717 页。

御"①。这是因为只有积极防御才能达到消灭敌人、保存自己的目的，才能真正解决处于防御态势下，如何摆脱被动、力争主动的问题。随着党领导的革命战争的发展，毛泽东对这一问题的认识更加深入。他认为，在中国革命战争中，进攻与防守是既互相对立、互相排斥，又互相联系、互相依存的。防御是以进攻为自己存在的前提，进攻也总是以防御为自己存在的前提。"在军事上说来，我们的战争是防御和进攻的交替的应用。对于我们，说进攻是在防御之后，或说进攻是在防御之前都是可以的"②。同时，在战争中，进攻与防御又是互相渗透的。进攻中包含着防御。防御中也包含着进攻，攻中有防，防中有攻，攻防结合。实行积极防御即攻势防御的战略方针，就是在战略防御阶段，实行战略上的防御战和战役战斗的进攻战，战略上的持久战和战役战斗的速决战，战略上的内线作战和战役战斗的外线作战；在战略反攻阶段实行带决战性的进攻战。毛泽东又说："防御战本来容易陷入被动地位，防御战大不如进攻战之能够充分地发挥主动权。然而防御战是能够在被动的形式中具有主动的内容的，是能够由形式上的被动阶段转入形式上内容上的主动阶段的。"③ 这也就是说，防御和进攻在一定的条件下可以相互转化。实行积极防御而不是消极防御，就能够实现由防御向进攻的转化。积极防御，是中国革命战争的总的战略方针，它适用于每个历史时期，即适用于国内革命战争，也适用于反对帝国主义的侵略战争。

积极防御是毛泽东军事思想的重要组成部分，也是邓小平江泽民胡锦涛等在新时期反复强调的一个重要军事战略方针，实行积极防御的战略方针，是指导战争的准备、实施和一切作战行动的基本依据。新时期我们之所以要继续实行积极防御的战略方针，从根本上讲，是由我们社会主义国家的性质所决定的。我国对外不搞侵略，也不去控制别的国家，这与资本主义国家的战略有根本区别。作为社会主义国家，无论过去、现在还是将来，我国都不谋求世界或地区范围内的霸权，不参加任何军事集团，不进行任何形式的军备竞赛，不在外国派驻一兵一卒或建立军

① 《毛泽东军事文集》第一卷，军事科学出版社、中央文献出版社1993年版，第720页。
② 《毛泽东选集》第一卷，人民出版社1991年版，第200页。
③ 《毛泽东选集》第一卷，人民出版社1991年版，第223页。

事基地，更不会发动战争去侵略别的国家。正是从这种社会主义的立场出发，我国从来就把反对霸权和实行防御性战略，看作自己在安全保障方面惟一正确的战略选择。我国实行积极防御的战略方针不是权宜之计，而是根本性的国策，即使将来的国防实力大大增强了，我们还采取积极防御方针。

同时，由于在当前和今后相当长的时期内，我国社会主义现代化建设仍将在复杂多变的国际环境中进行。这又决定了我们的防御不能是被动挨打的"消极防御"，而应该是"积极防御"，就是说，坚持"人不犯我，我不犯人；人若犯我，我必犯人"的自卫立场和战略上后发制人的原则。在任何情况下我们都不对别的国家进行侵略和扩张，但是我们将采取坚决而积极的军事行动保护自己，保卫国家安全和利益不受侵犯。为此，就必须在积极防御战略方针的指导下，加强国防建设和军队建设，加强战争准备，力争推迟战争的爆发，为我国现代化建设争取尽可能多的和平时间和有利的国际环境。

现代信息技术在战争中的地位更加突出，对我国安全构成重大威胁的未来战争，很可能将是信息技术条件下的局部战争。把军事斗争准备的基点由应付一般条件下的局部战争转到打赢现代信息技术条件下的局部战争上来。这一方针明确了新形势下我军军事斗争准备的目标和任务，抓住了我军建设的主要矛盾，是对积极防御战略思想的重大发展。

2. 适时进行军事战略转变的思想

毛泽东指出，一切战争指导规律，依照历史的发展而发展，依照战争的发展而发展，一成不变的东西是没有的。因此，"我们党的军事战略的变化问题，值得给以研究。"① 他强调要随着战争形势、任务和敌情等发生了根本变化时，即在战争的转折关头，战争指导者要善于审时度势，机智灵活地适时进行军事战略转变，这对于战争的坚持、发展乃至胜利都具有重大的意义。

军事战略的转变，通常反映在具体战略方针的改变、特别是运动战、阵地战、游击战等主要作战形式的转换上。毛泽东等指导中国革命战争

① 《毛泽东军事文集》第二卷，军事科学出版社、中央文献出版社1993年版，第424页。

经历了多次重大的军事战略转变。

游击战、运动战和阵地战，是中国革命战争的三种基本作战形式。游击战是土地革命前三年和抗日战争时期的主要作战形式。运动战是土地革命战争后期和解放战争时期的主要作战形式。阵地战在解放战争后期成为重要的作战形式。毛泽东在领导中国革命战争的过程中，在分析和研究中国革命战争特点和规律的基础上，科学地总结了我军丰富的游击战争的经验，把游击战争上升到战略地位。

毛泽东、朱德等人在总结井冈山时期开展游击战争经验的基础上提出的"敌进我退，敌驻我扰，敌疲我打，敌退我追"的十六字诀，奠定了人民军队战略战术形成和发展的基础。抗日战争爆发后，毛泽东系统地论述了游击战争的战略地位。他强调指出，游击战争的战略问题是在这样的情况下发生的：中国是一个大而弱的国家。这一个大而弱的国家被另一个小而强的国家所侵略，但是这个大而弱的国家却处于进步的时代，全部问题就从这里发生了。在这样的情况下，敌人占地甚广的现象发生了，战争的长期性发生了。敌人在我们这个大国中占地甚广，但他们的国家是小国，兵力不足，在日本占领区留下了很多空虚的地方，因此，抗日游击战争就主要的不是在内线配合正规军的作战，而是在外线单独作战。由于中国的进步，也就是说有共产党领导的坚强的军队和广大的人民群众，因此，抗日游击战争就不是小规模的，而是大规模的。战争的长期性和残酷性，规定了游击战争不能不做许多异乎寻常的事情，于是根据地的问题、向运动战发展的问题等等也就发生了。"于是中国抗日的游击战争，就从战术范围跑了出来向战略敞门，要求把游击战争的问题放在战略的观点上加以考察。"①毛泽东认为，这样又广大又持久的游击战争，在整个人类的战争史中，都是颇为新鲜的事情。游击战的战略地位同时代的进步、同共产党和红军的存在是分不开的，这乃是问题的焦点所在。就整个抗日战争来说，正规战争是最后解决战争命运的关键，但同时必须认识到游击战争在抗日战争过程中的战略地位。在抗日战争的三个阶段中，在战略防御阶段，运动战是主要的，游击战和阵地战是

---

① 《毛泽东选集》第二卷，人民出版社 1991 年版，第 405 页。

辅助的；在战略相持阶段，游击战上升到主要地位，而以运动战和阵地战辅助之；在战略反攻阶段，运动战再上升为主要形式，而辅之以阵地战和游击战。而在战略反攻阶段的运动战，已不全是由原来的正规军负担，而是由原来的游击军从游击战提高到运动战去负担一部分，也许是相当重要的一部分。毛泽东认为："从三个阶段来看，中国抗日战争中的游击战，决不是可有可无的。它将在人类战争史上演出空前伟大的一幕。"①

党的十一届三中全会以来，党根据变化了的国际国内形势，确定继续执行积极防御的战略方针，以国家利益为最高准则来处理问题。特别是在军队建设指导思想上实行从长期临战状态转入和平时期建设轨道的战略上的转变，这是毛泽东关于军事战略转变思想在新的历史时期的丰富与发展，它对于指导我国新时期的国防建设和军队建设有着重要的作用。

3. 战略上藐视敌人、战术上重视敌人的思想

中国革命的敌人是异常强大的，帝国主义、封建主义、官僚资本主义，像三座大山一样压在中国人民的头上，使中国长期处于极端贫弱的地位。国民党反动当局还不断地散布民族失败主义情绪，使一些人因此缺乏信心，产生民族自卑感。只有用马克思列宁主义武装起来的、以解放中华民族和中国人民为己任的中国共产党人，才敢于藐视强大的敌人，并紧紧依靠人民大众与反革命势力进行殊死的战斗，直至取得最后胜利。战略上藐视敌人和战术上重视敌人，作为毛泽东的一个重要战略战术思想，它有一个逐步形成的过程。土地革命战争时期，毛泽东在论述中国革命战争的战略战术时就说过："我们的战略是'以一当十'，我们的战术是'以十当一'，这是我们制胜敌人的根本法则之一。"② 抗日战争初期，他又深刻分析了中日双方相互矛盾的四个特点，揭示了抗日战争的发展规律抗日战争是持久战，最后的胜利是中国的。毛泽东有力地批驳了畏敌如虎的"亡国论"，又有力地批驳了轻视敌人的"速胜论"。解放战争初期，当蒋介石在美帝国主义支持下发动全国内战，而此时的敌我力量又十分悬殊，许多人对革命前途表示忧虑时，毛泽东又以他非凡的胆略向全中国宣告：我们必

---

① 《毛泽东选集》第二卷，人民出版社 1991 年版，第 499 页。
② 《毛泽东选集》第一卷，人民出版社 1991 年版，第 225 页。

须打败蒋介石，我们也能够打败蒋介石。随后，毛泽东又提出了"帝国主义和一切反动派都是纸老虎"的著名论断。这种藐视敌人的气魄和自信心坚定了全党全军的必胜信念。与此同时，提出了打败蒋介石的政治、经济和军事原则以及一系列政策和策略，体现了在战术上对敌人的极端重视。1948年，毛泽东在为党中央起草的《关于目前党的政策中的几个重要问题》中，把上述思想明确概括为：在战略上藐视敌人，在战术上重视敌人。

所谓在战略上藐视敌人，就是从本质上、长远上、整体上把一切反动派都看成是纸老虎，在整体上、全局上不过高估计敌人的力量，相信人民革命力量总有一天会取得胜利；所谓战术上重视敌人，就是在局部或在每一个具体问题上，认真地对待敌人，把它看成铁老虎、真老虎，采取谨慎态度，讲究斗争艺术，决不可掉以轻心。毛泽东在解释这一战略策略思想时说："为了同敌人作斗争，我们在一个长时间内形成了一个概念，就是说，在战略上我们要藐视一切敌人，在战术上我们要重视一切敌人。也就是说在整体上我们一定要藐视他，在一个一个的具体问题上我们一定要重视他。如果不是在整体上藐视敌人，我们就要犯机会主义的错误。""但是在具体问题上，在一个一个敌人的问题上，如果我们不重视他，我们就要犯冒险主义的错误。打仗只能一仗一仗地打，敌人只能一部分一部分地消灭。工厂只能一个一个地盖，农民犁田只能一块一块地犁。就是吃饭也是如此。我们在战略上藐视吃饭：这顿饭我们能够吃下去。但是具体地吃，却是一口口地吃的，你不可能把一桌酒席一口吞下去。这叫做各个解决，军事书上叫做各个击破。"① 在战略上藐视敌人，就要求我们在对敌斗争时，树立敢于斗争、敢于胜利的思想；在战术上重视敌人，就要求我们在对敌斗争时，树立善于斗争、善于胜利的思想。只有先树立前一种思想，才有可能树立后一种思想；只有把两种思想结合起来，我们才能克敌制胜。

毛泽东提出的战略上要藐视敌人，战术上要重视敌人的思想，是建立在马克思主义的基础上的。他为我们认识事物分析问题提供了科学的方法，无论是在革命战争年代、还是在社会主义建设时期，无论是在人类改

---

① 《毛泽东文集》第七卷，人民出版社1999年版，第328—329页。

造社会的斗争中、还是在改造自然界的斗争中，都具有普遍的指导意义。

4. 集中优势兵力、各个歼灭敌人的战略战术原则

毛泽东在中国革命战争的各个时期，历来强调在敌强我弱的情况下，采用集中优势兵力，各个歼灭敌人的作战方法。集中优势兵力，各个歼灭敌人，这是毛泽东关于人民战争战略战术的重要原则。它既是我军战役战斗的主要作战方法，也是实现"保存自己，消灭敌人"这一战争目的的重要手段。

早在井冈山时期，毛泽东就主张集中兵力各个歼灭敌人。后来，毛泽东和朱德领导红军，在中央革命根据地采用集中优势兵力、各个歼灭敌人的作战方法，胜利地粉碎了蒋介石发动的第一、二、三次反革命军事"围剿"。1936 年，毛泽东在总结土地革命战争的经验时，论述了集中优势兵力、各个歼灭敌人的重要原则。他指出："中国红军以弱小者的姿态出现于内战的战场，其迭挫强敌震惊世界的战绩，依赖于兵力集中使用者甚大。无论哪一个大胜仗，都可以证明这一点。"集中兵力之所以必要，是为了改变敌我的形势。第一是为了改变进退的形势。第二是为了改变攻守的形势。第三是为了改变内外线的形势。对于打歼灭战，毛泽东强调指出："对于人，伤其十指不如断其一指；对于敌，击溃其十个师不如歼灭其一个师。""歼灭战和集中优势兵力、采取包围迂回战术，同一意义。没有后者，就没有前者。"①

集中优势兵力、各个歼灭敌人的思想在抗日战争时期和解放战争时期得到了进一步发展。毛泽东反复说明，我军应坚持"集中兵力各个歼敌的原则，以歼灭敌军有生力量为主要目标，不以保守或夺取地方为主要目标。"② 集中优势兵力、各个歼灭敌人的作战方法，不但必须应用于战役的部署方面，而且必须应用于战术的部署方面。1947 年 12 月，毛泽东在论述十大军事原则时更明确地指出："每战集中绝对优势兵力（两倍、三倍、四倍、有时甚至是五倍或六倍于敌之兵力），四面包围敌人，力求全歼，不使漏网。在特殊情况下，则采用给敌以歼灭性打击的方法，即集中全力

---

① 《毛泽东选集》第一卷，人民出版社 1991 年版，第 237 页。
② 《毛泽东选集》第四卷，人民出版社 1991 年版，第 1199 页。

打敌正面及其一翼或两翼，求达歼灭其一部、击溃其另一部的目的，以便我军能够迅速转移兵力歼击他部敌军。力求避免打那种得不偿失的、或得失相当的消耗战。"[1] 这样，虽然我军在全体上是劣势（就数量来说），但在每一个局部上，在每一个具体战役上，我们又是绝对的优势，这就保证了战役的胜利。而且，随着战争的发展和时间的推移，我军将在全体上转变为优势，直到最后歼灭一切敌人。

中国革命的实践证明，毛泽东关于集中优势兵力、各个歼灭敌人的思想，是对中国革命战争经验的科学总结。人民军队在中国革命战争的不同历史时期，都坚持了这一作战方法，只有坚持这一战法，才能使我军始终立于主动、灵活、进攻的有利地位，牢牢掌握行动的主动权。

5. 战略进攻的思想

中国革命战争的战略进攻，是从战略防御发展而来的，通常与战略反攻相衔接。毛泽东指出："反攻原则，是在敌人进攻时应用的。进攻原则，是在敌人防御时应用的。"[2] 战略进攻"是敌取守势我取攻势时的战略形势和战略方针"[3]。在土地革命战争前期和解放战争后期，人民军队经历过两次在规模和形式上都不相同的战略进攻。土地革命前期，红军在根据地已将国民党军之进攻打破，而它的新的进攻尚未到来时，红军向边缘地区实行攻势行动的小规模战略进攻，目的在于巩固反"围剿"的胜利，扩大革命根据地。解放战争后期，人民解放军从战略反攻发展为全国规模的战略进攻，目的是为了解放全中国。

实现由战略防御到战略进攻的转变，是战略进攻取得胜利的基本前提。1947年6月到8月间，人民解放战争开始实行由战略防御到战略进攻的转变，以期在取得战略进攻胜利的条件下，成功进行战略决战，取得中国革命战争的胜利。人民解放军的战略进攻，在时机的选择上，决心不待敌人的进攻全部被粉碎和解放军总兵力超过敌人时，立即组织和指挥人民解放军转入战略进攻，以主力打到外线去，将战争引向国民党统治区，在外线大量歼敌；而在战略布局上，则逐步形成了三军配合、两翼牵制的

---

① 《毛泽东选集》第四卷，人民出版社1991年版，第1247页。
② 《毛泽东选集》第一卷，人民出版社1991年版，第216页。
③ 《毛泽东选集》第二卷，人民出版社1991年版，第428页。

布局。经过一个多月的作战，人民解放军的三路大军完成了"品"字形阵势，互为犄角，纵横驰骋在江淮河汉之间，把战线由黄河南北推移到了长江北岸，使中原地区由国民党军进攻解放区的重要后方，变成了人民解放军夺取全国胜利的前沿阵地。

1948年秋，在人民解放军战略进攻节节胜利的形势下，毛泽东抓住战机，适时地组织战略决战，将中国革命战争推向高潮。党中央和毛泽东先后组织了辽沈、淮海、平津三大战役，基本上歼灭了蒋介石赖以进行反革命内战的主力兵团。此后，又发起渡江战役等，奠定了中国革命战争胜利的基础。

毛泽东关于人民战争的战略战术理论，是毛泽东军事思想科学体系的重要组成部分，是我军克敌制胜的传家宝。这些在长期革命战争实践中形成的为人民战争所必需的一系列战略战术，尽管已被我们的敌人熟知，而且他们费尽心机地进行专门研究，寻找对策，但也不能挽救其失败的命运，"这是因为我们的战略战术是建立在人民战争这个基础上的，任何反人民的军队都不能利用我们的战略战术。"① 正是由于我军正确制定并成功地运用了适应于中国革命战争特点的人民战争的战略战术，充分利用敌人的一切弱点，发扬人民战争的一切优点，一切从实际出发，灵活机动地对敌作战，才最终战胜了强大的敌人，赢得了人民解放战争的胜利。

三、国防和军队现代化建设的思想

国防和军队建设关系国家安危和发展全局，在中国特色社会主义事业总体布局中占有重要地位，富国和强军是发展中国特色社会主义、实现中华民族伟大复兴中国梦的两大基石。中国的社会主义现代化事业，是在十分复杂的国际环境中进行的，为了确保国家主权和安全不受侵犯，维护国内社会稳定，为我国的社会主义现代化建设提供一个良好的环境，必须加强国防和军队建设。毛泽东把建立强大的国防与建设强大的经济力量作为

---

① 《毛泽东军事文集》第四卷，军事科学出版社、中央文献出版社1993年版，第355页。

国家建设的两件大事，提出了中国必须建立强大的现代化、正规化的国防军和自力更生发展现代化国防尖端科学技术的任务，提出了发展尖端武器与常规武器、国防工业与民用工业、坚持自力更生与不排斥外援等国防建设的重要思想。十一届三中全会以后，党的第二代、第三代中央领导集体科学地分析国际国内形势，从我国经济和国防的现状出发，进一步确定了军队和国防建设的目标和任务，并创造性地提出一系列重要观点，形成了新时期国防和军队现代化建设的思想。

（一）建设革命化现代化正规化的人民军队

人民军队在中国革命的长期斗争中，前赴后继、英勇奋斗，为民族独立和人民解放建立了不朽的功勋。新中国成立后，人民解放军担负起了保卫国家安全和经济建设、巩固人民民主专政的历史任务。面对新的形势，毛泽东把建立强大的国防军与建设强大的经济力量作为国家建设的两件大事，适时提出了建设正规化、现代化的人民军队的任务。毛泽东明确指出："中国是个大国，要有强大的陆、海、空军。我国有那样长的海岸线，一定要建设强大的海军。"① 并向全世界公开宣布："我们的国防将获得巩固，不允许任何帝国主义者再来侵略我们的国土。在英勇的经过了考验的人民解放军的基础上，我们的人民武装力量必须保存和发展起来。我们将不但有一个强大的陆军，而且有一个强大的空军和一个强大的海军。"② 必须建立拥有现代化武器装备的、由多兵种组成的现代化正规化的革命军队。在新的历史时期，邓小平反复强调，要坚定不移地走中国特色的精兵之路，加强军队的革命化现代化正规化建设。他认为，建设一支强大的现代化正规化的革命军队是新时期我军建设的总目标，革命化、现代化、正规化建设互相联系、互相促进，不能把它们割裂开来，对立起来，必须统一考虑，全面推进。江泽民继承和发展了的这一重要思想，提出了新时期军队建设的总要求是"政治合格、军事过硬、作风优良、纪律严明、保障有力"。这五句话，科学地概括了新时期军队战斗力的基本要素。党

---

① 《毛泽东文集》第六卷，人民出版社 1999 年版，第 358 页。
② 《毛泽东文集》第五卷，人民出版社 1996 年版，第 345 页。

的十八大提出，新时期必须坚持以推动国防和军队建设科学发展为主题，以加快转变战斗力生成模式为主线，全面加强军队革命化现代化正规化建设。

第一，加强军队革命化建设。革命化始终是第一位的，决定着军队现代化的性质和方向，同时为实现军队现代化提供强大精神动力。加强军队的革命化建设，必须毫不动摇坚持党对军队绝对领导的根本原则。在党和军队的关系问题上，是党指挥枪，而不是枪指挥党，这是我军的根本原则和制度，是我军永远不变的军魂。加强军队的革命化建设，必须坚持不懈用中国特色社会主义理论体系武装全军，持续培育当代革命军人核心价值观，大力发展先进军事文化，永葆人民军队性质、本色、作风。加强军队的革命化建设，必须始终把思想政治建设摆在全军各项建设的首位，始终保持坚定正确的政治方向，深入进行军队历史使命、理想信念、战斗精神和社会主义核心价值体系教育，大力弘扬听党指挥、服务人民、能打胜仗的优良传统。加强军队的革命化建设，必须始终坚持人民军队的根本宗旨，进一步加强军政军民团结，巩固和发展军政军民关系。同时，继续加强军队内部的团结，巩固和发展人民军队团结、友爱、和谐、纯洁的内部关系。

第二，加强军队现代化建设。现代化是军队建设的中心。军队的现代化，是其战斗力水平的最直接的反映。新时期我军建设的主要矛盾是现代化水平与打赢信息化条件下局部战争的要求还不相适应，军事能力与履行新世纪新阶段我军历史使命的要求还不相适应。军队建设要着力解决现代化问题。要坚持科技强军，按照建设信息化军队、打赢信息化战争的战略目标，加快机械化和信息化复合发展，积极开展信息化条件下军事训练，全面建设现代后勤，加紧培养大批高素质新型军事人才，切实转变战斗力生成模式。科学技术特别是以信息技术为主要标志的高新技术的迅猛发展及其在军事领域的广泛应用，深刻改变了战斗力要素的内涵，从而深刻改变着战斗力生成模式。我们必须继续实施科技强军战略，把军队战斗力生成模式切实转变到依靠科技进步特别是高新技术进步上来。坚定不移把信息化作为军队现代化建设发展方向，推动信息化建设加速发展。军队的现代化建设主要包括武器装备、军事人才、后勤保障、编制体制和军事理论的现代化等基本内容。武器装备现代化是军队现代化建设的物质基础和主要标志，要加强高新技术武器装备建设；军事人才现代化是军队现代化建设的关键，要培养大批高素质新型军事人才；后勤保障现代化是军队现代化建设的物质保证，要加快全面建设现代后勤；编制体制最佳结合的纽带；军事理论现代化是军队现代化建设的先导。总之，军队的各项工作都要紧紧围绕现代化这一中心任务加以展开。

第三，加强军队正规化建设。正规化是革命化和现代化的必然要求。加强军队的正规化建设，就是要实行统一的指挥、统一的制度、统一的编制、统一的纪律、统一的训练，增强组织性、计划性、准确性和纪律性，走法制化、制度化的道路。世界新军事变革和社会主义市场经济的发展，对加强科学管理提出了紧迫要求。要切实把管理作为一门科学来对待，更新管理观念，积极引入先进适用的管理方法、技术和手段，健全科学的管理机制，积极探索具有我军特色的科学管理模式，通过加强科学管理推动我军正规化建设向更高阶段发展。同时，要加大依法治军、从严治军力度，积极推动军队正规化建设向更高水平发展。

新世纪新阶段，党根据时代发展和国家安全形势的变化，要求人民军队成为党巩固执政地位提供重要的力量保证，为维护国家发展的重要战略机遇期提供坚强的安全保障，为维护国家利益提供有力的战略支撑的重要思想，为维护世界和平与促进共同发展发挥重要作用。党的十八大以后，结合实现中华民族伟大复兴的"中国梦"，党中央又提出了新形势下中国共产党的强军目标，牢记坚决听党指挥这个强军之魂，能打仗、打胜仗这个强军之要，依法治军、从严治军这个强军之基，全面加强军队革命化现代化正规化建设，建设一支听党指挥、能打胜仗、作风优良的人民军队。

（二）坚持国防建设与经济建设协调发展

长期以来，中国共产党在领导社会主义建设的实践中，总是站在国家安全和发展战略全局的高度来谋划国防和军队建设。以毛泽东为核心的党的第一代中央领导集体，在探索社会主义建设道路，描绘社会主义现代化总体布局时，就把国防现代化作为社会主义现代化总体布局的重要组成部分，提出要实现工业、农业、国防和科学技术四个现代化。以邓小平为核心的党的第二代中央领导集体、以江泽民为核心的党的第三代中央领导集体，在开辟中国特色社会主义道路、不断深化对中国特色社会主义的探索的过程中，逐步确立了经济、政治、文化建设协调发展的中国特色社会主义事业总体布局，并把国防和军队建设纳入这一总体布局中。以胡锦涛为总书记的党中央结合新世纪新阶段世情、国情、党情的新变化，提出科学发展观和构建社会主义和谐社会等重大战略思想，中国特色社会主义事业总体布局又有了新的拓展。党的十八大指出，建设与我国国际地位相称、与国家安全和发展利益相适应的巩固国防和强大军队，是我国现代化建设的战略任务。必须坚持以国家核心安全需求为导向，统筹经济建设和国防建设，按照国防和军队现代化建设"三步走"战略构想，加紧完成机械化和信息化建设双重历史任务，力争到二〇二〇年基本实现机械化，信息化建设取得重大进展。

正确认识和处理经济建设与国防建设的关系，是中国共产党一贯坚持的一个重要战略思想，把经济搞上去和建立巩固的国防是我国的两大战略任务。必须站在国家安全和发展战略全局的高度，统筹经济建设和国防建设，在全面建成小康社会进程中实现富国和强军的统一。

第一，坚持以经济建设为中心，集中力量把经济建设搞上去，是解决包括国防建设在内的当代中国所有问题的前提和基础。保持经济的持续发展，大大增强国家的经济实力，是推进我国社会主义现代化建设的需要，也是提高国际竞争力，顶住霸权主义和强权政治的压力，维护国家独立和主权的关键所在。因此，保持经济建设是国防建设的基础和前提，必须坚持以经济建设为中心。

第二，实现国防建设与经济建设协调发展，使国防和军队发展战略与国家发展战略相适应。国防建设是经济建设的安全保障，国无防就不安，巩固政权、保卫国家，实现祖国统一等，都需要有强大的国防。要通过科学的发展规划和计划把国防和军队建设融入国家现代化建设的战略全局之中，使国防和军队现代化进程与国家现代化进程相一致。

第三，坚持走中国特色军民融合式发展路子，坚持富国与强军相统一。当代科技革命、产业革命和新军事变革的发展使国防经济与社会经济、军用技术与民用技术的结合越来越紧密，军队建设和作战对经济、科技和社会的依赖性空前增强，应积极探索新形势下军民结合、寓军于民的新途径新方法，加强军民融合式发展战略规划、体制机制建设、法规建设，在更广范围、更高层次、更深程度上把国防和军队建设与经济和社会发展结合起来，为实现国防和军队现代化提供丰厚的资源和持续发展的后劲。

第四，增强全民国防观念和国防意识，提高国防动员和后备力量建设质量。和平时期人们的国防观念容易淡薄，从而可能使后备力量建设失去持续的社会动力。因此，必须加强国防教育，增强全民国防观念，完善国防动员体系，加强国防动员建设，巩固军政军民团结。

（三）积极推进中国特色军事变革

当今世界正面进行一场以信息化为本质和核心的新军事变革。信息技术在军事领域的广泛应用，带来了众多的智能化武器装备，使传统武器装备的作战效能成倍增长，并使各种武器装备和作战单位联结成一个有机的体系，从而要求军队组织结构也相应进行变革。各发达国家都把信息化作为新世纪军队现代化建设的主要目标。紧跟世界新军事革命加速发展的潮流，积极稳妥进行国防和军队改革，推动中国特色军事变革深入发展。

第一，坚持以创新发展军事理论为先导，着力提高国防科技工业自主创新能力。军事理论的创新发展，是国防和军队建设领域一切创新发展的前提和先导。新世纪新阶段，要着眼于我军建设内外环境的深刻变化，进一步搞清楚军队建设的基础和现状，搞清楚影响和制约军队建设的重点和难点问题，搞清楚军队建设的发展方向和主要任务，继续探索和解决在新的历史条件下建设什么样的军队、怎样建设军队的问题；密切关注世界安全形势和世界军事发展趋势，认真研究现代战争的制胜规律，坚持人民战争的战略思想，发展信息化条件下人民战争的战略战术；深入推进军队组织形态现代化，构建中国特色现代军事力量体系。

第二，着力培养和造就一大批高素质新型军事人才。迎接世界新军事变革的挑战，关键在人才建设。没有一大批思想政治素质和军事素质优良的新型军事人才，就无法掌握新的武器装备，无法创造和运用新的战法，也就不可能赢得未来战争的胜利。把人才培养作为军队现代化建设的根本大计既是当务之急，又是长治之策。要采取超常措施，大力选拔培养优秀年轻干部，努力造就一大批高素质的复合型指挥人才、智囊型参谋人才和专家型科技人才，为军队现代化建设和军事斗争准备提供可靠的人才保证。

第三，继续对我军的体制编制进行改革，使之更趋合理。从当前世界军事发展的动向看，我军编制体制不合理的问题是比较突出的，编制体制的调整改革要继续积极稳妥地进行。体制编制科学合理，可以更好地吸纳高科技发展的成果，充分发挥人才的积极性、创造性，提高领导、指挥和管理效率，优化整个军队的系统功能，实现人和武器的最佳结合。体制编制改革总的说来，就是要朝着规模适度、结构合理、指挥灵便的方向努力，要有利于加强集中统一领导，有利于军队的教育训练和管理，有利于未来作战的需要。

第四，围绕建设信息化军队、打赢信息化战争的目标，推动信息化建设加速发展。要抓住国家加快经济和社会信息化发展的机遇，加快军队信息化建设。要致力于武器的电子火控系统和作战神经中枢的指挥自动化系统的建设，加强高精尖武器装备建设；同时对现有武器装备进行信息化改造，最大限度地发挥后发优势；要深入开展信息化条件下军事训练，增强基于信息系统的体系作战能力，努力争取我军现代化的跨越式发展。

第五，坚定不移地走中国特色的精兵之路。走中国特色的精兵之路，是解决我军建设面临的主要矛盾的需要，是国家经济建设大局的需要，是打赢高技术条件下局部战争的需要。走有中国特色的精兵之路，就是要紧紧围绕建设一支现代化正规化革命军队这个总目标，体现"精兵、利器、合成、高效"的原则，进一步收缩摊子，优化结构，加强管理，通过提高质量来提高部队战斗力。

第六，始终坚持战斗力这个唯一的根本标准，全部心思向打仗聚焦，各项工作向打仗用劲。要深入开展我军根本职能教育，真正使战斗队意识在官兵头脑中深深扎根。要紧紧围绕实现党在新形势下的强军目标，聚焦能打仗、打胜仗，全面加强部队建设，不断提高履行使命任务能力，坚决完成党和人民赋予的各项任务。

第十一章　中国化马克思主义统一战线理论

　　统一战线理论是科学社会主义的重要组成部分，是无产阶级政党领导革命斗争的一个极为重要的战略和策略思想，也始终是中国共产党团结和带领全国各族人民，共同实现党的奋斗目标的一个重要法宝。中国共产党创立的中国化马克思主义的统一战线理论，经受住了革命、建设和改革实践的检验，体现了马克思主义基本原理与中国实际相结合的基本精神，丰富了马克思主义统一战线思想的理论宝库。

一、统一战线是中国革命建设和改革的重要法宝

　　中国共产党在领导中国革命、建设和改革的进程中，坚持把马克思主义关于统一战线的基本理论运用于中国实际，在总结我们党统一战线工作的成功经验与失败教训的基础上，逐步形成了中国化马克思主义统一战线理论。毛泽东在《〈共产党人〉发刊词》中指出："统一战线，武装斗争，党的建设，是中国共产党在中国革命中战胜敌人的三个法宝，三个主要的法宝。"九十多年来，中国共产党领导人民凭借包括统一战线在内的这三个主要的法宝，取得了革命、建设和改革的伟大成就。

　　中国共产党在成立之初，对统一战线缺少必要的认识。党的一大在讨论"对其他党派的态度问题"时，曾确定："对现有的其他政党，应采取独立的攻击的政策"，并在政治斗争中"不同其他党派建立任何关系"[1]，

---

[1]　《中共中央文件选集》第 1 册，中共中央党校出版社 1989 年版，第 9 页。

而应首先集中力量领导工人运动。此后，党在一些大城市和工业集中的地区发动了多次震惊中外的大罢工，显示了早年中国共产党和无产阶级的强大战斗力，但不久就因北洋军阀政府的残酷镇压而陷于孤立无援的境地以致失败。这一沉痛教训说明，无产阶级虽然是最富于革命性的阶级，但如果不争取广大同盟军的有力支援并与之共同奋斗，就不可能战胜强大的敌人。

1922年1月，共产国际在莫斯科召开的远东各国共产党及民族革命团体第一次代表大会上，阐发了列宁关于民族和殖民地问题的理论，认为殖民地半殖民地国家的无产阶级及其政党应当支持资产阶级的民族民主运动，同资产阶级民主派结成联盟，但应当保持无产阶级的独立性。根据这一理论，中国共产党于1922年6月改变了党的一大时确立的排斥一切党派的政策，提出同国民党及其他革命民主派"共同建立一个民主主义的联合战线"的重要观点，并在党的二大上确定了要同国民党等民主派及革命的社会主义各团体建立民主主义联合战线的方针，但未解决联合的形式问题。1923年6月，党的三大正式确定了以"党内合作"的形式同国民党建立革命统一战线的政策，为后来发动和开展国民大革命奠定了重要基础。这个统一战线，是包括工人阶级、农民阶级、城市小资产阶级和民族资产阶级在内的四个革命阶级的政治联盟，共产党则保持自己在政治上、思想上和组织上的独立性。它以国民党"一大"宣言所解释的新三民主义为政治基础，以改组后的国民党为组织形式，以推翻帝国主义支持的北洋军阀为奋斗目标。国民革命统一战线一经建立，就立即显示出它的巨大威力和作用，有力地推动了国共两党和革命运动的迅速发展。但是在大革命后期，由于共产国际的错误指导，党的领导机关犯了右倾机会主义错误，放弃了无产阶级在革命统一战线中的领导权，致使国民党右派排挤共产党、分裂革命统一战线、叛变革命的阴谋得以实现。从党所经历的这次胜利和失败的巨大反差中不难看出，能否正确处理统一战线问题，实在是关系共产党领导革命成败的重大战略问题。这个时期，毛泽东对统一战线问题有过许多重要的论述，代表了党内的正确主张。毛泽东先后写下《中国社会各阶级的分析》、《湖南农民运动考察报告》等文章，试图从理论上解决革命的同盟军等问题。在这些文章中，他分析了民族资产阶级对中国革命的矛盾态度，预见到"那动摇不定的中产阶级，其右翼可能是我们的敌人，其左翼可能是我们的朋友"①。毛泽东还敏锐地抓住了取得统一战线领导权和掌握政权及革命武装之间的关系，并在八七会议上明确提出"须知政权是由枪杆子中取得的"②的光辉论断。但是，由于中国革命的复杂性以及中国共产党尚处于幼年时期，毛泽东关于统一战线问题的这些重要认识并不为当时党中央主要领导人所接受。

大革命失败后，中国共产党人独自担当起未竟的革命事业。以南昌起义、秋收起义、广州起义为主要标志，党开始进入独立领导武装斗争、创建红军和革命根据地的新时期。这一时期，党通过在农村开展土地革命、实行工农武装割据，建立工农苏维埃政权，建立起了由工人、农民和小资产阶级组成的革命统一战线，为土地革命战争的兴起创造了重要条件。然而九一八事变以后，由于当时在党中央占据统治地位的"左"倾领导者在政治上推行关门主义的策略，把中间势力看作最危险的敌人，拒绝与民族资产阶级建立统一战线，在第五次反"围剿"中又推行军事教条主义，最终使自己陷于孤立，致使红军和根据地遭受重大损失，被迫长征。

1935年12月，党中央在结束长征以后召开的瓦窑堡政治局会议，批评了党内"左"倾领导者在统一战线问题上的关门主义错误，确定了建立广泛的抗日民族统一战线的新策略。西安事变的发生及和平解决，为国共两党第二次合作，建立抗日民族统一战线提供了重要契机，此后，统一战线工作出现了蓬勃开展的新局面。1937年9月下旬，终于形成了以国共两党的第二次合作为中心的抗日民族统一战线。这条统一战线是包括一切抗日阶级、阶层和力量的广泛的政治联盟，它不仅包括了工人阶级、农民阶级、小资产阶级、民族资产阶级，而且包括除汉奸以外的开明绅士、地方实力派和英美派的大地主大资产阶级。当然，其来源的广泛性、内部关系的复杂性、内部斗争的尖锐性，也增加了这条统一战线的不稳定性和中国共产党领导这条统一战线任务的艰巨性。党在抗日民族统一战线中，既要团结一切可以团结的力量共同对敌，还要应付顽固坚持反共立场的国民

---

① 《毛泽东选集》第一卷，人民出版社1991年版，第9页。
② 《毛泽东文集》第一卷，人民出版社1993年版，第47页。

党反动派企图凭借优势，削弱以至消灭共产党及其领导的武装力量的阴谋。然而，正是在处理矛盾错综复杂的情况下，以毛泽东为代表的中国共产党人制定并实行了一系列正确的策略和方针，使抗日民族统一战线在受到严峻考验的同时又得到巩固和发展，直至取得抗日战争的胜利。这表明了中国共产党在统一战线问题上，在经历了失败挫折后已达到成熟。这一时期，毛泽东以马克思主义特别是以列宁关于统一战线的理论为依据，认真总结党在统一战线问题上所犯"左"、右倾错误的教训，及时总结党领导抗日民族统一战线斗争的新鲜经验，形成了完整的统一战线的理论、方针和政策。毛泽东的这些重要思想，既体现在《中国共产党在抗日时期的任务》、《为争取千百万群众进入抗日民族统一战线而斗争》、《论新阶段》、《〈共产党人〉发刊词》、《目前抗日民族统一战线中的策略问题》、《论政策》和《关于打退第二次反共高潮的总结》等著作中，又体现在中国共产党巩固和发展抗日民族统一战线的伟大实践中。这些关于革命民族统一战线的理论观点，正确指导了抗日战争的伟大实践，保证了中国共产党在抗日民族统一战线中政治领导作用的发挥。

抗战胜利后，以中国共产党为代表的人民大众同国民党反动派之间的阶级矛盾成为了我国社会的主要矛盾。适应这一主要矛盾的变化，中国共产党领导建立了以反蒋爱国为核心内容的人民民主统一战线。这条战线是以中国共产党为领导核心，以工农联盟为基础，包括了上层小资产阶级、中等资产阶级、开明绅士以及其他爱国民主人士、少数民族和海外华侨等在内的来源广泛的统一战线。在此基础上，中国共产党还确定了同党外民主人士长期合作的方针政策，确立以中国人民政治协商会议作为各党派统一合作的组织形式，从而推动人民民主统一战线进入了一个新的阶段。此外，毛泽东还注意到了统一战线在新中国建设中的地位和作用问题，并在《论人民民主专政》中强调指出："在国内，唤起民众。这就是团结工人阶级、农民阶级、城市小资产阶级和民族资产阶级，在工人阶级领导之下，结成国内的统一战线，并由此发展到建立工人阶级领导的以工农联盟为基础的人民民主专政的国家。"[1] 这就深刻揭示了中国共产党领导的人民

---

① 《毛泽东选集》第四卷，人民出版社 1991 年版，第 1472 页。

民主统一战线和国家政权之间的密切联系。正是依靠空前巩固和广大的人民民主统一战线和人民解放军在军事上的胜利，党和人民才打败了国民党反动派，建立了新中国。从统一战线的角度来说，新中国的建立和也无可辩驳地证明了以毛泽东为代表的中国共产党人所创立的统一战线理论的正确性。

新中国成立后，党又把统一战线这个法宝运用到社会主义革命和建设中来，使之继续发挥作用，又取得了伟大的成就。在 1950 年召开的部署恢复国民经济的中共七届三中全会上，毛泽东作了《不要四面出击》的重要讲话，指出："全党都要认真地、谨慎地做好统一战线工作。要在工人阶级领导下，以工农联盟为基础，把小资产阶级、民族资产阶级团结起来。"只要"多少有点可能团结的人，我们也要团结。""我们不要四面出击，绝不可树敌过多，这样才能孤立主要敌人。"① 这就及时纠正了党内一些同志在共产党成为执政党后轻视统一战线工作的错误倾向。从 1953 年开始，中国共产党迈出了社会主义改造的步伐。在此期间，毛泽东又提出了人民民主统一战线包括两个联盟和与资产阶级保持统一战线、和平改造资产阶级的思想。1953 年 8 月，毛泽东提出，现在有两种统一战线，两种联盟：一种是工人阶级和农民的联盟，这是基础；一种是工人阶级和民族资产阶级的联盟。毛泽东认为，过渡时期内的主要矛盾是无产阶级同资产阶级的矛盾，但他同时也认为，在我国具体条件下，工人阶级和民族资产阶级的矛盾，除了对抗性的一面外，还有非对抗性的一面。可以和资产阶级保持统一战线，和平改造资产阶级。② 以此为指导，中国共产党经过国家资本主义和与民族资产阶级建立的统一战线，用和平的方法逐步完成了对资本主义工商业的社会主义改造，实现了马克思主义经典作家所设想的对资产阶级的和平赎买，从而使统一战线在新的历史条件下得到了继续发展。

我国生产资料社会主义改造基本完成之后，与共产党合作的民主党派方面又提出了两个亟待解决的问题：第一，民主党派还有没有必要存在？第二，民主党派在社会主义政治体制中处于什么地位？对此，毛泽东在

① 《毛泽东文集》第六卷，人民出版社 1999 年版，第 75 页。
② 参见《毛泽东文集》第七卷，人民出版社 1999 年版，第 206 页。

《论十大关系》中提出了共产党与民主党派"长期共存、互相监督"的方针。他指出："究竟是一个党好，还是几个党好？现在看来，恐怕是几个党好。不但过去如此，而且将来也可以如此，就是长期共存、互相监督"①，这就确定了社会主义时期中国共产党与各民主党派的关系，也成为了我国政党制度所坚持的一个重要方针。1956年党的八大决定把党和国家工作重点转到社会主义建设上来以后，大量人民内部矛盾随着阶级矛盾的基本解决而不断显现出来。毛泽东在认真总结我国和苏联在处理这一问题上经验教训的基础上，于1957年2月发表了《关于正确处理人民内部矛盾的问题》的重要讲话，提出"要调动一切积极因素，团结一切可以团结的人，并且要尽可能地将消极因素转变为积极因素，为建设社会主义社会的伟大事业服务"②。他在讲话中，全面分析了社会主义社会的基本矛盾和主要矛盾，认为"在社会主义制度下，人民的根本利益一致的，但人民内部还存在各种矛盾，必须严格区别和正确处理敌我矛盾和人民内部矛盾。"③他指出："现在我们的根本任务已经由解放生产力变为在新的生产关系下面保护和发展生产力。这就需要正确处理人民内部矛盾。以便团结全国各族人民向自然界开战，发展我们的经济和文化，巩固我们的新制度，建设我们的新国家。"④他还系统地阐述了如何正确处理人民内部矛盾，提出了处理人民内部矛盾的原则和方针，即在政治上实行"团结——批评——团结"；在经济工作中对城乡各阶层人民要采取"统筹兼顾，适当安排"和兼顾国家、集体、个人三方面利益的方针；在科学文化工作方面采取"百花齐放、百家争鸣"的方针等。毛泽东的关于正确处理人民内部矛盾的学说，对社会主义时期统一战线工作具有重要的理论指导意义。但是，自1957年下半年起，党的统一战线工作在指导思想上开始犯"左"倾错误，首先搞反右派斗争扩大化，伤害了一大批党外同志和朋友；接着又在中央统战部错误地开展了政治斗争，把党的正确的统战政策当成"修正主义"、"投降主义"加以批判，颠倒了是非，搞乱了思想。尤其是在"文化大革命"期间，党

① 《毛泽东文集》第七卷，人民出版社1999年版，第34页。
② 《毛泽东文集》第七卷，人民出版社1999年版，第228页。
③ 《十一届三中全会以来 重要文献选读》，人民出版社1987年版，第334页。
④ 《毛泽东文集》第七卷，人民出版社1999年版，第216页。

的统一战线理论和工作更遭受到了前所未有的严重破坏。

十一届三中全会彻底结束了"文化大革命"的混乱状态，党和国家的工作得以重新走上健康发展的轨道，统一战线工作也发生了根本性变化，出现了新的形势。新形势和新任务要求党对新时期统一战线的基本观点和政策作出明确的回答。正是在这种情况下，邓小平于 1979 年 6 月在全国政协五届二次会议上作了《新时期的统一战线和人民政协的任务》的开幕词。他根据马克思列宁主义、毛泽东思想关于统一战线的基本观点和我国新时期的具体情况，科学分析了我国社会阶级状况的根本变化，继承和发展了马克思列宁主义、毛泽东思想关于统一战线的基本观点，形成了邓小平关于新时期统一战线的理论，为中国特色社会主义理论体系关于统一战线理论的形成奠定了重要基础，有力地指导和推动了我国统一战线和人民政协沿着十一届三中全会正确的路线胜利发展。邓小平关于新时期统一战线的理论主要有四方面内容：一是深刻揭示了统一战线的本质，阐明了统一战线的战略地位和作用，确定了统一战线的对象和范围；二是明确提出了改革开放以后统一战线的根本任务是为以经济建设为中心的社会主义现代化建设服务；三是提出了"一国两制"的构想，这既为祖国统一提供了基本方针和原则，也为新时期统一战线开辟了一个广阔的新天地；四是进一步发展了多党合作理论，提出共产党领导的多党合作是我国政治制度的一个特点和优点。

以江泽民为核心的党的第三代中央领导集体依据时代条件和新的实践要求，抓住统一战线发展面临的重大理论问题，在继承马克思主义统一战线理论、毛泽东关于统一战线的理论、邓小平关于新时期统一战线理论的基础上，进一步科学回答了建设什么样的统一战线以及怎样巩固和发展统一战线的问题，把新时期的统一战线推进到了一个新的历史阶段。

进入新世纪新阶段，以胡锦涛为总书记的党中央，着眼于国家事业的长远发展，全面、系统、深刻地论述了统一战线带有根本性、全局性、战略性的重大理论和实践问题，总结了新世纪新阶段统一战线呈现的新特征，提出了新世纪新阶段统一战线发展的新要求，明确了新世纪新阶段统一战线的新任务，论述了新世纪新阶段统一战线法宝作用的新内涵，确定了新世纪新阶段统一战线领导的新机制，提出了思想上同心同德、目标上同心同向、行动上同心同行的"同心"思想，从而进一步丰富和发展了马克思主义统一战线理论。"同心"思想是中国共产党总结领导多党合作历史经验形成的，体现了对统一战线本质规律的科学把握，揭示了统一战线成员鲜明的价值追求，为新形势下巩固发展统一战线提供了重要理论指导，是中国特色社会主义统一战线理论发展的新成果。

纵观中国化马克思主义统一战线理论形成和发展史不难看出，党的统一战线理论的创新发展，必须坚持马克思主义统一战线基本原理，同时立足于中国基本国情，紧密结合我国革命、建设和改革的实际，既毫不动摇地坚持马克思主义以及党的统一战线理论，又不断根据发展实际和时代要求赋予马克思主义统一战线理论新的鲜活力量，这是九十多年来中国共产党坚持、巩固和发展马克思主义统一战线理论的根本价值所在。

二、中国革命民族统一战线理论的基本内容

在领导新民主主义革命的进程中，以毛泽东为核心的党的第一代中央领导集体制定了正确的关于统一战线和领导同盟者的政策和策略，建立和领导了广泛的民主革命统一战线，争取和团结了广大同盟者，形成了比较系统、完整的关于统一战线和领导同盟者的理论，构建了中国化马克思主义统一战线理论的基本体系框架，为整个中国化马克思主义统一战线理论的形成奠定了重要基础。

（一）革命民族统一战线建立的必要性和可能性

毛泽东认为，用长期合作支持长期战争，就是说使阶级斗争服从于今天抗日的民族斗争，这是统一战线的根本原则。在此原则下，保存党派和阶级的独立性，保存统一战线中的独立自主；不是因合作和统一而牺牲党派和阶级的必要权利，而是相反，坚持党派和阶级的一定限度的权利；这才有利于合作，也才有所谓合作。否则就是将合作变成了混一，必然牺牲统一战线。在民族斗争中，阶级斗争是以民族斗争的形式出现的，这种形式，表现了两者的一致性。一方面，阶级的政治经济要求在一定的历史时

期内以不破裂合作为条件；又一方面，一切阶级斗争的要求都应以民族斗争的需要（为着抗日）为出发点。

毛泽东明确提出，中国革命民族统一战线的建立，既是必要的，又是可能的。这是因为：第一，由于中国最大的压迫是民族压迫，在一定的时期中，一定的程度上，中国民族资产阶级是能够参加反帝国主义和反封建军阀的斗争的。因此，无产阶级在这种一定的时期内，应该同民族资产阶级建立统一战线，并尽可能地保持之。第二，由于中国民族资产阶级在经济上、政治上的软弱性，在另一种历史环境下，它就会动摇变节。因此，中国革命统一战线的内容不能始终一致，而是要发生变化的。在某一时期有民族资产阶级参加在内，而在另一时期则民族资产阶级并不参加在内。第三，由于中国的带买办性的大资产阶级的各个集团是以不同的帝国主义为背景的，在各个帝国主义间的矛盾尖锐化的时候，在革命的锋芒主要地是反对某一个帝国主义的时候，属于别的帝国主义系统的大资产阶级集团也可能在一定程度上和一定时期内参加反对某一个帝国主义的斗争。在这种一定的时期内，中国无产阶级为了削弱敌人和加强自己的后备力量，可以同这样的大资产阶级集团建立可能的统一战线，并在有利于革命的一定条件下尽可能地保持之。第四，在买办性的大资产阶级参加统一战线并和无产阶级一道向共同敌人进行斗争的时候，它仍然是很反动的，它坚决地反对无产阶级及其政党在思想上、政治上、组织上的发展，而要加以限制，而要采取欺骗、诱惑、"溶解"和打击等等破坏政策，并以这些政策作为它投降敌人和分裂统一战线的准备。第五，无产阶级的坚固的同盟者是农民。第六，城市小资产阶级也是可靠的同盟者。这六条规律已经被中国革命各个时期的历史实践所证明是完全正确的。毛泽东对中国革命民族统一战线建立和保持基本原因的这些深刻理论分析，为党在新民主主义革命时期统一战线的建立和发展奠定了深厚的理论基础。

（二）革命民族统一战线中的独立自主原则

在统一战线中，不同的党派代表着不同阶级的利益和要求，有着各自不同的政治主张和思想体系。因此，在革命的过程中，对一些具体问题的认识上，难免存在着差异。为了发展革命统一战线，巩固统一战线的团结，就必须遵循求同存异的原则。在重大问题上，努力寻找各方一致的共同点，坚持大的目标一致，最终达到合作共事的目的。对个别认识的不一致，则应当采取互相尊重的态度，只要不影响大的目标的一致性，允许保留各自不同的认识和意见，求大同，存小异，按照"既统一，又独立"的政策办事。因为，只有"保存党派和阶级的独立性，保存统一战线中的独立自主；不是因合作和统一而牺牲党派和阶级的必要权利，而是相反，坚持党派和阶级的一定限度的权利；这才有利于合作，也才有所谓合作。"① 然而"统一战线中的独立性，只能是相对的，而不是绝对的；如果认为它是绝对的，就会破坏团结对敌的总方针。"② 善于"求同存异"，则到处是朋友；不善于"求同存异"，则无人能够团结和争取，成为孤家寡人。在中国革命和建设过程中，中国共产党坚持"求同存异"的原则，与许多不同的同盟者建立起广泛的统一战线，为社会主义革命和建设的胜利创造了有利的国内和国际条件。

（三）革命民族统一战线的基本方针和政策

又联合又斗争，是中国共产党在统一战线中处理同资产阶级的关系的基本方针。中国民族资产阶级在民主革命中，是我们的朋友，在反帝反封建的斗争中，他们仍具有一定的革命积极性；但另一方面，民族资产阶级又有妥协性和动摇性。由于中国民族资产阶级具有两面性，由于中国的大资产阶级在参加统一战线之后仍然具有反动性，因此，无产阶级政党在同资产阶级建立统一战线的问题上，必须实行又联合又斗争的政策，反对"一切联合否认斗争"的右倾错误政策和"一切斗争否认联合"的"左"倾错误政策。同时，在被迫同资产阶级，主要是大资产阶级分裂时，要敢于并善于同大资产阶级进行坚决的武装斗争。毛泽东指出："所谓联合，就是同资产阶级的统一战线。所谓斗争，在同资产阶级联合时，就是在思想上、政治上、组织上的'和平'的'不流血'的斗争；而在被迫着同资产阶级分裂时，就转变为武装斗争"。③ 因此，中国共产党的统一战线的

---

① 《毛泽东选集》第二卷，人民出版社 1991 年版，第 539 页。
② 《毛泽东选集》第二卷，人民出版社 1991 年版，第 524 页。
③ 《毛泽东选集》第二卷，人民出版社 1991 年版，第 608 页。

政策，既不是一切联合否认斗争，也不是一切斗争否认联合，而是综合联合和斗争两方面的政策。"斗争是团结的手段，团结是斗争的目的。以斗争求团结则团结存，以退让求团结则团结亡"。①

（四）革命民族统一战线的策略总方针

"发展进步势力、争取中间势力、孤立顽固势力"是在抗日战争时期，中国共产党运用马克思列宁主义阶级分析的方法，处理各阶级、党派和集团相互关系的基本策略，也是党坚持统一战线的独立自主原则的具体体现。抗日战争时期，毛泽东总结了第一次国共合作建立统一战线的经验教训，明确地把参加抗日民族统一战线的阶级、阶层划分为左、中、右三种势力。他指出："抗日民族统一战线的左翼集团是共产党率领的群众，包括无产阶级、农民和城市小资产阶级群众。""中间集团是民族资产阶级和上层小资产阶级。""右翼集团是大地主和大资产阶级，这是民族投降主义的大本营。"② 这就为中国共产党制定抗日民族统一战线的策略总方针奠定了理论基础。"发展进步势力，就是发展无产阶级、农民阶级和城市小资产阶级的力量，就是放手扩大八路军新四军，就是广泛地创立抗日民主根据地，就是发展共产党的组织到全国"③，就是要广泛发动各界群众，争取全国的知识分子。"争取中间势力，就是争取中等资产阶级，争取开明绅士，争取地方实力派。"④ 这三部分人虽然同进步势力有矛盾，但他们同顽固势力也有矛盾。我们的政策就是要争取民族资产阶级和开明绅士同我们共同抗日，共同建立抗日民主政权，争取地方实力派同我们共同抗日，并在我们同顽固派的斗争中暂时保持中立。孤立顽固势力，就是孤立以蒋介石为代表的大地主大资产阶级势力。对他们抗日和不敢实行全面分裂的一面，采取联合的政策，争取他们能够留在抗日阵营里；对于他们消极抗日，积极反共反人民的一面，采取坚决斗争的政策。

在抗日战争进入相持阶段后，顽固派不断制造磨擦，在同顽固派的斗

---

① 《毛泽东选集》第二卷，人民出版社 1991 年版，第 745 页。
② 《毛泽东选集》第二卷，人民出版社 1991 年版，第 395、396 页。
③ 《毛泽东选集》第二卷，人民出版社 1991 年版，第 745 页。
④ 《毛泽东选集》第二卷，人民出版社 1991 年版，第 746 页。

争中，毛泽东制定了"有理、有利、有节"的策略原则。"有理"即自卫原则，坚持"人不犯我，我不犯人，人若犯我，我必犯人"，这就是斗争的防御性。"有理"就能使共产党同顽固派的斗争得到全国人民的同情和支持。"有利"即胜利原则，"不斗则已，斗则必胜"，使党同顽固派的斗争取得成效。"有节"即休战原则，对顽固派的斗争要"适可而止"，要掌握适度的分寸，不要无限制地斗下去。在打退顽固派的进攻后，要主动地和他们讲团结，订立休战协定，这就是斗争的暂时性。有理、有利、有节的原则，是统一战线中对资产阶级又联合又斗争的政策的具体运用。

（五）无产阶级政党实现对同盟者领导的基本条件

中国共产党是革命统一战线的组织者和领导者，是统一战线的核心力量和坚强支柱，没有共产党的坚强领导就不可能形成革命的统一战线。然而，领导权不是自然产生的，也不是能够轻易取得的，这个领导权只有经过斗争才能取得。无产阶级政党要实现对同盟者的领导权，必须具备一定的条件。关于这种条件，毛泽东在不同的历史时期，从不同的角度做过多次论述。在土地革命战争后期，毛泽东指出，无产阶级及其政党要实现对全国各革命阶级的政治领导，必须具备四个条件：一是，要根据历史发展进程提出基本的政治口号，并为实现这种口号而提出每一发展阶段和每一事变中的行动口号；二是，无产阶级特别是它的先锋队共产党的模范作用；三是，在不失掉确定的政治目标的原则上，建立与同盟者的适当关系，发展和巩固这个同盟；四是，共产党队伍的发展，思想的统一和严格的纪律性。毛泽东在总结抗日战争时期经验的基础上，又指出了争取中间势力的三个条件。他在《目前抗日统一战线中的策略问题》中又提出争取中间势力的三项条件："（1）我们有充足的力量；（2）尊重他们的利益；（3）我们对顽固派作坚决的斗争，并能一步一步地取得胜利。"[1] 解放战争时期，根据革命形势的变化，毛泽东进一步发展了争取同盟者的策略思想。他在《关于目前党的政策中的几个重要问题》一文中高度概括了党实现对同盟者领导必须具备的两个条

---

[1] 《毛泽东选集》第二卷，人民出版社1991年版，第747页。

件："（甲）率领被领导者（同盟者）向着共同敌人作坚决的斗争，并取得胜利；（乙）对被领导者给以物质福利，至少不损害其利益，同时对被领导者给以政治教育。没有这两个条件或两个条件缺一，就不能实现领导。"[①] 在革命中，中国工人阶级要实现领导权，必须自己最坚决最勇敢地站在革命的最前头，而且要善于争取和率领同盟者一道去向敌人作斗争并取得胜利，才能巩固群众的斗志和信心，把革命一步一步地推向前进。同时，党还必须拥有自己的实力，有明确的革命目标，有正确的政策和为革命目标而献身的精神。这样，同盟者才能信赖拥护党，承认党的领导地位，否则，同盟者就会动摇，有的同盟者甚至会倒向敌人一边。给同盟者以物质利益是第二个必备条件。在教育提高同盟者的同时，要照顾同盟者的利益，这也是统一战线中实现领导权的一条重要原则。没有共同的利益，就不会有统一的行动。但是，各政治盟友又各有自己的具体利益，特别是目前的现实的物质利益。共产党如果不能给同盟者以看得见、摸得着的现实物质利益，就无法赢得同盟者。在这方面，中国共产党制定了许多行之有效的政策和措施。例如，抗日战争时期，在政权组织方面，采取"三三制"，共产党员只占 1/3，非党进步分子占 1/3，中间派（民族资产阶级和开明士绅）占 1/3。在保证工人阶级领导地位的条件下，在工农联盟的基础上，吸收广大民主人士参加的政权，照顾了同盟者在政治上的权利；在劳动政策方面，规定既要改善工人生活，又要动员工人增加生产；在土地政策方面，规定既要减租减息，又要交租交息，土地、财产所有权仍属于地主；在税收方面，规定按收入多少缴税，不把负担集中到哪一部分人身上；在人民权利方面，规定一切不反对抗日的地主资本家和工人农民有同等的人权、财权、选举权和其他自由权利；在经济方面，采取了发展生产、繁荣经济、公私兼顾、劳资两利的政策，所有这些政策，既体现了无产阶级和劳动群众的根本利益，又照顾了同盟者的切身利益。由于实行了这些正确的政策，使我们能够实现对各阶级、各阶层、各党派的领导，能够在日本大举进攻和国民党顽固派实行反共反人民的反动政策时，坚持抗日，坚持并发展统一战线，争取抗日战争的胜利。中国革命的经验

[①] 《毛泽东选集》第四卷，人民出版社 1991 年版，第 1273 页。

证明，共产党的领导权不是自然产生的，只有经过斗争才能取得，因为在革命统一战线之内的各政党、各阶级都在千方百计地要和共产党争夺领导权。共产党能够取得在统一战线中的领导权，除了中国共产党是代表最广大人民群众利益的大公无私的先进政党之外，还在于它制定和执行了正确的路线及其一系列的政策和策略。

三、新时期爱国主义统一战线理论的基本内容

十一届三中全会以后，以邓小平为核心的党的第二代中央领导集体、以江泽民为核心的党的第三代中央领导集体和以胡锦涛为总书记的党中央，在继承和发展马克思列宁主义统一战线理论、毛泽东统一战线思想的基础上，在对新时期爱国统一战线的相关问题进行接力探索中，不断总结升华改革开放新时期推动统一战线发展的实践经验，科学回答了在改革开放条件下建设什么样的统一战线、怎样建设统一战线的问题。新时期爱国统一战线理论，是中国特色社会主义理论体系的重要组成部分，是新形势下巩固壮大统一战线的根本指针。

（一）新时期爱国统一战线的性质和基本任务

从根本上说，统一战线的性质取决于那个时代党的根本任务和社会阶级关系的性质。在新民主主义革命和社会主义革命时期，党的根本任务是推翻"三座大山"和建立社会主义经济制度，国内的阶级结构和关系是以地主、富农、官僚资产阶级为一方，同工人、农民、小资产阶级、民族资产阶级为一方的对抗性阶级结构和阶级关系，这一时期统一战线的性质是革命阶级的政治联盟。社会主义改造完成后，进行社会主义建设和完成祖国统一大业是党的根本任务，国内的阶级对抗性逐步被消除，社会主义劳动者的范围在不断扩大，爱国主义的力量在随之不断增强，新时期爱国统一战线的性质由过去的工农两个劳动阶级的联盟，以及工人阶级与小资产阶级、民族资产阶级的革命联盟，转变为社会主义的、爱国主义的联盟。从1957年至党的十一届三中全会，党和毛泽东在统一战线问题上的重大

失误，就是没能及时地认识到统一战线性质的根本转变，结果把本不具有阶级联盟或革命性质的联盟，仍然当成阶级的革命性质的联盟，甚至将阶级斗争扩大化，搞"无产阶级专政下的继续革命"，使统一战线从理论到实践都步入歧途。

邓小平通过深刻总结历史上党在统一战线问题上的教训，并根据新时期党的根本任务和阶级关系的特点，明确了新时期爱国统一战线的性质。他指出：新中国成立以来，我国的社会阶级状况发生了根本变化。我国工人阶级的地位已经大大加强，我国农民已经是有二十多年历史的集体农民。"我国广大的知识分子，包括从旧社会过来的老知识分子的绝大多数，已经成为工人阶级的一部分，正在努力自觉地为社会主义事业服务。""我国各兄弟民族经过民主改革和社会主义改造，早已陆续走上社会主义道路，结成了社会主义的团结友爱、互相合作的新型民族关系。各民族的不同宗教的爱国人士有了很大的进步。"原来的资本家阶级中"有劳动能力的绝大多数人已经改造成为社会主义社会中的自食其力的劳动者"。我国的各民主党派"都已经成为各自所联系的一部分社会主义劳动者和一部分拥护社会主义的爱国者的政治联盟，都是在中国共产党领导下为社会主义服务的政治力量"。"台湾同胞、港澳同胞和国外侨胞心向祖国，爱国主义觉悟不断提高，他们在实现统一祖国大业、支援祖国现代化建设和加强国际反霸斗争方面，日益发挥着重要的积极作用。"[1] 上述几方面的变化表明，我国的统一战线已经成为工人阶级领导的、工农联盟为基础的社会主义劳动者和拥护社会主义的爱国者的广泛联盟。

新时期的统一战线是建立在爱国主义、社会主义基础上的，它包括了两个范围的联盟：一个是大陆范围内的，以爱国主义和社会主义为政治基础的，团结全体劳动者、建设者和爱国者联盟，这是统一战线的主体和基础；另一个是在大陆范围以外的，以爱国和拥护祖国统一为政治基础的，团结台湾同胞、港澳同胞和海外侨胞的联盟，这是统一战线的重要组成部分。这两方面互相结合，互相促进，共同构成了一个整体，使新时期统一战线具有空前的广泛性。

---

[1] 《邓小平文选》第二卷，人民出版社1994年版，第186页。

明确新时期爱国统一战线的性质，具有重要意义。一方面，便于我们正确把握统一战线工作。在统一战线为党的总目标总任务服务的实践中，不能因为讲究统一战线的社会主义性质而忽视统一战线和爱国主义基础下的团结，也不能因为强调统一战线才能既有利于坚持四项基本原则，发展安定团结的政治局面，建设有中国特色的社会主义，又有利于广泛团结一切可以团结的人，化消极因素为积极因素，为统一中国和振兴中华服务；另一方面，有利于放宽视野，巩固和扩大最广泛的爱国统一战线。明确统一战线的爱国主义性质，可以在巩固大陆范围内社会主义的爱国主义者组成的主体联盟的基础下，广泛发展大陆范围外拥护祖国统一的爱国者的联盟，加强海外统战工作，动员广大港澳台同胞和国外侨胞支援祖国建设，促进祖国和平统一。

随着统一战线的性质发生根本变化，新时期爱国统一战线的任务也发生了深刻变化。统一战线历来是为党的总路线、总任务服务的，其主要任务必然随着党的工作重心的转移而不断调整和变化。统一战线工作的根本任务就是争取人心、凝聚力量，为实现党和国家的宏伟目标而团结奋斗。新民主主义革命时期，统一战线的主要任务是为推翻帝国主义、封建主义、官僚资本主义，建立人民民主专政的国家政权服务。社会主义改造时期，统一战线的主要任务是为顺利完成对农业、手工业和资本主义工商业的社会主义改造，实现由新民主主义向社会主义转变服务。新的历史时期，统一战线要为促进改革、发展、稳定、和谐服务，为建设中国特色社会主义事业服务。

具体地说，新时期爱国统一战线基本任务就是：高举爱国主义、社会主义旗帜，团结一切可以团结的力量，调动一切积极因素，坚定不移地贯彻执行党在社会主义初级阶段的基本路线、基本纲领，为促进社会主义经济建设、政治建设、文化建设和社会建设服务，为促进香港、澳门长期繁荣稳定和祖国和平统一服务，为维护世界和平、促进共同发展服务。

实现爱国统一战线的历史任务，要求我们时刻高举社会主义和爱国主义两面旗帜。一方面，在新的历史条件下，虽然统一战线的性质、任务和内部结构发生了变化，但是党对统一战线的领导决不能动摇，统一战线的社会主义主体性不能动摇。党的领导问题是统一战线中的核心问题，只有坚持共产党的领导，才能结成牢不可破的统一战线，统一战线才能有正确的方向、蓬勃的生机和光明的前途，才能发挥它应有的作用。新时期统一战线成员的大多数是社会主义劳动者、社会主义建设者和拥护社会主义的爱国者，统一战线的主体是社会主义的；另一方面，要在爱国主义的旗帜下，实现最广泛的团结。中国共产党领导的统一战线具有爱国主义的光荣传统。爱国主义具有强大的感召力和凝聚力，是统一祖国、振兴中华的强大动力。不管是台湾同胞、港澳同胞还是海外侨胞，只要是有利于我国的现代化建设，祖国统一和中华振兴；只要是有利于民族团结，社会进步和人民幸福；只要是有利于反对霸权主义、维护世界和平，都是爱国统一战线的重要成员。

（二）新时期爱国统一战线的基本方针和政策

改革开放以来，我国经济体制深刻变革，社会结构深刻变动，利益格局深刻调整，思想观念深刻变化。这一空前的社会变革，给我国发展进步带来巨大活力，也必然带来这样或那样的矛盾和问题，对新时期党的统一战线工作提出了更高的要求。政党关系、民族关系、宗教关系、阶层关系和海内外同胞关系，是政治领域和社会领域中涉及党和国家工作全局的重大关系，也是统一战线需要全面把握和正确处理的重大关系。正确认识并采取正确的政策处理这些关系，事关中国特色社会主义建设的全局，事关党和国家的兴旺发达和长治久安。

第一，正确认识和处理中国共产党和民主党派的关系，巩固和发展中国共产党领导的多党合作的政治格局。中国共产党坚持长期共存、互相监督、肝胆相照、荣辱与共的方针，高度重视同民主党派和无党派人士的团结，形成了中国共产党领导、多党派合作、中国共产党执政、多党派参政的多党合作的政治格局，发展了我国各政党民主团结、生动活泼的良好政治关系。巩固和发展我国社会主义政党关系，实现我国政党关系长期和谐，根本在于坚持走中国特色社会主义政治发展道路，关键在于坚持和完善中国共产党领导的多党合作和政治协商制度。具体地说，巩固和发展我国社会主义政党关系，既要坚持中国共产党的领导，又要促进多党派团结合作；既要提高党的执政能力，又要发挥民主党派参政议政的作用；既要重视做好民主党派的思想引导，又要真诚接受他们的民主监督；既要全面推进党的建设新的伟大工程，又要积极支持民主党派加强自身建设。

第二，正确认识和处理各民族特别是汉族和少数民族的关系，促进各民族共同团结奋斗、共同繁荣发展。中国共产党团结带领全国各族人民走出了一条中国特色民族发展道路，形成了平等、团结、互助、和谐的社会主义民族关系。正确认识和处理我国民族关系，最根本的就是要始终不渝地坚持民族平等，加强民族团结，推动民族互助，促进民族和谐，实现各民族共同发展、共同繁荣。这就要求我们重点做好以下工作：一是加快少数民族和民族地区经济社会发展。发展问题是现阶段处理我国民族关系的首要问题。只有发展问题解决好了，才能真正实现民族平等和民族和谐；二是加快少数民族和民族地区人力资源能力建设。加强人力资源能力建设，提高思想道德素质和科学文化素质，是加快少数民族和民族地区发展的根本之策；三是加强和维护民族团结。巩固和加强民族团结，是解决民族问题的重要前提，也是保持全国安定和谐的重要条件，必须作为民族工作的重要着力点。

第三，正确认识和处理信教群众和不信教群众、信仰不同宗教群众之间的关系，积极引导宗教与社会主义社会相适应。中国共产党人是无神论者，不信仰任何宗教，但同时又是历史唯物主义者，以科学的历史的观点看待宗教。当前，我国社会正处在深刻变革时期，社会结构和社会利益格局复杂变化，人们的思想观念日趋多样，一些人从宗教中寻求心理慰藉，宗教在部分群众生活中的影响有所增强。同时，境外敌对势力利用宗教对我国进行渗透不断加剧。这在一定程度上使我国宗教问题的复杂性突出起来。在这种相当复杂的条件下，我们一定要准确把握和认真对待宗教问题。做好新形势下的宗教工作，关键是要全面理解和认真贯彻党的宗教工作基本方针。一是全面正确地贯彻党的宗教信仰自由政策。每个公民既有信仰宗教的自由，也有不信仰宗教的自由；有信仰这种宗教的自由，也有信仰那种宗教的自由；在同一宗教里面，有信仰这个教派的自由，也有信仰那个教派的自由；有过去不信教而现在信教的自由，也有过去信教现在不信教的自由；二是坚持依法管理宗教事务。保护宗教信仰自由，并不是要提倡信教，也不是要人为扩大宗教影响，更不是说宗教活动可以不受法律约束。宗教活动是在社会中进行的，必然会涉及社会公共利益和国家利益，必须依法予以管理。宗教必须在宪法和法律的范围内活动，宗教活动不得不干预行政、司法、教育等国家职能的实施，不得妨碍正常的社会秩序、工作秩序、生活秩序；三是坚持独立自主自办的原则。这是我国信教群众的自主选择，是我国宗教团体和宗教事务不受外国势力支配和控制的重要保障；四是积极引导宗教与社会主义社会相适应。宗教既然在我国社会将长期存在，我们就要正视它、引导它，促使我国宗教界和信教群众朝着与社会主义社会相适应的总方向前进。

第四，正确认识和处理社会各阶层的关系，推动和实现全社会和谐相处、共同发展。全体人民各尽其能、各得其所而又和谐相处，是社会和谐的重要标志，也是党和人民事业发展的重要保证。改革开放后出现的新的社会阶层，主要由非公有制经济人士和自由择业的知识分子组成，集中分布在新经济组织、新社会组织中。在发挥我国工人、农民、知识分子、干部、军人推动社会发展的主体作用的同时，做好新的社会阶层人士工作，充分发挥他们的作用，是巩固党的群众基础的需要，是巩固和发展新世纪新阶段统一战线的需要。坚持充分尊重、广泛联系、加强团结、热情帮助、积极引导的方针，切实做好他们的工作；尊重新的社会阶层人士的劳动创造和创业精神，肯定他们为发展生产、解决就业、提供税收、增强国力作出的贡献，关注他们的利益诉求，扩大他们有序的政治参与；维护他们的合法权益，引导他们坚持爱国、敬业、诚信、守法、贡献，致富思源、富而思进，自觉履行义利兼顾、扶贫济困的社会责任。

第五，正确认识和处理大陆同胞和港澳同胞、台湾同胞、海外侨胞的关系，在爱国主义旗帜下加强海内外中华儿女的大团结。处理好大陆同胞和港澳同胞、台湾同胞、海外侨胞的关系，对保持香港、澳门长期繁荣稳定，推动两岸关系和平发展，团结全体中华儿女共同致力于实现祖国的完全统一和中华民族的伟大复兴，具有十分重要的意义。推进两岸关系和平发展，解决台湾问题，实现祖国完全统一，就必须坚持"和平统一、一国两制"的基本方针；扩大和深化两岸人员往来和经济文化交流合作，推进两岸直接"三通"；努力增强台湾同胞对中华民族和中华文化的认同，促进两岸同胞共同弘扬中华文化优秀传统；发挥统一战线各界人士的积极性和主动性，运用各种资源，开辟各种渠道，抓住各种机会，灵活多样地开展对台工作。

（三）巩固和扩大新时期爱国统一战线的重要意义

随着改革开放的不断深入，统一战线迎来了难得的发展机遇，也面临着许多新情况新问题。这就要从继续推进现代化建设、完成祖国统一、维护世界和平与促进共同发展这三大历史任务的战略高度，全面认识和准确把握统一战线工作的重大作用和发展要求，充分认识巩固和扩大统一战线的重大意义。

第一，巩固和扩大统一战线，是贯彻落实科学发展观、全面建成小康社会的必然要求。全面贯彻落实科学发展观，全面建成惠及十几亿人口的更高水平的小康社会，加快推进社会主义现代化建设，是一项空前伟大的事业，也是一项空前繁重的任务。这就需要我们更加广泛地调动各方面的积极性，更加主动、更加有效地处理和化解各方面的矛盾，把全社会的智慧和力量积聚到全面建成小康社会的大目标上来。在这个过程中，就必须充分发挥统一战线凝聚人心、汇聚力量的重要作用，调动一切有利于促进科学发展的积极因素，坚定不移地抓好发展这个党执政兴国的第一要务，坚定不移地推进改革开放，坚定不移地促进社会和谐，为全面建成小康社会提供广泛而强大的力量支持。

第二，巩固和扩大统一战线，是坚持"一国两制"方针、推进祖国统一大业的必然要求。爱国统一战线在推进祖国和平统一的进程中，可以发挥重要的作用。按照"一国两制"的方针，保持香港澳门的长期发展稳定繁荣，不仅要有党和政府正确的方针和政策，更有赖于港澳各阶层同胞与党和政府和衷共济，密切合作。统一战线在这方面具有自己独特的优势。还要在坚持"一个中国"的原则下，通过发挥统一战线的作用，充分调动社会各界人士的积极性、主动性和创造性，进一步增进感情、联络友谊、消除隔阂、扩大共识，最大程度地密切两岸人民的关系，最大限度地争取台湾民心，最大范围地团结台湾各族、各界和各阶层民众，继续贯彻发展两岸关系、实现祖国和平统一的大政方针，牢牢把握两岸

385

关系和平发展的主题，继续反对和遏制"台独"分裂活动，发展壮大包括港澳同胞、台湾同胞和海外侨胞在内的最广泛拥护祖国统一的爱国力量，为两岸同胞谋福祉，为台海地区谋和平，维护国家主权和领土完整，维护中华民族根本利益，努力开创两岸关系和平发展新局面。

第三，巩固和扩大统一战线，是坚持走和平发展道路、为我国发展争取良好国际环境的必然要求。当今世界，国际形势继续发生深刻复杂变化。国际敌对势力始终没有放弃对我国进行西化、分化的战略图谋，正加紧对我国进行渗透、破坏活动，其渗透手段日益多样、形式更加隐秘，给我国政治安全、经济安全、文化安全、信息安全带来严重影响。面对这样的国际环境，我们要高举和平、发展、合作的旗帜，奉行独立自主的和平外交政策，坚持走和平发展道路，必须充分发挥统一战线对外交往广泛、反渗透反分裂作用突出的特点和优势，团结各党派、各团体、各民族、各阶层和各界人士，努力为改革开放和现代化建设争取良好的国际环境和周边环境，为建设持久和平、共同繁荣的和谐世界作出应有的贡献。

第四，巩固和扩大统一战线，是加强党的执政能力建设和先进性建设、完成党的执政使命的必然要求。党作为马克思主义政党，最大优势在于密切联系人民群众，执政后的最大危险在于脱离人民群众。保持党同人民群众的血肉联系，就要坚持深入了解民情、充分反映民意、广泛集中民智、切实珍惜民力，使党的各项决策和工作符合客观实际。统一战线工作是党特殊的群众工作，统一战线是党加强同各方面群众联系、充分反映社情民意的重要途径。必须充分发挥统一战线广泛联系群众、团结群众的重要作用，促进党的执政能力建设和先进性建设，使党始终成为中国特色社会主义事业的坚强领导核心。

总之，统一战线要把不同政党、不同民族、不同信仰、不同阶层和生活在不同社会制度下的各方面人士团结、凝聚起来，离不开共同的政治基础和政治原则。一是，要始终高举中国特色社会主义伟大旗帜。中国特色社会主义伟大旗帜，是当代是中国发展进步的旗帜，是全党全国各族人民团结奋斗的旗帜。统一战线只有始终不渝地高举中国特色社会主义伟大旗帜，引导统一战线广大成员在中国共产党领导下坚定不移地致力于全面建成小康社会，才能产生强大的凝聚力和感召力，才能形成最广泛的共识；二是，要始终坚持围绕中心、服务大局。增进团结、凝聚力量，其根本目的是推动中国特色社会主义事业蓬勃发展，而只有这一事业不断蓬勃发展，增进团结、凝聚力量的工作才能获得强大的物质基础和精神动力。统一战线围绕中心、服务大局，就要为经济建设这个中心服务，为全面建成小康社会和实现社会主义现代化服务；就要为实施"一国两制"、实现祖国完全统一作出积极贡献；就要为发挥民间外交的优势，为我国改革开放和现代化建设创造良好的国际环境。三是，要始终坚持以人为本。统一战线是做人的工作，必须把以人为本贯彻始终。实践证明，只有真正做到平等待人、诚恳待人、礼貌待人，尊重和维护统一战线成员的合法权益，努力为他们排忧解难，才能把他们吸引、团结到我们党的周围，也才能实行有效的政治引导。坚持以人为本，就是要照顾好同盟者的利益。对民主党派，要充分尊重他们作为参政党在国家政治生活中的地位和作用，努力为他们履行职能创造条件；对宗教界人士和信教群众，要充分尊重他们的宗教信仰和情感；对港澳台同胞和海外侨胞，要充分尊重他们在资本主义制度下形成的生活方式和习惯等。四是，要始终坚持发扬社会主义民主。统一战线作为发扬社会主义民主的重要途径和载体，要保证广大统一战线成员享有宪法、法律赋予的各项权利，同时，在统一战线内部，要努力营造民主的空气和氛围，实现互相监督和批评。

第十二章　中国特色国家统一的理论

"和平统一、一国两制"的科学构想是新时期党为实现祖国完全统一而提出的具有远见卓识的战略决策和方针，是中国特色社会主义理论体系的重要组成部分。这一科学构想，既体现了实现祖国统一，维护国家主权的原则性，又充分考虑了香港、澳门、台湾的历史和现实，体现了高度的灵活性，具有重大的理论和现实意义。香港和澳门回归祖国，标志着中国人民在完成祖国统一大业的道路上迈出了重要的步伐。新世纪新阶段，在"和平统一、一国两制"基本方针和各项政策的推动下，海峡两岸关系有了很大发展。

一、"和平统一、一国两制"科学构想的形成和发展

"和平统一、一国两制"的科学构想，是以毛泽东、周恩来、邓小平为主要代表的中国共产党人为解决台湾、香港、澳门问题，实现祖国的和平统一而提出的一项基本战略方针。这一科学构想由孕育到形成经历了一个不断探索总结的历史过程。

（一）毛泽东、周恩来等对解决祖国统一问题的设想

中华人民共和国成立后不久，在大陆范围内实现了完全统一。但是，由于近代以来清朝腐败的封建统治集团与帝国主义列强签订的不平等条约等历史原因，香港、澳门仍分别处于英国和葡萄牙的统治之下。台湾则被从大陆退守的国民党残余势力所盘踞，在美国的支持下同新中国实行军事

对峙，人为地造成了台湾与祖国大陆的隔绝状态。

中国共产党人始终把实现祖国统一作为一项神圣的历史职责，坚定不移地推进祖国的统一大业，积极探索实现国家统一的方式和途径。从20世纪50年代中期起，毛泽东、周恩来等开始改变武力解放台湾的方针，提出用和平方式解决祖国统一问题的设想。1955年4月，亚非29个有共同历史遭遇的国家政府首脑在印度尼西亚万隆举行会议，讨论保卫和平、争取民族独立、发展民族经济等共同关心的问题。周恩来在万隆会议期间阐明中国政府对台湾的立场时指出，为了实现中国人民解放台湾的正义要求，中国人民有权用一切方法解放台湾，包括和平解放的方法。[①] 同时声明，愿意与美国政府讨论缓和台湾地区紧张局势的问题。这个声明促使中美两国1955年8月开始大使级会谈。同年5月，周恩来在全国人大常委会第十五次会议上明确指出："中国人民解放台湾有两种可能的方式，即战争的方式和和平的方式。中国人民愿意在可能的条件下，争取用和平的方式解放台湾。"[②] 这是中国共产党和中国政府第一次公开表示愿意以和平方式解决台湾问题。1956年1月，周恩来在中国人民政治协商会议上指出，除了积极准备在必要的时候用战争方式解放台湾以外，要努力争取用和平方式解放台湾。同年3月到7月，周恩来在多次接见原国民党的一些将领时指出，国共两党可以重新携手团结起来，争取第三次合作，实现祖国的完全统一。台湾是内政问题，爱国一家，为什么不可以来合作建设呢？我们对台湾决不是招安，而是要彼此商谈；只要政权统一，其他都是可以坐下来共同商量安排的。1956年4月，毛泽东提出，"和为贵"、"爱国一家"、"爱国不分先后"、"相见以诚"等主张。后来，毛泽东、周恩来等中共领导人又多次向台湾当局提出结束军事对峙的办法，建议举行谈判，实行和平解决。但是，由于某些外国势力的干预和国民党当局的错误政策，上述主张未能付诸实践，两岸长期处于严峻对立的态势，祖国统一进程受到严重阻碍。1958年10月，毛泽东明确表示：台湾如果回归祖国，照他们（指蒋介石等）自己的方式生活，可以搞他的一套。1960年5月，毛泽东又

---

① 《周恩来年谱（1949—1976）》上卷，中央文献出版社1997年版，第475页。

② 《台湾问题文献资料选编》，人民出版社1994年版，第82页。

表示，台湾宁可放在蒋氏父子手里，不可落到美国人手中；对蒋介石我们可以等待，解放台湾的任务不一定要我们这一代完成，可以留交下一代人去办；现在要蒋过来也有困难，逐步地创造些条件，一旦时机成熟就好办了。1963年，周恩来将党提出的一系列和平解决台湾问题的思想、政策和主张概括为"一纲四目"，通过张治中致陈诚的信转达给台湾当局。"一纲"是："只要台湾归回祖国，其他一切问题悉尊重总裁（指蒋介石）与兄意见妥善处理"。"四目"包括："台湾归回祖国后，除外交必须统一于中央外，所有军政大权人事安排等悉由总裁与兄全权处理；所有军政及建设费用，不足之数，悉由中央拨付；台湾之社会改革，可以从缓，必俟条件成熟，并尊重总裁与兄意见协商决定，然后进行；双方互约不派人进行破坏对方团结之事。"①

这一时期，毛泽东、周恩来等领导人对于香港、澳门问题的解决也有所考虑。新中国成立后，我国政府曾一再郑重声明，香港、澳门是中国的领土，中国不承认19世纪帝国主义强加于中国人民的不平等条约，将在适当的时机通过和平谈判，恢复对香港、澳门行使主权。此外，党和国家主要领导人还形成了保留香港的资本主义对我们有利的共识，为此采取了一系列政策。1957年4月，周恩来在上海工商界人士座谈会上曾指出，香港是纯粹要按资本主义制度办事才能存在和发展，这对我们也是有利的。

虽然，由于历史条件的限制，这些设想还不够完善也未能实现。但是，这些主张却具有重要的启示意义，成为后来邓小平等提出"和平统一、一国两制"科学构想的思想来源和理论准备。

党的十一届三中全会以后，随着国际国内形势的发展变化，以邓小平为核心的党的第二代中央领导集体，在考虑和平解决台湾问题进而扩展到解决香港、澳门问题的过程中，逐渐形成了"一国两制"的科学构想。

---

① 逢先知、金冲及：《毛泽东传（1949—1976）》上卷，中央文献出版社2003年版，第881页。

（二）"和平统一、一国两制"科学构想的提出

1979 年元旦，中美两国正式建交。当日，全国人大常委会发表《告台湾同胞书》，宣布了和平统一祖国的方针政策，指出在解决统一问题时，一定要考虑现实情况，尊重台湾现状和台湾各界人士的意见，采取合情合理的政策和办法，不使台湾人民蒙受损失，并建议两岸尽快实现通航、通邮、通商。与此同时，中国政府命令人民解放军从当天起停止对金门等岛屿的炮击。同年 1 月，邓小平在访问美国时说："我们不再用'解放台湾'这个提法了。只要台湾回归祖国，我们将尊重那里的现实和现行制度。"①从而初步表达了"一国两制"的构想。

1981 年 9 月 30 日，叶剑英委员长发表《关于台湾回归祖国，实现和平统一的方针政策》的谈话，进一步阐明了关于台湾与祖国大陆实现和平统一的九条方针政策。其主要内容是：为尽早结束中华民族陷于分裂的不幸局面，建议举行中国共产党和中国国民党两党对等谈判，实现第三次合作，共同完成祖国统一大业；建议双方共同为通邮、通商、通航、探亲、旅游以及开展学术、文化、体育交流提供方便，达成有关协议；国家实现统一后，台湾可作为特别行政区，享有高度的自主权，并保留军队，中央政府不干预台湾地方事务；台湾现行社会、经济制度不变，生活方式不变，同外国的经济、文化关系不变，私人财产、房屋、土地、企业所有权、合法继承权和外国投资不受侵犯；台湾当局和各界代表人士，可担任全国性政治机构的领导职务，参与国家管理；台湾地方财政遇有困难时，可由中央政府酌情补助等。虽然没有"一国两制"的提法，但实际上就是这个意思。正如邓小平后来在会见外宾时所说，"九条方针是以叶副主席的名义提出来的，实际上就是一个国家两种制度。两种制度是可以允许的。他们不要破坏大陆的制度，我们也不破坏他们那个制度。"②这时"一国两制"构想的内容开始明晰化。

随着 1997 年的临近，英方不断地试探中方对于香港问题的立场和态

---

① 《邓小平年谱（1975—1997）》上卷，中央文献出版社 2004 年版，第 478 页。
② 《邓小平年谱（1975—1997）》下卷，中央文献出版社 2004 年版，第 797 页。

度，解决香港问题的时机已经成熟。邓小平逐渐把解决台湾问题的思路，扩展到了解决香港问题上，进一步阐发了"一国两制"的科学构想。

1982年9月，邓小平在会见英国首相撒切尔夫人时，阐明了中国政府准备用"一个国家、两种制度"的办法来解决香港问题的立场。他指出："香港继续保持繁荣，根本上取决于中国收回香港后，在中国的管辖之下，实行适合于香港的政策。香港现行的政治、经济制度，甚至大部分法律都可以保留，当然，有些要加以改革。香港仍将实行资本主义，现行的许多适合的制度要保持。"[1] 邓小平后来说，解决香港问题的重大原则就是这次谈话定下来的。1983年6月，邓小平在阐述和平统一台湾的战略构想时又指出："我们希望国共两党共同完成民族统一，大家都对中华民族作出贡献。""祖国统一后，台湾特别行政区可以有自己的独立性，可以实行同大陆不同的制度。司法独立，终审权不须到北京。台湾还可以有自己的军队，只是不能构成对大陆的威胁。大陆不派人驻台，不仅军队不去，行政人员也不去。台湾的党、政、军等系统，都由台湾自己来管。中央政府还要给台湾留出名额。"[2]

1984年5月，邓小平在会见美国乔治城大学战略与国际问题中心代表团时说："我们提出的大陆与台湾统一的方式是合情合理的。统一后，台湾仍搞它的资本主义，大陆搞社会主义，但是是一个统一的中国。一个中国，两种制度。香港问题也是这样，一个中国，两种制度。"[3] 这是第一次比较完整地对"一国两制"的涵义做出科学的阐明。同年6月邓小平会见香港客人时又进一步指出："我们的政策是实行'一个国家，两种制度'，具体说，就是在中华人民共和国内，十亿人口的大陆实行社会主义制度，香港、台湾实行资本主义制度。"[4]

与此同时，全国人民代表大会逐步将"和平统一，一国两制"的战略构想法制化、制度化。1982年12月，全国人大五届五次会议修订的《中华人民共和国宪法》第一章总纲规定："国家在必要时得设立特别行政区。

---

①　《邓小平文选》第三卷，人民出版社1993年版，第13页。
②　《邓小平文选》第三卷，人民出版社1993年版，第30页。
③　《邓小平文选》第三卷，人民出版社1993年版，第49页。
④　《邓小平文选》第三卷，人民出版社1993年版，第58页。

特别行政区内实行的制度按照具体情况由全国人民代表大会以法律规定。"特别行政区的规定，为"一国两制"战略构想的实施提供了法律依据。1984 年 5 月，在六届全国人大二次会议上，"一个国家，两种制度"和平统一祖国的方针被正式提出并获得通过，这样，"一国两制"就成为一项具有法律效力的基本国策。20 世纪 80 年代中期以后，中英两国政府及中葡两国政府先后签署《联合声明》，宣布中国政府将于 1997 年 7 月 1 日、1999 年 12 月 20 日对香港、澳门恢复行使主权。香港和澳门回归进入过渡期。

（三）"和平统一、一国两制"科学构想的发展

1987 年 11 月，台湾当局开放台湾居民赴大陆探亲，海峡两岸同胞近 38 年的隔绝状态终于被打破。1988 年 1 月，蒋经国去世，李登辉继任台湾当局领导人，对台湾政治体制做出结构性大调整，推动所谓"本土化"、"台湾化"和"脱中国化"，推行"两个中国"的分裂政策，致使"台独"势力膨胀，"台独"思潮蔓延。

进入 20 世纪 90 年代以后，一方面，海峡两岸关系发展出现了良好的势头。两岸人员往来以及科技、教育、文化、体育等各个领域的交流进一步加强，两岸经济往来更加密切。1992 年，海峡两岸关系协会与台湾海峡交流基金会达成各自以口头方式表述"海峡两岸均坚持一个中国原则"的"九二共识"，在此基础上开启了两岸事务性商谈。1993 年 4 月"海协会"会长汪道涵和"海基会"董事长辜振甫在新加坡成功举行了"汪辜会谈"，签署了《汪辜会谈共同协议》等四项协议，标志着两岸关系迈出了历史性的重要一步。另一方面，台湾当局领导人拒不接受"一个中国的原则"，插手台湾事务的外国势力和"台独"势力，仍在继续从事分裂祖国的活动。两岸关系跌宕起伏，经历着复杂的发展变化。

在这种情况下，以江泽民为核心的党的第三代中央领导集体一再重申，我们坚定不移地按照"和平统一、一国两制"的方针，积极促进祖国统一。中国共产党愿意同中国国民党尽早接触，以便创造条件，就正式结束两岸敌对状态、逐步实现和平统一进行谈判。1995 年 1 月 30 日江泽民在全国政协新春茶话会上发表了《为促进祖国统一大业的完成而继续奋斗》

的重要讲话，就推动祖国和平统一进程提出了著名的"八项主张"。八项主张表明了党解决台湾问题的决心和诚意，体现了对台方针政策的一贯性、连续性，指明了发展两岸关系的方向，是完成祖国统一大业的纲领性文件。一是，坚持一个中国的原则，是实现和平统一的基础和前提。中国的主权和领土决不容许分割。任何制造"台湾独立"的言论和行动，都应坚决反对。二是，对于台湾同外国发展民间性经济文化关系，我们不持异议。但是，我们反对台湾以搞"两个中国"、"一中一台"为目的的所谓"扩大国际生存空间"的活动。三是，进行海峡两岸和平统一谈判，是我们的一贯主张。在和平统一谈判的过程中，可以吸收两岸各党派、团体有代表性的人士参加。在一个中国的前提下，什么问题都可以谈。作为第一步，双方可先就"在一个中国的原则下，正式结束两岸敌对状态"进行谈判，并达成协议。四是，努力实现和平统一，中国人不打中国人。我们不承诺放弃使用武力，决不是针对台湾同胞，而是针对外国势力干涉中国统一和搞"台湾独立"的图谋的。五是，大力发展两岸经济交流与合作，以利于两岸经济共同繁荣，造福整个中华民族。继续加强两岸同胞的相互往来和交流，增进了解和互信。应当采取实际步骤加速实现直接"三通"。六是，中华各族儿女共同创造的五千年灿烂文化，始终是维系全体中国人的精神纽带，也是实现和平统一的一个重要基础。两岸同胞要共同继承和发扬中华文化的优秀传统。七是，两千一百万台湾同胞，不论是台湾省籍还是其他省籍，都是中国人，都是骨肉同胞、手足兄弟。要充分尊重台湾同胞的生活方式和当家作主的愿望，保护台湾同胞一切正当权益。八是，我们欢迎台湾当局的领导人以适当身份前来访问；我们也愿意接受台湾方面的邀请，前往台湾。江泽民的讲话得到海峡两岸人民的普遍拥护，受到海外侨胞以及国际舆论的广泛赞扬，对推动两岸关系发展，早日实现祖国的和平统一产生了深远影响。

1995年6月，台湾当局领导人李登辉赴美进行制造"两个中国"的分裂活动。1999年7月，他又抛出所谓"两国论"，为民进党上台执政助力。2000年，民进党陈水扁上台以来，延续李登辉的分裂路线，否认"九二共识"，推行"渐进式台独"，并于2002年8月悍然抛出所谓"一边一国论"，严重破坏了两岸关系的发展。

2002 年 11 月，党的十六大高度概括了台湾局势和两岸关系形势的重大变化和主要特征，重申坚持"和平统一、一国两制"的基本方针和现阶段发展两岸关系、推进祖国和平统一进程的八项主张，强调"坚持一个中国原则，是发展两岸关系和实现和平统一的基础"，坚决反对任何旨在制造"台湾独立"、"两个中国"、"一中一台"的言行，呼吁"在一个中国原则的基础上，暂时搁置某些政治争议，尽早恢复两岸对话和谈判"，宣示了全党和全国人民完成祖国统一大业的坚定决心。2007 年 10 月，党的十七大高度肯定了"和平统一、一国两制"的基本方针。从构建和谐社会的新视角丰富了"一国两制"，强调构建和谐的两种制度之间的关系、和谐的中央与特别行政区的关系以及和谐的特区内部关系。2012 年 10 月，党的十八大把实现祖国和平统一与两岸关系和平发展紧密联系起来，强调指出："解决台湾问题、实现祖国完全统一，是不可阻挡的历史进程。和平统一最符合包括台湾同胞在内的中华民族的根本利益。实现和平统一首先要确保两岸关系和平发展。"推动两岸关系和平发展，既符合当前推进两岸关系的实际需要，又把握住了两岸关系发展的客观趋势，是最终完成祖国和平统一大业的必由之路，是走中国特色社会主义道路、实现中华民族伟大复兴的战略选择。

二、"和平统一、一国两制"构想的主要内容及其成功实践

"一国两制"是一个全新的概念，科学的构想。概括起来就是：在一个中国的前提下，国家的主体坚持社会主义制度，同时允许一些特殊的地区实行资本主义制度。即：在统一的中华人民共和国内，大陆实行社会主义制度，香港、澳门、台湾保持原有的资本主义制度长期不变。"一国两制"构想问世以后，已经在国际、国内产生了强烈反响，得到了舆论界广泛赞同。在"一国两制"方针的指导下，祖国统一事业取得了积极的进展。

（一）"和平统一、一国两制"构想的主要内容

"和平统一、一国两制"作为一个完整的祖国统一战略，具有极为丰

395

富的内容，其主要内容有：

第一，坚持一个中国原则。世界上只有一个中国，即中华人民共和国，台湾、香港、澳门都是中国的重要组成部分。中国的主权和领土完整不容分割。在国际上代表全中国人民的惟一合法政府，只能是中华人民共和国政府。中华人民共和国的最高权力机关是全国人民代表大会，中央人民政府设在北京。坚持一个中国，而不是两个中国或者一中一台，体现了我们国家和民族的最高利益，是"和平统一、一国两制"构想的核心，是发展两岸关系和实现祖国和平统一的政治前提和根本保证。尽管两岸尚未统一，但大陆和台湾同属一个中国的事实从未改变。坚持"一个国家"，在这个问题上没有回旋余地，更不能妥协退让。对此，邓小平指出："以'一国两制'解决香港、澳门问题，确定了它们是中国的一部分。以这个方针解决台湾问题，台湾实行的制度等，一切都不变，只有一条，必须确定是中国的地方。"[①] 中国政府坚决反对任何旨在分裂中国主权和领土完整的言行，反对"两个中国"、"一中一台"或"一边一国"，反对一切可能导致"台湾独立"的企图与行径。

第二，两制并存，在台、港、澳地区实行高度自治。邓小平指出："'一国两制'也要讲两个方面。一方面，社会主义国家里允许一些特殊地区搞资本主义，不是搞一段时间，而是搞几十年、成百年。另一方面，也要确定整个国家的主体是社会主义。否则怎么能说是'两制'呢？那就变成'一制'了。"[②] 在统一的中华人民共和国里，占全国总人口的绝大多数、占全国土地面积绝大部分的大陆地区，是这个统一国家的主体，坚定不移地实行社会主义制度；台湾、香港、澳门作为这个统一国家不可缺少和不可分割的组成部分，实行资本主义制度。在统一的中华人民共和国里，大陆的社会主义制度和台湾、香港、澳门的资本主义制度长期共存、共同发展，谁也不吃掉谁，大家都对中华民族的发展做出贡献。按照"一国两制"的设想，台湾、香港、澳门作为特别行政区，享有不同于中国其他省、市、自治区的高度自治权。除外交事务和防务由中央政府管理外，特别行

---

① 《邓小平深入阐明"一国两制"方针》，《人民日报》1987 年 4 月 17 日。
② 《邓小平文选》第三卷，人民出版社 1993 年版，第 219 页。

政区拥有行政管理权、立法权、独立的司法权和终审权；特别区行政区依法自行制定经济、贸易、金融货币、教育、科技和文化等方面的政策，继续同各国各地区及有关国际组织保持和发展经济文化关系；特别行政区保持财政独立，实行独立的税收制度，中央政府不征税；特别行政区人民的各项合法权利和自由，外国在这里的经贸活动和投资利益等，都依法受到保护。台湾特别行政区还可以保留自己的军队，中央政府不派军队到台湾去，也不派其他人员驻台。不仅台湾、香港、澳门同胞现有各种权益将得到切实尊重和维护，而且他们希望获得的其他权益也将得到充分实现，真正实现当家作主的夙愿，充分行使选择社会制度和生活方式的权利，更加广泛、直接地参与管理国家大事。

第三，尽最大努力实现和平统一，但不承诺放弃武力。通过和平谈判方式实现祖国统一，这是中国共产党的一贯立场和既定方针，也是全体中国人的共同心愿。和平统一，有利于两岸社会的共同发展，有利于两岸同胞感情的融合，有利于统一后港、澳、台地区的长期繁荣稳定，也有利于维护亚太地区的和平与稳定。中国共产党和中国政府主张用和平的方式解决祖国统一问题，但是不能承诺放弃武力的方式。作为一个主权国家，中国政府可以采取自己认为必要的一切手段包括军事手段，来维护本国主权和领土的完整。在采取何种方式处理本国内部事务的问题上，中国政府并无义务对任何外国或图谋分裂中国的人作出承诺。邓小平指出："我们坚持谋求用和平的方式解决台湾问题，但是始终没有放弃非和平方式的可能性，我们不能作这样的承诺。如果台湾当局永远不同我们谈判，怎么办？难道我们能够放弃国家统一？当然，决不能轻易使用武力，因为我们精力要花在经济建设上，统一问题晚一些解决无伤大局。但是，不能排除使用武力，我们要记住这一点，我们的下一代要记住这一点。这是一种战略考虑。"[①] 江泽民、胡锦涛也反复强调，我们主张用和平的方式实现祖国的统一，同时我们不能作出放弃使用武力的承诺。我们不承诺放弃使用武力，决不是针对台湾同胞，而是针对外部势力干涉中国统一以及旨在制造"两个中国"、"一中一台"和搞"台湾独立"的分裂活动。

① 《邓小平文选》第三卷，人民出版社 1993 年版，第 86—87 页。

第四，用"和平统一、一国两制"的方式实现祖国的完全统一，是中国共产党和中国政府长期坚持的基本方针和基本国策。祖国的完全统一，是祖国繁荣富强和民族伟大复兴的基础，是海内外中华儿女的共同心愿，是中华民族的根本利益所在。为了实现这一宏伟愿望，几代中国共产党人进行了艰辛的探索，"和平统一、一国两制"不是权宜之计。

（二）"和平统一、一国两制"构想提出的重大意义

"和平统一、一国两制"的战略构想，是马克思主义基本原理同中国新的历史时期具体实际相结合的产物，是无产阶级革命发展史上的伟大创举，是对马克思列宁主义、毛泽东思想的创造性运用和发展。这一战略构想，不但为我国和平统一祖国开辟了正确的道路，提供了最佳的方略，而且为当今时代历史条件下解决国际争端，促进世界和平与发展，提供了新经验、新途径，有着十分重大的理论意义和实践意义。

第一，"和平统一、一国两制"的战略构想是中国特色社会主义理论和实践的重要内容。用"和平统一、一国两制"的办法实现祖国统一，是一个全新的、大胆的构想。邓小平指出："我们的社会主义制度是有中国特色的社会主义制度，这个特色，很重要的一个内容就是对香港、澳门、台湾问题的处理，就是'一国两制'。这是个新事物。这个新事物不是美国提出来的，不是日本提出来的，不是欧洲提出来的，也不是苏联提出来的，而是中国提出来的，这就叫做中国特色。"[1]"和平统一、一国两制"的构想完全是从实际出发的，是实事求是的产物。"和平统一、一国两制"的构想完全是"我们根据中国自己的情况提出来的"[2]，具有深刻的时代背景、历史文化基础、政治基础和经济基础。和平解决台湾、香港、澳门问题，是祖国统一的重大问题，但通过什么形式和平解决就不能不考虑这些地区的历史和现实。要考虑到台湾、香港、澳门和大陆隔离多年的历史，又要考虑到各方社会制度本质不同和生活方式存在的差异，既要考虑到祖国统一的大趋势，又要考虑到保持这些地区的稳定和繁荣。总之，必

---

① 《邓小平文选》第三卷，人民出版社 1993 年版，第 218 页。
② 《邓小平文选》第三卷，人民出版社 1993 年版，第 59 页。

须从实际出发，尊重历史和现实，提出各方都能接受的统一方针，这只能是"一国两制"，除此以外没有其他办法。关于如何解决香港问题，邓小平曾经作了精彩的分析："用和平谈判的方式来解决，总要各方都能接受，香港问题就要中国和英国，加上香港居民都能接受。什么方案各方都能接受呢？就香港来说，用社会主义去改变香港，就不是各方都能接受的。所以要提出'一国两制'。"[①] 关于台湾问题，邓小平说："用'一国两制'的方式解决台湾问题，美国应该是能够接受的，台湾也应该是能够接受的。"[②] "再没有比'一国两制'的办法更合理的了。'一国两制'对台湾来说有什么损失呢？"[③] "一国两制"的构想"不是一时的感情冲动，也不是玩弄手法，完全是从实际出发的"[④]。"和平统一、一国两制"的战略构想是中国共产党丰富的政治经验和政治智慧完美运用的集中体现，表明党对实事求是的思想路线的理解和运用达到了新的境界和高度。邓小平还曾说过，"一国两制"构想，"要归功于马克思主义的辩证唯物主义和历史唯物主义，用毛泽东主席的话来讲就是实事求是。"[⑤] 用"和平统一、一国两制"的办法实现祖国的和平统一，将有利于大陆与香港、澳门和台湾之间的多方面的合作与交流，有利于学习香港、澳门和台湾地区先进的管理经验，吸引那里的资金和技术。用"一国两制"的办法实现祖国的和平统一，台湾、香港、澳门也都将获得极大的政治和经济利益。比如，对于台湾当局来说，如果接受和实践了这个构想，那么，由于对祖国统一的最后完成和国内和平的完全实现所做出的历史性贡献，它将赢得全体中国人民的尊重，在中国政治发展史上将享有应有的地位，并可在新的历史条件下更好地进行台湾的建设，台湾人民也将因此而获得巨大的福祉。台湾经济将真正以祖国大陆为腹地，获得广阔的发展空间。台湾同胞可以和大陆同胞一道，行使管理国家的权利，共享伟大祖国在国际上的尊严和声誉。随着"和平统一、一国两制"的战略构想逐步变为现实，祖国统一的最后完

---

① 《邓小平文选》第三卷，人民出版社 1993 年版，第 84 页。

② 《邓小平文选》第三卷，人民出版社 1993 年版，第 86 页。

③ 《邓小平文选》第三卷，人民出版社 1993 年版，第 362 页。

④ 《邓小平文选》第三卷，人民出版社 1993 年版，第 60 页。

⑤ 《邓小平文选》第三卷，人民出版社 1993 年版，第 101 页。

成，国内和平的完全实现，将会形成推动历史前进的巨大合力，中华民族的整体实力必将得到很大增强。这一历史进程也显示了并将进一步显示中国特色社会主义事业丰富多彩的内容以及这一伟大事业无比的生命力、吸引力和凝聚力。

第二，"和平统一、一国两制"构想创造性地丰富和发展了马克思列宁主义。首先，"和平统一、一国两制"构想发展了马克思主义的国家学说。"一国两制"作为一种关于国家总体结构的新构想，既坚持了马克思主义关于国家性质的基本观点，同时也阐发了马克思主义创始人国家学说中含有的关于国家作为"阶级斗争调停人"，国家具有"缓和冲突"的功能和作用这一深刻思想。"一国两制"而非"一国一制"，这是中国共产党人在新的实践中对马克思主义国家学说的丰富和发展。实行"一国两制"，创造了一种崭新的国家结构模式。"一国两制"条件下的特别行政区享有高度的自治权，从而使我国单一的国家结构带有了联邦制的某些特征，但又不同于联邦制，成为具有中国特色的国家结构新模式。实行"一国两制"，扩大了社会主义民主政治的范围，有利于加强和完善社会主义民主政治制度建设。在"一国两制"条件下，享受社会主义民主的对象和社会主义民主政治发挥作用的范围都扩大了。

其次，"和平统一、一国两制"构想发展了和平共处的原则。和平共处首先作为一种思想是列宁根据苏俄十月革命后世界上出现第一个社会主义国家和资本主义国家两种社会制度并存的情况，以及根据苏俄存在和发展的实际需要而提出来的。20世纪50年代初期，随着国际形势的不断发展演变，中国共产党继承了列宁关于和平共处的思想，并将其发展为调整和处理不同社会制度、国家与国家之间关系的"和平共处五项原则"。后来将其适用范围发展为包括社会主义国家在内的一切国家的关系，在当今国际社会得到了广泛的认同，已经成为处理国际关系的普遍准则。"和平统一、一国两制"的战略构想，将这一原则的适用范围由国家之间又进一步发展为一个国家内部，用来解决一个国家内部的统一问题，解决一个国家内部实行两种不同社会制度的地区之间的关系问题，从而为和平共处思想增添了新的内涵。

再次，"和平统一、一国两制"构想发展了党的统一战线的理论。这一发展主要表现在三个方面：一是体现了党的统一战线在性质上的跃升。它具体体现了党的统一战线由过去的以革命阶级、革命民众的大联合和以革命为旗帜的革命的统一战线，转变为今天的以民族大团结、国家大统一和以爱国主义为旗帜的爱国统一战线这样总体性质上的跃升；二是扩展了我国新时期爱国统一战线的对象和范围，体现了促成中华民族伟大复兴所依靠的爱国力量的壮大、发展和在新基础上的更为广泛的力量组合。在爱国统一战线中，既包括了大陆这一主体部分社会主义制度下的全体工人、农民、知识分子和其他社会主义劳动者、建设者、爱国者，也包括了资本主义制度下的台湾、香港、澳门以及海外侨胞中全体拥护祖国统一的爱国者。因此，"和平统一、一国两制"战略构想的提出，体现了中华民族为实现祖国和平统一、实现民族伟大复兴的一切爱国力量的广泛组合；三是表现了我国新时期爱国统一战线的最重要的内容，即中国共产党和中国国民党再度合作的可能性。在中国现代史上，国共两党曾进行过两次合作，推进了中国历史的发展。国共两党的再度合作，也必将促进祖国和平统一、中华民族伟大复兴的实现。

第三，"和平统一、一国两制"构想为祖国统一提供了最佳的选择。"一国两制"构想，开辟了用和平方式统一祖国的新途径。它有助于保持港、澳、台地区的稳定和繁荣，对各方都有利。港、澳、台的资本主义是中国大地上的资本主义，可以使我们在本国利用局部的资本主义特区，来促进和加速全面的社会主义建设。港、澳、台的资本主义特区，能为我们发挥观察、传递世界最新动态的"窗口"作用。我们可以利用港、澳、台的特殊地位和条件，从资本主义世界引进资金、技术和管理经验，加速我国的现代化进程。像一切资本主义制度一样，港、澳、台的资本主义也有其固有的、不可能自己克服的缺点。即它必然要受世界资本主义市场经济波动的影响，经济繁荣不稳固；它的生产关系最终必将容纳不下生产力的发展；人民不能当家作主，社会政治基础不牢，等等。要在一定程度上解决这些问题，就必须注入新的动力。港、澳、台将作为我国享有高度自治权的特别行政区的重要角色，同我国其他沿海城市相互配合和协作，这不但有利于实行内联外放，打开国际市场，而且有利于港、澳、台利用大陆雄厚的人力、物力资源和广阔的市场，缓解自身矛盾。

第四，"和平统一、一国两制"构想为解决国际争端和世界遗留问题开辟了新的途径。当今世界并不平静，各种矛盾和冲突此起彼伏，连绵不断。"一国两制"构想的提出和实践，为世界各国提供了国家间解决历史遗留问题的一个成功范例。用"一国两制"的办法解决国家间、民族间、宗教间的争端，可以消除许多"热点"、"爆发点"，稳定世界局势。中英两国政府、中葡两国政府根据"一国两制"构想，分别和平解决了香港问题和澳门问题之后，世界各国朝野人士纷纷发表评论，表示赞赏。例如前联合国秘书长佩雷斯·德奎利亚尔就曾说过，在紧张和对抗不幸地笼罩着世界上许多地区的时候，对香港未来地位的谈判取得成功，将毫无疑问地被认为是在当前国际关系中，有效的、静悄悄外交的一项极为突出的范例。参加《联合声明》草签的英方代表团团长、英国驻华大使理查德·伊文思也说，联合声明体现了一个国家、两种制度这个富有想象力的构想，并且证明了和平谈判是解决历史遗留下来的问题的最好办法。英国外交大臣杰弗里·豪说，这种和平解决历史争端的方法，可以"为全世界树立合作的榜样"。与此同时，"一国两制"的构想也为当今世界上处于分裂状态国家的和平统一，提供了一个新的模式。同我国需要和平统一祖国一样，当前在世界范围内还有一些国家至今尚处于分裂状态，人民不幸、痛苦，渴望早日实现祖国统一。但是，如何实现统一，有着两种不同的选择：一种是战争方式，一种是和平方式。历史经验证明，和平统一方式要比战争方式好。如果各方都同意用和平方式统一祖国，那么就不难从诸多方式中找到一种最能为各方所接受的具体方式。

（三）"和平统一、一国两制"构想在香港、澳门的实践

"和平统一、一国两制"的构想最初是为解决台湾问题而提出来的，后来首先运用于解决香港和澳门问题，并获得了成功。香港、澳门问题是历史上殖民主义侵略遗留下来的问题。香港是英国殖民主义者通过向中国发动侵略战争，强迫清政府先后签订《南京条约》、《北京条约》、《中英展拓香港界址专条》等不平等条约而强占的。澳门是葡萄牙殖民主义者通过向中国发动侵略战争，强迫清政府签订不平等的《中葡北京条约》而强占的。新中国成立初期，党对解决香港、澳门问题进行了积极的探索，采取

暂时不动、待时机成熟时再收回的策略。对于这一历史遗留下来的问题，将在条件成熟时通过谈判予以和平解决，未解决之前维持现状。1960 年党中央进一步将上述立场归结为"长期打算、充分利用"的工作方针。

进入 20 世纪 80 年代，中英两国为香港回归问题正式开始了接触和谈判。根据"和平统一、一国两制"的构想，中国和英国之间关于香港问题的谈判，从 1982 年 9 月英国首相撒切尔夫人访华起，至 1984 年 9 月两国代表草签关于香港问题的联合声明，其间进行了 22 轮艰苦的谈判。针对英国方面先后提出的所谓三个条约有效论、区别对待新界与港九地区、以主权换治权等主张，中国政府坚持主权问题不容讨论的原则，进行了有理有利有节的斗争。1982 年 9 月，邓小平在会见英国首相撒切尔夫人时强调指出："关于主权问题，中国在这个问题上没有回旋余地。坦率地讲，主权问题不是一个可以讨论的问题。现在时机已经成熟了，应该明确肯定：一九九七年中国将收回香港。就是说，中国要收回的不仅是新界，而且包括香港岛、九龙。""如果中国在一九九七年，也就是中华人民共和国成立四十八年后还不把香港收回，任何一个中国领导人和政府都不能向中国人民交代，甚至也不能向世界人民交代。"①1984 年 9 月，中英双方达成协议，草签了《关于香港问题的联合声明》及三个附件。同年 12 月 19 日，中英两国政府领导人在北京正式签署了《中华人民共和国政府和大不列颠及北爱尔兰联合王国政府关于香港问题的联合声明》及三个附件，宣布中华人民共和国将于 1997 年 7 月 1 日对香港恢复行使主权；中国政府将根据宪法第 31 条的规定，在香港设立直辖于中央政府的特别行政区，同时保持香港的制度和生活方式不变。1985 年 5 月 27 日，中英两国政府互换批准书，中英联合声明正式生效，香港问题和平解决的大局已定。1990 年 4 月，七届全国人大三次会议正式批准《中华人民共和国香港特别行政区基本法》。基本法既坚持了国家统一、主权和领土完整，又明确规定香港作为特别行政区保持原有的资本主义制度。1997 年 7 月 1 日，中英两国政府举行了香港政权交接仪式，中国政府恢复对香港行使主权，香港回到了祖国的怀抱。香港回归祖国，是"和平统一、一国两制"构

① 《邓小平文选》第三卷，人民出版社 1993 年版，第 12 页。

想的重要成果。

在中英就解决香港问题谈判的过程中，澳门回归祖国的各项准备工作也在积极有序地进行。1984年10月3日，邓小平在会见港澳同胞国庆观礼团成员时说：澳门问题的解决，想用香港的方式。随后，在会见澳门中华总商会会长马万祺时，他又进一步指出："澳门问题也将按照解决香港问题那样的原则来进行，'一国两制'、'澳人治澳'、五十年不变"[1]。中英签署关于香港问题的联合声明不久，邓小平在会见来访的葡萄牙总统埃亚内斯时指出，中葡之间没有吵架的问题，只存在一个澳门问题，这个问题在1979年两国建交时已经达成谅解，只要双方友好磋商，是不难解决的。1985年5月，中国政府和葡萄牙政府就举行谈判解决澳门问题达成协议。谈判的重点是"何时移交管治权"、"用什么方式移交管治权"等问题。从1986年6月到1987年3月，中葡两国先后举行了四轮会谈。1987年4月13日，《中华人民共和国政府和葡萄牙共和国政府关于澳门问题的联合声明》在北京正式签署，宣布中国政府将于1999年12月20日对澳门恢复行使主权并设立澳门特别行政区。1993年3月31日，八届全国人大一次会议审议通过了《中华人民共和国澳门特别行政区基本法》，为澳门的顺利回归提供了坚实的法律基础。1999年12月20日，中葡两国政府举行澳门政权交接仪式，历经四百多年沧桑的澳门重新回到祖国的怀抱。澳门回归祖国，是"和平统一、一国两制"构想的又一重要成果，是中华民族的又一盛事。它标志着外国人占据和统治中国领土的历史彻底结束，标志着中国人民在完成祖国统一大业的道路上又迈出了重要一步。

香港和澳门回归以来，中央人民政府坚定不移地执行"一国两制"、高度自治的方针，严格依照基本法办事，不断完善与基本法实施相关的制度和机制，坚定支持特别行政区行政长官和政府依法施政，带领香港、澳门各界人士集中精力发展经济、切实有效改善民生、循序渐进推进民主、包容共济促进和谐，深化内地与香港、澳门经贸关系，推进各领域交流合作，促进香港同胞、澳门同胞在爱国爱港、爱国爱澳旗帜下的大团结，防范和遏制外部势力干预港澳事务。在此基础上，两个特区政府

---

① 《邓小平年谱（1975—1997）》下卷，中央文献出版社2004年版，第1001页。

的形象和政绩也得到国际社会的公认。第一，香港、澳门两个特别行政区在继续保持本地区原有的资本主义制度和生活方式不变的前提下，全面行使特别行政区基本法授予的行政管理权、立法权、独立的司法权和终审权，港澳居民享有广泛的民主权利和自由，"港人治港"、"澳人治澳"、高度自治变成了生动现实。第二，在中央政府和祖国内地的大力支持下，两个特别行政区政府同广大香港、澳门同胞团结奋进，克服了亚洲金融危机冲击、"非典"疫情等带来的严重困难和挑战，维护了香港、澳门社会大局稳定，实现了经济复苏，港澳各项事业取得长足进步。第三，港澳同祖国内地的交流合作不断深入，经贸合作更加紧密。港澳地区特别是香港从祖国得到更为强劲的支持，为国家同世界各国进行经济、科技、文化交流发挥了重要纽带和桥梁作用。港澳同胞不仅用自己的聪明才智和辛勤劳动实现了港澳地区的发展，也为祖国现代化建设作出了重要贡献。

三、新世纪新阶段解决台湾问题的方针政策

台湾问题由来已久，而解决台湾问题、实现祖国完全统一，是不可阻挡的历史进程。能否妥善解决台湾问题，不仅关系两岸人民的共同福祉，也事关整个中华民族的根本利益。新世纪新阶段解决台湾问题，必须坚持"和平统一、一国两制"方针，坚持发展两岸关系、推进祖国和平统一进程的八项主张，全面贯彻两岸关系和平发展重要思想，为和平统一创造更充分的条件。

（一）台湾问题的由来及其复杂性

台湾问题是中国内战遗留下来的问题，也与战后某些外国势力干涉中国内政直接分不开的。台湾自古以来就是中国领土不可分割的一部分。距今一千七百多年以前，三国时吴人沈莹的《临海水土志》是世界上最早记述台湾的文字。公元 3 世纪和 7 世纪，三国孙吴政权和隋朝政府都曾先后派万余人去台。尤其是唐宋以后，中央政府开始设立地方机构管理台湾事

务，将台湾正式纳入中国的行政区划和版图。明朝末年以后，随着航海事业的大发展，西方资本主义列强崛起，中国国力相对衰落，台湾曾先后沦为西班牙和荷兰的殖民地，但不同时期的中国政府和人民均在台湾同胞的帮助、支持下相继赶走侵略者，收复失地，制止了分裂台湾的企图。近代以来，在列强瓜分中国的过程中，1895 年日本强迫清朝政府签订不平等的《马关条约》，割占了"台湾全岛和所有附属各岛屿"以及"澎湖列岛"。1945 年第二次世界大战日本战败投降，根据《开罗宣言》、《波茨坦公告》等具有国际法律效力的文件规定，中国政府收复台湾，并把其重新归入中国版图。第二次世界大战之后，台湾不仅在法律上而且在事实上已归还中国。之所以又出现台湾问题，与随后国民党发动的反人民内战有关，但更重要的是外国势力的介入。在当时东西方两大阵营对峙的态势下，美国政府基于它的所谓全球战略及维护本国利益的考虑，曾经不遗余力地出钱、出枪、出人，支持国民党集团打内战，阻挠中国人民革命的事业。1949 年中华人民共和国成立，国民党集团的一部分军政人员退据台湾，抗拒统一，图谋反攻大陆。

1950 年正当中国人民解放军着手解放台湾时，朝鲜战争爆发。美国总统杜鲁门命令第七舰队阻止对台湾的任何攻击。美国第七舰队侵入了台湾海峡，第十三航空队进驻了台湾。1954 年 12 月，美国政府又与台湾当局签订了所谓《共同防御条约》，将中国的台湾省置于美国的"保护"之下。美国政府继续干预中国内政的错误政策，造成了台湾海峡地区长期的紧张对峙局势，台湾问题自此亦成为中美两国间的重大争端。

相对于解决港澳问题而言，解决台湾问题尤为复杂。港澳问题是通过与英国和葡萄牙政府谈判收回主权的问题，台湾问题则是内政问题，但又受到某些外国势力的干涉。

一是某些外国势力长期以来在解决台湾问题上设置障碍。1972 年美国总统尼克松访华后，两国关系大幅改善。1978 年 12 月，美国政府接受了中国政府提出的建交三原则，即：美国与台湾当局"断交"、废除《共同防御条约》以及从台湾撤军。中美两国于 1979 年 1 月 1 日正式建立外交关系。中美建交联合公报声明："美利坚合众国承认中华人民共和国政府是中国的唯一合法政府。在此范围内，美国人民将同台湾人民保持文化、商务和其他非官方联系";"美利坚合众国政府承认中国的立场，即只有一个中国，台湾是中国的一部分"。自此，中美关系实现正常化。但遗憾的是，中美建交不过三个月，美国国会竟通过了所谓《与台湾关系法》，并经美国总统签署生效。《与台湾关系法》以美国国内立法的形式，作出了许多违反中美建交公报和国际法原则的规定，严重损害中国人民的权益。美国政府根据这个关系法，继续向台湾出售武器和干涉中国内政，阻挠台湾与中国大陆的统一。冷战结束后，美国将敌对的矛头对准了中国，台湾的战略地位迅速上升。为了维护其亚太霸权，实现它"以台制华"的战略目的，美国遂以"保卫台湾民主"为由，明扶暗助岛内分裂势力，加强与台湾的军事技术交流，售台先进武器装备，承诺以武力保卫台湾安全，公开向中国的主权和领土完整发起挑战。美国的干涉是台湾问题之所以复杂化、国际化并长期难以解决的症结所在。与此同时，日本右翼势力坚持反华立场，也企图重新染指台湾，近年来更是露骨地鼓吹通过打"台湾牌"来牵制中国。总之，某些外国势力出于对自身利益的考虑，不希望两岸和解走得太快，必将不断制造一些摩擦和矛盾进行约束。这种对中国内政的粗暴干涉，阻碍了中国的和平统一进程，同时也危害了亚太地区乃至世界的和平与稳定。

二是"台独"势力的膨胀和蔓延。"台独"是寄生在中华民族肌体上的一人毒瘤。所谓台独，就是"台湾独立建国"，亦即割断台岛与大陆之间的历史文化联系，彻底将台湾从祖国母体中分离出去。"台独"的产生有着复杂的社会历史根源和国际背景，极少数"台独"分子鼓吹"独立"，甚至投靠外国，妄图将台湾从中国分裂出去，这是违背包括台湾同胞在内的全中国人民的根本利益的。在蒋介石和蒋经国时代，"台独"在岛内没有市场。李登辉上台后，逐步将一个中国政策转变为"一个中国两个对等政治实体"，后来又提出所谓的"两国论"。台独势力在岛内开始极度膨胀。陈水扁上台以后，顽固坚持"台独"分裂立场，拒不接受一个中国原则，加紧推动"渐进式台独"活动，尤其是企图利用公投、鼓吹"制宪"进行"台独"活动，将两岸关系推向危险的边缘。陈水扁连任后，又将之演化为"一边一国论"，彻底否定一个中国原则，并在政治、文化、教育、历史等领域推行"台湾正名"、"去中国化"、"文化台独"等活动，对台湾社会造成了严重的恶劣影响。如今，陈水扁虽然已经下台，但"台独"及其影响依然存在，与"台独"的斗争，必将是一个长期的过程。

三是部分台湾民众对大陆缺乏认同。在影响两岸关系的诸多因素中，台湾民众对大陆的认同是重要的一个方面。由于近代以来，台湾曾长期脱离祖国，后来，又实行了与大陆不同的制度，许多台湾民众对大陆缺少了解等原因，两岸统一缺乏应有的吸引力。此外，台湾地区混乱的政治生态，扭曲的政治制度，也增加了解决台湾问题的难度。

（二）新世纪新阶段解决台湾问题的方针政策

新世纪新阶段，以胡锦涛为总书记的党中央，在继续坚持"和平统一、一国两制"指导思想的前提下，根据台湾局势和两岸关系发生的新变化，提出了一系列新的重要论断和主张，进一步丰富和发展了"和平统一、一国两制"的科学构想。

第一，提出新形势下对台工作的"四点意见"。2003年3月11日，胡锦涛在参加十届全国人大一次会议台湾代表团的审议时，就做好新形势下的对台工作发表了重要谈话。他指出，要始终坚持一个中国原则；要大力促进两岸的经济文化交流；要深入贯彻寄希望于台湾人民的方针；要团结两岸同胞共同推进中华民族的伟大复兴。2005年3月4日，胡锦涛参加全国政协十届三次会议民革、台盟、台联的联组会，就海峡两岸关系再次发表重要讲话，提出了新形势下发展两岸关系的"四点意见"，即坚持一个中国原则决不动摇，争取和平统一的努力决不放弃，贯彻寄希望于台湾人民的方针决不改变，反对"台独"分裂活动决不妥协。"四点意见"的提出，阐明了中国共产党在新时期处理台湾问题、发展两岸关系的基本原则、立场。"四点意见"是一个整体，其中"一个中国原则"是前提和基础，"和平统一"是共同的心愿，"寄希望于台湾人民"是核心，"反对'台独'分裂活动"是保障。"四点意见"主要强调以各种切实可行的措施推动现阶段两岸关系的和平发展，体现了党对台工作具体实践中制定和执行相关政策和策略的务实性和灵活性。随后，2005年春夏之际，胡锦涛在与来访的中国国民党主席连战、亲民党主席宋楚瑜和新党主席郁慕明举行会谈时，又进一步阐述了中国共产党对改善和发展两岸关系所持有的原则立场和观点，如建立政治上的互信，加强经济上的交流合作，鼓励两岸民众加强交往，坚持体现一个中国原则的"九二共识"，推进两岸"三通"，早日恢复两岸平等对话和谈判等。这些既可以看作是对"四点意见"的阐释和发挥，又可以看作是对"四点意见"的进一步丰富和发展。

第二，制定《反分裂国家法》。针对"台独"势力的种种"台独"行为，2005 年 3 月 14 日，第十届全国人民代表大会第三次会议通过了《反分裂国家法》。这个法律共十条，主要内容包括：本法律制定的根据是宪法，其目的是为了维护国家主权和领土完整，维护中华民族的根本利益；强调维护国家主权和领土完整是包括台湾同胞在内的全中国人民的共同义务；台湾问题是中国内战的遗留问题；完成统一祖国的大业是包括台湾同胞在内的全中国人民的神圣职责；坚持一个中国原则，是实现祖国和平统一的基础；国家采取各种措施，维护台湾海峡地区和平稳定，依法保护台湾同胞的权利和利益；主张通过台湾海峡两岸平等的协商和谈判，实现和平统一。《反分裂国家法》还明确规定："台独"分裂势力以任何名义、任何方式造成台湾从中国分裂出去的事实，或者发生将会导致台湾从中国分裂出去的重大事变，或者和平统一的可能性完全丧失，国家得采取非和平方式及其他必要措施，捍卫国家主权和领土完整；在采取非和平方式及其他必要措施并组织实施时，国家尽最大可能保护台湾平民和在台湾的外国人的生命财产安全和其他正当权益，减少损失，同时国家依法保护台湾同胞在中国其他地区的权利和利益。毫无疑问，《反分裂国家法》的出台，将对"台独"势力为分裂国家的行为谋求法律支撑的企图起到重要的制约作用，对"台独"势力的生长空间会是一个有力地压缩。这一法律不仅否定了法理"台独"的合法性，而且会对台湾民众的心理产生潜移默化的影响，对他们的中国认同会有一个正式的规定性和引导性。总之，《反分裂国家法》不是针对台湾人民的一部法律，而是反对和遏制"台独"势力的法律；不是一部战争的法律，而是和平统一国家的法律；不是一部改变两岸同属一个中国现状的法律，而是有利于台海地区和平与稳定的法律。

第三，提出发展两岸关系的建立互信、搁置争议、求同存异、共创双赢的主张。党的十七大在总结对台工作经验的基础上，提出解决台湾问题、实现祖国完全统一是全体中华儿女的共同心愿，是中华民族走向伟大复兴的历史必然；要牢牢把握两岸关系和平发展的主题；呼吁协商正式结束两岸敌对状态，达成和平协议；坚决反对任何形式的"台独"分裂活动等新观点，体现了中央对台政策的延续性。党的十七大后，台湾问题在整体发展中的全局性和战略性地位进一步显现，两岸和平发展的重要性日趋突出。党和国家领导人将对台工作置于极其重要的位置。2008 年"3·22"台湾地方选举之后，胡锦涛先后会见了来访的萧万长、连战、吴伯雄。胡锦涛指出，当前台湾局势发生了积极变化，两岸关系呈现出良好发展势头。对于两岸关系发展面临的一些历史遗留问题和今后出现的新情况新问题，只要双方以两岸同胞福祉为念、以两岸关系和平发展大局为重，建立互信、搁置争议、求同存异、共创双赢，就一定能够找到解决问题的办法，两岸关系和平发展的道路就一定会越走越宽广。首先要建立互信，这对推动两岸关系和平发展至关重要。反对"台独"、坚持"九二共识"，是双方建立互信的根本基础。只要在这个核心问题上立场一致，其他事情都好商量。其次要搁置争议。必须看到，两岸关系发展中还存在一些历史遗留问题，也还可能遇到一些新情况新问题，其中一些症结问题一时不易解决。我们应该以实事求是的态度，务实面对，妥善处理。搁置争议需要政治智慧。希望双方都能够从两岸关系和平发展大局出发，把握好这一点。有了互信，再加上搁置争议，双方就能够求同存异，也就能够通过交流和协商不断累积共识、共创双赢。胡锦涛表示，中华民族正迎来实现伟大复兴的光明前景。这是两岸同胞和全体中华儿女的共同荣耀。两岸同胞是血脉相连的命运共同体，同属中华民族这个大家庭。衷心希望两岸同胞进一步携起手来，共同开创两岸关系和平发展新局面，共同实现中华民族伟大复兴，共同促进人类和平与发展的崇高事业。在"九二共识"的基础上，两岸关系发生了明显的变化。

第四，首次阐释了祖国和平统一与两岸关系和平发展的辩证统一关系，从和平发展的角度揭示两岸关系的发展规律。党的十八大对丰富"一国两制"实践和推进祖国统一，提出了一系列新的要求，强调解决台湾问题、实现祖国完全统一，是不可阻挡的历史进程。和平发展有利于和平统一，和平统一是和平发展的必然结果。和平统一符合包括台湾同胞在内的中华民族的根本利益，要求确保两岸关系的和平发展，巩固和深化两岸关系和平发展的政治、经济、文化、社会基础，可以为和平统一创造更充分的条件；而在认同一个中国前提下两岸关系的和平发展、交流合作、协商对话，又必将有力地促进和平统一的最终实现。在以和平发展促进和平统一的过程中，绝不允许任何人任何势力以任何方式把台湾从祖国分割出去，"台独"分裂行径损害两岸同胞共同利益，必然走向彻底失败。

没有祖国的完全统一，就没有完整意义上的民族振兴。实现祖国的完全统一和维护祖国的安全，是实现中华民族伟大复兴中国梦的根本基础，也是全体中国人民不可动摇的坚强意志。我们坚信，只要我们认真贯彻"和平统一、一国两制"的战略构想和现阶段发展两岸关系、推进祖国和平统一的基本方针，不懈地推进两岸和平发展及和平统一的历史进程，祖国的完全统一和中华民族伟大复兴的中国梦就一定能够实现。

第十三章 中国化马克思主义国际战略与外交理论

第二次世界大战结束、新中国建立特别是改革开放以来，中国共产党在准确分析国际形势、科学判断时代特征的基础上，制定和实施了一系列正确的国际战略和外交政策。建设中国特色社会主义既需要有一个稳定的国内环境，也需要有一个和平的国际环境。科学判断国际形势的变化，制定和实施正确的国际战略和外交政策，对于争取和维护世界和平，创造良好的国际环境极为重要。中国坚持走和平发展道路，实行独立自主的和平外交政策，在和平共处五项原则的基础上同所有国家发展友好合作，既通过维护世界和平发展自己，又通过自身发展维护世界和平，为人类进步事业做出了重要的贡献。

一、坚持走和平发展道路

一个国家选择什么样的道路实现发展，是各种因素综合作用的结果。中国坚持走和平发展道路，是中国共产党和中国政府对时代大势的宏观驾驭及对历史和现实的准确把握，凝结着中华民族的优秀品格和自强精神。中国的和平发展道路是人类追求文明进步的一条全新道路，是中国现代化建设的必由之路，是中国政府和中国人民的郑重选择和庄严承诺。

（一）毛泽东关于战后国际形势的判断与国际战略构想

科学观察和判断时代特征，正确估量和把握国际形势的发展趋势，是制定正确的外交战略的重要依据。中国共产党自诞生之日起，就是一个具有世界眼光的工人阶级先进政党。以毛泽东为代表的中国共产党人根据不同的历史时期不同的历史情况，制定了不同的国际战略和外交方针，为当代中国国际战略的抉择提供了重要的思想先导。

早在二战结束后，美苏两极格局初露端倪时，毛泽东就开始构思新中国成立后的国际战略。1946 年 8 月 6 日，他在同美国记者安娜·路易斯·斯特朗谈话时，科学分析了战后国际局势，第一次正式提出了"中间地带"的思想。"美国和苏联中间隔着极其辽阔的地带，这里有欧、亚、非三洲的许多资本主义国家和殖民地、半殖民地国家。美国反动派在没有压服这些国家之前，是谈不到进攻苏联的。""美国人民和一切受到美国侵略威胁的国家的人民，应当团结起来，反对美国反动派及其在各国的走狗的进攻。"① 依据这一观点，要对付当时对中国国家安全和世界和平威胁最大的美帝国主义，就必须要依靠和联合以苏联为首的社会主义国家，而且还要积极争取和联合处于中间地带的殖民地、半殖民地国家。毛泽东认为，"我们与苏联应该站在一条战线上，是盟友"②。1949 年 6 月 30 日，毛泽东公开提出了"一边倒"的方针，宣布新中国将倒向"社会主义一边"。他指出："一边倒，是孙中山的四十年经验和共产党的二十八年经验教给我们的，深知欲达到胜利和巩固胜利，必须一边倒。积四十年和二十八年的经验，中国人不是倒向帝国主义一边，就是倒向社会主义一边，绝无例外。"③

进入 20 世纪 60 年代，随着世界各种政治力量的进一步分化、组合，毛泽东对中间地带的认识日渐深入，提出了"两个中间地带"的观点。1962 年 1 月 3 日，他在与日本客人安井郁的谈话中指出，中间地带国家的性质也各不相同：有些国家有殖民地，如英、法、比、荷等国；有些国家被剥夺了殖民地，但仍有强大的垄断资本，如西德（即联邦德国）、日本；有些国家取得了真正的独立，如几内亚、阿联、马里、加纳；还有一些国家取得了名义上的独立，实际上仍然是附属国。从 1963 年起，他又进一步把这四类国家概括成"两个中间地带"。一个是亚、非、拉，一个

---

① 《毛泽东选集》第四卷，人民出版社 1991 年版，第 1193—1194 页。
② 《胡乔木回忆毛泽东》，人民出版社 1994 年版，第 548 页。
③ 《毛泽东选集》第四卷，人民出版社 1991 年版，第 1472—1473 页。

是欧洲。后来，他又进一步明确指出，第二个"中间地带"是指欧洲、加拿大、澳洲、新西兰和日本。"两个中间地带"的观点，为我国进一步加强同亚、非、拉等第一个"中间地带"国家的团结与合作，尤其是改善和发展与处在第二个"中间地带"的西方资本主义国家的关系，奠定了理论基础和政策基础。

20世纪60年代末、70年代初，世界上各种力量经过"大动荡、大分化、大改组"，逐渐形成了新的战略格局。美国由于深陷越战泥潭，实力受损。苏联则在国际事务中越来越奉行霸权主义的政策，加强对周边国家的军事威胁，在中苏边境陈兵百万。美苏争霸的态势出现了苏攻美守的重大变化。此外，由于日本、西欧、中国的国际地位日益上升，再加上新兴独立国家的兴起，世界开始出现多极化的苗头。毛泽东密切关注国际关系的巨大变化，毅然及时调整对外战略，打开了中美关系大门，摆脱与苏美同时对抗的局面，初步形成了中、美、苏大三角的国际关系格局。1964年1月，他在与一批美国朋友的谈话中，第一次使用了"第三世界"的概念。他指出："美国现在在两个'第三世界'都遇到抵抗。第一个'第三世界'是指亚、非、拉。第二个'第三世界'是指以西欧为主的一批资本主义高度发展的、有些还是帝国主义的国家，这些国家一方面压迫别人，另一方面又受美国压迫，同美国有矛盾。"①1970年，在会见坦桑尼亚客人时，毛泽东又把西方国家排除在"第三世界"的概念之外。进入1973年，中美关系有了新进展。在此基础上，毛泽东根据国际局势的演变，形成了联美抗苏的"一条线"构想，从战略上为进一步加强中国同美国的关系确定了方向。2月17日，毛泽东在会见美国总统特使基辛格时指出："我跟一个外国朋友谈过，我说要搞一条线，就是维度，美国、日本、中国、巴基斯坦、伊朗、土耳其、欧洲。"②这实际上提出了一个联美抗苏的宏大构想。

在上述背景下，1974年2月，毛泽东在会见赞比亚总统卡翁达时，正式提出了"三个世界"划分的理论。他指出："我看美国、苏联是第一

---

① 《毛泽东外交文选》，中央文献出版社、世界知识出版社1994年版，第514页。
② 毛泽东会见基辛格时的谈话，1973年2月17日。

世界。中间派，日本、欧洲、澳大利亚、加拿大，是第二世界。咱们是第三世界。""亚洲除了日本，都是第三世界。整个非洲都是第三世界，拉丁美洲也是第三世界。"① 同年 4 月 10 日，邓小平在联合国大会第六届特别大会上，向世界全面阐述了毛泽东关于"三个世界"划分的理论。由此可见，毛泽东划分"三个世界"的标准不再是根据每个或每类国家的阶级属性，不再是以社会制度、意识形态为标准的旧模式，而是根据每个或每类国家在国际社会中处在什么样的经济地位，以及在国际事务中实行什么样政策而确立的。划分"三个世界"的战略，在当时不仅对维护中国国家安全，保卫世界和平具有重要意义，而且对发展中国对外关系产生了积极效果。这一理论肯定了新兴第三世界国家的国际地位，并坚定地站在第三世界一边，从而为中国找到了与国力和国家利益相符的战略地位，由此确定了中国外交的立足点。这一战略的实施，不仅使中国逐步摆脱了一度在国际上比较孤立的困境，成为遏制霸权主义、强权政治的主要力量，而且为中国后来实行真正意义上的对外开放廓清了道路。

（二）战后国际形势的变化与时代特征的凸显

世界发展的每一个历史时代，都有其最突出的矛盾和最主要的特征，都有所要解决的根本任务。随着世界矛盾的变化和国际形势的发展，时代特征也要发生变化。对于时代特征的科学判断，是观察和解决世界各种问题的基本着眼点和立足点，是制定正确的国际战略和对外政策的重要基础和基本依据。

19 世纪末 20 世纪初，资本主义由自由竞争发展到垄断阶段，世界处于激烈的动荡之中。帝国主义国家之间为了争夺世界霸权，在 20 世纪上半叶先后发动了两次世界大战。战争给人类带来了巨大的灾难，也促进了殖民地半殖民地被压迫人民和民族的觉醒，社会主义革命、民族解放和民主革命此起彼伏、风起云涌。"战争与革命"成为这个时代的主题。第二次世界大战结束以前的世界历史，证实了列宁关于帝国主义时代经

---

① 《毛泽东外交文选》，中央文献出版社、世界知识出版社 1994 年版，第 600、601 页。

济政治发展不平衡的规律，必然导致世界范围的列强战争，并激发各种矛盾乃至无产阶级革命的论断是正确的。然而，第二次世界大战以后，特别是 20 世纪 70 年代末以来，国际形势在政治、经济、军事等方面都发生了许多重大的变化，形成了有利于维护世界和平、促进人类发展的总趋势。这是当年列宁所没有预见到的。

党的十一届三中全会以后，邓小平通过对国际局势发展变化的冷静观察和辩证分析，改变了过去中国共产党曾一度比较强调战争的危险，而对和平因素估计不足的看法，作出了关于战争与和平问题的新判断，即"在较长时间内不发生大规模的世界战争是有可能的，维护世界和平是有希望的。"[1]"现在国际形势看来会有个比较长时间的和平环境，即不爆发第三次世界大战的环境。"[2]

基于对国际形势问题的新判断，邓小平在 1984 年 5 月会见巴西总统菲格雷多时提出："现在世界上问题很多，有两个比较突出。一是和平问题，现在有核武器，一旦发生战争，核武器就会给人类带来巨大的损失。""二是南北问题。这个问题在目前十分突出。发达国家越来越富，相对的是发展中国家越来越穷。南北问题不解决，就会对世界经济的发展带来障碍。"[3]同年 10 月，邓小平在会见缅甸总统吴山友时，进一步指出了和平问题与南北问题在世界各种问题中的地位。他指出："还有其他许多问题，但都不像这两个问题关系全局，带有全球性、战略性的意义。"[4]1985 年 3 月，邓小平在会见日本客人时再次指出："现在世界上真正大的问题，带全球性的战略问题，一个是和平问题，一个是经济问题或者说发展问题。和平问题是东西问题，发展问题是南北问题。概括起来，就是东西南北四个字。南北问题是核心问题。"[5]在这里，邓小平更为准确地将南北问题的实质归结为发展问题，并对和平与发展这两大问题的关系作出正确的判断，从而科学地概括出了和平与发展是当代世界两大问题这

---

① 《邓小平文选》第三卷，人民出版社 1993 年版，第 127 页。
② 《邓小平文选》第三卷，人民出版社 1993 年版，第 270 页。
③ 《邓小平文选》第三卷，人民出版社 1993 年版，第 56 页。
④ 《邓小平文选》第三卷，人民出版社 1993 年版，第 96 页。
⑤ 《邓小平文选》第三卷，人民出版社 1993 年版，第 105 页。

一著名论断，这也是党的十三大把和平与发展作为当今时代主题的基本原因。此后，历届党的代表大会在分析国际局势时，都始终将和平与发展作为判断国际形势的基本特征和制定外交政策的根本出发点之一。

第一，和平与发展是世界各国人民的共同要求，是当今世界发展的基本趋向。

和平问题，主要是维护世界和平，防止新的世界大战和其他战争的问题。邓小平指出："对于总的国际局势，我的看法是，争取比较长期的和平是可能的，战争是可以避免的。"[①] 其主要原因：一是从政治方面来分析，战争力量与和平力量的对比关系发生了变化，即"世界和平力量的增长超过战争力量的增长"。[②] 当时"有资格"和准备打世界战争的只有美苏两个超级大国，第三世界国家和人民坚决反对战争，第二世界国家也不愿意将自己绑在美苏的战车上，美苏两国的人民也反对战争。制止战争、维护和平已成为全世界大多数国家人民的共同要求。二是从军事方面来分析，尽管美苏两个超级大国有能力打世界战争，但由于其都有毁灭对方数十次的核武器，因而又都不敢轻率地发动战争，同时他们也未能完成打世界核战争的战略部署，谁也不敢先动手。三是从经济方面来分析，经济全球化日趋发展，各国之间尤其是各大国之间经济发展的相互渗透、相互依赖日益增强，已经形成一种你中有我、我中有你的相互交织的局面，往往会导致一损俱损、一荣俱荣。这种经济上的相互制约，也减少了引发世界战争的可能性。此外，随着世界新科技革命的迅猛发展，科学技术在经济社会发展中的作用愈来愈大，因而世界各国之间的竞争主要集中在以经济和科技实力为核心的综合国力的较量上。这种形势，无论美苏，还是其他发达国家和发展中国家都不能不认真对待。

发展问题，主要是指经济上的繁荣与进步。邓小平认为，在和平与发展两大问题中，核心问题是发展问题。他强调"应当把发展问题提到全人类的高度来认识，要从这个高度去观察问题和解决问题。只有这样，才会明了发展问题既是发展中国家自己的责任，也是发达国家的责任。"[③] 这是

---

① 《邓小平文选》第三卷，人民出版社 1993 年版，第 233 页。
② 《邓小平文选》第三卷，人民出版社 1993 年版，第 233 页。
③ 《邓小平文选》第三卷，人民出版社 1993 年版，第 282 页。

因为，在历史上曾经长期遭受过殖民主义、帝国主义侵略和压迫的大多数发展中国家仍然处于贫穷落后的状态，而且与少数发达国家的贫富差距还在不断扩大。如果南方继续贫困下去，北方就可能没有出路。南方得不到适当发展，北方的资本和商品出路就有限得很，世界市场的扩大，如果只在发达国家中间兜圈子，那是很有限度的。因而，发展中国家的经济不发展，发达国家的经济也不可能得到较大的发展。南北问题不解决，就会对世界经济的发展带来障碍。

进入 21 世纪，世界形势进一步发展变化。中国共产党科学地把握国际形势的变化，反复强调，和平与发展仍是当今时代的主题。维护和平，促进发展，事关各国人民的福祉，是各国人民的共同愿望，也是不可阻挡的历史潮流。世界多极化与经济全球化趋势的发展，给世界的和平与发展带来了机遇和有利条件。新的世界大战在可预见的时期内打不起来，争取较长时期的和平国际环境和良好周边环境是可以实现的。

第二，和平与发展揭示了当今世界的主要矛盾和根本任务。

邓小平将和平与发展这两大问题归纳为"东西南北"四个字，是对当代世界主要矛盾的科学揭示。东西矛盾、南北矛盾、西西矛盾，都是围绕着和平与发展这两大问题展开的。在全球问题中，除了和平与发展问题之外，还有许多其他问题，诸如，战后世界人口急剧增长，资源开发盲目无度，生态环境日趋恶化等，但这些问题的最终解决，也都要取决于和平与发展这两大问题的解决。因此，和平与发展是当今世界东西方之间、发达国家与发展中国家之间以及发达国家之间矛盾全局的集中体现，是世界各种矛盾和问题的焦点。

邓小平一再强调"和平问题没有得到解决，发展问题更加严重"[1]，"世界和平与发展这两大问题，至今一个也没有解决。"[2] 这就指明了和平与发展是当今世界长期需要解决的根本任务。虽然，和平与发展已成为世界各国人民的共同要求，是当今世界发展的基本趋向，但是影响世界和平与发展的不确定因素依然存在，天下并不太平。正如胡锦涛在 2005 年联合国

① 《邓小平文选》第三卷，人民出版社 1993 年版，第 353 页。
② 《邓小平文选》第三卷，人民出版社 1993 年版，第 383 页。

成立 60 周年首脑会议上所明确指出："世界和平与发展这两大问题还没有得到根本解决。因种种原因导致的局部战争和冲突时起时伏，地区热点问题错综复杂，南北差距进一步拉大，许多国家人民的基本生存甚至生命安全得不到保障，国际恐怖势力、民族分裂势力、极端宗教势力在一些地区还相当活跃，环境污染、毒品走私、跨国犯罪、严重传染病等跨国性问题日益突出。人类实现普遍和平、共同发展的理想还任重道远。"① 因此，和平与发展更是世界各国人民所面对的严峻问题，只要包括中国在内的广大发展中国家没有可喜的发展，就不能说维护世界和平的力量已经壮大到足以真正消除战争的危险，只要人口众多的发展中国家尤其是那些大国没有达到比较发达的程度，就不能说解决了发展问题。和平与发展依然是人类不懈追求的目标，解决这两大问题的进程依然坎坷曲折，还需要世界各国人民长期不懈地共同努力。

第三，和平与发展这两大问题相辅相成，密切联系，不可分割。

发展需要和平，和平也离不开发展。江泽民明确指出："和平与发展是相辅相成的。世界和平是促进各国共同发展的前提条件，各国的共同发展则是保持世界和平的重要基础。"② 一方面，发展离不开和平。经济的发展需要有一个和平的国际环境，以保证世界各国集中精力加快发展，保证各国有限的人力、物力和财力等资源用在社会经济发展上。世界和平是促进各国共同发展的前提条件，没有和平就没有发展；另一方面，和平也离不开发展。发展问题不解决，和平问题的解决就会受到严重影响。这是因为，许多矛盾、问题和冲突往往是由经济发展的不平衡引起的。发展不但关系到国计民生、国家长治久安，也关系到世界的和平与安全。各国的共同发展是保持世界长久和平的重要基础和有力保障。发展还意味着和平力量的增强，世界越发展，和平的力量就越强大。邓小平明确强调，在和平与发展两大问题中，核心是发展问题，必须把发展问题提到关系全人类命运的高度来认识和解决。

科学判断和平与发展这个当今时代最主要的特征，对于中国共产党正

---

① 《十六大以来重要文献选编》中卷，中央文献出版社 2006 年版，第 995 页。
② 《江泽民文选》第三卷，人民出版社 2006 年版，第 297 页。

确认识国际形势，把握我国社会主义事业发展所面临的机遇与挑战，制定正确的发展战略和内外政策，为我国社会主义现代化建设创造一个和平的国际环境，团结全党和全国人民一心一意建设中国特色社会主义，又通过自己的发展促进世界和平和共同发展，具有重大的意义。

（三）中国走和平发展道路的战略抉择

实现和平发展，是中国人民的真诚愿望和不懈追求。坚持走和平发展道路，是中国共产党和中国政府自 20 世纪 70 年代末实行改革开放以来，从国际国内的新形势出发，根据时代发展潮流和中国人民的根本利益所做出的重大战略抉择。2004 年 8 月，胡锦涛在第十次驻外使节会议上发表的重要讲话中首次提出，中国要高举和平、发展、合作的旗帜，走和平发展的道路。2005 年 12 月，《中国的和平发展道路》白皮书发表，又以政府文告的形式系统地阐述了和平发展道路。

中国的和平发展道路，就是坚持和平、开放、合作、和谐、共赢的理念，努力实现和平的发展、开放的发展、合作的发展、和谐的发展。中国的和平发展道路的基本内涵是：争取和平的国际环境发展自己，又以自身的发展促进世界和平；依靠自身力量和改革创新实现发展，同时坚持实行对外开放；顺应经济全球化发展趋势，努力实现与各国的互利共赢和共同发展；坚持和平、发展、合作，与各国共同致力于建设持久和平与共同繁荣的和谐世界。

中国和平发展道路，是在我国国内发展战略和国际战略基础上对中国总体国家战略的高度概括，归根结底就是在和平与发展为主题的时代条件下，决心走一条既符合中国国情又适应时代特征，既同经济全球化相联系又独立自主地建设中国特色社会主义，既抓住世界和平的机遇来发展自己又以自身的发展来促进世界和平的发展之路。

走和平发展道路，就是要把中国的国内发展与对外开放统一起来，把中国的发展与世界的发展联系起来，把中国人民的根本利益与世界人民的共同利益结合起来。中共十八大用"共赢"来说明这个道理。胡锦涛在报告中提出，"要倡导人类命运共同体意识，在追求本国利益时兼顾他国合理关切，在谋求本国发展中促进各国共同发展"，"中国将坚持把中国人民利益同各国人民共同利益结合起来"。中国对内坚持和谐发展，对外坚持和平发展，这两个方面是密切联系、有机统一的整体，都有利于建设一个持久和平、共同繁荣的和谐世界。

首先，中国坚定不移地走和平发展道路，是基于中国特色社会主义的必然选择。走和平发展的道路，符合社会主义的基本原则。社会主义制度决定了中国的发展不能靠对外侵略和掠夺，而只能选择和平发展的道路，坚定不移地走中国特色社会主义道路，对世界特别是亚太地区的和平与发展具有重要的意义。改革开放以来，中国共产党坚持以经济建设为中心，深化改革，不断扩大对外开放，经济、政治、文化、社会全面发展，人民生活在努力实现和平发展、开放发展、合作发展、和谐发展的基础上不断得到改善，取得了举世瞩目的发展成就，党的十八大报告强调，要"通过争取和平国际环境发展自己，又以自身发展维护和促进世界和平"。但中国仍然是当今世界上最大的发展中国家。把中国这个超过 13 亿人口的最大发展中国家的事情办好，这本身就是对人类的最大贡献，是对世界负责任的重要体现。因此，坚持走和平发展道路，是中国实现国家富强、人民幸福的必由之路，符合中国人民和世界人民的根本利益。中国致力于和平解决国际争端和热点问题，推动国际和地区安全合作，反对一切形式的恐怖主义。中国奉行防御性的国防政策，不搞军备竞赛，不对任何国家构成军事威胁。中国反对各种形式的霸权主义和强权政治，永远不称霸，永远不搞扩张。中国的发展不会妨碍任何人，也不会威胁任何人，只会有利于世界的和平、稳定、繁荣。中国将立足于本国国情和发展水平，更积极务实地参与国际事务，按照能力、责任、权利相一致原则，继续发挥负责任大国的建设性作用，在力所能及的范围内为国际社会提供更多公共产品，同各国一道应对各种全球性风险和挑战。

其次，中国坚定不移地走和平发展道路，是基于中国历史文化传统的必然选择。热爱和平、追求和谐始终是流淌在中华民族血脉中的优秀基因。在世界历史上，中华民族关于"和"的思想生发得最早、内涵最为丰富、影响最为深远。中华民族把"协和万邦"、"万国咸宁"、"天下太平"作为崇高的思想境界，是热爱和平的民族。中华文化是一种和平的文化。渴望和平、追求和谐，始终是中国人民的精神特征。在中国历史上，"丝绸之路"被公认为友好交流之路；郑和下西洋，中国拥有世界一流的强大舰队，却没有掠夺外邦一寸土地，带去的是中国的和美善意与文明成果。这些充分反映了古代中国与有关国家和人民加强交流的诚意。新中国成立以来，中国共产党始终坚持在和平共处五项原则的基础上发展同世界各国的友好关系，成为维护世界和平的坚定力量。立足当代，中国的发展不仅造福13亿中国人民，也给世界各国带来了巨大的市场和发展机遇，中国坚持在和平共处五项原则基础上全面发展同各国的友好合作。我们始终坚持把中国人民的利益同世界各国人民的共同利益结合起来，坚信中国的发展有利于世界和平力量的增长。

再次，中国坚定不移地走和平发展道路，是基于当今世界发展潮流的必然选择。当今世界，求和平、促发展、谋合作是各国人民的共同心愿，也是不可阻挡的历史潮流。任何国家要实现自己的发展目标，都必须顺应世界发展大势。中国长期坚持奉行独立自主的和平外交政策，其宗旨就是维护世界和平、促进共同发展。早在1974年邓小平就在联合国讲坛代表中国政府向全世界郑重宣布，中国永远不称霸。改革开放以来，中国根据国际形势的变化趋势，坚持和平与发展是时代主题这一重大战略判断，多次公开阐明：中国过去不称霸，现在不称霸，将来强大了也不称霸。党的十八大报告再次向全世界表明："中国将继续高举和平、发展、合作、共赢的旗帜，坚定不移致力于维护世界和平、促进共同发展。"中国的发展不会对任何人构成威胁，只会给世界带来更多的发展机遇和更为广阔的市场。事实表明，中国经济的发展，正在成为亚太地区和世界经济增长的重要推动力量。维护世界和平，促进共同发展，已成为中国的国家意志。

最后，中国坚定不移的走和平发展道路，是基于人类命运共同体意识的必然选择。党的十八大报告强调，人类只有一个地球，各国共处一个世界，要倡导"人类命运共同体"意识。习近平就任总书记后首次会见外国人士就表示，国际社会日益成为一个你中有我、我中有你的"命运共同体"，面对世界经济的复杂形势和全球性问题，任何国家都不可能独善其身。2011年《中国的和平发展》白皮书提出，要以"命运共同体"的新视角，寻求人类共同利益和共同价值的新内涵。长期以来，发达国家和发展中国家在资源占用、财富分配、发展机会方面的不均等，制约了世界经济的持久稳定增长。从根本上说，没有广大发展中国家的脱贫致富，就谈不上世界的真正繁荣。只有更加注重新兴市场国家和广大发展中国家经济发展潜力，才能最终带动全球总需求扩大，实现联合国千年发展目标。因此，同舟共济、同担责任、共享权利，建立起更加平等均衡的新型全球发展伙伴关系，符合人类共同利益。实现共同发展，既是建设和谐世界的目标，也是建设和谐世界的动力。

二、独立自主的和平外交政策

中国共产党在新中国建立之初就制定了独立自主的和平外交政策。此后，又结合不同历史时期国际局势发展变化的趋势和特点，确定并实施了一些具体的外交战略和外交政策，使独立自主的和平外交政策得到不断丰富和发展。

（一）独立自主和平外交政策的形成和发展

新中国建立前夕，毛泽东、周恩来即将独立自主原则这一中国革命取得成功的基本经验运用到外交领域，阐明了新中国外交的独立自主的基本立场。毛泽东指出："中国必须独立，中国必须解放，中国的事情必须由中国人民自己作主张，自己来处理，不容许任何帝国主义国家再有一丝一毫的干涉。"[1] 毛泽东还提出了"另起炉灶"、"打扫干净屋子再请客"、"一边倒"的基本方针。[2] 明确不承袭国民党政府同各国建立的旧的外交关系，而要在新的基础上另行建立新的外交关系，中国政府不急于解决帝国主义国家的承认问题，新中国应该在清除帝国主义在华特权、势力及影响后再同其建交；中国必须和一切爱好和平自由的国家和人民团结在一起，站在以苏联为首的社会主义和平民主阵营一边。提出我们愿意在平等、互利和相互尊重主权和领土完整的原则的基础上同一切国家建立外交关系。毛泽

---

[1] 《毛泽东外交文选》，中央文献出版社、世界知识出版社 1994 年版，第 90 页。

[2] 《周恩来外交文选》，中央文献出版社 1990 年版，第 48—50 页。

东的这些思想，对于确立不同于旧中国的崭新的外交政策的基本原则和具体政策提供了战略指导，而且作为新中国外交的基本原则载入了 1949 年 9 月通过的具有临时宪法作用的《中国人民政治协商会议共同纲领》之中。正如周恩来所指出："我们对外交问题有一个基本的立场，即中华民族独立的立场，独立自主、自力更生的立场。"[1]"如果不是坚决贯彻独立自主的立场，就会成为卫星国，仰帝国主义的鼻息，就会成为从属国家。因此，在坚持独立自主上不能放松。"[2]

新中国成立后，面对帝国主义的经济封锁、政治孤立和战争威胁，毛泽东从中国人民的根本利益出发，把争取世界局势的缓和，创造一个较长时期的和平的环境，确定为新中国对外工作的首要任务和战略目标。为了实现这一目标，我国迅速与苏联和欧亚各人民民主国家建立了外交关系，十分重视发展与新兴民族独立国家，尤其是邻近的民族独立国家的友好关系。1953 年 12 月，周恩来在中国和印度两国就中国西藏地方的关系问题谈判中，在毛泽东关于"平等、互利、互相尊重主权和领土完整"的思想的基础上，首次完整地提出了著名的和平共处五项原则。并在 20 世纪 50 年代中期以后的频繁出访中，将和平共处五项原则逐步推向世界，使之逐渐为越来越多的国家所承认，成为指导国际关系的普遍原则。

1954 年制定的新中国第一部宪法明确规定："在国际事务中，我们坚定不移的方针是为世界和平和人类进步的崇高目标而努力。"[3] 与此同时，周恩来在国际会议上和接见外宾时一再指出："我们强调和平，我们的真正目的是要争取持久和平的国际环境。"[4]"这不是我们的一般政策，而是基本政策。"[5] 为了实施和平共处五项原则，实现创造国际和平环境的战略目标，毛泽东提出了广交朋友的外交方针，强调要在和平共处五项原则基础上与不同类型的国家发展关系。指出，我国要继续巩固和加强与苏联和其他社会主义国家之间的团结与合作；要把交朋友的重点放在亚洲、非

---

① 《周恩来选集》上卷，人民出版社 1980 年版，第 321 页。
② 《周恩来外交文选》，中央文献出版社 1990 年版，第 405 页。
③ 《中共党史参考资料》第 8 册，人民出版社 1980 年版，第 96 页。
④ 《周恩来外交文选》，中央文献出版社 1990 年版，第 150 页。
⑤ 《周恩来外交文选》，中央文献出版社 1990 年版，第 87 页。

洲、拉丁美洲三大洲的国家，主张把加强与亚、非、拉三大洲国家的团结与合作作为中国对外政策的一个基本点；要争取在五项原则的基础上首先与所有的邻国建立睦邻友好关系；要积极改善与西方国家的关系，思想体系上的分歧不应妨碍国家之间的合作，准备同一切尚未与我们建交的国家建立正常的外交关系，以五项原则为基础的和平共处政策不排斥包括美国在内的任何国家。

从 20 世纪 50 年代末开始，面对动荡的国际形势，特别是来自美苏两个超级大国的压力，毛泽东提出了坚持独立自主的原则立场，反对霸权主义，维护中国的民族尊严和利益，维护中国社会主义事业的利益，维护世界和平、民族解放和社会主义事业的利益的思想；还提出了继续加强同亚、非、拉被压迫民族国家的团结与合作，中国是亚、非、拉各国人民的后方，中国有义务帮助他们的思想。在这一思想指导下，周恩来在出访亚非国家期间，代表中国政府提出了同阿拉伯国家和非洲国家相互关系的五项原则和对外经济技术援助的八项原则，确定了我国对第三世界国家的基本政策和行动纲领。

进入 20 世纪 70 年代，国际局势出现了美苏两个超级大国激烈争夺且美国处于劣势，日本、西欧、第三世界等多种力量迅速发展，世界格局由两极向多极发展的特点，特别是由于苏联推行霸权主义政策，构成了对中国安全的直接严重威胁，美国采取主动行动谋求改善对华关系的新情况。面对这些巨大的变化，毛泽东、周恩来审时度势，适应新形势发展变化的需要，及时对我国外交工作做出了富有远见和胆略的重大决策，将同时反对美国和苏联的战略调整为主要反对苏联霸权主义，实行从日本到欧洲一直到美国的"一条线"的战略，采取灵活机动的措施，创造良机，使中国的外交工作获得了很大发展。70 年代前期，毛泽东根据世界政治力量对比的重大变化，逐渐形成了关于"三个世界"划分的战略思想。这一思想对于我国的对外政策产生了重大影响，在当时指导我国制定团结第三世界、联合第二世界、侧重反对苏联霸权主义，实现中美关系正常化等方针政策，起了积极的作用。

20 世纪 70 年代末至 80 年代初，国际局势继续发生变化，美苏两个超级大国争夺世界霸权中出现了互有攻守的战略态势，西欧、日本、第三世界等力量在进一步发展，独立地发挥着重要的作用。邓小平审时度势，着眼于国际形势的新变化，立足于我国改革开放和社会主义现代化建设的新需要，对我国的外交战略和对外政策进行了重大调整，又提出了一系列重要的外交方针，继承和发展了毛泽东的国际战略和外交思想。1986 年 3 月召开的六届全国人大四次会议通过的《关于第七个五年计划的报告》第一次将我国总的外交政策概况为"独立自主的和平外交政策"。

邓小平在做出和平与发展是当代世界的两大问题的重要判断的同时，强调要反对任何形式的霸权主义，维护世界和平，强调我们搞的是主张和平的社会主义。并基于国际形势变化和国内社会主义现代化建设的需要，领导了我国新时期对外关系方针政策的必要的和重要的调整，提出了新时期国际关系与外交思想的一系列新的理论观点。提出了"在较长时间内不发生大规模的世界战争是有可能的，维护世界和平是有希望的"[1] 新论断；确立了"谁搞霸权就反对谁，谁搞战争就反对谁"[2] 的新战略，提出了我国的独立自主政策在新时期具体地表现为不结盟政策的观点；提出了创造和平的国际环境的任务，制定了全面对外开放的政策；阐明了关于香港问题的基本立场，提出了"一国两制"和"共同开发"的稳定世界局势的新思路、新方法，[3] 提出了在和平共处五项原则基础上，建立和平、稳定、公正、合理的国际新秩序的思想；提出了冷静观察、稳住阵脚、沉着应付、韬光养晦、有所作为、善于守拙和决不当头等一系列对外关系的指导方针，为开创我国外交工作的新局面创造了重要条件。

冷战结束后，面对世界多极化和经济全球化的趋势以及高科技迅速发展所带来的复杂多变的国际局势，以江泽民为核心的党的第三代领导集体提出，要正确把握世界多极化和经济全球化的发展趋势，维护世界和平，促进共同发展；要始终不渝地奉行独立自主的和平外交政策；要反对霸权主义和强权政治，维护国家的独立、主权和尊严；要在和平共处五项原则的基础上建立国际政治经济新秩序；要进一步加强同发展中国家的团结与合作，努力发展大国间长期稳定的友好合作关系；要尊重世界多样性，本

---

① 《邓小平文选》第三卷，人民出版社 1993 年版，第 127 页。
② 《邓小平文选》第三卷，人民出版社 1993 年版，第 128 页。
③ 《邓小平文选》第三卷，人民出版社 1993 年版，第 49 页。

着相互尊重、求同存异的精神处理国际事务，促进国际关系民主化等重要思想，继承和发展了邓小平的国际战略和外交思想。

新世纪新阶段，以胡锦涛为总书记的党中央主动地顺应维护世界和平、促进共同发展的时代潮流，积极应对世界多极化、经济全球化和科技进步的发展趋势，始终坚持独立自主的和平外交政策，继续按照和平共处五项原则和其他公认的国际关系准则，与世界所有国家发展友好互利合作，为推动建设持久和平、共同繁荣的和谐世界做出了新的贡献。事实表明，中国在参与国际事务时更富有建设性，更注意切实地承担起大国的责任，中国外交的各个方面更加协调，多边外交已经与大国外交、周边外交和第三世界外交有机地融合为一体。党的十八大强调，在新的历史条件下夺取中国特色社会主义新胜利，必须坚持和平发展。要坚持开放的发展、合作的发展、共赢的发展，通过争取和平国际环境发展自己，又以自身发展维护和促进世界和平，扩大同各方利益汇合点，推进建设持久和平、共同繁荣的和谐世界。这就进一步指明了中国外交政策的基本走向。

（二）独立自主和平外交政策的基本内容

独立自主和平外交政策是我国对外交往活动的根本准则。坚定不移地奉行独立自主的和平外交政策，是中国共产党和中国政府长期以来在外交工作实践中探索出来的基本经验。

第一，独立自主是中国外交的根本原则。独立自主，就是坚持从我国的实际情况出发，依靠自己的力量，同任何国家友好相处，但不容许任何国家损害我国的尊严和主权。独立自主是中国人民经过长期艰苦卓绝的奋斗争取到的根本权利，是中国外交的根本原则，是发展我国对外关系的根本立场。中国共产党一贯坚持独立自主的原则立场，并使之随着国际形势的变化和我国外交实践的发展，得到不断完善，形成为完整的思想。邓小平明确指出："中国的对外政策是独立自主的，是真正的不结盟。"① 我们坚持独立自主，就是说"中国的事情要按照中国的情况来办，

---

① 《邓小平文选》第三卷，人民出版社1993年版，第57页。

要依靠中国人自己的力量来办"①，"独立自主，自力更生，无论过去、现在和将来，都是我们的立足点。"② 邓小平关于独立自主的思想，包含着非常丰富的内涵。它在政治上表现为强调独立自主，不容许任何外来干涉；在经济上表现为强调自力更生，对外开放而不依赖外援；在安全上表现为强调保持警惕，而从不信邪、不怕鬼；在国家关系上表现为主张平等、独立、不结盟；在政党关系上表现为主张自主、平等、互相尊重。这些思想极大地丰富和发展了马克思列宁主义、毛泽东思想的独立自主原则。实践充分证明，坚持独立自主的原则立场，不仅符合中国人民的根本利益，有利于维护国家的主权和安全，有利于广交朋友，防止受制于人，有回旋余地，在世界上庄重地为我国树立了一个爱好和平、制约战争的形象，增强了中国在国际舞台上的地位和作用，而且有利于推动世界多极化的发展趋势，保持世界战略力量的平衡，促进世界和平与发展，也为我国改革开放和社会主义现代化建设的顺利进行创造了不可或缺的和平的国际环境和有利的外部条件。

第二，和平共处五项原则是处理国家关系的基本准则。和平共处五项原则，即国与国之间应当互相尊重主权和领土完整、互不侵犯、互不干涉内政、平等互利、和平共处的原则。它是以主权国家一律平等作为根本出发点，对国际关系中首先是双边关系中必须遵循的基本原则进行的高度概括。五项原则是一个有机的不可分割的整体。其中，互相尊重主权和领土完整是先决条件和基础，是构成五项原则的核心；互不侵犯、互不干涉内政，是互相尊重主权和领土完整的重要补充，是实施五项原则的保证；平等互利是实现和平共处的政治经济条件；和平共处则是实现前四项原则的出发点和必然结果。和平共处五项原则包含了处理国家之间的政治、经济等各方面关系的原则。毛泽东指出："五项原则是一个长期方针，不是为了临时应付的。这五项原则是适合我国的情况的，我国需要长期的和平环境。"③ 周恩来进一步指出：这五项原则"可以适用于全亚洲，甚至全

① 《邓小平文选》第三卷，人民出版社 1993 年版，第 3 页。
② 《邓小平文选》第三卷，人民出版社 1993 年版，第 3 页。
③ 《毛泽东外交文选》，中央文献出版社、世界知识出版社 1994 年版，第 186—187 页。

世界各国。"①"五项原则的广泛适用，将形成和平和安全的坚固基础，并且将有助于创造和扩大和平地区，从而减少战争的可能，加强全世界的和平事业。我们现在满意地看到，这种希望正在日益变为现实。"②邓小平明确指出："总结国际关系的实践，最具有强大生命力的就是和平共处五项原则。"③和平共处五项原则是我国处理对外关系的完整而系统的指导原则，它已成为当今世界公认的国际关系准则。20世纪80年代以来，邓小平进一步丰富和发展了和平共处五项原则。这主要表现在：一是将和平共处五项原则运于解决一个国家的内政问题。邓小平指出："我们提出'一个国家，两种制度'的方法来解决中国的统一问题，这也是一种和平共处。"④"和平共处的原则不仅在处理国际关系问题上，而且在一个国家处理自己内政问题上，也是一个好办法。"⑤二是强调处理国家关系应把国家的利益、国家主权和安全放在第一位，而不应该以社会制度和意识形态来划线。任何国家，无论其国家的社会制度怎样，意识形态如何，我们都要同它们"在和平共处五项原则的基础上从容地发展关系，包括政治关系，不搞意识形态的争论。"⑥三是提出了用"一国两制"、"搁置争议，共同开发"等新办法和平解决国际争端的思想。这是实施和平共处五项原则、促进世界和平与发展的新思路，是对和平解决国际领土争端、稳定世界局势的一大贡献。四是提出在和平共处五项原则基础上建立国际新秩序的主张。邓小平强调指出，我们应当用和平共处五项原则作为指导国际关系的准则。根据邓小平的指导思想，我国政府明确地提出了在和平共处五项原则基础上建立和平、稳定、公正、合理的国际新秩序的基本原则。

党的十八大进一步强调，中国坚持在和平共处五项原则的基础上同所有国家发展友好合作。我们将继续同发达国家加强战略对话，增进互信，

---

① 《周恩来外交文选》，中央文献出版社1990年版，第212页。
② 《邓小平文选》第三卷，人民出版社1993年版，第348页。
③ 《邓小平文选》第三卷，人民出版社1993年版，第96—97页。
④ 《邓小平文选》第三卷，人民出版社1993年版，第97页。
⑤ 《邓小平文选》第三卷，人民出版社1993年版，第353页。
⑥ 《邓小平文选》第三卷，人民出版社1993年版，第283页。

深化合作，妥善处理分歧，推动相互关系长期稳定健康发展；我们将继续贯彻与邻为善、以邻为伴的周边外交方针，加强同周边国家的睦邻友好和务实合作，积极开展区域合作，共同营造和平稳定、平等互信、合作共赢的地区环境；我们将继续加强同广大发展中国家的团结合作，深化传统友谊，扩大务实合作，提供力所能及的援助，维护发展中国家的正当要求和共同利益；我们将继续积极参与多边事务，承担相应国际义务，发挥建设性作用，推动国际秩序朝着更加公正合理的方向发展；我们将继续开展同各国政党和政治组织的交流合作，加强人大、政协、军队、地方、民间团体对外交往，增进中国人民和各国人民的相互了解和友谊。

第三，"独立自主、完全平等、互相尊重、互不干涉内部事务"是正确处理党际关系的思想原则。在当代，政党是世界各国普遍存在的一种社会政治现象。政党不仅是国内政治的重要因素，而且是国际政治中的重要力量。政党外交是党和国家的事业不可或缺的重要方面，是我国总体外交的一个重要组成部分。如何正确处理中国共产党与各国共产党和其他政党的关系，在过去几十年中，中国共产党既有成功的经验，也有深刻的教训。十一届三中全会以后，以邓小平为核心的党的第二代中央领导集体通过总结历史经验，确定了"独立自主、完全平等、互相尊重、互不干涉内部事务的思想原则"。一是独立自主原则。这是正确处理党际关系最根本的原则，是处理党际关系四项原则的核心和立足点。对于马克思主义政党来说，坚持独立自主原则，就是要本着对本国和本国人民负责的精神决定问题、处理事务，而不是对某个国际中心或外国党负责；就是要独立自主地根据马克思主义和本国国情选择自己国家的革命和建设道路，不照抄、照搬别国党的现成模式和经验；就是要各国政党都有权独立自主地决定自己的主张和施政纲领，独立自主地处理党内一切事务，独立自主地判断党际关系中的是非曲直。二是完全平等原则。就是说，各国政党无论历史长短、人数多少、力量强弱、执政与否，都应该完全平等。各国政党之间没有领导与被领导、上级与下级、"老子党"与"儿子党"之分。党的十二大在总结这方面的历史经验时，指出："我们党吃过自封的老子党企图控制我们的苦头。众所周知，我们独立自主的对外政策的胜利，就是抵制了这种控制的结果。"① 三是互相尊重原则。就是说，各国政党都有自己的经历，情况千差万别，都有自己的优点和缺点、长处和短处、成就和失误，由于处境不同，各国党对形势和任务的看法不可能完全一致。因此，各国政党应彼此尊重，承认任何党都有自己的尊严和权利，彼此之间应相互学习，取长补短。正如邓小平所强调的，处理党际关系，"我想有一点最重要，就是任何大党、中党、小党，都要相互尊重对方的选择和经验，对别的党、别的国家的事情不应该随便指手划脚。对执政党是这样，对没有执政的党也应该是这样。……如果他们犯了错误，由他们自己去纠正。同样，他们对我们也应该如此"②。四是互不干涉内部事务原则。就是说，任何党的内部事务，都应由自己独立自主地处理、解决，而不能由外国党来包办代替。各国党之间相互交往，相互帮助，但决不能将自己的观点强加于人，干涉别国党的内部事务。当然，"一个党和由它领导的国家的对外政策，如果是干涉别国内政，侵略、颠覆别的国家，那末，任何党都可以发表意见，进行指责。"③ 处理政党关系的四项原则，是一个相互联系、密不可分的整体。根据这四项原则，中国共产党在世界各国共产党范围内，不仅改善和加强了与一些党已有的友好关系，而且恢复了同一些党已经中断的关系，并同一些党建立了新的关系。还同许多国家的社会党、社会民主党和工党友好交往，同广大发展中国家不同类型的民族民主政党建立了不同形式的联系和接触。

第四，加强同发展中国家的团结与合作是我国对外政策的基本立足点。中国是发展中国家，不断加强同发展中国家的团结与合作，是我国对外政策的基本立足点。中国与广大发展中国家有着共同的历史遭遇，又面临着维护国家独立、实现经济发展的共同目标，合作基础深厚，前景广阔。早在20世纪50年代，毛泽东、周恩来就指出，要把交朋友的重点放在亚非拉三大洲的发展中国家，强调中国要与亚非拉国家"相互团结、相互支持"。亚非各国只有团结起来友好合作，才能有力量保卫各自的独立，才能有力量维护亚洲和全世界的和平。70年代，毛泽东又指出："中国属

① 《十二大以来重要文献选编》上卷，人民出版社1986年版，第46页。
② 《邓小平文选》第三卷，人民出版社1993年版，第236页。
③ 《邓小平文选》第二卷，人民出版社1994年版，第318—319页。

于第三世界。因为政治、经济各方面，中国不能跟富国、大国比，只能跟一些比较穷的国家在一起。"①80 年代，邓小平进一步提出："中国永远属于第三世界。中国现在属于第三世界，将来发展富强起来，仍然属于第三世界。中国和所有第三世界国家的命运是共同的。中国永远不会称霸，永远不会欺负别人，永远站在第三世界一边。"② 江泽民、胡锦涛、习近平都强调，中国是发展中国家的一员，长期以来在许多方面得到了广大发展中国家的支持。中国珍视同发展中国家的信任和合作，始终把加强同发展中国家的友好合作作为中国外交政策的基石。无论国际风云如何变幻，中国将始终坚定地同广大发展中国家站在一起。在新形势下，中国同广大发展中国家的共同关切增多，在推动国际秩序向公正合理的方向发展方面，在建设一个持久和平、共同繁荣的和谐世界上都有着共同的利益和目标。我们要同广大发展中国家一道，抓住历史机遇，巩固传统友谊，深化全面合作，促进共同发展。

三、推动建设持久和平与共同繁荣的和谐世界

"推动建设持久和平、共同繁荣的和谐世界"，是中国共产党在新世纪新阶段以科学发展观为统领，站在时代发展和人类进步事业的高度而提出的国际秩序新构想，是对我国外交政策目标的新概括，是对中国特色国际战略和外交理论的丰富和发展，也是中国坚持走和平发展道路、奉行独立自主的和平外交政策的集中体现。

2005 年 4 月，胡锦涛在出席雅加达亚非峰会的讲话中提出，亚非国家应"推动不同文明友好相处、平等对话、发展繁荣，共同构建一个和谐世界。"③ 同年 7 月，胡锦涛出访俄罗斯，"和谐世界"第一次被确认为国与国之间的共识明确写入《中俄关于 21 世纪国际秩序的联合声明》，"和谐世界"标志着这一全新理念逐渐进入国际社会的视野。9 月，胡锦涛在

---

① 《人民日报》，1977 年 11 月 1 日。
② 《邓小平文选》第三卷，人民出版社 1993 年版，第 56 页。
③ 《十六大以来重要文献选编》中卷，中央文献出版社 2006 年版，第 851 页。

联合国成立 60 周年首脑会议上，提出努力建设持久和平、共同繁荣的和谐世界主张。2007 年 10 月，在党的十七大报告中，胡锦涛进一步明确提出："共同分享发展机遇，共同应对各种挑战，推进人类和平与发展的崇高事业，事关各国人民的根本利益，也是各国人民的共同心愿。我们主张，各国人民携手努力，推动建设持久和平、共同繁荣的和谐世界"①。

"和谐世界"是党的十六大以来提出的一个新的理念，表达了我们坚持和平发展的基本立场。这一新的理念与毛泽东、邓小平、江泽民国际战略思想和外交理论一脉相承，体现了中国一贯主张的公正、合理的国际新秩序观、中国积极倡导的互信、互利、平等、协作的新安全观、中国提出的互利、共赢、可持续的新发展观、尊重多样性、相互包容的新文明观。建设和谐世界的核心和主要目标是实现世界的持久和平与普遍繁荣。和谐世界是指民主、和睦、公正、包容，即坚持民主平等，实现协调合作；坚持和睦互信，实现共同安全；坚持公正互利，实现共同发展；坚持包容开放，实现文明对话。

第一，遵循联合国宪章宗旨和原则，恪守国际法和公认的国际关系准则，在国际关系中弘扬民主、和睦、协作、共赢精神。这是推动建设持久和平与共同繁荣的和谐世界的基本前提。在国际关系中，必须尊重和完善现有的各种机制和制度，遵守联合国宪章、国际法和公认的国际关系准则，维护联合国的权威，有效发挥联合国及其他国际组织的重要协调作用，平等相待，和睦相处，包容多样，谋求共赢。

第二，政治上相互尊重、平等协商，共同推进国际关系民主化。世界各国风俗各异、制度不同，发展程度千差万别，无论大小、强弱、贫富，都有其平等的尊严和权利。在国内，各国人民都有自主选择社会制度、意识形态和发展道路的权利；在国际上，各国都有平等参与国际事务、共同解决人类面临的各种问题的权利。各国国内的事情应该由本国人民自己决定，世界上的事情应该由各国人民共同决定。任何国家都不应该谋求霸权，推行强权政治，国与国之间应该遵循和平共处五项原则，在国际事务上倡导多边主义，推进国际关系民主化，携手处理好世界上的各种问题。

---

① 《中国共产党第十七次全国代表大会文件汇编》，人民出版社 2007 年版，第 45 页。

第三，经济上相互合作、优势互补，共同推动经济全球化朝着均衡、普惠、共赢方向发展。当今世界威胁人类共同安全的许多问题，都与全球经济失衡、南北分化加剧密切相关。没有共同发展，就不可能有世界的持久和平与共同繁荣，没有广大发展中国家的稳定繁荣，就不可能消除恐怖主义等多种威胁产生的根源。各国在平等互利的基础上应该加强和扩大经济、科技、文化的交流与合作，促进共同发展与繁荣，反对经济贸易交往中的不平等现象和各种歧视性政策与做法，更不允许动辄对别国实行所谓的经济制裁或以制裁相威胁。各国尤其是发达国家应该本着互惠、共赢精神，在谋求自身繁荣发展的同时兼顾其他国家尤其是发展中国家的发展要求和权益，为发展中国家发挥自身优势、跟上时代前进步伐创造良好条件，在促进全人类共同发展中实现自身的更好更快发展。

第四，文化上相互借鉴、求同存异，尊重世界多样性，共同促进人类文明繁荣进步。文明多样性是人类社会的客观现实，是当今世界的基本特征，也是人类文明进步的重要动力。世界各种文明尽管经历不同，价值观和发展程度存在差异，但都有其同等的价值和尊严。差别不应该成为人类文明交流的障碍和对抗的理由，一个由一种文明主宰的单调世界不可能持续繁荣进步。世界各种文明和社会制度，应长期共存，在竞争比较、相互借鉴中取长补短，在求同存异中共同发展。人类文明唯有相互包容、相互借鉴、求同存异、取长补短，才能不断创新发展，永葆繁荣的景象。各国人民应该摒弃偏见和误解，携手维护人类文明的多彩多姿，共同促进人类文明繁荣发展。

第五，安全上相互信任、加强合作，坚持用和平方式而不是战争手段解决国际争端，共同维护世界和平稳定。和谐世界的安全理念反对滥用武力，主张以和平方式、外交途径和多方斡旋解决国际争端。20世纪的两次世界大战及延续近半个世纪的冷战反复告诫我们，战争和对抗是无法根本解决人类面临的各种难题的；通过加大军事投入、强化军事同盟谋求单方面绝对安全和军事优势是无法带来世界的和平稳定的。在传统安全威胁和非传统安全威胁相互交织、一方平安与多方平安息息相关、一国安全与全球安全紧密相连的新形势下，要有效维护国家安全，就必须摒弃冷战思维，树立互信、互利、平等、协作的新安全观，加强相互交流、理解、合作，把提高自身实力与加强国际协作切实结合起来，在着力提高自身应对各种安全威胁能力的同时，加强同世界各国在安全上的对话协作，和平解决分歧和国际争端，共同维护地区和世界和平稳定。

第六，环保上相互帮助、协力推进，共同呵护人类赖以生存的地球家园。人类只有一个地球，维护地球生态环境关系全人类的利益，关乎子孙后代的生存发展，任何国家和个人都责无旁贷。环境问题比其他问题更需要全球协作。遏制环境污染和生态危机，控制人口过快增长，合理利用资源，都需要国际社会的联合行动和真诚合作。其中，发达国家是地球温室效应及其他环境问题形成的主要原因，理应对保护地球环境承担更大责任、做出更大贡献。应该站在全人类根本利益的高度，在《联合国气候变化框架公约》及其《京都议定书》框架内，按照共同但有区别的责任原则，加强国际协作，充分发挥有利于保护生态环境的各种技术的社会效益和生态效益，加大对发展中国家技术转让力度，努力形成世界各国在协力保护环境中共同发展、在优化环境中持续繁荣的良好局面。

要和平不要战争，要发展不要贫穷，要合作不要对抗，推动建设持久和平、共同繁荣的和谐世界，是各国人民共同愿望。在国际形势发生深刻复杂变化、中国与外部世界关系出现重大调整的背景下，坚持不懈推动建设持久和平、共同繁荣的和谐世界，既符合时代特征的基本要求，又符合人类社会的发展规律，既符合中国人民的根本利益，又符合世界人民的共同愿望，具有重大的现实意义和深远的历史意义。

第十四章　中国化马克思主义党的
领导与党的建设理论

　　以毛泽东为代表的中国共产党人，在把马克思列宁主义建党学说与党的建设实际相结合的过程中，成功地解决了无产阶级人数很少而战斗力很强，农民和其他小资产阶级占人口大多数的半殖民地半封建的中国，如何建设一个具有广大群众性的马克思主义政党的问题，创造性地发展了马克思列宁主义党的领导与党的建设理论。十一届三中全会以来，在新的历史条件下，中国共产党人不断开拓创新、锐意进取，又形成了一系列关于党的领导与党的建设的新思想、新观点、新论断，丰富和发展了毛泽东党的领导与党的建设理论。

一、中国共产党是全国人民的领导核心

　　中国共产党的章程规定：中国共产党是中国工人阶级的先锋队，同时是中国人民和中华民族的先锋队，是中国特色社会主义事业的领导核心，代表中国先进生产力的发展要求，代表中国先进文化的前进方向，代表中国最广大人民的根本利益。党的最高理想和最终目标是实现共产主义。在这里，党是中国工人阶级先锋队，是对党的性质的明确规定；党是中国人民和中华民族的先锋队，是对党的群众基础的规定；党要成为中国特色社会主义事业的领导核心，是对党的领导地位的规定。这些规定充分体现了中国共产党的性质、基础和领导地位，规定了坚持和改善党的领导的基本要求。

（一）中国共产党的性质

马克思主义认为，阶级性是政党的本质属性，政党的性质是由它所代表的那个阶级的性质所决定的。任何政党都有其一定的阶级基础，代表一定阶级的意志和利益，是这一阶级的组织者和领导者。中国共产党也不例外。党从 1921 年成立时起，就是中国工人阶级的政党，是中国工人阶级的先锋队。

第一，中国共产党是以中国工人阶级为其阶级基础的，是马克思列宁主义与中国工人运动相结合的产物。中国工人阶级是在 19 世纪中叶以后，伴随着外国资本主义的侵略和中国民族资产阶级的发展而逐步成长起来的。中国工人阶级除了具有世界一般工人阶级的基本优点之外，还有自己特殊的优点。一是中国工人阶级身受帝国主义、资产阶级、封建势力的三重压迫，因此，它在革命斗争中比任何别的阶级都坚决和彻底。二是中国的工人阶级高度集中，有利于无产阶级的组织和团结，便于形成强大的战斗力量。三是中国工人阶级多数来自破产农民，与广大农民有着天然的联系，便于结成强大的工农联盟。中国工人阶级是现代中国最进步的阶级，是中国革命的领导力量。中国共产党是适应中国工人阶级斗争的需要，在马克思列宁主义与中国工人运动相结合的基础上建立起来的，集中体现了工人阶级的特点和优秀品质。

第二，中国共产党是由工人阶级中的先进分子所组成的。中国共产党坚持党的阶级性和先进性的统一，严格按照共产党员的标准发展党员，集合了一大批工人阶级中具有共产主义觉悟的先进分子，成为中国工人阶级的先锋队。中国共产党由工人阶级先进分子所组成，并不意味着其他阶级出身的人不能入党，更不能说吸收这些人当中符合入党条件的人加入党组织就会改变党的工人阶级先锋队性质。判断一个政党的性质，不仅要看它的主体是由哪个阶级的成员所组成的，更要看它的基本理论和纲领及其实践究竟代表了哪个阶级的利益。中国共产党的理论和纲领及其实践是代表工人阶级的利益、反映了工人阶级和最广大人民群众的愿望的。

第三，中国共产党以马克思主义为理论基础和行动指南，代表了中国社会发展的正确方向。任何政党都有其产生的思想理论基础，又都是在一定的思想理论指导下进行活动的。马克思主义作为科学的世界观和方法论，是指导无产阶级实现自身解放的强大思想武器。中国共产党从成立起，就把马克思主义作为党的指导思想。从思想上建党，是中国共产党建设的一条根本原则，也是中国共产党的优良传统和宝贵经验。中国共产党高度重视在思想上建党，坚持用马克思主义理论教育和武装全体党员，不仅要求党员在组织上入党，而且要求党员必须首先在思想上入党，指导他们为实现党的纲领和任务而不断奋斗。新时期，中国共产党坚持以马克思列宁主义、毛泽东思想、中国特色社会主义理论体系作为自己的行动指南，并在此基础上制定和执行了维护工人阶级利益的路线、纲领，充分体现了其工人阶级先锋队性质。

世界各国政党发展的历史表明，任何先进政党在不断增强自己阶级基础的同时，都会注意扩大自己的群众基础，提高其社会影响力。中国共产党作为中国工人阶级的先锋队，同时也应该成为中国人民和中华民族的先锋队。

首先，中国工人阶级同中国人民和中华民族的根本利益是一致的。在半殖民地半封建的中国，无产阶级政党肩负着消灭阶级压迫和实现民族独立的双重历史使命，并把中国工人阶级的历史命运和人民、民族的历史命运紧密地联系在一起。党为中国工人阶级利益而奋斗，也就是为全体中国人民和整个中华民族利益而奋斗。党所以能够取得中国革命、建设和改革的伟大胜利，最根本的原因就在于，党不仅代表了中国工人阶级的利益，而且同时代表了中国人民和中华民族的根本利益。早在民主革命时期，党就已经认识到自己既是中国无产阶级的先锋队，同时又是全民族的先锋队。后来则进一步明确了：党要代表中国先进生产力的发展要求，代表中国先进文化的前进方向，代表中国最广大人民的根本利益，成为中国工人阶级的先锋队，同时成为中国人民和中华民族的先锋队。

其次，中国共产党是按照全国各族人民的意愿来执掌国家政权的。中国共产党执政的实质就是领导和支持人民当家作主。这就要求党在任何时候、任何情况下，都要自觉地站在中国人民和中华民族的立场上，掌握好、运用好人民赋予自己的权力；维护好、实现好、发展好最广大人民群众的根本利益，以及集中体现这一根本利益的国家利益。党如果不作为中国人民和中华民族的先锋队去自觉实现这个要求，就有丧失执政地位的危险。同时，党作为中国人民和中华民族的忠实代表长期执掌国家政权，又要求自己必须时刻保持与最广大人民群众的密切联系，巩固和扩大党执政的群众基础。

再次，党是中国人民和中华民族的先锋队，充分体现了实现中华民族伟大复兴中国梦的基本要求。实现中华民族的伟大复兴的中国梦，把我国建设成为富强民主文明和谐的社会主义现代化国家，是一项伟大而艰巨的事业。中国共产党要真正担负起这一崇高的历史使命，就要自觉的成为中国人民和中华民族的先锋队，高举共同理想的旗帜，把整个民族的力量凝聚起来，最大限度地调动和发挥一切积极因素，把全民族各个阶层中的先进分子吸纳到党内来，使自己真正成为中华民族赖以振兴的中流砥柱。

中国共产党作为中国工人阶级的先锋队与作为中国人民和中华民族的先锋队，二者相互依存，相互补益，内在统一于党的先进性。前者主要是指党的阶级性质和阶级基础，是从阶级性的角度规定和支撑党的先进性的；后者主要是从党的代表性的角度体现和拓展党的先进性的。党在任何时候任何情况下，都要自觉坚持二者的统一。进入新世纪新阶段，我国社会结构发生了深刻变化，我们必须面对新形势、新情况，一方面保持党的工人阶级先锋队性质，不断增强党的阶级基础；另一方面还要适应时代发展变化的需要，不断扩大党的群众基础。只有这样，才能永葆党的先进性。

（二）中国共产党的执政地位

"没有共产党，就没有新中国。"这是中国人民基于自己的切身体验所确认的客观真理。新民主主义革命时期，毛泽东曾反复强调，中国人民要革命，要建立一个以社会主义为前途的新中国，就必须在中国建立和建设一个马克思主义的无产阶级政党。1939年12月，他在《中国革命和中国共产党》一文中明确指出："领导中国民主主义革命和中国社会主义革命这样两个伟大的革命到达彻底的完成，除了中国共产党之外，是没有任何一个别的政党（不论是资产阶级的政党或小资产阶级的政党）能够担负的。而中国共产党则从自己建党的一天起，就把这样的两重任务放在自己的双肩之上了。"①1945 年 4 月，在党的七大的政治报告中，毛泽东进一步指出："三次革命的经验，尤其是抗日战争的经验，给了我们和中国人民这样一种信心：没有中国共产党的努力，没有中国共产党做中国人民的中流砥柱，中国的独立和解放是不可能的，中国的工业化和农业近代化也是不可能的。"②

新中国成立后，党的地位发生了历史性变化，成为领导全国政权的执政党。为了确保中国共产党对于新生国家政权的领导，确立党在社会主义建设中的领导地位，毛泽东在 1954 年 9 月召开的第一届全国人民代表大会第一次会议的开幕词中，在提出我们的总任务是为建设一个伟大的社会主义国家而奋斗的同时，又提出了"领导我们事业的核心力量是中国共产党，指导我们思想的理论基础是马克思列宁主义"③的重要论断。此后，他又多次强调，中国共产党是全中国人民的领导核心，没有这样一个核心，社会主义事业就不能胜利。

十一届三中全会之后不久，邓小平就针对当时出现的否定党的领导地位的错误倾向，明确指出："在中国，在五四运动以来的六十年中，除了中国共产党，根本不存在另外一个像列宁所说的联系广大劳动群众的党。没有中国共产党，就没有社会主义的新中国。"④ 离开了中国共产党，别的政治力量不可能组织社会主义的经济、政治、军事和文化，不可能组织四个现代化。强调"没有党的领导，就没有一条正确的政治路线；没有党的领导，就没有安定团结的政治局面；没有党的领导，艰苦创业的精神就提倡不起来；没有党的领导，真正又红又专、特别是有专业知识和专业能力的队伍也建立不起来。"⑤ 他还指出，当然，"我们党也犯过严重错误，但是错误总还是由我们党自己纠正的，不是别的力量来纠正的"⑥。"中国由共产党领导，中国的社会主义现代化建设事业由共产党领导，这个原则

---

① 《毛泽东选集》第二卷，人民出版社 1991 年版，第 652 页。
② 《毛泽东选集》第三卷，人民出版社 1991 年版，第 1097—1098 页。
③ 《毛泽东文集》第六卷，人民出版社 1999 年版，第 350 页。
④ 《邓小平文选》第二卷，人民出版社 1994 年版，第 170 页。
⑤ 《邓小平文选》第二卷，人民出版社 1994 年版，第 266 页。
⑥ 《邓小平文选》第二卷，人民出版社 1994 年版，第 267 页。

是不能动摇的；动摇了中国就要倒退到分裂和混乱，就不可能实现现代化。"① 党的十二大根据邓小平的论述把"中国共产党是中国工人阶级的先锋队，是中国各族人民利益的忠实代表，是中国社会主义事业的领导核心"这一概括写入了党章。随着中国特色社会主义事业的发展，以江泽民为代表的党的第三代中央领导集体和以胡锦涛为总书记的党中央，进一步明确了党在中国特色社会主义事业中的坚强领导核心地位。历史和现实反复证明，在当代中国，能够团结和带领全国各族人民实现社会主义现代化和中华民族伟大复兴宏伟目标的政治力量，只有中国共产党。

第一，只有中国共产党才能领导全国各族人民，坚持中国社会主义现代化建设的正确方向。摆脱国家贫穷落后面貌，实现现代化和民族复兴，是中国人民的百年追求和梦想。邓小平曾强调指出："我们要实现工业、农业、国防和科技现代化，但在四个现代化前面有'社会主义'四个字，叫'社会主义四个现代化'"② 只有坚持党的领导，走中国特色社会主义道路，才能保证现代化建设事业的正确方向，才能制定和执行正确的路线方针政策，保证现代化建设事业不断取得进步，最终实现中华民族的伟大复兴。

第二，只有中国共产党才能领导全国各族人民维护国家统一，加强各民族团结，促进社会和谐稳定。毛泽东曾明确指出："国家的统一，人民的团结，国内各民族的团结，这是我们的事业必定要胜利的基本保证。"③维护国家统一，各民族的团结和社会稳定，历来是中国各族人民最关切的头等重要的大事。新世纪新阶段，中国共产党作为中国各族人民根本利益的忠实代表，以科学理论为指导，凭借其丰富的执政经验和驾驭全局的能力，努力构建社会主义和谐社会，确保人民安居乐业、社会安定有序、国家长治久安。

第三，只有中国共产党才能正确处理各种复杂的社会矛盾，协调各方面的利益关系，调动一切积极因素，同心同德进行社会主义现代化建设。随着改革开放的深入和社会主义市场经济的发展，各种利益关系日趋复杂，各种社会矛盾也日渐突出。面临着各种复杂的社会矛盾，作为中国工

---

① 《邓小平文选》第二卷，人民出版社 1994 年版，第 267—268 页。

② 《邓小平文选》第三卷，人民出版社 1993 年版，第 138 页。

③ 《毛泽东文集》第七卷，人民出版社 1999 年版，第 204 页。

人阶级先锋队、中国人民和中华民族先锋队的中国共产党，没有自身的狭隘利益，既能总揽全局，妥善的协调各方面的利益矛盾冲突，又能审时度势的展望未来，正确调整和协调各方面的利益关系，最大限度地调动一切积极因素，集中一切资源、力量和智慧，解决关系国计民生的重大问题，保证经济社会的可持续发展，推动中国特色社会主义事业向前顺利发展。江泽民指出："要把十几亿人的思想和力量统一和凝聚起来，共同建设有中国特色社会主义，没有中国共产党的领导是不可设想的。"①

第四，只有中国共产党才能领导全国各族人民，应对复杂的国际环境的挑战。当前，经济全球化和世界多极化在曲折中发展，科学技术发展日新月异，综合国力的竞争日趋激烈，各种敌对势力仍然对我国实施"西化"、"分化"战略，各种思想文化相互激荡，各种矛盾错综复杂。在这样复杂的国际局势下，只有中国共产党才具备驾驭各种复杂矛盾的能力，以坚强的政治核心把全国各族人民紧密团结起来，正确应对复杂的国际环境的挑战，保证我国真正走独立自主的和平发展道路。

（三）坚持党的领导必须改善党的领导

新时期邓小平反复强调：为了坚持党的领导，必须努力改善党的领导。"怎样改善党的领导，这个重大问题摆在我们的面前。不好好研究这个问题，不解决这个问题，坚持不了党的领导，提高不了党的威信。"②坚持和加强党的领导是改革和完善党的领导的前提；而改革和完善党的领导又是为了更好地坚持党的领导，如果不能有效的改善党的领导，克服党的领导中的弊端，坚持和加强党的领导就难以达到目的。党的十七届四中全会指出："科学的领导制度是党有效治国理政的根本保证。"③党的十八大强调：坚持党的领导，"要坚持立党为公、执政为民，加强和改善党的领导，坚持党总揽全局、协调各方的领导核心作用，保持党的先进性和纯洁性，增强党的创造力、凝聚力、战斗力，提高党科学执政、民主执政、依法执

---

① 《江泽民文选》第二卷，人民出版社 2006 年版，第 262 页。
② 《邓小平文选》第二卷，人民出版社 1994 年版，第 271 页。
③ 《〈中共中央关于加强和改进新形势下党的建设若干重大问题的决定〉辅导读本》，人民出版社 2009 年版，第 15 页。

政水平。"①

第一，改善党的领导，是党从容应对复杂的国际形势的需要。虽然和平与发展仍然是当今时代的主题，但局部战争和武装冲突此起彼伏，恐怖主义等非传统安全威胁明显上升，天下并不太平。经济全球化趋势深入发展，科技进步突飞猛进，区域经济一体化进程加快。我们在面临西方发达国家在国际竞争中经济科技上占优势的压力的同时，还面临着境内外敌对势力对我国政治、思想、文化等方面的渗透和攻击。这就要求党必须冷静观察和科学分析国际形势的发展变化，准确把握和自觉运用国际社会发展变化的规律，坚持独立自主的和平外交政策，更好地维护和拓展我国的国家利益。

第二，改善党的领导，是党应对国内社会经济关系新变化、提高驾驭市场经济能力的需要。随着改革开放的不断深入，我国社会的经济结构、组织形式、就业结构、社会结构的变化加快，经济社会发展不断呈现出新的趋势和特点。为了适应我国改革发展的新形势，党必须把握好社会主义市场经济的内在要求和运行特点，自觉遵循价值规律，不断提高驾驭市场经济的能力，使我国经济又好又快的发展。

第三，改善党的领导，是应对我国阶级阶层新变化，巩固党的执政基础的需要。政党以阶级和群众为基础，没有自己的阶级和群众基础，政党活动就没有社会和人民的支持。中国共产党是中国工人阶级的先锋队，同时也是中国人民和中华民族的先锋队。改革开放以来，中国社会阶级和阶层产生了新的变化，能否继续赢得工人阶级和广大人民群众的拥护和支持，直接关系到党的执政地位和执政基础是否稳固。因此，党必须巩固自己的阶级基础，不断扩大自己的群众基础。

第四，改善党的领导，是党应对新时期人们价值观念、思想意识的变化，守住社会主义意识形态阵地的需要。社会主义意识形态阵地能否守住，直接关系到社会主义建设的方向，关系到国家的前途和命运。改革开放以来，西方意识形态不断渗透到我国，意识形态领域的斗争非常激烈。随着经济全球化的到来，这些冲突和斗争更加激烈，各种社会思潮也更猛

① 《中国共产党第十八次全国代表大会文件汇编》，人民出版社 2012 年版，第 14 页。

烈地涌入我国，从而形成多种价值观念和信仰体系并存的局面。同时，我国市场经济的发展也使人们的价值观念和思想意识产生了新的变化。所有这些，都对党能否守住社会主义意识形态阵地提出了严峻挑战。党必须加强社会主义核心价值体系建设，用社会主义核心价值体系引领多样化社会思潮，增强社会主义意识形态的吸引力和凝聚力。

第五，改善党的领导，是应对党自身状况发展变化的需要。中国共产党经过九十多年的发展，已经成为拥有八千多万名党员，执掌全国政权的执政党。由于党员队伍状况发生了很大变化，面对领导全国人民进行社会主义现代化建设的艰巨任务，党内还有许多不相适应的地方。一些党员干部思想和能力还未适应新形势、新任务的需要，如，思想观念和执政理念的不适应；领导方式和执政方式、领导体制和工作机制的不适应；一些党员干部队伍素质和能力方面的不适应；还有一些党员干部事业心和责任心不强、思想作风不端正、工作作风不扎实、脱离群众等问题比较突出、在一些地方和部门腐败现象还比较严重，等等。因此，要巩固党的执政地位，必须加强党的自身建设，不断地改善党的领导。

党的领导主要是政治、思想和组织的领导。党必须按照总揽全局、协调各方原则，在同级各种组织中发挥领导核心作用；必须党的领导与依法治国有机统一起来，实施依法治国方略，严格地在宪法和法律范围内活动；必须加强思想政治工作，发挥党的政治优势；必须进一步提高党的领导水平和执政水平，提高拒腐防变和抵御风险的能力。

二、全心全意为人民服务是党的根本宗旨

全心全意为人民服务是党的根本宗旨。这是由中国共产党的性质和基础决定的，是党的群众路线的集中体现，也是党的奋斗目标的最终归宿，更是中国共产党区别于其他政党的根本标志。

（一）始终保持同人民群众的血肉联系

党应该如何对待人民群众，这是一个根本的立场问题。立党为公、

执政为民，就是要求党在一切工作中要以最广大人民的根本利益为出发点，真正做到权为民所用、情为民所系、利为民所谋。党在各项工作和日常生活中必须始终保持同人民群众的血肉联系。

以毛泽东为主要代表的中国共产党人，依据历史唯物主义关于人民群众是历史创造者的基本原理，在组织群众、带领群众进行革命的实践中，逐步形成了一切为了群众、一切依靠群众，从群众中来，到群众中去的群众路线，并确立了"为人民服务"的宗旨。邓小平曾强调："毛泽东同志倡导的作风，群众路线和实事求是这两条是最根本的东西。""群众是我们力量的源泉，群众路线和群众观点是我们的传家宝。"①群众路线是中国共产党根本的政治路线和组织路线。中国革命、建设和改革的历史经验反复证明，坚持党的群众路线，保持党同人民群众的血肉联系，革命、建设和改革事业就前进、就胜利；违背党的群众路线，严重脱离群众，革命、建设和改革就会遭受挫折甚至失败。江泽民在即将进入新世纪时曾明确指出："必须高度关注党同群众的关系问题、人心向背问题。人心向背，是决定一个政党、一个政权兴亡的根本因素。"②他强调，只有不断继承和发扬党的群众路线的优良传统，继续保持党同人民群众的血肉联系，党在执政过程中才能不断扩大党的群众基础，才能巩固党的领导核心地位。胡锦涛进一步强调指出："只有深刻认识人民创造历史的伟力，真诚代表中国最广大人民的根本利益，一切为了人民，一切依靠人民，我们党才能得到人民的充分信赖和拥护，才能无往而不胜。"③党的十八大后，习近平又指出："检验我们一切工作的成效，最终都要看人民是否真正得到了实惠，人民生活是否真正得到了改善，这是坚持立党为公、执政为民的本质要求，是党和人民事业不断发展的重要保证。"④党的最大政治优势是密切联系群众，党执政后最大的危险是脱离群众。因此，党必须特别注意反对官僚主义、以权谋私和特殊

① 《邓小平文选》第二卷，人民出版社1994年版，第45、368页。
② 《江泽民文选》第三卷，人民出版社2006年版，第185页。
③ 《十六大以来重要文献选编》下卷，中央文献出版社2008年版，第522页。
④ 习近平：《全面贯彻落实党的十八大精神要突出抓好六个方面工作》，《求是》2013年第1期，第6页。

化等不正之风，坚决防止因为党的地位变化而出现的严重脱离群众的倾向，以密切党同人民群众的血肉联系。

第一，始终保持党同人民群众的血肉联系，要落实到党和国家制定与实施方针政策的过程中去。党的方针政策是党的生命。中国共产党的政策是为中国最广大人民利益服务的政策，而不是为某一个集团、某一个阶层、某一部门和单位的利益服务的。各级党委和政府在制定有关方针政策时要始终贯彻党的群众路线，实现决策的科学化、民主化，从根本上保证最广大人民的根本利益。要注意倾听群众的呼声、反映群众的意愿、集中群众的智慧，制定出合乎实际、顺乎民意的正确的路线和各项方针政策。同时，"要认真贯彻落实中央各项惠民政策，把好事办好、实事办实，让群众时刻感受到党和政府的关怀"①，坚持用人民拥护不拥护、赞成不赞成、高兴不高兴、答应不答应来衡量我们的方针政策是否真正做到了保持党同人民群众的血肉联系。

第二，始终保持党同人民群众的血肉联系，要落实到各级领导干部的思想和行动中去。各级领导干部都要牢固树立全心全意为人民服务的思想和真心实意对人民负责的精神，做到在感情上贴近群众、在思想上尊重群众、在行动上深入群众、在工作上依靠群众，诚心诚意为民办实事，尽心尽力为民解难事，坚持不懈为民做好事。在实际工作的每一个环节，要细心研究群众的切身利益需要，领导干部要深入基层，特别是到有困难的地方去，到群众意见多的地方去，到工作不好开展的地方去，接地气、通下情，及时准确了解群众所思、所盼、所忧、所急，想群众之所想，急群众之所急，解群众之所忧，切实"把群众工作做实、做深、做细、做透"②，把党和政府的温暖送到人民群众需要的每一个地方。

第三，始终保持党同人民群众的血肉联系，要落实到关心群众生产、生活的工作中去。要保持这种血肉联系，就要切实关心、解决群众的生产、生活问题。而保障和改善民生，必须紧紧围绕人民群众所思所盼来进

---

① 中央文献研究室：《论群众路线——重要论述摘编》，中央文献出版社 2013 年版，第117 页。

② 中央文献研究室：《论群众路线——重要论述摘编》，中央文献出版社 2013 年版，第117 页。

行。要时刻关心人民群众，特别是要关心困难群体的疾苦，对下岗职工、农村贫困人口、城市贫困人口等遇到的实际问题，要带着深厚的感情去帮助解决。对各类困难群众，"要格外关注、格外关爱、格外关心，时刻把他们的安危冷暖放在心上，关心他们的疾苦，千方百计帮助他们排忧解难。"①

（二）维护好实现好发展好最广大人民的根本利益

维护好、实现好、发展好最广大人民的根本利益，是党的一切工作的出发点和落脚点，也是体现党的宗旨的基本要求。历史证明，党所进行的革命、建设和改革的基本实践，集中到一点，就是为最广大人民的利益而奋斗。

首先，要考虑并满足最广大人民群众的利益要求。江泽民指出："我们要始终代表最广大人民的根本利益，就是党的理论、路线、纲领、方针、政策和各项工作，必须把坚持人民的根本利益作为出发点和归宿，充分发挥人民群众的积极性和创造性，在社会不断发展进步的基础上，使人民不断获得切实的经济、政治、文化利益"②。最大多数人的利益是最紧要和最具有决定性的因素，这关系党执政的全局、关系国家经济政治文化发展的全局、关系全国各族人民的团结和社会安定的全局。在新的历史时期，党要真正代表最广大人民的根本利益，就必须着力处理好利益关系多样化与根本利益、局部利益与全局利益、当前利益与长远利益的关系，把人民群众的整体利益与各方面的具体利益统一起来。

其次，要正确处理人民内部矛盾，兼顾不同阶层、不同方面群众的利益关系。当前我国正处于改革的攻坚阶段和现代化建设发展的关键时期，各种利益矛盾错综复杂。党要充分反映和体现各个方面的利益要求，最大限度地赢得社会各阶层群众的拥护和支持，就要正确处理当前人民内部的矛盾，协调、兼顾好社会各个阶层的利益要求，使社会各个阶层的利益都得到合理实现与保障，尽可能地反映和代表各个不同利益群体的利益要

① 中央文献研究室：《论群众路线——重要论述摘编》，中央文献出版社2013年版，第128页。
② 《江泽民文选》第三卷，人民出版社2006年版，第279页。

求，最大限度地团结一切力量。使工人、农民、知识分子和其他群众共同享受到经济社会发展的成果。充分调动全国各族人民建设中国特色社会主义的积极性，共同推进中国特色社会主义的伟大事业。

再次，要把最广大人民群众的利益落到实处。党的各级干部，必须认真对待群众提出和反映的问题，深入到群众中去，努力为群众排忧解难，化解矛盾；要关心群众的疾苦，特别要为困难群众谋好利益，把他们的事情摆上重要议事日程，重点考虑，重点解决，使他们的基本生活得到保障。各级领导干部都要牢固树立全心全意为人民服务的思想和真心实意为人民负责的精神，做到心里装着群众，凡事想着群众，工作依靠群众，一切为了群众。要"始终把群众呼声作为第一信号，把群众需要作为第一选择，把群众利益放在第一位置，把群众满意作为第一标准。"①

（三）经常对党员和干部进行群众路线教育

群众路线是中国共产党的生命线。对广大党员和干部进行经常性的群众路线教育，是党在新形势下坚持党要管党、从严治党的重大决策，是顺应群众期盼、加强学习型服务型创新型马克思主义执政党建设的重大部署，是推进中国特色社会主义的重大举措，对全面建成小康社会，具有重大而深远的意义。

第一，对广大党员和干部进行群众路线教育，是全面建成小康社会、实现社会主义现代化和中华民族伟大复兴中国梦的必然要求。全面建成小康社会、建成富强民主文明和谐的社会主义现代化国家，是党的十八大确定的在中国共产党成立一百年和新中国成立一百年时所要实现的奋斗目标，中华民族伟大复兴的中国梦，则是这"两个一百年"奋斗目标的进一步升华。两个一百年奋斗目标和中国梦的实现，离不开全国人民的共同努力。失去了人民拥护和支持，党的事业和工作就无从谈起。随着改革进程的不断深入和对外开放程度的不断扩大，党所经受的考验将是复杂而又严峻的，党所面临的危险也将长期存在，这就要求党必须坚持对广大党员和

---

① 中央文献研究室：《论群众路线——重要论述摘编》，中央文献出版社 2013 年版，第103 页。

干部进行群众路线教育。

第二，对广大党员和干部进行群众路线教育，是保持党的先进性和纯洁性、巩固党的执政基础和执政地位的必然要求。中国共产党来自人民、植根人民、服务人民，党的根基在人民、血脉在人民、力量在人民。得民心者得天下，失民心者失天下，人民拥护和支持是党执政的最牢固根基。党的先进性和党的执政地位不是一劳永逸、一成不变的。要使党始终保持先进性和纯洁性、巩固党的执政基础和执政地位，最重要的就是要经常对党员和干部进行群众路线的教育，使之牢固树立服务群众、联系群众的意识，自觉地贯彻执行党的群众路线，不断增强党的创造力凝聚力战斗力，使党的执政基础和执政地位不断巩固，具有广泛、深厚、可靠的群众基础。

第三，对广大党员和干部进行群众路线教育，是解决人民群众反映强烈的突出问题、特别是党风问题的必然要求。作风建设始终是摆在中国共产党面前的一项重大而紧迫的任务。党在民主革命时期形成、社会主义建设时期发展的理论联系实际、密切联系群众、批评和自我批评以及艰苦奋斗、求真务实等作风，保证了党和人民事业不断从胜利走向胜利。新时期以来，由于党始终高度重视抓作风建设，全党精神面貌和作风状况也焕然一新。执政党的党风关系党的形象，关系人心向背，关系党和国家生死存亡。加强和改进党的作风建设，核心问题是保持党同人民群众的血肉联系。总体上看，当前各级党组织和党员、干部贯彻执行党的群众路线情况是好的，党群干群关系也是好的。同时也必须看到，党内脱离群众的现象大量存在，一些问题还相当严重，集中表现在形式主义、官僚主义、享乐主义和奢靡之风这"四风"上。这"四风"是党的肌体的毒瘤，是违背党的性质和宗旨的，是人民群众深恶痛绝、反映最强烈的问题，严重损害了党在人民群众中的良好形象。对广大党员和干部进行群众路线教育，就是要下大力气解决这些影响党的形象和党群关系的党风问题。

历史和现实都告诉我们，密切联系群众，是党的性质和宗旨的体现，是中国共产党区别于其他政党的显著标志，也是党发展壮大的重要原因；能否保持党同人民群众的血肉联系，决定着党的事业的成败。在任何时候、任何情况下，与人民同呼吸共命运的立场不能变，全心全意为人民服务的宗旨不能忘，群众是真正英雄的历史唯物主义观点不能丢。

三、全面加强党的建设是一项伟大工程

党的建设是党领导革命、建设和改革不断取得胜利的一大法宝。早在民主革命时期，以毛泽东代表的中国共产党人，就把党的建设问题作为一项伟大工程提了出来，形成了关于中国共产党自身建设的基本理论。改革开放以来，以邓小平、江泽民、胡锦涛为主要代表的中国共产党人，在继承毛泽东关于中国共产党自身建设的基本理论的基础上，围绕世情、国情、党情的新变化，在党的社会主义初级阶段基本路线指引下，形成了一系列重要的理论观点，开创了党的建设新的伟大工程。从"伟大的工程"到"新的伟大工程"，不仅突出了全面加强和改进中国共产党自身建设的长期性、严峻性和复杂性，而且体现了中国共产党在全面加强自身建设的进程中对党的建设理论的传承。

（一）毛泽东加强党的建设的理论

以毛泽东为代表的中国共产党人，在领导中国人民进行长期的革命斗争和社会主义建设的实践中，把马克思列宁主义党的领导和党的建设学说同中国共产党的自身状况相结合，创立了一整套具有中国特色的马克思主义党的领导和党的建设理论。

第一，着重从思想上建设党，把思想建设放在党的建设的首位，是毛泽东依据党的建设所处的特殊历史条件而提出的一个极具特色的建党思想。在中国，农民和小资产阶级的革命分子加入到中国共产党内来是必然的，这样就不可避免地把小资产阶级的和其他非无产阶级的思想带到无产阶级政党内部，党内无产阶级思想与农民、小资产阶级思想的矛盾，成为最主要的矛盾；在民主革命中，资产阶级成为党团结、联合的对象，他们的腐朽思想也不可避免地会侵蚀党的肌体，从而加重了党抵制和克服非无产阶级思想影响的任务；党在一个比较长的时期内，对马克思主义的理论、特别是对马克思主义的理论与中国革命的实践还缺乏完整的统一的了解。这就要求党必须把思想建设作为自身建设的首要任务，着力解决党员不但要在组织上入党，而且要在思想上入党的问题。所谓思想入党，就是要求共产党员牢固地树立共产主义的远大理想、全心全意为人民服务的宗旨，这是对共产党员的最基本的要求。毛泽东强调加强党的思想建设，必须坚持用马克思列宁主义教育党员，以此提高党员的马克思主义理论水平，使党员的思想和党内的生活都政治化、科学化。

第二，重视党的政治建设，把党的建设同党的政治路线紧密联系起来，是毛泽东党建理论的一个重要内容。毛泽东明确指出："党的建设过程，党的布尔什维克化的过程，是这样同党的政治路线密切地联系着。"①历史经验表明，党的政治路线正确与否，直接关系到党的事业的兴衰；党的建设则关系到党的政治路线的制定和贯彻执行。党的政治路线规定了党内教育的基本内容，为党的政治建设指明了方向，为党的组织建设提出了更高的要求，使党的发展有了可靠的群众基础，为党的巩固和发展提供了根本保证和重要条件。以毛泽东为代表的中国共产党人正确理解党的建设与政治路线的辩证关系，密切联系政治路线进行党的建设，使党发展壮大并领导革命和建设取得了一个又一个胜利。

第三，从组织上加强党的建设，主要是贯彻民主集中制原则和严格的纪律。毛泽东强调，民主集中制的原则是党的根本原则，只有坚持民主集中制，才能保证党的思想上的统一，组织上的巩固和发展。只有通过民主集中制，才能充分发挥全党的积极性、创造性，实现党的集中统一。民主集中制是正确处理党内各种关系的基本准则，也是党保持生机活力、充分发挥领导作用的重要保证。贯彻民主集中制原则，必须加强党的纪律性，反对各种无组织的错误思想。党的纪律包括：个人服从组织、少数服从多数、下级服从上级、全党服从中央。"谁破坏了这些纪律，谁就破坏了党的统一。"②只有严格党的纪律，才能保证党的巩固、团结和行动上的一致，才能保证党的政治路线的执行。加强党的纪律性，必须与极端民主化、个人专断、宗派主义等错误倾向作坚决的斗争。同时，党还十分重视

---

① 《毛泽东选集》第二卷，人民出版社 1991 年版，第 605 页。
② 《毛泽东选集》第二卷，人民出版社 1991 年版，第 528 页。

干部的作用和干部队伍建设，在长期的革命斗争和建设实践中，按照马克思主义建党原理，在选拔、培养、使用干部方面，积累了丰富的经验，逐步形成了一套完整的干部路线和政策，体现了中国共产党组织建设的特点。

第四，把作风问题提到世界观和党性原则的高度，并同党的路线、政策联系起来加以考察和解决，是毛泽东建党思想的一个重要特色。毛泽东认为，党风是党性和世界观在行动中的具体体现。把党风问题提到世界观和党性的高度加以解决，是加强党的作风建设的根本原则和首要途径。他精心培育和积极倡导的三大优良作风是中国共产党特有的优良传统作风，是实现党的政治路线和正确领导的重要保证。毛泽东指出："以马克思列宁主义的理论思想武装起来的中国共产党，在中国人民中产生了新的工作作风，这主要的就是理论和实践相结合的作风，和人民群众紧密地联系在一起的作风以及自我批评的作风。"① 党的优良作风是中国共产党区别于其他任何政党的显著标志。坚持和发扬党的优良作风，党就能真正成为各族人民利益的代表，就能保持党的无产阶级先锋队性质，如果丢掉党的优良传统和作风，那就会严重影响党的无产阶级先锋队性质，如果党风完全腐败，就可能导致党的性质的蜕变。党的三大优良作风是一个不可分割、相互联系的有机整体。它集中反映了党的无产阶级世界观和方法论，生动地体现了共产党人对待马克思主义，对待人民群众和对待自己的科学态度。

第五，对党在全国执政后的自身建设进行了探索。新中国建立前夕，毛泽东已经预见到党在执政的条件下可能会遇到的严峻挑战，提出了应对这一挑战的"两个务必"的正确方针。新中国成立后，中国共产党的地位，党所肩负的任务和所处环境都发生了根本的变化，加强执政党自身建设就显得特别重要。在艰辛的探索中，以毛泽东为代表的中国共产党人提出了关于执政党建设的许多重要思想，为社会主义建设时期党的建设指明了方向。强调用马克思列宁主义武装全党，是党的建设的一项基本原则，也是党执政后，加强自身建设的重要经验之一；不论党内党外，都要有充分的民主生活，都要认真实行民主集中制，保证党在思想上、组织上的统一；

① 《毛泽东选集》第三卷，人民出版社 1991 年版，第 1093—1094 页。

继续保持和发扬党在民主革命时期形成的一整套优良传统和作风，反对主观主义、官僚主义、命令主义等不良作风，坚决惩处腐败分子、严肃党纪、端正党风、保持党的纯洁性；增强党性，维护党的团结统一；自觉接受来自党内外的监督；要求领导干部经常深入实际、深入群众、关心群众疾苦，参加体力劳动，以普通劳动者的姿态出现，不能当官做老爷，不能搞特殊化，要在提高马克思列宁主义水平的基础上，使自己成为精通政治思想工作和经济工作的专家，并强调培养无产阶级革命事业接班人具有特殊重要的意义。

毛泽东加强党的建设的理论着重解决了在中国这样一个经济文化十分落后的国家，如何把党建设成为无产阶级先锋队的一系列基本问题，深刻揭示了中国共产党建设的客观规律，从而为党的建设提供了有力的思想武器，丰富和发展了马克思列宁主义建党学说，在毛泽东思想体系和党的建设的历史上具有十分重要的地位。

（二）邓小平新时期加强党的建设的思想

加强党的建设，是中国革命胜利的一条基本经验。在新的历史时期，邓小平反复强调，要聚精会神地抓党的建设，把党建设成为有战斗力的马克思主义政党，成为领导全国人民进行社会主义物质文明和精神文明建设的坚强核心。这就为把党建设成为用中国特色社会主义理论武装起来的马克思主义政党指明了方向。

第一，加强党的建设，必须紧紧围绕党在新时期"一个中心、两个基本点"的基本路线。邓小平强调，新时期党的建设必须紧密联系党的基本路线来进行，否则，社会主义事业就不能前进，党的建设也不可能搞好。紧紧围绕党的基本路线来建设党，一是要使广大党员和干部明确以经济建设为中心，大力发展生产力，是党的基本路线的核心内容，党的建设工作不能离开这个中心，应该通过加强和改善党的领导，提高党员的素质来保证这一中心任务的实现。只有发展生产力，才能逐步满足人民不断增长的物质文化生活的需要，才能为社会主义奠定强大的物质基础。二是要使广大党员和干部准确理解和全面掌握坚持四项基本原则和坚持改革开放这两个基本点及其相互关系，自觉地反对任何一种企图把二者对立或割裂开来的错误倾向。邓小平指出，在当今世界，建设社会主义必须实行改革开放，否则就不能进一步发展生产力，不能发挥社会主义的优越性和吸引力，不能使社会主义得到巩固、发展和完善。同时，改革开放又必须以坚持四项基本原则为前提和基础，否则就必然会导致资本主义化。三是要通过教育，使广大党员和干部警惕并正确地处理一定范围内存在的阶级斗争，发扬社会主义民主，加强社会主义法制，坚持人民民主专政，维护国家和社会的稳定，为社会主义建设和改革创造良好的环境。围绕党的基本路线建设党，就是要使党始终保持先进性，并不断增强党在全社会的影响力和凝聚力，成为社会主义现代化事业健康发展并取得胜利的坚强领导核心。这不仅是新时期党的建设的根本任务，也是新时期加强党的建设的主题。

第二，加强党的建设，必须始终把思想建设放在首位。加强党的思想建设，就是要用马克思列宁主义、毛泽东思想武装全党，增强执行党的基本路线的自觉性和坚定性，树立共产主义理想，坚定社会主义信念，贯彻全心全意为人民服务的根本宗旨。对此，邓小平强调，党的各级干部，首先是领导干部，要重视马克思主义的理论学习，以加强我们工作中的原则性、系统性、预见性和创造性。他指出："我们现在要建设有中国特色的社会主义，时代和任务不同了，要学习的新知识确实很多，这就更要求我们努力针对新的实际，掌握马克思主义基本理论。因为只有这样，才能提高我们运用它的基本原则基本方法，来积极探索解决新的政治经济社会文化基本问题的本领，既把我们的事业和马克思主义理论本身推向前进，也防止一些同志，特别是一些新上来的中青年同志在日益复杂的斗争中迷失方向。"[1]他强调，党的各级领导干部不能长期安于当外行，要钻进去，逐渐成为内行。为此，除了要努力学习马克思列宁主义、毛泽东思想，把马克思主义的普遍原理同我国实现四个现代化的具体实践结合起来，提高政治水平，还要努力学习科学文化知识。着重抓紧经济学、科学技术和管理这三个方面的学习。学习好，才可能领导好高速度、高水平的社会主义现代化建设，全面地正确地执行党的各项方针政策。

---

[1] 《邓小平文选》第三卷，人民出版社 1993 年版，第 146—147 页。

　　第三，加强党的建设，必须抓好组织建设这个重要环节。邓小平多次强调要坚持和健全民主集中制。他指出，我们需要集中统一的领导，但是必须有充分的民主，才能做到正确的集中。坚持和健全民主集中制，必须充分发扬党内民主，切实保障各级党组织和党员的民主权利。党的各级领导要认真听取党组织和党员的批评意见，善于集中广大党员的智慧，保证党的决策的正确和有效实施。坚持和健全民主集中制，必须坚持个人服从组织，少数服从多数，下级服从上级，全党服从中央的组织原则，加强党的纪律性，反对自由主义、个人主义和无政府主义。加强党的团结，每个党员特别是领导干部都要服从大局，与党中央保持政治上的一致。只要全党同心同德，步调一致，我们的事业就有了胜利的保证。

　　第四，加强党的建设，必须严肃党风、克服腐败现象。邓小平在改革开放之初，就多次提醒全党，要反对干部队伍中的不正之风和特殊化，警惕各种腐败思想的侵袭。此后他又多次强调，端正党风是端正社会风气的关键，我们的国家越发展，越要抓艰苦创业，克服腐败现象。在1992年的南方谈话中，他更特别指出："在整个改革开放过程中都要反对腐败。对干部和共产党员来说，廉政建设要作为大事来抓。"① 腐败现象的产生，归根到底是党性不纯的表现，是党员、干部的世界观、人生观、价值观发生了问题。一个党员干部，如果丢掉了全心全意为人民服务的宗旨，不把自己看作人民的公仆，而把自己看作人民的主人，搞特殊化，就势必引起群众的强烈不满，损害党的威信，并使自己逐渐走上腐化堕落的道路，最终为党和人民所抛弃。党内发生腐败现象又必然会削弱党的作用的发挥和党的力量的巩固。克服腐败现象，要解决思想问题，也要解决制度问题。要制定各种相应的制度和条例，并组织专门的机构进行必要的监督检查，同时要注意提高党员和干部队伍的思想政治素质。

　　第五，加强党的建设，必须重视制度建设，这是邓小平新时期在加强党的建设方面提出的一个极为重要的观点。邓小平指出，在领导活动中起着主要作用的有人和制度这两个因素，人的因素是一个十分重要的方面。但是制度的因素更为重要。"制度好可以使坏人无法任意横行，制度不好

---

① 《邓小平文选》第三卷，人民出版社1993年版，第379页。

可以使好人无法充分做好事，甚至会走向反面。""不是说个人没有责任，而是说领导制度、组织制度问题更带有根本性、全局性、稳定性和长期性。"① 他要求全党高度重视关系到党和国家是否改变颜色的制度问题。他还通过分析制度建设方面存在的问题，规定了制度建设的基本任务。制度建设面临的基本任务是改革那些不好的和过时的制度，建立起包括领导制度、干部制度、党内生活制度、监督制度等科学的制度体系。

邓小平新时期加强党的建设的思想是毛泽东加强党的建设理论的继承和发展，它的许多特点是在回答和解决新时期党建工作中的重大理论和实践问题中产生的，它把毛泽东加强党的建设理论推进到一个新的阶段，有力地指导新时期党的建设的实践不断取得新的成就。

（三）以改革创新精神全面推进党的建设新的伟大工程

面向新世纪，以江泽民为核心的党的第三代中央领导集体，提出要继续推进党的建设的伟大工程，强调要把党建设成为用邓小平理论武装起来、全心全意为人民服务、思想上政治上组织上完全巩固，能够经受住各种考验、始终走在时代前列、领导全国人民建设中国特色社会主义的马克思主义政党，阐明了在改革开放和社会主义现代化建设的条件下建设一个什么样的党和怎样建设党的一系列问题。新世纪新阶段，以胡锦涛为总书记的党中央，根据世情、国情、党情的发展变化，提出了以改革创新精神推进党的建设新的伟大工程的基本思路。党的十八大强调，新形势下党所面临的执政考验、改革开放考验、市场经济考验、外部环境考验是长期的、复杂的、严峻的。精神懈怠危险、能力不足危险、脱离群众危险、消极腐败危险更加尖锐地摆在全党面前。全党要增强紧迫感和责任感，牢牢把握加强党的执政能力建设、先进性和纯洁性建设这条主线，坚持解放思想、改革创新，坚持党要管党、从严治党，全面加强党的思想建设、组织建设、作风建设、反腐倡廉建设、制度建设，增强自我净化、自我完善、自我革新、自我提高能力，建设学习型、服务型、创新型的马克思主义执政党，确保党始终成为中国特色社会主义事业的坚强领导核心。

① 《邓小平文选》第二卷，人民出版社1994年版，第333页。

1. 新形势下加强党的建设的必要性和重要性

改革开放三十多年来，党的建设取得了重大进步。党员队伍持续发展壮大、结构不断优化，党员素质普遍提高、先锋模范作用得到了充分发展和展示；党的基层组织覆盖面不断扩大，凝聚力、创造力和战斗力不断增强，党执政的组织基础更加巩固；党自觉坚持马克思主义的思想路线，用中国特色社会主义理论体系武装全党、指导实践，展示出了先进政党的创新活力；培养造就了一支素质和能力总体适应改革开放和现代化建设需要的干部队伍，凝聚了一大批各类专门人才；以扩大民主、坚持和健全民主集中制为重点的党内制度建设取得突破性进展，党内政治生活走上了制度化、规范化的健康发展轨道；党的作风建设和反腐倡廉建设不断取得阶段性成果，党在改革开放和现代化建设进程中始终保持了同人民群众的血肉联系。改革开放以年来党的建设的成绩来之不易，经验弥足珍贵。新世纪新阶段，世情、国情和党情的发展变化，决定了以改革创新精神进一步加强党的建设既十分重要又十分紧迫。

第一，从世情看，以改革创新精神加强党的建设，是中国共产党适应当今时代发展潮流的必然要求。当今的时代，是一个世界多极化和经济全球化深入发展的时代，是一个综合国力竞争日趋激烈的时代，也是一个以改革创新为显著特征的时代。从 20 世纪 70 年代后期开始，在世界范围内兴起的改革浪潮，涉及国家之广泛、涉及领域之全面、改革程度之深刻、持续时间之长久，都是前所未有的。各国政党特别是执政党对自身的执政方式、组织形式和活动方式等改革的力度，也是前所未有的。可以说，改革创新是当今时代的潮流，是世界发展的大势。一个政党特别是执政党，如果因循守旧、墨守成规，就必然要落伍甚至被时代所淘汰，就会在党与党、国与国的竞争中败下阵来。以改革创新精神加强党的建设，正是中国共产党准确把握时代要求和世界大势的体现。

第二，从国情看，以改革创新精神加强党的建设，是中国共产党更好地领导改革开放和社会主义现代化事业的必然要求。新时期所进行的改革开放，使我国成功地实现了从高度集中的计划经济体制到充满活力的社会主义市场经济体制，从封闭半封闭到全方位开放的伟大历史性转折。改革开放不仅使中国人民的面貌、社会主义中国的面貌发生了历史性变化，也使党的面貌发生了历史性变化。实践证明,改革开放、不断创新,是解放和发展生产力的必由之路,也是增强党的创造力、凝聚力和战斗力的必由之路。进入新世纪新阶段,我国的发展呈现出一系列阶段性特征,社会正在发生着广泛而深刻的变革,面对新形势新任务,党只有通过加强自身建设,才能坚持改革创新,更好地领导科学发展,促进社会和谐,更好地担当起执政兴国、执政为民的历史重任。

第三,从党情看,以改革创新精神加强党的建设,也是适应党的自身发展变化、切实解决党的建设中出现的新矛盾新问题的必然要求。经过九十多年的发展,"我们党已经从一个领导人民为夺取全国政权而奋斗的党,成为一个领导人民掌握着全国政权并长期执政的党;已经从一个在受到外部封锁的状态下领导国家建设的党,成为在全面改革开放条件下领导国家建设的党。"① 党在全国执政的六十多年中,取得了举世瞩目的成就,积累了治国理政和加强自身建设的宝贵经验,但这也容易使一些党员、干部产生惰性和脱离群众的倾向;党经受住了改革开放的重大考验,但仍面临着一些新的问题;新党员的数量大量增加,新老干部队伍交替不断进行,给党增添了新鲜血液,也使党的教育和管理任务比过去任何时候都更为繁重;党的建设取得了巨大成绩,为完成党的中心任务提供了坚强保障,但与全党的要求和人民群众的期望还有差距,特别是党所面临的执政考验、改革开放考验、市场经济考验、外部环境考验是长期的、复杂的、严峻的,精神懈怠危险、能力不足危险、脱离群众危险、消极腐败危险更加尖锐地摆在全党面前。所有这些,都要求党的建设必须坚持改革的方向,必须弘扬新的精神,不断研究新情况,解决新问题,取得新进步,使党始终成为中国特色社会主义的领导核心,始终站在时代前列。

新形势下,世情、国情、党情的深刻变化对党的建设提出了新的要求,落实党要管党、从严治党的任务比过去任何时候都更为繁重和紧迫,继续推进党的建设新的伟大工程显得尤为重要。

2. 新形势下加强党的建设的基本思路和目标

党的十七大提出了新形势下加强党的建设的基本思路和目标,这就

---

① 《江泽民文选》第三卷,人民出版社 2006 年版,第 282 页。

是："必须把党的执政能力建设和先进性建设作为主线，坚持党要管党、从严治党，贯彻为民、务实、清廉的要求，以坚定理想信念为重点加强思想建设，以造就高素质党员、干部队伍为重点加强组织建设，以保持党同人民群众的血肉联系为重点加强作风建设，以健全民主集中制为重点加强制度建设，以完善惩治和预防腐败体系为重点加强反腐倡廉建设，使党始终成为立党为公、执政为民，求真务实、改革创新，艰苦奋斗、清正廉洁，富有活力、团结和谐的马克思主义执政党。"① 党的十八大在此基础上进一步提出，以改革创新精神全面推进党的建设新的伟大工程，全面提高党的建设科学化水平，牢牢把握加强党的执政能力建设、先进性和纯洁性建设这条主线，建设学习型、服务型、创新型的马克思主义执政党，确保党始终成为中国特色社会主义事业的坚强领导核心。

第一，以坚定理想信念为重点加强思想建设。从思想上建党，是马克思主义建党学说的一个重要原则，是党的优良传统和宝贵经验。党在九十多年的历程中，始终重视加强思想建设这个原则，把党的思想建设放在党的建设的首位，把自己建设成为一支坚强的、富有战斗力的工人阶级先锋队，领导中国革命、建设和改革取得了辉煌的胜利。改革开放以来，党的建设取得了很大的成绩和进步，但也应清醒地看到，各种不良的价值观念、社会思潮以及腐朽的思想文化还在侵蚀和损害着党的肌体。信念动摇、组织涣散问题在个别地区和部门，在一些党员和干部中，已经到了相当严重的程度，给党的建设造成了不可忽视的影响。新世纪新阶段，贯彻落实科学发展观，加强党的建设，仍然需要继续把思想建设放在党的建设的首位，并且要以坚定理想信念为重点，教育广大党员"必须努力学习和掌握马克思主义的立场、观点、方法，树立共产主义的崇高理想和世界观、人生观，身体力行共产主义道德。"② 加强党员干部的理想信念教育和思想道德建设，要组织广大党员、干部认真学习党章，学习马克思列宁主义、毛泽东思想和中国特色社会主义理论体系，实践社会主义核心价值体系，坚定中国特色社会主义共同理想和共产主义远大理想，使其在思想上

① 《中国共产党第十七次全国代表大会文件汇编》，人民出版社 2007 年版，第 48 页。

② 《江泽民文选》第一卷，人民出版社 2006 年版，第 159 页。

有显著提高，在政治上有明显进步，在作风上有明显转变，在纪律上有明显加强，为中国特色社会主义事业和中华民族的伟大复兴贡献力量。

第二，以造就高素质党员、干部队伍为重点加强党的组织建设。党的思想建设和组织建设是不可分割、相辅相成的整体，组织路线是实现政治路线的保证。改革开放以来，中国共产党在组织建设方面取得显著成就的同时，也存在着不少问题，如党员干部思想政治素质不高，政治上还不够成熟，脱离实际，脱离群众，形式主义、官僚主义严重，甚至有的以权谋私，腐败堕落，等等。这一切都要求党在新世纪新阶段必须继续加强对广大党员、干部，特别是领导干部的教育，用马克思列宁主义、毛泽东思想和中国特色社会主义理论武装广大党员和干部的头脑，提高他们的政治理论素质；同时还要加强党员和干部的科学文化素质、现代管理知识的培养，不断更新知识，紧跟时代，系统掌握世界经济、政治、科技、文化等方面的知识和最新成果，提高党员干部的应变能力和创新能力，努力建设一支高素质的能够担当重任，经的起风浪考验的党员干部队伍，不断增强党组织的先锋堡垒作用。

第三，以保持党同人民群众的血肉联系为重点加强作风建设。世界上一些执政党丧失政权的教训表明，执政党的最大危险就是脱离群众。目前，中国共产党的作风状况总的说是好的，但个别党员干部的官僚主义、形式主义、享乐主义和奢靡之风、特别是腐败问题，严重影响了党同人民群众的密切联系。如果我们对这些问题掉以轻心，就会酿成更大的问题。执政党的作风直接关系党的形象，关系人心向背，关系党和国家的生死存亡。要巩固党的执政地位，就必须发扬党的优良传统作风，特别是密切联系群众的作风。作为执政党，我们不仅要同腐败犯罪作斗争，更重要的是要把党建设成始终同人民群众保持血肉联系，全心全意为人民服务，与广大人民群众休戚与共，水乳交融，代表最广大人民群众根本利益的党。

第四，以健全民主集中制为重点加强制度建设。党的十七大提出，要以保障党员民主权利为基础，以完善党的代表大会制度和党的委员会制度为重点，从改革体制机制入手，建立健全充分反映党员和党组织意愿的党内民主制度。要尊重党员主体地位，推进党务公开，实行党的代表大会代表任期制，完善党的地方各级全委会、常委会工作机制，推行地方党委讨论决定重大问题和任用重要干部票决制，改进党内选举制度，改进候选人提名制度和选举方式，等等。强调，只有健全党的民主集中制，才能发挥党内民主，才能充分调动党的各级组织和广大党员的主动性、积极性、创造性，实现决策的科学化、民主化。

第五，以完善惩治和预防腐败体系为重点加强反腐倡廉建设。胡锦涛指出："中国共产党的性质和宗旨，决定了党同各种消极腐败现象是水火不相容的。坚决惩治和有效预防腐败，关系人心向背和党的生死存亡，是党必须始终抓好的重大政治任务。"① 强调，要充分认识反腐倡廉建设的重要性、紧迫性、长期性、复杂性和艰巨性，在改革开放的整个过程中都要反腐败。加强反腐倡廉建设，必须坚持中国特色反腐倡廉道路，坚持标本兼治、综合治理、惩防并举、注重预防的方针，全面推进惩治和预防腐败体系建设，做到干部清正、政府清廉、政治清明。同时，还要加强反腐倡廉教育和廉政文化建设，严格规范权力行使，加强对领导干部特别是主要领导干部行使权力的监督，始终保持惩治腐败的高压态势。

新世纪新阶段加强党的建设的目标是对新时期党的建设目标的发展和完善。我们必须牢牢把握这一目标，以改革创新精神全面推进党的建设新的伟大工程。一是要牢记立党为公、执政为民的根本要求；二是要坚持求真务实、改革创新的基本精神；三是发扬艰苦奋斗、清正廉洁的优良作风；四是形成富有活力、团结和谐的政治局面。进一步加强党内民主建设，增强党的团结和统一，增强党的创造力、凝聚力、战斗力，促进党内和谐。

3. 新形势下加强党的建设的基本内容

着力推进党的执政能力建设，加强党的先进性和纯洁性建设，建设学习型、服务型、创新型的马克思主义执政党，是新形势下加强党的建设的重点。

第一，加强党的执政能力建设。党的执政能力，就是党提出和运用正确的理论、路线、方针、政策和策略，领导制定和实施宪法和法律，采取科学的领导制度和领导方式，动员和组织人民依法管理国家和社会事务、

① 《中国共产党第十七次全国代表大会文件汇编》，人民出版社 2007 年版，第 53 页。

经济和文化事业，有效治党治国治军，建设社会主义现代化国家的本领。加强党的执政能力建设，就是要使党不断提高这些本领，这也是新时期加强党的建设的重点。加强党的执政能力建设，就要以保持党同人民群众的血肉联系为核心，以建设高素质干部队伍为关键，以改革和完善党的领导体制和工作机制为重点，以加强党的基层组织和党员队伍建设为基础，努力体现时代性、把握规律性、富于创造性。按照推动社会主义物质文明、政治文明、精神文明协调发展的要求，不断提高驾驭社会主义市场经济的能力、发展社会主义民主政治的能力、建设社会主义先进文化的能力、构建社会主义和谐社会的能力、应对国际局势和处理国际事务的能力。这"五种能力"构成了党的执政能力的体系，提高这"五种能力"也就成为新时期加强党的执政能力建设的基础。加强党的执政能力建设，就要切实改进领导班子的思想作风；通过理论武装、学习培训和实践锻炼，着力提高领导干部的执政本领；改善领导方式和执政方式，健全领导体制，实现科学执政、民主执政、依法执政的重要目标；改革和完善干部人事制度，为其领导水平和执政能力的不断提高提供保证。

第二，加强党的先进性和纯洁性建设。先进性和纯洁性都是马克思主义政党的根本特征，也是马克思主义政党的生命所系、力量所在。加强党的先进性和纯洁性建设，就是要通过全面推进党的思想建设、政治建设、组织建设、作风建设、制度建设和反腐倡廉建设，使党顺应时代发展的潮流和我国社会发展进步的要求、反映全国各族人民的利益和愿望，使党的各级组织和广大党员在思想和行动上符合党的宗旨要求，保持先进性和纯洁的状态，使各级党组织始终发挥同级领导核心和战斗堡垒作用，使广大党员始终发挥先锋模范作用，使全党永葆与时俱进的品质、始终走在时代前列，不断提高执政能力、巩固执政地位、完成执政使命。党的先进性、纯洁性与执政地位都不是一劳永逸、一成不变的。党的先进性纯洁性建设是党的执政能力建设的前提、核心和基础，党的执政能力建设是党的先进性纯洁性建设的重要内容、现实要求和具体体现，二者统一于党的建设新的伟大工程，统一于党领导的中国特色社会主义伟大事业之中。

第三，建设学习型、服务型、创新型的马克思主义执政党。十八大提出的党的建设这一新的战略目标，深刻反映了党对自身建设的本质要求，更加突出了党的性质和宗旨，为加强党的执政能力建设、先进性和纯洁性建设注入了新的内涵，充分体现了党对执政党建设规律的清醒认识和深刻把握，对于全面提高党的建设科学化水平，深入推进党的建设新的伟大工程具有重要意义。所谓学习型政党，就是指具有重视学习、善于学习的理念，建立持续学习的机制，形成符合时代要求的学习方法，使学习成为党的建设的内在需求，主动地运用学习的理念去处理和解决工作中遇到的复杂问题，以学习推动创新，不断增强党的生机活力。所谓服务型政党，就是指党在科学执政、民主执政、依法执政过程中贯彻以人为本、执政为民的理念，把服务人民作为执政的首要价值和核心任务，始终保持党同人民群众的血肉联系。党执政得好不好，最终要看群众拥护不拥护、赞成不赞成、高兴不高兴、答应不答应。所谓创新型政党，就是在马克思主义指导下，坚持一切从变化着的实际出发，把改革创新作为事业发展的推动力量，使党的全部理论和工作体现时代性、把握规律性、富于创造性，始终保持与时俱进、奋发有为的精神状态。学习是基础，服务是目的，创新是动力，三者是相互联系、相互贯通、相互促进的，统一于马克思主义执政党建设的伟大实践之中，共同体现了党自我净化、自我完善、自我革新、自我提高的一贯追求，体现了立党为公、执政为民的性质宗旨，体现了党永葆生机和活力的开拓进取精神。

第十五章　中国化马克思主义的方法论

马克思主义认为，世界观和方法论是一致的、统一的。有什么样的世界观，就有什么样的方法论。中国化马克思主义的方法论是思想的系统、方法的整体。它已经不单纯是知识的体系和理论的抽象，而是人们如何认识世界、改造世界的方法、方式的总和，是如何把实践中的各项路线、方针、政策统一起来的灵魂。中国化马克思主义的方法论作为一个完整的系统，有着自身特有的要素、层次和结构，并通过体系内部的有机联系发挥其巨大的功能。

中国化马克思主义的方法论是由一般方法、特殊方法和具体方法这三个基本层次构成的体系。具体说来，所谓一般方法，是指表明基本立场、观点和方法的理论，即具有世界观意义的最基本的方法论原则。一般方法是方法论体系的立足点、出发点，是特殊方法和具体方法的依据和基础。所谓特殊方法，是指建立在一般方法基础上，适用于某一特殊的认识与实践领域的方法。这种方法通过具体方法坚持和贯彻基本的一般方法。所谓具体方法，是指在各个领域中完成各项具体任务的实际方法。这种方法是对一般方法、特殊方法的原则加以具体实施的工具、手段、措施和途径。本章所要探讨的中国化马克思主义的方法论主要是指一般方法，即实事求是、群众路线、独立自主、统筹兼顾等方法，这些方法都是中国人民革命与建设实践的丰富经验的科学概括和理论总结。它继承、发展了马克思主义哲学，批判、继承和发展了中国哲学史上的思想精华，并把中国的哲学传统与马克思主义哲学有机地结合起来加以运用和发挥，为中国共产党人和中国人民提供了实践性和科学性相统一的世界观和方法论。它是我们在理论上完整、准确地理解和把握中国化马克思主义理论成果的科学体系和基本精神、在实践上成功地进行革命、建设和改革实践活动的思想方法论的基础。

一、实事求是的方法

坚持解放思想、实事求是，把马克思主义普遍真理与中国实际、时代特征相结合，走中国特色革命和建设的道路，这就从党的思想路线和中国化马克思主义思想方法论的实质上为中国革命和建设道路提供了坚实的哲学基础。坚持解放思想、实事求是，有助于深入理解和掌握马克思主义中国化的理论成果，全面贯彻执行党的基本理论、基本路线、基本纲领、基本经验和基本要求，把马克思主义中国化的伟大事业不断推向前进。

（一）实事求是方法的形成和发展

实事求是是中国共产党最具特色的基本原则，它是在中国革命、建设和改革的长期实践中逐步形成和发展起来的。

在中国共产党内，毛泽东对"实事求是"思想方法的创立作出了最重要的贡献。早在1929年6月，毛泽东在分析红四军党内存在着种种错误思想的原因时即指出，那些错误的思想是"历史的结穴"，是"历史上一种错误的思想路线上的最后挣扎"。这是毛泽东第一次使用"思想路线"这一概念，目的是引导各级红军干部从深层次来防止错误的发生。同年12月，毛泽东在古田会议决议中，第一次明确提出了反对主观主义的任务。他指出："对于政治形势的主观主义的分析和对于工作的主观主义的指导，其必然的结果，不是机会主义，就是盲动主义。"① 要纠正主观主义，使党员的思想和党内的生活都政治化、科学化，就要："（一）教育党员用马克思列宁主义的方法去作政治形势的分析和阶级势力的估量，以代替主观主义的分析和估量。（二）使党员注意社会经济的调查和研究，由此来决定斗争的策略和工作的方法，使同志们知道离开了实际情况的调

① 《毛泽东选集》第一卷，人民出版社1991年版，第91页。

查，就要堕入空想和盲动的深坑。"① 在这里，毛泽东实际上已经从两种对立的思想路线和思想方法的角度，提出了马克思列宁主义普遍原理与中国革命具体实践相结合的思想，只是还没有使用这样的语言。

1930年5月，毛泽东针对当时党内盛行的把马克思主义教条化、把共产国际决议和苏联经验神圣化的错误倾向，发表了《反对本本主义》一文。文章认为"那些具有一成不变的保守的形式的空洞乐观的头脑的同志们，以为现在的斗争策略已经是再好没有了，党的第六次全国代表大会的'本本'保障了永久的胜利，只要遵守既定办法就无往而不胜利。这些想法是完全错误的，完全不是共产党人从斗争中创造新局面的思想路线，完全是一种保守路线。"② 并强调指出：没有调查，没有发言权；离开实际调查就要产生唯心的阶级估量和唯心的工作指导，它的结果，不是机会主义，便是盲动主义；马克思主义的本本是要学习的，但一定要与中国的实际相结合。文章实际上是反对了当时党内和红军中的一种错误的思想路线，代表了一条正确的思想路线，即反对唯书唯上，主张把马克思主义与我国实际相结合的思想路线。但可惜的是，毛泽东在实际上所代表的马克思列宁主义的思想路线和思想方法，当时并没有被党中央大多数同志所认识和接受。处在中共中央领导地位的王明"左"倾教条主义，甚至把毛泽东提出的这些正确的思想讥为"狭隘经验论"而加以指责，并在实际工作中排斥了毛泽东对党和红军的正确领导。

遵义会议以后，由于批判了教条主义，人们的思想得到很好地解放，以毛泽东为主要代表的理论和实际相结合的正确方向为越来越多的领导干部所认识和接受，更多的人开始注意从实际出发创造性地运用马克思列宁主义，这就为党的实事求是思想路线的形成和发展创造了有利条件。1935年12月，毛泽东在《论反对日本帝国主义的策略》的报告中，结合对"左"倾冒险主义在政治策略上的错误的清理，批评了"圣经上载了的才是对的"这种把"本本"当"圣经"的错误倾向，这是同本本主义作斗争的继续。1936年12月，毛泽东在《中国革命战争的战略问题》中对第二次国

---

① 《毛泽东选集》第一卷，人民出版社1991年版，第92页。
② 《毛泽东选集》第一卷，人民出版社1991年版，第115—116页。

内革命战争军事斗争经验的系统总结，则是把《反对本本主义》一文中提出的思想路线问题结合军事问题具体化了。1937 年 7、8 月间，毛泽东相继发表《实践论》和《矛盾论》两篇重要哲学著作。《实践论》以科学的社会实践为基础，阐明了"主观和客观、理论和实践、知和行的具体的历史的统一"问题；《矛盾论》则以矛盾的特殊性为基础，阐明了"共性个性、绝对相对的道理"，从而为实事求是作了系统的哲学论证，奠定了实事求是思想路线的基础。

1938 年，毛泽东在党的六届六中全会提出"马克思主义中国化"任务的同时，要求"共产党员应是实事求是的模范"，"因为只有实事求是，才能完成确定的任务。"[①] 为了统一全党思想、并为新民主主义革命的总路线制定和执行奠定思想基础，毛泽东领导了延安整风。延安整风期间所发表的《改造我们的学习》、《整顿党的作风》、《反对党八股》等文献，对"实事求是"思想路线进行了全面的阐述，其中《改造我们的学习》一文对"实事求是"科学含义作了马克思主义的界定。在这里，毛泽东不仅赋予了"实事求是"以认识论的意义，还将能否坚持实事求是提到有没有党性、党性纯不纯的高度，进一步上升为中国共产党的思想路线。经过延安整风和党的七大，实事求是的思想路线在全党得到了确立。

中华人民共和国成立后，毛泽东继续强调实事求是。1956 年，他明确提出马克思主义与中国实际进行"第二次结合"的思想。在全面进行社会主义建设的过程中，他还曾针对"大跃进"的"左"的错误，号召全党"大兴调查研究之风"，把实事求是的精神恢复起来。然而可惜的是，不久，正确的思想路线又受到更大的干扰和破坏。毛泽东晚年由于过多地相信以往革命斗争中所取得的经验，较少地去认真研究中国进入社会主义时期以后出现的新情况和新问题，逐渐脱离实际和脱离群众，从而逐渐背离了他自己所提倡的实事求是的思想路线，结果导致了"文化大革命"这样严重的"左"倾错误，并被林彪、江青反革命集团所利用，造成十年内乱。正如邓小平所指出的："这条思想路线，有一段时间被抛开了，给党的事业带来很大的危害，使国家遭到很大的灾难，使党和国家的形象受到很大

---

① 《毛泽东选集》第二卷，人民出版社 1991 年版，第 522 页。

的损害。"①

  "文化大革命"结束后,在中国向何处去的重大历史关头,邓小平严厉批评了"两个凡是"的教条主义的态度,强调"实事求是,是毛泽东思想的出发点、根本点。"②指出:"我们也有一些同志天天讲毛泽东思想,却往往忘记、抛弃甚至反对毛泽东同志的实事求是、一切从实际出发、理论与实践相结合的这样一个马克思主义的根本观点,根本方法。不但如此,有的人还认为谁要是坚持实事求是,从实际出发,理论和实践相结合,谁就是犯了弥天大罪。"③同时尖锐地指出:"他们提出的这个问题不是小问题,而是涉及到怎么看待马列主义、毛泽东思想的问题。"④在1978年12月召开的中央工作会议闭幕会上,邓小平作了题为《解放思想、实事求是,团结一致向前看》的重要讲话。这篇讲话实际上成为十一届三中全会的主题报告。邓小平在讲话中深刻阐明了党的实事求是思想路线的意义以及解放思想的极端重要性。他强调指出:"过去我们搞革命所取得的一切胜利,是靠实事求是;现在我们要实现四个现代化,同样要靠实事求是。""一个党,一个国家,一个民族,如果一切从本本出发,思想僵化,迷信盛行,那它就不能前进,它的生机就停止了,就要亡党亡国。"⑤只有思想解放了,我们才能正确地以马克思列宁主义、毛泽东思想为指导,解决过去遗留的问题,解决新出现的一系列问题,正确地改革同生产力迅速发展不相适应的生产关系和上层建筑,根据我国的实际情况,确定实现四个现代化的具体道路、方针、方法和措施。邓小平对恢复和发展实事求是思想路线作出了卓越的贡献:他深刻揭示了实事求是在整个马克思列宁主义、毛泽东思想科学体系中的地位,对党的思想路线的内容作出了新的更为完整的概括,科学揭示了解放思想与实事求是的辩证关系,强调了民主是解放思想、实事求是的重要条件。

  20世纪90年代以来,国际局势和国内形势的变化呈现出许多前所未

---

① 《邓小平文选》第二卷,人民出版社1994年版,第278页。
② 《邓小平文选》第二卷,人民出版社1994年版,第114页。
③ 《邓小平文选》第二卷,人民出版社1994年版,第114页。
④ 《邓小平文选》第二卷,人民出版社1994年版,第114页。
⑤ 《邓小平文选》第二卷,人民出版社1994年版,第143页。

有的新特点。中国共产党自身的状况也发生了很大的变化。面对改革开放以来中国社会所出现的新情况新特点，部分干部和党员对党所采取的新政策、新领导方式和工作方法等，还缺乏科学的分析和正确的认识，还沉浸在不合时宜的观念、做法和体制中，对马克思主义也还存在一些错误的和教条式的理解。为了使党在思想上保持开拓创新的状态，更好地坚持实事求是的思想路线，进一步突出时代精神和创新要求，江泽民、胡锦涛在坚持解放思想、实事求是的同时，相继提出了"与时俱进"、"求真务实"等重要观点，作为坚持党的实事求是思想路线的基本要求，丰富和发展了党的思想路线。

"与时俱进"的思想是逐步形成的。党的十五大在提出用邓小平理论武装全党的同时，强调指出："一定要以我国改革开放和现代化建设的实际问题、以我们正在做的事情为中心，着眼于马克思主义理论的运用，着眼于对实际问题的理论思考，着眼于新的实践和新的发展。"①"一个中心、三个着眼于"思想的提出，是党在思想路线认识上的深化，体现了与时俱进的精神。1998 年 12 月，在纪念党的十一届三中全会召开 20 周年大会上，江泽民从思想方法论的高度，进一步总结了 20 年来的主要经验。他指出："实践是永无止境的，认识真理不是一次完成的。一切从实际出发，解放思想、实事求是，也要一以贯之。"② 并再次重申了"一个中心、三个着眼于"的马克思主义学风。2001 年 1 月，江泽民在全国宣传部长会议上的讲话中第一次明确提出"与时俱进"的概念，并把它同创新联系起来，指出：不唯本本、不守教条，与时俱进，不断推进理论创新、体制创新、科技创新。随后，江泽民又把与时俱进作为党的思想路线的要求加以阐述。他指出，解放思想、实事求是、与时俱进、开拓创新是马克思主义活的灵魂，也是我们认识新事物、适应新形势、完成新任务的根本思想武器。同年 7 月，在庆祝中国共产党成立 80 周年的讲话中，江泽民从更为广阔的视角对"与时俱进"进行深刻的思考，提出了"马克思主义具有与时俱进的理论品质"③ 的论断。党的十六大报告对"与时俱进"的含义进

① 《江泽民文选》第二卷，人民出版社 2006 年版，第 12 页。
② 《江泽民文选》第二卷，人民出版社 2006 年版，第 251 页。
③ 《江泽民文选》第三卷，人民出版社 2006 年版，第 282 页。

行了科学的表述，明确指出：与时俱进，就是党的全部理论和工作要体现时代性、把握规律性、富于创造性。同时，强调指出："坚持党的思想路线，解放思想、实事求是、与时俱进，是我们党坚持先进性和增强创造力的决定性因素。"①

"求真务实"是中国共产党一以贯之的优良传统和作风。毛泽东曾号召全党要把革命气概和实际精神结合起来，告诫全党同志要老老实实地办事，在世界上要办成几件事没有老实态度是根本不行的。新时期，邓小平则突出强调，世界上的事情都是干出来的，不干，半点马克思主义都没有，要坚决制止追求表面文章，不讲实际效果、实际效率、实际速度、实际质量、实际成本的形式主义，杜绝说空话、说大话、说假话的恶习。江泽民也一再强调，形式主义、官僚主义是一大祸害，必须狠煞形式主义、官僚主义的歪风，时时处处坚持重实际、说实话、务实事、求实效，大力发扬脚踏实地、埋头苦干的工作作风。党的历史充分证明，求真务实是党的活力之所在，也是党和人民事业兴旺发达的关键之所在。什么时候求真务实坚持得好，党的组织和党员干部队伍就充满朝气和活力，党和人民的事业就能顺利发展；什么时候求真务实坚持得不好，党的组织和党员干部队伍就缺乏朝气和活力，党和人民的事业就受到挫折。新世纪新阶段，针对党和国家工作的新要求，胡锦涛在 2004 年 1 月中央纪律监察委员会第三次全体会议上向全党发出了大力弘扬求真务实精神、大兴求真务实之风的号召。他指出："求真务实，是辩证唯物主义和历史唯物主义一以贯之的科学精神，是我们党的思想路线的核心内容，也是党的优良传统和共产党人应该具备的政治品格。"② 把求真务实明确地作为党的思想路线的核心内容，作为共产党人应该具备的政治品格，这就进一步深化了党对思想路线的认识，具有十分重要的理论价值和实践意义。

总之，从毛泽东提出实事求是，到邓小平冠之以解放思想、实事求是，再到江泽民、胡锦涛对实事求是基本要求作出"与时俱进"、"求真务实"的新概括，反映了思想路线必须随着时代和实际的发展而不断丰富和

---

① 《江泽民文选》第三卷，人民出版社 2006 年版，第 537 页。
② 《十六大以来重要文献选编》上卷，人民出版社 2005 年版，第 724 页。

发展，充分体现了主观与客观相符合、理论与实际相联系、历史与现实相统一的基本立场、观点和方法。这些基本立场、观点和方法，是党的思想路线不断丰富和发展的内在动力。

（二）实事求是方法的基本内容

"实事求是"一词，原出自《汉书》本义指一种学风。实事求是的方法，植根于马克思主义的辩证唯物主义与历史唯物主义，凝结着中国共产党人科学思维的创造，蕴涵着中华民族优秀传统文化的精华，表现于中国人民喜闻乐见的民族形式，具有深刻而又丰富的思想内容。

第一，实事求是。

毛泽东在《改造我们的学习》一文中，第一次对"实事求是"的含义作了科学的解释。他说："'实事'就是客观存在着的一切事物，'是'就是客观事物的内部联系，即规律性，'求'就是我们去研究。我们要从国内外、省内外、县内外、区内外的实际情况出发，从其中引出其固有的而不是臆造的规律性，即找出周围事变的内部联系，作为我们行动的向导。"① 毛泽东在这里已经揭示了马克思主义的真理观。邓小平指出："马克思、恩格斯创立了辩证唯物主义和历史唯物主义的思想路线，毛泽东同志用中国语言概括为'实事求是'四个大字"②，"毛泽东思想的精髓就是这四个字"③。又说："实事求是，一切从实际出发，理论联系实际，坚持实践是检验真理的标准，这就是我们党的思想路线。"④ 邓小平的这些科学论断，不仅精辟地阐明了实事求是在马克思列宁主义、毛泽东思想中的重要地位，而且对实事求是思想路线的基本内容作出了新的更完善的概括。

首先，一切从实际出发，这是实事求是最主要的内容，也是坚持实事求是的客观前提和基础。从实际出发，按照科学的方法认识规律、掌握规律，以此作为行动的指南，这就正确地解决了人们认识世界、改造世界的根本出发点问题。

---

① 《毛泽东选集》第三卷，人民出版社 1991 年版，第 801 页。
② 《邓小平文选》第二卷，人民出版社 1994 年版，第 278 页。
③ 《邓小平文选》第二卷，人民出版社 1994 年版，第 126 页。
④ 《邓小平文选》第二卷，人民出版社 1994 年版，第 278 页。

其次，理论联系实际，即理论和实践相结合，这是实事求是的基本内容，也是坚持实事求是，达到主客观相统一的根本途径。中国共产党一贯重视并致力于把马克思主义的理论同中国的实际相结合，把理论联系实际还是脱离实际、理论和实践相结合还是相分裂的问题，看作全党的思想方法和工作态度问题，看作对待马克思主义的态度问题，是"第一个重要的问题"。强调要反对教条主义和经验主义这两种错误倾向，善于把马克思主义理论应用于中国的具体环境，使之中国化，并为中国人民所掌握，成为夺取革命和建设胜利的有效武器。这就解决了理论向实际转化，以及不断在实践中得到发展的途径问题。

再次，坚持实践是检验真理的标准。毛泽东继承和发展了马克思、列宁关于用实践作为证明人的思维是否具有真理性的标准的重要思想，不仅进一步强调了实践作为检验真理标准的唯一性，指出只有人们的社会实践，才是人们对于外界认识真理性的标准，并且阐明了实践检验真理的复杂性。邓小平在新时期把实践是检验真理的标准规定为党的思想路线的内容，意义十分重大，它构成了党的思想路线的基石。人们是不是做到了从实际出发，是不是实现了理论联系实际，是不是坚持了实事求是，最终全靠以人民群众为主体的社会实践的检验。

上述几个方面的核心是实事求是。它集中体现了马克思列宁主义的世界观和方法论。只要坚持实事求是，就不能不坚持一切从实际出发，理论联系实际和实践是检验真理的标准。反之，也只有坚持后面这三点，才能真正做到实事求是。因此，邓小平在讲到党的实事求是的思想路线时，才把这三点联系起来作综合考察，把它们作为一个整体加以论述，使党的实事求是思想路线的要求更加明确和具体，更具有鲜明的针对性，也更容易为人们所理解和掌握。

第二，解放思想。

关于解放思想的内涵，邓小平曾明确指出："什么叫解放思想？我们讲解放思想，是指在马克思主义指导下打破习惯势力和主观偏见的束缚，研究新情况，解决新问题。"① 又说："解放思想，开动脑筋，实事求是，

---

① 《邓小平文选》第二卷，人民出版社 1994 年版，第 279 页。

团结一致向前看，首先是解放思想。只有思想解放了，我们才能正确地以马列主义、毛泽东思想为指导，解决过去遗留的问题，解决新出现的一系列问题，正确地改革同生产力迅速发展不相适应的生产关系和上层建筑，根据我国的实际情况，确定实现四个现代化的具体道路、方针、方法和措施。"①邓小平的这些论述，不仅深刻地揭示了解放思想的历史背景，而且系统地说明了解放思想的基本要求。

首先，解放思想必须认真解决过去长期以来所形成的思想僵化问题。解放思想和思想僵化是两种根本不相容的精神状态。邓小平指出，由于"文化大革命"中林彪、"四人帮"大搞禁区、禁令，制造现代迷信，把人们的思想封闭在他们假马克思主义的禁锢圈内；由于民主集中制遭到破坏，党内确实存在权力过分集中的官僚主义；由于是非功过不清、赏罚不明以及小生产的习惯势力的影响等等原因，不少同志的思想还很不解放，脑筋还没有开动起来，也可以说还处在僵化或半僵化的状态。思想不解放，思想僵化，很多的怪现象就产生了。思想一僵化，条条、框框就多起来了，不从实际出发的本本主义，也就严重起来了。思想僵化、迷信盛行，不解决人们思想上存在的这些严重问题，就不可能使我们的社会主义事业真正有所前进。"不打破思想僵化，不大大解放干部和群众的思想，四个现代化就没有希望。"②在这里，很明显，解放思想又具有拨乱反正的性质。

其次，解放思想必须注意研究新情况，解决新问题。十一届三中全会以后，邓小平特别强调解放思想，从更深层次的背景看，主要是为了"解决新出现的一系列问题"。他首先自觉地意识到中国的社会主义事业已经进入一个新的历史时期，从而认识到在中国需要探索一条新的道路，即一条具有中国特色的社会主义建设道路。邓小平指出，在党内和人民群众中，肯动脑筋、肯想问题的人愈多，对我们的事业就愈有利。干革命、搞建设，都要有一批勇于思考、勇于探索、勇于创新的闯将。没有这样一大批闯将，我们就无法摆脱贫穷落后的状况，就无法赶上更谈不到超过国际

---

① 《邓小平文选》第二卷，人民出版社 1994 年版，第 141 页。
② 《邓小平文选》第二卷，人民出版社 1994 年版，第 143 页。

先进水平。又说，解放思想必须真正解决问题。我们的思想懒汉不少，讲大话、空话的多。真正仔细地研究新情况，解决新问题，切实地想办法使我们的步伐快一些，使生产力发展快一些，使国民收入增加快一些，把领导工作做得更好一些，这样的同志还不多。他希望各级党组织和每个领导干部，都来鼓励、支持党员和群众去思考、探索、创新。显然，在这里，解放思想是与开拓社会主义现代化建设新局面紧密联系在一起的，体现了革命的探索、创新的精神。

最后，解放思想必须坚持四项基本原则。解放思想作为党的马克思主义思想路线的重要原则，本身就具有很强的党性和阶级性。中国在粉碎"四人帮"以后出现了资产阶级自由化思潮。一些鼓吹资产阶级自由化的人，打着"解放思想"的旗号，反对共产党的领导，反对社会主义道路，反对人民民主专政，反对马克思列宁主义、毛泽东思想，主张中国全盘西化，走资本主义道路。在他们的煽动下，出现了一次次学潮，并最终导致1989年春夏之交的政治风波。邓小平鉴于"文化大革命"十年动乱给党和国家造成的惨痛损失及资产阶级自由化所带来的严重后果，在反复强调必须坚持四项基本原则、巩固和发展安定团结的政治局面的同时，还严肃指出，解放思想决不能偏离四项基本原则的轨道，不能损害安定团结、生动活泼的政治局面。如果离开四项基本原则去"解放思想"，实际上就把自己放到党和人民的对立面上去了。

关于解放思想与实事求是的关系，邓小平也有过明确的论断。他指出："解放思想，就是使思想和实际相符合，使主观和客观相符合，就是实事求是。"① 一方面，解放思想是实事求是的前提。邓小平认为，只有解放思想，才能真正做到实事求是。他指出："解放思想，就是要运用马列主义、毛泽东思想的基本原理，研究新情况，解决新问题。"② 而面对崭新的历史任务，许多党员和干部思想还不够解放，不善于研究新情况，解决新问题。小生产和官僚主义的习惯势力，还顽强的纠缠着我们。不解放思想，就不能前进。这就是说，解放思想是实事求是的必备条件。另一方

---

① 《邓小平文选》第二卷，人民出版社1994年版，第364页。
② 《邓小平文选》第二卷，人民出版社1994年版，第179页。

面，实事求是是解放思想的目的和归宿。邓小平认为，只有实事求是，才是真正的解放思想。这就是说，提出解放思想，是为了真正做到实事求是，离开实事求是来谈解放思想，就会变成脱离实际的臆想，就会违背客观规律，使思想与实际、主观与客观相脱离，这样的解放思想，不是真正的解放思想。因此，邓小平指出，不以实事求是为指针，解放思想就会"离开坚持四项基本原则，就没有根，没有方向，也就谈不上贯彻党的思想路线。"① 解放思想与实事求是的统一，是实践的现实性的内在要求与体现，是在实践基础上的辩证的统一。主观与客观、思想和实际的符合与统一，也是一个不断发展的过程。实践在发展，人们的认识也就需要不断深化，不能也不应该停止在某一阶段。停滞必然导致僵化，发生主观脱离客观、思想落后于实际的问题。

改革开放 30 多年的实践充分证明，解放思想是党的思想路线的本质要求，是应对前进道路上各种新情况新问题、不断开创事业新局面的一大法宝，必须坚定不移地加以坚持。

第三，与时俱进。

"与时俱进"一词，源自《易经》"与时偕行"。从义理上看，就是指人们的思想行为应把握时机，因时而变，随时令前进。世纪之交，江泽民以马克思主义为指导，吸取中国优秀的传统文化精华，赋予"与时俱进"以新的涵义，使其成为科学的思维方式，并融入到中国共产党的思想路线之中。强调与时俱进，就是党的全部理论和工作要体现时代性，把握规律性，富于创造性。

所谓体现时代性，就是要求人们站在时代的前列，立足于新的实践，把握时代特点，认真研究和探索并解决现实中的重大问题，使我们的思想和理论充分反映时代的进步和发展的要求，体现时代特点和时代精神。所谓把握规律性，就是要求人们以马克思主义的世界观和方法论为指导，善于透过社会浅层的表象，抓住社会变革深层中的客观规律。这是因为，不是任何"变"都是正确的，只有抓住事物的发展规律和客观趋势的变革，才具有生命力。在当代，就是要不断认识和探求共产党执政的规律、社会

---

① 《邓小平文选》第二卷，人民出版社 1994 年版，第 278 页。

主义建设的规律和人类社会发展的规律，从而为我们的一切实际工作提供规律性的指导。所谓富于创造性，是指坚持与时俱进，最根本的是要有创新精神。适应变化、遵循规律其最终目的和结果要体现在现实性上，创新是将其转化为现实的途径，是与时俱进的最终结果和现实体现。

与时俱进和实事求是也是内在统一的。与时俱进强调顺乎历史潮流，反映时代精神，其实质是从不断变化的实际出发，揭示客观事物的新属性、新联系、新规律，以有效地认识世界和改造世界，这正是坚持实事求是的根据和目的。离开了实事求是，与时俱进就失去了前进的方向和目标。与时俱进既是一种精神状态、一种方法论，又是一个实践的范畴。与时俱进贯彻到理论创新上必将结出实事求是的思想成果，落实到实际工作中则是实现实事求是的实践价值。

马克思主义具有与时俱进的理论品质，马克思主义的一些具体结论要依时间、地点、条件为转移，随着时代和实践的发展变化用符合新的实际的结论取代旧的过时的结论。中国共产党从中国的社会实际和历史条件出发，不断开拓马克思主义理论发展的新境界。毛泽东科学地分析了半殖民地半封建中国的具体国情，在革命道路问题上，冲破俄国革命以城市为中心武装夺取政权的模式，开辟了农村包围城市、武装夺取政权的新民主主义革命道路。这条独特的革命道路终于把中国革命引向胜利，从而建立了社会主义的新中国。改革开放以来，中国共产党带领全党全国人民，把马克思主义基本原理同当代中国的具体实际和时代特征相结合，开辟了中国特色社会主义的发展道路，创立了中国特色社会主义理论体系，实现了党的指导思想又一次与时俱进。

第四，求真务实。

求真务实是一个具有鲜明中国风格和民族特色的概念。从基本意义上讲，真，就是本性、本质，符合于事物的本来面貌，是与"假"、"伪"相对的。实，就是充盈、稳固、脚踏实地、实事求是，是与"虚"、"空"相对的。真与实，是万事万物赖以存在的基础，也是人们认识客观世界、规范自身行为的第一要求。求真务实在当代中国有特定的内涵，即：求我国社会主义初级阶段基本国情之真，务坚持长期艰苦奋斗之实；求社会主义建设规律和人类社会发展规律之真，务抓好发展这个党执政兴国第一要

务之实；求人民群众历史地位和作用之真，务发展最广大人民根本利益之
实；求共产党执政规律之真，务全面加强和改进党的建设之实。

求真与务实二者是相辅相成、密不可分的。求真是务实的前提，只
有求真，务实才有正确的方向、恰当的方法；务实是求真的目的，只有务
实，求真才能落到实处，才能把对世界的认识变成改造世界的行动，把美
好的设想变成活生生的现实。求真务实是实事求是的直接体现和必然要
求，是党的思想路线的核心内容。党的十七大通过的中国共产党章程，重
申了党的"一切从实际出发，理论联系实际，实事求是，在实践中检验真
理和发展真理。"的思想路线。它以简洁的表述，深刻地揭示了辩证唯物
主义和历史唯物主义的精髓，涵盖了马克思主义世界观方法论的丰富内
容。"一切从实际出发"、"联系实际"、"实事"和"实践"，突出的都是一
个"实"字，表明中国共产党人"务"的是实情、实事、实效，是"客观
存在"；"求是"、"在实践中检验真理和发展真理"，讲的则是一个"真"字，
表明中国共产党人"求"的是真理，是反映"客观存在"内部联系的客观
规律。

求真务实，生动地体现了实践、认识、再实践、再认识的唯物主义认
识路线，是知与行、主观与客观、理论与实际的有机结合，是认识真理、
实践真理与发展真理的辩证统一，是对党的思想路线的集中概括。

（三）实事求是是中国化马克思主义的精髓

邓小平指出："实事求是，是毛泽东思想的出发点、根本点"[①]，"是无
产阶级世界观的基础，是马克思主义的思想基础"[②]，"毛泽东同志在延安
为中央党校题了'实事求是'四个大字，毛泽东思想的精髓就是这四个
字。"[③] 邓小平的这些科学论断精辟地阐明了实事求是在中国化马克思主义
中极为重要的地位。

第一，实事求是是无产阶级世界观的基础，是马克思主义的根本方法。

马克思主义是一个严密的科学体系，在马克思主义体系中，基础的东

---

① 《邓小平文选》第二卷，人民出版社 1994 年版，第 114 页。

② 《邓小平文选》第二卷，人民出版社 1994 年版，第 143 页。

③ 《邓小平文选》第二卷，人民出版社 1994 年版，第 126 页。

西是马克思主义的哲学。中国共产党人所倡导的同各种形式的主观主义势不两立的实事求是精神，充分体现了马克思主义哲学的根本观点和根本方法。首先，实事求是要求从实际出发，从"实事"中求出"是"来，即要求从客观实际、客观事物中求得事物的规律性认识，这正是坚持从物质到精神、从存在到思维的唯物主义的基本思想。其次，实事求是中的"求"是指要去认识世界，把握事物发展的规律性。这就要求我们在实践的基础上，遵照马克思主义认识论的原则和规律，能动地反映客观事物的规律性，揭示客观真理，作为我们行动的向导。这就内在地包含了辩证唯物主义认识论的基本思想。再次，实事求是强调事物的发展是有规律的，规律是客观存在的，人们只能认识和运用而不能改变规律，客观规律是辩证地运动的等等，这是主体对客观辩证法的反映。所以，我们说实事求是又包含着辩证法的基本思想。毛泽东把马克思主义哲学的基本原理注入实事求是这个传统的中国成语中，因此它既确切又精炼地表述了辩证唯物主义的精神，既唯物又辩证地阐明了无产阶级的世界观和方法论，反映了马克思主义在世界观、方法论、认识论上的高度一致。

第二，实事求是是贯穿于中国化马克思主义全部成果的灵魂。

作为马克思主义中国化第一次历史性飞跃伟大成果的毛泽东思想具有极为丰富的内容，但无论哪部分内容，都无不是以实事求是为其出发点和根本点的，又都无不是实事求是的产物。如何开辟农村包围城市这一中国特色的革命道路，如何在中国建设一个具有广大群众性的、马克思主义的无产阶级政党，如何建设一支无产阶级性质的、具有严格纪律的、同人民群众保持密切联系的新型人民军队，如何进行新民主主义革命并在这一革命胜利后顺利实现从新民主主义向社会主义的过渡等等，中国革命所遇到种种理论难题的破解，都是坚持实事求是的结果。不仅如此，实事求是还是毛泽东思想活的灵魂中最基本的原则。群众路线和独立自主，说到底，都是实事求是的根本要求和体现。实事求是还是党在新时期科学地确立毛泽东思想的指导地位，完整准确地理解和掌握毛泽东思想科学体系，并使之与新的历史条件相结合，得到继承、发展的基础和条件。

作为马克思主义中国化第二次历史性飞跃伟大成果的中国特色社会主义，涉及的领域很广，内容十分丰富，但其中最根本的观点也是实事求是。从抛弃过去对社会主义的种种不科学的甚至扭曲了的认识，到明确作出我国社会现在处于并将长期处于社会主义初级阶段的历史定位，科学揭示社会主义的本质；从重新确立发展生产力这个社会主义的根本任务，提出改革开放，到制定"一个中心、两个基本点"的基本路线、基本纲领；从突破长期以来把市场经济等同于资本主义、把计划经济等同于社会主义的认识误区，到确立社会主义市场经济为我国经济体制改革的目标，以及提出我国现代化建设"三步走"的战略步骤、"五位一体"的战略布局等等。从邓小平强调"解放思想，就是使思想和实际相符合，使主观和客观相符合，就是实事求是。"[①] 到江泽民提出与时俱进是马克思主义的理论品质、胡锦涛强调求真务实是我们党的思想路线的核心内容。所有这些，无一不是坚持实事求是的结果，也无不体现了实事求是的基本精神。

总之，实事求是不仅是马克思列宁主义毛泽东思想的精髓，也是中国特色社会主义理论体系的精髓。把握了实事求是，就把握了马克思主义中国化各个理论成果之间的历史联系及其统一的科学思想体系，把握了马克思主义中国化理论成果中的最本质的东西。而马克思主义中国化进程中出现的曲折和错误，又都是违背了实事求是原则的结果。王明等"左"倾教条主义错误的本质及其危害自不必说，即便是毛泽东这样的实事求是原则的倡导者和成功的实践者，一旦违背实事求是，也同样会发生错误，给革命和建设事业带来危害。

第三，实事求是是继续推进马克思主义中国化的根本保证。

中国共产党在领导中国人民进行革命和建设的过程中，积累了丰富的经验，制定了一系列正确的路线和政策，形成了许多优良的传统和作风。这是革命和建设不断取得胜利的根本保证。在中国共产党的路线和作风中，最根本的东西，就是实事求是。它是党制定和执行其他一切路线和政策的理论基础。虽然党的政治路线是党为实现一定历史时期的奋斗目标而制定的总路线和总政策，它的正确与否直接关系到革命的命运。但是，正确的政治路线不是凭空产生的，它必须建立在对客观情况的深刻了解和科学分析的基础上，就是说，它必须以正确的思想路线为基础。只有思想路

---

① 《邓小平文选》第二卷，人民出版社1994年版，第364页。

线正确了，才能制定出正确的政治路线，从而使革命和建设沿着正确的方向前进并取得胜利。反之，不解决思想路线问题，正确的政治路线就制定不出来，制定了也贯彻不下去。中国共产党坚持和发展实事求是思想路线的历史经验一再告诉我们，实事求是是毛泽东思想和中国特色社会主义理论体系的精髓，是中国化马克思主义方法论的基础。我们要做到在任何时候、任何情况下都能坚持实事求是，不仅要充分认识实事求是在中国化马克思主义中犹如"命根子"一样重要的地位，了解实事求是的涵义和内容，而且必须弄清坚持和发展实事求是的基本要求和条件。

二、群众路线的方法

马克思主义认为，人民群众是社会实践的主体，是社会物质财富和精神财富的创造者，也是社会变革的推动者和决定力量。而群众路线则是把这一原理系统地运用到党的全部活动中的生动体现。它是中国共产党长时期在敌我力量悬殊的环境里进行革命活动的无比宝贵的历史经验的总结，是党领导人民群众的根本路线和基本方法。

（一）群众路线方法的形成和发展

在中国共产党看来，人民是国家的主人，具有至高无上的地位，党必须全心全意地为人民利益而奋斗，必须相信和依靠群众，坚持群众路线的工作方法。在党的历史上，比较早地明确使用"群众路线"概念的文献，是由周恩来1929年主持起草的《中央给红四军前委的指示信》（即著名的"九月来信"）。信中提到，在红军筹款、没收地主豪绅的财产等工作中，一定"要经过群众路线"。同年12月，毛泽东根据"九月来信"精神而起草的古田会议决议，也使用了"群众路线"的提法。这个决议批判了红四军中存在的不重视宣传群众、武装群众的流寇思想，反复强调群众工作对于红军存在和发展的意义。由于古田会议决议在红四军党内得到贯彻执行，党的群众路线很快在广大红军指战员中形成，为建立一支与人民群众保持血肉联系的新型军队奠定了良好的思想基础。后来，毛泽东在《星星

之火 可以燎原》、《反对本本主义》、《关心群众生活，注意工作方法》等
著作中，又提出了一系列关于党群关系、干群关系的重要观点。

　　抗日战争时期，党的群众路线思想日臻完善、达到成熟。抗战伊始，
毛泽东就把相信群众、依靠群众作为共产党人克敌制胜的一大法宝，把
人民群众看成是夺取抗日战争胜利的最根本力量。他在 1938 年 5 月发表
的《论持久战》一文中，提出了"兵民是胜利之本"的著名论断，论述了
充分依靠全体中国人民，走全面抗战路线的必要性和重要性。这是对群众
力量在战争中的伟大作用最精辟的论述，也是群众路线的基本原理在无产
阶级的军事学说中的具体运用。1943 年 6 月，毛泽东在《关于领导方法
的若干问题》一文中，更明确地指出："我们共产党人无论进行何项工作，
有两个方法是必须采用的，一是一般和个别相结合，二是领导和群众相结
合。"① 强调"从群众中集中起来又到群众中坚持下去，以形成正确的领导
意见，这是基本的领导方法。在集中和坚持过程中，必须采取一般号召和
个别指导相结合的方法，这是前一个方法的组成部分。"②"斗争愈是艰苦，
就愈是需要共产党人的领导和广大群众的要求密切地相结合，愈是需要共
产党人的一般号召和个别指导密切地相结合，而彻底粉碎主观主义的和官
僚主义的领导方法。我党一切领导同志必须随时拿马克思主义的科学的领
导方法去同主观主义的和官僚主义的领导方法相对立，而以前者去客服后
者。主观主义者和官僚主义者不知道领导和群众相结合、一般和个别相结
合的原则，极大地妨碍党的工作的发展。为了反对主观主义的和官僚主
义的领导方法，必须广泛地深入地提倡马克思主义的科学的领导方法。"③
《关于领导方法的若干问题》把党的群众路线同马克思主义认识论联系起
来，把马克思主义认识论原理化为领导方法，标志着中国共产党的群众路
线具备了成熟的理论形态。

　　在党的七大上，群众路线有了更加深入的阐述和准确的表述。毛泽东
在《论联合政府》的报告中说："我们共产党人区别于其他任何政党的又
一个显著标志，就是和人民群众取得最密切的联系。全心全意为人民服

①　《毛泽东选集》第三卷，人民出版社 1991 年版，第 897 页。

②　《毛泽东选集》第三卷，人民出版社 1991 年版，第 900 页。

③　《毛泽东选集》第三卷，人民出版社 1991 年版，第 902 页。

务，一刻也不脱离群众；一切从人民的利益出发，而不是从个人或小集团利益出发；向人民负责和向党的领导机关负责的一致性，这些就是我们的出发点。"① 刘少奇在修改党章的报告中也明确指出：所谓群众路线，"就是要使我们党与人民群众建立正确关系的路线，就是要使我们党用正确的态度与正确的方法去领导人民群众的路线，就是要使我们党的领导机关和领导人与被领导的群众建立正确关系的路线。"② 党的七大把一切为了人民群众、全心全意为人民服务的观点，一切向人民群众负责的观点，相信群众自己解放自己的观点，向人民群众学习的观点作为群众路线的基本内容写入了党章。这说明，经过长期的革命斗争，中国共产党形成了自己领导人民进行革命的群众路线的根本方法。群众路线的正确坚持和发挥，促进了解放战争的迅速胜利，为中华人民共和国的成立奠定了深厚的群众基础。

建国后的一个比较长的时期，党中央和毛泽东仍然非常重视认真贯彻党的群众路线，并根据新的历史条件及时总结经验，使党对群众路线的认识继续深化。毛泽东十分注意党成为全国范围的执政党情况下脱离群众的危险以及可能给群众造成危害的增强；强调要克服党内、首先是领导干部中的居功自傲情绪，反对官僚主义和命令主义，密切党和人民的关系；强调发扬群众路线传统，认真执行群众路线对于执行党的政治路线和各项政策的极端重要性，认为采取群众路线，工作中毛病会比较少一些，错误比较容易纠正些；要求党的领导机关要善于从本质上发现群众的积极性，恰当地组织群众的积极性，加强对群众运动的引导。在党的第八次全国代表大会上，邓小平在修改党章的报告中，总结了党处于执政党地位七年来执行群众路线的经验，强调了发扬党的群众路线传统的重要意义，并提出了贯彻群众路线必须采取的一系列具体措施。他指出："执政党的地位，很容易使我们同志沾染上官僚主义的习气。"③ 我们必须同这些脱离群众的、官僚主义的现象进行经常的斗争；必须对党员着重进行党的群众路线的教育；必须有系统地改善各级领导机关的工作方法，使领导工作人员有足够的时间深入群众，研究群众的情况、经验和意见；必须健全党和国家的民

---

① 《毛泽东选集》第三卷，人民出版社 1991 年版，第 1094—1095 页。

② 《刘少奇选集》上卷，人民出版社 1981 年版，第 348 页。

③ 《邓小平文选》第一卷，人民出版社 1994 年版，第 214 页。

主生活，使下级组织可以及时地无所顾忌地批评上级机关工作中的错误和缺点，使党和国家的各种会议成为充分反映群众意见、开展批评和争论的讲坛；必须加强党和国家的监察工作，及时发现和纠正各种官僚主义现象，及时处分违法乱纪和其他严重损害群众利益分子；必须运用过去整党工作的经验，采取群众性的批评和自我批评的方法，对党员定期进行工作作风的整顿，特别着重检查群众路线的执行。1957年春，毛泽东在提出正确处理人民内部矛盾理论的同时，又提出正确处理人民内部矛盾问题，就是我党经常说的走群众路线的问题。

但是，1957年夏季以后，由于党在指导思想上"左"的错误的发展和党的民主集中制逐渐遭到破坏，也由于不适当地夸大群众运动的作用，把群众运动当作群众路线的唯一形式，把"大搞群众运动"作为开展各项工作的基本方法，助长了形式主义，因而把一些本来体现群众路线精神的形式和方法、变成了违反群众路线的东西，并使党长期以来形成的群众路线的优良传统遭到严重歪曲和破坏，使党的事业和人民的利益蒙受了重大损失。

1958年底，党和毛泽东开始纠正当时已察觉到的"左"的错误。这时，毛泽东再次强调坚持群众路线的问题。1959年3月，他在一封党内通信中指出：凡属大政方针的制定和执行，一定要征求基层干部和群众中的积极分子的意见。通信批评一些单位的领导干部几乎完全脱离群众，独断专行，在许多问题上仅仅相信他们自己，不相信群众，根本无所谓群众路线。在庐山会议前期分析"大跃进"的教训时，毛泽东还把群众路线列为最重要的问题之一。然而不久开展的"反右倾"，打断了纠"左"的进程，毛泽东的这些正确认识也没有坚持下来。1961年，党中央和毛泽东在重提调查研究的时候，再次强调贯彻群众路线问题。这年4月，毛泽东在给邓小平的信中，把"反对恩赐观点、坚决走群众路线问题，向群众请教、大兴调查研究之风问题"，列为"农村中的若干关键问题"之一，并提出"向群众寻求真理"的要求。

1962年初，在扩大的中央工作会议上，刘少奇联系1958年以来党的工作的经验教训，进一步从理论上论述了群众路线。他指出，概括地说，群众路线的基本点就是：第一，信任人民群众，相信他们能够自己解放自己，相信他们是历史的创造者。第二，党必须根据群众的实践来检验自己的工作，党的方针、政策、措施都必须"从群众中来，到群众中去"。指出，群众运动的内容是多种多样的，适应于不同的内容有不同的形式，不能千篇一律；把群众运动当作群众路线的唯一方式，是不正确的；形式主义的东西，决不是真正的群众运动，更不是群众路线；违反群众路线的所谓"群众运动"，不仅不能真正反映群众的意见和要求，而且损害了群众的积极性，损害了党的威信。他要求"各级党组织必须认真地讨论一下什么叫做群众路线的问题。一切党员干部，凡是还没有真正懂得党的群众路线的，都应该从头学起。"① 毛泽东在这个会议上的讲话中，也结合民主集中制原则阐述了贯彻执行群众路线的重要性。在党中央和毛泽东的号召下，党的群众路线的传统得到相当的恢复，保证了国民经济调整任务的完成。然而，党恢复群众路线传统的工作又由于"文化大革命"而中断。"文化大革命"给党的事业和人民利益所造成的严重损失，是根本背离群众路线精神实质的所谓"群众运动"所导致的恶果。

十一届三中全会以后，经过拨乱反正，党又对群众路线作出了一些新的理论概括，从而丰富和发展了毛泽东思想中关于群众路线的理论。党的十三届六中全会通过的《关于加强党同人民群众联系的决定》在科学地总结党的历史上正反两方面经验，尤其是改革开放以来新鲜经验的基础上，从建立健全民主的科学的决策和决策执行程序、坚持领导干部深入基层和深入群众、加强廉政建设和党风建设、建立和完善党内外监督制度等七个方面，要求全党必须坚持不懈地努力加强党同人民群众的联系。《决定》及其他加强党的建设的文件，在党群关系方面所提出的一系列正确观点，邓小平、江泽民、胡锦涛在这方面的一些重要论述，丰富和发展了党的群众路线和群众观点。

第一，党群关系问题事关党的生死存亡。邓小平在许多场合都谈到了改革开放新时期党群关系的现状，他认为，我们党同群众的关系、干部同群众的关系总的说来是好的，但也存在一些问题。有的党员干部由于受西方思潮的影响，贬低、甚至否定我们党的群众路线的科学方法；有的搞官

---

① 《刘少奇选集》下卷，人民出版社1985年版，第406页。

僚主义、主观主义、形式主义、个人主义；还有的以权谋私、腐败堕落，严重损害了党在人民群众中的威望，削弱了党与人民的血肉联系，阻碍了社会主义现代化建设事业的顺利发展。历史经验反复证明，什么时候党的群众路线执行得好，党群关系密切，我们的事业就顺利发展；什么时候党的群众路线执行得不好，党群关系受到损害，我们的事业就遭受挫折。党领导的改革开放和现代化建设事业之所以能够成功地进行，归根结底在于它是立足于深厚的群众基础之上的。中国共产党在改革开放中，深深扎根于人民，同广大群众结合在一起，因而有力量、有智慧、有办法经受考验，战胜困难，从而取得令人瞩目的成绩。相反，前苏联、东欧的共产党领导的所谓"改革"不成功，最后自己也变质、垮掉，最重要的一个原因，就是因为它们长期脱离群众，他们的"改革"不可能得到人民群众的支持、拥护。

第二，群众的利益和要求是党的路线方针政策的出发点和归宿，是评价各项工作的根本依据。早在 1978 年 12 月的中央工作会议上的讲话中，邓小平就指出，党领导得好不好，要用生产力和劳动者生活水平的提高来衡量。他强调，增加群众的实际利益，"这就是今后主要的政治。离开这个主要的内容，政治就变成空头政治，就离开了党和人民的最大利益。"①后来，邓小平又反复地谈到，"人民拥护不拥护"、"人民赞成不赞成"、"人民高兴不高兴"、"人民答应不答应"是党制定政策的依据。在 1992 年春的南巡谈话中，邓小平更是明确地提出，要把是否有利于发展社会主义社会的生产力、是否有利于增强社会主义国家的综合国力、是否有利于提高人民的生活水平作为评价党的各项工作的标准。江泽民、胡锦涛多次重申了邓小平的这一思想，"三个代表"重要思想、科学发展观的出发点和落脚点，始终都是人民群众的根本利益。把人民利益作为评价党的各项工作的根本依据，作为党的决策的出发点和归宿，作为中国特色社会主义的根本目的，是中国特色社会主义理论体系的一个重要思想。

第三，通过加强制度建设密切党群关系。党发生脱离群众的错误，很重要的一个原因是由于制度不健全。因此，应当从制度上解决党和群众联系的问题。按照这一思路，党中央提出了一系列重要的措施和主张。一是完善人民群众参与国家和社会管理的制度。在不断建立、健全和拓宽人民群众参与国家和社会管理的渠道的基础上，将其中已被实践证明有利于国家发展和进步、有利于密切党群关系的成果用制度的形式固定下来。二是不断充实和加强群众对党和政府监督的制度。这首先指的是对各级领导干部的监督，强调选拔干部必须充分走群众路线，严格按选拔程序进行，要建立相应的干部行为约束机制，发挥群众监督和舆论监督的作用。三是从制度上规定了对党和国家机关、党员、干部密切同群众联系的要求。对党内腐败现象，强调一方面要加大惩处力度，另一方面要不断地改进各项管理制度、分配制度，努力从制度上保证党政干部的廉洁。

第四，确定"以人为本"的执政理念。科学发展观把以人为本作为核心，深刻体现了科学追求与价值追求的高度统一，体现了马克思主义哲学关于人的全面发展的价值理想，体现了中国共产党对人民历史发展主体地位和最高价值主体地位的尊重，体现了党坚持使发展成果惠及全体人民、实现人的全面发展的根本价值取向。把"发展为了人民、发展依靠人民、发展成果由人民共享"纳入"以人为本"的内涵，具有特别重要的意义和针对性。科学发展观对"以人为本"的界定，体现了立党为公、执政为民的先进执政理念，彰显了共产党人为最广大人民谋利益的执政观。

党的十八大选举出了以习近平为总书记的新一届党中央领导集体。履新伊始，习近平便在很多重要场合始终强调人民群众在坚持和发展中国特色社会主义中的重要作用。他在与采访党的十八大的记者见面会上明确提出："人民是历史的创造者，群众是真正的英雄。人民群众是我们力量的源泉。"不久，他又在中共十八届中央政治局集体学习会上再次指出："密切党群、干群关系，保持同人民群众的血肉联系，始终是我们党立于不败之地的根基。一个政党、一个政权，其前途和命运最终取决于人心向背。如果我们脱离群众、失去人民拥护和支持，最终也会走向失败。"①2013年3月，他在第十二届全国人民代表大会第一次会议上联系"中国梦"再次

---

① 习近平：《仅仅围绕坚持和发展中国特色社会主义学习宣传贯彻党的十八大精神——在十八届中共中央政治局第一次集体学习时的讲话》，人民出版社2012年版，第11—12页。

明确指出："中国梦归根到底是人民的梦，必须紧紧依靠人民来实现，必须不断为人民造福。"在这里，习近平阐明了中国梦的核心价值，也指明了中国梦的动力源泉。这些论述，深深体现了新一届党的领导集体对人民至上、群众路线根本立场、观点、方法的传承和发展。

（二）群众路线方法的基本内容

刘少奇在《论党》中指出："所谓密切联系人民群众的路线，就是党的群众路线，毛泽东同志的群众路线，就是要使我们党与人民群众建立正确关系的路线，就是要使我们党用正确的态度与正确的方法去领导人民群众的路线，就是要使我们的领导机关和领导人与被领导的群众建立正确关系的路线。"[①] 这不仅揭示了党的群众路线的实质，而且高度概括了党的群众路线的基本内容。从整体上讲，可以把群众路线的基本内容科学地概括为正确对待人民群众的立场、观点和正确领导人民群众的方法这样两个基本的方面。

第一，正确对待人民群众的立场、观点。

如何对待人民群众，是一个根本的立场问题。在这个问题上，中国共产党人和其他任何政党都有着根本的区别。党依据历史唯物主义关于人民群众是历史创造者的基本原理，在组织群众、带领群众进行革命的实践中，逐步形成了一切为了群众，一切依靠群众的思想，这是党正确对待人民群众的根本立场和观点，是党的群众路线的根本出发点和基本立足点，是群众路线的核心内容。

首先，一切为了群众，一切从人民的利益出发，全心全意为人民服务，这是党的群众路线的根本出发点。中国共产党的性质和最终目的决定了它从成立的那一天起，就是为了服务于人民解放事业的。共产党员的一切牺牲、努力和斗争，都是为了人民群众的福利和解放，而不是为了别的。为人民服务是中国共产党的唯一宗旨。党的一切工作，都是紧紧地和人民联系在一起、全心全意地为人民服务的。共产党员的一切言论、行动都必须合乎最广大人民群众的利益，为最广大人民群众所拥护。党的每一

---

① 《刘少奇选集》上卷，人民出版社 1981 年版，第 348 页。

项任务的提出，每一个政策的制定，都必须从实际出发，适合群众的需要，而不能脱离群众。"一切为了群众，否则，革命就毫无意义。"① 凡是为了个人利益或小集团利益而损害人民利益的观点，都是错误的。共产党员只有牢固树立一切为了群众的思想，自觉地为人民服务，才能真正赢得广大群众的信任、拥护和支持，做好各项工作。

同时，要为人民服务，就要对人民负责，就要在客观上使人民因为我们的服务而获得益处，获得解放，就要力求不犯或少犯错误，免得造成人民的损失。因此，我们必须树立一切向人民群众负责的观点，对人民群众采取严肃的负责的态度，而不允许采取轻率的不负责任的态度，力求使自己的领导保持正确，如不正确则要迅速求得改正。同时，还必须了解，向人民负责与向党的领导机关负责的一致性，把向人民群众负责与向党的领导机关负责统一起来。共产党人的自我批评精神，对自己及对领导机关的错误所采取的批评与自我批评的态度，以及遵守党的纪律的自觉性等等，都是对人民负责的表现，也是对党的领导机关负责的表现。

其次，一切依靠群众，相信群众能够自己解放自己，这是党的群众路线的立足点。中国共产党的一切事业，都是人民群众的事业。人民群众是真正伟大的，群众的创造力是无穷无尽的，我们只有紧紧地依靠人民群众，才是不可战胜的。马克思早就指出，劳动者是自己解放自己。这就是说，人民群众的解放，只有自己起来斗争，自己起来争取，才能获得，才能保持与巩固；而不是任何群众之外的人所能恩赐、所能给予的，也不是任何群众之外的人能够代替群众去争取的。任何恩赐的观点、代替群众斗争的观点，都是错误的。依靠群众，是马克思主义的革命原则，是群众路线的一个基本观点。从这个基本观点出发，党一贯坚信人民群众是我们力量的源泉，时刻注意保持和群众的联系，深信"只要我们依靠人民，坚决地相信人民群众的创造力是无穷无尽的，因而信任人民，和人民打成一片，那就任何困难也能克服，任何敌人也不能压倒我们，而只会被我们所

---

① 《刘少奇选集》上卷，人民出版社1981年版，第234页。

压倒。"① 并一再告诫自己的党员和干部不要脱离群众，不要高踞于群众之上，不要把自己看作群众的主人。

依靠群众必须建立在相信群众、尊重群众的基础上，必须取得群众的自觉与自愿。如果人民群众还没有某种革命的要求，就去组织群众进行这种革命，企图用包办、代替的方法取消群众的自觉与自愿，那么，这种革命决不会成功。没有人民群众的真正自觉与真正发动，仅有先锋队的奋斗，人民群众的解放是不可能的。"这里是两条原则：一条是群众的实际上的需要，而不是我们脑子里头幻想出来的需要；一条是群众的自愿，由群众自己下决心，而不是由我们代替群众下决心。"② 共产党人的责任就是，当着群众还没有自觉时，用一切有效的适当的方法去启发群众的自觉；当着群众已经有了某种必要的自觉以后，才去指导群众的行动，指导群众组织起来，斗争起来；而在群众组织起来、斗争起来以后，再从群众的行动中去启发群众的再自觉。这样，一步一步地引导群众去为党提出的基本口号而斗争。这也就是共产党人和一切人民群众中的先进分子所起的全部作用。

要做到真正依靠群众，还必须努力向人民群众学习。共产党人除了完全忠实于人民的解放事业、具有充分的热情和牺牲精神以外，还必须有知识、有经验、有预见，为此就必须注重学习。而最重要的学习，就是向人民群众学习。毛泽东特别强调必须首先向群众学习，然后才能教育群众。先做群众的学生，后做群众的先生。领导者和领导机关只有虚心向人民群众学习，拜人民群众为师，把群众的知识和经验集中起来，化为系统的更高的知识，才能具体地去启发群众的自觉，指导群众的行动，才能实行正确的领导。

第二，正确领导人民群众的基本方法。毛泽东指出："在我党的一切实际工作中，凡属正确的领导，必须是从群众中来，到群众中去。这就是说，将群众的意见（分散的无系统的意见）集中起来（经过研究，化为集中的系统的意见），又到群众中去作宣传解释，化为群众的意见，使群

---

① 《毛泽东选集》第三卷，人民出版社 1991 年版，第 1096 页。

② 《毛泽东选集》第三卷，人民出版社 1991 年版，第 1013 页。

坚持下去，见之于行动，并在群众行动中考验这些意见是否正确。然后再从群众中集中起来，再到群众中坚持下去。如此无限循环，一次比一次地更正确、更生动、更丰富。这就是马克思主义的认识论。"①他又说："从群众中集中起来又到群众中坚持下去，以形成正确的领导意见，这是基本的领导方法。"②毛泽东这些论述，科学地总结了党领导群众的经验，完整地提出和阐明了群众路线的领导方法和工作方法。

所谓从群众中来，就是把广大群众在长期实践中所积累的经验，把群众提出的要求和愿望，也就是来自群众各方面的分散的无系统的意见集中起来，经过分析和综合，化为领导的集中的系统的意见，形成符合实际情况的工作指示、方针、政策、计划和办法；所谓到群众中去，就是把从群众中集中起来形成的领导的工作指示、方针、政策、计划和方法，再拿回到群众中去，让群众照着去办，化为实际行动，并使之在群众的实践中得到检验、丰富和发展。

从群众中来，到群众中去的领导方法和工作方法，是马克思主义认识论基本原理在实际工作中的具体运用和生动体现。从群众中来的过程，也就是"从感性认识而能动地发展为理性认识"的过程；到群众中去的过程，也就是"从理性认识而能动地指导革命实践"的过程。从群众中来，到群众中去的无限循环，也就是实践、认识、再实践、再认识的往复无穷。因此，要真正掌握群众路线的方法，并把它贯彻到实际工作中去，必须认真掌握马克思主义的认识论。

从群众中来，到群众中去，作为党的基本的领导方法，其内容和形式是相当丰富的，包含了许多具体的方法。这里着重分析几种主要的方法：

一是一般号召和个别指导相结合的方法。所谓一般号召和个别指导相结合，就是"从许多个别指导中形成一般意见（一般号召），又拿这一般意见到许多个别单位中去考验（不但自己这样做，而且告诉别人也这样做），然后集中新的经验（总结经验），做成新的指示去普遍地指导群众。"③这是在从群众中集中起来又到群众中坚持下去过程中必须采取的方

---

① 《毛泽东选集》第三卷，人民出版社1991年版，第899页。
② 《毛泽东选集》第三卷，人民出版社1991年版，第900页。
③ 《毛泽东选集》第三卷，人民出版社1991年版，第900页。

法，是这个方法的组成部分。在实际工作中，根据上级的指示进行一般号召是非常必要的。它不仅体现了上级的全面的统一领导，而且可以使领导的意见、方针、政策迅速直接地与群众见面，为群众所了解，起到广泛地普遍地动员群众行动起来的作用。但是，一般号召又必须与个别指导相结合。一般的重要性只是在于它对同类事物具有普遍指导意义，它能指导我们对具体的个别的事物进行科学分析，而不能代替这种分析，我们在研究具体问题时，仍然要从特殊（或个别）的事物开始。这里所说的个别指导，就是我们通常所说的"蹲点"、"抓典型"等，也就是经过试点，摸索经验。

二是领导骨干和广大群众相结合的方法。所谓领导骨干和广大群众相结合，就是由从群众斗争中形成的、以该地区或单位主要负责人为核心的、少数的积极分子组成的领导骨干，与该地区或单位广大群众相结合，通过这些领导骨干的带头、桥梁作用，更好地实现对广大群众的领导。这也是在各项工作中都必须采取的群众路线的工作方法。任何有群众的地方，大致都有比较积极的、中间状态和比较落后的三部分人。领导者应该善于团结少数积极分子作为领导的骨干，并凭借这些骨干的作用去提高中间状态的群众，争取后进的群众，从而使领导骨干和广大群众密切地联系在一起。只有这样，才能把各方面的工作做好。群众是基础，领导是关键。不论是从群众中来，还是到群众中去，都离不开领导和群众这两头。没有广大群众的力量，事情就办不好；但是，没有领导骨干的力量，事情也办不好，必须使二者有机结合起来。实行领导骨干和广大群众相结合的方法，重要的是要有从群众斗争中逐渐形成的、而不是脱离群众斗争所形成的、真正团结一致、联系群众、有威信、有能力、敢于负责而又作风正派的领导骨干。正如毛泽东所指出，"一个百人的学校，如果没有一个从教员中、职员中、学生中按照实际形成的（不是勉强凑集的）最积极最正派最机敏的几个人乃至十几个人的领导骨干，这个学校就一定办不好。"[①]办学校是如此，搞其他工作也是如此。

三是民主和集中相结合的方法。所谓民主和集中相结合，就是在民主基础上的集中与在集中指导下的民主相结合。它是党和国家的根本组织原

---

① 《毛泽东选集》第三卷，人民出版社 1991 年版，第 898—899 页。

则，也是党的群众路线的组织保证，是坚持群众路线的重要方法。毛泽东指出："没有民主，就不可能正确地总结经验。没有民主，意见不是从群众中来，就不可能制定出好的路线、方针、政策和办法。"① 我们的领导机关，就制定路线、方针、政策和办法这一方面说来，只是一个加工厂。工厂没有原料就不可能进行加工，没有数量上充分的和质量上适当的原料，就不可能造出好的成品来。而广大人民群众的实践活动则是这种加工原料的唯一来源。只有认真实行民主集中制，充分发扬民主，通过从群众中来、到群众中去的方法，对工作中的成功经验和失败教训作历史的考察，广泛听取群众的意见，才能制定出适合客观情况和群众真实需要的方针、政策和办法，从而成功地改造客观世界。毛泽东所以把民主集中制引进认识论，把它看作认识世界和改造世界不可缺少的重要环节，作为重要的工作方法和领导方法，是因为民主和集中相结合的制度，实际上就是领导骨干与广大群众相结合的制度，就是从群众中集中起来又到群众中坚持下去的制度。

（三）群众路线是党的根本路线和基本领导方法

邓小平指出："毛泽东同志倡导的作风，群众路线和实事求是这两条是最根本的东西。"② 他又说："群众是我们力量的源泉，群众路线和群众观点是我们的传家宝。"③ 这就指明了群众路线作为党的根本路线、作风、方法的极端重要性。

第一，群众路线是党的根本路线。

中国共产党及党所领导的各种工作、各种事业，都是人民群众的事业，并且都要经过人民群众去进行。因此，一切工作都要走群众路线，都要有群众观点。离开了群众路线，党的政治、经济、军事及其他一切工作就不可能有正确的路线。我们说群众路线是党的根本的政治路线和根本的组织路线，正是因为党的政治路线和组织路线都是根据群众路线的观点和方法制定的，并充分体现了群众路线的基本精神。

---

① 《毛泽东文集》第八卷，人民出版社 1999 年版，第 294 页。
② 《邓小平文选》第二卷，人民出版社 1994 年版，第 45 页。
③ 《邓小平文选》第二卷，人民出版社 1994 年版，第 368 页。

　　党的政治路线是党在一定历史时期为完成一定的政治任务而确定的总路线和总政策，它最大限度地反映和代表了这一历史时期广大人民群众的利益和要求，是从人民的利益出发制定的，又是以合乎最广大人民群众的最大利益、为最广大群众所拥护为最高标准的，而不是从个人或小集团的利益出发，为个人或小集团服务的。只有坚持党的群众观点，经过党的群众路线，才能制定出代表人民群众根本利益的政治路线，也才能在人民群众的拥护和支持下贯彻执行好代表人民群众根本利益的政治路线。反之，就要在政治上犯脱离群众的错误，使革命遭受损失和失败。

　　党的组织路线是以贯彻民主集中制的组织原则为核心的，它是维护党在组织上、行动上的一致，巩固党的团结和统一的基本保证，是群众路线在党内生活中的具体运用。所谓党内民主集中制，就是党内在民主基础上的集中和在集中指导下的民主相结合的制度。它是民主的，又是集中的，是民主和集中的辩证统一，而不是离开民主的个人专断和离开集中的极端民主化及无政府状态。它反映了党的领导者和被领导者、党的上级与下级组织、党员个人与党的整体、党的中央和各级组织与党员群众的正确关系，因而也就反映了党内的群众路线。

　　正是由于党把群众路线作为自己的根本路线，运用于指导党的全部工作，制定和执行了党在各个方面的路线、方针、政策，从而才保证了党的事业的胜利发展。

　　第二，群众路线是党的根本作风。

　　我们之所以说群众路线是党的根本作风，不仅因为党风问题的实质从根本上说，就是党能否代表人民群众、同人民群众保持密切联系，并得到人民群众的拥护，从而依靠人民群众的力量去进行革命和建设，而且因为党的优良传统和作风，归根结底都体现了群众路线的基本精神。理论和实践相结合的作风，虽然主要是解决党对待马克思列宁主义的态度问题，解决党的思想路线、思想方法和思想作风问题，但是，无论从坚持这一作风的目的和出发点来说，还是从坚持这一作风的实际过程来说，又都离不开作为党的根本作风的群众路线。我们所以要坚持理论和实践相结合的作风，正是为了把反映了全世界无产阶级实践斗争的马克思列宁主义的普遍真理，变成中国无产阶级和广大人民群众手中百战百胜的武器，是为了中国革命的胜利、人民的解放和幸福；而理论和实践相结合的过程，实际上就是领导者向群众斗争实践学习，与群众斗争实践结合的过程，离开群众斗争实践，就不会有真正的理论和实践相结合。中国共产党人所以要经常开展正确的而不是歪曲的、认真的而不是敷衍的批评和自我批评，不是为了别的，而是为了维护人民群众的利益；而中国共产党人所以敢于进行严肃、认真的批评和自我批评，也正是因为我们是以中国最广大人民的最大利益为出发点的。正如毛泽东所指出："共产党人必须随时准备坚持真理，因为任何真理都是符合于人民利益的；共产党人必须随时准备修正错误，因为任何错误都是不符合于人民利益的。"，"凡属正确的任务、政策和工作作风，都是和当时当地的群众要求相适合，都是联系群众的；凡属错误的任务、政策和工作作风，都是和当时当地的群众要求不相适合，都是脱离群众的。"① 因此，只有坚持党的群众路线，密切联系群众，一刻也不脱离群众，才能搞好党的根本作风，使党永不变质，永远立于不败之地。这个问题，在党成为执政党的情况下，就显得特别突出和具有更加重要的意义。

第三，群众路线是党的基本领导方法。

群众路线的方法，作为党的基本领导方法，之所以是科学的、正确的，不仅是因为，它是以承认人民群众是历史的创造者为其根本前提的，坚持了一切为了群众、一切依靠群众的根本立场；而且更重要的是因为，它是建立在辩证唯物主义认识论的基础上的，正确地解决了主观和客观、认识和实践、领导和群众之间的辩证关系，是实现革命和建设中主观和客观相一致、理论和实践相统一、领导和群众相结合的基本保证。

首先，主观和客观的矛盾，只有在实践的基础上才能得到解决。实践是"主观见之于客观"的东西，是沟通主观和客观的桥梁。人们在实践中认识客观事物，又根据对客观事物的认识制定出改造客观世界的计划和方案，然后再回到实践中去进行检验，并根据实践的结果来改造原来计划和方案中不符合客观实际的地方。如此循环往复，一次比一次正确，最后达到改造客观世界和主观世界的目的。这就是毛泽东在《实践论》中所提出

---

① 《毛泽东选集》第三卷，人民出版社1991年版，第1095页。

的实践——认识——实践的认识路线的公式。

其次，实践是群众的实践，群众是社会实践的主体，又是认识的主体。人民群众的实践是我们认识的源泉，也是检验我们的认识是否正确的唯一标准。任何领导者的思想、意见、计划、办法等等，只能来自群众的实践，并且转过来为群众的实践服务，经受群众实践的检验，这就又形成了群众—领导—群众这样一个群众路线的公式。

毛泽东把马克思主义认识论的基本原理化为党的群众路线的领导方法，又把群众路线的领导方法提高到马克思主义认识论的高度，把实践—认识—实践的认识论公式，与群众——领导——群众的群众路线的公式密切结合、有机地统一起来，这就使党的从群众中来、到群众中去的基本领导方法，成为科学的领导方法。

中国革命、建设和改革的历史经验一再证明：坚持党的群众路线，把人民放在心中最高的位置上，保持党与群众的密切联系，革命和建设的事业就前进、就胜利；违背党的群众路线，严重脱离群众，革命和建设事业就要遭受挫折和失败。人民至上、群众路线，无论过去、现在和将来，都是我们必须坚持的。

三、独立自主的方法

独立自主，自力更生，是从中国实际出发、依靠群众进行革命和建设的必然结论，是一个具有普遍指导意义的方法论原则。它是实事求是、群众路线，在革命和建设中的集中运用和体现，并与实事求是、群众路线密切地联系在一起，构成了我们立国、建国的一个根本方针。

（一）独立自主方法的形成和发展

旧中国是一个十分落后的半殖民地半封建的东方国家，同西方资本主义国家具有许多不同的社会历史条件。早在 1919 年 11 月，列宁在全俄东部各民族共产党组织第二次代表大会的报告中，就向东方的共产主义者提出："你们面临着全世界共产党人所没有遇到过的一个任务，就是你们必须以共产主义的一般理论和实践为依据，适应欧洲各国所没有的特殊条件，善于把这种理论和实践运用于主要群众是农民、需要解决的斗争任务不是反对资本而是反对中世纪残余这样的条件。这是一个困难而特殊的任务"，"任务就是这些，它们的解决方法，无论在哪一部共产主义书本里都找不到"，"你们应当提出这种任务，并根据自己的经验来解决这种任务"。[①] 这就告诉我们，像中国共产党这样一个产生在半殖民地半封建社会历史条件下的无产阶级政党，必须以马克思主义的普遍原理为指导，走适合中国情况的革命和建设道路。

中国共产党是在列宁和共产国际的帮助下建立的，又是在共产国际的直接指导下开始领导中国革命的。从 1921 年党的建立到 1927 年大革命失败，处于幼年时期的中国共产党，由于没有自己领导革命的经验，又对中国的历史状况和社会状况、中国革命的特点和规律都懂得不多，对于马克思列宁主义的理论和中国革命的实践没有完整的、统一的了解，因而还不可能认识到列宁所指出的"根据自己的经验"确定本国革命的道路这一方向的极端重要性。当时，党主要是根据共产国际的指示和苏联的经验指导革命，党的领导人已经开始存在把共产国际指示和苏联经验神圣化的倾向，幻想沿用苏联模式完成中国革命的任务。但是，即使在这时，党内以毛泽东为代表的马克思主义者也已经开始注意从中国实际出发，运用马克思主义普遍原理探索中国革命的基本问题。

1927 年大革命失败后，以毛泽东为代表的共产党人，在领导各地武装起义的基础上，先后把革命武装力量转移到敌人统治薄弱的农村，在农村开展土地革命，建立革命根据地。当时的农村革命根据地，远离设在大城市的党中央和上级领导机关，更远离共产国际这一各国革命的指导中心，在敌人的包围封锁下，常常几个月才能与上级党组织通一封信，而且往往指示来到后情况已发生变化，时过境迁，无法执行。在这种极其艰难的环境下，毛泽东以无产阶级革命家的英雄气概和马克思主义的理论勇气，向全党指明了冲破教条主义束缚，从中国实际出发，独立自主地解决中国革命问题的正确方向。他强调指出："中国革命斗争的胜利要靠中国

---

① 《列宁选集》第 4 卷，人民出版社 1995 年版，第 79、80 页。

同志了解中国情况。"① 但是，党内占统治地位的"左"倾错误阻碍了中国共产党独立自主地解决中国革命问题。

1935 年召开的遵义会议是中国共产党中央领导机关在没有共产国际干预的情况下，独立自主地运用马克思列宁主义解决中国革命问题的一次会议。如果说，遵义会议前，以毛泽东为代表的独立自主地解决中国革命问题的正确方向和创造精神，由于受"左"倾错误的压制和毛泽东在党和红军中领导地位的被排斥，而未能被全党所认识的话；那么，遵义会议则由于"左"倾错误的被纠正和毛泽东为代表的新的党中央领导地位的逐步确立，而成为党独立自主地解决党内重大问题的新起点。

遵义会议后，以毛泽东为代表的中共中央，坚持独立自主领导中国革命的原则，对共产国际和外国经验采取了正确的态度，实际上抵制了共产国际的错误领导，这就为独立自主原则的确立、运用和发展创造了极为有利的条件。同时，遵义会议后不久，共产国际"七大"决定改变共产国际的工作方式和领导方法，提出"一般不直接干涉各国共产党内部的组织事宜"；随后，又明确肯定了以毛泽东为代表的中共中央的路线是正确的，认为抗战以来中共在复杂的环境和困难的条件下真正运用了马克思列宁主义，认为在中共中央领导机关中要以毛泽东为首解决统一领导问题。② 这对于中国共产党根据中国的具体情况，创造性地运用马克思列宁主义，独立自主地解决中国革命问题，也起了一定的积极作用。

中国共产党和中国人民主要靠自己的力量坚持了伟大的抗日战争，并凭借世界反法西斯战争所创造的有利条件，赢得了这一民族解放战争的胜利。抗日战争胜利后，国民党蒋介石集团在美帝国主义的支持下一面高唱和平一面积极准备内战，中国历史发展到革命与反革命力量总决战阶段。这时，国际共产主义运动内部出现了一种妥协倾向，用国内共产党和革命力量对资产阶级的妥协，去适应国际上几个大国的妥协。中国共产党按照马克思列宁主义的科学理论，清醒地估计了国际和国内的形势，独立自主地制定和执行了自己的正确方针、政策，顶住了国际上的压力，同貌似强大的美帝国主义

---

① 《毛泽东选集》第一卷，人民出版社 1991 年版，第 115 页。

② 参见《中共党史大事年表》，人民出版社 1987 年版，第 134 页。

和国民党反动派进行了针锋相对的斗争。正是由于党坚持了独立自主、自力更生的原则，不屈服于国内外各种压力，不依赖外援，而是紧紧地依靠人民自己的力量进行斗争，我们才赢得了人民解放战争和整个新民主主义革命的胜利。

新中国成立后，独立自主原则得到了进一步的发展。建国初期，毛泽东和中国共产党领导中国人民，在帝国主义国家封锁的困难条件下，迅速恢复了国民经济。随后，又创造性地开辟了适合中国国情的社会主义改造道路，建立了社会主义基本制度。20世纪50年代中期，毛泽东在《论十大关系》等著作中，进一步强调独立自主的重要性，强调不要照搬别国的经验，并提出了走中国自己的工业化和现代化道路的思想。

党的十一届三中全会以后，党中央纠正了过去由于长期被封锁的客观环境和我们在认识上的偏差所造成的忽视同外国进行经济技术合作的倾向，克服了"文化大革命"中发生的严重的闭关自守现象，实行了对外开放的政策；对独立自主原则的科学涵义、基本内容作出了完整的概括，阐明了独立自主原则在毛泽东思想中的地位，并第一次把独立自主作为具有普遍指导意义的立场、观点、方法提出来，与实事求是、群众路线放在一起作为毛泽东思想的活的灵魂；特别重要的是，结合新的历史条件和历史经验，提出了建设中国特色的社会主义也要走自己的路的思想，从而把党对独立自主原则的认识提到一个新高度，这也是对独立自主原则的最好运用和最大发展。正如邓小平所指出的那样："中国人民珍惜同其他国家和人民的友谊和合作，更加珍惜自己经过长期奋斗而得来的独立自主权利。任何外国不要指望中国做他们的附庸，不要指望中国会吞下损害我国利益的苦果。"[1]"把马克思主义的普遍真理同我国的具体实际结合起来，走自己的道路，建设有中国特色的社会主义，这就是我们总结长期历史经验得出的基本结论。"[2]改革开放30年的实践证明，中国特色社会主义道路之所以完全正确、之所以能够引领中国发展进步，关键就在于既坚持了科学社会主义的基本原则，又根据我国实际和时代特征赋予其鲜明的中国特色。在当代中国，坚

---

[1] 《邓小平文选》第三卷，人民出版社1993年版，第3页。

[2] 《邓小平文选》第三卷，人民出版社1993年版，第3页。

持中国特色社会主义，就是真正坚持社会主义。

新世纪新阶段，面对日新月异的科学技术变革，面对日益强化的资源环境约束，面对以创新和技术升级为主要特征的激烈国际竞争，党中央根据独立自主的原则，提出了建设创新型国家的战略。在新的历史条件下，要真正坚持独立自主，就要把增强自主创新能力作为发展科学技术的战略基点，走出中国特色自主创新道路，推动科学技术的跨越式发展。在此基础上，把增强自主创新能力作为国家战略，贯穿到现代化建设的各个方面，激发全民族创新精神，培养高水平创新人才，形成有利于自主创新的体制机制，大力推进理论创新、制度创新、科技创新，坚持和发展中国特色社会主义伟大事业。

（二）独立自主方法的基本内容

独立自主是中国共产党在领导中国革命和建设的全部活动中，坚持从中国实际出发、依靠群众进行革命和建设、逐渐形成的一个具有普遍指导意义的原则，它具有深刻的内涵和丰富的内容。

第一，立足于本国实际，走自己的道路。

一个国家的革命和建设走什么样的道路，关系到这个国家革命和建设的成败，而适合本国情况和特点的革命和建设道路，只能由本国人民自己来寻找、创造和决定，不能由别国的政党或领导人来代替。早在1871年，马克思在谈到国际工人协会的实质时就已经指出："协会没有规定政治运动的固定形式，它只要求这些运动朝向一个目标。国际是联合起来的团体的网，它布满整个劳动世界。在世界上的每一地区，我们的任务都从某种特殊的方面体现出来，那里的工人用他们自己的方法去完成这一任务。""用什么方式来达到结局，应当由这个国家的工人阶级自己选择。国际不会就这个问题下达什么命令，甚至未必提出什么建议。"[1] 恩格斯也指出，"国际联合只能存在于国家之间，因而这些国家的存在、它们在内部事务上的自主和独立也就包括在国际主义这一概念本身之中。"[2] 列宁更明

---

[1] 《马克思恩格斯全集》第17卷，人民出版社1963年版，第683页。
[2] 《马克思恩格斯全集》第39卷，人民出版社1974年版，第84页。

确地指出，无产阶级政党"需要独立地探讨马克思的理论，因为它所提供的只是总的指导原理"①，而这些原理的应用，在不同的国家又是不同的。因此，各国无产阶级政党，必须以马克思主义的一般原理为指导，自己认识本国的国情，"根据自己的经验"确定本国革命的道路。毛泽东历来认为，认清中国社会的性质，就是说，认清中国的国情，乃是认清一切革命问题的基本依据。半殖民地半封建的旧中国，是一个分散落后的自然经济和半自然经济占统治地位，政治、经济和文化的发展极端不平衡的东方大国。这是中国革命和革命胜利后一个相当长时期内一切问题的基本出发点。立足于这个基本出发点，使马克思主义在中国具体化，使之在其每一表现中带着必须有的中国的特性，即是说，按照中国的特点去应用它，这是历史赋予中国共产党人的神圣使命和艰巨任务。

毛泽东在坚持独立自主解决中国革命问题的过程中，一直同那种把马克思主义教条化和把外国经验神圣化的错误倾向进行斗争。他指出："中国这个客观世界，整个地说来，是由中国人认识的，不是在共产国际管中国问题的同志们认识的。共产国际的这些同志就不了解或者说不很了解中国社会，中国民族，中国革命。对于中国这个客观世界，我们自己在很长时间内都认识不清楚，何况外国同志呢?"② 这就是说，只有本国的革命政党和人民群众最了解本国的社会历史状况，最有实践经验，因而最有权决定自己走什么样的革命和建设道路。只有由本国革命政党和人民群众自己寻找、创造和决定的革命道路，才能符合本国的实际情况，才能正确反映本国革命的客观规律，从而保证本国革命的胜利。当然，探索和决定本国革命的道路，不能离开马克思列宁主义基本原理的指导，也需要借鉴别国的经验，需要争取其他国家革命政党和人民的可能的帮助。但是，立足点只能是本国的实际。以毛泽东为代表的中国共产党人，正是由于坚持独立自主地运用马克思列宁主义解决中国革命问题，才找到了适合中国特点的正确道路，从而保证了革命的胜利。在民主革命时期，毛泽东开创的农村包围城市的道路，就是在马克思列宁主义和共产国际指示中所没有的，是

---

① 《列宁全集》第4卷，人民出版社1984年版，第161页。
② 《毛泽东文集》第八卷，人民出版社1999年版，第299—300页。

苏联十月革命没有提供的，完全符合中国革命"自己运动"特点和规律的唯一正确的革命道路，是马克思列宁主义普遍真理与中国革命具体实践相结合的典范。正如邓小平所指出的那样："中国革命的成功，是毛泽东同志把马克思列宁主义同中国的实际相结合，走自己的路。现在中国搞建设，也要把马克思列宁主义同中国的实际相结合，走自己的路。""这是我们吃了苦头总结出来的经验。"①

十一届三中全会以后，以邓小平为代表的中国共产党人，反复强调无论是革命还是建设，都要注意学习和借鉴外国经验。但是，决不能照抄照搬别国经验、别国模式，必须将学习外国经验与创造自己的经验结合起来，把普遍原理与具体实际结合起来。新时期，正是由于党坚持把马克思主义基本原理同当代中国的具体实际和时代特征相结合，坚定不移地走自己的路，才开辟了中国特色社会主义道路，创立了中国特色社会主义理论体系，实现了党的指导思想又一次与时俱进。

第二，着眼于本国力量，依靠本国人民群众进行革命和建设。

一个国家的革命和建设，不但要由本国的党和人民自己选择自己的道路，而且要依靠本国党和人民自己的力量去进行。党和毛泽东从相信和依靠群众这一历史唯物主义的基本观点出发，一贯强调把立足点放在自力更生的基础上，坚持依靠本党和本国人民群众的力量进行革命和建设，因而保证了中国革命和建设的胜利。中共十一届六中全会通过的《关于建国以来党的若干历史问题的决议》指出，中国革命在各个阶段都曾得到各国革命力量的援助，这是中国人民永远不会忘记的。但是中国革命的胜利，从根本上来说是中国共产党坚持独立自主、自力更生的原则，依靠中国各族人民自己的力量，经历千辛万苦，战胜许多艰难险阻才取得的。

大革命失败后，在极端残酷的白色恐怖下，以毛泽东为代表的中国共产党人，率领各次起义后保存下来的革命力量，深入农村，发动和依靠广大农民，开展土地革命和游击战争，建立农村革命根据地，使革命走上重新发展的道路。这个时期，由于国民党反动势力的封锁和"围剿"，中国革命力量同国际革命力量之间的联系实际上被隔断了，就是国内各块革命

---

① 《邓小平文选》第三卷，人民出版社1993年版，第95页。

根据地之间也很少能有直接的互相支援，处境异常困难。但是，中国共产党人没有被反动派的屠杀、"围剿"所征服，没有为革命面临的严重困难所吓倒，他们紧紧依靠自己组织起来的革命力量，依靠由于千百万真心实意拥护革命的人民群众所形成的真正的铜墙铁壁，多次粉碎了敌人的反革命"围剿"，胜利进行了土地革命战争。只是由于王明"左"倾冒险主义的错误领导，以及共产国际派来的顾问李德在军事上武断专横的错误指挥，才使红军在第五次反"围剿"中遭到失败。这次失败究其原因，重要的一点是没有独立自主地作出正确的战略决策的结果。抗日战争时期，中国人民处在历史上灾难最严重的时候，迫切需要国际上的援助，我们也确实得到了许多国家和人民的援助，这对于抗日战争的胜利无疑是一个重要的条件。但是，抗日战争的胜利却不是靠外援取得的，而主要是靠不愿做奴隶的中国人民的不屈不挠的斗争取得的。当时的国民党统治集团，把抗战胜利的希望寄托在等待盟国的胜利上。共产党内，王明也把希望寄托于外援。毛泽东反对那种依靠别人过日子的奴才思想，他批评了单纯依赖外援的主张，强调中国抗战应主要地依靠自力更生。中国共产党所以能在几乎没有外援的情况下，渡过了抗战最困难的阶段，巩固和发展了抗日根据地，并坚持抗战到胜利，其根本原因，就是我们相信人民群众的创造力，紧紧依靠群众，依靠自己的努力，自力更生、艰苦奋斗。在解放战争中，我们所以能打败美帝国主义支持下的国民党反动派，也主要是靠自己组织的力量，靠广大群众的支持才取得的。正如毛泽东后来所说："被压迫人民争取彻底的解放，首先是依靠自己的斗争，其次才是国际的援助"[①]。

改革开放以来，党在开辟、坚持和发展中国特色社会主义事业的过程中，反复强调，人民群众是我们党的力量源泉和胜利之本。"我们党提出的各项重大任务，没有一项不是依靠广大人民的艰苦努力来完成的。"[②] 中国特色社会主义是亿万人民自己的事业。以人为本、执政为民是检验党一切执政活动的最高标准。任何时候都要把人民利益放在第一位，始终与人民心连心、同呼吸、共命运，始终依靠人民推动历史前进。只有紧紧依靠

① 《建国以来毛泽东文稿》第十册，中央文献出版社 1996 年版，第 339—340 页。
② 《邓小平文选》第三卷，人民出版社 1993 年版，第 4 页。

人民群众，充分调动广大群众的积极性和创造性，发挥他们的历史主动精神，才能实现中国特色社会主义的伟大目标。

（三）坚持独立自主方法的重要意义

邓小平指出："无论是革命还是建设，都要注意学习和借鉴外国经验。但是，照抄照搬别国经验、别国模式，从来不能得到成功。""中国的事情要按照中国的情况来办，要依靠中国人自己的力量来办。独立自主，自力更生，无论过去、现在和将来，都是我们的立足点。"[①]邓小平的这些论述，不仅高度准确地概括了独立自主思想的科学内涵，而且指明了这一思想的重要意义和地位。

第一，独立自主是马克思主义的基本原则，是具有普遍指导意义的马克思主义的基本立场、观点和方法。

首先，它符合马克思主义辩证唯物论认识论的基本原理。马克思主义认识论要求人们认识任何事物，都必须从客观实际出发，实事求是。而任何事物其内部又都包含着规定该事物自己发展方向和道路、决定该事物区别于其他事物的特殊的本质。毛泽东认为，认识矛盾的特殊性，是认识事物的基础。人们的认识总是循着由特殊到一般、又由一般到特殊的规律而不断深化的。中国不同于外国，工农商学兵又各相异。我们要想在认识和改造世界的过程中，把中国自己的事情办好，把各条战线的事情办好，只有从中国的实际出发，按照各条战线的具体实际，在马克思主义普遍原理的指导下，依靠自己的力量去探索和实践。

其次，它反映了唯物辩证法的宇宙观。唯物辩证法认为，客观世界中的各种事物都处于普遍联系之中，形成一个相互制约的统一整体；一切事物不但都是运动、发展和变化的，而且一切事物的运动都是自己的运动，有着自己内在的原因。毛泽东把唯物辩证法关于事物普遍联系和自己运动的两个基本原则联系起来加以考察，并阐明了它们之间的关系。他指出，事物发展的根本原因，不是在事物的外部而是在事物的内部，在于事物内部的矛盾性。外因是变化的条件，内因是变化的根据，外因通过内因而起

[①]　《邓小平文选》第三卷，人民出版社1993年版，第2、3页。

作用。对于中国的革命和建设来说，国际援助是外因，是个重要条件，但能否充分利用这个条件取得革命和建设的胜利，则取决于中国共产党自己领导的正确和中国人民的自觉努力。离开了自己的力量，革命和建设的成功是不可能的。

再次，它体现了马克思主义唯物史观的基本原理。历史唯物主义认为，社会的发展，如同自然界一样，也是一个自己运动的过程。由于社会自身生产力和生产关系的矛盾运动，推动着社会历史的不断前进，人民群众是历史的创造者。人类社会历史的发展表明：人民群众身上的枷锁，要靠人民自己去砸碎；人民群众的幸福生活，要靠人民自己去创造。没有人民群众创造社会财富，没有人民群众变革社会的革命斗争，就没有历史的发展和社会的进步。党提出坚持独立自主、自力更生的原则，是以坚定地相信和依靠中国人民作为基点的，是把群众作为自己智慧和力量的源泉的，这正是坚持了人民群众是历史创造者的基本原理。

第二，独立自主是实现正确领导的中心环节。

毛泽东指出："统一性和独立性是对立的统一，要有统一性，也要有独立性。比如我们现在开会是统一性，散会以后有人散步，有人读书，有人吃饭，就是独立性。如果我们不给每个人散会后的独立性，一直把会无休止地开下去，不是所有的人都要死光吗？个人是这样，工厂和其他生产单位也是这样。各个生产单位都要有一个与统一性相联系的独立性，才会发展得更加活泼。"① 在这里，毛泽东用非常通俗的语言生动地说明了一个具有普遍意义的深刻道理：任何事情，任何工作，都既要有统一性，又要有独立性，不能只强调一个方面忽视另一个方面，而应当使二者统一起来，得到兼顾。否则，如果片面强调统一性，不允许有正当的独立性，什么都限制得很死，那就将会失去生机；反之，如果一味闹独立性，根本不要统一性，想怎么办就怎么办，那就将是一片混乱。比如，在统一战线中，各个革命党派和团体，既要有建立在共同利益关系基础上的统一性，又要有保持各自的不损害共同利益的独立性；在处理上、下级关系时，既要有下级服从上级的集中统一的领导，又要有上级允许下级按照具体情

---

① 《毛泽东文集》第七卷，人民出版社1999年版，第29页。

况的独立思考和行动；在处理全局和局部关系上，既要强调服从大局，顾全大局的需要，又要不丢掉局部，兼顾局部的利益；在中央和地方的关系上，既要坚持中央的集中统一领导，又要允许地方有正当的独立性，等等。这一切，都生动地体现了统一性与独立性的辩证关系，说明了独立自主原则是实现党对全局领导的中心环节，也是一种正确处理上下级关系的重要方法。学会运用这一科学方法，对于搞好各项工作，都具有重要的指导意义。

第三，独立自主是处理对外关系的基本原则。

独立自主、自力更生作为具有普遍指导意义的中国化马克思主义的基本立场、观点和方法，不仅适用于党所领导的国内各项事业，也适用于党和国家的一切对外交往活动。在各项工作中自觉地坚持和贯彻独立自主原则，把它作为我们的立足点，是把我们的事业不断推向前进的根本保证。

中国共产党人是爱国主义和国际主义的统一论者。党历来把中国无产阶级和广大人民的命运同全世界无产阶级的命运、同全世界人民的正义斗争和人类进步事业联系在一起；同时又一贯为中国的民族解放和人民幸福，为祖国的独立、统一和富强而全力以赴地进行斗争。中国共产党人懂得，在帝国主义存在的时代，任何国家的真正的人民革命如果没有国际革命力量在各种不同方式上的援助，要取得自己的胜利是不可能的，因而十分珍惜无产阶级的国际团结，珍惜同各国人民的友谊和合作；同时中国共产党人也深知自己的命运完全应当由自己来掌握的极端重要性，因而更加珍惜自己经过长期奋斗而得来的独立自主权利。正如邓小平所指出："中国人民有自己的民族自尊心和自豪感，以热爱祖国、贡献全部力量建设社会主义国家为最大光荣，以损害社会主义祖国利益、尊严和荣誉为最大耻辱。"[1]党历来所坚持的这种爱国主义和国际主义相结合的观点，从来就是我们制定外交政策、处理对外关系的理论基础。我们维护自己的民族利益，也尊重别人的民族利益，我们坚持奉行独立自主的对外政策，同我们履行维护和平、促进人类进步的崇高国际主义义务是一

---

[1] 《邓小平文选》第三卷，人民出版社1993年版，第3页。

致的。

中国共产党人深深懂得，无论革命和建设，都没有什么固定模式，把自己的观点强加于人，干涉别国党和人民的内部事务，只能使别国的革命或建设遭受挫折和失败，从而损害国际无产阶级和世界人民的整体利益。同时，无论是搞革命还是搞建设，都有个依靠什么力量的问题。坚持自力更生，把方针放在自己力量的基点上，这既是独立自主的一个基本要求，又是坚持独立自主的重要保证。坚持以自力更生为主，还是单纯依赖外援，是两种根本不同的方针，也必然会导致两种不同的结果。从总的方面看，中国共产党在革命和建设中是坚持了独立自主、自力更生的。但是，也确曾发生过违背这个原则的现象，给我们的事业造成了不应有的损失。中国共产党坚持从中国实际出发、坚持依靠本国人民的力量进行革命和建设的基本经验，充分体现了实事求是、群众路线、独立自主的有机统一。

四、统筹兼顾的方法

统筹兼顾作为中国共产党人一脉相承而又与时俱进的方法论，它的提出、发展和完善有着一个历史过程。以毛泽东、邓小平和江泽民为核心的党的三代中央领导集体都曾根据时代主题和实践需要，对统筹兼顾进行过深刻阐述。以胡锦涛为总书记的党中央集发展方法之大成，提出了科学发展观，把统筹兼顾作为科学发展观的根本方法。

（一）统筹兼顾方法的形成和发展

早在新民主主义革命时期，毛泽东就对统筹兼顾进行过较为深刻地阐述。1938 年 10 月，他在扩大的六届六中全会《论新阶段》的政治报告中，就把照顾多数、照顾全局的问题作为抗日民族统一战线旗帜下实现党的历史任务的政治策略提了出来。他说："共产党员在领导群众同敌人作斗争的时候，必须有照顾全局，照顾多数及和同盟者一道工作的观点。"①"决不可脱离群众的多数，置多数人的情况于不顾，而率领少数先进队伍单独冒进；必须注意组织先进分子和广大群众之间的密切联系。这就是照顾多数的观点。"②1943年6月，毛泽东在《关于领导方法的若干问题》一问中深刻阐述了"统筹全局"的思想。他指出："领导人员依照每一具体地区的历史条件和环境条件，统筹全局，正确地决定每一时期的工作重心和工作秩序，并把这种决定坚持地贯彻下去，务必得到一定的结果，这是一种领导艺术。"③1949年3月，在《党委会的工作方法》中，毛泽东又把围绕中心工作而同时开展其他工作的方法，形象地称为"弹钢琴"，强调党委的同志必须学好"弹钢琴"。在筹备新中国的过程中，毛泽东又提出了"四面八方"的政策，即公私兼顾、劳资两利、城乡互助、内外交流。

新中国成立后，毛泽东多次提出要把统筹兼顾作为一个重要方针和方法运用到各项工作中去。1950年6月，在党的七届三中全会上，毛泽东指出："在统筹兼顾的方针下，逐步地消灭经济中的盲目性和无政府状态，合理地调整现有工商业，切实而妥善地改善公私关系和劳资关系，使各种经济成分，在具有社会主义性质的国营经济领导之下，分工合作，各得其所，以促进整个社会经济的恢复和发展。"④1956年4月，在《论十大关系》的讲话中，毛泽东围绕着调动一切积极因素，建设社会主义现代化强国这个基本方针，从产业结构调整、区域经济布局、利益分配、中央与地方的关系、汉族和少数民族的关系、党和非党的关系、革命和反革命的关系、是非关系、中国和外国的关系等多个角度，集中论述了统筹兼顾的思想。1957年2月，在《关于正确处理人民内部矛盾的问题》的讲话中，"统筹兼顾，适当安排"被作为一个重要问题加以论述。毛泽东指出："这里所说的统筹兼顾，是指对于六亿人口的统筹兼顾。我们作计划、办事、想问题，都要从我国有六亿人口这一点出发，千万不要忘记这一点。""任何矛盾不但应当解决，也是完全可以解决的。我们的方针是统筹兼顾，适当安

---

① 《毛泽东选集》第二卷，人民出版社1991年版，第525页。
② 《毛泽东选集》第二卷，人民出版社1991年版，第525—526页。
③ 《毛泽东选集》第三卷，人民出版社1991年版，第901页。
④ 《毛泽东文集》第六卷，人民出版社1999年版，第71页。

排。无论粮食问题，灾荒问题，就业问题，教育问题，知识分子问题，各种爱国力量的统一战线问题，少数民族问题，以及其它各项问题，都要从对全体人民的统筹兼顾这个观点出发，就当时当地的实际可能条件，同各方面的人协商，作出各种适当的安排。"① 同年，毛泽东还在省市自治区党委书记会议上说过："现在是我们管事了。我们的方针就是统筹兼顾、各得其所。"② 所谓"管事"，就是执政、为人民服务。很显然，毛泽东在这里已经把统筹兼顾作为党的执政之道，认为只有坚持统筹兼顾，才能真正为人民服务。

改革开放以后，邓小平进一步丰富和发展了统筹兼顾的思想。首先，形成了以社会主义初级阶段基本路线"一个中心、两个基本点"有机统一为核心内容的社会主义现代化总体战略布局的思想。邓小平认为，经济建设是事关全局的主要矛盾，社会主义的根本任务是解放和发展社会生产力，但现代化建设的任务是多方面的，各方面需要综合平衡，不能单打一。因此，他在把经济建设当作中心的同时，反复强调四项基本原则是立国之本，是社会主义现代化建设的根本政治保证，改革开放是强国之路，是"决定中国命运的一招"。一个中心、两个基本点，二者共同统一于建设有中国特色社会主义的实践。其次，提出了"两个大局"的思想。邓小平根据矛盾发展的平衡与不平衡理论，提出了允许部分先富、先富帮后富、逐步实现共同富裕的观点，并进一步提出区域发展的"两个大局"，第一个大局是东部沿海地区抓住改革开放的大好时机，利用自身有利条件率先发展；第二个大局是东部地区帮助中西部地区，适当时机加快中西部地区开发和发展。两个大局前后衔接，共同统一于共同富裕的社会主义本质和根本目标。再次，提出了一系列的"两手抓、两手都要硬"方针。他在多种场合分别说过："我们要建设的社会主义国家，不但要有高度的物质文明，而且要有高度的精神文明。"③"搞四个现代化一定要有两手，只有一手是不行的。所谓两手，即一手抓建设，一手抓法制。"④"要坚持两

① 《毛泽东文集》第七卷，人民出版社1999年版，第227—228页。
② 《毛泽东文集》第七卷，人民出版社1999年版，第186页。
③ 《邓小平文选》第二卷，人民出版社1994年版，第367页
④ 《邓小平文选》第三卷，人民出版社1993年版，第154页

手抓，一手抓改革开放，一手抓打击各种犯罪活动。这两只手都要硬。"①

　　作为党的第三代中央领导集体的核心，江泽民也十分重视统筹兼顾的重要性。1995 年 9 月，他在十四届五中全会上作了《正确处理社会主义现代化建设中的若干重大关系》的讲话，系统地阐述了在推进社会主义现代化建设中必须正确处理的改革、发展、稳定；速度和效益；经济建设和人口、资源、环境；市场机制和宏观调控；公有制经济和其他经济成分；物质文明建设和精神文明建设等 12 个重大关系。在庆祝中国共产党成立八十周年大会上的讲话中，江泽民又强调："人民群众的整体利益是由各方面的具体利益构成的。我们所有的政策措施和工作，都应该正确反映并有利于妥善处理各种利益关系，都应认真考虑和兼顾不同阶层、不同方面群众的利益。"②

　　党的十六大以来，以胡锦涛为总书记的党中央继承和发展了毛泽东、邓小平和江泽民关于统筹兼顾的思想，把它纳入科学发展观的完整体系，并将之作为"根本方法"赋予其新的内涵。这主要体现为坚持"五个统筹"：统筹城乡发展、区域发展、经济社会发展、人与自然和谐发展、国内发展和对外开放。党的十七大将"统筹中央和地方关系，统筹个人利益和集体利益、局部利益和整体利益、当前利益和长远利益，充分调动各方面的积极性，统筹国内国际两个大局"也纳入到"统筹"的范围。党的十八大则进一步强调，必须更加自觉地把统筹兼顾作为深入贯彻落实科学发展观的根本方法，坚持一切从实际出发，正确认识和妥善处理中国特色社会主义事业中的重大关系，统筹改革发展稳定、内政外交国防、治党治国治军各方面工作，统筹城乡发展、区域发展、经济社会发展、人与自然和谐发展、国内外发展和对外开放，统筹各方面利益关系，充分调动各方面积极性，努力形成全体人民各尽所能、各得其所又和谐相处的局面。把统筹兼顾提到"根本方法"的高度，是党在新时期对中国化马克思主义方法论的一个重要贡献。

①　《邓小平文选》第三卷，人民出版社 1993 年版，第 378 页
②　《江泽民文选》第三卷，人民出版社 2006 年版，第 279 页

（二）统筹兼顾方法的基本内容

统筹兼顾作为科学发展观的根本方法，深刻反映了科学发展观所集中体现的马克思主义关于发展的世界观和方法论，是辩证唯物主义思想方法在现代化建设中的具体运用，是中国共产党在社会主义建设长期实践中形成的特有的科学思想方法和工作方法，是党治国理政历史经验的宝贵总结。其基本内容可以概括为三个方面：

第一，统揽全局，兼顾局部。唯物辩证法是关于发展的最深刻、最全面的学说。坚持用全面的观点看问题，反对形而上学片面看问题的观点，是唯物辩证法的基本原则。毛泽东历来要求坚持全面性，力戒片面性。他说："所谓片面性，就是违反辩证法。我们要求把辩证法逐步推广，要求大家逐步地学会使用辩证法这个科学的方法。"[①] 改革开放以来，在社会主义现代化建设的新时期，邓小平也十分重视全面性，他在分析建设社会主义现代化建设面临的任务时就指出，建设社会主义现代化强国，任务很多，需要做的事情很多，各种任务之间又有相互依存的关系，如像经济与教育、科学，经济与政治、法律等等，都有相互依存的关系，不能顾此失彼。他强调："现代化的任务是多方面的，各个方面都需要综合平衡，不能单打一。"邓小平还曾把坚持全面性的观点提升到系统性的高度来认识。认为，领导工作要加强"原则性、系统性、预见性和创造性"。这里所说的系统性实际上就是整体性、全面性。坚持系统性原则，就要正确处理整体与局部、以及各个局部之间的关系，发挥整体的最佳功能。当然，对于事物全面性的认识和把握，不是一蹴而就的，往往要经过由不够全面到较为全面再到更为全面的过程。改革开放初期，由于急于改变贫穷落后面貌成为一种普遍社会心理，实际工作中确曾出现过片面追求经济增长的倾向。正是针对这种情况，邓小平提出要物质文明和精神文明两手抓，江泽民提出要物质文明、政治文明、精神文明"三位一体"共同发展。新世纪新阶段，随着我国经济社会的不断发展，党中央逐渐把中国特色社会主义事业的总体布局，由经济、政治、文化建设"三位一体"发展为经济、政

---

① 《毛泽东文集》第七卷，人民出版社1999年版，第277页。

治、文化、社会建设"四位一体"及经济、政治、文化、社会、生态建设"五位一体",使之成为我们坚持统筹兼顾方法的最新成果。坚持统筹兼顾,必须坚持辩证法全面看问题的观点,总揽全局,统筹规划,就是说既不能搞"单打一",也不能顾此失彼,而应该把党和国家各项工作作为辩证统一的整体来看待,使党和国家各个方面的工作有机统一起来,相互促进、相互支撑,实现良性互动。

第二,善抓重点,兼顾一般。坚持两点论与重点论的统一,是唯物辩证法对立统一规律的必然要求。坚持重点论,要求在认识和解决矛盾的过程中,把主要力量放到主要矛盾和主要矛盾方面,因为主要矛盾问题的解决对于其他非主要矛盾起着主导和决定作用,主要矛盾方面问题的解决对于解决非主要矛盾方面的问题也具有这决定作用。当然,这不是说主要矛盾和主要矛盾方面问题的解决会导致非主要矛盾和非主要矛盾问题的自然而然的解决,而是说要通过主要矛盾和主要矛盾方面问题的解决为解决非主要矛盾和非主要矛盾方面的问题创造有利的条件,而非主要矛盾和非主要矛盾方面问题的解决,反过来又会促进主要矛盾和主要矛盾方面问题的解决。因此,坚持统筹兼顾,必须坚持辩证法两点论与重点论的统一,学会"弹钢琴",既兼顾社会各方面的矛盾和抓好各项工作,又必须抓住我国社会的主要矛盾和工作重点,坚持发展是第一要义。善于抓住和解决牵动全局的主要工作、事关长远的重大问题,把工作的着力点真正放到解决改革发展稳定中的重要问题上,放到解决群众生产生活中的紧迫问题上,放到解决党的建设中的突出问题上。

第三,立足当前,着眼长远。发展的观点是唯物辩证法的根本观点。唯物辩证法认为,世界是永恒发展的,发展又表现为过程。事物作为过程而存在,必然要经历前后不同的发展阶段。我们观察和处理问题时必须坚持具体的、历史的观点,既要看到事物在某一阶段上矛盾的特殊表现及其同周围环境的联系,弄清它的现状,又要研究事物的发展趋势,研究矛盾可能的演变,预见它的未来,把握过程的各个阶段之间的区别和联系。坚持统筹兼顾,就要坚持辩证法发展的观点,处理好当前发展与长远发展的关系,不能为了眼前利益牺牲长远利益,不能为了满足当代人的需要危及后代人的需要,必须坚持可持续发展,为子孙后代留下充足的发展条件和发展空间。处理好当前与长远的关系，必须坚持实现阶段性目标和促进可持续发展的有机统一。立足当前，就是要抓住现有的机遇、利用现有的条件、办好正在办的事情，使人民群众享受到看得见、摸得着的实惠。着眼长远，就是既考虑现在发展的需要，又考虑未来发展的需要；既遵循经济规律，又遵循自然规律；既讲究经济社会效益，又讲究资源和生态环境效益，满足人民物质文化需要和促进人的全面发展的有机统一。坚决防止急功近利的短期行为，努力实现经济与社会、物质与精神、人与自然的协调发展，保证中华民族永续发展。

第四，兼顾各方，综合平衡。唯物辩证法从普遍联系的观点出发，非常重视结构问题的研究。唯物辩证法的结构性原则要求，合理的结构促进系统功能的优化，不合理的结构造成系统功能的内耗，只有通过结构的合理化，才能实现系统的功能优化。现代化本身就是一个经济社会结构不断变化的过程。从生产力方面看，包括产业结构的调整、企业组织结构的调整、区域经济结构的调整、城乡结构的调整等等；从生产关系方面看，包括所有制结构的调整、国有经济布局的调整和分配结构的调整等等。坚持统筹兼顾，必须努力达到现代化建设各个方面、各个环节比例适当、结构合理、相互促进、良性运行，协调发展，不能造成严重的比例失衡、结构失调。改革开放以来，我国在取得巨大发展成就的同时，出现了城乡结构、区域结构、经济和社会结构、人和自然、国内发展与对外开放某些重大比例关系不合理和结构失调的问题。解决这些问题，必须坚持统筹兼顾，注意把握经济社会发展中平衡与不平衡的辩证关系，坚持兼顾各方，实现综合平衡。这就既要认真考虑和对待各方面的发展需要，又要正确反映和兼顾各阶层各群体的利益要求；既要善于调动各方面发展的积极性，鼓励抓住机遇加快发展，又要努力实现均衡发展，注重发展的协调性和稳定性。

第五，着眼多数，照顾少数。坚持统筹兼顾方法论目的，就是要最大限度地调动一切积极因素，最大限度地团结一切可以团结的力量。这就必须照顾到各个方面群众的利益，妥善处理不同利益群体的矛盾，发挥各个方面的积极性。这是党在革命、建设和改革中一贯遵循的方针。把这样一个方针应用于发展问题上，就是要求党必须努力做到发展为了人民，发展依靠人民，发展成果由人民共享。随着改革开放的深入发展，我国社会状况发生了复杂而深刻的变化，不同阶层、不同群体、不同党派、不同民族、不同信仰、不同所有制的人士除了具有共同的利益追求外，也出现了利益的分化和不同诉求。这就为统筹兼顾各方面群体的利益带来了困难及提出了更高的要求。如何处理好全体人民的根本利益和各方面群众的具体利益的关系，成为执政党必须始终着力解决的问题。一方面，党要着眼多数，把最广大人民的根本利益作为制定政策、开展工作的出发点和落脚点，充分发挥各阶层群众推动经济社会发展的作用；另一方面，党又要照顾少数，既保护发达地区、优势产业和先富群体的发展活力，又高度重视和关心欠发达地区、比较困难的行业和群体，努力做到统筹兼顾、各得其所。只有这样，才能最广泛最充分地调动一切积极因素，团结一切可以团结的力量，不断为中华民族的伟大复兴增添新力量。

（三）坚持统筹兼顾方法的重要意义

统筹兼顾作为科学发展观的根本方法，产生于中国特色社会主义建设与改革的实践，又成功地运用于这一实践并得到丰富和发展，它集中体现了辩证唯物主义的基本特性和党治国理政的历史经验，提供了解决社会主义社会发展问题的方法和途径，具有十分重要的理论意义和实践意义。

第一，统筹兼顾集中体现了辩证唯物主义的基本特性，是唯物辩证法的一个重要方法。辩证唯物主义认为，"世界表现为一个统一的体系，即一个有联系的整体"[1]，任何事物之间以及事物本身都存在着既对立又统一的关系。从这个角度来说，统筹兼顾符合事物之间相互联系、相互制约，互为条件、互为因果关系的基本要求。由此使我们的主观发展愿望与事物运动发展规律相一致，从而推动世界不断向前运动发展。正是由于统筹兼顾集中了唯物辩证法的精华，因此在坚持和发展中国特色社会主义的历史进程中，更具有根本的方法论价值。它要求在承认发展差异性的基础上，尊重发展的统一性。坚持统筹兼顾的根本方法，就是要在把握坚持和发展中国特色社会主义这个大局的基础上，兼顾社会发展的各个方面，协调好

---

[1] 《马克思恩格斯文集》第9卷，人民出版社2009年版，第346页。

各种关系，妥善处理好各种问题，这样，才能使社会不断发展，人民生活不断提高，最终实现全面建成小康社会的奋斗目标。

第二，统筹兼顾是中国共产党在长期治国理政中形成的重要历史经验。围绕回答"建设什么样的社会主义、怎样建设社会主义"这一根本性问题，不断深化对社会主义本质以及中国特色社会主义建设总依据、总布局、总任务等事关社会主义建设规律的重大问题的认识，始终是中国共产党领导人民治国理政、不断探索中国特色社会主义建设道路的基本逻辑。以毛泽东为核心的党的第一代中央领导集体，在掌握全国政权以后积极利用国家政权团结一切可以团结的力量，调动一切积极因素，统筹协调各方面利益关系，形成了最大的社会合力，为开创中国特色社会主义提供了宝贵经验、理论准备、物质基础。改革开放以来，中国共产党更是以高度的理论自觉和理论自信继续坚持统筹兼顾，正确认识和妥善处理中国特色社会主义事业中的重大关系，统筹改革发展稳定、内政外交国防、治党治国治军各方面工作，统筹城乡发展、区域发展、经济社会发展、人与自然和谐发展、国内发展和对外开放，统筹各方面利益关系，充分调动各方面的积极性，开创、坚持和发展了中国特色社会主义，深化了党对社会主义建设规律的认识。

第三，统筹兼顾是深入贯彻落实科学发展观、加快推进全面建成小康社会步伐必须自觉坚持的根本方法。党的十六大以来，以胡锦涛为总书记的党中央，深刻总结我国社会主义建设的历史经验特别是改革开放以来的新鲜经验，适应新形势新任务，提出了科学发展观，并进一步将统筹兼顾提升为科学发展观的根本方法。党的十八大站在坚持和发展中国特色社会主义的高度，从当前我国改革发展的关键态势出发，要求推动科学发展、促进社会和谐，必须更加自觉地运用统筹兼顾的根本方法，正确反映和兼顾不同方面的利益。只有坚持统筹兼顾，我们才能真正处理好中国这样一个十几亿人口的发展中大国的改革发展稳定问题，真正处理好全体人民的根本利益和各方面的具体利益问题，从而把各方面的积极性充分发挥出来，更好地推进党和国家事业发展。

后 记

　　《中国化马克思主义通论》一书，是东北师范大学田克勤教授与南开大学合作承担的教育部哲学社会科学研究重大课题攻关项目"马克思主义学科体系建设研究"（04JZD0001）的一个标志性成果。2005 年 12 月，开始确定课题研究的总体方案，随后逐步形成研究的基本框架，并全面展开本课题的研究。2007 年后至今，一直为本校马克思主义中国化研究专业硕士研究生和博士研究生开设相关专题研究课程。在此期间，相继在《马克思主义研究》、《马克思主义与现实》、《高校理论战线》、《思想理论教育导刊》、《光明日报》等国家和学科级刊物发表《"马克思主义中国化研究"学科设立的意义》、《党对历史经验的总结与马克思主义的中国化》、《马克思主义中国化的历史进程与中国化的马克思主义》、《马克思主义中国化基本问题理析》、《深入研究中国特色社会主义理论体系的几点思考》、《马克思主义中国化早期探索论析》、《建国以来马克思主义中国化的历史进程及其经验》、《当代中国马克思主义的"三进"与大众化》、《马克思主义中国化的历史进程、主题转换及其基本经验》、《深入理解马克思主义中国化时代化大众化当代特点应该着重把握的几个问题》、《中国特色社会主义理论体系历史地位论略》、《论中国特色社会主义的道路自信、理论自信、制度自信》、《马克思主义中国化的当代特征研究》等系列学术论文，奠定了本书的学术基础。但由于自 2005 年起，本人作为中央实施马克思主义理论研究与建设工程重点教材《毛泽东思想和中国特色社会主义理论体系概论》首席专家，全程参与该教材的编写、修订等工作，本书的写作时间被推迟。2010 年本书的写作工作重新开始，2012 年完成初稿，2013 年上半年集中精力修改并最终完成书稿。

　　《中国化马克思主义通论》是对中国共产党在推进马克思主义中国化过程中产生的毛泽东思想和中国特色社会主义理论体系两大理论成果进行整体把握的基础上，以马克思主义中国化为主线、以中国化马克思主义为主题、以中国特色社会主义为重点，按照历史与现实相结合、理论与实践相统一的原则，力求以新的框架全面、准确阐述中国化马克思主义的基本原理及其立场、观点和方法，为马克思主义理论一级学科特别是马克思主义中国化研究二级学科专业师生，以及广大干部群众学习和研究中国化马克思主义提供必要的基本教材和参考读物。

　　本书由第一届高等学校国家级教学名师、东北师范大学马克思主义中国化研究学科带头人、博士生导师田克勤教授提出总体思路和具体框架，并负责组织落实写作任务。本书作者均为长期从事马克思主义中国化研究学科教学与科研工作的教授、博士生导师，有较为丰富的培养硕士和博士研究生的经验。全书具体分工如下：田克勤教授（代序言、总论、第一、三、四、十五章）、李彩华教授（第五、六、七、八、九章）、孙堂厚教授（第二、十、十一、十二、十三、十四章）。全书最终由田克勤教授统定稿。

　　本书得到了教育部哲学社会科学研究重大课题攻关项目和东北师范大学哲学社会科学"双十"项目的资助，得到了东北师范大学马克思主义学部领导的大力支持，得到了人民出版社领导特别是责任编辑赵圣涛同志的热情帮助，东北师范大学博士研究生张泽强在本书统稿过程中，协助田克勤教授作了不少技术性工作，在此一并表示感谢。马克思主义中国化研究二级学科自设立至今还不到十年，学科研究方向和领域的凝练还在进行中，撰写《中国化马克思主义通论》不仅是一项具有较大开创性的工作，也是一项具有很强政治性和学术性的任务。尽管作者为本书的写作尽了最大努力，但仍然会有不少难尽人意之处，恳请专家和读者提出宝贵意见。

作　者

2013 年 8 月 29 日

责任编辑：赵圣涛
封面设计：汪　莹
责任校对：吴晓娟

图书在版编目（CIP）数据

中国化马克思主义通论／田克勤，李彩华，孙堂厚　著．
　－北京：人民出版社，2013.12
ISBN 978 － 7 － 01 － 012726 － 2

I. ①中…　II. ①田…②李…③孙…　III. ①马克思 － 主义 － 发展 －
研究 － 中国　IV. ① D61

中国版本图书馆 CIP 数据核字（2013）第 248247 号

中国化马克思主义通论
ZHONGGUOHUA MAKESI ZHUYI TONGLUN

田克勤　李彩华　孙堂厚　著

人民出版社 出版发行
（100706　北京市东城区隆福寺街 99 号）

涿州市星河印刷有限公司印刷　新华书店经销

2013 年 12 月第 1 版　2013 年 12 月第 1 次印刷
开本：710 毫米 ×1000 毫米 1/16　印张：33.25
字数：520 千字　印数：0,001-2,000 册

ISBN 978 － 7 － 01 － 012726 － 2　定价：80.00 元

邮购地址 100706　北京市东城区隆福寺街 99 号
人民东方图书销售中心　电话（010）65250042　65289539

版权所有·侵权必究
凡购买本社图书，如有印制质量问题，我社负责调换。
服务电话：（010）65250042